U053927

歷史文化叢刊

舊學新傳
—— 新亞研究所七十周年所慶論文集

楊永漢　主編

舊學新傳——新亞學統及文史哲國際學術研討會照片集錦 ❖ I

舊學新傳—新亞學統及文史哲學術研討會
新亞研究所七十周年校慶

新亞研究所校友會教育文化有限公司主辦　新亞文商書院、儒學史研究中心協辦

日期：2023-10-06（星期五）
　　　2023-10-07（星期六）
地點：土瓜灣龍圍道6號
　　　新亞研究所

論文發表：

王培光教授	王慧儀博士	毛炳生博士
危丁明教授	李金強教授	李學銘教授
吳　明教授	岑詠芳博士	何廣棪教授
汪立穎博士	周佳榮教授	周國良教授
官德祥博士	袁鑑佑先生	翁文嫻教授
區永超博士	區志堅博士	梁耀強博士
張力云博士	張偉保教授	黃兆強教授
黃昌明博士	黃漢光教授	單周堯教授
勞悅強教授	游子安教授	楊永漢博士
楊祖漢教授	雷晉豪博士	溫如嘉博士
趙善軒博士	趙敬邦博士	劉桂標博士
鄧家宙博士	韓曉華博士	謝向榮教授

（按姓名筆畫排序）

新亞研究所七十周年所慶晚宴
日　　期：2023-10-07（六時恭候）
地　　點：土瓜灣半山一號尚宴21（靠背壟道入口）
查詢電話：9474 7572（楊先生）

《舊學新傳——新亞學統及文史哲國際學術研討會》宣傳海報

校友會理事長楊永漢教授致辭

儒學史研究中心主任李金強教授致辭

前新亞研究所所長陳志誠教授演講

單周堯教授發表

李學銘教授發表

首日發表論文講者及主持

舊學新傳——新亞學統及文史哲國際學術研討會照片集錦 ❖ V

吳畋教授發表

黃漢光教授發表

研討會過程與讀者交流

新亞三賢銅像揭幕禮
（左起：詹益光館長、李金強教授、丁新豹教授、陳志誠教授、楊永漢教授、范增校董）

晚宴
（左起：陳志誠教授、李金強教授、周佳榮教授、范增校董、
丁新豹教授、楊永漢教授、梁耀強教授、程光敏教授）

舊學新傳——新亞學統及文史哲國際學術研討會議程表

會議規則

（1）各場主持人引言。
（2）主題演講：主講嘉賓十五分鐘。
（3）論文宣讀：每場一小時十五分鐘。報告人每位十五分鐘，十三分鐘時按鈴一聲，十五分鐘時按鈴兩聲；超過十五分鐘，每一分鐘按鈴三聲。
（4）自由發言：三十分鐘時限，每人以一次為原則，每次以兩分鐘為限，兩分鐘。到時按鈴兩聲結束；超過兩分鐘時，每一分鐘按鈴三聲。發言前請先報告姓名及單位。

會議議程

第一天：二〇二三年十月六日（星期五）

	場地：新亞研究所綜合活動室		
	場次／時間	報告人	報告題目
上午	08:45-09:00	會議簽到	
	09:00-09:20	開幕式（司儀：詹益光先生） 致開幕辭：楊永漢博士（新亞研究所校友會理事長） 致歡迎辭：李金強教授（浸會大學教授／儒學史研究中心主任）	
	主題演講 09:20-10:00	陳志誠教授 前新亞研究所所長／原城市大學文學院院長	
	10:00-10:15	茶點	

	第一場 10:15-11:30	主持：李金強教授（浸會大學教授）	
上午		單周堯教授 香港能仁專上學院副院長	讀《過零丁洋》詩與《正氣歌》管見——兼論文天祥之愛國精神
		楊祖漢教授 臺灣中央大學哲學研究所榮譽教授 東吳大學劉光義中國哲學講座教授	無與有的結合——九諦九解疏釋
		勞悅強教授 新加坡國立大學	《老子》第二章隱埋的義理
		討論	
	第二場 11:30-12:45	主持：張偉國教授（原公開大學教授）	
		李學銘教授 新亞研究所	錢賓四先生論經之說蠡談
		何廣棪教授 新亞研究所	《錢賓四先生全集》輯佚成績考述
		周佳榮教授 新亞研究所	從東南亞到東亞：陳荊和師與新亞研究所
		討論	
	12:45-14:30	午　　餐	
下午	第一場 14:30-15:45	主持：楊永漢教授（前新亞文商書院院長）	
		王培光教授 香港伍倫貢學院人文學院	新亞精神對世界和平的貢獻
		劉桂標博士 香港人文學會	孟子與亞里士多德德性倫理學
		袁鑑佑先生 香港科技大學人文學部	焦里堂解孟子「性善」之商榷

			討論
	15:45-16:00	茶點	
	第二場 16:00-17:15	主持：周佳榮教授（新亞研究所教授）	
		黃兆強教授 臺灣東吳大學名譽教授	徐唐牟三大師頌
		楊永漢教授 香港新亞文商書院	全漢昇教授在研究白銀上的成就
		討論	
	第三場 17:15-18:30	主持：勞悅強教授（新加坡國立大學）	
		岑詠芳博士 前法蘭西學院漢學研究所圖書館古籍部主任	鄺慶歡之學術成就及其在法國漢學界的行誼
		汪立穎博士 聯合國教科文漢語教師	
		王慧儀博士 新亞研究所	錢賓四先生的禪學觀初探
		區永超博士 香港新亞文商書院副院長	古詩新傳：王韶生先生之詩學
		討論	

第二天：二〇二三年十月七日（星期六）

	場次／時間	報告人	報告題目
上午		場地：新亞研究所綜合活動室	
上午	第一場 09:00-10:15	主持：黃兆強教授（臺灣東吳大學名譽教授）	
		吳 甿教授 香港新亞研究所	「以心證心」與「以心證證」——再論實證唯心論與當代新儒學
		張力云博士 臺灣中央大學中文系	從牟宗三對知禮《十不二門指要鈔》說法的批評來看其所謂「天台圓教」之涵義
		黃昌明博士 新亞研究所	什麼是辯證法
		討論	
	10:15-10:30	茶點	
上午	第二場 10:30-11:45	主持：楊祖漢教授 （臺灣中央大學哲學研究所榮譽教授） （東吳大學劉光義中國哲學講座教授）	
		黃漢光教授 臺灣東華大學社會系	唐君毅先生論公羊家董仲舒
		韓曉華博士 香港中文大學哲學系	論唐君毅先生對《墨辯・小取》的詮釋：從格賴斯（Paul Grice）的觀點看
		趙敬邦博士 新亞研究所佛學中心	試論「唯識無境」對「天人合一」的啟示
		討論	
	第三場 11:45-13:00	主持：丁新豹教授（中文大學教授）	
		李金強教授 香港浸會大學	基督教入傳香港及其歷史意義（1842-1901）

		游子安教授 危丁明教授 香港珠海學院中文系	孔教在香港：傳入與演變
		鄧家宙博士 香港史學會	「新亞」與當代香港之佛學發展
		討論	
	13:00-14:30	午餐	
下午	第一場 14:30-15:45	主持：林援森博士（香港樹仁大學）	
		趙善軒博士 臺灣中山大學臺港研究中心 張偉保教授 澳門大學 溫如嘉博士 澳門大學	盛世物價低賤的困惑：讀全漢昇先生物價史札記
		梁耀強博士 新亞研究所校友會副理事長	近代中國（1840-1936）銀行與鐵路業實業的互動關係——以交通銀行與隴海鐵路作論述
		官德祥博士 香港新亞研究所	憶嚴耕望先生及廖伯源學長
		討論	
	15:45-16:00	茶點	
	第二場 16:00-17:15	主持：林啟彥教授（香港浸會大學）	
		周國良博士 香港樹仁大學	從〈乾卦〉元亨利貞的詮釋論朱利安及及牟宗三對易理的理解
		謝向榮教授 香港能仁專上學院	牟宗三先生的易學觀
		毛炳生博士 香港新亞文商書院	王弼《周易注》「用老子」疑議

第三場 17:15-17:45	討論	
	主持:岑詠芳博士 (前法蘭西學院漢學研究所圖書館古籍部主任)	
	雷晉豪博士 香港教育大學 文學及文化系	不只是書生:金中樞先生的生命轉折與學術成就
	區志堅教授 香港樹仁大學	教育日常生活與辦學精神:以五十年代香港一地校園生活實踐的「新亞精神」為例
	翁文嫻教授 臺灣成功大學 中文系	自三位老師(唐牟徐)文學傳承試研擬「詩學」之建構
	討論	
17:45-18:00	閉幕致辭:梁耀強博士(新亞研究所校友會副理事長)	
18:00-18:15	新亞三賢(錢穆、張丕介、唐君毅)浮雕銅像揭幕禮	
18:15	晚宴(土瓜灣「尚宴21」酒樓) 古箏演奏(林苗學長)	

工作人員名單:

顧　　問:李金強

工作人員:王慧儀　李啟文　周國良　官德祥　翁正石　區永超
　　　　　梁耀強　陳慧寧　陳耀權　程光敏　楊永漢　詹益光

(按中文姓名筆畫排序)

主編序

二〇二三年是新亞研究所七十周年所慶，新亞研究所校友會、儒學史研究中心及新亞文商書院籌辦了國際學術研討會，由籌備至舉辦日期，差不多花了一年的時間。幾經討論，研討會名稱為「舊學新傳——新亞學統及文史哲學術研討會」。回想研究所建立之初期，可謂歷盡荊途，舉步為艱。

一九四九年中國大陸政權易手後，張其昀南渡香港決定創立學院，隨後由錢穆、唐君毅、張丕介等諸先生辦理，初名亞洲文商學院（即亞洲文商專科夜校，其後易名新亞書院）。辦學宗旨是「上溯宋明書院講學精神，旁採西歐大學導師制度，以人文主義之教育宗旨，溝通世界中西文化，為人類和平社會幸福謀前途。」其後於一九五三年秋，創辦新亞研究所，初時受亞洲基金會資助，規模甚小，而設備簡陋，只有研究生數人，其後接受哈佛燕京學社資助，於一九五五年正式公開招考研究生，導師有錢穆、唐君毅、牟潤孫、潘重規等。研究所第一屆碩士畢業生有余秉權、何佑森、孫國棟、章群、羅球慶、柯榮欣、唐端正七人，其中石磊延遲畢業，成為第二屆畢業生；余英時赴美留學，未有完成研究所課程。

錢穆先生創立新亞書院及研究所的主要目的是延續中國文化命脈，他的憂心忡忡到現在仍然能感覺到。當時社會政治環境有變，大陸易幟，國民政府遷臺，香港應是受政治影響最低的地方，由英國政府統治，治學相對自由。創校之初，可謂財拙路艱，錢先生憑自己的感染力，四處募捐，聯絡學術機構，接觸不同有經濟實力的商人，希望得到支援。書院及研究所學生來自江湖四海，大都身無長物。研究所不獨可減免學費，甚至會獲得所方資助，能支持生活的最低要求。直至現在，各前輩學長，談起此事，都感慨萬分，真如新亞校歌所言「手空空，無一物，路遙遙，無止境，亂離中，流浪裏，餓我體膚勞我精，艱險我奮進，困乏我多情，千斤擔子兩肩挑，趁青春

結隊向前行。珍重,珍重,這是我新亞精神!」單從文字來看,充滿關懷文化傳承的重擔,及一種至死不改的承擔氣魄。我身為新亞的份子,每次唱起校歌,都有點激動。

早期的畢業生,大多潛研國粹,成為國際級教授實在不少,享譽學林。過去七十年,研究所造就了不少名揚國際的教授學者,筆者相信,在中國學術發展史上,必然留下新亞研究所的名字。研究所於一九五六年遷入九龍靠背壟道農圃道校舍至今,也招收外籍研究生。一九六二年,再增設東南亞研究室,由陳荊和教授主理,使東南亞研究室名重於世。

研究所往後的發展困難重重,起初加入中文大學,無論財政和環境都得到改善,可惜錢穆先生發覺中文大學的辦學理念與新亞不同,欲脫離中大。新亞書院已融入中大機制,難再脫離。錢先生於是決定將新亞研究所遷回農圃道,繼續讓學生作深入的研究,不討好西方模式,不奉承西方研究方向,獨立而自主,與此同時,錢先生辭去中大所有的職務。當時中大校長要求錢先生申請退休並不是辭職,而錢先生可得到一筆的可觀的退休金,但錢先生斷言拒絕,堅持是辭職。這事當年影響很大,都為錢先生的決定議論紛紛,然而,研究所再自立門戶。筆者渴慕研究所老師的風範,求學心切,就讀大專時,已長時間閱讀研究所教授的著作,包括錢穆先生、唐君毅先生、徐復觀先生、牟宗三先生等,尤其是史學,系主任湯定宇老師經常在課堂上介紹全漢昇先生、嚴耕望先生等的學術成就,用「不得了」來形容各位老師的成就。當筆者被研究所錄取,自以為是人生一大成就,竟有兩位中央研究院院士是筆者的老師,而本人的畢業論文,是有三位院士簽署確認。

錢先生其後奔走於港臺之間,為研究所謀出路。其後得到臺灣政府資助,並由教育部發出碩士學位證書。七十年代的香港還未有頒授碩士及博士的學術機構,所以研究所招生,情況熱烈。不少來自日本、韓國、臺灣、法國等地的學生報考研究所。以筆者為例,八十年代申請入讀研究所的學生有六、七十人以上,而能入學的只有十五、六人。當時學習氣氛十分濃厚,筆者晚上下課後,大都會留在研究所看書,有同學甚至帶了睡袋回所,讀書疲倦就睡一睡。牟宗三先生經常晚上八時回所,跟同學下圍棋;大部份星期六

上午下課後，同學都會與全漢昇老師午飯並請益。當年修讀「先秦諸子」，下課後，唐端正老師單獨約我到餐廳指點功課。這些求學過程，是筆者終生難忘的美景。

　　筆者同期的同學就有來自法國的朱利安（現在是西方研究中國儒家思想的著名學者）、柳泳夏（韓國著名中國文學教授）、及幾位來自臺灣的同學。筆者就讀碩、博士期間，約在八十年代初期至九十年代初期，各畢業同學的成就可謂成就不淺，有些同學已成為世界級教授，略舉一二，包括黎志剛（澳洲昆士蘭大學教授）、鄭永常（臺灣成功大學教授兼歷史系系主任）、夏誠華（臺灣中原大學教授、玄奘大學校長）、林榮祿（臺灣中正大學教授）、陶國璋（中文大學）、鄧立光（中文大學、教育大學教授）、鄭潤培（澳門大學教授）、張偉保（澳門大學教授）、陳德錦（嶺南大學）、陳沛然（香港佛教研究所所長）、朱少璋（浸會大學）、魯士春（樹仁大學）、區志堅（樹仁大學教授）、黃熾霖（臺灣東華大學教授）、程光敏（新亞文商書院院長）、李啟文（香港大學）、陳慧寧（樹仁大學）、宋小君（香港大學專業進修學院）、陳偉佳（浸會附中校長）、盧雪崑（新亞研究所教授）、蔡輝龍（臺灣雲林科技大學教授）、馬顯慈（香港都會大學）、沈惠英、馮國強、周國良、李卓藩、林援森（五位俱任教於樹仁大學）等等，都是筆者就學時較親近的同學，前期及近期的同門，恐記憶有誤，不宜紀錄。

　　研究所栽培了如此多成就的學生，所遇到的卻是不公平的對待。香港政府不承認所方頒發的碩士及博士學位，儘管指導教授是世界知名學者。同學任教於香港的大學，無論學術成就的認受性如何的高，也難以升職。臺灣又因政治局面有變，資助金額逐年減少，至九十年代初，完全不資助。往後甚多回所任教的教授都會將薪金捐贈給所方，用以支持運作。際此七十周年所慶，除心中感激老師的栽培外，所方的處境，不禁令人百感交加，想起校歌的「手空空，無一物」，不無感慨萬千。

　　研討會籌委會組成，特別發信邀請著名教授學者出席研討會並發表論文。令籌委會感到光榮的是幾乎所有受邀教授都樂意出席，包括能仁副院長、原香港大學中文系主任單周堯教授、中文大學丁新豹教授、能仁中文系

主任謝向榮教授，新亞系統出身的陳志誠教授、周佳榮教授、何廣棪教授、李金強教授、張偉國教授等。還有來自法國岑詠芳博士、新加坡的勞悅強教授、內地的溫如嘉博士、臺灣的楊祖漢教授、黃兆強教授等，都有發表論文、或主持會議者，可知研究所受到尊重的程度（與會學者達數十人，不盡錄）。

　　研討會舉行兩日，二〇二三年十月六日至七日，研討會前一日，籌委會委員已到現場佈置，期望辦一次成功而有影響力的研討會，尤其是文商書院程光敏署理院長、校友會李啟文博士、圖書館詹益光先生等，出心出力。研討會當日司儀是詹益光學長，由新亞研究所校友會理事長楊永漢教授致開幕辭，浸會大學教授及儒學史中心負責人李金強教授致歡迎辭。主題演講邀請了研究所前所長、原城市大學文學院院長陳志誠教授負責，陳教授對能成功舉辦研討會充滿信心。陳教授屢述研究所事蹟及鼓勵後學認真學術，保持新亞風骨。他提到開辦研究所、書院及夜校的歷程，困難重重。當時香港大部份居民都處於貧窮狀態，夜中的學費也要好幾元，是貧窮學生的負擔。但老師與學生的關係很好，到現在曾在外國遇見舊日的學生，大家都喜出望外。研究所最難忘的是月會，學生視之為畏途。學生要就自己研究的範圍，作專題報告。大部份老師都會出席，批評時不留情面，令同學十分謹慎處理自己的報告。最後說到研討會的名稱是「舊學新傳」，他起初認為應該是「薪傳」，但想了片刻，陳教授認為用「新傳」非常好，有推陳出新，發展新路的意思。因此，陳教授再次期望有志於學術的學者，能承先啟後，開創學術新路向。

　　第一場研討是由單周堯教授、楊祖漢教授及勞悅強教授負責，三位學者的水平毋庸置疑。單教授誦唱文天祥詩歌時充滿感情，激動聽眾；楊祖漢教授對哲學的解釋細致而清晰；勞悅強教授是首位用普通話發言，解釋《老子》第二章。其他場次，略舉一二說明內容，學者們都是盡展所學，例如黃兆強教授以歌曲介紹前輩學者，幾乎全場跟他一起唱起歌來；岑詠芳博士痛惜天才學者鄺慶歡之早逝；丁新豹教授主持的一場，由李金強教授、游子安教授、鄧家宙博士等主要述說香港宗教思想發展。會後並即場為錢穆先生、張丕介先生、唐君毅先生的雕像揭幕。

較激烈討論的場次是周國良教授、謝向榮教授及毛炳生教授（其學生代表為毛教授發言）。周教授提到法國朱利安教授的成就（編者按：朱利安曾入讀新亞研究所），部份與會者認為他名氣較學術成就高。至於毛炳生教授的論文，楊祖漢教授直接詢問毛的學生，能否代其老師作答。楊即表示希望大會舉辦研討會，發表論文者不到場，應不容許即場發表論文。至於謝向榮教授，有現場學者贊譽鄧立光教授（1959-2022）能訓練出像謝教授的學者而感到欣慰。閉幕辭是由校友會梁耀強副理事長宣講。

　　兩日的研討會完成，各學者仍議論不休。會後，由籌委會宴請所有參加者晚宴，包括出席的聽眾。在靠背壟尚宴21設宴，有六七圍之多。當晚，大家都被研討會的情緒纏繞著，仍然記念著學術的前途。這次研討會，有一特色，就是部份前輩學者推薦他們的學生參與研討會，爭取學術研討經驗。可知，大家如何珍惜我們的後輩。開宴前，周佳榮教授希望大家站立唱新亞校歌，音韻悠揚下，仍帶點激動。尤其是前輩學長，言談間，多憶起與老師的交往，如何在學術界奮進，如何堅持中華文化。余英時曾說錢穆先生「一生為故國招魂」，誠如其言，錢穆先生的學生仍然為故國招魂。如何將中國文化傳統繼承與發揚，仍然是研究所的重責之一。今夜，全漢昇老師的訓語回旋我的腦際：「論文不可掠他人之美」、「不可抄襲其他人的意見」、「不可說沒有證據的說話」、「要看看自己的文有沒有新見解」，一字一語，終生難忘。

　　是夜我們請了古箏名家林苗學長為我們演奏，伴奏由楊永漢的高棣劉剛先生協助，琴簫共奏，響遏層雲。陳志誠教授、丁新豹教授等幾位致辭後，宴會開始。舞臺卻沒有靜下來，除林苗的琴聲，還有楊祖漢、黃兆強、楊永漢的歌聲。席上，仍有學者繼續討論這兩天的研討內容，令人感動。夜宴過後，與幾位學長閒談，大家都很感慨，究竟新亞精神，在哪裡可以看到及承傳？酒樓外有微雨輕風，隱喻前路不易行。

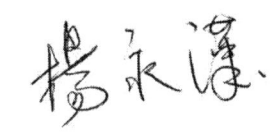

楊永漢

新亞研究所校友會理事長

目次

舊學新傳——新亞學統及文史哲國際學術研討會照片集錦……………I
舊學新傳——新亞學統及文史哲國際學術研討會議程表……………I
主編序……………………………………………………楊永漢　I

讀《過零丁洋》詩與《正氣歌》管見
——兼論文天祥之愛國精神……………………………單周堯　1
無與有的結合
——九諦九解疏釋………………………………………楊祖漢　21
《老子》第二章隱埋的義理………………………………勞悅強　53
錢賓四先生論經之說蠡談…………………………………李學銘　71
《錢賓四先生全集》輯佚成績考述………………………何廣棪　91
孟子與亞里士多德論道德價值……………………………劉桂標　99
焦里堂解孟子「性善」之商榷……………………………袁鑑佑　125
〈徐唐牟三大師頌〉
——附〈新亞精神之踐履——潘秀英博士頌〉………黃兆強　163
錢賓四先生的禪學觀初探…………………………………王慧儀　181
「以心證心」與「以心證證」
——再論實證唯心論與當代新儒學……………………吳　甿　199

從牟宗三先生對知禮《十不二門指要鈔》說法的批評來看其
所謂「天臺圓教」之涵義……………………………… 張力云　239

什麼是辯證法………………………………………… 黃昌明　267

唐君毅論公羊家董仲舒
——一位政治上的理想主義者……………………… 黃漢光　289

論唐君毅先生對《墨子‧小取》的詮釋：從格賴斯的
觀點看………………………………………………… 韓曉華　303

試論「唯識無境」對「天人合一」的啟示………… 趙敬邦　327

基督教入傳香港及其歷史意義（1841-1901）……… 李金強　345

孔教在香港：傳入與演變………………… 游子安、危丁明　363

盛世物價低賤的困惑
——讀全漢昇先生物價史札記……… 趙善軒、溫如嘉、張偉保　379

近代中國（1840-1936）銀行與鐵路運輸的互動關係
——以交通銀行與隴海鐵路作論述………………… 梁耀強　395

朱利安溝通中西哲學的「間距」詮釋策略
——以「元亨利貞」的闡釋為例…………………… 周國良　421

牟宗三先生的《易》學思想及貢獻………………… 謝向榮　451

王弼《周易注》「用老子」疑議…………………… 毛炳生　479

教育日常生活與辦學精神：以五十年代香港一地校園生活
實踐的「新亞精神」為例…………………………… 區志堅　505

自三位老師（唐牟徐）文學傳承研擬「詩學」之建構…… 翁文嫻　545

儒家哲學與康德哲學的人文關懷之共通性………… 盧雪崑　571

黃景仁與邵晉涵
　　——當狂生遇上學者……………………………………… 程光敏　581
中國傳統思想的宗教意識與天人合一觀
　　——牟宗三先生與唐君毅先生的比較……………………… 翁正石　595

（編按：因要統一格式，部份論文摘要或關鍵詞由主編補上。）

讀《過零丁洋》詩與《正氣歌》管見
──兼論文天祥之愛國精神

單周堯[*]

摘要

　　南宋文天祥（1236-1282），保衛國家，寧死不屈，一生事跡，光照日月，氣壯山河。其《過零丁洋》詩與《正氣歌》，千古傳誦，惟《過零丁洋》之「四周星」、《正氣歌》序之「汙下」、「萃然」、「塗泥半朝」、「乍晴暴熱」、「陳陳逼人」、「鮮不為厲」、《正氣歌》之「雜然賦流形」、「陰陽不能賊」、「顏色」，釋說雖多，似仍有可訂補者。今不揣譾陋，搜剔纖微，裁以管見，大雅方家，幸垂教焉。

關鍵詞：文天祥、過零丁洋、正氣歌、四周星

---

[*] 香港能仁專上學院副院長。

一

　　在我國歷史上，保衛國家，寧死不屈之英雄豪傑，代不乏人。而南宋文天祥（1236-1282），一生事跡，光照日月，氣壯山河，更是其中之表表者。

　　文天祥，原名雲孫，字天祥；後名天祥，字履善，又字宋瑞，自號文山道人，又號浮丘道人。祖籍四川成都，生於吉州廬陵富川（即今江西省吉安縣富田鄉文家村）。[1]二十一歲即高中，被宋理宗擢為第一，乃丙辰榜狀元。歷任寧海軍節度判官、江西提刑、知寧國府。湖南提刑、知贛州等地方官職，以及秘書省校書郎、禮部郎官、刑部郎官等職，累官至右丞相兼樞密使。是時蒙古大軍攻宋，宋軍節節敗退。宋恭帝德祐元年（1275），應太皇太后勤王詔，於贛州組織勤王義軍。次年，蒙古軍進逼南宋行在所臨安（今杭州），天祥臨危受命，出使元營，不幸被羈押。宋恭帝降元後，與天祥一同被押往燕京（元大都，即今北京），途經京口（今江蘇鎮江）歷險逃脫，幾經周折，泛海南歸，至南劍再開幕府，重舉抗元大旗，轉戰閩、贛及粵，後兵敗五坡嶺被俘。其後，堅決拒絕蒙古人種種誘惑，寧死不屈，於元世祖至元十九年（1282）十二月初九日，在大都就義。[2]

---

[1] 《宋史・文天祥傳》謂文天祥乃「吉之吉水人」（見〔元〕脫脫等：《宋史》〔北京市：中華書局，1977年〕，頁12533），惟後世頗有以為非者，詳參萬繩楠《文天祥》（臺北市：知書房出版社，1996年）頁1-7。

[2] 參一、井偉：《文天祥社會思想研究》（重慶市：重慶師範大學歷史與社會學院碩士學位論文，沈雙一教授指導，2012年），頁1；二、羅才成：《文天祥哲學思想研究》（南昌市：南昌大學人文學院哲學系碩士學位論文，楊柱才教授指導，2005年），頁6-9；三、張公鑑：《文天祥生平及其詩詞研究》（臺北市：臺灣商務印書館，1989年），頁31-63。

二

天祥生於南宋內憂外患之世，當時宋室僻處東南，民生困苦，外則遭蒙古鐵騎侵擾，邊警緊急。

天祥幼年力學，受其父親和師友薰陶，深明中華文化真諦，故能發揮精忠愛國精神，從容赴義，執節成仁。

宋理宗寶祐四年（1256），天祥參加禮部會試，五月初八日，對策集英殿，天祥以「法天不息」為對，其言萬餘，一揮而成，不為稿，力倡重視民生、革新政治、改進士習、禦侮圖強。是年主考官為王應麟，考第既上，密封試卷，天祥原列第五名，王應麟閱天祥密封卷，頓首向理宗奏曰：「是卷古誼若龜鑑，忠肝如鐵石，臣敢為得人賀。」理宗覽對策，遂親擢為第一。[3]

理宗開慶元年（1259），蒙古兵自黃州（今湖北黃岡）沙武口渡江，京師震動，宦官董宋臣請理宗遷都四明（寧波），若從董議，人心動盪，則三軍將士瓦解，而四方盜賊蠭起。天祥遂上書，乞斬宋臣，以安定人心。披肝瀝膽，慷慨陳詞，惜未蒙採納，天祥乃歸故里。[4]

宋恭帝德祐元年（1275）正月，元兵渡江，尋詔下，召諸路勤王。時天祥任贛州知州，讀詔感憤，淚如雨下，立時拜訪曾任州知縣二十多年在贛州有號召力之陳繼周，請協助招募地方義士，又派遣方興回吉州故里募集民兵，共得一萬餘人，首先應詔。為裝備及供應此一萬餘人之口糧，遂變賣吉州田產，以充軍費。友人勸止之，謂以烏合萬餘之眾，抵禦蒙古大軍，無異驅群羊而搏猛虎。天祥曰：「吾亦知其然也。第國家養育臣庶三百餘年，一旦有急，徵天下兵，無一人一騎入關者，吾深恨於此。故不自量力，而以身徇之，庶天下忠臣義士將有聞風而起者。義勝者謀立，人眾者功濟，如此則

---

[3] 參一、李安：《宋文丞相文天祥年譜》（臺北市：臺灣商務印書館，1987年），頁13；二、陳清泉：《文天祥》（上海市：上海人民出版社，1982年），頁11-19；三、俞兆鵬、俞暉：《文天祥研究》（北京市：人民出版社，2008年），頁31-42。

[4] 參一、李安：《宋文丞相文天祥年譜》，頁16-17；二、陳清泉：《文天祥》，頁24-32。

社稷猶可保也」。[5]足見其心繫宋室，以天下為己任。

十月，元軍分兵三路，丞相伯顏率師進攻常州（今江蘇武進），既破常州，而元兵西路軍數日後亦破獨松關。獨松關乃京師臨安（即杭州）之屏障，獨松關既破，鄰邑望風皆遁，朝廷大懼，羣臣一時俱逸。[6]

翌年正月，丞相陳宜中奏遣柳岳及陸秀夫、呂師孟至伯顏營中，請求稱侄納幣，希准議和，伯顏不許，求稱侄孫，亦不許。至是，太皇太后不得

---

[5] 參一、〔元〕脫脫等：《宋史》，頁12534；二、李安：《宋文丞相文天祥年譜》，頁41-43；三、張公鑑：《文天祥生平及其詩詞研究》，頁50；四、林逸：《文信國公研究》（臺北市：臺灣商務印書館，1982年），頁104；五、修曉波：《文天祥評傳》（南京市：南京大學出版社，2002年），頁108；六、俞兆鵬、俞暉：《文天祥研究》，頁139；七、萬繩楠：《文天祥》，頁83；八、劉春華：《論文天祥忠義之特點》，載《淮北煤炭師範學院學報（哲學社會科學版）》第29卷第4期（2008年8月），頁104。堯按：劉春華論文曰：「文天祥移檄諸路，聚兵積糧，糾募吉贛等地兵民五萬人，盡以家貲為軍費。友人勸止道：『今大兵三道鼓行，破郊畿，薄內地。君以烏合萬餘赴之，是何異驅群羊而搏猛虎？』」既言「兵民五萬人」，又謂「烏合萬餘」，似前後牴牾。按「萬餘」之數，乃出自《宋史・文天祥傳》；「五萬」則見於《指南錄・氣槩》一詩，該詩序云：「唆都一日問予：『何以去平江？』予曰：『有詔趣入衛。』問予：『兵若干？』予對：『五萬人。』」（見《文天祥全集》〔北京市：北京市中國書店，1985年〕，頁318。）唆都者，元將，天祥於德祐二年正月，扣留臬亭山元軍營期間，被派作天祥館伴者也。《紀年錄・丙子》注云：「二十四日詣北營，至則留營中，唆都、忙古歹伴館。」《宋史紀事本末》載：天祥數請歸，伯顏「令萬戶忙古歹、宣撫唆都羈縻之」。「五萬人」乃天祥應唆都語，時唆都與天祥談及往事，蓋德祐元年十月十五日，天祥至平江府（今蘇州）履任，時常州（今江蘇武進）告急，遂派兵前往援救。二十六日、二十七日轉戰兩晝夜，殺死元兵甚眾，然寡不敵眾，常州終告淪陷，天祥所遣軍得脫者僅四人，無一降者。元兵繼續攻向平江，同時元兵西路軍亦逼近離餘杭西北只九十里之獨松關，獨松關山路險狹，乃京師臨安（即杭州）之屏障，此關一失，臨安即無險可守。朝廷得報大驚，議定放棄平江，力促天祥趣師入衛，移守餘杭。天祥奉詔，遂棄守平江，於十一月二十一日率部趕至餘杭。（參一、李安：《宋文丞相文天祥年譜》，頁53；二、張公鑑：《文天祥生平及其詩詞研究》，頁51，以及三、俞兆鵬、俞暉：《文天祥研究》，頁153-155。）此即唆都所問之「去（離開）平江」及天祥所答之「詔趣入衛」事，發生於德祐元年十一月，其時兵力五萬；而糾募吉州、贛州民兵萬餘人，則為德祐元年正月事。兩事前後相隔十月，劉春華合為一事，殆誤。

[6] 林逸：《文信國公研究》，頁116-118。

已，命奉表稱臣，涕泣曰：「苟存社稷，稱臣非所較也。」且約伯顏正月十五日會陳宜中於長安鎮，商議投降事宜。十六日，伯顏至長安鎮，陳宜中怕負賣國罵名，又害怕被扣留，故不往議降[7]，伯顏乃進次距臨安僅三十里之皋亭山。

天祥及張世傑請移太皇太后、太后及恭帝三宮入海，而己帥眾背城一戰，宜中不許，白太后遣監察御使楊應奎上傳國玉璽及恭帝降表，向伯顏請降。伯顏受之，遣使詔宜中出議降事，是夜，宜中遁歸溫州。

十九日早，除天祥樞密使，午除右丞相，兼樞密使，都督諸路軍馬。時北兵已迫修門內，戰守遷皆不及施。伯顏邀當國者相見，旨下，令天祥詣北軍講解。眾謂公一行，為可以紓國難。國事至此，天祥不得愛身。二十日，詣北營，見伯顏。伯顏初以危言折之。天祥謂「宋狀元宰相，所欠一死報國耳。宋亡與亡，刀鋸在前，鼎鑊在後，非所懼也，何怖我為？」伯顏改容。[8]此即《正氣歌》之「鼎鑊甘如飴」，詞旨慷慨，故聞者動容也。

臨安淪陷前夕，宋度宗子昰、昺二王已先走永嘉轉溫州。陸秀夫、張世傑亦分別以所部兵來歸，陳宜中亦在此。於是舉十歲之益王（昰）為天下兵馬大元帥，七歲之廣王（昺）為副以抗元。五月一日，益王即帝位於福州，是為端宗，改元景炎，封弟昺為衛王。五月二十六日，天祥奉召赴行在。[9]

景炎二年五月，天祥從梅州向贛州進兵，經略江西。六月，戰雩都（縣名，在江西省贛縣東）大捷，吉水、永豐、萬安、永新、龍泉等縣先後收復。惟攻贛州、吉州不幸失敗，元軍追至興國縣之空坑，天祥僅以身免，妻子俱被俘。十月，天祥至汀州（福建長汀）；十一月至循州（廣東龍川）。景炎三年二月，進兵惠州海豐（廣東海豐）。四月十六日，端宗崩於碙州，年僅十一。陸秀夫立其弟帝昺，年僅八歲，改元祥興。十一月，屯兵潮陽（廣東潮陽）。是時元海陸二路大軍已夾攻而至，天祥乃於十二月十五日移屯海

---

7 萬繩楠：《文天祥》，頁104-105，認為陳宜中怕負賣國罵名，陳清泉：《文天祥》，頁77，則以為「陳宜中害怕被扣留，沒敢去議降」，恐怕二者均為陳宜中不往議降之原因。

8 參林逸：《文信國公研究》，頁119-123。

9 參張公鑑：《文天祥生平及其詩詞研究》，頁55。

豐，入南嶺，謀結寨據險以自固。二十日午，在五坡嶺，為元軍追及，被擒。天祥知不得脫，即取懷中腦子（俗稱冰片，多服有毒）盡服之，竟不死。其後被押至和平市（今屬廣東）張弘正營中，天祥大罵張弘正，一心求死。元兵舉刀威脅，天祥笑曰：

「死，末事也。此豈可嚇大丈夫耶？」旋伸頸受之。[10]

十二月廿七日，天祥被解至潮陽，見元軍元帥張弘範，元兵強令向張弘範跪拜，天祥曰：「吾不能跪，吾嘗見伯顏、阿術，惟長揖耳。」或曰：「奈何不拜？」天祥曰：「吾能死，不能拜。」其始終不屈，風骨嶙峋，正氣凜然者如此。[11]

三

翌年五月初六日，張弘範率元軍水師從潮陽入海，囚天祥於舟中。[12]十二日，過零丁洋（香港、澳門之間海面）。十三日，至厓山。[13]弘範令天祥作書招降張世傑，天祥曰：「我不能救父母，乃教人背父母，可乎？」強之急，乃書《過零丁洋》詩與之，詩云：

辛苦遭逢起一經，干戈落落四周星。
山河破碎風拋絮，身世飄零雨打萍。

---

[10] 參一、修曉波：《文天祥評傳》，頁210；二、俞兆鵬、俞暉：《文天祥研究》，頁241；三、鄭思肖：《文丞相敘》，見《文天祥全集·附錄一》（南昌市：江西人民出版社，1987年），卷19，頁752。

[11] 參一、俞兆鵬、俞暉：《文天祥研究》，頁241；二、劉岳申：《文丞相傳》，見《文天祥全集·附錄一》，卷19，頁767；三、張公鑑：《文天祥生平及其詩詞研究》，頁57。

[12] 參修曉波：《文天祥評傳》，頁213。

[13] 參俞兆鵬、俞暉：《文天祥研究》，頁242。林逸《文信國公研究》頁142云：「按劉岳申、胡廣等撰《文丞相傳》，俱作『十日』，誤。」

皇恐灘頭說皇恐，零丁洋裏歎零丁，
人生自古誰無死，留取丹心照汗青。[14]

萬繩楠《文天祥》頁二〇四曰：「在這首詩中，國恨家恨交織在一起，作為古典詩歌中的愛國主義的傑作，它受到千百萬人民的喜愛。解釋的人很多，惜中肯的少。」萬氏又云：「我們要特別注意前二語『辛苦遭逢起一經，干戈落落四周星。』這是寫他在宋元交兵之時，在理宗寶祐四年殿試對策中，根據《易經》陰陽交感『自強不息』之旨，以『法天地之不息』為對，提出要挽救危局，就必須改革不息，建成公道與直道之政的主張，以此他得中狀元。」[15]惟修曉波著《文天祥評傳》頁二一四則謂：「詩中『一經』不作《易經》解，不宜解釋為他當年根據《易經》『自強不息』之旨，以『法天地之不息』為對，得中狀元的事。這裏的『起一經』指精通經籍、由科第入仕。《漢書》卷七十三《韋賢傳》，載韋賢與其少子玄成都從明經起家，官至宰相。時人說：『遺子黃金滿籯，不如一經。』文天祥詩中『一經』典出於此。」[16]萬、修二氏之說，各有其理，相較之下，修氏之說為長。

最可異者，《文學研究》二〇一五年六月發表馬文增《文天祥〈過零丁洋〉新解》一文，對「辛苦遭逢起一經，干戈落落四周星」之涵義作一全新詮釋，謂其義為「屢經艱險，只因遭逢仁人義士當保國衛民之時；義不容辭，遂置身於槍林彈雨之中」。「起」，馬氏釋作「振作，匡扶」。「一」，馬氏釋作「與道合一」，並且曰：「此指與責任合一，即『義』。文天祥《御試策》曰：『所謂道者，一，不息而已矣。』『盡職』而『不息』，於文天祥身上體現為『吾以備位將相，義不得不殉國』（《文天祥獄中家書》）之履踐，

---

14 參一、張公鑑：《文天祥生平及其詩詞研究》，頁57；二、林逸：《文信國公研究》，頁142-143。
15 俞兆鵬、俞暉：《文天祥研究》頁243，意見與萬繩楠大致相同，亦以詩中之「一經」為《易經》。
16 黃蘭波：《文天祥詩選》（北京市：人民文學出版社，1979年），頁74、張玉奇：《文山詩選注》（南昌市：江西人民出版社，1986年），頁113所說，與修氏略同。

即臨危受命的文天祥將自己的命運『與國合一』，抱持『國在我在，國亡我亡』的信念。」至於「經」，馬氏釋作「宗旨，常理」，並引《廣雅》云：「常也。」

其下則細釋「干戈落落四周星」，馬氏曰：「『干戈』，盾與矛，泛指刀槍。『落落』，紛紛、雜亂的樣子。文天祥《二月六日》曰『兵家勝負常不一，紛紛干戈何時畢。』馬氏又云：「『四周』，四處，周圍。『星』，比喻用法，指箭鏃。『四周星』指身邊亂箭紛飛，若流星一般。《二月六日》有云：『古來何時無戰爭，未有鋒蝟交滄溟。』『一朝天昏風雨惡，炮火雷飛箭星落。』以『蝟』『星』喻『箭』。」

馬氏總結此詩首二句云：「『辛苦遭逢起一經，干戈落落四周星』，意為自己之所以歷經艱險，是因為遭逢國難，國家處於危難之中，需要仁人義士挺身而出，踐行道義，所以自己才投身於沙場。文天祥於此處表達的是以恪守孔孟仁義之道為人生宗旨的儒家士子的堅定信念。」細觀其說，固為新解，惜自憑胸臆，未得真義。

「干戈落落四周星」，黃蘭波《文天祥詩選》頁七四釋「干戈」曰：「本義是古代兵器盾和矛；通常用以指戰爭。」張玉奇《文山詩選注》頁一一三釋「落落四周星」云：「落落，多的樣子。《老子》：『不願（堯按：河上公本作『欲』）琭琭如玉，落落如石。』（河上公）注：『落落，喻多。』周星：周年。作者有《己卯十月一日予入燕城歲月冉冉忽復周星而予猶未得死也因賦八句》及《去年十月九（一）日余至燕城今周星不報為賦長句》二詩，題中『周星』均為周年。作者從德祐元年（1275）正月，奉召起兵勤王，至此時恰為四周年。」黃、張二氏之注釋，大概得「干戈落落四周星」之義。今筆者為「四周星」作一補說：「四周星」殆即「四周歲」。《說文解字》：「歲，木星也。越歷二十八宿，宣徧陰陽，十二月一次。从步，戌聲。」[17] 郭沫若《甲骨文字研究》：「歲星之運行約十有二歲而週天，古人即於黃道附近設十二標準點以觀察之，由子至亥之十二辰是也。歲徙一辰而成歲，故歲

---

[17] 丁福保：《說文解字詁林》（北京市：中華書局，1988年），第18冊，頁16341上。

星之歲孳乳為年歲之歲。」[18]「歲」既為「木星」，故「周歲」又可稱「周星」。為與「經」、「萍」、「丁」、「青」押韻，本詩「四周歲」之「歲」，更非易為「星」不可。

詩之其餘六句，爭議不多，黃蘭波《文天祥詩選》及張玉奇《文山詩選注》之註釋大致可從，故本文不贅。詩之末二句云：「人生自古誰無死，留取丹心照汗青。」實為天祥光輝品性與崇高人格之映射，大氣磅礡，千古傳唱，成為後世無數仁人志士之座右銘。[19]宋帝昺祥興二年二月六日，風雨大作，昏霧四塞，咫尺不相辨。宋軍南北均受敵，兵士皆疲不能戰。陸秀夫以情勢緊急，事不可為，與其被俘受辱，不如自行了斷，遂負帝昺投海中，後宮及諸臣從死者甚眾。越七日，屍浮海上者十餘萬具。已而，張世傑亦自溺死，宋遂亡。[20]

四

元世祖至元十六年（1279）四月二十二日，張弘範派都尉石嵩及將官囊家歹押解天祥往大都（即今北京市）。十月一日，天祥至大都，供帳飲饌如上賓，天祥不受，既不飲食，又不睡覺，坐以待旦，南冠而囚，坐未嘗面北。元廷百般勸降，皆不從。[21]

十一月五日，天祥被送至兵馬司監獄，枷鎖縛手，坐一空室，防衛甚嚴。十一月九日，始見丞相博羅、平章張弘範暨諸院官。天祥進入後僅長揖，通事命之跪，天祥曰：「南之揖，即北之跪。吾南人行南禮畢，可贅跪乎？」博羅叱左右強曳天祥跪於地，天祥坐地不起，數人或牽頸，或拏手，或按

---

[18] 郭沫若：《甲骨文字研究‧釋歲》，載《郭沫若全集‧考古篇》（北京市：科學出版社，1982年），頁147。

[19] 參夏延章主編：《文天祥詩文賞析集》（成都市：巴蜀書社，1994年），頁123。

[20] 參一、林逸：《文信國公研究》，頁144；二、李安：《宋文丞相文天祥年譜》，頁84。

[21] 參一、陳清泉：《文天祥》，頁148；二、張公鑑：《文天祥生平及其詩詞研究》，頁59；三、李安：《宋文丞相文天祥年譜》，頁86-87。

足，或以膝倚天祥背，強迫天祥作跪狀，終不屈。通事問有何言，天祥曰：「天下事有興有廢，自古帝王以及將相，滅亡誅戮，何代無之。天祥今日忠於宋氏社稷，以至於此，不過死耳，幸早施行！」又問更有何言？天祥曰：「我為宋宰相，國亡，職當死；今日為北朝所獲，法當死，復何言。」[22]其視死如歸者如此。

至元十七年，天祥年四十五，為被囚之第二年。囚室雖臭穢蒸濕且狹小，但天祥卻以讀書、寫字、作詩、集詩為樂。是年完成集杜詩二百首，皆為五言四句之古體，可謂借他人酒杯，澆自己塊壘，以寫愛國之懷。[23]

至元十八年夏，天祥作《正氣歌》並序，此詩傳頌千古，茲迻錄如下：余囚北庭，坐一土室，室廣八尺，深可四尋，單扉低小，白間短窄，汙下而幽暗。當此夏日，諸氣萃然：雨潦四集，浮動床几，時則為水氣；涂泥半朝，蒸漚歷瀾，時則為土氣；乍晴暴熱，風道四塞，時則為日氣；簷陰薪爨，助長炎虐，時則為火氣；倉腐寄頓，陳陳逼人，時則為米氣；駢肩雜遝，腥臊汙垢，時則為人氣；或圊溷，或毀尸，或腐鼠，惡氣雜出，時則為穢氣。疊是數氣，當之者鮮不為厲。而予以屠弱，俯仰其間，于茲二年矣，無恙，是殆有養致然。然爾亦安知所養何哉？孟子曰：「我善養吾浩然之氣。」彼氣有七，吾氣有一，以一敵七，吾何患焉！況浩然者，乃天地之正氣也，作《正氣歌》一首。

天地有正氣，雜然賦流形：下則為河嶽，上則為日星；於人曰浩然，沛乎塞蒼冥。皇路當清夷，含和吐明庭。時窮節乃見，一一垂丹青：在齊太史簡，在晉董狐筆，在秦張良椎，在漢蘇武節；為嚴將軍頭，為嵇侍中血，為張睢陽齒，為顏常山舌；或為遼東帽，清操厲冰雪；或為出師表，鬼神泣壯烈；或為渡江楫，慷慨吞胡羯；或為擊賊笏，逆豎頭破裂。是氣所磅礡，凜烈萬古存。當其貫日月，生死安足論。地維賴以立，天柱賴以尊。三綱實繫命，道義為之根。嗟予遘陽九，隸也實不力。楚囚纓其冠，傳車送窮北。鼎

---

[22] 參一、張公鑑：《文天祥生平及其詩詞研究》，頁59；二、林逸：《文信國公研究》，頁172；三、李安：《宋文丞相文天祥年譜》，頁90-91。

[23] 張公鑑：《文天祥生平及其詩詞研究》，頁60-61。

鑊甘如飴，求之不可得。陰房闃鬼火，春院閟天黑。牛驥同一皂，雞棲鳳凰食。一朝蒙霧露，分作溝中瘠。如此再寒暑，百沴自辟易。嗟哉沮洳場，為我安樂國！豈有他繆巧，陰陽不能賊。顧此耿耿在，仰視浮雲白。悠悠我心悲，蒼天曷有極！哲人日已遠，典型在夙昔。風簷展書讀，古道照顏色。

此詩及其序釋譯者甚多[24]，惟仍有所遺漏。篇幅所限，謹補釋前人所不及，或其有異說，需加裁斷者如下：

一、《正氣歌》序：「汙下而幽暗。」《注音詳解古今文選》釋「汙下」云：「汙下是卑下、低下。此汙字音ㄨㄚ。」[25]說解簡略，未得要義。堯按：「汙」即「污」字，《說文解字》：「汙，薉也。一曰：小池為汙。一曰：涂也。从水，于聲。（烏故切）」[26]「汙」所以音ㄨㄚ而釋為「卑下、低下」者，蓋借為「窊」。《說文》：「窊，污衺，下也。从穴瓜聲。（烏瓜切）」王筠《說文句讀》：「以污衺說窊……今之切腳也。」[27]《說文釋例》：「污窊雙聲（影紐），衺窊疊韻（魚部）也。」[28]段玉裁《說文解字注》釋「窊」字說解「下」曰：「凡下皆得謂之窊。」[29]邵瑛《說文解字羣經正字》：「《孟子‧公孫丑》：『汙不至阿其所好。』趙注：『汙，下也。言小汙不平。』孫奭《音義》引丁公著《音》：『汙，音蛙，不平貌。蓋即以汙為此窊字。今作

---

24 如一、齊鐵恨、梁容若主編：《注音詳解古今文選（一）》（臺北市：國語日報社，1951年），總頁241-245。；二、黃蘭波《文天祥詩選》，頁108-114；三、金啟華：《中國古代文學作品選（下）》（南京市：江蘇教育出版社，1984年），頁121-124；四、張玉奇：《文山詩選注》，頁209-215；五、鄧碧清：《文天祥詩文選譯》（成都市：巴蜀書社，1990年），頁151-162。六、夏延章主編：《文天祥詩文賞析集》，頁157-160；七、張大年輯：《文天祥正氣歌集錦》（香港：自印本，1995年），二至六節；八、俞雅川：《天地正氣》（臺北市：財團法人世界領袖教育基金會，2000年），頁45-158；九、王兆鵬，郭紅欣主編：《唐宋詩詞教程》（武漢市：華中師範大學出版社，2012年），頁163-166。

25 齊鐵恨、梁容若主編：《注音詳解古今文選（一）》，第51期，頁2（總頁242）。

26 丁福保：《說文解字詁林》，第12冊，頁11088上。

27 同上注，第8冊，頁7540下。

28 同上注，頁7541上。

29 同上注，頁7540。

汗，借字也。』」[30]

二、《正氣歌》序：「諸氣萃然。」《注音詳解古今文選》釋「萃然」曰：「聚集的意思。」[31]說解亦嫌簡略，未有解釋何以「萃然」有「聚集」之意。堯按：《說文》：「萃，艸兒。」[32]張舜徽《說文解字約注》：「萃字當以艸聚生兒為本義，因引伸為凡聚之稱。」[33]

三、《正氣歌》序：「塗泥半朝。」各家注釋中，於此有三種不同解釋：

（一）張玉奇《文山詩選注》：「『塗泥半朝』（zhāo）：泥濘半上午。意思是說：住屋低窪，一早決導積水之後，則滿屋泥濘，至日中方漸乾。文天祥《五月十七夜大雨歌》：『朝來鬪溝道，宛如決陂塘。盡室泥淊塗，化為糜爛場。』」[34]季鎮淮、馮鐘芸、陳貽焮、倪其心等選注之《歷代詩歌選》亦采是說，該書云：「塗泥半朝：是說土室裏只有半天能照進太陽。」[35]

（二）鄧碧清《文天祥詩文選譯》：「『塗泥』句：塗泥，爛泥。朝，宮屋，引申為屋子，見《老子》五三『朝甚除，田甚蕪，倉甚虛。』王弼注。」[36]（按：《老子》五十三章王弼注：「『朝』，宮室也。『除』，潔好也。」鄧氏既釋「朝」為「屋子」，於是譯「塗泥半朝」為「半屋都是爛泥」，此顯與《五月十七夜大雨歌》之「盡室泥淊塗」不合。繆鉞等撰寫之《宋詩鑒賞辭典》、周篤文主編之《歷代愛國懷鄉詩選》、王長華《中國古代文學作品選（下）》、王兆鵬、郭紅欣《唐宋詩詞教程》、林風《廉吏詩三百首選注》皆采是說。[37]

---

30 丁福保：《說文解字詁林》，第8冊，頁7541上。
31 齊鐵恨、梁容若主編：《注音詳解古今文選（一）》，第51期，頁2（總頁242）。
32 丁福保：《說文解字詁林》，第2冊，頁1751上。
33 張舜徽：《說文解字約注》（鄭州市：中州書畫社，1983年），卷2，頁58。
34 張玉奇：《文山詩選注》，頁211。
35 季鎮淮、馮鐘芸、陳貽焮、倪其心選注：《歷代詩歌選》（北京市：中國青年出版社，2013年），下冊，頁144。
36 鄧碧清：《文天祥詩文選譯》，頁152。
37 繆鉞等撰寫之《宋詩鑒賞辭典》（上海市：上海辭書出版社，1987年），頁1373云：「半朝：半個屋子。朝（cháo嘲）：宮室。」；周篤文主編之《歷代愛國懷鄉詩選》（臺北

（三）張治富《經典誦讀詩文精選》：「『塗泥半朝』：『朝』當作『潮』，意思是獄房牆上塗的泥有一半是潮濕的。」[38]此說亦與《五月十七夜大雨歌》之「盡室泥滿塗」不合。郭預衡《中國古代文學作品選‧三》、霍松林《歷代好詩詮評》、喬繼堂《國人必讀宋詞手冊》、秦芃及馬煜婕主編之《大學語文》皆采是說。[39]齊鐵恨及梁容若主編之《注音詳解古今文選（一）》，其《正氣歌》序文更作「塗泥半潮」而不作「塗泥半朝」。[40]

三說之中，首說有詩為證，應較可信。又《漢語大詞典》「塗泥」下釋義云：1. 濕潤的泥土。《書‧禹貢》：「厥土惟塗泥。」2. 泥濘的路途。《漢書‧陰興傳》：「障翳風雨，躬履塗泥。」[41]足見「塗泥」確有「泥濘」義。

第二說之《老子》王弼注，頗有爭議。「朝甚除」上承「大道甚夷，而民好徑」。「而民好徑」之「民」，景龍本、李約本、《次解》本作「人」。[42]奚侗曰：「『人』指人主言。各本皆誤作『民』，與下文誼不相屬。蓋古籍往往

市：問津堂書局，2002年）頁240云：「半朝：半間屋子。朝：宮室，即房子。」；王長華：《中國古代文學作品選（下）》（北京市：科學出版社，2010年），頁122云：「塗泥半朝（cháo）：泥濘半屋。朝，宮室，古代對房屋的通稱。」；王兆鴻、郭紅欣：《唐宋詩詞教程》（武漢：華中師範大學出版社，2012年），頁164云：「半朝（cháo）：半個屋子。朝，宮室。」；林風：《廉史詩三百首選注》（廣州市：世界圖書廣東出版公司，2013年），頁240云：「半朝：半間屋子。」

38 張治富：《經典誦讀詩文精選》（北京市：清華大學出版社，2013年），頁70。
39 郭預衡：《中國古代文學作品選（三）》（上海市：上海古籍出版社，2004年），頁225云：「朝：通『潮』。」；霍松林：《霍松林選集第十卷歷代好詩詮評》（西安市：陝西師範大學出版總社公司，2010年），頁566云：「塗泥：塗在牆壁上的泥巴。朝：同『潮』。」；喬繼堂：《國人必讀宋詞手冊》（上海市：上海科學技術文獻出版社，2012年），頁352云：「朝：可作『潮』解。」；秦芃及馬煜婕主編之《大學語文》（西安市：西安電子科技大學出版社，2012年），頁22云：「『塗泥半朝』，『朝』當作『潮』，意思是獄房牆上塗的泥有一半是潮濕的。」
40 齊鐵恨、梁容若主編：《注音詳解古今文選（一）》，第51期，頁1（總頁241）。
41 羅竹風主編：《漢語大詞典（第二卷）》（上海市：漢語大詞典出版社，1988年），頁1178。
42 參陳鼓應：《老子注譯及評介（修訂增補本）》（北京市：中華書局，2013年），頁263，註5。

『人』、『民』互用，以其可兩通。此『人』字屬君言，自不能借『民』為之，茲改正。」[43]奚氏主張改「民」作「人」，謂指人主。蔣錫昌、陳鼓應皆采其說。[44]然漢帛書甲、乙本[45]、漢簡本[46]、王弼本[47]、河上公本[48]等皆作「民」而不作「人」，是《老子》本作「民」而非「人」。其所以作「人」者，乃唐初因避太宗諱之故。[49]上文既作「民甚好徑」，若依王弼解「朝」為「宮室」，[50]顯然上下文義不協。且「塗泥半朝」若釋作半屋爛泥，亦與《五月十七夜大雨歌》之「盡室泥濘塗」不合。

至於第三說，釋「朝」作「潮」，謂指「獄房牆上塗的泥有一半是潮濕的」，則有輕言通假之蔽；且如上文所言，此說與《五月十七夜大雨歌》之「盡室泥濘塗」亦相互扞格。

四、《正氣歌》序：「乍晴暴熱。」《注音詳解古今文選》釋「乍」曰：「忽然，驟然。」[51]惟「乍」何以有「忽然，驟然」義，則諸書皆付諸闕如。堯按：《說文》：「乍（ㄓ），止也，一曰：亡也。从亡（ㄣ）从一。」[52]段玉裁《說文解字注》：「有人逃亡而『一』止之，其言曰乍。……亡與止亡者皆

---

43 奚侗：《老子集解》，收在江福潤點校：《老子註三種》（合肥市：黃山書社，1994年），頁121。
44 蔣錫昌《老子校詁》（成都市：成都古籍書店，1988年）頁327云：「奚氏謂此『民』當改作『人』，指人主言，是也。景龍碑正作『人』，可謂奚證。」陳鼓應《老子注釋及評介（修訂增補本）》頁263云：「人：指人君。原作『民』。按下文義並據景龍碑本改。」
45 裘錫圭主編，湖南省博物館、復旦大學出土文獻與古文字研究中心編纂：《長沙馬王堆漢墓簡帛集成》第4冊（北京市：中華書局，2014年），頁4、195。
46 北京大學出土文獻研究所：《北京大學藏西漢竹書（貳）》（上海市：上海古籍出版社，2012年），〈釋文注釋〉，頁130。
47 樓宇烈：《老子道德經注校釋》（北京市：中華書局，2008年），頁141。
48 王卡點校：《老子道德經河上公章句》（北京市：中華書局，1993年），頁203。
49 參高明《帛書老子校注》（北京市：中華書局，1996年），頁82。
50 王弼蓋以「朝」為「朝闕」，故解作「宮室」。案：有關「朝甚除」之解釋，可參高明：《帛書老子校注》，頁82。
51 齊鐵恨、梁容若主編：《注音詳解古今文選（一）》，第51期，頁2（總頁242）。
52 丁福保：《說文解字詁林》，第13冊，頁12405上。

必在倉猝,故引申為倉猝之稱。」[53]又「暴熱」之解釋,諸書亦皆付闕如。堯案:「暴熱」之「暴」,即《說文‧本部》之「暴」。《說文‧本部》:「暴（䯈）,疾有所趣也。从日出本廾之。(薄報切)」[54]段玉裁《說文解字注》:「此與暴二篆形義皆殊,而今隸不別。此篆主謂疾,故為本之屬;暴主謂日晞,故為日之屬。」[55]並於「趣」下曰:「當作趨。」[56]「乍晴暴熱」者,蓋謂忽然放晴,驟然酷熱也。

五、《正氣歌》序:「倉腐寄頓,陳陳逼人,時則為米氣。」張玉奇《文山詩選注》頁二一一云:「陳陳,陣陣。」鄧碧清《文天祥詩文選譯》頁一五三曰:「『倉腐』句:倉腐,糧倉中的腐米。寄頓,存儲。陳陳:陳米加上陳米,陳腐之氣襲人。《史記‧平準書》:『太倉(古代京城的糧倉)之粟,陳陳相因。』」兩說之中,鄧說為佳。「米氣」者,米穀之霉腐氣也。

六、《正氣歌》序:「疊是數氣,當之者鮮不為厲。」諸書皆釋「厲」為「疾病」。[57]堯按:《說文》:「厲,旱石也。从厂,蠆省聲。」[58]是「厲」之本義為質地粗硬之磨刀石。「厲」釋作「疾病」,蓋借為「癘」,《說文》:「癘,惡疾也。从疒,蠆省聲。」[59]

七、《正氣歌》:「天地有正氣,雜然賦流形。」《注音詳解古今文選》釋「雜然賦流形」曰:「雜亂的散佈於各種物體。賦是給與的意思。」[60]既釋

---

53 同上注,頁12405下。
54 丁福保:《說文解字詁林》,第11冊,頁10183上。
55 同上注,頁10183下。
56 同上注。
57 見一、齊鐵恨、梁容若主編:《注音詳解古今文選(一)》,第51期,頁2(總頁242);二、黃蘭波《文天祥詩選》,頁111;三、金啟華:《中國古代文學作品選(下)》,頁122;四、夏延章主編:《文天祥詩文賞析集》,頁159;(五、王兆鵬,郭紅欣主編:《唐宋詩詞教程》,頁164。
58 丁福保:《說文解字詁林》,第10冊,頁9295上。
59 同上注,第8冊,頁7636下。
60 齊鐵恨、梁容若主編:《注音詳解古今文選(一)》,第51期,頁2(總頁242)。

「賦」為「散佈」[61]，又釋為「給與」[62]，是自相牴牾也。堯按：釋「賦」為「散佈」較妥，古無輕唇音，「賦」、「佈」上古皆幫紐魚部，故可通假。天地間之正氣，雜然紛陳於各種物體，不必亂也。故「雜亂」一詞[63]，頗有可商。

至於「雜然賦流形」「流形」二字之解釋，表面異說紛紜，實則大同小異，[64]語焉不詳，未知所據，則為其通病。《注音詳解古今文選》釋「流形」為「各種物體」，夏延章《文天祥詩文賞析集》釋「流形」為「各種品類的物體」，似均大致可通。疑「天地有正氣，雜然賦流形」乃謂天地間之正氣，雜然紛陳，散佈於流動以及有固定形體之萬物。下句「下則為河嶽」，「河」為流動之物，「嶽」則有固定形體，正可為拙見之印證。《漢語大詞典》釋「流形」為「萬物運動變化的形體」[65]，並舉《正氣歌》「雜然賦流形」作為書證，頗有齟齬之感。天祥之《正氣歌》，殆謂天地萬物皆有正氣，而人之正氣，則稱浩然之氣，天祥善養其浩然之氣，故能以一敵七，

---

61 俞雅川《天地正氣》，頁46譯「賦」為「寄附」，與「散佈」意略同。
62 釋「賦」為「給與」者有黃蘭波《文天祥詩選》（頁111）、夏延章《文天祥詩文賞析集》（頁159）；張玉奇《文山詩選注》（頁212）、金啟華：《中國古代文學作品選（下）》（頁122）、張大年：《文天祥正氣歌集錦》第六節「《正氣歌》今譯」（頁2），以及王兆鵬、郭紅欣：《唐宋詩詞教程》（頁164），釋為「賦予」，與「給予」大略相同。
63 鄧碧清：《文天祥詩文選譯》頁159將「雜然賦流形」譯為「雜亂地構成各種變化形態」，亦用「雜亂」一詞。《注音詳解古今文選》釋「流形」為「各種物體」；夏延章《文天祥詩文賞析集》則釋為「各種品類的物體」，頁159。
64 《注音詳解古今文選》釋「流形」為「各種物體」（總頁242）；夏延章《文天祥詩文賞析集》則釋為「各種品類的物體」（頁159）；黃蘭波《文天祥詩選》則釋為「不同品類」（頁111）；王兆鵬、郭紅欣《唐宋詩詞教程》則釋為「各種品類、形體」，並謂「指宇宙萬物」（頁164）；張大年《文天祥正氣歌集錦》則釋為「各種形體」（第六節「《正氣歌》今譯」頁2）；金啟華《中國古代文學作品選（下）》亦釋為「各種形體」，並謂「句意說萬物各有不同的稟受，形成不同的形體」（頁122）；俞雅川：《天地正氣》則釋為「寄附於一切事物的形象」（頁46）；張玉奇《文山詩選注》則釋為「萬事萬物流變的形態或表現形式」（頁212）；鄧碧清《文天祥詩文選譯》則釋為「各種變化形式」（頁154）。
65 見漢語大詞典編輯委員會、漢語大詞典編纂處編：《漢語大詞典》（上海市：漢語大詞典出版社，1994年），第5冊，頁1261。

水、土、日、火、米、人、穢諸氣,皆不能賊害之。

八、《正氣歌》:「陰陽不能賊。」諸書皆釋「賊」為「害」。[66]堯按:《說文》:「賊(賊),敗也,从戈則聲。」[67]徐鍇《說文解字繫傳》:「敗猶害也。」[68]「賊」字从戈,戈為兵器,故「賊」有傷害、賊害義。

九、《正氣歌》:「風簷展書讀,古道照顏色。」諸書於「顏色」二字,皆語焉不詳。[69]堯按:《說文》:「顏,眉目之間也。」[70]段玉裁《說文解字注》刪「目」字[71],徐灝《說文解字注箋》認為《說文》訓解「與古傳注不合」,段玉裁所改亦非,徐氏曰:「按《鄘風・君子偕老篇》:『子之清揚,揚且之顏也』,傳云:『廣揚而顏角豐滿』;《呂氏春秋・遇合篇》:『椎顙廣顏』,皆謂額為顏。宋、衛《策》曰:『宋康王為無顏之冠』,謂無額也。《方言》曰:『䫜、顙、顏,顙也。湘、江之間謂之䫜,中夏謂之顙,東齊謂之顙,汝、潁、淮、泗之間謂之顏。』顏、額一聲之轉耳。」[72]張舜徽《說文解字約注》曰:「按:顏之言崖也,謂居人身最高處也。《小爾雅・廣服》已云:『顏,額也。』額與顙同。顏、額雙聲,直一語耳。」[73]是顏即額,其位置與兩眉之間相距不遠。《正氣歌》末四句云:「哲人日已遠,典型在夙

---

66 見一、齊鐵恨、梁容若主編:《注音詳解古今文選(一)》,第51期,頁4(總頁244);二、黃蘭波:《文天祥詩選》,頁114;三、張玉奇:《文山詩選注》,頁215;四、鄧碧清:《文天祥詩文選譯》,頁158;五、夏延章主編:《文天祥詩文賞析集》,頁160;六、王兆鵬、郭紅欣主編:《唐宋詩詞教程》,頁165。

67 丁福保:《說文解字詁林》,第13冊,頁12338下。

68 同上注。

69 《注音詳解古今文選》釋「顏色」云:「古人之道恍在眼前,與自己的顏色相映照。」(總244);黃蘭波《文天祥詩選》釋「風簷」二句曰:「在短簷下展開史冊來讀,古人具有『正氣』的光輝形象,與作者的容顏相映照。」(頁114);張玉奇《文山詩選注》釋「照顏色」曰:「照耀在臉上,煥發光彩。」(頁215);張大年《文天祥正氣歌集錦》則釋「照顏色」為「照亮我的容儀」(第六節《正氣歌》今譯,頁3)。

70 丁福保:《說文解字詁林》,第10冊,頁8794上。

71 同上注,頁8794下。

72 同上注,頁8795下。

73 張舜徽:《說文解字約注》,卷17,頁1。

昔。風檐展書讀，古道照顏色。」謂詩中所舉十二位忠貞之士，去今已遠，惟其典範長留在往昔之歷史中；於透風之房檐下，展開古人之書，古人之道，如在眼前，與己眉間額上正氣之光彩，互相映照。

五

至元十九年，天祥四十七歲，已被囚四年。是歲春作贊辭，擬終時，書之衣帶間，敘云：「吾位居將相，不能救社稷，正天下，軍敗國辱，為囚虜，其當死久矣。頃被執以來，欲引決而無間。今天與之機，謹南向百拜以死。以贊曰：孔曰成仁，孟曰取義，惟其義盡，所以仁至。讀聖賢書，所學何事？而今而後，庶幾無愧。宋丞相文天祥絕筆。」[74]

是年十二月八日，元世祖召天祥入殿中，天祥長揖不拜，左右強之拜跪，或以金撾摘其膝傷，仍堅立不為動。元世祖勸天祥道：「汝在此久，如能改心易慮，以事亡宋者事我，即以汝為中書宰相。」天祥對曰：「天祥受宋朝三帝厚恩，號稱狀元宰相，今事二姓，非所願也。」元世祖曰：「汝何所願？」天祥曰：「願與一死，足矣！」次日，宰執奏稱：「文天祥既不願附，不若如其請，賜之死。」元世祖遂可其奏。是日，宣使以金鼓樂迎天祥詣市，天祥欣然道：「吾事了矣。」即為絕筆自贊，繫之於衣帶間。過市，意氣揚揚，神態自若。臨刑，問左右孰南向，再拜後就義。是日大風埃霧，日色無光，見者聞者，無不感泣。[75]

綜觀天祥一生，忠於社稷，抵禦外敵，矢志不移，其愛國精神[76]，氣吞

---

[74] 參一、《文天祥全集》（北京：北京市中國書店），卷17，頁465；二、林逸：《文信國公研究》，頁198-199；三、李安：《宋文丞相文天祥年譜》，頁102；四、張公鑑：《文天祥生平及其詩詞研究》，頁61。

[75] 參一、《文天祥全集》，卷17，頁466；二、林逸：《文信國公研究》，頁201；三、李安：《宋文丞相文天祥年譜》，頁105；四、張公鑑：《文天祥生平及其詩詞研究》，頁62。

[76] 參一、王水根：《文天祥的愛國主義思想述評》，《華南師範大學學報社會科學版》1983年第1期，頁105-113；二、何忠禮：《文天祥愛國思想探源》，《浙江學刊》第4期（1990年），頁99-104；三、邱少平：《文天祥愛國事跡述論》，《益陽師專學報》第13

寰宇，誠感天地，千古同欽。其以身殉國，氣節足以千古。[77]天祥平生服膺儒學[78]，以仁義為本，故其《衣帶贊》云：「孔曰成仁，孟曰取義，惟其義盡，所以仁至。讀聖賢書，所學何事？而今而後，庶幾無媿。」蓋孔子曰：「志士仁人，無求生以害人，有殺身以成仁。」（論語・衛靈公）孟子則謂：「生，亦我所欲也，義，亦我所欲也；二者不可得兼，舍生而取義者也。生，亦我所欲，所欲有甚於生者，故不為苟得也；死，亦我所惡，所惡有甚於死者，故患有所不辟（避）也。」（《孟子・告子上》）[79]天祥於所學所信，始終一貫，故拘囚數年，略不改節，卒之從容就義，視死如歸，可謂求仁得仁。寫〈正氣歌〉的目的，是闡揚中華民族歷史上的正氣，表明個人的心跡，從中可見文天祥之愛國精神。

卷第2期（1992年5月），頁71-74；四、鄭曉江：《論文山精神與愛國主義》，《江西社會科學》第1期（1993年），頁11-14；五、羅才成：《文天祥哲學思想研究》（南昌大學人文學院哲學系碩士學位論文，楊柱才教授指導，2005年），頁7-10；六、黃桂鳳：《文天祥的愛國思想探析》《玉林師範學院學報（哲學社會科學）》第29卷第1期（2008年），頁42-44；七、井偉：《文天祥社會思想研究》，頁12-26。

77 參一、龔道運：《文天的思想和氣節》，《山西師大學報（社會科學版）》，第20卷第2期（1993年4月），頁39-42；二、鄭曉江：《從文天祥之人格氣節看中華民族精神的特質》，《北京大學鄧小平理論研究中心會議論文集》，（2006年10月），頁248-278；三、劉文：《宋末文天祥的氣節問題——以文天祥為中心的歷史考察》（天津市：天津大學馬克思主義學院中國哲學系碩士學位論文，陳多旭副教授指導，2016年5月）。

78 參一、鄭曉江、黃涌：《論文天祥的儒學思想與人格精神》，《國學論衡》，第3輯（2004年），頁129-153；二、劉華民：《文天祥與儒家文化》，《常熟理工學院學報（哲學社會科學）》第1期（2008年），頁102-106。

79 詳參一、何忠禮：《文天祥愛國思想探源》，頁101-102；二、徐興祥：《文天祥愛國思想的儒學底蘊——兼論先秦儒家的人才思想》，《孔學研究》，（1998年）頁231-243；三、劉文：《宋末文天祥的氣節問題——以文天祥為中心的歷史考察》，頁4-8。

無與有的結合
──九諦九解疏釋

楊祖漢[*]

摘要

明代中葉王陽明晚年與王龍溪討論的四有四無之辯，是王學非常重要的課題，成為爭論的焦點。此在後來的周汝登（海門）與許孚遠（敬菴）有進一步的爭辯，所謂「九諦九解」。對於九諦九解之辯雙方立場之所以不同，及其內容涵義，在之前的學者如蔡仁厚先生已有很好的疏釋，但蔡先生的分析仍有未盡處。本論文希望能以蔡先生的說法為基礎，再仔細分析原文，並依牟宗三先生對有關問題的主張，作進一步的疏解。本文的主旨是周海門的見解雖然偏於從作用層上的無，而對許敬菴偏於存有層上的有做出批評，但周海門的說法也可以從有與無的結合來理解，即他要從為善去惡中體現無善無惡的意義，周海門的說法是對王龍溪四無說的合理的發展，本文也對海門以體會無善無惡為先的主張作出批評。

關鍵詞：四無與四有、九諦九解、牟宗三、蔡仁厚、周汝登、許孚遠、有與無的結合

---

[*] 臺灣中央大學哲研所榮譽教授／東吳大學劉光義中國哲學講座教授。

一　緒論

　　王陽明的四句教很扼要地對他的致良知學說的內容及工夫論作出表達。從四句教提出後，王門後學一再對此作出爭論，首先是王龍溪認為四句教並非師門的定本，而提出他的四無說，錢緒山本來不贊成龍溪四無說，認為壞了師門教法，但陽明勸他要悟得四無所言之本體（從無來體會良知本體）。陽明再強調他的四句教是徹上徹下，上下根人都可以用的工夫教法。後來龍溪的學生周海門，對當時候許敬菴批評陽明「無善無惡說」，而提出的〈九諦〉，一一加以反駁，這九諦九解之辯，內容十分豐富精彩，雖然蔡仁厚先生已經根據牟宗三先生的理解，對此論辯作出非常清楚的分析，但我認為還是有一些意思需要進一步提出來。本文先疏理原文，然後提出自己的淺見。

二　九諦九解原文略解

　　《明儒學案・泰州學案》卷三十六，載周海門（周汝登）與許敬菴（許孚遠）九諦九解之辯：

> 南都舊有講學之會，萬曆二十年前後，名公畢集，會講尤盛。一日拈《天泉證道》一篇，相與闡發，而座上許敬菴公未之深肯。明日，公出九條目，命曰《九諦》以示會中，先生為《九解》復之。天泉宗旨益明，具述於左云。

　　這是對辯論緣起的說明，周海門在講會上發揮王龍溪、錢緒山對陽明四句教的不同理解，而陽明加以和會，雖肯定王龍溪四無之說，但認為是對上根人的教法，而對於錢緒山堅持四句教為定說，則認為需通於龍溪的四無說，又認為四句教是徹上徹下的工夫教法，上下根人都應如是做工夫，即都需要從為善去惡而體會到無善無惡的心體，大概海門側重發揮了「無善無惡」的宗

旨，引起許敬菴不滿，許敬菴做了〈九諦〉申明己意，然後周海門逐點加以反駁。蔡仁厚先生有長文疏解這份文獻[1]，他經過牟先生的提點，用實有層的有無（即存在上的有無）與作用層的有無（即有心無心），來分別許敬菴與周海門各自的說法，大概認為許敬菴站在實有層上，肯定天理之為有，與天理之善，於是反對從無善無惡來說本體，此無是實有層的否定；周海門則從作用層上的有無來了解善之有，與無善無惡，即對於天理不能執為有，也不能用相對的善惡來說明，為善者不能自以為是。二人各偏一面，於是論辯沒有交集，流於各說各話，最多是個人顯示出自己所主張的一面道理意義，不能融通。當然以上只是略說，蔡先生的疏解大體明確而可以幫助了解，下面繼續討論此問題，希望轉出一些新意，並非反對蔡先生所說。

《諦》一：

> 《易》言元者，善之長也。又言繼之者善，成之者性。《書》言德無常師，主善為師。《大學》首提三綱，而歸於止至善。夫子告哀公以不明乎善，不誠乎身。顏子得一善，則拳拳服膺而弗失。《孟子》七篇，大旨道性善而已。性無善無不善，則告子之說，孟子深闢之。聖學源流，歷歷可考而知也。今皆舍置不論，而一以無善無惡為宗，則經傳皆非。

許敬菴開宗明義表達了本體之為有、為善，這一對本體之規定是不可否認的。從易之言元（乾元、坤元），又說繼之者善，可見天道性體必須肯定其為善，他再引《書經》、《大學》、《中庸》、《孟子》的有關說法，表達經典都用善來形容本體（天道與性），現在陽明、龍溪用無善無惡來說本體，不是有問題嗎？按陽明以無善無惡說心體，未必否定心體與天道之為有與善，以至

---

[1] 蔡仁厚：〈周海門「九諦九解之辨」的疏解－王門天泉「四無」宗旨之論辯〉，《鵝湖月刊》第5期（1975年11月），收入《新儒家的精神方向》（臺北市：學生書局，2017年3月）。

善來形容心體,也是陽明本有之意。因此牟先生以實有層的有無與作用層的有無之區分,來說明此中糾結,是很有道理的。許敬菴肯定天道性體為有,而且只能用善來形容,可以是朱子心理為二的型態,也可能是心學的路數。即使肯定心即理,亦可認為心體、性體乃至天道之為實有,這是從本心給出的道德法則來肯定天理,而且以此為善,而如果違背了此心所給出的道德法則,則為惡,於是善惡的區分固然是客觀的、一定的,但必須要以本心所自覺呈現的法則來決定。許敬菴是湛甘泉的後學,是陳白沙心學的系統,應該是從心中體現的理來規定天理為客觀實有,以心中體悟之端倪以言理;而並非主張理在心外之實在論的立場,認為天理是客觀的普遍的實有,由心以認知之,並非以本心給出的理性的道德法則來規定理。據後文的辯論,敬菴亦似近乎視天理為客觀實在,在心之外的實在論的型態,但其實義應非如此。

《解》一:

> 維世範俗,以為善去惡為隄防,而盡性知天,必無善無惡為究竟。無善無惡,即為善去惡而無跡,而為善去惡,悟無善無惡而始真。教本相通不相悖,語可相濟難相非,此天泉證道之大較也。今必以無善無惡為非然者,見為無善,豈慮入於惡乎。不知善且無,而惡更從何容?無病不須疑病。見為無惡,豈疑少卻善乎?不知惡既無,而善不必再立。頭上難以安頭,故一物難加者,本來之體,而兩頭不立者,妙密之言。是為厥中,是為一貫,是為至誠,是為至善,聖學如是而已。經傳中言善字,固多善惡對待之善,至於發明心性處,善率不與惡對,如中心安仁之仁,不與忍對,主靜立極之靜,不與動對。《大學》善上加一至字,尤自可見。蕩蕩難名為至治,無得而稱為至德,他若至仁至禮等,皆因不可名言擬議,而以至名之。至善之善,亦猶是耳。夫惟善不可名言擬議,未易識認,故必明善乃可誠身,若使對待之善,有何難辨,而必先明乃誠耶?明道曰:「人生而靜以上不容說,纔說性時便已不是性也。」凡人說性,只是說「繼之者善」也,孟子言「人性善」是也。悟此,益可通於經傳之旨矣。

從〈解一〉的原文看,「維世範俗,以為善去惡為隄防,而盡性知天,必無善無惡為究竟」,維世範俗與盡性知天是上下兩層,這兩層可以是分離的或者是相即的關係,如果是分離的,則盡性知天的境界不在維世範俗的事情上表現,而如果是相即的,在維世範俗的活動上,可以是一般人的境界,也可以是盡性知天者的境界。即是說,盡性知天者,在人倫的生活行動上與一般人的表現是一樣的,只是他的內心是覺悟的境界。即雖然與世俗人一樣為善去惡,但並沒有執著善惡,而是自然而然的表現。據後文「無善無惡即為善去惡而無跡,而為善去惡悟無善無惡而始真」可知維世範俗與盡性知天二者,應該是相即的關係,通過為善去惡的工夫實踐,必須達到無善無惡的覺悟,即是說無善無惡或無跡而自然,是要以為善去惡作為底子,即實下手處的,並不能離開了為善去惡的道德實踐,而獨立說無善無惡或無跡而自然。如果可以這樣理解,則海門所說固然是重在作用層上的無,即無心而自然,但必須連著為善去惡來說,於是為善去惡與無跡,或為善去惡與悟無善無惡,是分不開的。好比是「無為而無不為」,無為與無不為不能分拆開來,由於無為所以能夠無不為(雖然一般人亦可作為,如善去惡,但不能自然而無跡),而從無不為處就可以體會其中的無為,如果可以這樣理解,則為善去惡的實踐必須肯定的天理至善之有,與為善去惡的工夫之有。即天理之為有與依天理而做的為善去惡的工夫,是必須有的。此處的有是實有層上的有,必須肯定。由此才可以說無跡的實踐與無善無惡的體悟。於是海門之意應該是實有層與作用層連在一起來表達,似乎不能說海門只是從作用層上的無,來反對許敬菴對天理至善與為善去惡的工夫之為有的肯定。為善去惡不能沒有,便是對此工夫所依之本體為善為有之肯定。若不肯定其為有,何以仍作為善去惡之行動,而不作自然任性,無所謂善惡的行動呢?從周海門言無善無惡、為善去惡之不離,可知他對善惡之分辨,即天理之為善,並不否定。而許敬菴肯定天理而且認為只能用善來形容天理,這是從實有層上來說的有,當然沒有問題,只是須說明此天理之有與為善去惡的善惡之分別,是依本心給出的道德法則作為標準來區分,並不是先從對客觀存在界的研究,而得出天理之為實有,然後依此判定道德上的善惡。如果是後一種情況,便

是以形上學或存有論的理論來規定道德法則與善惡的區分,許敬菴應該還是屬於心學的系統,不會從存有論意義的存有來規定至善。從後文的論辯來看,敬菴對此義是了解的。對於作用層上的無,即從無心無為的態度來體會天理,敬菴也不是不了解,因此好像也不能簡單地說他只從實有層上肯定有,而對海門所說的無,誤會為實有層上的否定,即認為海門主張至善無善就是沒有善。敬菴是擔心強調無善惡會造成對於天理之實有或善惡區分之不穩定,他其實也能理解為善者不能自以為善,實踐道德必須無心自然之意。此意見後文之論辯。說二人各有偏重是可以的,但不至於完全不理解對方的想法。

周海門〈解一〉所說涵義十分豐富:「今必以無善無惡為非然者,見為無善,豈慮入於惡乎。不知善且無,而惡更從何容?無病不須疑病」,意思是說理解了無善之善才是真善,於是就不會因為說無善,而擔心會入於惡。故無善是至善而無善之意,如上文所說,為善去惡與無善無惡不能分拆開來理解。如果不是善而無善,或為善去惡而無意於善惡的分別,而獨立講無善,當然會有流於惡的嫌疑。所以他所說不知善且無,而惡更從何容,就表示了無善比一般分別善惡為更高一層,即為善而無自以為是善的想法,既是這樣更高一層之想法,當然就不會否認第一層善惡的區別,而缺少了善。若無善是比為善更高一階層,不必擔心少了善,而在此層(為善而無善)當然是不會有惡的,若是則不可見到說無惡便以為會流於惡。於是可證無善無惡,是已為善而無善、已去惡而無惡,是為善去惡達到更高一層的自然而然的境界,於是此無善並非去掉善,無惡也不是不承認有惡,或混同善惡。海門此一辯說甚諦,層次分明,可免誤會。海門致力表達的是無善無惡是為善去惡更高一層的境界,有了這更高一層的體會,才能保住為善去惡,使為善去惡的工夫不產生弊病。如果懂得無善無惡是以為善去惡為工夫成熟之後的更高境界,就不必擔心無善無惡是否定了善,而且不排斥惡。善而無善的無當然是從無心,也就是作用層上的無來說,但這一層是連著對於心體或以善來說心體的肯定來說的,而有這更高一層的體會,才能保住善之為真善,這可以用作用層的否定來保住實有層的肯定來表示。即因為對於此天理之為

善，能夠不執著，不自以為善，甚至無善，才能夠真正實現善的天理，這就是為善去惡而又悟無善無惡，這才是無跡的實踐，而無跡的實踐才是真的實踐。於是通過以上論辯，表示對於心體或良知天理的了解，必須層層超越，對使用概念一層一層加以辯破，由於使用概念就會連同概念的執著，使通過概念來表達的意義受到限制，於是需要層層破執，如《中論》所說「一切實非實，亦實亦非實，非實非非實」（卷三品十八頌八），可以作以下類比，良知的有其實是無，也是有也是無，最後說並非有也並非無，通過這整個表達過程，才可以說明或掌握良知的意義，於是存有層上的有，與作用層上的無，都要用來說明良知，而且要把這兩層融合在一起不能分開，如上引文海門所說「頭上難以安頭，故一物難加者，本來之體，而兩頭不立者，妙密之言。」善而忘善，更不必以善名之，故曰一物難加；無善可名，惡亦不立，故曰兩頭不立，表達了此超越層的至善本體是超言說境者。而對於經典上所言，為敬菴所提之厥中、一貫、至誠等都指此而言，即都須從超越言說，兩頭不立來了解。如果海門之意確如上文所說，從為善去惡的真正的實踐必須是無跡、無善無惡，則他所說的無就可以是亦有亦無、非有非無之無，即此無是包含了有之無，也可以說不知道哪個是有、哪個是無之無，這樣才是「無之境界」。如果此說可通，則依海門之意，王龍溪〈天泉證道〉所說的悟得心體是無善無惡，則意與知物都是無善無惡，即為無心之心，無意之意，無知之知、無物之物，及陽明所說的悟得無善無惡的心體，從無處立根基，一了百當，應該不能只從無善無惡來說，而是「為善去惡而無善無惡」，即四無境界要在為善去惡的工夫下表現，二者是不離的。這應該是周海門本段確實的涵義，即他並不只在無這個層次上說，而是要說「有而無、無而有」，這兩層或兩義是分不開的。他認為對所謂一貫之道，厥中及至誠至善，都必須要通過前面重重辯破與超越來理解，即無善之善，善而不善等，是了解至誠至善的本體必須要通過的思維過程，因此儒家固然是肯定道德的善，即肯定善是本有的，但此善並不能用一般常識觀點來了解，不能認為天理至善是與惡相對的善，必須從現實經驗中善惡相對的層次超越出來，了解到至善不與惡對，而真正的為善也並非在善惡的分別下，引發自以為善的想

法，而做出的行為，而是須以無心為善，至善無善為準。如果可以這樣理解，則良知的知是知非為善去惡，固然是要肯定的，不能懷疑，但必須要瞭解到知是知非其實是無是無非；而為善去惡的工夫，固然是嚴格的不能打折扣，但其實也是自然而然，並非人為造作。必須要了解到這個地步，才是真正掌握良知本體，真正明白天理，依此而起的也才是「真」工夫。於是吾人可說，若只從知是知非為善去惡，來理解良知，只能算是一般的知，而悟到知是知非而又是無是無非，為善去惡又是無善無惡，才是真知。我曾主張用常知與真知來區別伊川朱子對知理的不同層次的區分，認為伊川與朱子是承認人對性理或明德的本有所知，這也等於承認對於何謂道德法則，是人人本來知道，只是此常知雖然正確，並不穩定，必須通過格物窮理之後，對於心之全體大用無不明，而物之表裡精粗無不到的豁然貫通之知，才可以誠意，即保證有長期無例外的道德實踐，於是認為朱子的格物窮理是要求得到對性理的真知，而此對性理之真知，是有人對於道德法則的常知或本知作根據的。現在通過上文的辨析，陽明的良知教也可以用常知與真知來區分其中所含的兩個層次。龍溪所認為的四句教中所說的心意知物，仍處在「有」的層次，因為此四者都是有善有惡，未至無善無惡的無的境界，此中的為善去惡與知善知惡，當然是沒有問題的，但只是一般的了解，如果良知教只停留在這一層次，就不是上達（悟性知天）的境界，也不能沒有毛病。這就可以理解〈解一〉所說的「維世範俗，以為善去惡為隄防，而盡性知天，必無善無惡為究竟」之意。為善去惡是對於維世範俗所說的，這不就是常知嗎？而盡性知天必須以無善無惡為究竟，不就是對良知教的真知嗎？當然四句教之意含以知善知惡來為善去惡，會回到無善無惡的心體，就不只是表達對良知教的常知，而是從常知達到真知。而此對良知的真知境界，是以為善去惡、知是知非的良知為根據說上去的。當然如果說不到無的境界，不能算是對良知或對本體的真知，故〈天泉證道〉中陽明所說的中下根人，「未嘗悟得本體」，不是說中下根的人不了解良知，良知人人悟得，這本來便是陽明學的特別貢獻所在，故未嘗悟得之本體，並不只是知善知惡的良知，而是知善知惡而無善無惡，良知是無知之知，無體之體之意。對於知是知非的良知，人

人悟得，但如果要悟得良知本無知、本無體，就非一般只從知是知非說良知者所能達到。周海門應該是主要表達這一層意思，因此在後文他強調了不了解無善才是至善，會產生極大的災禍。於是對於良知無知或心體無體，為善去惡而本來無善無惡，雖然可以說是上根人才能悟得，但照九解的文意看來，是要討論或要了解良知本體者，必須了解此義，不了解就會出毛病，不能夠維持良知長期呈現。於是四無必須連同四有來說，言為善去惡必須達無善無惡之境，雖然理境很高，但說良知教的人必須了解此。即是說對於良知的真知，是言良知之教者所必須要有的，並非上根人才要了解。〈解一〉的後段，認為中庸所說的明善才能成身，所明的善就是至善，而至善又即是無善之善。對於這無善之善才為至善，當然是不容易了解的，因此明善才能誠身。意思是說懂得善而無善，知是知非而無是無非，才能真正做到誠身，這就證明前面所說的這種善而無善的境界，並非只要求上根人，即如果不了解此義，就不能有真正的誠身效果。可見對良知的了解，必須要達到這個地步，才可以貫徹良知而不生毛病。

　　為善去惡必須進到無善無惡，才是無跡的實踐；而必須悟到無善無惡，為善去惡才是真正的為善去惡。這幾句話所表達的是為善去惡與無善無惡必須關聯在一起，如上文所說。而其文意又表示為善去惡之後會達到無善無惡之境，與悟到無善無惡，為善去惡的修為或實踐才成為真修為、真實踐。這裡似乎有無善無惡可以有在為善去惡之後或之前的問題，這是作為實踐工夫論來看無善無惡的境界或對其覺悟，應該是在為善去惡的實踐之先或之後的問題，這問題在後文《諦七》與《解七》處會繼續討論。

　　《諦》二：

> 宇宙之內，中正者為善，偏頗者為惡，如冰炭黑白，非可私意增損其間。故天地有貞觀，日月有貞明，星辰有常度，嶽峙川流有常體，人有真心，物有正理，家有孝子，國有忠臣。反是者，為悖逆，為妖怪，為不祥。故聖人教人以為善而去惡，其治天下也，必賞善而罰惡。天之道亦福善而禍淫，積善之家，必有餘慶，積不善之家，必有餘殃，

> 自古及今，未有能違者也。而今日無善無惡，則人安所趨舍者歟？

許敬菴強調了價值判斷標準的實有性，認為一定要有此一標準作為價值判斷的根據，故認為天地間是有善惡分別，這好比冰炭黑白，不容混淆。他這一立場是認為天地間本來就有天理，這當然是儒家所肯定的，但這客觀的真理依何而定呢？可以借用康德的分析來說明一下，如果是從我們經驗到的苦或樂來規定善惡的不同，那就是經驗論者的立場，以感性生命的愛惡來決定善惡，這是價值相對論，而且以價值標準建立在經驗上的感受上，是他律，而且沒有客觀普遍性，這當然不是儒家的立場。如果以理性為根據決定善惡，如以完滿為善，即以每一存在物如何存在才是其完滿的，以此來規定善，這是以存有論的圓滿來決定善，康德認為這固然比從經驗來決定善惡分別，來得優勝，但是空洞，在存在界尋找存在的圓滿，而不預設道德的善是很難找到的，如果預設道德的善作為圓滿的根據，那麼以圓滿來規定善，就陷入了循環論證。而如果以無限的存有即上帝來規定善，由於人沒有能夠直覺到上帝，對上帝沒有經驗知識，則所謂以上帝來規定善，會陷入因為害怕上帝的懲罰，而不敢為非作歹，這不可能是真正的道德行為。以上三個型態都是所謂意志的他律，而只有從人的理性意志本身給出道德法則，而自己遵守，才是真正的道德行為，所謂意志自律。而這雖然是自律，自己給出的，但這法則或理性的自己具有客觀性、普遍性，因為人同此心，心同此理。經過以上的分析，許敬菴所認為的善惡有其客觀的區別，天地間有正理，是屬於哪一個理論型態呢？他好像有實在論的特性，即以道德之理是客觀的存在，不因為人的想法而改變，但似乎也可以理解為肯定心即理，以理性的心靈給出的法則來規定善惡之型態，故他在上引文中也肯定「真心」，即他可以是從真心表現出來的道德法則來規定善惡，即不是先去規定何謂善何謂惡，因為這樣做往往是他律的型態，而是先決定何種為道德法則，然後以法則來規定善，即可於法則的要求者為善，反之則為惡，於是善是法則要求要去實現的，而惡是法則要求避免或要去避免或取消（見康德《實踐理性批判》第二章），如果敬菴是這個立場，那他肯定善惡客觀性的主張，當然沒有問題。

即他是以真心所表現出來的道德法則或是非之理來判別善惡對錯,而雖然是由心表現的法則來作標準,但還是可以說有普遍性與客觀性,於是可以真心與道德法則的普遍性與客觀性,來說天地間本來有這個常道、常理。依此人生有正確的方向,亦相信天道會賞善懲惡,福德禍淫。若不能有此肯定,人生何所歸趨?

《解》二:

> 曰中正,曰偏頗,皆自我立名,自我立見,不干宇宙事。以中正與偏頗對,是兩頭語,是增損法,不可增損者,絕名言無對待者也。天地貞觀,不可以貞觀為天地之善,日月貞明,不可以貞明為日月之善,星辰有常度,不可以常度為星辰之善,嶽不可以峙為善,川不可以流為善,人有真心,而莫不飲食者此心,飲食豈以為善乎?物有正理,而鳶飛魚躍者此理,飛躍豈以為善乎?有不孝而後有孝子之名,孝子無孝;有不忠而後有忠臣之名,忠臣無忠。若有忠有孝,便非忠非孝矣。賞善罰惡,皆是「可使由之」邊事,慶殃之說,猶禪家談宗旨,而因果之說,實不相礙。然以此論性宗,則粗悟性宗,則趨舍二字,是學問大病,不可有也。

用「實有層的有」與「作用層的無」來分別了解敬菴與海門此處之辯,大體相應。即海門認為對於對錯是非所根據的法則或價值標準,是人的自我立法,本來不關天地萬物的事情,所以雖然有這決定道德上是非善惡的法則,但是不能認為是如天地萬物般客觀的存在,這樣講是強調道德法則是通過人的自作主宰自我立法,這是沒有問題的,於是不能用實有層上的有來說明。可說是「有而不有」,於是人亦不可以執有之。但雖然是通過意志的自我立法,而有道德法則的價值標準,但難道不能夠根據這個自我立法來說天地間本來有這個道理、本來有這個道德價值的標準嗎?按照儒學道德形上學的說法,這由人的意志自我立法給出來的道德法則,本來就是天理,即是支持天地萬物存在的根源力量,與宇宙生化活動的法則所在,這是由道德實踐而說

上去，對於存在界給出說明，認為道德的活動就是宇宙的生化。敬菴可以站在這立場說有，而現在海門的論辯，好像忽略了這個意思，完全站在道德法則與價值標準是人自己給出的，是有而不有；從這個角度認為這是人的事情，不是天地萬物原來有的立場，這一理解可能是有所偏了，似乎已從作用層的有無滑轉為實有層的有無，已經不只是不能執有之意。或者海門之意是說天地有常道是人之體會，天地不會自覺是如此，更不會自以為善，於是人當效法天地之無心，必須以無善無惡之心以表現諸德。即海門仍是以作用上的無心以言無，這樣便無問題。即海門言無，須嚴格限於作用層上說，但這恐怕不容易。言無而一定不能從有無之意上說，並不自然。對於人通過自我立法而訂出來的道德法則與價值標準，固然不能視作為本有的自然存在，但法則的實有性也不能否認。此處辯論的確表達了海門偏於作用層來了解「有」的問題，即從有心、有其善來了解，而反對敬菴之言有。

《諦》三：

> 人心如太虛，元無一物可著，而實有所以為天下之大本者在。故聖人名之曰中，曰極，曰善，曰誠，以至曰仁，曰義，曰禮，曰智，曰信，皆此物也。善也者，中正純粹而無疵之名，不雜氣質，不落知見，所謂人心之同然者也，故聖賢欲其止之。而今曰無善，則將以何者為天下之大本？其為物不貳，則其生物不測，天地且不能無主，而況於人乎？

按許敬菴說「人心如太虛，元無一物可著」，已經表達了人心（或敬菴所謂的真心）是虛寂自然的，即關於以作用層的無來形容本心或本體，他是了解的，如果更明說本體至無而又至有，如同熊十力先生所說，本體虛寂而生生，不能因為本體的虛寂，就說沒有本體，這便沒有問題。因此敬菴所說「實有所以為天下之大本者在」，如果是說真心至虛而又至有，亦即天下之大本，便是很恰當的表達，在此處也可以用本體是「無（虛寂）」而「有（大本）」來表示，以此說來反對海門，就是說不能因為本體的虛寂，就說

沒有本體。只是敬菴以此義收攝海門之言無,又似有虛無與大本為二之意,故為海門後文抨擊。

《解》三:

> 說心如太虛,說無一物可著,說不雜氣質,不落知見,已是斯旨矣,而卒不放舍一善字,則又不虛矣,又著一物矣,又雜氣質,又落知見矣,豈不悖乎?太虛之心,無一物可著者,正是天下之大本,而更曰實有所以為天下之大本者在,而命之曰中,則是中與太虛之心二也。太虛之心,與未發之中,果可二乎?如此言中,則曰極,曰善,曰誠,以至曰仁,曰義,曰禮,曰智,曰信等,皆以為更有一物,而不與太虛同體,無惑乎無善無惡之旨不相入,以此言天地,是為物有二,失其指矣。

許敬菴的說法已經不只是言存有層的有,對於「無心」的態度也有肯定。因此海門說敬菴已了解到本旨,但認為敬菴仍放不下本體的善與有,海門的理解是「太虛之心,無一物可著者,正是天下之大本」,即是說無一物可著的空靈的、虛寂的心境,就是大本所在,這是說虛無即本體。大概他認為敬菴把虛寂自然與大本分開來說。所謂分開說,就是通過虛寂自然而體會到其中有本體,本體與虛無為二,於是海門把這個本體與虛寂的區分打掉,認為虛寂的心境本身就是大本,但是這樣表示後必須進而說至虛而又至實,至寂而又生生,才合儒家義;如果只言本體虛無而不言其亦為至有,如上引文海門反對敬菴以極、善、誠言此本體,則與佛教的般若智證空證如,無自性就是法性,不能另說法性,亦不可言法性,為實有、本體,又有什麼分別呢?恐怕海門的說法的確有偏於虛無的問題。而敬菴的說法從虛寂而體會到實有,於是本體的有與本體的虛無似可以分開講,這樣亦可能有心理為二之問題。如上文提到,當代熊十力先生的體用論,言本體虛寂即生生,應該更符合儒家義理。當然,海門的說法也可以往這個意思上來體會,即本體是虛無,也是生生,於是可以用無而有,或雖虛無而亦健動,這樣理解就沒有問題。

《諦》四：

> 人性本善，自蔽於氣質，陷於物欲，而後有不善。然而本善者，原未嘗泯滅，故聖人多方誨迪，使反其性之初而已。祛蔽為明，歸根為止，心無邪為正，意無偽為誠，知不迷為致，物不障為格，此徹上徹下之語，何等明白簡易。而今曰心是無善無惡之心，意是無善無惡之意，知是無善無惡之知，物是無善無惡之物，則格知誠正工夫，俱無可下手處矣。豈《大學》之教，專為中人以下者設，而近世學者，皆上智之資，不學而能者歟？

按敬菴的說法，似是朱子的思想型態，通過格致誠正工夫以復性，而不是致良知當下暢通道德實踐之源，但敬菴之說亦可通於陽明四句教之工夫，人要肯定作為價值標準的天理良知，以此至善的本體作為工夫修養的根據，不符合道德法則或本心良知的要求者，就必須改過、遷善，這就是陽明四句教後三句的工夫教法，是沒有問題，故後文敬菴亦肯定陽明。但按陽明，通過為善去惡的工夫之後，要回到第一句，即對於無善無惡的心體有所體會，這就是周海門前文要表達的意思，而這一點許敬菴就不贊成。對於王龍溪順著四句教的無善無惡心之體，而進一步說心意知物都是無善無惡的，所謂四無句，敬菴當然更不贊成，他認為這個說法沒有辦法給出工夫的標準，沒有作為標準的本體，則如何對治現實生命的不合理，工夫又如何下手呢？敬菴認為大學格致誠正的工夫教法，是徹上徹下，即適用於所有人，若如四無說，則大學便只能是為中下根人而設，而近世學者，皆是上智之人，不須用大學工夫。這是譏諷言無善無惡及四無說並非切實工夫。

《解》四：

> 人性本善者，至善也，不明至善，便成蔽陷。反其性之初者，不失赤子之心耳。赤子之心無惡，豈更有善耶？可無疑乎大人矣。心意之（知）物，只是一個，分別言之者，方便語耳。下手工夫，只是明

善,明則誠,而格致誠正之功更無(別)法。上中根人,皆如是學,舍是而言正誠格致,頭腦一差,則正亦是邪,誠亦是偽,致亦是迷,格亦是障。非明之明,其蔽難開,非止之止,其根難拔,豈《大學》之所以教乎?。

《解》四以至善規定人性之善,而所謂至善,即無善之善,如赤子之心,孝親敬長而不自知其為孝悌,而大人也只是保持此心。故依此言無善,是比善惡相對善之善更高一層,不能以為言無善即缺乏了善也。此義上文已說。「頭腦一差」云云,亦表達了在《解》一中的內容大意。周海門表達了必須對本體的無善無惡有了解,才可以有正確的工夫教法,表明了他與王龍溪及龍溪所載陽明所說的「四無」是為上根人立教,「四有」是為中根以下的人立教,分開兩種工夫教法,意思已有不同。海門的理解應該是「四有」句要達到「四無」的了解,才沒有毛病,而「四有」也就是「四無」境界表現的根據,即不是把四無與四有分開獨立,這應該可說是四無在四有的實踐中的表現,而這一說法所代表的最高境界,雖然不是中下根人容易表現的,但也必須以這一理解作為對內聖學的工夫的正確了解。即是說雖然是中下根人,也要有為善去惡必須達到悟無善無惡,亦即「為善去惡而無跡」的了解。當然有這個了解,不能夠代表說中下根人就可以用四無作為工夫,這裡是需要區別的。

《諦》五:

古之聖賢,秉持世教,提撕人心,全靠這些子秉彝之良在。故曰:「民之所好好之,民之所惡惡之。」「斯民也,三代之所以直道而行也。」惟有此秉彝之良,不可殘滅,故雖昏愚而可喻,雖強暴而可馴,移風易俗,反薄還淳,其樞柄端在於此。奈何以為無善無惡,舉所謂秉彝者而抹殺之?是說倡和流傳,恐有病於世道非細。

敬菴認為必須要有這個善的標準,才能正人心、移風易俗,這也等於表達了

海門所說「維世範俗」要強調「為善去惡」之義，一般人當然要懂得根據道德法則或良知（秉彝之良）而來的善惡區分，與給出恰當的價值判斷，這樣才能夠通過教化培養人的善心而移風易俗。此意當然不能反對，但海門在後文轉出的意思也非常精彩。

《解》五：

> 無作好無作惡之心，是秉彝之良，是直道而行。著善著惡，便作好作惡，非直矣。喻昏愚，馴強暴，移風易俗，須以善養人。以善養人者，無善之善也。有其善者，以善服人，喻之馴之必不從，如昏愚強暴何！如風俗何！至所謂世道計，則請更詳論之。蓋凡世上學問不力之人，病在有惡而閉藏，學問有力之人，患在有善而執著。閉惡者，教之為善去惡，使有所持循，以免於過。惟彼著善之人，皆世所謂賢人君子者，不知本自無善，妄作善見，舍彼取此，拈一放一，謂誠意而意實不能誠，謂正心而心實不能正。象山先生云：「惡能害心，善亦能害心。」以其害心者而事心，則亦何由誠？何由正也？夫害於其心，則必及於政與事矣，故用之成治，效止驩虞，而之以撥亂，害有不可言者。後世若黨錮之禍，雖善人不免自激其波，而新法之行，即君子亦難盡辭其責，其究至於禍國家，殃生民，而有不可勝痛者，豈是少卻善哉？范滂之語其子曰：「我欲教汝為惡，則惡不可為，教汝為善，則我未嘗為惡。」蓋至於臨刑追考，覺無下落，而天下方且恥不與黨，效尤未休，真學問不明，認善字之不徹，其弊乃一至此。故程子曰：「東漢尚名節，有雖殺身不悔者，只為不知道。」嗟乎！使諸人而知道，則其所造就，所康濟，當更何如？而秉世教者，可徒任其所見而不喚醒之，將如斯世斯民何哉？是以文成於此，指出無善無惡之體，使之去縛解粘，歸根識止，不以善為善，而以無善為善，不以去惡為究竟，而以無惡證本來，夫然後可言誠正實功，而收治平至效。蓋以成就君子，使盡為、夔、稷、契之佐，轉移世道，使得躋黃、虞、三代之隆，上有不動聲色之政，而下有何有帝力之風者，舍

茲道其無由也。孔子曰:「聽訟吾猶人也,必也使無訟乎?」無訟者,無善無惡之效也。嗟乎!文成茲旨,豈特不為世道之病而已乎?

海門認為移風易俗,應該以無善無惡的體悟來運用為善去惡的教法,才可以達成最好的教化結果,如果先有善惡的成心,就會使得教導百姓為善去惡,成為有心的作為,於是就達不到移風易俗的結果,他在這裡區分了以善來教人與以善來養人的不同,以善養人就是以無善之善來薰陶人,從事教化者不認為自己有資格去教導人,有這種胸襟、懷抱,才能夠通過他的身體力行感召人,可以說愈不自以為善,愈能夠以他的善行來作榜樣,而這種才是真正有效的教化。對於為善而不能忘善,於是以善人君子自居者,引發的流弊、禍害的深重,海門講得非常深入,他以東漢的黨錮之禍及宋代新舊黨爭來說明,那些與奸黨對抗的,都是正義之士、重名節之士,即都是君子,但這些君子的作為往往矯枉過正,在史書上的記載也不少,而由於如此,於是造成了如孔子所說「人之不仁,疾之已甚,亂也」的問題,於是激化鬥爭,亂局一發不可收拾。海門認為這就是以善為有,執著於善而放不下,而產生的流弊。自以為是君子的那一些名士不能以無善惡的心境來為善去惡,於是就有「有善而執著」的毛病,即自以為是善,而對於不合理的事情,惡惡太甚,海門這一說法當然是藉古諷今,是要批評明代東林黨與非東林黨的鬥爭,對於東林諸君子,當然不好嚴格加以批評,但是他們有沒有犯了「有善而執著」的毛病呢?還是有的,於是造成了明代末年的紛亂,加速了明朝的滅亡。在此處的討論,的確表現了海門真實的體會,就是提倡為善去惡來教化百姓的做法,必須出自不自以為是善,甚至對於道德上善惡的區分,不能夠執著的態度,即不能說自己代表了善,而自己所反對的一定就是惡。通過道德法則或本心良知規定的善惡區分,當然不能移動,但去表現為善去惡的判斷時,不能在自以為是善的態度下來表現,這個道理也是不能反對的。因此海門對於學問有力之人「有善而執著」,表達地非常深入而完整之反省,比較而言,小人「有惡而閉藏」產生的害處可能沒有「有善而執著」的人來得大。人的自我意識因為為善而造成膨脹,於是不能容人,由此而產生的忌

妒、殘忍之惡，是非常嚴重的，這也可以說是由驕傲而產生的罪惡，如基督教的說法[2]。

海門此處所說，能夠移風易俗，由於自以為是無善無惡，能夠有這種對於「無」的體會，才可以產生真正的移風易俗的結果，這所謂是以善養人，而不是以善教人。以善教人如同郭象《莊子》注所說的「自任者對物」；以善養人就是「順物者與物無對」[3]，順物者就是讓物作主，成全物的需要，而不是以自己的想法做準，要求對象服從自己，海門的說法也通於道家的玄理，當然在這個地方，不能批評他儒道混同，在此處，道理是相通的。

《諦》六：

> 登高者不辭步履之難，涉川者必假舟楫之利，志道者必竭修為之力。以孔子之聖，自謂下學而上達，好古敏求，忘食忘寢，有終其身而不能已者焉。其所謂克己復禮，閉邪存誠，洗心藏密，以至於懲忿窒欲，改過遷善之訓，昭昭洋洋，不一而足也。而今皆以為未足取法，直欲頓悟無善之宗，立躋神聖之地，豈退之所謂務勝於孔子者邪？在高明醇謹之士，著此一見，猶恐其涉於疏略而不情，而況天資魯鈍，根器淺薄者，隨聲附和，則吾不知其可也。

敬菴認為成德是需要長途跋涉的工夫者，工夫過程中的辛苦，階段從低而高、從下而上，也不能忽略，因為現實上人的生命活動，是有需要克己復禮、調養澄清的地方。如果不能正視生命的限制性，即感性欲求與妨礙本心呈現的習氣的存在，而認為當下可以體會無或了解無善無惡的境界，而當下達到成德的最高階段，是不合理的想法。敬菴此說也的確看到人成德的艱難，如果不下切實的工夫變化氣質、轉移習氣、克己復禮，成德成聖只是夢想。

2　C. S. Lewis, *Mere Christianity*. 書中論驕傲是大罪，說得非常深入。
3　《莊子·逍遙遊》，郭象注：「自任者對物，而順物者與物無對」。

《解》六：

> 文成何嘗不教人修為？即無惡二字，亦足竭力一生，可嫌少乎？既無惡，而又無善，修為無跡，斯真修為也。夫以子文之忠，文子之清，以至原憲克伐怨欲之不行，豈非所謂竭力修為者？而孔子皆不與其仁，則其所以敏求忘食，與夫復禮而存誠，洗心而藏密者，亦可自思，故知修為自有真也。陽明使人學孔子之真學，疏略不情之疑，過矣。

海門同意成德必須要有長期修為，但他所說的修為是對於四無境界的體會，此段所說的「修為無跡」、「修為自有真」處，也表達了上文所說必須了解為善去惡而無跡，也可以說心體本來是無善無惡之意，能夠對此「真」有了解，才可以有正確的修為工夫，這也可以是王學之常知與真知的區分。良知知是知非，也要求為善去惡，這可以說是對良知的「常知」（一般的了解），而良知本來無是無非、知善知惡的本體，其實是無善無惡的，必須要這兩面都能了解才是對良知的「真知」。如果此意可以說，則一般只從知善知惡、為善去惡來說良知，就不是對良知的「真知」。如果可以這樣來詮釋，則海門對於四無說的意義，是有推進的。

《諦》七：

> 《書》曰：「有其善，喪厥善。」言善不可矜而有也。先儒亦曰：「有意為善，雖善亦粗。」言善不可有意而為也。以善自足則不弘，而天下之善，種種固在。有意為善則不純，而吉人為善，常惟日不足。古人立言，各有攸當，豈得以此病彼，而概目之曰無善？然則善果無可為，為善亦可已乎？賢者之疑過矣。

《解》七：

> 有善喪善，與有意為善，雖善亦私之言，正可證無善之旨。堯、舜事

業,一點浮雲過太虛,謂實有種種善在天下,不可也。吉人為善,為此不有之善,無意之善而已矣。

許敬菴《諦》七的說法,表達了他對於作用層的「無」不是不了解,故海門對他有肯定,但何以又有批評,覺得敬菴不足呢?可以如上文所說的,必須要從兩層來理解良知,才是完全的,於是「四有」的「有」,必須被理解為「有而無」,而「四無」之「無」,必須成全「四有」,故是「無而有」。這樣子有而無、無而有,無、有渾一不分,才是最終極的了解。因此敬菴雖然略懂無心之意,但所了解的並不完全。

另外,許敬菴對於為善而不自以為是善,這種作用層的無心是有了解的,但何以他仍然一再抨擊「無善無惡心之體」這一說法是不對的呢?他當然是把無善無惡理解為有無之無,那何以在能了解作用層的無心後,仍然會把無善無惡理解為存有層上的無呢?這裡我想為他補充說明一下,說明他這種質疑未嘗沒有道理。從下手工夫的問題上來考慮,如果無善無惡是為善去惡而無跡,則為善去惡是在先的工夫,這工夫用到成熟的地步,就自然無善無惡,如果是從為善去惡,要悟無善無惡而始真,則好像需要以悟無善無惡為先,能先悟此無善惡的境界,才可以有真正的為善去惡的實踐,這兩處所表示,就有在工夫上以何為先的問題。按上文許敬菴的講法,當然是以為善去惡為先,為善之後不自以為有善可為,於是就避免了「有其善、喪厥善」的毛病,也可以避免「有意為善,雖善亦粗」的問題,但按海門之意,他明顯是要對於無善無惡的境界先有所了悟,能體悟這個境界,才可以有真正的為善去惡或有真修為。這是以悟無善惡為先,這是否能夠給出為善去惡的行動呢?這是不能不考慮的,從為善去惡的工夫而進到無善可為的境界,是比較能夠掌握的,而為善去惡有良知知善知惡、知是知非為根據,在實踐上也沒有問題,但以悟無善無惡為先,在這種自然而然、沒有善惡分別的心境下,是否可以開出為善去惡的實踐呢?這不一定沒有問題。這就是王龍溪四無說所提出的「從無處立根基」,而希望當下使心、意、知、物都達到自然而然、無心的境界,這可能真的有問題,所謂問題,就是不能直接扣緊良知

的知是知非來做出切實的道德實踐。如果順著以體悟無善無惡為先來做工夫，這種對於無的了解，是否只是作用層的無，而不會有存有層上的無的意思呢？如果以體無為先，而沒有為善去惡的道德實踐的意義作基礎，則就不會有為善而去掉有意的作用層，而只剩下有無的「無」的意義，即是說會滑轉成為實有層上的無，如果是這樣，許敬菴一再強調海門，乃至於龍溪、陽明的無善無惡說，是對天理或善的否定，不無沒有道理。即是說，從為善去惡而進至無善無惡，是沒有問題的，但如果離開了為善去惡，獨立地去體會無善無惡，那就不一定保留為善去惡的道德實踐義。而無善無惡，也會從作用層的無，滑轉為存有層上的有無之無，這可能就是順著龍溪的四無說而引發的王學流弊，所謂「虛玄而蕩」的原因，於是以為善去惡的工夫為先，或以體悟無善無惡為先，這一工夫上的先後問題，應該是十分重要的。

　　南北朝時候僧肇的《肇論》，一般認為很能表達般若學證空的主旨，尤其是此證空是當體即空，所謂「體法空」，而不是「色敗空」。即般若智證空是體會到所遭遇的任何事情都是緣起，都是無自性，於是能夠「即物順通，故物莫之逆；即偽即真，故性莫之易」（《肇論‧不真空論》），表達了主體的般若智體會，與客觀存在物性的空當下相應，而不是以自己對空的了解來對存在物作特別的了解，即不須把不空的存在，特意了解為空，而是物本來無自性。僧肇在〈般若無知論〉中表達了佛智（聖智）是般若智，因為其中無惑取，故無知而無不知，在此論中，僧肇回答第一個論難，表達了般若智本是無知，並非「返照然後無知」。難者說聖智應該是有所知，不能說無知，因為聖智「必有知於可知，必有會於可會」，所以會說無知無會，是聖人無私於知會，故不言能知能會，這等於說是有知而不自以為知，這一說法就好像上述敬菴的想法。對此，僧肇回應說不是有知而自我謙虛，認為無知，而是本來證空的般若就是無知，而這種無惑取之知的般若，是可以通達一切的，如上引〈不真空論〉所說。而海門的解法，我在上文規定為以悟無善無惡為先，這也可以用僧肇此處所說的意思來表示，即工夫是用在破除惑取之知，沒有惑取，就是沒有執著，而此時就可以表現般若的活智，於是愈能證空而無知，就愈能表現無知之知，如同上文我所說的，周海門的意思是愈能

體會無善無惡，愈沒有善惡的分別，就愈能表現良知的為善去惡、知是知非。而在此處，不必言有知而後不自以為有知，不須要有這個反省或返照，只說良知無知或無善無惡就可以了。但這種工夫在表現般若智是可以成立的，而在表現知是知非的良知，則恐怕有問題。良知是道德的主體，開顯或呈現良知，如果只在無知或無心處用功，是否能把知是知非、為善去惡的活動中所必含的道德意識顯發出來呢？應該是有疑問的。

《諦》八：

> 王文成先生致良知宗旨，元與聖門不異。其《集》中有「性無不善，故知無不良。良知即是未發之中，即是廓然大公，寂然不動之本體，但不能不昏蔽於物欲，故須學以去其昏蔽。」又曰：「聖人之所以為聖人者，以其心之純乎天理，而無人欲之私也。學聖人者，期此心之純乎天理，而無人欲，則必去人欲而存天理。」又曰：「善念存時，即是天理。立志者，常立此善念而已。」此其立論，至為明析。「無善無惡心之體」一語，蓋指其未發廓然寂然者而言之，而不深惟《大學》止至善之本旨，亦不覺其矛盾於平日之言。至謂「有善有惡意之動，知善知惡是良知，為善去惡是格物」，則指點下手工夫，亦自平正切實。而今以心意知物，俱無善惡可言者，竊恐其非文成之正傳也。

敬菴認為陽明的致良知教符合聖學，但據前文他對於無善無惡的反對，可見他是贊成四句教的後三句，這後三句表達了非常清楚的、根據良知來為善去惡的工夫，當然也可以說後三句的工夫做得成功、成熟了，就自然可以達到第一句，即體會心體原來是為善去惡而自然的，這如同唐君毅先生所說，四句教的第一句應該放在後三句的工夫成熟了之後才說，第一句是後三句工夫論的結果。[4] 這也是上文對於為善去惡與悟無善無惡何者為先的問題。

---

[4] 唐君毅先生提到：「此中所謂無善無惡之心之體或理之靜，初乃由人之既能知善知惡，而有為善去惡之工夫之後，所反證而得者」。見唐君毅：《中國哲學原論·原性篇》（香港：新亞書院研究所，1968年），頁437。

《解》八：

　　致良知之旨，與聖門不異，則無善惡之旨，豈與致良知異耶？不慮者為良，有善則慮而不良矣。「無善無惡心之體」一語，既指未發廓然寂然處言之，已發後豈有二耶？未發而廓然寂然，已發亦只是廓然寂然。知未發已發不二，則知心意知物難以分析，而四無之說，一一皆文成之秘密。非文成之秘密，吾之秘密也，何疑之有？於此不疑，方能會通其立論宗旨，而工夫不謬。不然以人作天，認欲為理，背文成之旨良多矣。夫自生矛盾，以病文成之矛盾，不可也。

海門認為如果贊成陽明平日的說法，則對於四句教的首句，乃至於龍溪的四無句，也當該贊成，理由應該是上文所說，為善去惡必須要達到無跡而自然，才是究竟之意。但是否能夠當下悟無善無惡，而使為善去惡成為真正的道德實踐呢？即可以為善去惡而又避免了自以為善，以人為惡，於是好善惡惡成為不自然、激化鬥爭呢？這須更作討論。海門的回應也非常有深意，也表達了道德實踐容易發生的生命上的重大問題。即為善而執著一定要化除，不然的話愈要為善，愈會增加了自以為善的執著，在這種情形下的為善，其實產生的結果會是重大的災禍。這是自以為善的驕傲心理會產生重大毛病的緣故。《解》八所說「未發已發不二」，似乎可以證上文所說「有、無兩層在良知是不能分開來說」之意。

《諦》九：

　　龍溪王子所著《天泉橋會語》，以四無四有之說，判為兩種法門，當時緒山錢子已自不服。《易》不云乎，「神而明之，存乎其人；默而成之，不言而信，存乎德行。」神明默成，蓋不在言語授受之際而已。顏子之終日如愚，曾子之真積力久，此其氣象可以想見，而奈何以玄言妙語，便謂可接上根之人？其中根以下之人，又別有一等說話，故使之捍格而不通也。且云：「汝中所見是傳心秘藏，顏子、明道所不

敢言，今已說破，亦是天機該發，世時豈容復秘？嗟乎！信斯言也，文成發孔子之所未發，而龍溪子在顏子、明道之上矣。其後四無之說，龍溪子談不離口，而聰明之士，亦人人能言之。然而聞道者，竟不知為誰氏！竊恐《天泉會語》畫蛇添足，非以尊文成，反以病文成。吾儕未可以是為極則也。

敬菴反對陽明對於王龍溪與錢緒山之間爭論的調停與和會，陽明以對上根人與中下根人的兩種教法來區分四有與四無，認為四無句是針對上根人的教法；而中下根人按照四有句（四句教）來修為就可以了。當然陽明後面也說四句教雖然中下根人可用，但上根人也不能廢，這是表示為善去惡的工夫人人通用，只是通過為善去惡的工夫而體會到無善無惡，不是中下根人可以達到。這是從工夫論上來講，中下根人不能用當下體無來作工夫，但是工夫論上不適用，不代表中下根人不能夠對於四無境界有了解，中下根人也可以先了解四無境界，以此作為標準，作為為善去惡工夫的嚮往，我想可以用「工夫上不能用，但必須要對境界有了解」來解決此處的爭論。敬菴對此意的了解好像不夠，於是他認為對於四無說的化境義理是不能說的，說這個境界是會啟發後學躐等、求頓悟的毛病，這樣最後會一事無成，於修德毫無益處。

《解》九：

> 人有中人以上，中人以下二等，所以語之亦殊。此兩種法門，發自孔子，非判自王子也。均一言語，而信則相接，疑則捍格，自信自疑，非有能使之者。蓋授受不在言語，亦不離言語，神明默成，正存乎其人，知所謂神而明，默而成，則知顏子之如愚，曾子之真積，自有入微之處。而云想見氣象，抑又遠矣。聞道與否，各宜責歸自己，未可疑人，兼以之疑教。至謂顏子、明道不敢言等語，自覺過高，然要之論學話頭，未足深怪。孟子未必過於顏、閔，而公孫丑問其所安，絕無遜讓，直曰：「姑舍是而學孔子。」曹交未足比於萬章輩，而孟子教以堯、舜，不言等待，而直言誦言行行是堯而已。然則有志此事，

一時自信得及，誠不妨立論之高，承當之大也。若夫四無之說，豈是鑿空自創？究其淵源，實千聖所相傳者。太上之無懷，《易》之何思何慮，舜之無為，禹之無事，文王之不識不知，孔子之無意無我，無可無不可，子思之不見不動，無聲無臭，孟子之不學不慮，周子之無靜無動，程子之無情無心，盡皆此旨，無有二義。天泉所證，雖陽明氏且為祖述，而況可以龍溪氏當之也耶？雖然聖人立教，俱是應病設方，病盡方消，初無實法，言有非真，言無亦不得已。若惟言是泥，則何言非礙？而不肖又重以言，或者更增蛇足之疑，則不肖之罪也夫！

《解》九表達的正是上文所說，對於工夫教法有正確的理解，才可以不生弊病之意，因此，不管是對於上根人或中下根人，都必須告之以正確的了解，而正確的了解良知，就是四有與四無必須合在一起來理解，這裡沒有高不高的問題，只有理解是否正確的區別。這也可以說是實踐哲學與工夫論可以分別或分開來說的意思，在實踐工夫上說，如上文所表示，為善去惡與無善惡的先後順序，需要仔細考慮，應該是為善去惡在先，以有為善去惡的工夫，才可以達到無善無惡的境界，此一次序應該不能夠隨意顛倒，於是悟無善無惡，不必是為善去惡的先行工夫，但這是從實踐工夫論上說。如果從思辨的實踐哲學來說，則對於如何才能夠有正確無誤的為善去惡的實踐？可以回答說，必須有為善去惡本來是無善無惡，必須懂得無善無惡的本體，才能夠有真正的為善去惡，或為善去惡而沒有毛病的實踐，這是從實踐哲學或思辨的問題上給出的說明。這裡作出區分，可能就避免不必要的紛爭。

三 討論

對於九諦九解之辯，我要作以下的討論：

一、周海門對於陽明四句教之首句「無善無惡心之體」之意，即王龍溪所說的四無，當然是偏重在作用層上的無來了解，即為善去惡與對於心體的了解，必須要以作用層上的無心來體會，但此意並不能夠否認心體與為善去

惡的實踐之為有，海門的確如蔡仁厚先生有關的論文所說，偏重了作用層上的無，而許敬菴則強調實有層上的有，敬菴認為言無不足以立教。

二、但海門的說法含有四無是在四有中表現，而四有必須達到四無境界之意，即四無與四有或為善去惡與無善無惡，是要連在一起而不能拆開，即心體固然必須肯定為實有，但必須通過無善無惡來體會，為善去惡固然是內聖的必須的工夫，但實踐至為善去惡而無跡才是究竟。如果把四有四無分開為兩個層次的事情，或為善去惡的實踐不能達到無跡的境界，就一定會產生毛病，周海門這一理解應該說是對陽明、龍溪區分四無四有為上根與中根以下，人的不同工夫與境界的進一步理解，而此一理解應該是對的。

三、如果上說是恰當的，則海門根據他這一詮釋與體會，認為這是內聖學的正確說法，也就是內聖學的恰當工夫，於是無善無惡雖然境界很高，或者是上根人才能體會到的境界，但也必須要把這一理境、內容說清楚，以作為陽明良知教的確定說法。這一義理一旦說清楚，人就可以有一工夫實踐的標準，依此實踐就可以下學而上達，於是這一對無善無惡的理解，並不能只要求上根人了解，而是凡要從事內聖之學的實踐都需要了解的說法，而且要照著這個標準作為實踐努力的方向，這才是「真實踐」。

四、如果這是陽明學真正的實踐理論工夫，則陽明的良知學也可以區分為常知與真知兩個層次，如果只從知善知惡來說良知，只從為善去惡來說格物工夫，應該是對良知學的一般理解，也就是常知，如果了解或悟到知是知非，原是無是無非，心體是無體之體，而為善去惡必須做到無善無惡，也就是為善去惡而無跡，才是真正致良知的實踐，這就是對良知學的真知，於是我可以用從常知到真知來理解程朱與陸王二系不同層次的說法，必須進到真知，這兩系的理論與工夫才達到完成的地步。當然這兩系不管哪一系，達到真知都是不容易的，這也就是周海門所強調的「明善誠身」，其中的善是至善，也就是無善之善，要明白此意是非常不容易的，因此才會說明善是誠身的條件，海門這一詮釋並不一定是中庸的原意，但的確義理高深，是實踐哲學必須要談到的境界。

五、海門認為形容或說明至善，不能執著於一般言語文字的概念意義

來表達,因為概念的使用都有其限制,海門此說很有道理,所以我上文借用佛教與道家亦有亦無、非有非無的辯破,於是無善無惡心之體所說的無,與為善去惡而無跡的無,並非與有相對的無,此無是含有有的意義在者,於是說這義的無是帶著有來說,因此假如說周海門用作用層上的無,來反對許敬菴從實有層上所肯定的有,不如說海門是肯定了存有層上的有,又以作用層上的無來消化它,於是他所謂的無是有而無之無,並不與存有層上的有為對立。

六、對於為善去惡一定要悟無善無惡而始真之義,可以再作一些補充,為善而不自以為是善,是很好理解的,為善而不忘掉自己的善,容易流於驕傲,而且為善不自然,所以這無善的意義沒有問題。但如何了解「無惡」呢?是否面對惡事而不生起惡惡的心情呢?這好像要破掉道德上善惡的分別,這應該是不可以的。在這個地方可以補充天台宗圓教理論所說的「無作無量四諦」、「三道即三德」,及牟宗三先生所說的「詭譎的相即」來理解。固然佛教所說的善惡,是從染淨來規定,並不純粹從道德意識來說,但不管如何,對於惡法當然不能承認。雖是如此,而沒有執著的心靈,是可以通達於惡的法門而表現佛法,一切法包括善法惡法,法門不改,斷煩惱是必須的,但不能斷惡的法門,在一般人所認為的惡法的存在中,可以通達之,而表現善的意義,所謂「不斷淫怒癡,亦不與俱」。在這種心情下,對一切善法惡法的區別,固然保有,但不會因為是惡法,而一定要去排斥、否定。此中當然不會隨著淫怒癡或三道(惑、業、苦)而放縱,如果隨之而放縱,便會墮入惡道;但也不要斷絕,若斷之便會生起增上慢[5]。天台宗這一說法,給出了一種面對惡法也可以通達之,即不受影響的心情,在這種心情底下可以藉此法而表現三德(法身、般若與解脫),這樣就可以通達於惡而不斷斷。此說應該可以幫助了解「無惡」的心情。無善無惡除了不起善惡的分別想之外,可以藉天臺圓教不斷斷的心情來說明。當然面對惡法而斷煩惱而不斷法門,這種心情要小心拿捏,不能承認惡法為合理,但又肯定惡的法門可

---

[5] 見《摩訶指觀》或《刪定止觀》下卷。

以表現解脫,這是需要有高度的修養工夫才能達到,儒釋道三教都有這種境界,都有面對惡而認為在某種心情下,是可以化掉惡,但又不斷惡法的體會。上文所提到的海門的論述已經很深入表達了惡惡不能過甚的心情,再加上圓教的不斷斷,不離惡法而表現善,或雖表現惡的法門,而內心是解心無染(這是牟先生所說的「詭譎的相即」),其中的義理分際很嚴,但又表現了通達無礙的心境,是中國傳統哲學智慧的重要特色。

七、在周海門〈解九〉中的討論,認為在道理上該如何說就如何說,不能遷就後學的根器,而把道理低說。此意可以引用天臺宗學者梁肅的說法來作補充說明。梁肅是唐朝天臺宗的大師荊溪湛然的弟子,他所作的《刪定止觀》頗有名,可以幫助人對智者《摩訶止觀》的了解。在《刪定止觀》所附的〈天台止觀統例〉中,有一段很精采的說法:

> 或稱不思議境,與不思議事,皆極聖之域,等覺至人,猶所未盡,若凡夫生滅心行,三惑浩然,於言說之中,推上妙之理,是由醯雞而說大鵬,夏蟲之議層冰,其不可見明矣。今止觀之說,文字萬數,廣論果地,無益初學,豈如黯然自修,功至自至,何必以早計為事乎?

這一段設問之言,與上文敬菴的質疑相同,表示對於初學不必提代表著最高境界的不可思議境,與不可思議識事。與其對初學講高境界之言,不如鼓勵他們專心確實自修,工夫到了,自然可以上達。故對於初學者講止觀的最高境界,等於對夏蟲而語冰,並非必要。梁肅回答說:

> 是大不然,凡所謂上聖之域,豈隔闊遼敻,與凡境天絕歟?是唯一性而已。得之謂悟,失之謂迷。一理而已,迷而為凡,悟而為聖。迷者自隔,理不隔也;失者自失,性不失也。止觀之作,所以辨異同而究聖神,使群生正性而順理者也。正性順理,所以行覺路而至妙境也。不知此教者,則學何所入?功何所施?智何所發?譬如無目,昧于日

月之光，行於重險之處，顛踣墮落，可勝紀乎？[6]

這一段回答十分明白，他認為理只有一，無所謂高低，明理則悟，不明理則為迷，聖凡的差別只在於對理的迷與悟，並非玄遠、超絕而不可企及之事。於是只要把理講清楚，則聖凡的差別就可以明確的被了解。必須把正確的道理清楚表達，才能讓學者有正確的途徑可以依循，初學者從迷到悟，當然有長遠的工夫需要從事，但是正確的理解是合理的工夫途徑的根據，道理說不明白，就會讓學者誤入歧途，梁肅這一闡釋可以擋住一般人容易認為不必對初學者講最高境界的懷疑。此意與海門上文所說相類似。

八、上文所說的為善去惡而無跡，與悟無善無惡，為善去惡而始真，有工夫上的先後的次序問題。如果以為善去惡為先，則達到無跡是可能的，如同唐先生所說四句教的第一句是後面三句的實際工夫修養後的結果，不能以無善無惡為工夫的始點；但按周海門的說法，他好像以悟無善無惡作為工夫的開始，認為如果不了解這個敬界，為善去惡就不是真修為，而如果是這樣，則以「無」作為開始覺悟的境界，就有把作為價值標準的天理良知看作為存有層上的無的毛病，如同許敬菴所反對的，即不能認為天理或善是不存在的。本來周海門的說法也不是要以實有層上的無來說天理良知，即是說他當然不會認為天理良知是沒有的，但以無善無惡的「無」的境界來作工夫的開始，就有從作用層上的無，滑轉為實有層上的無的問題。從這個角度來看，許敬菴的批評或疑慮不是沒有道理的，於是對於無善無惡或四無的境界，恰當的看法應該是與為善去惡不離，即上文所說的，四無要在四有的工夫上表現，二者不能分離，再進一步說，無善無惡必須在為善去惡的工夫之後，而不能在先。我希望這樣分析，能夠把九諦九解之辯中所蘊含的一些意思闡發出來。

---

[6] 梁肅：《刪定止觀》（臺北市：慧炬出版社，1973年7月），下卷，所附的〈天台止觀統例〉，頁3-4。

四 結語

一、王龍溪雖然區分四有、四無，而闡發了四無說的理境，強調了先天正心之學，於是有兩種工夫論的表示，四有句為後天誠意之學，但經過陽明的疏理，認為還是需要以四句教為教法的標準，雖然悟得四無的境界，但上乘要兼修中下，即還是要從四句教的為善去惡作工夫，無的境界在為善去惡中展現，如上文強調的意思。據王龍溪對陽明良知學的闡發，可以看到他的確有許多進一步的體會，但也並非只就先天正心之學來作發揮，可以說龍溪的確能夠掌握陽明對良知的體會，而且融合了他對四無的體會，即良知知是知非，而同時是無是無非，為善去惡其實是自然，也就是在無的境界下，自然而然的為善去惡，於是龍溪對於陽明致良知教的體會，應該是四有與四無，或先天正心之學與後天誠意之學通而為一來說的。如果龍溪的主張可以這樣了解，則周海門〈九解〉的說法，應該也是如此，從這個角度來看，周海門應該是王龍溪的嫡系[7]。但雖如此說，周海門有以無善無惡的體悟為先的說法，這個在成德的工夫上來說，應該是有問題的。如果以為善去惡的實踐為先，實踐工夫熟了，達無善無惡的境界，這一次序是沒有問題的，但如果以悟無善無惡為先，認為悟到這個境界，才能夠有真修為，則由於對於無的體悟，不能確定是儒家的為善去惡的道德實踐，那可能就會有偏差。當然對於無善無惡的體悟，對修為來說確有定方向的作用，或者把理解無善無惡為先，與實踐上作為工夫上的先行者，需要區分，在理解上或哲學思辨上需要先了解無善無惡的境界，但在實踐上，還是要以為善去惡作為工夫的開始，這樣應該可以免除上述的弊病。

二、許敬菴堅持天理或道德上善惡的區分是實在的，反對無善無惡的說法，但在論辯中，他也表達了對於為善而不自以為善或忘善這個層次的意義，即是說他對於無善並非否定善之有，也有了解。雖然他的實踐理論傾向於以心、理為二為架構的《大學》工夫論，但這種以天理之善或道德善惡的

---

[7] 在《明儒學案》中，周海門屬於泰州王門，但按其生平，受龍溪影響為多。

明確區分為根據從事實踐,可以有普遍的意義,即程朱陸王都可以應用,而且敬菴對於真心有肯定,對於陽明的教法,也有相當程度的承認,於是敬菴的理論型態也可以歸在以為善去惡為先,而可以進到為善而忘善的地步,只是他偏於從實有層上的有來肯定天理與善惡的區分,這在成德工夫論上並沒有問題,但如果並不能夠對於無善無惡有深入的了解,能否從根本上堵住為善而自以為善,即驕傲,而產生偏執?這種因為執善之為有而產生的毛病,的確是生命中重大的問題,而且有普遍性,如果必須為善去惡進至無善無惡才能對治,則海門的主張有其必要性。另外,在為善去惡中,也會產生了因為分別善惡而為善去惡而不自然,即愈為善去惡,愈會產生人的欲望藉為善去惡而滿足的,康德所謂「自然的辯證」,要克服自然的辯證,即克服人的私欲藉為善而滿足自己,則無善無惡可以從根上去掉善惡的分別,這也是很重要的修養工夫。

　　三、悟無善無惡,應該在工夫上不能夠作為「為先」的工夫,雖然不能夠工夫上為先,但對於無善無惡說或四無說境界,人需要先有了解,以這一了解作為修德成聖的工夫應該達成的最高境界,以此作為工夫實踐的嚮往,這一了解則是必要的,而且可以在先,如海門在論辯中所表達的。

《老子》第二章隱埋的義理

勞悅強[*]

摘要

　　《老子》第二章有云「有無相生，難易相成，長短相形，高下相傾，音聲相和，前後相隨」，長久以來，現代學術界普遍據此認為《老子》提倡事物相反相因，互相轉化的辯證哲學，但並未仔細分析此說何以能夠成立，而對於文中提及的六對概念，更鮮少具體解釋其意。本文嘗試解釋「有無相生」云云的實際內涵，同時又證明第二章這段文字實際上講述老子的治國論，而非講相反相因、互相轉化的辯證哲學。

關鍵詞：《老子》、相反相因、有無相生、音聲相和、政治思想

---

[*] 新加坡國立大學中文系教授。

一　前言

　　長久以來，現代學術界普遍認為《老子》提倡事物相反相因，互相轉化的辯證哲學，而主要證據則在於書中第二章「有無相生，難易相成，長短相形，高下相傾，音聲相和，前後相隨」一段話。然而，學者並未仔細分析此說何以能夠成立，而對於文中提及的六對概念，更鮮少具體解釋其意。除了抽象的相反相成、互相轉化的辯證思想外，學者並沒指出這一段話究竟有何實際內涵。本文嘗試解釋「有無相生」云云的實際內涵，同時又證明第二章這段文字實際上講述老子的治國論，而非講相反相因、互相轉化的辯證哲學。

二　論述結構與義理脈絡

　　禪宗的不立文字，印心默會是一種特殊的溝通方式，但一般思想的交流大多通過文字。思想是內容，表達需要依賴形式，形式則無定規，《老子》第二章的文字表達形式是論述，而它的結構分為三節：[1]
　　一、天下皆知美之為美，斯惡已；皆知善之為善，斯不善已。
　　二、故有無相生，難易相成，長短相較，高下相傾，音聲相和，前後相隨。
　　三、是以聖人處無為之事，行不言之教；萬物作焉而不辭，生而不有。
　　　　為而不恃，功成而弗居。夫唯弗居，是以不去。
　　原文分三節，構成一個起承轉合的論述結構，當中有其內在理路。第一節由兩個判斷句組成，用意在於開宗明義，從義理層次說明一個通則，指出何謂惡與不善，也可視作老子給讀者的警告。第二節以一個「故」字承接前文，顯示兩者的因果關係，並舉例說明第一節的宗旨，同時也暗示要保持美與善、拋棄惡與不善的行事通則。第三節則轉以聖人的實際行為來闡述第一

---

[1] 本文所引用《老子》和王弼《老子注》皆依據樓宇烈：《王弼集校釋》（北京市：中華書局，2017年），《老子》原文不一一注明具體出處。

節所設立的宗旨,並在文末總結如此行為的結果。要準確理解第二章的義理,理應嚴格依循原文的論述結構和義理脈絡。

本章第一節開宗明義的作用,十分重要,但當今學術界似乎並未察覺,也誤會了其所說明的宗旨,因此也沒有注意第一和第二節之間的關係,而往往直接將這兩節看成一節。而關於這個混合的一節,學者又幾乎毫無例外都急於指出,老子在講「相反相成」的辯證關係,即是事物都包含其相反的一面,而且相反的兩面又互相產生影響,互相決定對方的存在。然而,這個看法大可商榷。

此章王弼(226年-249年)《注》云:「美者,人心之所樂進也;惡者,人心之所惡疾也。美惡,猶喜怒也;善不善,猶是非也。喜怒同根,是非同門,故不可得偏舉也,此六者皆陳自然不可偏舉之明數也。」[2] 所謂「喜怒同根,是非同門」,意謂事物一體而兩面,因此「不可得偏舉」,王注的重點並不在事物具有互相對待的性質。針對第二章,清末嚴復(1854-1921)評點說:「形氣之物,無非對待,對待則不可思議,故對待為心知止境。」[3] 必須強調,嚴復以美惡、善不善、有無、難易、長短、高下、音聲、前後云云為「形氣之物」,而非抽象的道理,而形氣之物的特點在於互相「對待」,「對待」又是「心知」對事物的認知所能達至的最終境界。對於此說,陳柱先生(1890-1944)認為,「可謂精切」[4]。上世紀三十年代,蔣錫昌(1897-1974)先生說:

> 無名時期以前,本無一切名,故無所謂美與善,亦無所謂惡與不善。有人類而後有名,有名則有對待;既有美與善之名,則有惡與不善之名。人類歷史愈久,則相涉之事愈難;相涉之事愈難,則相待之名亦愈多。自此以往,天下遂紛紛擾擾,而迄無清靜平安之日矣。下文乃

2　樓宇烈:《王弼集校釋》,頁6。
3　王弼注,嚴復評點:《評點老子道德經》(臺北市:廣文書局,1979年,三版),正文頁3。
4　陳柱:《老學八篇》(臺北市:文海出版社公司,1971年),頁51-52。此書自序成於一九二七年。

舉「有無」等六對以明之。[5]

蔣先生指出世事紛繁，互相交錯，「相待之名」遂起，天下於是紛紛擾擾，無清靜平安之日。所謂「相涉之事愈難，則相待之名亦愈多」，指的是第二節「有無相生，難易相成，長短相較，高下相傾，音聲相和，前後相隨」的情況。這是平實不違原文意思的說法。此說與嚴復說相似。蔣先生並未說具有相待之名的事物本身之間構成相反相因、互相轉化的關係。但不知何時開始，蔣先生的平實說法大變。一九九〇年，高明先生（1926-2018）針對第二章說：

> 老子教育人們從正反兩面觀察事物，不得偏舉，第一次指出宇宙一切事物皆有正與反兩個方面，彼此相反而又互相依存。舉「有無」、「難易」、「長短」、「高下」、「音聲」、「先後」以至於美醜、善惡，皆為相反相成，相互影響和作用。他利用事物相對的比較關係，概括說明自然界和人類社會的各種現象和本質。並進而指出，宇宙間的矛盾是永遠存在的。[6]

首先要指出，高先生把本章所講義理提升到宇宙層次，這跟蔣先生的看法不同。雖然他也說事物「不得偏舉」，表面上跟王弼相同，實則意思迥異，因為王弼強調事物的一體性，而並未主張事物有「相反相成，相互影響和作用」。高先生又特別強調「宇宙間的矛盾是永遠存在的」，這更非王注所言。永遠存在之說，大概是因為帛書《老子》甲本和乙本在本章六對概念後，還

5　蔣錫昌：《老子校詁》（上海市：商務印書館，1937年，初版），頁12。按：蔣先生並沒有提出「相反相因」和正反互相轉化之說，再者，他認為老子此處所講純屬人類世界的情況，並未如後來高明先生一般推衍至宇宙和自然界。正如下文所論，就這一點而言，蔣說正確。

6　高明：《帛書老子校注》（北京市：中華書局，1998年），頁231。書前有作者一九九〇年自序。

有「恆也」二字。北大簡本亦然,[7]但不見於郭店本。高先生的表述可謂全面、扼要、明快,實為此後學術界對《老子》第二章的看法奠定了基石。

陳鼓應（1935-）先生早在一九七〇年已經在臺灣提出相同的看法,由於他的《老子今註今譯》後來又參考了帛書本和郭店簡本,再三修訂,洛陽紙貴,也許他對第二章的概括更為當今學術界所熟知,影響更大。陳先生說:

> 一般人多把這兩句話解釋為:「天下都知道美之為美,就變成醜了。」老子的原意不在於說明美的東西「變成」醜,而在於說明有了美的觀念,醜的觀念也同時產生了。下句「皆知善之為善,斯不善已。」同樣說明相反相因的觀念。後面「有無相生」等六句,都在於說明觀念的對立形成,並且在對待關係中彰顯出來。[8]

陳先生認為美與惡,善與不善,乃至第二節中的有無、難易、長短、高下、音聲、前後「同樣說明相反相因的觀念」。在解釋老子的哲學系統時,陳先生說老子講「規律性的『道』」,而這個規律性的一個特點就是「對立轉化的規律」。他進一步解釋:「老子認為任何事物都有它的對立面,同時因著它的對立面而形成。並認為『相反相成』的作用是推動事物變化發展的力量。進一步,老子說明相反對立的狀態是經常互相轉化的。」[9]陳先生所講的具有

---

[7] 有學者根據北大簡本下經第四十六章（即王弼本第二章）,如此闡述:「老子羅列這六組對立範疇是為了說明一個恆久且普遍的原理:宇宙萬物原本並不存在這種對立,美醜、善惡並非事物的本性。有了這種認識,聖人才能夠超越暫時的、變動不居的相對性,進而包容萬物的差異和多樣性。」見吳文文:《北大漢簡老子譯註》（北京市:中華書局,2022年）,頁215。這仍然是高明先生幾十年前的看法。正如下文論證,聖人並非認識了宇宙萬物的本性以後,才能夠超越暫時的、變動不居的相對性。

[8] 陳鼓應:《老子今註今譯》（北京市:商務印書館,2003年,第三次修訂版,初版於1970年在臺北市出版）,頁80-81。

[9] 陳鼓應:《老子今註今譯》,頁28-28。關於相反相因,陳先生以《老子》第五十八章為例:「禍兮！福之所倚；福兮！禍之所伏。」但他並沒有解釋禍福相反相因的理由,他似乎是想說禍福可以互相轉化。按:禍福固然是一對相反相因的概念,但作為概念,禍福本身不能互相轉化。禍福體現在行為的結果上,而行為由人而成,人的不同決定

「相反相因」「規律性的道」，高先生理應會首肯，但上述自王弼以降，直至蔣錫昌，恐怕都不會同意。

高、陳二先生的說法影響至今，學術界似乎異口同聲，視為理所當然，但事實上，由於高、陳二先生忽略了原文的論述結構，將第一、第二節混而為一，因此導致義理上的誤解。他們的說法難以成立，我另有長文詳細分析，在此不贅。本文僅針對第二章中第二節，闡發其實際義理內容。

首先，第一節的「天下」二字，學者都忽略，似乎視為形同虛設，其實，「天下」與第三節「聖人」前後呼應，聖人關心的是天下，因為他要治國平天下，第三節的內容足以證明，而天下人如何看待「美」「善」，對他便成為極其重要的事情。換言之，「天下皆知美之為美，斯惡已；皆知善之為善，斯不善已」，關乎治國之道，而並非如學術界所講的相反相因，矛盾互相轉化的辯證道理。當然，治國之道與辯證道理兩者本身並不矛盾，但問題是，「天下皆知美之為美，斯惡已；皆知善之為善，斯不善已」並不是講「美」「惡」和「善」「不善」各自構成一對相反相因的抽象概念。「天下皆知美之為美，斯惡已」，說的是當天下人都知道美是美這個情況出現的時候，就不好了。「美」是美好之意，惡是不好，而惡指的是前文的情況。「斯惡已」是針對「天下皆知美之為美」的一句判斷語，而不是一個孤立的抽象概念。老子並非說美與惡是一對相反相因的抽象概念。美也非美麗的意思，惡也不是醜的意思。同理，「天下皆知善之為善，斯不善已」，也不是講「善」與「不善」構成另一對相反相因的抽象概念。此話的意思是，當天下人都知道善是善的情況出現的時候，那就不善，不妙了。善在《老子》此章中是事情做得圓滿的意思，並非道德概念，而不善即是不圓滿，事情弄壞了。「斯不善已」是針對「天下皆知善之為善」的一句判斷語，而不是一個孤立的抽象概念。

再深一層講，在第二章中，「美」與「惡」指的是具體的事情，不是抽

可以改變同一事情的結果，敗局可以變為勝利，反之亦然，在這個意義下，禍福的局面是可以互相轉化的。但這似乎不是陳先生的解釋。

象的概念。這是嚴復特別聲明的重點。「美」與「惡」兩個概念固然相反，也可以說是相待相因，但任何概念本身都各有其特殊的意涵，概念之間不能說互相轉化。蘋果和橘子是兩個不同的概念，各有其內涵；現實中的蘋果和橘子可以腐爛消失，也可以改變基因變成另一種水果，改變基因而成的新品種水果，自然需要一個新概念來稱謂，但原來蘋果和橘子兩個概念不會改變。即使蘋果和橘子絕種了，不再存在，蘋果和橘子的概念仍然可以永存。

抽象概念不能互相轉化，可能互相轉化的是具體實際的事情，美好的事情可以變得不好，反之亦然，但這裡需要人為的干預。事情本身不會自然互相轉化。同理，圓滿的事情可以變得不圓滿，反之亦然，但也必須人為的干預才有可能。陳鼓應先生說「『相反相成』的作用是推動事物變化發展的力量」，不合老子原文的意思。其實，原文「天下」二字一開始就說明人為因素的關鍵了。美與惡，善與不善，都由於天下人的看法，這正是人為因素的影響。事物本身無所謂美惡、善不善。如何避免天下人對事物的看法，正是聖人身為治民者的工作。這也是第三節承接第一、第二節作結論時，直接提出「聖人」為主語的原因。

明乎此，我們也可以理解第二節開端的「故」字的實際意義了。「故」表示第二節的義理是承接第一節而來的。第一節說的是人事，不是抽象概念，第二節的思路並未改變，仍然在講人事，而第三節以「聖人」為主語更是進一步的證據。換言之，第二章講的是聖人的治國之道，不是抽象的相反相矛盾互相轉化的辯證道理，不是「老子教育人們從正反兩面觀察事物，第一次指出宇宙間一切事物皆有正與反兩個方面，彼此相反而又互相依存。舉『有無』、『難易』、『長短』、『高下』、『音聲』、『先後』以至於美醜、善惡，皆為相反相成，相互影響和作用。他利用事物相對的比較關係，概括說明自然界和人類社會的各種現象和本質。並進而指出，宇宙間的矛盾是永遠存在的」。第二章完全是講在現實世界中，聖人如何處己治國的問題，並沒有提及自然界。這一點必須再三強調。

三　不可能互相轉化

　　如果純粹從抽象概念來看,「有無相生,難易相成,長短相較,高下相傾,音聲相和,前後相隨」,講的也不能是相反相因,矛盾互相轉化的辯證道理。正如上文分析,第二節是從第一節的義理推衍而來的結論。既然第一節並非講相反相因的道理,第二節理應也跟相反相因無關。從詞義看,有無、難易、長短、高下、音聲、前後,構成五對形容詞(也可兼作名詞)和一對名詞(音聲)。每一對形容詞中的兩個詞語的詞義相反,但唯一的一對名詞「音聲」好像是例外。換言之,我們似乎不能以詞義相反來全面概括這六對詞語。據此而言,姑無論相反是否同時也相因,我們也無法以相反相因來全面概括這六對詞語。

　　事實上,相反未必也相因。如果相因指的是彼此互相對待而後才能並存,缺一不可,則音與聲各自獨立存在,但並不由於兩者互相對待才有。按:《說文解字》卷十二上耳部:「聲,音也。」段《注》:「音下曰:『聲也。』二篆為轉注。此渾言之也。析言之,則曰生於心、有節於外謂之音。宮商角徵羽,聲也。絲竹金石匏土革木,音也。《樂記》曰:『知聲而不知音者,禽獸是也。』」[10]《說文》和段《注》以自然物理為說,高、陳二先生的說法是否能夠成立,也許可以由此找到證據。然而,八音本來各自獨立不同,並非由於互相對待而成,五聲亦然。再者,八音與五聲也並非相反,兩者之間無所謂矛盾,而在演奏音樂時只有互相配合的關係,但在概念上不能說是相因。如此說來,六對詞語根本不能共同構成相反相因的關係。

　　表面看來,音與聲並不構成相反的對立,但主張「相反相因」說的學者對此從來無所說明。其實,據《說文》和段《注》的解釋,五聲與八音可以說構成一種主從關係,樂曲的本質先由五聲決定,然後配以不同的樂器奏出。主從關係固然是對待而成的,儘管兩者絕無互相轉化的關係;音永遠是音,聲永遠是聲。然而,既然聲主音從,老子應該說「聲音相和」才恰當。再者,

---

10 段玉裁:《說文解字注》(上海市:上海古籍出版社,2000年),頁592。

第十二章云:「五音令人耳聾。」《老子》書中沒有「五聲」一詞。春秋戰國時期,五聲和五音的講法同樣普遍,意涵並不完全一樣,而老子講的是五音而不是五聲,因此,《說文》和段《注》的說法不能用來解釋《老子》。

另一方面,《禮記・樂記》曰:「凡音者,生人心者也。情動於中,故形於聲。聲成文,謂之音。」[11] 表面看來,音聲好像構成先後的關係,先有聲,後有音。但若果如是,老子也應該說「聲音相和」才符合語序。再者,老子又說「前後相隨」,顯然已經提及先後關係了,音聲的關係不宜重複,或者說,「前後相隨」一句可以省略。最重要的是,《樂記》謂「凡音者,生人心者也」,音原來就在人心中,從這個意義考慮,音聲似乎也不能以出現的先後來理解。老子說音聲相和,應該有特殊意義。

《說文》把聲與音看作客觀事物,解釋詞義,《樂記》則從人心人情來解釋其載體,兩者大不相同。聲是人情外在的自然流露,可以雜亂無章,音則有紋理節奏,而紋理節奏是人心有意為之的結果,因此說「聲成文謂之音」。然則,相對而言,聲是自然流露,音是人文結果。雖然就生成的先後而言,先有聲才有音,但音聲構成樂曲,奏樂時卻是由音引領聲,於是音聲構成主從關係。[12] 這個主從關係當然是人事界的現象,而「有無」等六個項目都是指聖人治國而言,因此,音聲相和實際講的是人事之間的主從關係,而不是自然生成的先後關係。

學者又認為相反相因表示相反的兩極互相轉化,比如,有變成無,反之亦然,其餘五對詞語可以類推,但事實並非如此。首先,根據上述說法,音聲就不能互相轉化。學者也沒有對音聲的相反相因的關係有所說明。[13] 音聲

---

11 鄭玄注,王鍔點校:《禮記注》(北京市:中華書局,2021年),頁483。
12 《河上公章句》解釋「音聲相和」云:「上唱下必和也。」王卡點校:《老子道德經河上公章句》(北京市:中華書局,1997年),頁7。這也是把音聲看作主從關係,但沒有任何論證。
13 據我有限所知,劉殿爵先生是唯一指出第二章中音聲的意義含混不明的學者。他在其著名英譯《老子》中承認,「音聲二字的意思欠精確,而原文中兩者究竟構成什麼意義上的對立,也不明確」。見D.C. Lau, *Lao Tzu: Tao Te Ching*. Harmondsworth: Penguin Books, 1963, p.58。

是人文創作，說明老子是以現實生活中的經驗來舉證的；他並非在講宇宙間的現象。至於難易、長短、高下、前後，原文並沒有確實根據證明是指自然變化而言。事實上，自然界現象無所謂難易、長短、高下、前後，這些都是由人來賦予的分辨標記或價值標籤。長可以截短，短可以補長；高可以壓低，下可以舉高；後面一旦超越前面，前面便會落後——這些都必須人為干預才能產生的變化，而且變化的對象也未必是同一事物。這兩點也互相關聯，極其重要。比如，以常識意義而論，長短、高下和前後似乎不可能是同一事物自身的變化，而需要人為干預，因此，原文說「長短相較，高下相傾，前後相隨」，相較相傾相隨，講的都是兩樣事物之間的對比關係，文義本來就十分明白。難易固然可以指同一事情由難變易的情況，但既然說難易「相成」，似乎是指同一事情有難易不同的部分或階段而言。這是王弼注所揭發的意思。在此意義下，難易不啻是指兩件事而言了。當然，我們也可以說，懂得預防困難，同一件事可以變得容易完成，反之，易事也可以變為難事，但這樣理解仍然是在強調人為的因素。同一件事本身不會有難易的變化。相反，如果說難易、長短、高下、前後這些變化差異是由於不同事物的比較而呈現，則道理平易，更重要的是，這樣的理解完全符合原文所說的本來就是人事界的情況。以抽象的概念來講，有無、難易、長短、高下、音聲、前後，都互相對待而成，但問題是，第二章第一節根本不是在概念層次上講相反相因的道理，而第二節是承接第一節的內容而進一步闡發義理，自然也不應該在講抽象的概念。

有與無似乎是例外的一對詞語，因為自然界的事物本身可以呈現有無的變化。然而，如果有無指的是存在與不存在，則自然界的有固然可以變為無，但無卻未必可以自然轉為有。萬物有生滅，但一朵凋零的花不能再生長為鮮花，生滅有無所描述的是物種自身的情況而不是它的個別樣本的變化。老子講的不是「落紅不是無情物。化作春泥更護花」的道理。如果從宇宙論來看，第四十章云：「天下萬物生於有，有生於無。」但老子從來沒有說過「無生於有」，可見「有無相生」講的並非老子的宇宙論。事實上，正如上文所言，「有生於無」的「無」是超越有無的「無」，而「有無相生」的

「無」只是常識意義的「沒有」。總之，無論從自然現象或宇宙論來看，我們都只能說從無生有或者無中生有，似乎無法說「有無相生」。

有無相生也許還有一個可能的解釋。第十一章云：「三十輻，共一轂，當其無，有車之用。埏埴以為器，當其無，有器之用。鑿戶牖以為室，當其無，有室之用。故有之以為利，無之以為用。」首先要指出，這裡所講的是人事界的情況；其次，有無和利用，都是指作為製成品的車、器、室而言，精確來說，是利用相生，而不是有無相生。但如果我們從造車、埏埴、築室的設計和營造來講，設計者就必然要考慮如何「當其無」，才能「有車之用」「有器之用」和「有室之用」，好像畫家畫畫時思量如何留白。從這個意義來講，這是關乎「有無相生」的問題。這樣的理解比較符合第二章的義理。

如果我們跳出《老子》，嘗試借《莊子》來解釋，庶幾也可通。《知北遊》篇曰：「生也死之徒，死也生之始，孰知其紀！人之生，氣之聚也，聚則為生，散則為死。若死生為徒，吾又何患！故萬物一也，是其所美者為神奇，其所惡者為臭腐；臭腐復化為神奇，神奇復化為臭腐。故曰：『通天下一氣耳。』聖人故貴一。」[14]據此，萬物的本質是「氣」，盈宇宙間只是一氣，氣聚則物生，氣散則物死，萬物死後，其氣消融入宇宙的一氣，而新生命又再從同一氣中凝聚而出，如此循環不已。關於這個循環過程，《至樂》篇有更細緻的說明，其文曰：「察其始而本無生，非徒無生也，而本無形，非徒無形也，而本無氣。雜乎芒芴之間，變而有氣，氣變而有形，形變而有生，今又變而之死，是相與為春秋冬夏四時行也。」[15]老子所講的「有無相生」可以用來形容這個生滅循環過程。

然而，依照第二章原文的義理脈絡，「有無相生」所講的不可能是《莊子》的氣化宇宙論，因為老子講的是治國之道，因此，有無相生云云都是人間事，有無是常識意義的有和沒有。[16]這是了解「有無相生」的最重要的文

---

14 郭慶藩撰，王孝魚點校：《莊子集釋》（北京市：中華書局，1985年），頁733。
15 郭慶藩撰，王孝魚點校：《莊子集釋》，頁614-615。
16 《荀子‧解蔽》：「瞽者仰視而不見星，人不以定有無，用精惑也。」見王先謙：《荀子集解》（北京市：中華書局，1997年），頁405。這裡，有無用的就是常識意義。又加拿

內線索,也就是原文本身的義理脈絡。由於「有無相生」排在最前,意思也最抽象,無所不包,一切都從有無講起,因此,我們有理由相信,有無相生就是名副其實的有無相生,因為有,我們可以說無,反之亦然。因為有為,才能講無為;聖人無為,才能分辨「俗人」的有為,[17]反之亦然。因為有些人行仁義,因此顯得其他人不行仁義,反之亦然。俗人「不知知,病」,才有聖人的「知不知,上」,反之亦然。有無相生其實即是有無相待,但不是互相轉化。這符合嚴復的評點。人世間所有現象都可以用有無來形容和概括。這也是《莊子・齊物論》所講的:「彼出於是,是亦因彼。彼是方生之說也。」[18]如果把「有無相生」理解為相反相因、矛盾互相轉化的辯證道理,則其餘五組詞語的內涵便無法與之一致。

　　假定老子說話不隨便,則有無、難易、長短、高下、音聲、前後六個項目應該都各自有其特殊意義,而且其排列應該也是一個有意義的次序。再者,由於六個項目並非抽象空言概念,而是針對聖人治國而說的,由兩端構成的各項目的首端——有、難、長、音、前——其實是講聖人治國處事時的基本立場,而聖人必須要警覺自己的立場還有與之對待的另一端,以免固執己見,掉進二元化的陷阱。有無云云等六個項目共同構成的是主從關係。如果我們根據學術界普遍的看法,以相反相因的關係來看待六個項目,用第一節的形式來表達,便會變成「天下皆知有之為有,斯無已,聖人知難之為難,斯不難已」,其餘各項類推。義理上,這顯然是不通的。

　　大漢學家Richard John Lynn(林理彰)對第二章中「有無」的看法與本文相同,他把有無相生翻譯作「presence and absence generate each other」。見所著:*The Classic of the Way and Virtue: A New Translation of the* Tao-teChing *of Laozi as Interpreted by Wang Bi* New York: Columbia University Press, 1999, p.53。陳鼓應先生的理解也相近。他說:「『有』、『無』指現象界事物的顯或隱而言」。這裡的『有』『無』和第十一章的『有之以為利,無之以為用』的『有』『無』同義,而不同於上章(一章)喻本體界的道體的『無』『有』。」見所著:《老子今註今譯》,頁81。

17　按:「俗人」是老子所用的詞語,與聖人對言。第二十章:「我愚人之心也哉!沌沌兮。俗人昭昭,我獨若昏。俗人察察,我獨悶悶。」

18　郭慶藩撰,王孝魚點校:《莊子集釋》,頁66。

四　聖人治國之道

如果我們嘗試把認知視野從自然界和抽象概念轉移到人事界，我們便可以看到完全不同的景觀。在討論六個項目的具體意涵之前，我們先看《管子‧七法》中的一段話：

> 正天下有分：……予奪也、險易也、利害也、難易也、開閉也、殺生也，謂之決塞。實也、誠也、厚也、施也、度也、恕也，謂之心術。剛柔也、輕重也、大小也、實虛也、遠近也、多少也，謂之計數。[19]

《七法》篇講的是「正天下」必須注意的七大事項。引文涉及人主的修養和處事時諸多方面的考慮，一內一外，跟《老子》第二章所講完全相符。其次，「決塞」和「計數」各有六個事項，每一項都是正反相對的兩面。事項的數目也跟第二章相同，或許純屬巧合，但各事項都從正反兩面來講，應該是《管子》和《老子》看待治國正天下，乃至認識一般世事的共同觀照模式所致。至於項目中相同（如難易）或類似的名目，也不足為奇了。簡言之，通過文外詮釋，《管子‧七法》可以證明《老子》第二章的有無云云等表述方式確實關乎治國正天下之事。[20]

當然，根據文內詮釋，第二章的主旨無疑是講聖人治國，要切實理解第二節中六個項目，必須緊扣這個主旨。從最宏觀的立場而論，治國應該先有一個總體計畫，猶如《孫子兵法》首篇名為《始計》。總體計畫關乎上文所

---

19 黎鳳翔撰，梁運華整理：《管子校注》（北京市：中華書局，2006年），頁106。
20 按：《管子》和《老子》論治道的表述方式，直到漢代，仍然有少數人深知其意。《史記‧三王世家》載褚先生曰：「蓋聞孝武帝之時，同日而俱拜三子為王：封一子於齊，一子於廣陵，一子於燕。各因子才力智能，及土地之剛柔，人民之輕重，為作策以申戒之。謂王：『世為漢藩輔，保國治民，可不敬與！王其戒之。』夫賢主所作，固非淺聞者所能知，非博聞彊記君子者所不能究竟其意。」見司馬遷：《史記》，卷60，第6冊，頁2114-2115。

講的設計者必須考慮如何「當其無」，才能「有車之用」的問題，因此，六個項目由「有無相生」開始。又第一章云：「故常無欲，以觀其妙；常有欲，以觀其徼。此兩者，同出而異名，同謂之玄。玄之又玄，眾妙之門。」在考慮治國大計時，需要大公無私，以民為主，[21] 而治國方案原來並不存在，設計的時候，須要虛心，拋棄成見，正視客觀現實，這正是「常無欲，以觀其妙」。另一方面，在了解客觀現實時，又要認識到國家、社會和百姓的具體情況和需要，這便是「常有欲，以觀其徼」。有欲無欲，都要兼顧，而治國大計原來的目的就是解決百姓的生活問題和指導他們的人生，原來就應該考慮百姓的實際需要來設計方案。方案是「有之以為利」，構思是「無之以為用」。這也可算是「有無相生」了。

老子處事強調實效，務求成功，所謂「善有果而已」，或許，治國處事，他會先問計畫是否可行。當然，聖人不會急功近利，做事不求一蹴即就，他總是從長遠看，老子稱之為「深根固柢，長生久視之道」。生是生存，視指眼光，而國家要能夠長存，聖人眼光要能夠遠大，必須先打好基礎。治國固然極其艱難，如何下手，自然是關乎難易的問題。第六十三章云：「圖難於其易，為大於其細；天下難事，必作於易，天下大事，必作於細。是以聖人終不為大，故能成其大。」這是老子治國處事的原則。第六十四章說得更具體：「為之於未有，治之於未亂。合抱之木，生於毫末；九層之臺，起於累土；千里之行，始於足下。」「未有」「未亂」是「無」，「為之」「治之」是「有」；「為之於未有，治之於未亂」，正是「有無相生」。「合抱之木，生於毫末」，其實正是深根固柢的工夫。這豈非是說「難易相成」？

長短有優劣的意思。從策略上講長短，春秋時代已有先例。《左傳・僖公四年》：「筮短龜長，不如從長。」[22] 又《禮記・表記》云：「仁有數，義

---

21 《老子》第四十九章：「聖人無常心，以百姓心為心。」又第五十七章：「故聖人云：『我無為，而民自化；我好靜，而民自正；我無事，而民自富；我無欲，而民自樸。』」
22 楊伯峻：《春秋左傳注》（北京市：中華書局，2018年，修訂本），頁322。

有長短小大。」鄭玄《注》曰:「數與長短大小,互言之耳。」[23]數需要拿捏,長短大小亦然。事情的難易跟處事方法息息相關,而方法難得萬全之策,計畫總是各有長短,如何平衡得失,必須小心斟酌,從長計議,不能急功近利,只顧目前利害。又或者誤以為長策必無弊端,短策毫無用處,這同樣是不明「長短相形」的道理。[24]第三十二章云:「始制有名,名亦既有,夫亦將知止,知止所以不殆。」知止即是懂得拿捏長短得失,適可而止。第二十八章云:「樸散則為器,聖人用之,則為官長,故大制不割。」這豈非是說「長短相形」?

《穀梁傳‧昭公二十九年》云:「潰之為言,上下不相得也。上下不相得,則惡矣。」[25]這是穀梁高在公元前五一三年所說的話,他無疑深明「高下相傾」的道理。戰國君主求賢的風氣日盛,蘇秦布衣而可得六國封相,即使純屬虛構故事,也足以透露天下人心所想望;高下不以勢位而論定,已經漸漸成為多數君民之間的共識。孟子民貴君輕之說,與其說是他個人的創見,毋寧說是百姓的心聲。《墨子‧經下》云:「取:高下以善不善為度,不若山澤。處下善於處上,下所請上也。」[26]山澤高下之懸殊,是自然的情況,但處理人事,策略之高下則取決於成效是否圓滿,而關鍵在人為。墨子是以實際的名實關係來確定何謂高下,事物的高下並非固定,隨人而變,其中「度」是關鍵,這應該也是老子最關心的所在。

做事必然牽涉權勢,聖人在上,處於領導地位,如果對待臣民時,總是恃勢凌人,恐怕成事不足,敗事有餘。第三十九章云:「貴以賤為本,高以下為基。是以侯王自稱孤、寡、不穀。此非以賤為本耶?」這豈非是說「高

---

[23] 鄭玄注,王鍔點校:《禮記注》,頁705。
[24] 《墨子‧經下》:「物:甚長、甚短,莫長於是,莫短於是。是之是也,非是也者,莫甚於是。」說的也是把長短絕對化的毛病。見吳毓江:《墨子校注》(北京市:中華書局,2006年),頁534。
[25] 柯劭忞撰,張鴻鳴點校:《春秋穀梁經傳注》(北京市:中華書局,2020年),頁430。
[26] 吳毓江:《墨子校注》,頁534。

下相傾」?[27]第十七章又云:「太上,下知有之;其次,親而譽之;其次,畏之;其次,侮之。」這是老子明白的警告。

高下針對地位而言,而主從則指實際行動來講;高下屬靜,主從屬動。主從也可說是主動與被動的關係,但主動被動同時配合行動,適時調整。聖人做事有時敢為先,有時不敢,老子有「三寶」,其一是「不敢為天下先」(第六十七章),這是被動,或者說謹慎保守。但第三十七章又云:「道常無為而無不為。侯王若能守之,萬物將自化。化而欲作,吾將鎮之以無名之樸。」可見有必要的時候,聖人還是會果斷,採取主動,但聖人的主動其實是回應變動的客觀情況。第七十三章云:「天之道,不爭而善勝,不言而善應,不召而自來,繟然而善謀。天網恢恢,疏而不失。」聖人效法天道,在適當時候,「不言而善應」。主從關係可以因勢適時而變化。[28]又第十八章云:「六親不和,有孝慈。」顯然,孝慈即是和,而孝慈講的是父母子女的主從關係,猶如「音聲相和」。第四十九章云:「聖人無常心,以百姓心為心。善者,吾善之;不善者,吾亦善之。」聖人既主動又被動,與百姓互為主從。這豈非也是說「音聲相和」?

從主導和配合來講,音聲相和就是主從關係,從行動的部署或處事的態度來講,主從也是前後或先後關係。推行計畫時,前後次序失當,恐怕最終會失敗。所謂前後,自然是相對而言,並非固定不變。《荀子‧君道》:「法者,治之端也;君子者,法之原也。故有君子,則法雖省,足以遍矣;無君子,則法雖具,失先後之施,不能應事之變,足以亂矣。」[29]荀子所言,無疑是整套法制中諸多方面互相配合的先後安排和措施,而主宰在人。老子講治國,情況無異。必須指出,荀子強調「應事之變」,意謂實行計畫時,原

---

27 《荀子‧王制》引《傳》曰:「君者,舟也,庶人者,水也;水則載舟,水則覆舟。」見王先謙:《荀子集解》,頁152-153。古《傳》所講也是高下相傾的道理。《傳》文又為孔子引用,見《荀子‧哀公》,同書,頁543-544。
28 章太炎先生嘗言:「老子之術,平時和易,遇大事則一發而不可當。」見解可謂深切。見《諸子略說》,收入所著:《國學略說》(香港:寰球文化服務社,1963年),頁162。
29 王先謙:《荀子集解》,頁230。

來步驟的先後次序，有時必須因應情況而有所調整，後可以提前，先可以押後，是之謂「前後相隨」。《荀子・不苟》又云：「欲惡取舍之權：見其可欲也，則必前後慮其可惡也者；見其可利也，則必前後慮其可害也者，而兼權之，孰計之，然後定其欲惡取舍。如是則常不失陷矣。凡人之患，偏傷之也。見其可欲也，則不慮其可惡也者；見其可利也，則不顧其可害也者。是以動則必陷，為則必辱，是偏傷之患也。」[30]此處的「前後」，明顯是針對事情的利害兩端來講，表面看來可欲可利，其實利中可能潛藏害，甚至必然有害，因此必須深思熟慮，「兼權」利害。換言之，利害也是「前後相隨」的，因此，君子會「兼權之，孰計之，然後定其欲惡取舍」，這樣才能避免掉進二元化陷阱，中了「偏傷」。荀子所講完全符合「前後相隨」的道理。第二章第一節其實也是在講「人之患」。

《老子》第二十九章云：「將欲取天下而為之，吾見其不得已。天下神器，不可為也，為者敗之，執者失之。故物或行或隨。」或行或隨，也可以說是前後位置的不同，或態度上的進取與謙讓的差別。第六十六章云：「是以聖人欲上民，必以言下之；欲先民，必以身後之。是以聖人處上而民不重，處前而民不害。」這豈不是說「前後相隨」？必須指出，這番話直接道出高下、先後兩重關係，但其實也包括了難易、長短和主從關係。後其身而身先，這關乎策略上的長短，而策略又顯然繫乎聖人與百姓之間的主從關係。策略的最終目的在於「聖人處上而民不重，處前而民不害」，如果能夠成功，不管實踐起來有多艱難，畢竟還是容易的了。

總而言之，「有無相生，難易相成，長短相較，高下相傾，音聲相和，前後相隨」，六個動詞的詞義和次序都不宜忽略。生可動可靜；成、較形容靜態；傾表示處於動靜之間的姿態；和、隨描繪動態——動詞的目的在於描繪六對關係如何互相影響和配合，而不是形容它們的互相轉化。如果從斟酌治國手段來理解，則難易和長短從靜態講事情，高下講聖人的勢位姿態、音聲和前後講處事時動態的適時調整與百姓變動不居的關係，而「有無相生」

---

[30] 王先謙：《荀子集解》，頁51。

則是總體上概括所有事情都應該動態看待，相反相待的關係和情況可以隨時變化。順應情勢，在事態的兩極中調整變化，即是無所執，為無為，「動善時」（第八章），「不言而善應」。第六十四章云：「是以聖人無為故無敗；無執故無失。」正是此意。無為、無執就是「無之以為用」。最終的結果就是「與物反矣，然後乃至大順」，「天網恢恢，疏而不失」。

老子從動態看世事，在他眼中，世上沒有一成不變的事情和定局，而看待事情時，任何立場和觀點都有其對立面，必須尊重兼顧，甚至包容，善未必盡善，惡又何嘗無可取，因此，老子反問：「善之與惡，相去若何？」「有無相生」云云中，每一個項目都是可能的二元化陷阱，如果不明白「反者，道之動；弱者，道之用」的道理，不知道此一時的美善，彼一時可以轉向反面，這可以是由於外在情況有所變化，也可以是人為錯誤所致，但可以調整糾正。無論如何，偏執於二元的任何一端，拘於定局，處事便必然會失敗。孔子曰：「攻乎異端，斯害也已矣。」[31]老子會完全同意。

從第二章第一節「斯惡已」和「斯不善已」的兩個判斷開始，老子已經在強調人的作用，變化並非自然而然，必須人靈活的參與才可能有預期的結果。因此，設定法制時必須審慎周詳，執行計畫時必須如履薄冰，隨機應變。這涉及聖人處己的修養和待物的態度。《莊子‧天道》：「靜而聖，動而王，無為也而尊，樸素而天下莫能與之爭美。」[32]這是《莊子‧天下》所講的「內聖外王之道」。[33]這也可謂對第二章的聖人最恰當的描寫。老子同樣講「內聖外王」。天下莫能爭的「美」是超越二元對立的「美」，能夠達至這樣「知不知」的境界，就是不落二元的「善」。聖人知此美之為美，斯美已，知此善之為善，斯善已。由是觀之，《老子》第二章的主旨是聖人內外合一的治國道理和修養工夫，跟宇宙論意義上的相反相因、矛盾互相轉化的辯證道理毫無關係。

---

31 《論語‧為政》，見朱熹：《四書章句集注》（北京市：中華書局，2012年），頁57。
32 郭慶藩撰，王孝魚點校：《莊子集釋》，頁458。
33 郭慶藩撰，王孝魚點校：《莊子集釋》，頁1069。

錢賓四先生論經之說蠡談

李學銘[*]

摘要

先師錢賓四先生（1895-1990）著作等身，治學範圍廣。有人稱他為史學大家，也有人尊他為「國學界的通儒」，但似乎沒有人稱他為經學家，雖然他有不少論經的著作，而且自民初以來，總有人質疑他對經學的一些看法，甚至出言詆毀、攻訐。意見儘管不同，賓四先生論經之說，到了今天，仍有很大的參考價值，值得大家重視。

本文內容，主要在賓四先生許多論經之說中，選取幾項介紹，並作說明，同時述論賓四先生的治經特色。所見或有所偏，不敢自是，因此名為「蠡談」。

關鍵詞：經學、六藝、今古文、《周易》、《周官》、蠡談

---

[*] 新亞研究所教授。

一　前言

　　先師錢賓四先生（1895-1990）著作等身，治學範圍涉及面廣。有人稱他為史學大家，因為他有很多極有分量的史學著作。有人視他為國學家，尊他為「國學界的通儒」，因為他在中國傳統觀念中的學術文化研究各方面，都有非常卓越的表現。不過，賓四先生論經的著作雖然不少，但似乎沒有人稱他為經學家，而且對他的一些看法，自民初以來，總有人提出不同意見，甚至出言攻訐。意見儘管不同，賓四先生論經之說，到了今天，不少仍有很大的參考價值，不可輕予忽視。

　　本文嘗試從賓四先生許多論經之說中，選取幾項介紹。在介紹過程中，間或表達己見，並說明賓四先生的治經特色。所見不敢自是，因此名為「蠡談」。期望本文內容，或可引發大家思考或討論的興趣。至於本文的參考資料，主要是賓四先生有關經學方面的著作，如《國學概論》、《先秦諸子繫年》、《兩漢經學今古文平議》、《經學大要》等等，要是有需要，才會旁及其他資料，作為佐證。

二　錢賓四先生論經之說舉隅

　　本文介紹賓四先生的論經之說，當然會以他的經學專著為據。但他在談及國學、歷史、思想、文化以至為學、做人等等問題時，也常有涉及經學方面的討論。因此他的論經之說，如根據資料，可歸納為許多專題。下面所列幾項，只是舉隅性質，並不全面，期望讀者可以理解。

（一）孔子與《周易》

　　《國學概論》正式出版在一九三一年（民二十），其中頗多屬於經學的述論，前七章編寫於一九二六年（民十五），後三章編寫於一九二八年（民

十七），是賓四先生較早的著作。這書體例採用綱目體，全書內容以綱目文字為主，綱目之下，則附論據及有關說明。

關於《周易》，賓四先生在《國學概論》中這樣說：

> 《易》之為書，本於八卦，蓋為古代之文字。因而重之，猶如文字之有會意。引而伸之，猶如文字有假借。[1]

上文指出，《周易》的八卦是古代文字，文字有會意、假借，古代遊牧先民就利用這種「文字」的會意、假借成分，來占卜吉凶。因此，賓四先生說：

> 卜筮如拆字，繫辭如籤詩。《周易》起於殷周之際，明周之有天下，蓋由天命。《易》之內容，其實如斯。[2]

上述言論，在初發表時已引起尊孔衛道之士的反感，而在五十年代末、六十年代初，本港也有人因私怨，撰文猛烈攻訐。攻訐的言論，除了扣賓四先生反孔欺聖的罪名，甚至挑剔他說《周易》是「卜筮」之書不當，因為「卜」和「筮」是兩回事，其實「卜筮」都是指「斷吉凶」，用詞的人，兩字連用，意義有時偏前，有時偏後，這本是語文應用慣常的做法。而且，提到《周易・繫辭》「卜筮」連用，是朱熹（1130-1200）在先，《國學概論》已在綱目文字下列明資料來源：

> 朱子《答呂伯恭書》：「竊疑卦爻之詞，本為卜筮者斷吉凶，而因以訓戒，有本甚平易淺近，而今傳註誤為高深微妙之說者。……」
>
> 《朱子語類》：「《易》為卜筮作，非為義理作。伏羲之《周易》，有占

---

[1] 見錢穆：《國學概論》（臺北市：臺灣商務印書館，1956年6月），第1章，頁2-3。（按：本書初版於1931年5月）。

[2] 見同上，頁3-5。

而無文……文王周公之《易爻辭》如籤辭。孔子之《易》，純以理言，已非羲文本意。」[3]

賓四先生引述朱熹之說為據，主要從中國學術思想發展的角度，指出《周易》的內容，原初只是為了占卜吉凶，至於後來複雜精微之說，如《爻辭》所云，是後來思想的發展，並不是《周易》的本意，也與孔子（前551-前479）無關。他更引述顧炎武（1613-1682）《日知錄》之說為據，云：

《日知錄》：「孔子論《易》，見於《論語》者，二章而已。……聖人之所以學《易》者，不過在庸言庸行之間，而不在乎圖書象數也。今之穿鑿圖象以自為能者，畔也。」[4]

賓四先生對顧氏之說，在《經學大要》第二講有進一步說明。他指出《論語》中提及《易》只有《述而篇》和《子路篇》。「不恆其德，或承之羞」八字，是《易‧恆卦》九三爻辭，可證孔子確曾提過《易》，但《易》只是占卜吉凶之書，所以孔子說如果翻開《周易》，見了這一句，就知道人不可無恆。從這一章，可見孔子並不特別重視《易》。[5]

為了證明孔子並不特別重視《易》，賓四先生舉了一些例證：一、《論語‧季氏篇》載孔子教兒子孔鯉（前532-前482）學《詩》、《禮》，但沒有教他學《易》。二、漢人說商瞿（前522-？）傳孔子《易》說，但《論語》不見此人。三、明白以《詩》、《書》、《禮》、《樂》、《易》、《春秋》為《六經》，始見於《莊子‧天運篇》，但此書是偽書。四、《莊子‧天下篇》說「《易》以道陰陽」，只是《易傳》之說，《周易》上、下經並不道陰陽，《論語》、《孟子》也不道陰陽。五、按照儒家思想發展的先後，應是《論語》、

---

3 見同上，頁4。
4 見同上，頁5。
5 參閱錢穆：《經學大要》（臺北市：素書樓文教基金會、臺灣蘭臺出版社，2000年12月）。（按：本書為講課記錄稿，就錄音整理成書，大部分內容未經賓四先生過目。）

《孟子》、《中庸》、《易傳》，如果說《易傳》是孔子所作，則先秦儒家思想先後轉進的次序就會大亂。六、《易傳》連稱「天地」、「陰陽」、「剛柔」、「仁義」、但孔子、墨子（約前468-前376）、孟子（前372-前289）、荀子（約前313-前238）都不然。例如《論語》只言「剛」，不言「柔」；《論語》亦多言及「義」，但不與「仁」連稱對立，後來《孟子》把「義」與「仁」二字連稱對立，但已是另一番道理了[6]。

賓四先生還有不少關於《周易》的說法，也不必盡舉了。賓四先生之說，並不是貶抑《周易》及《易傳》，他只是如實說明儒家學術思想發展的情況。有經學門戶之見、不理實況的人，才會放言攻訐賓四先生。至於挾私怨討論學術的人，意見必有所偏，就更不足道了。

（二）孔子六藝與漢人六藝

孔子以「六藝」教弟子，內容是禮、樂、射、御、書、數。孔子的「六藝」，是否就是漢人的「六藝」？

賓四先生在《經學大要》第二講中說：

> 孔子以禮、樂、射、御、書、數「六藝」教弟子。但到了漢代，如《漢書‧藝文志》中的《六藝略》，這「《六藝》」便改指了《易》、《書》、《詩》、《禮》、《樂》、《春秋》之《六經》。其實漢代也只有《五經》，從來沒有獨立的「《樂經》」。但照漢人如此一說，孔子和《五經》便發生了密切的關係。[7]

班固（32-92年）《漢書‧藝文志‧六藝略》指《六藝》為《易》、《書》、《詩》、《禮》、《樂》、《春秋》，於是孔子便與《六經》（當時其實只是《五

6　參閱錢穆：《經學大要》，第2講，頁23-27。
7　見錢穆：《經學大要》，頁21。

經》）發生了密切的關係，這個說法，在前的司馬遷（前135-前87年？）《史記》也是如此。司馬遷和班固是兩漢的大史家，他們繼承家學，學有淵源，又有各自的學問造詣，但他們對孔子與《六經》的意見，仍不免受到時代和社會的局限。賓四先生因此在《經學大要》第三十一講中說：

> 西漢、東漢沒有人講過這裏面有錯，但經過漢朝以後，我們漸漸知道，漢朝人這話根本是錯的，孔子是作了《春秋》，至謂孔子刪《詩》、《書》，這是絕對沒有的事。孔子自己沒講過，孔子學生及孟、荀等許多重要人物沒講過，連反對孔子的人也沒有人批評孔子刪《詩》、《書》。再說到孔子贊《周易》，更沒有這事了。[8]

賓四先生直言漢朝人講孔子與《六經》的關係，除了「作《春秋》」這一項，「都講錯了」。他的意見，自然有所據，可惜信服今文經學家之說的人，不肯接受這個事實，而別有用心的人，更用來攻訐賓四先生的認識，甚至詆毀他貶抑聖人，目無儒書。其實推崇孔子，可以有許多方式，倒不必把《六經》和後人許多解經之說，都掛在孔子身上。

關於孔子與《六經》的關係，賓四先生在《先秦諸子繫年‧孔門傳經辨》中也有清晰的說明：

> 余考孔子以前無所謂《六經》也。孔子之門，既無《六經》之學，諸弟子亦無分經相傳之事。……謂孔子時已有《六經》，皆傳自子夏，各有系統，尤非情實。……儒家《六經》之說至漢初劉安、董仲舒、司馬遷之徒始言之。然《史記》亦僅言漢儒傳統，無孔門傳經。孔門傳統系統見於《史》者惟《易》，而《易》之與孔門，其關係亦最疏，其偽最易辨。其他諸經傳統之說，猶遠出史遷後，略一推尋，偽

8　見錢穆：《經學大要》，頁567。

跡昭然矣。[9]

孔子與《六經》(《六藝》)的關係如上所述。賓四先生的考辨，我以為是可信的。至於漢朝人說「孔子作《春秋》」，賓四先生是同意的。因為他認為孔子在刪裁魯國史書舊文而成《春秋》，在刪裁過程中加了「大義微言，宏旨密意」，可說豐富了原來文本的內容，有撰作的用心，於是「作《春秋》」的「作」字，也可說是名副其實了[10]。

（三）漢武帝表彰《五經》

自民國初年以來，許多國史教科書和參考書，都有漢武帝「表彰《五經》，罷黜百家，而後儒家定於一尊」的說法，並認為這是漢武帝尊孔子、崇儒學的表現。這些書又指出，因漢武帝立《五經》博士而經學盛，「好像儒家從此才成為中國文化主流。把後來中國人看重儒家思想，完全歸因於漢武帝的這項措施」[11]。

賓四先生不同意上述說法，他在《兩漢博士家法考》一文中已有意見，而在《經學大要》第三講中更表示：

> 漢武帝表彰的是戰國以前的《五經》，而非表彰戰國以後的儒家。漢武帝「表彰《五經》」的另一句，是「罷黜百家」。儒家只能算是百家中的第一家，則也在漢武帝罷黜之列。[12]

---

9 見錢穆：《先秦諸子繫年》(又名《先秦諸子繫年考辨》)(香港：香港大學出版社，1956年6月)，上冊，增訂本，頁83、87-88。

10 參閱錢穆：《孔子與〈春秋〉》(北京市：商務印書館，2003年8月)，《兩漢經學今古文平議》，頁278。

11 參閱錢穆：《經學大要》，第3講，頁31。二〇二三年九月三日，無線電視播出《中國通史・漢武帝》，就沿襲舊說，認定漢武帝立《五經》博士，尊崇儒家，罷黜百家，於是儒學定於一尊。

12 見同上，頁32-33。《兩漢博士家法考》，收錄於錢穆：《兩漢經學今古文平議》。

他跟著舉《漢書‧藝文志》為證，指出《藝文志》把一切書籍分為七類。第一類為《六藝》，就是「經」；第二類為「諸子」，就是「百家」。「百家」中第一家，即為「儒家」。可見「罷黜百家」，儒家也在內。同時可從分類看到，《六藝》與「諸子」，是當時學術上一大分野[13]。可以說，漢武帝時所看重的，是從周公（？-約前1095）到孔子的學術，並非只看重孔子一人，而《論語》也不能與《春秋》並尊[14]。

究竟《六藝》與「諸子」的分別在哪裏？賓四先生說：

> 《漢書‧藝文志》以《六藝》為「王官學」，諸子為「百家言」。「王官」指國之共尊，「百家」乃指民間私家。[15]

可知漢武帝要提倡「王官學」來罷黜「百家言」。《六藝》即《五藝》（《五經》），屬「王官學」，儒家的《孟子》、《荀子》等等，在當時都是「百家言」。儒家不過是「百家言」之一，在《漢書‧藝文志》中，歸入《諸子略》。不過，《論語》不歸入《諸子略》，卻與《爾雅》、《孝經》同附於《六藝》之後，因為漢朝人認為《五經》由孔子所傳。無論怎樣，漢武帝表彰的，並不是戰國以後的儒家，而是戰國以前的古文舊書。賓四先生因而強調：

> 若民初人說「漢武帝表彰《五經》，罷黜百家，而後儒家定於一尊」，這便是無根據的空論。[16]

上述意見，賓四先生在他所撰作的《秦漢史》中，有更清晰的說明：

> 儒家亦百家之一，不得上儕於六藝。然則漢武帝立五經博士，謂其尊

---

13 參閱同上，頁33。
14 參閱同上，頁35。
15 見同上。
16 見同上，頁33。

> 六藝則可,謂其尊儒術,似亦未盡然也。特六藝多傳於儒者,故後人遂混而勿辨耳。故漢人尊六藝,並不以其為儒者而尊。而漢人之尊儒,則以其尊六藝。此不可不辨也。[17]

可見漢武帝立《五經》博士,是尊「古之王官書」——《六藝》,不是「晚出之儒家言」。

皮錫瑞(1850-1908)的意見,有別於賓四先生。他主今文經說,認定孔子「刪定《六經》」,又換一個說法,說「《六經》為孔子所作」。他舉的例證,不過是「孟子稱孔子作《春秋》」[18]。賓四先生同意孔子有根據魯史舊文刪裁而成《春秋》,但直言所謂刪《詩》、《書》,訂《禮》、《樂》,贊《周易》,無論孔子或孔子弟子、孟荀等都沒有講過,而批評孔子的先秦人,也沒有講過[19]。劉師培(1884-1920)的意見,也與賓四先生不同。他主古文經說,認為「《六經》本先王之舊典,特孔子另有編訂之本」。他說,「《六經》為古籍,非儒家所得而私」。他又說,漢人「因尊孔子而並崇《六經》」,「非因尊《六經》而始崇孔子」[20]。賓四先生則認為,漢武帝所表彰的,並不是戰國以後的儒家,而是戰國以前的古文舊書,因此我們只可以說,漢人當時尊的是《六藝》,即古之「王官書」,只因為《六藝》多傳於儒者,因而後人才會混淆誤會[21]。

賓四先生論漢武帝「表彰《五經》」的意見,可說是同時廓清今、古文之說。皮氏、劉氏有今、古文門戶之見,賓四先生則無門戶之見,這是現代學術應有的精神。

---

17 見錢穆:《秦漢史》(香港:1966年4月,自印本),第3章第2節,頁82-83。
18 參閱皮錫瑞:《經學通論‧序》(北京市:中華書局,1957年3月),《經學通論》,頁1。
19 參閱錢穆:《經學大要》,第31講,頁569。
20 參閱劉師培著,陳居淵注:《經學教科書》(上海市:上海古籍出版社,2006年7月),頁28。
21 參閱錢穆:《經學大要》,第3講,頁32-33。

（四）漢人經學「今古文之爭」

　　漢人經學「今古文之爭」的話題，在中國經學史中常有人討論，但其中頗有些誤解，賓四先生曾加以辨明。現試引述他的意見談談。

　　賓四先生在《經學大要》第九講中指出：經書有「今文」與「古文」的分別，其實由一部《尚書》開始。《尚書》有所謂「伏生《尚書》」和「孔安國《尚書》」，前者在漢文帝時由晁錯（？-前154）受讀於伏生（生卒年不詳），後者是魯恭王壞孔子故宅，從牆壁中發現很多古書，其中有一部《尚書》，由孔安國（生卒年不詳）所藏。「伏生《尚書》」有二十八篇，而「孔安國《尚書》」則多出了十六篇，為了傳授的方便，晁錯把原是古體字的「伏生《尚書》」改寫成通行字體；「孔安國《尚書》」原也是古體字，但為了方便講讀，也該把原來的古體字，改寫成當時通行的字體。因此後來雖仍然維持「今文《尚書》」和「古文《尚書》」的名稱，只是辨別兩者出現的先後，而不是因為字體有古今的不同[22]。賓四先生在同一講中又說：

> 漢武帝「表彰《五經》」所立的《尚書》是伏生《尚書》。孔安國家裏藏著這部書，送往朝廷，可是沒有立博士。太史公曾做過孔安國的學生……太史公心中並無古文經學、今文經學相異對立觀念……連孔安國心中也沒有這樣的分別。孔安國這部「古文《尚書》」……直到東漢……始終沒有立博士。最後到了三國，天下大亂，這部書丟了。[23]

由漢武帝到三國，「古文《尚書》」始終沒有立博士。賓四先生指出，在孔安國和司馬遷心中，並沒有古、今文經學相異對立的觀念。因此，他進一步說明：西漢時討論的經學「今古文」，只限伏生和孔安國兩本不同的《尚書》，而當時講《尚書》的人，其實只講當時朝廷認可的「今文《尚書》」[24]。不

---

22 參閱錢穆：《經學大要》，頁173。
23 見同上，頁174。
24 參閱同上，頁175。

過在戰亂中丟失的「古文《尚書》」，後來再出現於東晉。到了清代閻若璩（1636-1704）《古文尚書疏證》一書出來，廣引經傳古籍，考證「古文《尚書》」之偽。「古文《尚書》」是偽書，就成為定論了。

至於後人所謂漢人經學「今古文之爭」，到底是甚麼一回事？賓四先生記述：

> （漢朝）當時三傳中只有《公羊》一家立博士。……漢宣帝在石渠閣召開博士會議，主要由講《公羊》、《穀梁》的雙方辯論，《穀梁春秋》終於也獲立為博士。石渠之爭，乃一家與一家之爭，非如後人所謂「今古文經學」之爭。[25]

如上所述，由漢武帝至宣帝，講《春秋》有《公羊》、《穀梁》之分，但立博士只有《公羊》。宣帝即位後，知道祖父喜歡《穀梁》，於是召開石渠閣會議，為《穀梁》爭取立博士，結果成功。賓四先生強調：這場辯論及結果，只是「一家與一家之爭」，而不是「今文」與「古文」之爭。

石渠閣會議後，發展情況怎樣？賓四先生在《國學概論》第四章和《經學大要》第九講都有說明：哀帝時劉歆（約前53-23年）求立《左氏春秋》、《毛詩》、《逸禮》、《古文尚書》之爭，是後儒所謂「今古文」相爭的第一案，但當時未嘗有「今古文」相爭之名。光武帝時，有范升（生卒年不詳）爭立《費氏易》及《左氏春秋》；章帝時，有賈逵（30年-101年）、李育（生卒年不詳）爭《公羊》及《左氏》優劣；桓帝、靈帝時，有何休（129-182年）與鄭玄（127年-200年）爭《公羊》及《穀梁》、《左氏》優劣。這都是當時所謂「今古文之爭」，而所爭以《左氏》為主，用意在請立官置博士及禁抑官置博士之立[26]。經學上既有所爭，為甚麼賓四先生還是說：「凡屬經

---

25 見同上。
26 參閱錢穆：《國學概論》，頁107-110；《經學大要》，頁175-176。

學在當時則同為『古文』,別無所謂今文、古文之分別。」[27]他在《國學概論》的解釋是:

> 當時所謂「今古文」者……前漢有「今文」之實,而未嘗有「今文」之名,後漢則有「古文」之名,而無「古文」之實者也。則當時所謂爭者,豈不在文字之異本、篇章之多寡而已哉?豈不在於立官置博士而已哉?……所謂漢「今古文」之爭者,如斯而止。[28]

因為所有經書的原本,都是由古體字改寫成通行的字體,可以說「同為『古文』」。而且,前漢經學從未自我標榜為「今文」,所以有「今文」之實而無「今文」之名;後漢爭立博士的經書都稱為「古文」,但實際上是用通行文字寫出來,說經者也盡本於戰國晚起「今文」之說,所以有「古文」之名而無古文之實。因此,賓四先生認為,當時所「爭」,不外文字異本、篇章多寡、立官博士置弟子等方面,主要是爭利祿,而不是字體有分別,更不是為了爭學術的真是非。這就是經學「今古文之爭」的事實[29]。

賓四先生在《兩漢博士家法考》一文又指出,康有為(1858-1927)、廖平(1852-1932)等人主張兩漢經學早分今文、古文,又說博士官學源流可一一追溯至戰國,以致坐實兩漢經學有今古文之爭,其實都是穿鑿附會、張皇過甚之談。賓四先生之說,論據充分,辨析詳明,可參閱[30]。

(五)《周官》著作時代與作者

《周官》的著作時代與古文經的關係,歷來談論經學的人有不少辨析及評論。賓四先生提供論據,證明《周官》是戰國晚年書,與今家認為《周

---

27 語見錢穆:《經學大要》,第9講,頁176。
28 見錢穆:《國學概論》,第4章,頁112、114、122。
29 參見同上,頁81。
30 參閱錢穆:《兩漢經學今古文平議》,頁234-235。

官》是晚出之書的看法相同，只是他同時指出：「謂其書乃劉歆偽造，則與謂其書出周公制作，同一無根。」[31]他在《兩漢經學今古文平議·自序》中這樣說：

> 清儒主張今文經學者，群斥古文諸經為偽書，尤要者則為《周官》與《左傳》。《左傳》遠有淵源，其書大部分應屬春秋時代之真實史料，此無可疑者。惟《周官》之為晚出偽書，則遠自漢、宋，已多疑辨。然其書是起何代，果與所謂古文經學者具何關係，此終不可以不論。[32]

賓四先生明確表示：《左傳》遠有淵源，內容大部分屬春秋時代的真實史料，不是偽書。不過他同意《周官》是晚出之書。對這部晚出之書，賓四先生要考辨：其書起於何時？與所謂古文經學者有何關係？

關於《周官》的著作時代，賓四先生分從祀典、刑法、田制及其他相關等方面，作了詳細深入的辨析，並提供充足的理據。最後，他的意見是：

> 《周官》記載宗教祀典，大部分採取戰國晚年陰陽家思想。關於法制刑律，則有許多是李悝、商鞅傳統。……至於《周官》書中之井田制，則多半出自戰國晚年一輩學者理想中所冥構。[33]

其他如公田的廢棄、爰田制的推行、封疆的破壞等情況，《周官》都有涉及，但都是井田制度消失後的現象。可見《周官》一書的內容，已隨著時代的發展和新興的局面，而有晚出的記述。賓四先生因而裁斷：

> 《周官》還只是像戰國三晉人作品。遠承李悝、吳起、商鞅，參以孟

---

31 語見錢穆：《周官著作時代考》，《兩漢經學今古文平議》，頁322。
32 見錢穆：《兩漢經學今古文平議》，頁5。
33 見錢穆：《周官著作時代考》，《兩漢經學今古文平議》，頁405、407。

子，而為晚周時代的一部書。[34]

談到《周官》與「所謂古文經學者」的關係，不得不關注《周官》與劉歆之間的關係。賓四先生在「古文經學者」之前加「所謂」兩字，因為他認為哀帝時劉歆求立《左氏春秋》、《毛詩》、《逸禮》、《古文尚書》之爭，是後儒所謂「今古文」相爭的第一案，但在當時實未有「今古文」相爭之名，更沒有今文學者與古文學者的分別[35]。賓四先生在《周官著作時代考》中說：

> 《周官》自劉歆、王莽時，眾儒已「共排以非是」。其後雖有少許學者信奉，終不免為一部古今公認的偽書。然謂其書出周公制作，同一無根。我前草《劉向歆父子年譜》，曾於劉歆大批偽造古書一說，加以辨白。……何休曾說：「《周官》仍六國陰謀之書。」據今考論，與其謂《周官》乃周公所著，均不如何說還近情。[36]

賓四先生在《劉向歆父子年譜》一文中，羅列論據，詳辨康有為主張劉歆偽造大批古文經之說的謬誤，凡二十八項。有人誤會他以古文經的立場，攻今文經學者之失，自然是失實的質疑。提出質疑的人，無疑是先有門戶之見，而自我錮蔽於自設門戶之內，終至於「渺不得定論之所在」，「此即門戶之見之為害也」[37]。

三　錢賓四先生治經的特色

本文在上面介紹了賓四先生幾項論經之說，都是經學或經學史上較多爭議的問題。賓四先生對這些問題，引述資料，逐一疏解。他的結論，有很大

---

34 見同上，頁462。
35 參閱錢穆：《國學概論》，第4章，頁122；錢穆：《經學大要》，第9講，頁175-176。
36 見錢穆：《兩漢經學今古文平議》，頁322。
37 語見錢穆：《兩漢經學今古文平議·自序》，《兩漢經學今古文平議》，頁3-4。

說服力，雖不一定為人人所接受，但可給有興趣研治經學和經學史的學者參考。論經之說，內容主要是解決經學或經學史上的問題，有了這方面的認識，我們無妨進一步了解賓四先生治經的主張和特色。

（一）重視「史」的觀念

經學是一種自兩漢以來千古聚訟之學，在每階段的發展過程中，都出現複雜的情況，也引發許多爭議。因此，我們研治經學，除了須通考據，也要有「史」的觀念，否則就不能了解學術思想的傳承和發展。現代研治經學的人，大多重視專書的研究，而不知道經學史的重要。因此，現時大專院校或研究機構，有研究經書的人，卻少研究經學史的人。大專院校或研究機構的課程，有經書研習的提供，卻似乎沒有經學史的開設。

五十年代，賓四先生在新亞書院講中國文學史和中國文化史，都有涉及經學史問題的討論。六十年代以後，賓四先生定居臺灣講經學，有《經學大要》一書，就是從「史」的角度去討論，並再三強調治經須有「史」的觀念。他認為沒有「史」的觀念去研治經學，不免偏狹，或忽略了學術的本源、流變，而造成了不盡不實的認識或裁斷。他在《兩漢經學今古文平議・自序》中強調：

> 夫治經終不能不通史……經學上之問題，同時即為史學上之問題，自春秋以下，歷戰國，經秦迄漢，全據歷史記載，就於史學立場，而為經學顯真是。[38]

「治經終不能不通史」，這是賓四先生向來所主張的。可以說，賓四先生常存有「史」的觀念來治經。我們試多讀賓四先生經學方面的論著，就可看出這種治經的特色。

---

38 見同上，頁6。

稍可一提，五十年代至六十年代，先師牟潤孫先生（1908-1988）在新亞書院就曾多次開設經學史這門課，並常強調經學與史學及其他學科的關係。我對經學所知有限，但未敢忘記師教，自從香港理工大學退休以後，我就在新亞研究所多次講授經學史，並從學術思想發展的角度，以專題方式，討論經學的種種問題。

（二）破除門戶求博通

談論經學的人，有主張今文說，有主張古文說，兩方各持己見，互相排斥。到了晚清，情況更甚；直到現代，仍有人標榜門派之說，排斥異己。於是主張今文的學者，每以今文諸經建立門戶，排斥古文諸經於門外；而主張古文的學者，又常以今文的門戶為門戶，自囿於所見所聞，故意與今文之說立異。賓四先生在《經學大要》中表示：講經學和經學史，應該破除今古文經學的界限，才能找尋出一條研治新路[39]。他在《兩漢經學今古文平議‧自序》中說：

> 蓋清儒治學，始終未脫一門戶之見。其先爭朱、王，其後爭漢、宋。……彼輩主張今文，遂為諸經建立門戶……而主張古文諸經者，亦即以今文學家之門戶為門戶，而不過入主出奴之意見之相異而已。[40]

賓四先生指出清儒治經之病。《平議》一書，雖以破今文家之說為主，但並非以古文家之說為立足點。他在《自序》刻意地交代自己的撰作宗旨，「端在撤藩籬而破壁壘，凡諸門戶，通為一家」[41]。《平議》的撰作宗旨，正是賓四先生的治經宗旨。

---

39 參閱錢穆：《經學大要》，第8講，頁144。
40 見錢穆：《兩漢經學今古文平議》，頁3、5-6。
41 語見同上，頁6。

賓四先生的一些著作，表面似乎講的是專門之學，究其實，他是尚「通」不尚「專」；講經學，也是如此。他在《經學大要》中曾說：講經學的人往往有個大缺點，就是只根據經學來講經學。這樣講經學，就會太偏、太專，容易出毛病。研治經學，須懂史學、理學，也要懂文學和哲學。反過來說，講史學，不通經學也不行，例如研究秦漢史，不得不讀《史記》、《漢書》，但完全不懂經學，就不能真正讀懂這兩部史書。理學，固然不同於經學，但兩者關係密切，如果不懂經學，就難以明白理學，不明白理學，又怎能研究宋代歷史？他如文學、哲學，與經學也有關係，兼通各學，是治經所需要的[42]。這是賓四先生對後學的忠告。

（三）折衷眾說下判斷

　　賓四先生在一九三九年，曾寫了一封信給顧頡剛（1893-1980），這封信收錄在《顧頡剛日記》裏。賓四先生在信中對顧氏說：

> 兄之所長在於多開途轍，發人神智。弟有千慮之一得者，則在斬盡葛藤，破人迷妄。故兄能推倒，能開拓，弟則稍有所得，多在於折衷，在於判斷。[43]

賓四先生指出自己治學之所長，多在於「折衷」和「判斷」。這是長久自省、觀察所得之言，同時，也可看到他學有所得的自信。

　　就治經而言，我們試讀賓四先生所發表的經學論著，就知道他在廣徵論據時，能折衷眾說，並下判斷，然後提供有說服力的結論，顯示高明的識力。試以《劉向歆父子年譜》一文為例：

　　本篇的體例，是仿王國維（1877-1927）《太史公行年考》，以年譜的撰

---

[42] 參閱錢穆：《經學大要》，第7講、第9講，頁113、114、119、172。

[43] 見《顧頡剛日記》（臺北市：聯經出版事業公司，2007年5月），第4卷，「1939年7月2日日記」頁395。

作形式，排列了劉向（前77-前6年）、劉歆的生卒任事年月及新莽朝政，用具體史事揭櫫康有為（1858-1927）《新學偽經考》有二十八端不可通。凡康文曲解史實、抹殺證據之處，皆一一指明，內容包括：一、劉歆無遍造群經的時間；二、與劉歆同時或前後時代的人，並未留下劉歆作偽的記載；三、劉歆爭立古文經時，並無媚莽助篡偽造《周官》；四、劉歆並未在偽造《周官》前，偽造《左傳》、《毛詩》、《古文尚書》、《逸經》等經書[44]。上述意見，是賓四先生廣搜資料、折衷眾說，然後再下判斷的結果，其中既有掌握豐富資料的要求，又要具備識力，並非憑空而言。我們只要細讀原文，探其思路，就了解他的撰作過程，可資效法。

其他如《兩漢經學今古文平議》中的《兩漢博士家法考》、《孔子與春秋》、《周官著作年代考》諸文，以至《國學概論》、《先秦諸子繫年》涉及經學方面的考辨，都可看到賓四先生治經的折衷、判斷功夫。

（四）以文化為本位認識經學流變

賓四先生一生治學，實以中國文化為本位，他認為研究歷史，實質上是研究歷史背後的文化。治學既以中國文化為本位，所以他的著作，往往涉及諸子學、經學、玄學、佛學、理學、清學等學術思想史的領域。余英時先生在《錢穆與新儒家》一文中就指出，賓四先生「一生的主要貢獻是在指示我們怎樣去認識中國的文化系統及其流變」[45]。

凡以中國文化為本位的治學，必然會以儒學為宗主，賓四先生也不例外。儒家思想，在中國歷史上延續了兩千多年，長久以來，已成為中國文化中最重要的部分，也表現在中國人生活的方方面面。《兩漢經學今古文平議》一書，顯然是經學方面的著作，內容以經學為辨析、述論的中心，也就是以儒學思想為討論的中心，這顯示他以文化本位為治學的取向。全書四篇

---

44 參閱錢穆：《劉向歆父子年譜·自序》，《兩漢經學今古文平議》，頁2-6。
45 語見余英時：《錢穆與新儒家》（桂林市：廣西師範大學出版社，2006年2月），《余英時文集·現代學人與學術》，頁8。

論文,篇目不同,討論各異,但都是經學研究,也是史學研究,更是文化研究。賓四先生在《兩漢經學今古文平議・自序》中說:

> 一時代之學術,則必其有一時代之共同潮流與其共同精神逮於時代變,需要衰,乃有新學術繼之代興。漢儒治經,不僅今文諸師即古文諸師,亦莫不與此潮流相應相和,乃始共同形成其一時代之學術焉。[46]

賓四先生指出,一時代的學術,與時代潮流和時代精神的密切關係。試以各時代的經學為例:漢儒治經,有不少穿鑿附會,但他們對有些微言大義,確有所受,同時把其中一些內容,用到當時的實際政治上來。魏晉以下,因道釋思想的影響,漸漸看輕「政治」,看重「教化」。唐人治經,主「治」、「教」分;宋人治經,主「治」、「教」合;朱熹的《四書章句集注》,則主「以教統治」[47]。清儒經學,卻是另一途向:「他們既不重政治,又不重教化,把自身躲閃在人事圈子外面來講經學」,「他們縱有所發明,卻無關乎傳統經學的大旨」[48]。

賓四先生說明了每一時代的學術,會因時代潮流、時代精神而轉移的具體事實。我們如果缺乏時代的認識,不以文化為本位去看學術的流變,來述論經學的發展,就會有搔不著癢處的地方。賓四先生治經的經驗,會為後學提供有用的提示。

四 結語

賓四先生的學問,兼通經史,主要論著,都是以儒家學說為宗主,以文化為本位,並重視「史」的觀念,又強調須破除門戶之見求博通,在述論過

---

46 見錢穆:《兩漢經學今古文平議》,頁5。
47 參閱錢穆:《孔子與春秋》,《兩漢經學今古文平議》,頁295-297。
48 語見同上,頁299。

程中，往往有長於折衷、判斷的表現。《先秦諸子繫年》一書，最能顯示這方面的特色。他的早期著作《國學概論》，編寫於一九二六及一九二八年，初版於一九三一年（民二十）五月，就已是一部立足經史和文化，述論中國古今學術流變大趨，內容不少已涉及儒學和經學的討論。

《兩漢經學今古文平議》一書，就更是一部亦經亦史、亦儒學亦文化的代表作。到了晚年，賓四先生在臺灣講學，決定為研究生開設「經學大要」這門課，就是從「史」的角度，為學生講「經學史」[49]。

本文內容，大體分兩部分：其一是介紹賓四先生論經之說，所舉五項，只是他的部分意見，並非全部。但這些意見，其中頗有創新觀點，到了現在，仍有參考、討論的價值。其二是介紹賓四先生治經之說，而他的治經之說，可約略反映他的治經特色，再以他的論著來印證，所得印象就會更為具體。

關於賓四先生的論經之說和治經特色，過往已有人作或詳或略的述說，本文的介紹和析論，不過是聊舉數例，稍作蠡測而已。

二〇二三年九月完稿

---

[49] 參閱錢穆：《經學大要》目次前的出版說明。

《錢賓四先生全集》輯佚成績考述

何廣棪[*]

摘要

　　西元一九九七年二月，臺北市聯經出版事業公司刊行《錢賓四先生全集》，全書凡五十四大冊，共收專著六十四種，其卷帙之富贍，殊令學壇欽敬。然《全集》猶有遺珠，拾遺補闕之責，則須俟諸後人。

　　年來，余頗用力就古今著名學人遺文進行輯佚，曾編就《碩堂輯佚札叢》一書，凡收文三十一篇，二〇二〇年九月交由臺灣新北市花木蘭文化事業有限公司出版。近日又編就《碩堂輯佚札叢續編》，亦收文三十一篇，其中錢教授佚文佔八篇，用補《全集》所未收，殊可貴也。書成，仍擬乞花木蘭公司代為付梓。

　　今年十月，乃新亞研究所成立七十周年，校友會擬舉辦學術會議。承邀出席，特撰拙文〈《錢賓四先生全集》輯佚成績考述〉，用便整治錢師佚文，並資母校成立周年紀念。蕪文如有欠妥善之處，敬乞在座諸君不吝賜正。

關鍵詞：錢穆、錢賓四全集、輯佚、佚文

---

[*] 新亞研究所教授。

圖一　錢賓四教授

　　新亞研究所創辦人錢賓四（穆）教授，乃吾儕修德治學之恩師。學問淵博，著作等身，不幸於西元一九九〇年八月三十日以九十有六高齡在臺北辭世長逝，海內外學人及群弟子均深感哀感。西元一九九七年二月，臺北市聯經出版事業公司刊行《錢賓四先生全集》用以悼念，並資傳世。全書凡五十四大冊，共收專著六十九種，二千餘萬言。卷帙可謂富矣，蔑以加矣！而其成就殊足令學壇歆慕，讀者欽敬。

　　《錢賓四先生全集》（以下簡稱《全集》）編纂時，曾由錢師母胡美琦夫人參與並領導輯佚工作，蒐獲佚文甚富，成績至豐。然滄海遺珠，自所難免，是以拾遺補闕，則猶須俟諸後人。

　　余自聯經公司刊行《全集》伊始，已留意輯佚工作。本世紀初於香港中央圖書館借得李榕階先生《論語孔門言行錄》，該書書首有錢教授所撰序，序乃《全集》失收者，亦為余輯佚工作蒐獲文章之第一篇。二〇一五年五月六至七日，香港浸會大學召開「香港經學研究的回顧與前瞻國際學術研討會」，余蒙邀參加，乃敬撰〈恭談錢賓四教授《論語》之研究與著述〉一文列席。拙著後被收入研討會《論文集》中，而錢教授所撰〈序〉則被寫入該文「肆、附錄」，以為推介。（附注）其後余又將錢〈序〉轉載二〇二〇年一

月二日撰之〈錢穆（賓四）教授逝世三十周年紀念——兼考《錢賓四先生全集》之一篇佚文〉，最後上文則收入二〇二〇年九月臺灣花木蘭文化事業有限公司刊行之拙著《碩堂輯佚札叢》中。

嗣後，余更戮力錢教授《全集》輯佚工作。二〇二〇年歲首旅遊臺北市，於重慶南路三民書局購得上海古籍出版社發行《學燈》第一輯，書中載有李妙麟整理〈民國學術獎評審意見選刊（六則）〉，文中收有錢教授評審意見凡四則，即一、李蓁《孟子改制述要》，二、楊樹達《論語疏證》，三、馬紹伯《孟子學說的新評價》，四、徐復《後讀書雜志》。上述四則評審意見，《全集》皆未見收，固佚文也。其後，余絡繹撰文介紹，並先後發表於臺北《國文天地》期刊中。

余發現錢教授《全集》失收之第六篇佚文，乃〈莫可非《稊稗集》序〉。《稊稗集》乃莫氏所撰散篇短論。考《康熙字典》〈午集〉下、五畫〈禾部〉云：「稊，似稗布地生，穢草也。」《康熙字典》〈禾部〉又云：「稗，草之似穀也。」是可推知，莫氏以「稊稗」二字名其書，蓋擬謙之詞也。余撰文推介錢氏以上之序，亦發表於《國文天地》期刊中。

錢氏《全集》佚文第七篇乃〈題羅錦堂畫蝴蝶四幅〉，錢文刊見一九六一年四月十日《新亞生活‧雙周刊》第三卷、第十六期，乃承摯友孫廣海博士從香港中文大學新亞書院錢穆圖書館借出，並代為影印。屈指算來，錢文撰就距今已過一甲子，吾人猶得以親炙其文，殊幸運也。至余推介該文，其後亦發表《國文天地》中。

錢氏《全集》佚文第八篇乃〈孔誕講述孔子學說〉，其文刊見一九五八年三月十日《孔道》第三期，亦承孫博士之助，影印得之。至余推介之文則二〇二一年十二月發表於《華人文化研究》第九卷、第二期，拙文分五點歸納該文內容，分析頗細。讀者倘能就錢文作深考細賞，其於孔學研治，必得甚多啟發與指導。

以下擬就余推介之文，詳細列出發表情狀，俾便讀者檢索；今後聯經如有意再版《全集》，亦可就拙文提供之線索，從事查檢，即可獲覩佚文蹤影，此於《全集》增補工作之進行，必較方便與順利。

下面謹依拙文發表先後，詳介各篇刊行情況。如有需要，余亦重點增補相關資料，用裨讀者知聞之拓展。

一　〈恭談錢賓四教授《論語》之研究與著述〉

此文發表於二〇一五年五月版行之《香港經學研究的回顧與前瞻國際學術研討會論文集》。錢撰〈李榕階《論語孔門言行錄》序〉則附見該文之「肆、附錄」。二〇二〇年一月二日，余另撰〈錢穆（賓四）教授逝世三十周年紀念——兼考《錢賓四先生全集》之一篇佚文〉，該文後收入拙著《碩堂輯佚札叢》，題中所言之佚文，即指錢氏為李榕階之書所撰序也。

二　〈《錢賓四先生全集》佚文又一篇——楊樹達《論語疏證》評審意見〉

錢氏撰評審楊書之意見，載見上海古籍出版社《學燈》第一輯李妙麟整理〈民國學術獎評審意見選刊（六則）〉中；而鄙文則發表於《國文天地》第三十六卷、第三期，二〇二〇年八月號。楊樹達教授，學繼清世戴、段、二王，精甲、金學，兼擅經、史，著述富贍，學術地位殊高。惟錢氏於楊著《論語疏證》評分不高，謂其書「惟詳於採摭，略於闡說，可作一般參考之用，似可列入第三等」。是則錢氏於楊氏著述之評價，下筆之際，嚴於斧鉞。余嘗讀陳寅恪教授為楊書所撰序，與錢氏褒貶不同，可參考。

三　〈《錢賓四先生全集》佚文第三篇——徐復《後讀書雜誌》評審意見〉

錢氏此佚文，同出《學燈》第一輯，而鄙文則發表於《國文天地》第三十六卷、第四期，二〇二〇年九月號。徐氏學殖亦富贍，聲譽卓著，歷任金陵大學、南京師範學院、南京師範大學教授，中國訓詁學研究會副會長。錢

氏評徐氏書,謂「其所發明,皆足以補前人所未備,洵為猶有舊時學人著作之矩矱者。按標準似可予以第二等獎」。則錢氏之評徐書,高於楊氏矣,惟其評楊書所說之語,恐未必盡然。

四 〈《錢賓四先生全集》佚文第四篇——馬紹伯《孟子學說的新評價》評審意見〉

錢氏此佚文,亦見《學燈》第一輯,而鄙文則發表於《國文天地》第三十六卷、第五期,二〇二〇年十月號。馬氏治學有成,嘗著〈禹貢編制考〉。繆鉞教授撰馬氏墓誌銘,謂其「考核古史,辨章舊聞,群籍紛陳,精思銳入,如大禹之治水,得其脈絡;及乎發抒心得,飛辯騁辭,義據通深,枝葉條暢,聽者不能難也」。評價至高。至錢氏評此書,亦謂其「推闡孟子學說,語語踏實,有體有用」;又謂其「全書貌若平淺,而時有見到,語既不粉飾誇張,亦不牽強附會,證古會今,尤發多是」。錢氏以上所語,恐非虛譽也。

五 〈《錢賓四先生全集》佚文第五篇——李蕚《孟子政制述要》評審意見〉

錢氏此文亦見《學燈》第一輯,而拙撰推介之文則刊見《國文天地》第三十六卷、第六期,二〇二〇年十一月號。錢氏評李蕚此書,以為「晚清之際,經學餘燼猶燃,學者喜談西漢今文微言大義,倡言孔子託古改制,此固一時之權道,出於事之不得已。惟撰者已身處民國,時異事易,託古改制之理論已失其存在之必要,而李氏猶據之以論《孟子》,此真可謂不識時務」。斯知錢氏於李書評價不高,且從其對此書未予評級,則更可推知其決斷矣!

六　〈《錢賓四先生全集》佚文第六篇——莫可非《梯稗集》序〉

　　莫氏之書成於一九六二年十二月，錢氏為之序。評其書，以為「覽其篇題，上自治道民生，風氣教化，著述精微，人物長短；下至閭巷猥纖，俗情世態，無不包舉。然言富而辭約，辭隨乎意，意盡於己，雖包舉之已廣，而上下議論，亦直抒己見則止，斯真所謂修辭立其誠者也」。錢氏之評可謂褒譽備至。余推介之文，則發表於《國文天地》第三十七卷、第一期，二〇二一年三月號，可資備檢。

七　〈《錢賓四先生全集》佚文第七篇——題羅錦堂畫蝴蝶四幅〉

　　錢氏此佚文，載見一九六一年四月十日《新亞生活・雙月刊》第三卷、第十六期。余所撰推介之文則見《國文天地》第三十七卷、第一期，二〇二一年六月號。錢文凡四章，將羅氏繪畫蝴蝶與莊周夢蝶相勾連，並加引申與發揮，指出羅氏乃咏蝶以自喻，故蝶之志，亦羅氏志也。序文揭示得當，深入肯綮。

八　〈《錢賓四先生全集》佚文第八篇——孔誕講述孔子學說〉

　　錢文見於一九五八年三月《孔道》第三期。而余推介之文則刊於二〇二一年十二月《華人文化研究》第四卷、第二期。錢氏此文，講述孔子學說凡五點，首言「人格上的老師」，次言「畢生致力於學」，三言「仁道本於忠恕」，四言「孔子並無教條」，五言「國人應讀《論語》」。全文講述既精要，又深入。吾人讀後，倘能加以深思細想，則必能從中多得啟發與教訓。

　　余意錢氏《全集》，其佚文猶輯之未盡，嗣後應仍力為之；深盼續有收

穫,用以發揚師學,答報師恩。今年剛逢新亞研究所創立七十周年,特敬撰斯文,以為祝賀。

附注:拙著〈恭談錢賓四教授《論語》之研究與著述〉,臺灣秀威資訊科技股份有限公司為紀念「錢穆逝世三十周年」,於西元二〇二一年七月出版《重訪錢穆》一書,書之上冊收有此文。

孟子與亞里士多德論道德價值

劉桂標[*]

摘要

　　本文旨在比較和論衡孟子與亞里士多德論道德價值。本文分為三部分，首部分，先說明亞氏對道德價值的觀點。當中，依次從形上學（幸福論）及人性論（功能論）兩方面說明亞氏論道德價值的要義。次部分，再說明孟子對道德價值的看法。在這部分，筆者逆反次序，依次從人性論（性善論）與形上學（天道論）交代孟子論道德價值的主旨。最後的部分，是對兩家觀點的比較和論衡，這也是對應形上學與人性論兩方面來討論。

關鍵詞：孟子、亞里士多德、道德價值、倫理學、幸福論、功能論、性善論、天道論

---

[*] 香港人文學會會長兼課程部主任。

一　概述

　　筆者寫本論文，是希望在當代新儒家大師、敬愛的牟宗三老師以康德倫理學（即義務論）與儒家會通的基礎上，進一步以亞里士多德性倫理學與儒家會通的方式開拓儒家和西方倫理學的義理。故此，所持觀點與目前學界的主要觀點頗有不同，後者往往以牟老師的觀點拒斥德性倫理學，或者是認為儒家只是一套德性倫理學而不是義務論，從而反對他的說法。筆者希望本文能走出第三條路，既促進中西倫理學的會通，又以融攝義務論和德性倫理學方式的對中西方倫理學的發展作出新的探索。

　　本論文是筆者所擬的一系列論文的首篇（盼望日後可結集成書），有幸於母校新亞研究所七十周年紀念主辦的「舊學新傳──新亞學統及文史哲學術研討會」作講演報告。盼望以本文，祝賀母校於中西文化學術上薪火相傳、歷久常新。

二　亞里士多德論道德價值的形上學基礎──幸福論

（一）「善」與「目的」的涵義

　　中西大哲孟子與亞里士多德，他們的哲學體系博大精深，對各自的文化、哲學傳統都有極深遠的影響。本系列論文不擬作全面的討論，只擬集中在道德哲學或即倫理學方面，對兩家觀點加以論述、比較和論衡，以期達致這方面的互相了解和提升。

　　但凡講哲學家的道德或倫理學說，交待其對道德價值最為重要，因為這是其觀點的基礎，不可或缺。我們先從亞里士多德講起。亞氏的倫理學的著作，流傳至今的只有三部：《尼各馬可倫理學》（*Nicomachean Ethics*）、《歐台謨倫理學》（*Eudemian Ethics*）和《大倫理學》（*Great Ethic*）。當中，第二部是亞氏早期的著述，其主要觀點為第一部所拓展和超越，而最後一部則只

是綱領式的著述;故此,筆者以下的討論,主要根據的是首部著述[1]。

如大多數倫理學家一樣,亞氏將道德價值稱為「善」(good)。他在《尼各馬可倫理學》一開始,就說明了它的涵義:

> 每種技藝與研究,同樣地,人的每種實踐與選擇,都以某種善為目的。所以有人就說,所有事物都以善為目的。(但是應當看到,目的之中也有區別。它有時是實現活動本身,有時是活動以外的產品。當目的是活動以外的產品時,產品就自然比活動更有價值。)由於活動、技藝和科學有許多,它們的目的也就有多種。……在所有這些場合,主導技藝的目的就比從屬技藝的目的更被人欲求,因為後者是因前者之故才被人欲求的。[2]

這裏,亞氏首先說明了「善」就是人的行動(亞氏這裏稱為「活動」,activity)的目的(end),後者可以是行動本身或其以外的事物(亞氏稱為產品,product)。

其次,這裏又說明了作為目的的善,可以與其他善有主從關係。例如,某人學習的目的是求知識,而求知識的目的,是要服務社會;如此,服務社會為目的,求知識是從屬目的,前者較後者有較高的價值。也由於如此,善可以形成不同的層級。

(二)「最高善」、「幸福」的涵義及其歧義

亞氏接著上面講善的層級,進而討論了《尼各馬可倫理學》一書最重

---

[1] 本文引用的《尼各馬可倫理學》原文,是亞里士多德著,廖申白譯注:《尼各馬可倫理學》(上海市:商務印書館,2003年),引用的方式,是NE XY, p.Z,NE是書名的英文簡稱,X、Y依次是卷數和章數,最後是該書頁數。這裏所引,原文出處為NE I1。至於英譯用詞,如非特別指明,則是根據以下一書:Aristotle, W D Ross tr., *Nicomachean Ethics*, Oxford University Press, 2009.

[2] NE I1,p.1-2。

要、也最複雜的觀念——「最高善」（the highest good）。他在卷一第二章和第七章，都說明其涵義：

> 如果在我們活動的目的中有的是因其自身之故而被當作目的的，我們以別的事物為目的都是為了它，如果我們並非選擇所有的事物都為著某一別的事物（這顯然將陷入無限，因而對目的欲求也就成了空洞的），那麼顯然就存在著善或最高善。[3]
>
> 如果目的不止一個，且有一些我們是因它物之故而選擇的，如財富、長笛，總而言之工具，那麼顯然並不是所有目的都是完善的。但是最高善顯然是某種完善的東西。所以，如果只有一種目的是完善的，這就是我們所尋求的東西；如果有幾個完善的目的，其中最完善的那個就是我們所尋求的東西。我們說，那些因自身而值得欲求的東西比那些因它物而值得欲求的東西更完善；那些從不因它物而值得欲求的東西比那些既因自身又因它物而值得欲求的東西更完善。所以，我們把那些始終因其自身而從不因它物而值得欲求的東西稱為最完善的。[4]

這兩段說話，意思大抵相當，是說「最高善」指的，是以自身為目的，而不是以其他事物為目的的善。依據這裏及他處的說法可見，亞氏講的善可分為兩種：作為工具或手段（means）意義的善和作為目的意義的善。而嚴格來說，只有作為目的意義的善，或即最高善，才可稱為道德價值，作為工具意義的事物只是有用的事物。[5]

接著，亞氏進一步依一般人所說，將當時人們稱為「幸福」（古希臘文為 Εὐδαιμονία，字母拉丁化為 eudaimonia，英文一般翻譯為 happiness）的事

---

[3] NE I2，p.5。
[4] NE I7，p.18。
[5] 亞氏在卷一第六章明白地說「善事物就可以有兩種：一些是自身即善的事物，另一些是作為它們的手段而是善的事物。那麼，我們就把自身即是善的事物同那些有用的事物區分開……」(NE I6，p.15)。

物視為最高善。亞氏認為，大多數人（包括一般人，以及有智慧的人），雖然對於幸福的內容人們有著爭議，但都認為幸福是自身值得欲求的事物，並且將它理解為「生活得好或做得好」（living well and faring well）[6]。亞氏這種將善等同幸福的觀點，可稱為幸福論（eudaimonism）。

亞氏又說：

> 我們把那些始終因其自身而從不因它物而值得欲求的東西稱為最完善的。與所有其他事物相比，幸福似乎最會被視為這樣一種事物。因為，我們永遠只是因它自身而從不因它物而選擇它。……從自足的方面考察也會得出同樣的結論。人們認為，完滿的善應當是自足的。……不僅如此，我們還認為幸福是所有善事物中最值得欲求的、不可與其他善事物並列的東西。因為，如果它是與其他善事物並列的，那麼顯然再增添一點點善它也會變得更值得欲求。因為，添加的善會使它更善，而善事物中更善的總是更值得欲求。[7]

依此，亞氏說幸福是最高善的理據為：

一、它是一種目的意義的善，因為人們追求許多不同的事物，如健康、財富、名譽等等，是為了得到幸福，而不是相反，追求幸福是為了得到其他事物。

二、它是自足的（self-sufficient），意謂它的善不以其他事物為根據，它的善以它自己為根據。

三、它是人們最值得欲求的，因為人們欲求其他事物，也是為了欲求幸福；故此，得到它以外的其他事物不會增它的價值。

說到這裏，大家都明白了亞氏為何將道德價值視作最高善、或即目的的善，或即幸福。然而，令不少學者覺得難理解的，他在之後的討論，卻將最高善

6　NE I4，p.9。
7　NE I7，p.18。

（目的的善、幸福）分成有價值高下的一些層級，如卷一第五章講三種生活（three types of life）、第八章講三種善（three classes of goods），卷十第七、八章講沉思（contemplation）是比一般德性價值高的最有價值的善等。問題是：若幸福是最高善，既說是「最高」，則為什麼它又可以分做價值層級高下不同的善？

這方面的問題，日後哲學家（包括近代大哲康德）的解答，是亞氏用「最高善」一詞有歧義：一來，可稱為完整義（meaning of completeness），指作為目的意義的善，它包括了所有道德價值而無一遺漏。二來，可稱為終極義（meaning of finality），指作為目的意義的善，也即是所有道重價值當中最有價值者，這也可理解為所有道德價值的終極根源，亞氏認為沉思（contemplation）就是此義下的最高善。

筆者認為，亞氏講此二義，是對道重價值作進一步的闡釋。第一義或即完整義的最高善，可稱為橫向解釋，即說明道德價值的範圍，道德價值包含了什麼事物以及其分類。而第二義或即終極義的最高善，可稱為縱向解釋，即說明道德價值的最高級的一類事物（沉思），或即道德價值的終極根源。以下先依亞氏講的三種善與三種生活，對「最高善」的完整義與終極義加以說明。

（三）從三種生活說明「最高善」的完整義及終極義

亞氏說在卷一及卷十，先後說明了人類的三種生活。亞氏說：

> 有三種主要的生活：剛剛提到的最為流行的享樂的生活、公民大會的或政治的生活，和第三種，沉思的生活。一般人顯然是奴性的，他們寧願過動物式的生活。……另一方面，那些有品味的人和愛活動的人則把榮譽等同於幸福，因為榮譽可以說就是政治的生活的目的。然而對於我們所追求的善來說，榮譽顯得太膚淺。因為榮譽取決於授予者而不是取決於接受者，而我們的直覺是，善是一個人的屬己的、不易

> 被拿走的東西。此外，人們追求榮譽似乎是為確證自己的優點，至少是，他們尋求從有智慧的人和認識他們的人那裡得到榮譽，並且是因德性而得到榮譽。這就表明，德性在愛活動的人們看來是比榮譽更大的善，甚至還可以假定它比榮譽更加是政治的生活的目的。然而甚至德性這樣一個目的也不完善。因為一個人在睡著時也可以有德性，一個人甚至可以有德性而一輩子都不去運用它。而且，有德性的人甚至還可能最操勞，而沒有人會把這樣一個有德性的人說成是幸福的，除非是要堅持一種反論。⋯⋯第三種生活，即沉思的生活，我們將留到以後考察。[8]
>
> 如果幸福在於合德性的活動，我們就可以說它合於最好的德性，即我們的最好部分的德性。我們身上的這個天然的主宰者，這個能思想高尚〔高貴〕的、神性的事物的部分，不論它是努斯還是別的什麼，也不論它自身也是神性的還是在我們身上是最具神性的東西，正是它的合於它自身的德性的實現活動構成了完善的幸福。而這種實現活動，如已說過的，也就是沉思。[9]

依此，三種生活可說是最高善或幸福（道德價值）的分類，包括享樂的生活、政治的生活和沉思的生活。先說這裏的「最高善」的完整義，即其橫向解釋。看上面引文可知，亞氏先從人與其他動物的區別將第一種生活與第二、三種生活區分開。追求享樂的生活等同動物，這與後二種屬人特有的生活不同。而第二、三種生活中，第二種政治的生活是追求榮譽或德性的生活，這是一般人的追求。至於第三種沉思的生活，則是追求德性的生活，這是有智慧的人，或者如神般的人的追求。

再說這裏的「最高善」的終極義，即其縱向解釋。上述的三種生活的區分，明顯是有價值高下判分的。第一類的享樂的生活，是人與其他動物相同

---

[8] NE I5，p.11。
[9] NE X7，p.305。

的，因此，人過這樣生活與當時沒自由可言的奴隸無異，也是價值最低的。第二類的政治生活，若以追求榮譽為目的，則是膚淺的，因為是人所不能主宰的；若以追求德性為目的，價值會高一些，但仍不完善，因為德性可以沒有實現出來（例如人在睡眠時）。最後，第三類的沉思的生活才是最高級的，因為它是完全自由自主的德性實踐活動，能體現人或神的神聖性。

（四）從三種善說明「最高善」的完整義及終極義

接著，我們再說三種善。亞氏說：

> 善的事物已被分為三類：一些被稱為外在的善，另外的被稱為靈魂的善和身體的善。在這三類善事物中，我們說，靈魂的善是最恰當意義上的、最真實的善。而靈魂的活動也應當歸屬於靈瑰。所以我們的定義是合理的，至少按照這種古老的、被哲學家們廣泛接受的觀點是這樣。其次，我們的定義把目的等同於某種活動也是正確的。因為這樣，目的就屬於靈魂的某種善，而不屬於外在的善。第三，那種幸福的人既生活得好也做得好的看法，也合於我們的定義。因為我們實際上是把幸福確定為生活得好和做得好。……合於德性的活動就包含著德性。但是，認為最高善在於具有德性還是認為在於實現活動，認為善在於擁有它的狀態還是認為在於行動，這兩者是很不同的。因為，一種東西你可能擁有而不產生任何結果，就如一個人睡著了或因為其他某種原因而不去運用他的能力時一樣。但是實現活動不可能是不行動的，它必定是要去做，並且要做得好。……幸福也顯然需要外在的善。因為，沒有那些外在的手段就不可能或很難做高尚〔高貴〕的事。許多高尚〔高貴〕的活動都需要有朋友、財富或權力這些手段。還有些東西，如高貴出身、可愛的子女和健美，缺少了它們福祉就會暗淡無光。一個身材醜陋或出身卑賤、沒有子女的孤獨的人，不是我們所說的幸福的人。一個有壞子女或壞朋友，或者雖然有過好子女和

好朋友卻失去了他們的人,更不是我們所說的幸福的人。所以如所說過的,幸福還需要外在的運氣為其補充。這就是人們把它等同於好運(不過另一些人把它等同於德性)的原因。[10]

據此,三種善指靈魂的善、身體的善和外在的善。我們也先說當中「最高善」的完整義或橫向解釋。如說上面的三種生活是依人的生活方式對最高善作出區分,則這裏的三種善,是依存在事物來作區分。靈魂即精神或心靈,身體即軀體或行動,外在善即外在的對象或物質,這對應後來哲學界一般對心、身、物(mind, body, matter)所作的區分。

再說其中「最高善」的終極義或縱向解釋。首先,靈魂的善是最有價值的,因為唯有靈魂是完全自由的,才可以自覺地、自主地作出德性的活動而達到以自身的善的目的,符合幸福為生活得好和做得好的涵義。其次,身體的善是次要的價值,因為德性的活動須通過身體(這裏亦即行動),雖然身體有時候未能遵從靈魂作出德性活動。最後,外在的善雖然價值最低,因為有些外在的善可與德性活動無關;然而,有些外在的善(如朋友、財富、權力等)對德性實踐也有重要作用,因為人欠缺它們,德性實踐就不可能或難以達致。

三 亞里士多德論道德價值的人性論基礎──功能論

(一)人性與功能

上面講述亞氏講的道德價值的形上學基礎,就「最高善」的完整義來說,可說是一般的基礎。若就「最高善」的終極義來說,可說是終極的基礎。而後者,亞氏進一步從人的本性的角度來說明。另外,他講這種人的本性時,更將之等同人的「功能」(function)。故此,他講的作為道德價值基

---

10 NE I8,p.21。

礎的人性論，也可稱作功能論（functionalism）。

亞氏說：

> 說最高善就是幸福似乎是老生常談。我們還需要更清楚地說出它是什麼。如果我們先弄清楚人的活動，這一點就會明了。對一個吹笛手、一個木匠或任何一個匠師，總而言之，對任何一個有某種活動或實踐的人來說，他們的善或出色就在於那種活動的完善。同樣，如果人有一種活動，他的善也就在於這種活動的完善。那麼，我們能否認為，木匠、鞋匠有某種活動或實踐，人卻沒有，並且生來就沒有一種活動？或者，我們是否更應當認為，正如眼、手、足和身體的各個部分都有一種活動一樣，人也同樣有一種不同於這些特殊活動的活動？那麼這種活動究竟是什麼？[11]

這裏中譯的「活動」一詞，英譯為 function。後者的翻譯一義下較佳，因為活動可與事物無一定的關係，但功能卻往往是某一事物特有的；而亞氏講道德價值的終極根源，是人所特有的。

這裏，亞氏認為特定專業的人（如吹笛手、木匠等）有一定的功能，甚至人的身體各部分（如眼、手、足等）也如此；故此，人本身不可能沒有一定的功能。故此，為了探求道德價值的最終根源，必須了解人的獨有的功能。亞氏接著說：

> 生命活動也為植物所有，而我們所探究的是人的特殊活動。所以我們必須把生命的營養和生長活動放在一邊。下一個是感覺的生命的活動。但是這似乎也為馬、牛和一般動物所有。[12]

這是利用排除法，將同樣是有生命的植物和人以外的動物，以及其特有的功

---

[11] NE I7，p.19。
[12] NE I7，p.19。

能——依次是營養和生長、感覺,都加以排除。因為這些功能,是人與植物和一般動物共有而不是人所獨有的。最後,亞氏說:

> 剩下的是那個有邏各斯的部分的實踐的生命。(這個部分有邏各斯有兩重意義:一是在它服從邏各斯的意義上有,另一則是在擁有並運用努斯的意義上有。)實踐的生命又有兩種意義,但我們把它理解為實現活動意義上的生命,這似乎是這個詞的較為恰當的意義。如果人的活動是靈魂的遵循或包含著邏各斯的實現活動……如果一種活動在以合乎它特有的德性的方式完成時就是完成得良好的;那麼,人的善就是靈魂的合德性的實現活動,如果有不止一種的德性,就是合乎那種最好、最完善的德性的實現活動。[13]

這裏,中譯「邏各斯」,英譯為 reason(中文可譯為「理性」)。前者是音譯,後者是意譯,且意思也相當,故此我們用此名稱。在這段文字中,亞氏的意思,是說人的靈魂(這裏意思同於精神或心靈)中,理性是人的獨有的功能,因為如上所說,是經排除法而得出的。而在討論道德價值的基礎時,因為需要實踐,故此,理性不只是理性本身,還包括不是理性的靈魂,但卻遵從理性的部分。

在後來的哲學討論,如近代哲康德,這部分可理解為意志(will),即決定人的行動的機能,這是道德實踐不可或缺的部分。但在亞氏,則他以「德性」(virtue)為靈魂由理性到行動的中介,即理性是通過德性的實踐來完成人的獨有的功能。筆者以為,兩家之所以有此分別,端在於康德著重的是道德行動,而相對來說,亞氏更著重的是人的生活而非單一行動。

---

[13] NE I7,p.19。

（二）兩種德性的區分——理智德性與道德德性

在卷一最後一章，亞氏開始講述德性，這是他的倫理學最核心的觀念，故此，今天學界將他的倫理學稱為德性倫理學（virtue ethics）。但在本文中，我們因只講及道德價值的根源而非其本身，所以對它的詳細討論，留待本系列的另一篇論文討論。這裏只就德性作為道德價值基礎這方面作討論。

亞氏說：

> 既然幸福是靈魂的一種合于完滿德性的實現活動，我們就必須考察德性的本性。這樣我們就能更清楚地瞭解幸福的本性。……人的善我們指的是靈魂的而不是身體的善。人的幸福我們指的是靈魂的一種活動。……在普通討論中，對於靈魂的本性這個話題已經談得很充分。這些內容，如靈魂有一個無邏各斯的部分和一個有邏各斯的部分的說法，我們可以在這裡採用。……在無邏各斯的部分，又有一個子部分是普遍享有的、植物性的。我指的是造成營養和生長的那個部分，我們必須假定靈魂的這種力量存在於從胚胎到發育充分的事物的所有生命物中。這比假定後者中存在一種不同的能力更合理些。這種能力的德性是所有生物共有的，而不為人所獨有。……靈魂的無邏各斯的部分還有另一個因素，它雖然是無邏各斯的，卻在某種意義上分有邏各斯。因為我們既在自制者中、也在不能自制者中稱讚他們靈魂的有邏各斯的部分，這個部分促使他們做正確的事和追求最好的東西。[14]

據這段文字，我們可清楚了解到，亞氏對人性（在倫理學方面，作為終極的道德價值本源，如上所說，惟有當中的靈魂）的結構的看法。靈魂的元素，有理性部分，也有非理性部分，但後者可再分兩種：一種是植物性的，即造成營養和生長的部分，由於並非人所獨有，故此，這與道德根源無關；另一

---

14 NE I3，p.32。

種雖也是非理性的，但一義下卻可說分有理性，因為它服從理性做正確的事情，故此可說與道德根源相關。

說明了理性的結構後，亞氏便說明了德性是什麼，以及如何作區分：

> ……靈魂的邏各斯的部分就是分為兩個部分的：一個部分是在嚴格意義上具有邏各斯，另一個部分則是在像聽從父親那樣聽從邏各斯的意義上分有邏各斯。德性的區分也是同靈魂的劃分相應的。因為我們把一部分德性稱為理智德性，把另一些稱為道德德性。智慧、理解和明智是理智德性，慷慨與節制是道德德性。當談論某人的品質時我們不說他有智慧或善於理解，而是說他溫和或節制。不過一個有智慧的人也因品質而受稱讚，我們稱那些。值得稱讚的品質為德性。[15]

依此，德性是理性的或分有理性的品質（character），而前者可稱為理智德性（intellectual virtue），如智慧、理解和明智等；後者可稱為道德德性（moral virtue），如慷慨與節制等。

四　孟子論道德價值的人性論基礎——性善論

與亞里士多德相當的，孟子對道德價值的基礎，也主要從人性論及形上學兩方面論述。然而，不同的，是他較重視人性論，而相對來說，形上學方面卻講得較少。故此，我們討論孟子的觀點，次序與上面講亞氏相反——我們先講其人性論，然後再補充其天道論。

孟子的人性論，主要見於〈告子〉上篇，我們根據該篇說明其主要觀點。筆者依於較易把握的理路，而不依其本來的章節次序而闡釋；另外，在必要時，也會附以其他篇章的說法，令大家可更全面和深入地了解其義理。

15　NE I3，p.34。

（一）三種人性論的回應與性善論之確立

〈告子〉上篇第七章云：

> 公都子曰：「告子曰：『性無善無不善也。』或曰：『性可以為善，可以為不善；是故文武興，則民好善；幽厲興，則民好暴。』或曰：『有性善，有性不善；是故以堯為君而有象；以瞽瞍為父而有舜；以紂為兄之子，且以為君，而有微子啟、王子比干。』今曰『性善』，然則彼皆非與？」
> 孟子曰：「乃若其情，則可以為善矣，乃所謂善也。若夫為不善，非才之罪也。惻隱之心，人皆有之；羞惡之心，人皆有之；恭敬之心，人皆有之；是非之心，人皆有之。惻隱之心，仁也；羞惡之心，義也；恭敬之心，禮也；是非之心，智也。仁義禮智，非由外鑠我也，我固有之也，弗思耳矣。故曰，『求則得之，舍則失之。』或相倍蓰而無算者，不能盡其才者也。《詩》曰，『天生蒸民，有物有則。民之秉彝，好是懿德。』孔子曰：『為此詩者，其知道乎！故有物必有則；民之秉彝也，故好是懿德。』」[16]

本章開始時說，孟子學生公都子講述了當時的三種人性觀：

一、性無善無惡說
二、性可善可惡說
三、性有善惡說

然後，他詢問孟子，依其性善論來說，這些觀點是否都是錯的？孟子對公都

---

[16] 本論文引用《孟子》原文，主要依據楊伯峻：《孟子譯註》（北京市：中華書局，1988年），為方便故，以下簡稱「孟子」。筆者依其對篇章的篇碼而引用文本，引用的方式，是依次為書名、編號、頁數。這裏，文字出於孟子11.6，p.239-240。

子作出回答，大意為：〔價值的〕人性是本善的（用後來宋明儒的用語，可說是至善無惡的；因為它是善惡的根源，事物的善惡由它決定），而惡源於〔現實的〕人不能將本性中的善實行出來。

這裏，孟子正式建立其性善論之說，並以四端說作輔助說明——人性本善，可從四方面見出——惻隱之心、羞惡之心、恭敬之心、是非之心（這大抵可說是從情感方面講）。而此四心對應仁、義、禮、智（這大抵可說是從理性方面講，上面引文說四端是「人皆有之」，即等同於西方哲學講理性而說的普遍性，universality）。由此可見，孟子是兼情與理說道德價值的基礎。

另外，這裏也說明了人性本善，但為何現實上仍有不善之人，或人在生活中仍有惡的行動？其原因不在人沒有本心，而在於沒有充盡實現本心（「不能盡其才」），甚至將本心棄而不用，好像本性就欠缺那樣（「我固有之也，弗思耳矣」、「求則得之，舍則失之」。）。

接著，依於性善論，他回應了上述三種人性觀，主要是說它們沒有區別開價值人性與現實人性。在現實層面，人性的確可說無善無惡，或可善可惡，或有善有惡，有如說現實上有好人、有壞人、有不好不壞的人。但他說人性本善，是從理想層面說，是人性應當是善的；故此，現實上人表現或善、或惡、或不善不惡，是不能反對性善論的觀點。

孟子對對立的人性觀的反駁，最重要的，是駁斥告子的「生之謂性」說，這是下一項的主題，容後再說。這裏，我們引用其他篇章補充孟子所說性善論之義。如以下一段：

> 所以謂人皆有不忍人之心者，今人乍見孺子將入于井，皆有怵惕惻隱之心——非所以內交于孺子之父母也，非所以要譽于鄉黨朋友也，非惡其聲而然也。由是觀之，無惻隱之心，非人也；無羞惡之心，非人也；無辭讓之心，非人也；無是非之心，非人也。惻隱之心，仁之端也；羞惡之心，義之端也；辭讓之心，禮之端也；是非之心，智之端也。[17]

---

[17] 孟子3.6，p.72。

這是孟子著名的對性善論的證明,是以人們見到別人苦難時都會產生同情心以說明凡人皆有善性。這種證明,不是邏輯的證明,如傳統西方主流哲學所重視者,而是一種人生的體驗或即體證——對善性、本心這種實事實有真切的體會(牟先生稱為「逆覺體證」,不是向外求的,而是回歸本心的自我證知)。故此,有些學者根據西方哲學的看法,從邏輯觀點說它沒有普遍性、必然性,可說是不得要領。

(二)反駁告子的「生之謂性」說

告子是當時孟子的主要論敵之一,在人性問題上,他抱持的觀點近於上述三種之一,但因其沒有論著流傳,難以完全確定是哪一種,只是其「生之謂性」說明顯是從現實上,而非理想上講人的善惡。

第三章云:

> 告子曰:「生之謂性。」
> 孟子曰:「生之謂性也,猶白之謂白與?」
> 曰:「然。」
> 「白羽之白也,猶白雪之白;白雪之白猶白玉之白與?」
> 曰:「然。」
> 「然則犬之性猶牛之性,牛之性猶人之性與?」[18]

他們的辯論,主要有三點可說:
一、「生之謂性」是告子的哲學觀點,大抵依傳統「性者,生也」的說法而成。簡言之,指人一生下來的樣子就是性;此性屬經驗層面;依此,告子講的人性屬經驗層面而非價值層面。
二、孟子的駁斥,如一些學者所分析,有著邏輯上的毛病,但由於不是

---

[18] 孟子11.3,p.235。

本論文重點，故不詳論。[19]

三、孟子雖有明顯的邏輯謬誤，但其體驗人性與動物性的不同，仍然是合理的（合乎本心或道德理性的反省），這比告子講生之謂性混淆人性與動物性妥當。

要注意，這裏，孟子雖然駁斥告子的「生之謂性」說，但一義下，其實並不否認告子意謂人有自然的本性的意思。他只是強調，這種自然本性並非人性的全部，亦不是人性中最有價值的地方。我們下一項討論可進一步見到，因為在第四章中告子提出「食色性也」，食色之性也就是人的自然本性，孟子在那裏甚至沒有直接否定告子之說。

更明白表示人性與動物性的不同，是以下一段文字：

孟子曰：「人之所以異於禽獸者幾希，庶民去之，君子存之。」[20]

這是孟子著名的「人禽之辨」說。他明言人性與其他動物之性只是差那麼一點點，就是人有善性，而動物則沒有。在人來說，聖人（「君子」）充分實現善性，凡人（「庶民」）沒有充分實現，甚至捨棄不用。

由此人禽之辨、凡聖之別說，我們也可說，孟子講道德價值，亦是有高下層級之別。在孟子，價值層級中，其他動物是沒有地位的。而在價值層級當中，聖人的價值高於凡人。這是簡單的二層級的區分。

更複雜的層級區分見以下文字：

浩生不害問曰：「樂正子何人也？」

---

[19] 依牟宗三先生說，告子有二邏輯謬誤：一是將「『生之謂性』（性者生也）誤解為像『白之謂白』」，即混淆在前的綜合命題與在後的分析命題；二是「根據白羽之白猶白雪之白，白雪之白猶白玉之白，而推至犬之性猶牛之性，牛之性猶人之性，即混淆在前的分析命題與最後的綜合命題。見牟先生：《牟宗三先生全集》（臺北市：聯經出版事業公司，1992年），第22冊，第1章，〈圓善論〉。

[20] 孟子8.19，p.176。

孟子曰：「善人也，信人也。」

「何謂善？何謂信？」

曰：「可欲之謂善，有諸己之謂信，充實之謂美，充實而有光輝之謂大，大而化之之謂聖，聖而不可知之之謂神。樂正子，二之中、四之下也。」[21]

這裏，孟子說「可欲之謂善」，嚴格來說，不是說凡是人的意欲或欲望就是善，因為孟子性善論講的善，是指人禽之別處。因是之故，這裏的「善」，應連繫上文講，是「善人之善」。故說是意欲，則是高級的人的善的欲求，而不是低級的人同於禽獸的食色等欲望。

如此，「可欲之謂善」是指最基本或即最起碼的道德價值，這是就層次較低的凡人而說，意謂從本性來說，所有人都是善的；然而，這只是理論如此，實際上是否將善表現出來，則不必然。接著說的「有諸己之謂信，充實之為美，充實而光輝之謂大，大而化之之謂聖，聖而不可知之之謂神」，層層而上，可理解為由凡入聖，經種種道德價值實踐的層階（「有諸己之謂信，充實之為美，充實而光輝之謂大」是層層遞升的級別，不用過份拘泥每層的分別，只須理解為超越一般凡人，但未仍未達至聖人的賢人境界），而達至聖人（「大而化之之謂聖」）的圓滿境界，或者一義下更高於人的天或即天道的最高價值層級（「聖而不可知之之謂神」，這裏的「神」應即天或天道，屬天道論觀念，孟子的天道論詳下文的討論。至於說天道「不可知」，應指其道理微妙，一般人難以把握）。

（三）反駁告子義外之說

孟子不單反駁告子生之謂性說，也反駁與此相關的仁內義外說。第四章原文云：

21　孟子14.25，p.310。

告子曰：「食色，性也。仁，內也，非外也；義，外也，非內也。」

孟子曰：「何以謂仁內義外也？」

曰：「彼長而我長之，非有長於我也；猶彼白而我白之，從其白於外也，故謂之外也。」

曰：「異于白馬之白也，無以異于白人之白也；不識長馬之長也，無以異於長人之長與？且謂長者義乎？長之者義乎？」

曰：「吾弟則愛之，秦人之弟則不愛也，是以我為悅者也，故謂之內。長楚人之長，亦長吾之長，是以長為悅者也，故謂之外也。」

曰：「耆秦人之炙，無以異於耆吾炙，夫物則亦有然者也，然則耆炙亦有外與？」[22]

此中的辯論，主要有以下各點：

一、告子首言「食色性也」，此可視作其生之謂性說的另一種表述方式。因為他講人的經驗的本性，而食色屬人的經驗的本性。

二、孟子沒有反駁告子「食色性也」的說法，可理解為他同意食色屬人的經驗的本性；然而，他與告子不同的，是他認為人的經驗本性並非人的唯一本性，人尚有價值本性，這是人之所以為人、與動物不同，也是最足珍貴的地方。

三、告子講仁內義外，是依於其生之謂性說而提出的。他講的仁內說只是經驗的情感而不是孟子講的道德的情感。這裏孟子講得不算詳細，但孟子在〈公孫丑〉上篇知言養氣章講其不動心與告子的不動心時卻講得很詳細。

四、孟子問告子義外說的理據時，告子舉例說，當我們要用適當的行為對待長者（長之），是因為我們有客觀判斷為基礎（對方是長者，故須用適當的行為對待他）；其道理有如我看見事物是白色的，我們就稱它為白色事物一般。

---

22 孟子11.4，p.236。

五、孟子反駁說，視馬為白馬而待之，與視人為白人而待之，兩者可說無分別，因為不涉及道德價值；但視馬為老馬而待之，與人為老人而待之，兩者卻有分別，因為涉及道德價值。由此可見，道德價值的根據不在外在事物而在於人的內在本心。（長者本身不涉及義，長之者〔對待長者，或即一般所云「敬老」〕才涉及義。）

六、告子回應說，人的情感現象是內在的（主觀的），例如我喜歡我的弟弟而不喜歡秦人的弟弟。然而，人的道德判斷卻是外在的（客觀的），例如以適當方式對待楚人的長輩，與以適當方式對待我自己的長輩，是以外在的（客觀的）事物為標準。

七、孟子最後回應說，喜歡品嚐秦人的烤肉與喜歡品嚐我自己的烤肉是相同的，以此類比，道德判斷有如品味，其本身的標準在內（本心）而不是在外（事物，這裏指烤肉）。

（四）反駁告子人性有不善之說（湍水之喻）

第二章原文為：

> 告子曰：「性猶湍水也，決諸東方則東流，決諸西方則西流。人性之無分於善不善也，猶水之無分於東西也。」
> 孟子曰：「水信無分於東西，無分於上下乎？人性之善也，猶水之就下也。人無有不善，水無有不下。今夫水，搏而躍之，可使過顙；激而行之，可使在山。是豈水之性哉？其勢則然也。人之可使為不善，其性亦猶是也。」[23]

這是孟子依告子的湍水之喻，說明了人之所以有不善（作惡），並非人性使然，而是人性外的事物令其不能實現，就像湍水中水的向上，並非水性使

---

[23] 孟子11.2，p.235。

然,而是外在的勢力(如用力拍擊)使然。這裏的說法,補充了之前所說,人不能充分實現善性(「不能盡其才」),甚至棄而不用,如根本沒有本心那樣(「我固有之也,弗思耳矣」、「求則得之,舍則失之」。)總而言之,不是人性本身有不善,而是因為自己沒有實現(可說為內在原因),或者為外在事物所障礙或掩蓋。

(五)反駁告子說仁義是後天之說(杞柳之喻)

第一章原文是:

> 告子曰:「性猶杞柳也,義猶杯棬也;以人性為仁義,猶以杞柳為杯棬。」
> 孟子曰:「子能順杞柳之性而以為杯棬乎?將戕賊杞柳而後以為杯棬也?如將戕賊杞柳而以為杯棬,則亦將戕賊人以為仁義與?率天下之人而禍仁義者,必子之言夫!」[24]

告子由於講「生之謂性」,是經驗(現實)層面的人性,是中性的(可善可惡義),故此,他以杞柳(木材)、桮棬(木器)為喻,說人性如木材,價值如木器,主張人性的善是後天而外取的,如木器是由工匠加工而成木器。

如前所說,孟子講「人性本善」,是價值(理想)層面的人性,故此,主張人性的善是先天而本有的。

孟子反駁告子,主要指出其人性出於後天說有一嚴重理論困難,就是如果人性中沒有行善的先驗機能,則不可能改造而成為善人。這有如木材沒有可造木器的性質,則不能由木材造成木器。

---

[24] 孟子11.1,p.234。

五　孟子論道德價值的形上學基礎──天道論

　　孟子講道德價值的基礎，雖然以性善論為主，然而，他像其他先秦儒家一樣，亦有天道論的思想，後者可作為其論道德價值基礎的重要補充。

　　他的天道論思想，可說承先啟後。一方面，是繼承孔子的觀點。孔子曾說：

> 子曰：「吾十有五而志於學，三十而立，四十而不惑，五十而知天命，六十而耳順，七十而從心所欲不踰矩。」（《論語‧為政》）
> 不知命，無以為君子也。（《論語‧堯曰》）
> 孔子曰：「君子有三畏：畏天命，畏大人，畏聖人之言。小人不知天命而不畏也，狎大人，侮聖人之言。」（《論語‧季氏》）

當中的「天命」或「命」，皆指天道。在孔子之前，《周易》、《詩經》與《尚書》，俱已開始將上古的人格神意義的「天」，轉化為形上實體的天或即天命、天道，而後者，是人作道德實踐時所體會到的形上的道德價值根源或即本體。孔子在上述引文中講的天命，也明顯是此義，因為與學思歷程（三十而立至七十從心所欲）、成聖成賢（為君子）、敬從聖人（畏大人、聖人）相關。

　　到了孟子，也明顯繼承了孔子的天命觀。眾所周知，孟子最明白講天道論的說話為：

> 孟子曰：「盡其心者，知其性也。知其性，則知天矣。存其心，養其性，所以事天也。夭壽不貳，修身以俟之，所以立命也。」[25]

「盡心、知性、知天」，是人充盡作道德實踐，由下而上的、由人的心性進而體驗超越的（形上的）天道。「存心、養性、事天」，則是把握了天道，進

---

[25] 孟子13.1，p.278。

而遵從天道所賦予人的善性而終身信守。「修身〔以俟之，所以〕立命」（即後世講「安身立命」的源頭），是說明了雖然「知天」、「事天」，但卻與人自己的心性貫通，故此，人可以自己決定自己的生命方向和內容，體現人的自由自主性。

除了上述說法外，孟子也有別的說法，清楚表述了其天道思想。如以下的觀點：

> 孟子曰：「萬物皆備於我矣。反身而誠，樂莫大焉。強恕而行，求仁莫近焉。」[26]
>
> 孟子曰：「……夫君子所過者化，所存者神；上下與天地同流，豈曰小補之哉！」[27]
>
> 孟子曰：「形色，天性也。惟聖人然後可以踐形。」[28]

首段的「萬物皆備於我」，如先秦的《中庸》的「天命之謂性」、《易傳》的「乾道變化，各正性命」，可說是有了天道的體會後，從上而下講天所賦予人的，是與天道內容意義相當的善性。

次段說君子存神過化、與天地同流，是從天道論的角度講聖人充盡作道重實踐後，達致與天合一的人生境界。

末段講的「踐形」，是說人能實現天道，不單憑人的心性，也通過人的軀體的德性化而達致。

26　孟子13.4，p.279。
27　孟子13.13，p.282。
28　孟子13.38，p.295。

六　兩家道德價值觀的比較和論衡

（一）形上學方面

　　亞里士多德與孟子雖然是中西古代的哲學家，但他們都看到，道德價值的基礎不在經驗層面——並不源於經驗對象，而是形上或超越層面——幸福（最高善）或天道。這是兩家相同之處，也是他們優越於一般人的道德討論，甚至是經驗主義、自然主義哲學家囿於狹隘的哲學立場的地方。因為這些人只看到道德現象，而不能把握道德本體或即道德的終極真相。

　　兩家有相同之處，但亦有相異之處。雖然兩家都交代了道德價值的形上學基礎，但大家的入路卻有不同。在孟子，如牟先生所言，這是一種「道德的形上學」（moral metaphysics），是純粹道德的入路，故此，大抵與我們的道德體驗相符，合乎我們的終極的道德反省。而當中討論的道德價值，也可說是純粹的道德價值，與沒有真正道德價值的事物可清楚辨別開來。

　　然而，在亞氏，他的幸福論可說是夾雜知識涵義的形上學觀點，沒有將道德與非道德嚴格分別開來；故此，他講的道德價值，有時夾雜了一些沒有真正道德價值的事物。這無論在「最高善」的完整義（筆者稱謂的「橫向解釋」），或者終極義（筆者稱謂的「縱向解釋」）都可見到。

　　在「最高善」的完整義方面來說，亞氏說的「三種善」，有明顯混漫道德與非道德領域之嫌。如前所述，三種善指靈魂的善、身體的善和外在的善，這是對應心、身、物（精神、軀體、外在事物）所作的區分。說心（亞氏稱為「靈魂」）是道德價值的基礎，相信沒有人會有異議。然而，說身、物也是，則有問題。

　　亞氏之所以說兩者也是道德價值的基礎，是因為沒有它們，德性的實踐無從表現（如有些軀體情況如睡眠、病倒時不能有德性活動、外在環境欠佳，如生命有危難時也難以令人有這種活動，云云）。這說法一義下不錯，但卻不夠精確。因為，即使一義下在道德實踐須此等事物，但這些事物只是道德實踐的輔助性條件而不是決定性條件（決定性的條件是亞氏講的人的理

性,或孟子講的人的本心)。以譬喻來說,數學計算以人的理性為決定性條件,外在環境只是對人使用理性作數學運思有影響。若只有外在環境而沒有理性,則我們無法作數學運思。嚴格來說,能決定事物價值者(即具價值決定性者)才可說是道德價值的基礎,只具輔助性的則不是,亞氏這裏將兩者有所混淆。

再從「最高善」的終極義方面來說。亞氏說沉思是道德價值中最為終極的根源,這說法看似與孟子說「心之官則思,思則得之,不思則不得」相若。然而,若仔細理會兩家的理論背景,則可說有重要的不同。孟子之說,是從人性本身立論,符合我們對道德的終極反省與體會。然而,亞氏說的沉思,一來,不限於人,而可指高於人的神(亞氏的神雖非後來基督教所講的惟一的人格神,但就其是超出人的存在,則並無二致)。如此一來,則可說是哲學與宗教分際的混漫。因為這樣的一種存在,根本不是我們理性或本心可以充分把握的,只可作為信仰的對象,我們不能將道重基礎建基於此等宗教信仰之上。

二來,亞氏說的沉思,是可以完全離開現實上的實踐活動,即不須通過人的軀體作德性的實踐而達致。然而,依我們的終極的道德反省,講道德價值,而沒有具體的實踐活動,只是一空想,與我們理解的道德實踐並不是一回事。

最後,一義下我們也可說亞氏的道德價值觀仍有其可取之處,就是將身與物提升到道德價值的層面,雖然不夠精確,然而,卻令我們對於道德實踐的外緣能多加注意。除上面亞氏所說外,亞氏在他處強調政治的政策與制度對輔助人們德性實踐的重要性,後天的教育和德生習慣培育等等,的確也有一定的意義和價值。相對來說,我們可說孟子在這方面的重視有所不及。

(二)人性論方面

兩家將人性看作道德價值的根源,這是主要相同之處,比起一般人不著重講理性或本心,明顯優越得多。甚至中西哲學家中,有一些觀點,如後果

主義、功利主義等等，從人性以外講道德價值的基礎，往往將真正的道重價值忽略和扭曲。

兩家有異但亦有同。相異之處，主要是亞氏講道德基礎，以理性為最高，這當然符合我們理解的道德的普遍性、客觀性，對於判斷道德價值及相關行為，也給出了正確的判準。

然而，亞氏卻忽略了情感的道德地位。我們所真切反省的道德價值，是不可能沒有情感的成分。中西大宗教、大哲學，如儒、釋、道、耶等等，都將仁、慈悲、慈、愛等視作道德的根源，這與我們的道德反省相符。譬如說，孝順父母、關心朋友，明顯不只是道理，且有很真實的情感為我們所真切把握。

另外，亞氏之說，亦有著傳統主流西方哲學將情與理看作互相排斥，前者有普遍性，而後者則沒有；故此，唯有理性才可作為道德的基礎，而情感則不可以。然而，這說法與我們的道德反省相悖。因為，人與人的愛心、同情心、尊敬之情等等，是有理性的人或有本心的人所認同的，不能否定其普遍性。相反，對人沒有愛心、同情心、尊敬之情等，我們會覺得這種人與其他動物無異，不能說他們是真正有道德的人。

相反，如前所述，孟子講四端是結合情理而說，其說法與我們的道重反省相一致，是更合理的說法。

最後，我們可說亞氏講道德價值的人性論基礎的看法，也有其相對的好處。如上一項所言，亞氏講最高級的價值，是體現神聖性的沉思，而後者甚至是可以比人更高級的存在。這種說法，一義下，可理解為人的道德性比神有所不及，也可說是人的道德能力的限制，荀子講人性本惡，或基督教講人有原罪，其說法與此相近。

這樣的說法，雖然不完全符合我們的道德反省，然而，可說有一對人們作道德實踐有一重要的輔助性作用，就是：我們須以外力（包括法律等社會、政治制度，以及後天的教育等等）來促使人們行為合乎正軌，並且不對他人有所損害或妨礙等。這或許可解釋，為什麼近、現代西方講自由、民主、法治的社會、政治模式，較傳統中國強調個人修德而令社會平穩更為合理妥當。

焦里堂解孟子「性善」之商榷

袁鑑佑[*]

摘要

《孟子‧滕文公上》有載：「孟子道性善，言必稱堯、舜。」而朱元晦《孟子集注》亦引程伊川之言曰：「孟子有大功於世，以其言性善也。」是知要把握孟子之學，必先準確理解孟子言「性善」之大旨。而清儒焦循（字里堂）所撰著之《孟子正義》，自問世以來便享譽學壇；其「孟子學」對後世理解《孟子》更有著極其深遠的影響。惟觀其《雕菰樓集》所載之〈性善解〉五篇，雖就孟子「性善」之說詳加闡述，卻似是未能把握孟子言「性善」之大旨。是以本文嘗試考釋焦里堂所撰〈性善解〉五篇中的相關條目，以辨明其論實不合於孟子之言「性善」。藉此為往後進一步討論孟子「性善」之旨要作事前的準備。

關鍵詞：孟子、性善、焦循、焦里堂、焦理堂、性善解、雕菰樓集、孟子正義

---

[*] 香港科技大學人文學部。

一　緒言

《孟子‧滕文公上》有載：「孟子道性善，言必稱堯、舜。」[1]而朱元晦（1130-1200）《孟子集注》亦引程伊川（1033-1107）之言曰：「孟子有大功於世，以其言性善也。」[2]是知要把握孟子之學，必先準確理解孟子言「性善」之大旨。而清儒焦里堂（1763-1820）所撰著之《孟子正義》，[3]自問世以來便享譽學壇。梁啟超（1873-1929）在《中國近三百年學術史》便嘗云：

> 這書〔指《孟子正義》〕雖以訓釋、訓詁名物為主，然於書中義理也解得極為簡當。里堂於身心之學，固有本原，所以能談言微中也。總之，此書實在後此新疏家模範作品，價值是永永不朽的。[4]

不但讚譽焦里堂「身心之學，固有本原」，故而能夠「談言微中」；更謂《孟子正義》一書「極為簡當」，乃「後此新疏家模範作品」，具有不朽之價值。即連錢穆先生（1895-1990）於《中國近三百年學術史》書中〈里堂論性善〉一節也云：

> 里堂論學極多精卓之見，彼蓋富具思想、文藝之天才，〔……〕其立說之最通明者，為其發明孟子性善之旨。[5]

1　〔漢〕趙岐注，〔宋〕孫奭疏，廖名春等整理，錢遜審定：〈滕文公上〉，《孟子注疏》（北京市：北京大學出版社，2000年，十三經注疏整理本），頁153。（以下徵引《孟子》原文皆從此一版本，不另作註。）
2　〔宋〕朱熹撰：《四書章句集注‧孟子集注》（北京市：中華書局，2005年），頁199。
3　案：焦循，字里堂，或作理堂。《雕菰樓集》阮福〈跋〉云：「里堂先生《雕菰樓集》二十四卷，〔……〕」作「里堂」。而《雕菰樓集》阮亨〈序〉云：「《雕菰樓集》二十四卷，吾師焦理堂先生所著也。」則作「理堂」。
4　梁啟超：《中國近三百年學術史》（臺北市：里仁書局，2009年），頁276。
5　錢穆：《中國近三百年學術史》（臺北市：臺灣商務印書館，2009年），下冊，頁501-502。

盛讚焦里堂「論學極多精卓之見」；亦對其「發明孟子性善之旨」甚為推譽，稱許為「立說之最通明者」。至於浙江大學古籍研究所沈文倬教授（1917-2009）甚至謂「有清一代治《孟子》的無人能超過他」，[6] 推尊焦里堂為清代研究《孟子》的第一人。如此備受學術界所推崇，足見焦里堂的「孟子學」對後世理解《孟子》有著極其深遠的影響。惟觀焦里堂《雕菰樓集》所載之〈性善解〉五篇，雖就孟子「性善」之說詳加闡述，卻似是未能把握孟子言「性善」之大旨。是以本文嘗試考釋焦里堂所撰〈性善解〉五篇中的相關條目，以辨明其論實不合於孟子之言「性善」。藉此為往後進一步討論孟子「性善」之旨要作事前的準備。現試述之如下：

二　正文

（一）有關「性無他，食色而已」

首先，焦里堂於〈性善解一〉開首即云：

「性善」之說，儒者每以精深言之，非也。性無他，食色而已。[7]

從上可見，焦里堂於〈性善解一〉開首便提出其「性無他，食色而已」的觀點。而所謂「性無他」中的「無他」一語，即是「除此之外便別無他者」之意；至於「食色而已」的「而已」一詞，即表示出「只是如此罷了」的意思。若將「無他」與「而已」兩者合而觀之，可見焦里堂於〈性善解〉五篇中的第一篇之開首所言「性無他，食色而已」，便已斷定：「『性善』之

6　〔清〕焦循撰，沈文倬點校：《孟子正義》（北京市：中華書局，2004年），上冊，前揭頁，頁1。（以下徵引《孟子正義》原文皆從此一版本，不另作註。）

7　〔清〕焦循：《焦氏雕菰樓集·性善解一》（北京市：中國科學院圖書館藏清道光四年阮福嶺南節署刻本），卷9。（以下徵引《雕菰樓集》原文皆從此一版本，其中標點皆為筆者補充，不另作註。）

『性』只是『食色』罷了；除了『食色』之外便別無他者。」因此，倘就文辭而言，焦里堂乃是明確地以「食色」來解孟子所言「性善」之「性」。

焦里堂於〈性善解五〉更嘗試徵引孟子之言作為佐證：

> 孟子曰：「口之於味，有同耆也，易牙先得我口之所耆者也。如使口之於味也，其性與人殊，若犬馬之與我不同類也，則天下何耆皆從易牙之於味也？」此於口味，指出「性」字，可知「性」即在飲食。[8]

焦里堂依據孟子「口之於味，有同耆也，易牙先得我口之所耆者也」等句，也是以「口之於味也」而言及「性」，故此便認為孟子「此於口味，指出『性』字」，並再一次肯定其「『性』即在飲食」的觀點，指出孟子所言「性善」之「性」，其實即在於「飲食」。

〈性善解五〉其下續云：

> 曰「其性與人殊」，可知人性不同於鳥獸。同一飲食，而人能耆味，鳥獸不知耆味。推之，同一男女，人能好色，鳥獸不知好色。惟人心最靈，乃知耆味、好色。[9]

焦里堂更從「飲食」推之於「男女」，認為「人心最靈，乃知耆味、好色」。故而於〈性善解三〉得出以下定論：

> 文學、技藝、才巧、勇力，有一人能之，不能人人能之；惟男女、飲食，則人人同此心。故論「性善」徒持高妙之說，則不可定。第於男女、飲食驗之，「性善」乃無疑耳。[10]

---

8 《雕菰樓集・性善解五》，卷9。
9 《雕菰樓集・性善解五》，卷9。
10 《雕菰樓集・性善解三》，卷9。

焦里堂於上文指出「文學」、「技藝」、「才巧」、「勇力」縱使有人能夠，但是並非人人能夠；至於「飲食男女」卻是人人同此心。因此焦里堂便認為在討論「性善」之時，若果只持守「高妙之說」，則所言不可以得到確定；但如果以「男女」、「飲食」來言「性」，則所謂「性善」便無可懷疑。

然而，焦里堂所謂「性無他，食色而已」、「性即在飲食」、「第於男女、飲食驗之」云云，以「食」、「色」來解「性善」之「性」，倘就文辭而言，顯然已是乖謬於孟子言「性善」之大旨而無異於告子之見。

在《孟子・告子上》中，告子便曾提出「生之謂性」之論，[11]並據之而言「食、色，性也」。[12]而當告子言「生之謂性」之後，孟子其實已就告子所謂「性」加以駁斥：

> 告子曰：「生之謂性。」孟子曰：「生之謂性也，猶白之謂白與？」曰：「然。」「白羽之白也，猶白雪之白；白雪之白，猶白玉之白與？」曰：「然。」「然則犬之性，猶牛之性；牛之性，猶人之性與？」[13]

對於告子言「生之謂性」，孟子便反問告子：「生之謂性」是否就如「白之謂白」呢？而告子已為然。其後，孟子進而追問，如此則「白羽」、「白雪」、「白玉」的「白」都是相同的了？而告子亦已為然。最後，孟子便詰難告子：如此說來「犬之性」便猶如「牛之性」、「牛之性」亦猶如「人之性」了。換句話說，若僅言「生之謂性」，就是表示出「人之性」與「犬之性」、「牛之性」毫無分別。是以在《孟中・告子上》中，孟子旨在反駁告子「生之謂性」之論將一切自然生物之「性」等量齊觀，然後據之言「食、色，性也」，以為人性就只是「食」、「色」，如此便是無見於「人」與「禽」之分別。

在《禮記・禮運》中，孔子便有云「飲食男女，人之大欲存焉。死亡貧

11　《孟子・告子上》，頁348。
12　《孟子・告子上》，頁349。
13　《孟子・告子上》，頁348。

苦，人之大惡存焉」；[14]而在《孟子‧告子上》中，孟子亦云「生亦我所欲，〔……〕死亦我所惡」，[15]是知孔孟並沒有否認，人就如別的生物，亦有著諸種自然的欲望，當中亦包括「飲食」、「男女」這維持自身生命及維持族群生命的本能。

但與此同時，孔子於《論語‧述而》亦云「仁遠乎哉？我欲仁，斯仁至矣」，[16]於〈堯曰〉又云「欲仁而得仁」；[17]而孟子於《孟子‧盡心上》也言「萬物皆備於我矣。反身而誠，樂莫大焉。強恕而行，求仁莫近焉」，[18]並於〈告子上〉清楚地指出：

> 生亦我所欲也，義亦我所欲也，二者不可得兼，舍生而取義者也。生亦我所欲，所欲有甚於生者，故不為苟得也。死亦我所惡，所惡有甚於死者，故患有所不辟也。〔……〕是故所欲有甚於生者，所惡有甚於死者，非獨賢者有是心也，人皆有之，賢者能勿喪耳。[19]

從中可知，孔孟皆洞見到：人不僅有著「飲食」、「男女」等諸種自然的欲望，亦同時有著「甚於生者」的「欲」、「求」。而此「甚於生者」的「欲」、「求」，就是孔孟所言的「欲仁」、「求仁」。故此孟子於〈告子上〉雖云「生」乃人之所欲，但同時卻指點出「義」亦人之所欲，並且是「所欲有甚於生者」。「人」確實能將「道德意欲」置於「生存意欲」之上，並如孟子所言表現為捨生取義的行為。而這「甚於生者」的意欲和行為，斷不是焦里堂

---

14 〔漢〕鄭玄注，〔唐〕孔穎達疏，龔抗雲等整理，王文錦審定：〈禮運〉，《禮記正義》（北京市：北京大學出版社，2000年，十三經注疏整理本），第2冊，頁802。
15 《孟子‧告子上》，頁363。
16 〔三國‧魏〕何晏注，〔北宋〕邢昺疏，朱漢民整理，張豈之審定：〈述而〉，《論語注疏》（北京市：北京大學出版社，2000年，十三經注疏整理本），頁106。（以下徵引《論語》原文皆從此一版本，不另作註。）
17 《論語‧堯曰》，頁307。
18 《孟子‧盡心上》，頁414。
19 《孟子‧告子上》，頁363。

所謂「性無他，食色而已」的觀點能夠解釋得到的。

而縱觀《孟子》全書，孟子不但未嘗如焦里堂所謂「性無他，食色而已」，認為「性善」之「性」只是「食色」罷了，除了「食色」之外便別無他者；反而在〈盡心下〉清楚指出：

> 口之於味也，目之於色也，耳之於聲也，鼻之於臭也，四肢之於安佚也，性也。有命焉，君子不謂性也。[20]

從上可見，孟子已經明白地表示「口之於味也，目之於色也，耳之於聲也，鼻之於臭也，四肢之於安佚也」等諸種自然的欲望雖然是「性」，但因為有「命」在其中，故而是「君子不謂性也」，亦即是不以口、目、耳、鼻、四肢之「性」而言「性」。換句話說，孟子確實沒有只是以自然生物的「食色」之「性」而言「性善」之「性」。因此可以說，焦里堂以「食色」言「性」，並以「食色」之「性」來解孟子所言「性善」之「性」，其始已不相應於孟子所言之「性善」。此焦里堂所論不合於孟子之言「性善」，一證也。

（二）有關「性何以善？能知故善」

既然縱觀《孟子》全書，顯見孟子並未嘗以「食色」言「性善」之「性」。於此，我們不禁要問：何以焦里堂卻斷定「性無他，食色而已」，認為「性善」之「性」只是「食色」罷了，除了「食色」之外便別無他者呢？

這正是由於焦里堂認為「人」之「性」雖然在「食色」，但「人」卻能夠「知」：因為「人」能夠「知」，所以「人」的「食」便不同於「鳥獸」的「食」；又因為「人」能夠「知」，所以「人」的「色」便不同於「鳥獸」的「色」。焦里堂於〈性善解三〉便有云：

---

[20] 《孟子・盡心下》，頁463-464。

> 性何以善？能知故善。同此男女飲食，嫁娶以為夫婦，人知之，鳥獸不知之；耕鑿以濟飢渴，人知之，鳥獸不知之。鳥獸既不能自知，人又不能使之知，此鳥獸之性所以不善。[21]

從上可見，焦里堂嘗試解釋「性何以善？」並確切地表示「能知故善」：因為「人」能夠「知」，所以「性」是「善」的。焦里堂其後便解釋到同樣是「男女」，但因為「人」能夠「知」，所以「人」緣「色」而發展出「嫁娶以為夫婦」，並因而不同於「鳥獸」的「色」；同樣是「飲食」，但因為「人」能夠「知」，所以「人」緣「食」而發展出「耕鑿以濟飢渴」，並因而不同於「鳥獸」的「食」。焦里堂並據此斷定：因為「人」能夠「知」，所以人之「性」是「善」的；而「鳥獸」既「不能自知」，人又「不能使之知」，因此「鳥獸之性」是「不善」的。而從「性何以善？能知『故』善」句中的「故」字，可以見到焦里堂乃是判定「人」之「知」就是「性善」的根據。

而在〈性善解一〉中，焦里堂亦曾表示：

> 飲食、男女，人與物同之。當其先民，知有母不知有父，則男女無別也。茹毛飲血，不知火化，則飲食無節也。有聖人出，示之以嫁娶之禮，而民知有人倫矣；示之以耕耨之法，而民知自食其力矣。以此示禽獸，禽獸不知也。禽獸不知，則禽獸之性不能善；人知之，則人之性善矣！以飲食、男女言性，而人性善不待煩言自解也。[22]

從上可見，焦里堂認為在「飲食」、「男女」方面，「人」原是與「物」相同的，但因為「人」能夠「知」，所以能夠從「男女無別」發展出「嫁娶之禮」的「禮」；因為「人」能夠「知」，所以亦能夠從「飲食無節」發展出「耕耨之法」的「法」。而據此可以知道，焦里堂所理解的「性善」，其實是

---

21 《雕菰樓集・性善解三》，卷9。
22 《雕菰樓集・性善解一》，卷9。

指：因為「人」能夠通過自身之「知」，將「男女」之「性」人文化成為「嫁娶之禮」的「禮」；「人」亦能夠通過自身之「知」，將「飲食」之「性」人文化成為「耕耨之法」的「法」，因此「人」之「性」便是「善」的。換句話說，焦里堂確實是以「知」作為「性善」之根據。

而觀焦里堂於「禽獸不知，『則』禽獸之性不能善」、「人知之，『則』人之性善矣」兩句下一「則」字，其句式為「不知⋯⋯則⋯⋯不能」、「知之⋯⋯則⋯⋯善矣」，因為禽獸「不知」，所以焦里堂便斷言「禽獸之性『不能』善」；而因為「人」之「知」，故肯定「人之性『善』矣」。在此，再一次證明焦里堂乃是以「知」作為「性善」之根據。

而正是因為焦里堂提出了以「人」之「知」作為「性善」的根據，再結合其「性無他，食色而已」的觀點，認為如果以「男女」、「飲食」來言「性」，並因「人」之「知」能夠將「男女」、「飲食」之「性」人文化成為人世間各式各樣的「禮制」與「技法」；而人世間各式各樣的「禮制」與「技法」是美好的，是使人類社會井然有序的，或是便利於人類生活的，因此「人」之「性」便顯然是「善」的。而焦里堂更認為，倘若依據其闡述，則有關「性善」之討論，便無用再紛擾不休而得到了恰切圓滿的解說，故而自信地重申：「以飲食、男女言性，而人性善不待煩言自解也。」

但是，於此務須注意：焦里堂以「知」作為「性善」的根據，其說看似是本於孟子所言「良知」而發；然而，焦里堂所謂「知」，若究其實，卻是歧出於孟子所言「良知」而近於荀子之見。

在《荀子・正名》篇中，荀子便有云：「心慮而能為之動謂之偽。慮積焉、能習焉，而後成謂之偽。」[23]以及於〈解蔽〉篇所云：

---

23 〔清〕王先謙集解，沈嘯寰，王星賢點校：〈正名〉，《荀子集解》（北京市：中華書局，2007年），下冊，頁412-413。（以下徵引《荀子》原文皆從此一版本，不另作註。）案：盧文弨（1717-1796）於此注云：「觀《荀》此篇及〈禮論〉等篇，『偽』即今『為』字。故曰『桀、紂，性也，堯、舜偽也』，謂堯、舜不能無待於人為耳。後儒但知有『真偽』字，昧古六書之法而訾之者眾矣。」（下冊，頁412），盧注謂「偽」即「為」字，乃「人為」之意，所言甚是。由此亦知荀子之言「偽」並無貶損之意，今從盧說。

人何以知道？曰：心。〔……〕心未嘗不臧也，〔……〕心未嘗不（滿）〔兩〕也，〔……〕心未嘗不動也，〔……〕人生而有知，知而有志。〔……〕心生而有知，知而有異，〔……〕心，臥則夢，偷則自行，使之則謀。[24]

從上可見，荀子於〈正名〉篇所言「心」之「慮」、「動」、「偽」，以及於〈解蔽〉篇所言「心」之「知」、「志」、「臧」、「異」、「兩」、「動」、「夢」、「行」、「謀」，[25] 皆只是「經驗意義」下的心理知覺活動。故荀子所謂「心『知』道」的「知」，亦僅是著眼於「經驗意義」下的「認知」、「思慮」之能。而同樣，焦里堂於〈性善解三〉所言：「同此男女飲食，嫁娶以為夫婦，人『知』之，鳥獸『不知』之；耕鑿以濟飢渴，人『知』之，鳥獸『不知』之。」其中焦里堂所謂「知」者，是以「嫁娶以為夫婦」及「耕鑿以濟飢渴」為例，並兩次表示「人『知』之，鳥獸『不知』之」。然則此知「嫁娶」、知「耕鑿」之「知」，便只是「經驗意義」下的心理知覺活動，是僅涉及到於經驗中「認識」、「思慮」一「對象」之智能，亦即如《荀子・榮辱》篇中荀子所言的「材性知能」，[26] 而並無關涉於「人」的道德之能。

亦因如此，焦里堂於〈性善解五〉所指出：

惟人心最靈，乃知耆味、好色。知耆味、好色，即能知孝、弟、忠、信、禮、義、廉、恥。故禮義之悅心，猶芻豢之悅我口。[27]

從上可見，焦里堂認為「人心」最「靈」，所以能「知」耆味與好色。但於

---

24 《荀子・解蔽》，下冊，頁395-396。（案：〔唐〕楊倞於此注云：「『滿』，當為『兩』。兩，謂同時兼知。」〔下冊，頁395〕，今從楊說改正。）
25 案：「志」，即「誌」，「記」也；「臧」，楊注云：「臧，讀為藏，古字通」（頁395）。是知「志」、「臧」皆是就「經驗意義」下的「記憶」而言。
26 《荀子・榮辱》，上冊，頁61。原文云：「材性知能，君子小人一也。好榮惡辱，好利惡害，是君子小人之所同也。」
27 《雕菰樓集・性善解五》，卷9。

此值得細心留意的是:焦里堂乃是將「『知』耆味、好色」之「知」與「『知』孝、弟、忠、信、禮、義、廉、恥」之「知」混為一談,其中所謂「知」,皆只是「經驗意義」下的心理知覺活動。然則,焦里堂所謂「孝、弟、忠、信、禮、義、廉、恥」,便只是「經驗」中的一些「知識對象」,而由「人」藉著自身的「認識」、「思慮」之智能去認識。如此,所謂「孝、弟、忠、信、禮、義、廉、恥」便僅是「慮而知」者。

而即此可知,焦里堂於〈性善解四〉所云:

> 「善」之言,靈也。「性善」猶言「性靈」。惟靈則能通,通則變,能變故習相遠。[28]

從上可見,焦里堂提出言「性善」其實猶如言「性靈」。而據前文得知,由於焦里堂所謂「知」,其實只是著眼於「人」的「材性知能」;故而此所謂「靈」,亦只是涉及到「人」的「慮而知」之智能;並因為「人」的「慮而知」之智能,故於經驗中能「通」、能「變」、能「習相遠」。

然而,若考諸《孟子》全書,即知焦里堂以「人」的「認識」、「思慮」之智能作為「性善」的根據,並依此發揚孟子「性善」之大旨,顯然是與孟子所言並不相合。孟子於《孟子‧告子上》便有云:

> 心之官則思,思則得之,不思則不得也。此天之所與我者,先立乎其大者,則其小者不能奪也,〔……〕[29]

當中「心之官則思」等句雖曾提及「思」;然而,必須注意的是,孟子於此所言「思」字,未見得就是指「人」的「思考」、「思慮」之能,亦即未必就是焦里堂所理解的「人」於「經驗意義」下的「認識」、「思慮」此一「慮而

---

28 《雕菰樓集‧性善解四》,卷9。
29 《孟子‧告子上》,頁369-370。

知」之智能。倘若果真如此,那麼,便有理據證明孟子並不是根據「人」的「認識」、「思慮」此一「慮而知」之智能而言「心」;並以此「心」作為「性善」的根據。

而觀乎《孟子》一書中多處引用《書》、《詩》文句;以及正如《史記・孟子荀卿列傳》所載:

> 天下方務於合從連衡,以攻伐為賢,而孟軻乃述唐、虞、三代之德,是以所如者不合。退而與萬章之徒序《詩》、《書》,述仲尼之意,作《孟子》七篇。[30]

即知孟子於《書》、《詩》著力甚深,其義理亦當與《書》、《詩》一脈相承;故而蓋可從《書》、《詩》中找尋孟子所言「心之官則思」一句中「思」字之端倪。

今考之於《尚書・虞書・堯典》,其中便有云「曰若稽古,帝堯,曰放勳,欽明文思安安」,[31] 詳細地述及帝堯是具備「欽」、「明」、「文」、「思」、「安安」等德行;而馬融(79-166年)於此便有注云:「道德純備謂之思。」而《尚書・周書・洪範》亦有載「次二曰敬用五事〔……〕五曰思,〔……〕思曰睿,〔……〕睿作聖」;[32] 其下亦有注云:「思如字,〔……〕(睿,)必通於微〔……〕於事無不通謂聖。」從以上《尚書》的兩條引文,只見「思」字之古義,乃是與「德」、「聖」有著密切的關係;而未見所謂「思」就是指人的「思考」此一「慮而知」的智能。

而考之於《詩經・大雅・文王》,其中有詠:「亹亹文王,令聞不已。

---

30 〔漢〕司馬遷撰:《史記》(北京市:中華書局,2007年),第7冊,頁2343。(以下徵引《史記》原文皆從此一版本,不另作註。)
31 〔漢〕孔安國傳,〔唐〕孔穎達疏,廖名春等整理,呂紹綱審定:〈堯典〉,《尚書正義》(北京市:北京大學出版社,2000年,十三經注疏整理本),第1冊,頁29。(以下徵引《尚書》原文皆從此一版本,不另作註。)
32 《尚書・洪範》,第2冊,頁355、359。

〔……〕世之不顯,厥猶翼翼。思皇多士,生此王國。」[33]鄭箋於此便有云:「思,願也。〔……〕願天多生賢人於此邦。」孔疏亦云:「以意之所思,必情之所願也,故以思為願。」是知「思」字之古義,與「意」、「願」亦有著密切的關係;亦未見所謂「思」就是指人的「思考」此一「慮而知」的智能。

從上引《書》、《詩》可見,「思」字之古義未見得就是指人的「思考」、「思慮」的智能;而是與「德」、「聖」、「意」、「願」密切相關。而承上所言,孟子於《書》、《詩》可謂著力甚深;而其所言「思」字之義,亦當與《書》、《詩》一脈相承,蓋亦與「德」、「聖」、「意」、「願」有著密切的關係。

而從《孟子‧盡心上》孟子言「良知」一段所言:

> 人之所不學而能者,其良能也。所不慮而知者,其良知也。〔……〕親親,仁也。敬長,義也。無他,達之天下也。[34]

當中孟子其實已然清楚指點出「心之官」(本心、良知)的活動是「不慮而知」的;而「不慮而知」,就是「不思慮」、「不思考」而「知」。然則,「不慮而知」便理應是有別於「慮而知」,其中關鍵是務必辨箇清楚明白,決不可混為一談。

再進一步來說:

一、若結合孟子於〈告子上〉所云:「『心』之所同然者何也?謂理也,義也。」[35]可以知道,「心之官」(本心、良知)所「不慮而知」者,其實就是人心所「同然」的「理」、「義」。

二、再據〈告子上〉孟子曰「心之官則思,思則『得』之」所言的「得」,

---

[33] 〔漢〕毛亨撰,〔漢〕鄭玄箋,〔唐〕孔穎達疏,龔抗云等整理,劉家和審定:〈文王〉,《毛詩正義》(北京市:北京大學出版社,2000年,十三經注疏整理本),第3冊,頁1122、1125。(以下徵引《詩經》原文皆從此一版本,不另作註。)

[34] 《孟子‧盡心上》,頁422。

[35] 《孟子‧告子上》,頁357。

那麼，人心所「同然」的「理」、「義」，便是由「人」自身稟具的「心之官」（本心、良知）的「思」（不慮而知）所自「得」。

三、而由於「理」、「義」乃是由「人」自身稟具的「心之官」（本心、良知）所自「得」，換句話說，「理」、「義」便是由「心之官」（本心、良知）所「創造」；而此能夠「創造」「理」、「義」的「心之官」（本心、良知）便是一「道德創造之能」；而非於經驗中去「認識」、「思慮」一些「知識對象」的「材性知能」。

四、又，若結合孟子於《孟子・告子上》所言：「故凡同類者舉相似也，何獨至於人而疑之？聖人與我同類者。」[36]從其中兩次強調「同類」一語，可以知道，由於「理」、「義」乃是人心所「同然」，故「人」可依自身的道德之能所「創造」的「理」、「義」而「達之天下」皆稟具「心之官」的「同類」。換句話說，「理」、「義」雖然是由「心之官」（本心、良知）此一「人」的主體「道德之能」所「創造」；但因「心之官」（本心、良知）所「創造」的「理」、「義」是人心所「同然」的，因而於「同類」之間便同時具有客觀有效性。而此蓋亦孟子於〈盡心上〉所言「達之天下」之意。

五、而誠如上引孟子於《孟子・告子上》所云「心之官則思，思則得之，〔……〕，先立乎其大者，則其小者不能奪也」，[37]孟子於此旨在說明：先立其「大」者，則其「小」者不能奪。換句話說，就是以能「不慮而知」的「心之官」為「本」（即孟子所言「本心」）、為「良」（即孟子所言「良知」）、為「大」（即孟子所言「大者」）。而當作為「大」、「良」、「本」的「心之官」得「立」之時，「人」才可以真正作為一己之主宰，將自身「欲仁」、「求仁」此一意欲「理」、「義」之高層的「道德意欲」置於同樣亦是自身意欲的「飲食」、「男女」等諸種「生存意欲」之上，不為「小」者所奪，並於經驗中表現出「富貴不

---

36 《孟子・告子上》，頁356-357。

37 《孟子・告子上》，頁369-370。

能淫,貧賤不能移,威武不能屈」之氣節,[38]甚至如孟子所言作出捨生取義的行為。而其中因「思」而來的「欲仁」、「求仁」此一意欲「理」、「義」之高層的「道德意欲」,正恰好就如《書》、《詩》所言,是與「德」、「聖」、「意」、「願」有著密切的關係。

六、於此可知,孟子所言的「思」,其實是指「心之官」(本心、良知)此一「不慮而知」人心所「同然」的「理」、「義」之活動。而正是因為「人」能憑藉自身所稟具的「心之官」(本心、良知)能「思」(不慮而知)人心所「同然」的「理」、「義」,故此可以見父而能「思」(不慮而知)「孝」、見兄而能「思」(不慮而知)「弟」,而「心之官」才堪稱為「『良』知」,亦即是「良」的「知」,並足可作為「性善」的根據。

據此可知,孟子所言「良知」,乃是「人」所稟具的道德創造之能;而「良知」所「不慮而知」的「理」、「義」,亦非要待「慮」才能「知」者。而既然孟子已然清楚指點出「良知」乃是能「不慮而知」,然則「不慮而知」的「知」便不是指「認識」、「思慮」之智能。反之,焦里堂所謂「知」,卻是人的「認識」、「思慮」之智能;而其所謂「孝、弟、忠、信、禮、義、廉、恥」,亦僅是人於經驗中「慮而知」的一些「知識對象」。所論已顯見與孟子所言「不慮而知」的「良知」相違背。倘若再以此「材性知能」之「知」作為「性善」的根據,已然是差之毫釐,失之千里。此焦里堂所論不合於孟子之言「性善」,二證也。

(三)有關「惟其可引,故性善也」

而承如上文所言,正是因為認為「能知」是「性善」的根據;再緣此而發,焦里堂更進一步提出「人」由於「能知」,故是「可引」而「為善」的觀點。〈性善解一〉便云:

---

38 《孟子・滕文公下》,頁193。

> 人之性，可引而善，亦可引而惡。惟其可引，故性善也。牛之性可以
> 敵虎，而不可使之咥人。所知所能不可移也。惟人能移，則可以為善
> 矣。[39]

從上可見，焦里堂指出「人」之「性」是可以「引而善」，同時亦是可以「引而惡」的；反之「禽獸」之「性」卻是不可移易的。正是因為「人」之「性」是「可引」而「為善」的緣故，正好說明「人性」是「善」的。而焦里堂上述以「可引」來說明「人之性」是「善」，亦顯然是悖離於孟子言「性善」之大旨而同樣近於告子之論。

在《孟子・告子上》中，便有「湍水喻性」一章，記載了告子之言「性」：

> 告子曰：「性，猶湍水也，決諸東方則東流，決諸西方則西流。人性
> 之無分於善不善也，猶水之無分於東西也。」[40]

由是可知，告子認為「性」就像「湍水」般，是「決諸東方」便向東流；「決諸西方」便向西流。而焦里堂之言「引」：引而為善則善，引而為惡則惡，其實是無異於告子之言「決」。而倘若是依據「決」、「引」來說明人性，則「人」之「性」便是仰賴於「經驗」中之「決」、「引」而為「善」、為「不善」，如此其實已經是否定了「人」稟具「為善」之「本質」，亦是有違於孟子之言「性善」，而流於告子「性無善無不善」之論。[41]

在上述所引錄的《孟子・告子上》同一章中，亦載有孟子之言「性」：

> 孟子曰：「水信無分於東西，無分於上下乎？人性之善也，猶水之就

39　《雕菰樓集・性善解一》，卷9。
40　《孟子・告子上》，頁347。
41　《孟子・告子上》，頁353。

下也。人無有不善，水無有不下。今夫水，搏而躍之，可使過顙；激而行之，可使在山。是豈水之性哉？其勢則然也。人之可使為不善，其性亦猶是也。」[42]

於此可見，孟子已然明言「人性之善也，猶水之就下也。人無有不善，水無有不下」。而且其中孟子是以「水之就下」來說明「人性之善」；並以「水無有不下」來指點出「人無有不善」之事實。

而孟子之所以肯斷「人無有不善」，正是因為孟子所言的「性善」，並不是根據於「經驗」的或「決」或「不決」。孟子於《孟子・告子上》便有云：

仁、義、禮、智，非由外鑠我也，我固有之也，弗思耳矣。[43]

清楚地指出「仁、義、禮、智」之表德乃是「固有」而非來源於「外鑠」。而從其中「非由外鑠我也，我固有之也」一句可見，孟子雖然並無使用「先驗」與「經驗」等哲學詞彙，但其實已明確地就「固有」與「外鑠」作出區分，亦即是已就「先驗的」與「經驗的」作出區分。

是以同篇另一節孟子亦云：

非獨賢者有是心也，人皆有之，賢者能勿喪耳。〔……〕此之謂失其本心。[44]

並於〈盡心上〉又云：

君子所性，仁、義、禮、智根於心。[45]

---

42 同上。
43 《孟子・告子上》，頁354。
44 《孟子・告子上》，頁363-364。
45 《孟子・盡心上》，頁426。

從「非獨賢者有是心也，人皆有之」、「仁、義、禮、智根於心」兩句，孟子已清楚指出「心」（本心、良知）是「人皆有之」的；而一切「仁、義、禮、智」之表德皆是根源於「心」（本心、良知）。而由於每個人之經歷皆有不同，故此每個人之「經驗」亦當有所不同；是以倘從「經驗」而言，便不能稱為「皆有」。而如今孟子既明言「非獨賢者有是心也，人皆有之」，指出「心」（本心、良知）是「人皆有之」的，可知孟子並不是從「經驗」而言「心」，而是肯認在「經驗」、「外鑠」之先尚有所謂「先驗」、「固有」者；並且其所言「心」（本心、良知），乃是「先驗」、「固有」，而非來源於「經驗」、「外鑠」。

即此可知，孟子乃是根據「人皆有」的「先驗」、「固有」的「心」（本心、良知）而言「性善」的。反之，焦里堂以「人之性」之「可引」來說明「性善」；而其所謂「引」只是屬於「經驗」的「外鑠」。此焦里堂所論不合於孟子之言「性善」，三證也。

（四）有關「人之性不能自覺，必待先覺者覺之」

此外，焦里堂於〈性善解二〉嘗云：

> 聖人何以知人性之皆善也？以己之性推之也。己之性既能覺於善，則人之性亦能覺於善，第無有開之者。使己之性不善，則不能覺；己能覺，則己之性善。己與人同此性，則人之性亦善，故知人性之善也。人之性不能自覺，必待先覺者覺之。[46]

從上可知，焦里堂雖表示「人之性亦善」、「人性之善」，但卻謂「第無有開之者」，提及到「開之者」的重要；焦里堂其後更清楚指出「人之性不能自覺」，故而是「必待先覺者覺之」。從其中可見，焦里堂在此下了一「必」

---

46 《雕菰樓集・性善解二》，卷9。

字，乃斷言之語，亦即是斷定了「人之性」是決不能「自覺」的，故而是「必待」「先覺者」，即所謂「聖人」的「開」、「覺」，然後才能「覺」於「善」。換句話說，焦里堂就是認為「先覺者」（聖人）乃是「人」之能道德的第一因。然則，此論已是違背了孟子言「性善」之大旨而近於荀子之見。

雖然，孟子確曾分別於《孟子・萬章上》及〈萬章下〉兩次引述「使先知覺後知，使先覺覺後覺」一語，[47]但務須注意的是：孟子於此意在強調「先知」、「先覺」的聖賢能「覺」「後知」、「後覺」之來者，亦即孔子所言「人能弘道」之意；[48]而並非如焦里堂所斷言：「人之性不能自覺，『必待』先覺者覺之」，斷定「人」之「性」是決不能「自覺」，故而是「必待」「先覺者」（聖人）的「開」、「覺」然後才能「覺」於「善」，並以「先覺者」（聖人）作為「人」之能道德的第一因。

至於荀子於《荀子・性惡》中則認為：

> 凡性者，天之就也，不可學，不可事。禮義者，聖人之所生也，人之所學而能，所事而成者也。不可學，不可事，而在人者，謂之性；可學而能，可事而成之在人者，謂之偽。是性偽之分也。〔……〕故聖人化性而起偽，偽起而生禮義，禮義生而制法度。然則禮義法度者，是聖人之所生也。[49]

從上文可見，荀子以「天之就」、「不可學、不可事而在人者」稱為「性」；而以「可學而能、可事而成之在人者」稱為「偽」，作出了「性」、「偽」的

---

47 《孟子・萬章上》，頁307、《孟子・萬章下》，頁316。
48 《論語・衛靈公》，頁245。原文云：「子曰：『人能弘道，非道弘人。』」
49 《荀子・性惡》，下冊，頁435-438。（案：《荀子・正名》篇有云：「生之所以然者謂之性。性之和所生，精合感應，不事而自然謂之性。性之好、惡、喜、怒、哀、樂謂之情。情然而心為之擇謂之慮。心慮而能為之動謂之偽。慮積焉、能習焉，而後成謂之偽。」〔下冊，頁412-413〕，其中亦言及「性」、「偽」之分，可與〈性惡〉篇所說相參照。）

區分。[50]而從「禮義者，聖人之所生也」、「故聖人化性而起偽，偽起而生禮義」等語可見，荀子正是指出了「聖人」乃是「禮義」之所由生，並且認為人之能「禮義」，乃是因「聖人」化「性」而起「偽」。如此，便是認為「聖人」乃是「人」之能道德的第一因。

而承上所言，焦里堂於〈性善解二〉所言「人之性不能自覺，必待先覺者覺之」，其中焦里堂下一「必」字，便已斷定「人」之「性」決不能「自覺」，故而是「必待」「先覺者」（聖人）的「開」、「覺」然後才能「覺」於「善」；以及於〈性善解一〉又云：

> 有聖人出，示之以嫁娶之禮，而民知有人倫矣；示之以耕耨之法，而民知自食其力矣。以此示禽獸，禽獸不知也。禽獸不知，則禽獸之性不能善；人知之，則人之性善矣！[51]

其句式為「有『聖人』出……示之以……而民知……；示之以……而民知……」，可見焦里堂反覆強調是先有「聖人出」而後人民才「知有人倫」、是先有「聖人出」而後人民才「知自食其力」。然則，焦里堂以上所論，正恰好與荀子於《荀子‧性惡》篇所強調「聖人」乃是「禮義」之所由生，並且認為人之能「禮義」，乃因「聖人」化「性」而起「偽」的觀點，幾乎是同出一轍的，兩者同樣是以「聖人」作為「人」之能道德的第一因。

雖然，焦里堂與荀子之論所不同者，就是在於焦里堂所論，正如前文所言，是先以「人」之「知」作為「性善」的根據。其說看似是本於孟子所言「良知」而發，並且是持守了孟子「性善」之說；因而是有別於荀子「人之性惡，其善者偽也」之論。[52]但是，值得注意的是：焦里堂所謂「知」，承上所述，就如荀子一般只是著眼於人的「認識」、「思慮」之「材性知能」，

---

50 案：誠如前引盧注所言「偽」即「為」字，乃「人為」之意。可知荀子之言「偽」並無虛偽貶損之意，於此再備為說。
51 《雕菰樓集‧性善解一》，卷9。
52 《荀子‧性惡》，下冊，頁434。

只是涉及到「人」的「慮而知」之智能；是以其作為「性善」的根據——「知」，已與孟子所言能「不慮而知」的「良知」迥然不同。故此，縱使焦里堂也言「性善」，箇中涵義已是與孟子所言「性善」大相逕庭。

更何況，孟子於《孟子・盡心上》便有云：

> 人之所不學而能者，其良能也。所不慮而知者，其良知也。孩提之童，無不知愛其親者，及其長也，無不知敬其兄也。親親，仁也。敬長，義也。無他，達之天下也。[53]

從上可見，孟子清楚指出「人之所不學而能者，其『良能』也」，其中所言「良能」，意思便是「良」的「能」，亦即是就「人」的「道德之能」而言的；而道德之「良能」是「人」之所「不學而能」的。而孟子既然指點出道德之「良能」是「人」之所「不學而能」的，換言之，就是否定以「聖人」作為「人」之能道德的第一因。

而在前引〈盡心上〉中，孟子更提及到「孩提之童」，並指點出「孩提之童，無不知愛其親者，及其長也，無不知敬其兄也」。於此若再結合孟子於《孟子・告子上》所言：「故凡『同類』者舉相似也，何獨至於人而疑之？聖人與我『同類』者。」[54]所強調的「同類」一語。可以知道：

一、孟子既然洞見到「人」乃是「固有」、稟具「心之官」（本心、良知），然則「孩提之童」作為「同類」，便當同樣「固有」、稟具「心之官」。

二、正因為「孩提之童」同樣「固有」、稟具「心之官」，而「心之官」（本心、良知）乃是能「不慮而知」「理」、「義」，而「人」緣此而意欲於「理」、「義」；故孟子便由此而指點出「孩提之童」可以「不學」而能夠「愛親」、「不學」而能夠「敬兄」。可以說，正是因為「人」能憑藉自身「固有」、稟具的「心之官」，「不學」而能夠「愛親」、「敬兄」，

53　《孟子・盡心上》，頁422。
54　《孟子・告子上》，頁356-357。

所以「心之官」又可名之曰「『良』能」，是「人」所「固有」、稟具的良善的「官能」。

三、而正是由於孟子所言的「心之官」乃是「人」所「固有」、稟具的一種「官能」，然則此一「官能」之活動及其表現，便有其成熟與否，亦則所謂「官能」的用進、廢退。因此，即使「孩提之童」或許因為「心」之官能的不成熟，而於經驗中不表現出「愛親」、「敬長」的行為，其實亦不表示「孩提之童」並沒有「固有」、稟具「心」之官能。而此處就「心」之官能的成熟與否的闡述，從《孟子‧告子上》孟子曰：「仁，人心也」、[55]又曰：「五穀者，種之美者也；苟為不熟，不如荑稗。夫仁亦在乎熟之而已矣。」[56]也言及「仁」（人心）之成熟與否，足可為證。

即此可知，孟子已然清楚明白地指出：「良能」乃是「不學而能」的。故此，縱然只是「孩提之童」，也因「固有」、稟具「心之官」（本心、良知），故而能「不慮而知」「理」、「義」，並意欲於「理」、「義」，甚至可以「不學」而能夠「愛親」、「不學」而能夠「敬兄」。而未嘗如焦里堂般斷定「人」之「性」是決不能「自覺」的，故而是「必待」「先覺者」（聖人）的「開」、「覺」，然後才能「覺」於「善」，並以「先覺者」（聖人）作為「人」之能道德的第一因。此焦里堂所論不合於孟子之言「性善」，四證也。

（五）有關「孟子『性善』之說，全本於孔子之贊《易》」及「故善言『性』者，孟子之後惟《淮南子》」

最後，是關於焦里堂對孟子「性善」說所作的「承先」、「繼後」之論斷。而事實上，就義理上來說，觀乎前文「四證」，已足見焦里堂於〈性善解〉五篇就「性善」所作的闡發，確實是與孟子之言「性善」判然不同的。

---

55 《孟子‧告子上》，頁365。
56 《孟子‧告子上》，頁373。

然而，焦里堂在〈性善解〉五篇之外，亦於其《孟子正義》一書中就孟子「性善」說之來歷作出了推斷，認為：「孟子『性善』之說，全本於孔子之贊《易》。」[57]又於〈性善解五〉中表示：「故善言『性』者，孟子之後惟《淮南子》。」[58]認為繼孟子之後，首推《淮南子》之言「性」最為恰切。換言之，就是對孟子「性善」之說作出了「承先」、「繼後」的論斷。故今於文末再補一旁證，以見焦里堂所論確實不相應於孟子之言「性善」。

首先，就「承先」來說。焦里堂在《孟子正義》一書〈告子上〉「乃若其情，則可以為善矣，乃所謂善也。若夫為不善，非才之罪也」句後總括地指出：「孟子『性善』之說，全本於孔子之贊《易》。」[59]繼而提及「伏羲畫卦，觀象以通神明之德」，而「天下萬世」之「智」、「愚」由是而「知」「君臣父子夫婦」。焦里堂並稱此為「性善」之旨，然後引述孔子之贊《易》並加闡釋。

於此可以再一次見到，就如前文所述，焦里堂確實是從「智」、「愚」之「知」，亦即是據「認識」、「思慮」之智能而言「性善」的。至於就其「孟子『性善』之說，全本於孔子之贊《易》」的觀點，在此，先不論孟子乃是如前文所言，是於《書》、《詩》著力甚深，[60]而《孟子》一書中多引《詩》、《書》卻未嘗明引《易》乃為事實；亦非要討論孟子是否確然精深於《易》。而是僅就焦里堂「孟子『性善』之說，全本於孔子之贊《易》」一

---

57 《孟子正義》，下冊，頁755。
58 《雕菰樓集・性善解五》，卷9。
59 《孟子正義》，下冊，頁755。原文云：「孟子『性善』之說，全本於孔子之贊《易》。伏羲畫卦，觀象以通神明之德，以類萬物之情，俾天下萬世無論上智下愚，人人知有君臣父子夫婦，此『性善』之旨也。孔子贊之，則云：『利貞者，性情也。六爻發揮，旁通情也。』〔……〕人之情則能旁通，即能利貞，故可以為善；情可以為善，此性所以善。」
60 承如前文所引，《史記・孟子荀卿列傳》有云：「天下方務於合從連衡，以攻伐為賢，而孟軻乃述唐、虞、三代之德，是以所如者不合。退而與萬章之徒序《詩》、《書》，述仲尼之意，作《孟子》七篇。」（第7冊，頁2343），當中既謂孟子「退而與萬章之徒序《詩》、《書》」，其於《書》、《詩》著力之深，可知矣。於此再備為說。

說，其不合理者已然有三：

一、公都子向孟子問「今曰『性善』，然則彼皆非歟？」之後，[61]孟子答之以「乃若其情，則可以為善矣，乃所謂善也」，其後所引述者乃是《詩》而非《易》。其所引詩者為《詩經‧大雅‧蒸民》：「天生蒸民，有物有則。民之秉彝，好是懿德。」倘若孟子「性善」之說果真如焦里堂所言是「全本於孔子之贊《易》」，然則孟子何不於此先徵引《易》之文句，以發明其「性善」之旨？

二、於引《詩》之後，孟子所引述者乃是孔子之贊《詩》而非孔子之贊《易》。孟子所引述孔子之贊辭為：「為此詩者，其知道乎！故有物必有則，民之秉彝也，故好是懿德。」倘若孟子「性善」之說果真如焦里堂所言是「全本於孔子之贊《易》」，而在弟子公都子向孟子就「性善」之說請益時，作為老師的孟子，又是否會將其「性善」一說本於孔子之贊《易》的事實秘而不宣之於弟子，而故意改為引述孔子之贊《詩》呢？

三、最後，就義理來說，據《詩‧大雅‧烝民》所云：「天生烝民，有物有則。民之秉彝，好是懿德。」[62]毛傳曰：「烝，眾。物，事。則，法。彝，常。懿，美也。」[63]鄭箋又云：「秉，執也。〔……〕民所執持有常道，莫不好有美德之人。」[64]此據毛傳所云，可知「彝」即「常」之意。又據鄭箋所釋，「民之秉彝」即解作「民所執持有常道」。換句話說，〈烝民〉所詠「民之秉彝」，乃是表示出華夏文明的古聖先賢不但已然意識到人之「彝常」與人之「美德」有著密切的關係；甚至能突破「經驗表現」之界限，於人性中發見「常道」，才會詠歎「民所執持有常道」。而正是因為要突破人於「經驗表現」中之千差萬別（或為

---

61 《孟子‧告子上》，頁353-354。
62 《詩‧烝民》，第3冊，頁1432。（案：〈烝民〉開首即云：「天生烝民，有物有則。民之秉彝，好是懿德。」其下言及仲山甫之賢德。）
63 同上。
64 同上。

善或為不善),並從「人性」中發見「常道」之難,所以孔子才云:「為此詩者,其知道乎!」盛贊《詩·烝民》的作者能知「道」。而誠如《中庸》所謂「仲尼祖述堯舜,憲章文武」,[65]孔子乃是繼往開來、承先啟後,藉標舉一「仁」字來昭明華夏古聖先賢從「人性」中所發見之「常道」。故而於《論語·顏淵》篇循循地教誨顏子:「克己復禮為仁。一日克己復禮,天下歸仁焉。為仁由己,而由人乎哉!」[66]明言「為仁」由己不由人;更於《中庸》明確地指出「仁者人也」,[67]肯認「人」皆稟具「仁」,「仁」就是人之為「人」的根據。

及至孟子,更承孔子所標舉的「仁」而於《孟子·告子上》中明確地指出:「仁,人心也。」[68]又於〈盡心下〉斷言:「仁也者,人也;合而言之,道也。」[69]從中可清楚見到,孟子乃是依據孔子所標舉的「仁」(人心、本心)而言「性善」的。如此,實可見斯「道」乃是聖聖相傳、一脈相通。亦因此,蓋可以說「孟子『性善』之說,本於孔子之贊《詩》」,而實沒有理由如焦里堂所說「孟子『性善』之說,全本於孔子之贊《易》」。更何況,焦里堂在《性善解》五篇中,卻竟然從未提及過一「仁」字;其解孟子之「性善」,於此亦見到其值得商榷之處。

其次,就「繼後」來說。焦里堂於〈性善解五〉中分別引述了《淮南子》的〈泰族訓〉,[70]以及〈修務訓〉之文句,[71]並以「故善言『性』者,孟子之

---

65 〔宋〕朱熹:《中庸》,《四書章句集注·中庸章句》(北京市:中華書局,2005年),頁37。(以下徵引《中庸》原文皆從此一版本,不另作註。)
66 《論語·顏淵》,頁177。
67 《中庸》,頁28。原文云:「哀公問政。子曰:『〔……〕故為政在人,取人以身,脩身以道,脩道以仁。仁者人也,親親為大;義者宜也,尊賢為大;親親之殺,尊賢之等,禮所生也。』」
68 《孟子·告子上》,頁365。
69 《孟子·盡心下》,頁458。
70 《雕菰樓集·性善解五》,卷9。原文云:「《淮南子·泰族訓》云:『民有好色之性,故有大昏之禮;民有飲食之性,故有大饗之誼;有喜樂之性,故有鐘鼓筦弦之音;有悲哀之性,故有衰絰哭踊之節。先王之制法,因民之所好而為之節文者也。〔……〕皆人之所有於性,而聖人之所匠成也。』」

後惟《淮南子》」一句作為《性善解》五篇的結語。而其不合理者亦有三：

一、〈性善解五〉所引《淮南子・泰族訓》中「民有好色之性，故有大昏之禮；民有飲食之性，故有大饗之誼」等句，[72] 與前文所述焦里堂以「食色」而言「性」，並認為「人」緣「色」而發展出「嫁娶以為夫婦」、「人」緣「食」而發展出「耕鑿以濟飢渴」的觀點，兩者可以說是一脈相承的。

而前文已論，孟子於《孟子・盡心下》已清楚地說明：「口之於味也，目之於色也，〔……〕，性也。有命焉，君子不謂性也。」[73] 可見，孟子已經明白地表示「口之於味也，目之於色也」等諸種自然的欲望雖然是「性」；但因為有「命」在其中，故而是「君子不謂性也」，亦即是不以自然生物的「食色」之「性」而言「性善」之「性」。然則，倘以「食色」言「性」，已然是不相應於孟子之言「性善」，於此亦不再贅言。而《淮南子》所論與《孟子》所言之差異是顯而易見的，如若真知孟子所言「性善」之洞見，又怎能說「故善言『性』者，孟子之後惟《淮南子》」呢？

二、從〈性善解五〉所引《淮南子・修務訓》「然爪牙雖利，筋骨雖強，不免制於人者，知不能相通，才力不能相一也」等句，[74] 其中乃是認為禽獸「爪牙雖利」、「筋骨雖強」，但因「知不能相通，才力不能相一」，而「不免制於人」。此與前文所述焦里堂從「認識」、「思慮」的智能之「知」而言「人」與「禽」之分別的觀點，兩者亦可以說是如出一轍。

然而，孟子於《孟子・離婁下》便有言：「人之所以異於禽獸者幾希，庶民去之，君子存之。」[75] 指出「人」與「禽獸」其實只是有「幾希」之差別。

---

71 《雕菰樓集・性善解五》，卷9。原文云：「〈修務訓〉云：『陰陽之所生，血氣之精。〔……〕然爪牙雖利，筋骨雖強，不免制於人者，知不能相通，才力不能相一也。』」
72 《雕菰樓集・性善解五》，卷9。
73 《孟子・盡心下》，頁463。
74 《雕菰樓集・性善解五》，卷9。
75 《孟子・告子上》，頁364。

而如前文已引，孔子既曰「仁者人也」、孟子亦曰「仁也者，人也」，是知孔孟皆以「仁」（本心、良知）作為人之為「人」的本質；換句話說，就是以「仁」（本心、良知）作為「人」與「禽獸」在「本質」上的分辨處，於此亦不再贅言。而《淮南子》僅能以「才」、「知」作為「人」與「禽」之分別，又怎能說「故善言『性』者，孟子之後惟《淮南子》」呢？

三、而最大的問題，猶在焦里堂所引《淮南子・泰族訓》中「先王之制法，〔……〕皆人之所有於性，而聖人之所匠成也」等句。[76]觀乎「匠成」一語中之「匠」字，《說文》便有云：「匠，木工也。从匸从斤。斤，所以作器也。」[77]段注亦云：「工者、巧飾也。」[78]是知「匠」乃「木工」之謂，亦即「巧飾」木材以為「器」之意。然則「匠成」之論，恰好就與告子於《孟子・告子上》所言「性，猶杞柳也；義，猶桮棬也。以人性為仁義，猶以杞柳為桮棬」中的「桮棬」之論相彷彿。[79]而孟子聞之，便詰難告子：

子能順杞柳之性而以為桮棬乎？將戕賊杞柳而後以為桮棬也？如將戕賊杞柳而以為桮棬，則亦將戕賊人以為仁義與？[80]

並嚴厲地斥責告子：「率天下之人而禍仁義者，必子之言夫！」[81]認為這種似是而非的「性」論足以「率天下之人而禍仁義」。而所謂嘗鼎一臠，觀此「匠成」之論，又怎能說「故善言『性』者，孟子之後惟《淮南子》」呢？

從上可見，孟子所言「性善」之根據即在孔子所言之「仁」（本心、良

76　《雕菰樓集・性善解五》，卷9。
77　〔漢〕許慎編撰，〔宋〕徐鉉校定：《說文解字》（香港：中華書局，2003年），頁268。（案：其中標點皆為筆者補充。）
78　〔漢〕許慎撰，〔清〕段玉裁注：《說文解字注》（上海：上海古籍出版社，2003年），頁635。
79　《孟子・告子上》，頁346。
80　同上。
81　同上。

知)。故此，蓋可以說「孟子『性善』之說，本於孔子之贊《詩》」，而實沒有理由如焦里堂所說「孟子『性善』之說，全本於孔子之贊《易》」。而觀乎焦里堂所引《淮南子》中之文句亦以「食色」言性、以「才」、「知」言「人」與「禽」之分別，以及其「匠成」之論，其與孔孟之洞見可以說是判若雲泥，因此既不能說《淮南子》是「善言『性』」，亦不能說其「性」論是足以繼「孟子之後」。此焦里堂「承先」、「繼後」之論斷不合於孟子之言「性善」，五證也。

三 結語

概而言之，孟子已然揭明「心之官」(仁、本心、良知)之能就是「思」(不慮而知)；然則能「不慮而知」的「良知」當然是有別於「慮而知」的「知」，其中關鍵是務必辨箇清楚明白，決不可混為一談。而正如《易‧繫辭上》所云：「是故形而上者謂之道，形而下者謂之器。」[82]其中值得注意的是：「形上」、「形下」並非截然二分，兩者其實皆不離於「心」。「心」之「不慮而知」者正是關乎「道」，亦即由「人」之「本心」(良知)此道德之能所「創造」的「理」、「義」；[83]至於「慮而知」者則是關乎「器」，亦即焦里堂所謂「嫁娶之禮」、「耕耨之法」等由「心」之智能於經驗中所思考、計慮出來的「禮制」與「技法」。

故此可以說：同一個「心」，能「慮而知」，能「不慮而知」。「慮而知」者，眾人皆知；「不慮而知」者，惟聖者能知。是以孟子揭明「心之官」(仁、本心、良知)之能在「思」(不慮而知)「理」、「義」，並以此作為「性善」之根據，確實是發聾振聵，因而是有「大功之世」。反之，倘若無辨於孟子所言「思」與「慮」之分別，甚至將「思」與「慮」混為一談，那

---

82 〔魏〕王弼，〔晉〕韓康伯注，〔唐〕孔穎達疏，盧光明等整理，呂紹綱審定：《周易正義》(北京市：北京大學出版社，2000年，十三經注疏整理本)，頁344。
83 《孟子‧盡心下》，頁463。

麼在研究《孟子》一書之時便難免有著隔閡，故知「思、慮之辨」乃是後學通於孟子之學的一大關鍵。

而綜上「五證」，可知焦里堂所解「性善」看似是持守了孟子之說，究其實，卻只是流於告子、荀子之論：既如告子以「食色」而言「性」；又如荀子之言「知」，謂「人」因具備「認識」、「思慮」之智能，故而可於「經驗」中「慮而知」，去認識、學習「孝、弟、忠、信、禮、義、廉、恥」等「知識對象」然後能「善」；既類於告子之言「決」而言「引」；又類於荀子以「聖人」作為「人」之能道德的第一因。而實不明孟子已然揭明「仁，人心也」；並且是肯斷「人」乃是「固有」、稟具能「思」（不慮而知）「理」、「義」的「仁」（心之官、本心、良知）而言「性善」的。故此可以說，焦里堂所解「性善」雖然皆涉及《孟子》一書之文句；然而，其底蘊卻是不相契應於孟子言「性善」之大旨。

事實上，在《孟子·盡心下》中，孟子便曾引述孔子之言並寓意深遠地說道：

> 孔子曰：「惡似而非者，惡莠，恐其亂苗也；惡佞，恐其亂義也；惡利口，恐其亂信也；惡鄭聲，恐其亂樂也；惡紫，恐其亂朱也；惡鄉原，恐其亂德也。」[84]

而趙岐於其下則有注云：「似真而非真者，孔子之所惡也。」[85]是知孔孟之所以言「惡似而非者」，乃是恐「似真而非真者」足以「率天下之人而禍仁義」。而綜觀上述「五證」，可見焦里堂《雕菰樓集》所載之〈性善解〉五篇，雖就「性善」之說詳加闡述，但卻是似真而非真，確實未得孟子言「性善」之大旨。故此實有必要釐正箇中的差失，藉此為往後進一步討論孟子學說作事前的準備。

---

84 《孟子·盡心下》，頁478。
85 同上。

總括而言，焦里堂的「孟子學」雖然備受學術界所推崇，並且對後世理解《孟子》有著極其深遠的影響。惟觀上述「五證」，可知其就「性善」之闡發，卻確實未能把握孟子言「性善」之大旨。若後學果真有志於繼承孟子之學，則不可以不察也。

參考書目

一　原始文獻

（一）《周易》

1　原始文獻

〔魏〕王弼著，〔晉〕韓康伯注，〔唐〕孔穎達疏，盧光明等整理，呂紹綱審定：《周易正義》，北京市：北京大學出版社，2000年，十三經注疏整理本。

〔唐〕李鼎祚集解，〔清〕李道平纂疏，潘雨廷點校：《周易集解纂疏》，北京市：中華書局，2012年。

〔南宋〕王應麟著，鄭振峰等點校：《周易鄭康成注、六經天文編、通鑑答問》，北京市：中華書局，2012年。

2　譯註〔依筆劃排序〕

周振甫譯注：《周易譯注》，北京市：中華書局，2006年。

金景芳、呂紹綱著：《周易全解》，臺北市：韜略出版公司，2008年。

黃壽祺、張善文譯注：《周易譯注》，上海市：上海古籍出版社，2007年。

（二）《尚書》

1　原始文獻〔依朝代排序，同朝代則按筆劃排序〕

〔漢〕孔安國傳，〔唐〕孔穎達疏，廖名春等整理，呂紹綱審定：《尚書正義》一至二冊，北京市：北京大學出版社，2000年，十三經注疏整理本。

〔清〕閻若璩撰，黃懷信等校點：《尚書古文疏證》上、下冊，上海市：上海古籍出版社，2010年。

〔清〕皮錫瑞撰、盛冬鈴等點校：《今文尚書考證》，北京市：中華書局，2011年。

1 譯註〔依筆劃排序〕

屈萬里註譯：《尚書今註今譯》，臺北市：臺灣商務印書館，1993年。
顧頡剛、劉起釪著：《尚書校釋譯論》一至四冊，北京市：中華書局，2005年。

（三）《詩經》

1 原始文獻〔依朝代排序〕

〔漢〕毛亨撰，〔漢〕鄭玄箋，〔唐〕孔穎達疏，龔抗云等整理，劉家和審定：《毛詩正義》一至三冊，北京市：北京大學出版社，2000年，十三經注疏整理本。
〔南宋〕朱熹注，王華寶整理：《詩集傳》，南京市：鳳凰出版社，2007年。
〔清〕方玉潤撰，李先耕點校：《詩經原始》上、下冊，北京市：中華書局，2011年。
程俊英、蔣見元：《詩經注析》，北京市：中華書局，2007年。

2 譯註〔依筆劃排序〕

周振甫譯注：《詩經譯注》，北京市：中華書局，2002年。
黃典誠著：《詩經通譯新詮》，香港：天地圖書，2013年。

（四）《禮記》

1 原始文獻

〔漢〕鄭玄注，〔唐〕孔穎達疏，龔抗雲等整理，王文錦審定：《禮記正義》一至四冊，北京市：北京大學出版社，2000年，十三經注疏整理本。

2　譯註

王夢鷗註譯：《禮記今註今譯》上、下冊，臺北市：臺灣商務印書館，2002年。

(五)《大戴禮記》

1　原始文獻

〔清〕王聘珍注：《大戴禮記解詁》，北京市：中華書局，2008年。

2　譯註

高明註譯：《大戴禮記今註今譯》，臺北市：臺灣商務印書館，1977年。

(六)《論語》

1　原始文獻〔依朝代排序，同朝代則按筆劃排序〕

〔三國‧魏〕何晏注，〔北宋〕邢昺疏，朱漢民整理，張豈之審定：《論語注疏》，北京市：北京大學出版社，2000年，十三經注疏整理本。
〔宋〕朱熹撰：《四書章句集注‧論語集注》，北京市：中華書局，2005年。
〔清〕劉寶楠撰、高流水點校：《論語正義》，北京市：中華書局，2011年。

2　譯註〔依筆劃排序〕

毛子水註譯：《四書今註今譯‧論語今註今譯》，臺北市：臺灣商務印書館，1995年。
楊伯峻譯注：《論語譯注》，北京市：中華書局，2006年。
錢穆：《論語新解》，臺北市：蘭臺出版社，2000年。

（七）《孟子》

1　原始文獻〔依朝代排序〕

〔漢〕趙岐注，〔宋〕孫奭疏，廖名春等整理，錢遜審定：《孟子注疏》，北京市：北京大學出版社，2000年，十三經注疏整理本。
〔宋〕朱熹撰：《四書章句集注‧孟子集注》，北京市：中華書局，2005年。
〔清〕戴震著，何文光整理：《孟子字義疏證》，北京市：中華書局，2011年。
〔清〕焦循撰，沈文倬點校：《孟子正義》上、下冊，北京市：中華書局，2004年。

2　譯註〔依筆劃排序〕

史次耘註譯：《四書今註今譯‧孟子今註今譯》，臺北市：臺灣商務印書館，1995年。
楊伯峻譯注：《孟子譯注》上、下冊，北京市：中華書局，2003年。

（八）《大學》

1　原始文獻

〔宋〕朱熹撰：《四書章句集注‧大學章句》，北京市：中華書局，2005年。

2　譯註〔依筆劃排序〕

宋天正註譯，楊亮功校訂：《四書今註今譯‧大學今註今譯》，臺北市：臺灣商務印書館，1995年。
勞思光譯註：《大學、中庸譯註新編》，香港：香港中文大學出版社，2001年。

（九）《中庸》

1　原始文獻

〔宋〕朱熹：《四書章句集注‧中庸章句》，北京市：中華書局，2005年。

2　譯註〔依筆劃排序〕

宋天正註譯，楊亮功校訂：《四書今註今譯・中庸今註今譯》，臺北市：臺灣商務印書館，1995年。

勞思光譯註：《大學、中庸譯註新編》，香港：香港中文大學出版社，2001年。

（十）《荀子》

1　原始文獻〔依朝代排序〕

〔清〕王先謙集解，沈嘯寰，王星賢點校：《荀子集解》上、下冊，北京市：中華書局，2007年。

梁啟雄：《荀子簡釋》，北京市：中華書局，2009年。

2　譯註

蔣南華、羅書勤、楊寒清譯注：《荀子》，臺北市：臺灣古籍出版社，1996年。

（十一）《法言》

1　原始文獻

汪榮寶撰，陳仲夫點校：《法言義疏》上、下冊，北京市：中華書局，1997年。

2　譯註〔依筆劃排序〕

紀國泰：《揚子法言今讀》，成都市：巴蜀書社，2010年。

韓敬譯：《法言全譯》，成都市：巴蜀書社，1999年。

二　專著

（一）主要專著

〔清〕焦　循：《焦氏雕菰樓集》廿四卷，北京市：中國科學院圖書館藏清道光四年阮福嶺南節署刻本。

（二）其他專著〔依年代排序〕

〔漢〕司馬遷撰：《史記》一至十冊，北京市：中華書局，2007年。
〔漢〕許慎編撰，〔宋〕徐鉉校定：《說文解字》，香港：中華書局，2003年。
〔漢〕許慎撰，〔清〕段玉裁注：《說文解字注》，上海市：上海古籍出版社，2003年。
〔南宋〕黎靖德編，王星賢點校：《朱子語類》一至八冊，北京市：中華書局，2011年。
〔南宋〕陸九淵著，鐘哲點校：《陸九淵集》，北京市：中華書局，2010年。
〔明〕王守仁原著，〔明〕施邦曜輯評，王曉昕、趙平略點校：《陽明先生集要》上、下冊。北京市：中華書局，2009年。
〔明〕王守仁著，王曉昕、趙平略點校：《王文成公全書》一至四冊，北京市：中華書局，2015年。
〔明〕劉宗周著，吳光主編：《劉宗周全集》一至六冊，杭州市：浙江古籍出版社，2007年。
梁啟超：《中國近三百年學術史》，臺北市：里仁書局，2009年。
熊十力著，蕭萐父主編：《讀經示要》，武漢市：湖北教育出版社，2001年，熊十力全集本・卷三。
錢　穆：《中國近三百年學術史》上、下冊，臺北市：臺灣商務印書館，2009年。
錢　穆：《四書釋義》，臺北市：蘭臺出版社，2000年。
牟宗三：《心體與性體》，臺北市：正中書局，2009年。
牟宗三：《從陸象山到劉蕺山》，臺北市：臺灣學生書局，2011年。
盧雪崑：《孔子哲學傳統：理性文明與基礎哲學》，臺北市：里仁書局，2014年。
盧雪崑：《復興孔子繼往開來：你需要的哲學與思維修煉》，桂林市：廣西師範大學出版社，2015年。

三　論文〔依筆劃排序〕

田富美：〈依違于孟、荀思想的詮釋——焦循《孟子正義》心性論探析〉，南京市：《南京大學學報：哲學・人文科學・社會科學》，第1期，頁79-90，2015年。

任　堅：〈焦循《孟子正義》詞義訓釋初探〉，張掖市：《河西學院學報》，第4期，頁84-87，2006年。

朱松美：〈焦循《孟子正義》的詮釋風格〉，曲阜市：《齊魯學刊》，第4期，頁23-26，2005年。

陳居淵：〈論焦循《孟子正義》的易學詮釋〉，濟南市：《孔子研究》，第1期，頁103-110，2000年。

陳雄根：〈「孟子深於《易》」論〉，香港：《嶺南學報》，第三輯，頁11-32，2015年。

劉瑾輝：〈《孟子正義》：新疏家模範作品〉，揚州市：《揚州大學學報：人文社會科學版》，第3期，頁30-35，2006年。

〈徐唐牟三大師頌〉
——附〈新亞精神之踐履——潘秀英博士頌〉

黃兆強[*]

摘要

　　筆者雖寫過幾本小書以弘揚儒家精神，但銷售量方面，恐怕就只能用「嘆為觀止」來形容了！由是想到，是否可以改為用歌聲來「移風易俗」？竊思欲儒學／儒教普遍化或所謂深入民間，吾人藉歌曲以為傳播之資，或不失為一可行之管道歟？由是筆者想到，是否可以根據徐唐牟三大師的著作中之思想要旨或進一步引用其中之粹言警語，以撰就歌詞，並藉著歌唱的方式予以表達出來？是以擬在新亞研究所為紀念成立七十周年而舉辦的研討會上，公開初試啼聲（其實，過去兩年多來已把所唱出之歌曲分別發送過不少師友，請彼等不吝指教）。尚望眾師友惠予包容為幸。然而，是次聚會（大會）既命名為「學術研討會」，則兆強再怎麼樣造次、鹵莽，也總得遵守學術研討會的相關規範的。因此除唱歌之外，總得要有點「學術表現」的（即不能只有表演嘛！）。是以遂針對所改編（或所謂自撰吧）之歌詞（在這裡則好比論文的文本）加以說明、闡釋，俾符合學術會議之旨趣。眾師友任何指教，煩請隨時惠示。一言半語，皆吾師也。在此衷心懇請。

　　新亞研究所博士潘秀英女士對該所圖書館作出極大的貢獻，筆者深受感動，爰於研討會舉行過後，補上〈新亞精神之踐履——潘秀英博士頌〉一節，敬附於〈徐唐牟三大師頌〉之後。全文共一萬五千字。

關鍵詞：徐復觀、唐君毅、牟宗三、潘秀英、新亞圖書館的精神

---

[*] 臺灣東吳大學名譽教授。

一　前言：緣起[1]

　　茲向　讀者諸君報告一事。三年半前退休後，為健康緣故，乃練習唱歌以練氣。不意竟唱出點心得（筆者的三位胞姊皆粵劇界出身，也許小弟有點家族遺傳吧）[2]，且獲得不少師友，如黃漢光兄、楊祖漢兄、毛炳生兄、鄭潤培兄，乃至臺灣方面的周博裕兄、蔡家和兄、呂榮海律師等等謬賞（翟志成兄則特別讚賞〈牟宗三頌〉的歌詞）。據悉，儒學第四期（即目前的一階段）的表現方式相當多元化，所探討的課題亦與前三期有相當差異。按：基督教、佛教等等，恆以歌曲傳播其教義教理。竊思欲儒學／儒教普遍化，吾人藉歌曲以為傳播之資，或不失為一可行之管道。筆者不悉儒家／儒教是否有相類似的傳教歌曲流行於世？縱然有，但其內容恐怕亦絕不會藉著（恕孤陋寡聞，至少筆者未之聞見）徐唐牟三大師的著作中之思想要旨或進一步引

---

[1] 筆者撰文並以歌唱的方式「宣讀」本論文的核心部分（歌詞）緣起：本拙文乃應邀發表於：「舊學新傳——新亞學統及文史哲國際學術研討會」，是紀念新亞研究所成立七十周年的活動。主辦機構：新亞研究所校友會教育文化有限公司；協辦機構：新亞文商書院、儒學史研究中心；日期：二〇二三年十月六至七日。地點：香港新亞研究所。原擬發表之論文題目為：〈政治行為上的經與權：徐復觀先生的偉大啟示〉。現今則改作今題（其實，今年四月初便浮現這個新構想），蓋旨在弘揚母校新亞所研究所所有教授，尤其是教授哲學思想方面之三大師之思想學說也。三位先生之生平行誼亦稍可概見。其實，藉著歌唱的方式來唱出此〈徐唐牟三大師頌〉，已於本年（2023）初嘗試過；聽眾主要是鵝湖諸師友。其具體情況如下：二月二日唐先生逝世紀念日（即廣東習俗所稱的死忌），筆者以〈梅花〉的調子唱〈唐君毅頌〉。四月一日徐先生逝世紀念日，筆者以〈一代女皇〉和〈包青天〉的調子唱〈徐復觀頌〉（以上兩曲皆以國語唱出）。四月十二日牟先生逝世紀念日，筆者以〈上海灘〉的調子唱〈牟宗三頌〉（原曲在兩岸三地極為流行，當天遂以粵語唱出原曲，繼之以國語唱出〈牟宗三頌〉）。

[2] 六姊名黃嘉華、七姊名黃嘉鳳、八姊名黃嘉寶（筆者是老么，家中排行第十）；後兩者擔綱正印花旦，前者反串文武生；皆已息影多年。演出地點，除香港外，中晚年則主要在星馬。

用其中之粹言警語以撰就歌詞，並予以唱出者。[3] 爰產生以下的一個初步構想：利用餘生在這方面略盡綿薄。深盼讀者諸君惠予賜教為幸。

二　序曲：新亞研究所全體教師頌：師恩不敢忘[4]

忘記老師，等於忘掉了師訓，等於將方和向拋掉，遺失了自己。

忘記老師，等於忘盡了知識，等於將心靈也鎖住，同愚昧在一起。

感謝各位老師，他讓我認識到自己，更能讓我去用愛，將一切平凡事，變得美麗。

感謝各位老師，他讓我欣賞到自己，更能讓我去用愛，將庸俗的世間，變得高尚。

忘記老師，怎麼忘記得起，銘心刻骨來永久記住，感恩之心永無盡期。

銘心刻骨來永久記住，感恩之心永無盡期。

三　唐君毅頌：遍地都是聖賢[5]

憶去年（2022）過農曆年時，嘗用唐先生〈說中華民族之花果飄零〉一

---

[3] 筆者，文人也；寫文章（就曲藝來說，便是作詞或所謂填詞了），可說是看家本領（當然，寫得好不好，另當別論）。但全不懂樂理，也看不懂五線譜，就連簡譜也看不懂。所以唱歌便全靠死記調子。且唱出的過程中，亦懶得配樂，而完全是清唱。旨在自娛，故無所謂也。然而，若日後確定有意並有能力藉著演唱的方式來宣揚儒家義理，則配樂（音樂伴奏）恐勢所不能免也。

[4] （借〈忘記他〉曲調，但填上新詞）：〈忘記他〉作詞／作曲：黃霑。原唱：鄧麗君（粵語唱出）。歌詞：忘記他，等於忘掉了一切，等於將方和向拋掉，遺失了自己。忘記他，等於忘盡了歡喜，等於將心靈也鎖住，同苦痛在一起。從來只有他，可以令我欣賞自己，更能讓我去用愛，將一切平凡事，變得美麗。忘記他，怎麼忘記得起，銘心刻骨來永久記住，從此永無盡期，銘心刻骨來永久記住，從此永無盡期。

[5] 唐先生相信人性本善；在其眼中，沒有真正壞的人，且凡人（任何人）皆可以成為聖賢的。是以今以「遍地都是聖賢」作為本〈頌〉的副標題。

文[6]中之若干語句，撰寫了歌詞，並借用〈梅花〉[7]的曲調唱出。不意竟獲臺灣呂榮海律師謬賞而 po 上某網站上。瑞全兄聽到拙唱後，認為充滿了哀傷之情，視為憂患意識之呈現（瑞全兄之大意如此。其確切用語，則不復憶記；真愧對瑞全兄。）瑞全兄所言，良是。轉眼已過去了一年多，今則宜轉消極、悲觀為積極、樂觀／達觀。爰針對上所說「命」之一義，賦新歌詞如下（仍借用〈梅花〉的曲調唱出）：

---

[6] 〈說中華民族之花果飄零〉一文收入同名的以下一書：《說中華民族之花果飄零》（臺北市：三民書局，1976年），頁1-29。

[7] 借用〈梅花〉曲調，但填上新詞：二〇二三年一月三十日凌晨五點鐘睡夢中醒過來，在床上想起一位至親的長輩，彼四十多年前生了一個患有唐氏症的小孩。其後照顧之勞累，不言而喻。真所謂命也乎？說到命，就想起唐君毅先生的金句：「義之所在，即命之所在。」筆者想及此，精神乃豁然開朗。兩天後，即二月二日乃唐先生之逝世紀念日（死忌），於是便借用在臺灣非常流行的一曲〈梅花〉（非常流行，指二三十年前了；近今在民進黨主政下，梅花似乎早已「凋謝」了）的調子而填上新詞，藉以歌頌唐先生。針對〈梅花〉一曲，《臺灣大百科全書》有如下的說明：「〈梅花〉由劉家昌作詞作曲，傳頌一時，至今臺灣仍有不少人能朗朗上口。有議者認為梅花遲至二戰結束後的一九六四年始成為中華民國的國花，因而批評曲中「它是我的國花」一詞有時空倒置之疑。但亦有一說認為一九二八年南京國民政府即曾將梅花定為國花，當時的臺灣當然有機會得知，因此並無不妥。此曲〈梅花〉為一九七六年臺灣出品的一部國語發音有聲彩色電影《梅花》（英文：Victory）之主題曲，電影導演為劉家昌。該片為一九七〇年代中期大型抗日電影經典名作之一，此乃因一九七二年中華民國與日本斷交後數年間抗日題材蔚為風潮之所致。故事背景為二次世界大戰時期身為日本殖民地的臺灣，但劇情並未完全參照史實。」此見https://nrch.culture.tw/twpedia.aspx?id=10094；瀏覽日期：2023年4月25日。

上文筆者有一句說：「梅花似乎早已「凋謝」了」。證諸作詞作曲者本人的看法，正復相同。「維基百科」即如是說：「在〈梅花〉創作四十年後的二〇一七年，劉家昌在微博發文，認為有臺獨黨綱的民主進步黨完全執政，中華民國不再，故將〈梅花〉歌詞中的『它是我的國花』改為『它是我的梅花』。」此見https://zh.wikipedia.org›zh-tw；瀏覽日期：二〇二三年四月二十五日。為避免與政治扯上任何關係，筆者嘗把這一句改為：「它是我的至愛」。至於上所引唐先生的金句，則見所著：《中國哲學原論──導論篇》（香港：新亞研究所，1974年），頁515-516。附〈梅花〉曲詞：「梅花梅花滿天下　愈冷它愈開花　梅花堅韌象徵我們巍巍的大中華　看呀　遍地　開了梅花有土地就有它　冰雪風雨它都不怕它是我的國花。」

元月十七（二月二號），聖賢降臨（去世），君毅先師降臨（去世）。聖賢堅韌，象徵我們，巍巍的大中華。看啊《道德自我之建立》、《愛情之福音》、《生命存在與心靈境界》[8]，全是人類瑰寶。經師人師，當之無愧；愛國愛家愛學生。力抗中大中央集權制[9]，百折不撓。

看啊，〈中國文化宣言〉[10]，讓人認識中國文化。牟徐張唐共同努力，弘揚中國（中華）文化。該做就做，義無反顧；越挫就越奮勇。良心無敵，象徵人類戰勝一切黑暗。

看啊，遍地都是聖賢。有人類就有他，艱險困乏[11]，他都不怕。他自強

---

[8] 唐先生所撰寫的二十多種著作，洵可傳頌。此三書，則尤見其然；是以筆者舉之以為代表。首書曾獲當時學術委員會二等獎。其實，原為一等獎，以唐先生謙讓之故，乃與得二等獎的湯用彤先生（唐先生業師）之名著《漢魏兩晉南北朝佛教史》對調。詳唐端正先生，「民國三十三年條」，《唐君毅年譜》，《唐君毅全集》（臺北市：臺灣學生書局，1991年），卷29，頁58-59。按：牟先生對該書亦稱頌不已。筆者近日嘗重讀該書，亦深深地認為對肯定並堅信人之為一能自我作主的道德主體來說，該書實作出極大之貢獻。《愛情之福音》則中國人愛情學之先驅偉構也。參拙著：《學術與經世：唐君毅的歷史哲學及其終極關懷》（臺北市：臺灣學生書局，2010年），頁507-528。末書《生命存在與心靈境界》（臺北市：臺灣學生書局，1977年）則為唐先生晚年所撰之扛鼎之作無疑，不贅。

[9] 此事，老一輩的中大師生必悉其詳。香港中文大學的《中大學生報》嘗以該報的名義發表以下一文：〈中大發展史——政府奪權的手法〉，一九七七年八月十八日。該文又轉載於《明報月刊》，卷12，第10期（1977年10月），頁74-78。文前則附上唐先生所寫的致《明報月刊》編輯的一封信（僅數百字），名為〈關於〈中大發展史〉〉，收入《中華人文與當今世界（補編）》，《唐君毅全集》（臺北市：臺灣學生書局，1991年），卷9，頁620-621；又收入《新亞精神與人文教育》，《唐君毅全集》（北京市：九州出版社，2016年），卷16，頁179-180。

[10] 此〈宣言〉由唐先生主稿，經張君勱、徐復觀、牟宗三三位先生分別修訂並聯署後發表於一九五八年元旦號之《民主評論》與《再生》雜誌。其草擬與發表之詳細過程，請參拙著〈中國文化宣言之草擬與刊行經過編年研究〉，收入拙著：《唐君毅的文史哲思想》（臺北市：臺灣學生書局，2023年），頁131-212。

[11] 「艱險困乏」是新亞書院校歌中的用語。茲檢附校歌歌詞如下：山巖巖，海深深，地博厚，天高明，人之尊，心之靈，廣大出胸襟，悠久見生成。珍重珍重，這是我新亞精神。珍重珍重，這是我新亞精神。　十萬里上下四方，俯仰錦繡，五千載今來古往，一片光明。十萬萬（原作：五萬萬）神明子孫，東海西海南海北海有聖人。珍重珍重，

不息。聞其風者，頑夫廉，懦夫有立志。[12]君子之德風小人之德草。[13]看啊，遍地都是聖賢，有人類就有他。天長地久，聖賢永在；草上之風必偃（他是人類的良心）。命乎？命乎？果真命乎？君子不謂命也。「義之所在，即命之所在」[14]；「命」之真諦在此。〔看啊，遍地志士仁人（英雄豪傑），有人類就有他。捨生取義，勇往直前，光耀千秋史冊。〕看啊，遍地唐君毅們，有人類就有他。真誠惻怛[15]，堅毅不拔，一片丹心照汗青。

四　徐復觀頌：憂患意識滿胸懷

此曲原為悼念徐復觀先生今年（2023）四月一日逝世四十一週年之紀念日（即所謂死忌）而撰寫並唱出，用一九八五～一九八六年八點檔臺灣之中視連續劇〈一代女皇〉[16]主題曲的調子唱出；最後一句則用〈包青天〉[17]電

這是我新亞精神。珍重珍重，這是我新亞精神。手空空，無一物，路遙遙，無止境。亂離中，流浪裏，餓我體膚勞我精。艱險我奮進，困乏我多情。千斤擔子兩肩挑，趁青春，結隊向前行。珍重珍重，這是我新亞精神。珍重珍重，這是我新亞精神。

12 「頑夫廉，懦夫有立志」，語出《孟子・萬章下》。原文作：「故聞伯夷之風者，頑夫廉，懦夫有立志。」

13 「君子之德，風；小人之德，草」，語出《論語・顏淵》。其下尚有以下一句：「草上之風，必偃」。

14 此語乃唐先生順孟子言命之詞而來之說明。孟說見《孟子・萬章上》；其中最關鍵之一語為：「是無義無命也」。先生之說明見所著《中國哲學原論・導論篇》（香港：新亞研究所，1974年），頁516。二○二三年五月二十六日偶閱唐先生詩，其中有句云：「無義即無命。」該詩名〈孔子〉，寫於二十歲時；是唐先生年輕時即甚關注相關問題。詩收入《早期文稿》,《唐君毅全集》（北京市：九州出版社，2016年），卷一，頁4。

15 徐復觀先生嘗以「肫肫其仁」、「仁心」和「由此仁心所流露出的惻怛之詞」來描繪唐先生及其相關著作。見氏著，《徐復觀雜文補編》（臺北市：中研院中國文哲所籌備處，2001年），第1冊，頁499。

16 借用〈一代女皇〉的曲調，但填上新詞：〈一代女皇〉乃臺灣中國電視公司（簡稱中視）著名古裝電視連續劇（晚上八點播出）之主題曲；作詞：連水淼；作曲：張勇強；主唱：金佩姍（因為唱紅了不少八點檔的電視連續劇，所以有「金八點」的美譽）。播

視劇（1993-1994）結尾的一句的調子唱出。改編的曲詞如下：

學術大宗師；政治定盤針[18]。（民主勇戰士（捍衛者急先鋒））器宇非凡，是慧根。一代豪傑，徐復觀。文評[19]，冠絕古今（冠絕當代劃破時代）；政論[20]，讀者深愛。善於運籌[21]，思慮深[22]（愛國愛家憂患

出期間：首播期間為一九八五年十一月十八日至一九八六年一月十四日，共四十集，開播前之暫定劇名為《一代女暴君》。由著名影星潘迎紫小姐飾演武則天。參https://zh.wikipedia.org/zh-tw/%E4%B8%80%E4%BB%A3%E5%A5%B3%E7%9A%87；瀏覽日期：2023年4月26日。附歌曲：峨眉聳參天，豐頰滿光華。器宇非凡，是慧根。唐朝女皇，武則天。美冠六宮粉黛，身繫三千寵愛。善於計謀，城府深。萬丈雄心，難為尼。君臨天下，威風凜凜。憔悴心事，有誰知憐。問情何寄，淚濕石榴裙。看朱成碧，癡情無時盡。縱橫天下，二十年，深宮迷離，任平添。兩面評價，在人間。女中豪傑，武則天。

17　〈包青天〉的曲調，但填上新詞：〈包青天〉一曲是同名電視劇《包青天》（英語：Justice Pao）的片頭曲。該劇是中華電視公司（簡稱華視）的八點檔連續劇；播出期間為一九九三年二月二十三日至一九九四年一月十八日。該劇由開全傳播股份有限公司製作，製作人為趙大深。全劇共播出兩百三十六集。上述片頭曲〈包青天〉是一九七四年《包青天》同名片頭曲的重新編曲版，孫儀作詞、楊秉忠作曲、詹森雄編曲、胡瓜主唱、華視大樂隊電子琴伴奏（字幕未列名）；一九九三年胡瓜唱片專輯《天花亂墜》收錄的版本，改為孫崇偉編曲，亦非華視大樂隊電子琴伴奏。二〇一〇年十月三十一日，華視在第一攝影棚舉辦三十九週年臺慶，開場由胡瓜唱〈包青天〉炒熱氣氛。詳參　https://zh.wikipedia.org/zh-tw/%E5%8C%85%E9%9D%92%E5%A4%A9_(1993%E5%B9%B4%E9%9B%BB%E8%A6%96%E5%8A%87)；瀏覽日期：2023年4月26日。附歌詞：開封有個包青天，鐵面無私辨忠奸。江湖豪傑來相助，王朝和馬漢在身邊。鑽天鼠身輕如燕，徹地鼠是條好漢，穿山鼠鐵臂神拳，翻江鼠身手不凡，錦毛鼠一身是膽。這五鼠義結金蘭。七俠和五義，流傳在民間。

18　徐先生一輩子談民主、鼓吹民主。但民主必以民本為依歸，為定盤針，否則必迷失其方向。其詳，可參拙著：《政治中當然有道德問題——徐復觀政治思想管窺》（臺北市：臺灣學生書局，2016年），頁364-365，注20。

19　徐先生對文學所做的批評（取其廣義），詳見《徐復觀全集》（北京市：九州出版社，2014年）以下各書：卷6《中國文學論集》、卷10《中國文學論集續篇》、卷18《論文學》。

20　徐先生的政論文章，散見以下各書：《學術與政治之間》（甲乙集）、《徐復觀雜文》（多冊）、《徐復觀雜文續集》、《徐復觀最後雜文集》、《徐復觀雜文補編》（多冊）、《儒家政

深)。憂患意識[23],滿胸懷。官拜少將[24],威風凜凜。憔悴心事,有誰知曉。斯情何寄,無語問蒼天(寄諸天下人群)。憂國憂民,此情無時盡。《藝術精神》[25]人稱羨(爭睹先、再版連連);《人性論史》[26]

治思想與民主自由人權》(此最後一書由徐先生高足蕭欣義先生所編輯)。此外,先生論說思想方面的文字,亦每多闡述彼對政治行為的若干看法的;就廣義來說,亦不妨視為某一程度上之政論文章也。

21 先生嘗追隨蔣介石先生,任機要秘書等職;是以筆者用「善於運籌」一詞描繪之。其詳,可參謝鶯興編,《徐復觀教授年表初編》(臺中市:東海大學圖書館,2017年),「1943-1949年條」。謝先生乃筆者非常敬佩的一位忠厚長者,且經年累月與東海大學中文系畢業生陳惠美教授整理、出版徐先生手稿(多種)。其嘉惠學林之功,豈勝道哉!

22 此主要取《孟子・盡心(上)》以下一語:「獨孤臣孽子,其操心也危,其慮患也深,故達。」所蘊涵之義。走筆至此,筆者不免淒然淚下;個性本激動,恆不能自抑,奈何?!

23 「憂患意識」中「憂患」一詞,最早見於《易繫辭(下)》:「作《易》者,其有憂患乎」、「又明於憂患與故」。至於此詞結合「意識」而成為「憂患意識」一新詞,則徐先生之發明也;見諸以下文章:〈周初人文精神的躍動〉,載《民主評論》,卷11,第21期(1960年11月1日)。此文其後易名為:〈周初宗教中人文精神之躍動〉,乃作為《中國人性論史——先秦篇》一書(臺北市:臺灣商務印書館,1962年)之第二章。該語分別見頁20、21。以此語為徐先生所發明,且先生一輩子對家國天下,都充滿了憂患意識,遂以此語作為此〈頌〉之副標題。

24 官拜少將之確切年分,筆者未能百分之百確定,但最晚應不晚於在中央訓練團兵役訓練班擔任教官之時。按:先生擔任此職位之年分,應在一九四一年。此見諸〈曾家岩的友誼〉一文,《徐復觀雜文補編》(臺北市:中央研究院文哲所籌備處,2001年),冊二,頁293-294。至於先生乃係由少將之官階擔任此教官職位者,則見〈末光碎影〉一文,《徐復觀雜文續集》(臺北市:時報文化出版企業公司,1981年),頁342。是以合以上兩文獻而得悉,先生官拜少將之年份,其最晚應不晚於一九四一年。至於退役之年分,則為一九四七年;見〈(陸軍少將)退役證〉上之發證日期:三十六年十月一日,上揭《徐復觀教授年表初編》,頁9。《年表初編》繫此事於一九四六年,恐誤。

25 《藝術精神》之完整名稱為《中國藝術精神》(臺中市:東海大學,1966年,初版),此徐先生成名且必傳世之作無疑,蓋國人罕以此主題撰就如此大部頭之著作者。再者,其最要者乃係,對中國傳統藝術精神之發微闡幽,國人實無以出其右者。猶記得徐師母王世高女士(1911-1996)晚年(一九八〇年代後期,即筆者來臺灣教書之初期)住臺北市內湖區近郊之翠柏新村時,筆者嘗多次率拙荊前往探望,師母不止一次垂詢該書是否也在大陸出版。今轉眼師母逝世已接近三十年,能不讓人唏噓。尤不能自己者,

(考據義理)),爭睹先(登峰顛、皆頂尖);《兩漢思想》[27](性情志業),逼史遷[28](留人間)。志士仁人(人中之龍),一身兼(徐復觀)。大地的兒女[29](名留青史),徐復觀。

乃係筆者與拙荊探望師母後即將告辭之際,師母必從所居住之大樓之樓梯間旁邊之窗口探頭看著我等離開,其猶同慈母望遊子般之眼神,筆者至今一刻不敢或忘。筆者健忘,連徐師母的卒年也居然忘卻。其後去函其長女公子均琴女士而獲惠告,特此致謝。

26 此書之完整名稱為《中國人性論史——先秦篇》。出版資訊,見上注22。

27 此書之完整名稱為《兩漢思想史》;共三卷。分別由臺灣學生書局出版於一九七四、一九七六、一九七九年。卷一初版時則命名為《周秦漢政治社會結構之研究》,由香港新亞研究所出版於一九七二年。

28 史遷乃太史公司馬遷之別稱、敬稱。《漢書‧敘傳》即有句云:「烏呼史遷,薰胥以刑!」百科知識又有以下的說法:「東漢的衛宏等都用元祖姓氏稱呼司馬遷為『史遷』」。見https://www.jendow.com.tw/wiki/%E5%8F%B2%E9%81%B7瀏覽日期:2023年4月26日。至於「逼」字,筆者採「接近」一義;意謂徐先生之《兩漢思想史》,其傑出之成就,實接踵追蹤司馬遷之《史記》也。(按:徐先生最敬佩之史家為司馬遷。)其相關言說見〈論《史記》〉一文,收入《兩漢思想史》,卷三。對〈論《史記》〉一文之闡述,可參上揭拙著《政治中當然有道德問題:徐復觀政治思想管窺》下篇第四章。

29 「大地的兒女」乃徐先生哲嗣長女公子均琴女士之原用語;乃係女士悼念其尊翁徐先生之文章之標題。文章收入曹永洋等編,《徐復觀教授紀念文集》(臺北市:時報文化事業公司,1984年),頁7-8。因為是大地的兒女,所以最能夠感同身受地「以百姓之心為心」以審視世間,乃至歷史上之大是大非。筆者認為徐先生也許是庶民意識(常民意識)最強,即最接地氣的當代新儒家。針對此議題,可參看李淑珍,《安身立命——現代華人公私領域的探討與重建》(臺北市:聯經出版事業公司,2013年),頁19。

五　牟宗三頌：哲學宇宙中之巨人[30]

牟宗三頌（一）[31]

　　牟宗三，力爭上游，哲學園地耕耘永不休[32]。覽群書，具器識[33]，深悉各家學術源流。　孔孟、陸王、《易經》[34]、Kant，研幾深究。內

---

[30] 在唐先生逝世的悼念會（告別式）上，牟先生嘗以「文化意識宇宙中之巨人」一語來描繪唐先生畢生志業上的表現和成就。此語見所撰〈哀悼唐君毅先生〉一文，收入馮愛群主編，《唐君毅先生紀念集》（臺北市：臺灣學生書局，1979年），頁151。引語中以下一詞：「宇宙中之巨人」給了筆者一點啟發。是以今借用來描繪牟先生。至於何以在此詞之前又冠上「哲學」一詞？其原因亦啟發自上引牟先生的悼唐文。其相關資訊如下：牟先生以「哲學宇宙中之巨人」來稱頌柏拉圖和康德（見頁149）。柏氏和康氏在哲學界之崇高且不可被取代之地位，乃人所共知者。筆者以為牟先生在哲學上之表現（含地位、成就等等）實足與二氏相匹敵，是以乃用同一語來描繪牟先生。牟先生的相關表現，其高足盧雪崑教授最新近之偉構言之詳矣；甚值參看。盧雪崑，《牟宗三哲學——二十一世紀啟蒙哲學之先河》（臺北市：萬卷樓圖書公司，2021年）。

[31] 借用〈上海灘〉曲調唱出，但填上新詞：〈上海灘〉，一九八〇年香港TVBS同名電視劇〈上海灘〉之主題曲，由紅星周潤發、趙雅芝等主演。其歌曲則由香港名歌星葉麗儀小姐演唱；作曲：顧嘉輝，填詞：黃霑（粵語；國語版則由何厚華填詞）。
　　歌詞：浪奔浪流　萬里濤濤　江水永不休　淘盡了　世間事　混作滔滔一片潮流
　　　　　是喜是愁　浪裏分不清歡笑悲憂　成功失敗　浪裏看不出有未有
　　　　　愛你恨你　問君知否　似大江　一發不收　轉千彎　轉千灘　亦未平復此中爭鬥
　　　　　又有喜又有愁　就算分不清歡笑悲憂　仍願翻百千浪　在我心中起伏夠
　　參看：https://baike.baidu.hk/item/%E4%B8%8A%E6%B5%B7%E7%81%98/2768340；瀏覽日期：2023年4月28日。

[32] 三大師中，以牟先生（1909-1995）最高壽（唐先生〔1909-1978〕享壽七十載，徐先生〔1903-1982〕享壽八十載），高齡八十七歲始辭世。如從一九二八年牟先生十九歲入讀北大預科算起，至一九九五年仙逝為止，先生從事哲學研究已屆滿六十八年。彼入讀北大的年歲，見所撰《五十自述》（臺北縣：鵝湖出版社，2000年），頁25。

[33] 牟先生嘗云，人之為學進德（欲有所成就者），以下條件為不可或缺者：知識（學力、學養）、思辨、實感（感觸）、器識。其詳見上揭《五十自述》，頁73；又見書中之〈序〉，頁2；又見《圓善論》（臺北市：臺灣學生書局，1985年），xiv-xv。

[34] 牟先生之愛好《易經》，是從入讀北大預科時便開始的，參上揭《五十自述》，頁44以下各頁。大學三年級（1932）時便撰就了以下一書稿：《從周易方面研究中國之玄學及道

聖、外王，必證諸自家心頭。《心體與性體》，發微闡幽。物自身[35]，全幅看透。既經師，亦人師。三統並建[36]之心永在奮鬥。聞道喜，無怨尤。家國天下存亡心所憂，崇學思，尚實感[37]。道德形上學必須／成功建構[38]。

牟宗三頌（二）

牟宗三，力爭上游，哲學園地耕耘永不休。一心二門[39]，兩層存有[40]，論說滔滔，舉世無儔。程朱、胡劉[41]、Hegel、Whitehead[42]，皆

德哲學》（後改名為：《周易的自然哲學與道德函義》）。惜該書稿未獲胡適之先生賞識而拖延至一九三五年始以自印本方式面世（天津《大公報》承印）。參蔡仁厚，《牟宗三先生學思年譜‧著作出版年次表》《牟宗三先生全集》，卷32，頁221。牟先生與胡適的接觸及對胡氏之反感，參拙著：《性情與愛情——新儒家三大師相關論說闡微》（臺北市：臺灣學生書局，2021年），頁130-134。

35 「物自身」一觀念，主要見諸牟先生以下一書：《現象與物自身》（臺北市：臺灣學生書局，1975年，初版）。

36 三統並建的說法，最早似見諸〈道德的理想主義與人性論〉一文，載《民主評論》，卷1，第11期（1949年11月16日）；其後收入下書：《道德的理想主義》（臺北市：臺灣學生書局，1978年），作為書中的第三章。對於「三統」的簡要說明，則見該書之〈序〉，頁6。針對「三統」這個理論，不少學者已作過闡述，如蔡仁厚、郭齊勇先生等等即是其例。今從略。

37 牟先生之崇尚學、思和實感（復加上器識），請參上注32。

38 牟先生所建立或發揚光大的眾多學說中，當以「道德形上學」為最具代表性。盧雪崑教授之相關闡釋尤其值得參看。詳見上揭《牟宗三哲學》，第一章：〈儒家道德的形而上學之奠定〉，尤其第一、二節（頁31-51）。

39 「一心開二門」的說法，見《大乘起信論》。牟先生之相關闡釋，則見〈大乘起信論之「一心開二門」〉一文，收入《中國哲學十九講》（臺北市：臺灣學生書局，1984年），作為其中的第十四講（由尤惠貞教授紀錄）。按：二門指生滅門、真如門。前者指的是生死流轉的現象，有生有滅，剎那變化，所謂「諸行無常、諸法無我」；後者則開出清淨法界門。詳參教育百科；瀏覽日期：2023年4月28日。

40 「兩層存有」，其全稱為「兩層存有論」，乃指「執的存有論」與「無執的存有論」。其簡介如下：「牟先生依《大乘起信論》之『一心開二門』，建立其兩層存有論，……牟先生撰本書（按：指《圓善論》），乃由講天臺圓教而引發。依儒家的智慧方向，會通佛、

所深究。《政道與治道》[43]，治國平天下之瑰寶。「佛性」[44]與「玄理」[45]，發微闡幽。「最高善」[46]必須探究。學不厭，教不倦[47]。「良知坎陷」，堅信不苟。聞道喜，無怨尤。家國天下存亡，心所憂。崇學思，尚實感。生命的學問[48]永不休。崇學思，尚實感；乃哲學宇宙中之巨人。崇學思，尚實感；乃哲學宇宙中之巨人。

道，就康德現象與物自身的區分，而歸於兩層存有論（執的存有論與無執的存有論），把圓滿的善套於無執的存有論，即從圓教的立場解決圓善，使道德的形上學更加充實圓成。」見李宗定，「牟宗三先生哲學的回顧與反思研讀會」，見《人文與社會科學通訊》，卷11，第3期（2010年6月），頁155-160。https://www.nstc.gov.tw/nstc/attachments/f8e8f227-2947-4c61-bbc7-95aecad78a4f；瀏覽日期：2023年4月28日。

41 「胡劉」分別指胡五峰和劉蕺山。牟先生對兩人之研究，分別見所著：《心體與性體》（臺北市：正中書局，1968年），第2冊第3章，頁429-545；《從陸象山到劉蕺山》（臺北市：臺灣學生書局，1979年），第6章，頁451-541。

42 牟先生深受黑格爾和康德，尤其是後者的啟迪和影響，是不必多說的。西哲中，康氏乃牟先生之「摯愛」，恐亦不必贅言。至於其早年之「摯愛」，則知之者，相對的較少。究竟何人得牟先生垂其青睞耶？此阿佛列‧諾斯‧懷海德（A. N. Whitehead）是也。其詳，可參《五十自述》，頁44-59。可並參上揭拙著：《性情與愛情——新儒家三大師相關論說闡微》，頁109-112。

43 《政道與治道》（臺北市：廣文書局，1974年）乃牟先生所撰外王學三書之一，另二為《歷史哲學》和《道德的理想主義》。

44 「佛性」指《佛性與般若》一書（臺北市：臺灣學生書局，1977年），新亞研究所叢刊，共二冊。

45 「玄理」指《才性與玄理》一書（香港：人生出版社，1970年），東方人文學會叢書。

46 「最高善」之探究，詳見牟先生《圓善論》（臺北市：臺灣學生書局，1985年）。其簡要之說明，則見該書〈序言〉，尤其v。

47 孔子嘗回應子貢稱其為「聖」的問題而答曰：「聖則吾不能；我學不厭而教不倦也。」語見《孟子‧公孫丑上》。「學不厭，教不倦」一語又見《五十自述‧序》；蓋牟先生藉夫子此語以自況也。

48 「生命的學問」乃唐、牟二師所極重視者，牟先生甚至以此名稱命名其著作。牟宗三，《生命的學問》（臺北市：三民書局，1970年）。可惜的是臺北的聯經出版事業公司所出版之《牟宗三先生全集》以故而不克收錄此書於全集內。

附篇　新亞精神之踐履：潘秀英博士頌[49]

　　轉瞬間，筆者已退休數年，然而，以年事高，精神大不如前；已沒體力（先不說能力）多閱讀書籍或文章了。然而，就已所閱讀或過目者來說，其能感動筆者者，實在不多。[50]不意近來得讀之文章中，其中有數十篇，竟觸動筆者不已。事緣日前返香港期間（二〇二三年十月四～十七日），參加為慶祝母校新亞研究所成立七十週年所舉辦之學術研討會（十月六～七日；地點：新亞研究所綜合活動室）之時，偶遇素未謀面之英富興先生（即一般人所稱的「英sir」）之故。筆者向英先生作自我介紹，隨後並請教其尊姓大名。英sir答謂彼乃潘秀英女士之丈夫，並隨即從背包取出《潘秀英博士紀念集》[51]饋贈筆者。得悉英先生乃筆者素所敬佩欽崇的潘博士的先生，乃大喜過望。之所以敬佩欽崇，說來有段故，即有故事可說的。

　　前幾年與摯友浸會大學（當年讀書時稱為浸會學院）老同學與新亞研究所老同學李啟文兄通訊閒談時，得悉新亞文商書院畢業生而後來在新亞研究所獲頒碩博士學位的一位潘秀英同學，對研究所的圖書館（位於新亞中學主建築大樓二樓，研究所則位於四樓）做出了非常大的貢獻。[52]眾所周知，就

49　此頌可借用〈上海灘〉曲調唱出，其詞則筆者所撰。
50　說到感人或感動，憶梁任公文，其筆端常帶感情，此所以感人至深也。筆者極愛諷誦唐先生各大著述，恐即緣自同一理由。以筆者所見，非有真情實感不足以感人。
51　《潘秀英博士紀念集》（以下簡稱《紀念集》；香港：新亞研究所圖書館，2023年7月年）。去年（2022）七月十四日潘博士以跑步暈倒而隔一日，即七月十六日，遽然逝世，享年六十有二。惜哉，痛哉。
52　其犖犖大者，見諸《紀念集》中各悼念文章。茲舉李金強教授下文以概其餘：〈悼念新亞研究所圖書館主任潘秀英博士〉，《紀念集》，頁24-27。其開列之貢獻有五。其實，至少應有六項。惟第六項則以下面的文字表出之而不以「其六」稱之。這第六項是有關書展、售書和成立導賞團的。以原文俱在，不贅。其實秀英對圖書館作出的貢獻，其具體內容，亦見詹益光學長所撰的〈跋〉文，載《紀念集》，頁200-201；宜並參。上文說到近來所讀到的文章中，其中有數十篇觸動筆者不已。《紀念集》中的十六篇師友文章、兩篇親屬文章與秀英本人所撰的十二篇文章中之過半數即屬顯例。順便一提：憶月前回港參加上述研討會期間，嘗於十月十日下午與詠芳學姊往志蓮淨苑探望

文科來說，尤其就文史哲來說，圖書乃吾人做學問，或所謂寫文章吧，絕不可或缺的工具。若無圖書，則一切免談。[53]學者自用之圖書，除自置自備者外，固以圖書館之藏書最為豐富且最方便參考借閱。母校之圖書館，吾人於肄業學習期間，尤其於撰寫博碩士論文之時，必朝夕與共數載（或至少相當時日），則更有一番不容捨割之感情在。是以母校圖書館在吾人心中之地位，就更非比尋常了。明乎此，便可知悉潘博士之貢獻為如何矣。研討會舉辦期間，以不克向英 sir 多表謝意，遂於三數日後約英 sir 面晤申謝。並當面表示，當寫一短文以聊表謝忱，且藉以發潛德之幽光焉。[54]所撰拙文，今附錄於研討會上所發表的〈徐唐牟三大師頌〉之後。三大師固不朽無疑，秀英博士亦必隨之而不朽；且與日月同光而並耀，實指日可待也。拙文命名為：〈新亞精神之踐履：潘秀英博士頌〉（可借用〈上海灘〉曲調唱出）。其頌辭

梁瑞明校長。梁校長非常客氣，邀約晚宴。席間筆者談起潘博士對圖書館的貢獻。在一起吃飯者尚有若干位研究所舊同學。其中的一位（姑隱其名）對潘博士的貢獻頗不以為然。按：這位老同學乃最富包容性，且最能欣賞別人優點的唐君毅先生的高足（彼之博士論文導師，亦筆者之博士論文導師），何以彼竟未能霑潤到唐先生之絲毫遺澤耶，實在難以理解。

53 當然，學問已成家且記憶力特強者，史學界如陳寅恪先生、錢穆先生，哲學界如唐君毅先生、牟宗三先生等等，則書籍，或廣義的所謂文獻，恐不必非仰賴之不可。陳、錢晚年病目，寫作方面，直接仰賴書籍者，恐不多（當然，「助手」，如錢先生之夫人胡美琦女士，在查閱資料方面，亦幫上不少忙）。唐先生四十八歲時草擬〈中國文化宣言〉，以人在美國旅途中，恐亦不克參閱文獻也。牟先生家中幾無藏書，惟研究所圖書館位於其寓所斜對面；過馬路即可抵達。

54 上述十月六～七日之研討會，有不少文章是發揚研究所師長輩的潛德之幽光的。然而，發揚學長姊潛德之幽光者，相關文章則僅得一篇半，實未免太少；其一為岑詠芳／汪立穎共同撰寫的一篇，另一為官德祥所撰寫的半篇。前者寫鄺慶歡，後者寫廖伯源（另半篇寫業師嚴耕望先生）。憶三人發機動念分別寫鄺和廖二位學長姊，乃緣自筆者之建議而起。就後者來說，筆者原先是建請啟文兄執筆的，但啟文兄以事忙而婉拒，乃轉謂：德祥兄寫嚴先生之餘，擬邀他兼寫廖學長；並謂：萬一德祥兄婉拒，彼始濫竽充數而操刀云云。今茲筆者撰文以紀念／悼念潘博士，即本乎發其潛德之幽光的微意；且學長姐當中，人才濟濟者，實不可勝數；今僅得鄺、廖二人被表揚，似太不成比例。然而，筆者對潘博士所知極為有限；錯漏固不可免。知我罪我，非所縈懷也。

（歌詞）如下[55]：

其一：

潘秀英，力爭上游：努力奉獻永不說休。緣未了，世間事，化作種種理想的追求[56]。社會、人群[57]，秀英插足各種歡笑悲憂；對國家[58]、家庭[59]，更全然奉獻出她一己所有。

她愛您疼您，問君您知否？不計功，更不算酬。闖千關，搶險灘[60]，行善布施[61]之心從不苟[62]。盡歡喜，無怨尤，怎會分不清歡笑悲憂，

---

[55] 以筆者才薄力竭，所撰頌詞，僅得兩闕／兩段，實不足以完整地或周延地表彰潘博士對家國人群社會，乃至對新亞研究所圖書館所作出之貢獻。再者，為求符合原曲之音節，部分描繪（歌詞），或不免削足適履、勉強遷就。茲俟諸異日改善焉。又：秀英的弟弟潘弟榮所寫的〈三家姐〉的悼念文中，有說到秀英愛聽流行曲和粵曲的，那麼希望以下改編的一曲，不至讓泉下有知的秀英太失望便好。潘先生的說明，見《紀念集》，頁89。
[56] 潘弟榮在其追悼文中，對秀英追尋理想方面，嘗有所著墨，見上揭文，頁89。
[57] 秀英對圖書館的付出，如不嫌誇大，吾人不妨視為乃係彼對社會或對人群的一種付出。（當然，秀英直接對社會或對人群惠予付出的例子，恐亦不少。這裡恕不多說。）李啟文嘗用「使命感」、「責任感」等語來描繪秀英對圖書館的付出，並以「一股『傻』勁」一語作為悼念文的標題來彰顯秀英的相關表現或相關表現背後的一股動力，真可謂探驪得珠矣。李文見《紀念集》，頁64-67。
[58] 秀英的國家情懷，見司徒佩英一文，《紀念集》，頁50。
[59] 秀英對家庭的愛（含關懷、付出等等），見《紀念集》各親屬所撰寫的文章。這些文章的撰寫者是秀英女公子焯瑜小姐、秀英弟弟潘弟榮、秀英姪女潘巧妍小姐。
[60] 所以能夠闖千關，搶險灘，恐必緣自「堅毅不屈」和「堅強堅忍」的精神。兩用語，分別見上揭潘巧妍和潘弟榮的悼念文，《紀念集》，頁87-88。類似用語，又有：「毫不畏懼」、「遇難愈強」和「不斷地克服」等等，見鄧皓聲悼念文，《紀念集》，頁40。
[61] 「布施」，簡言之，即對他人作出付出。說到秀英的付出，那是不必多說的。蓋其一生之表現，無不在付出也。潘弟榮即嘗指出說：「她……只知道付出。」《紀念集》，頁93。
[62] 「從不苟」的表現，潘弟榮以下的用語可以概見一斑：「從未遲到，工作認真」、「做事認真」見《紀念集》，頁89、93。

仍願翻百千浪，奮進之心從不罷休[63]。

其二：

潘秀英，理想追求：努力奉獻永不說休。緣未了，世間事，化作種種理想的追求。圖書館，鬼見愁；殘破失修[64]，見者心憂。跳火坑，躍深潭，感動同儕無不主動援手[65]。

阿慕、英sir，動腳動手。豈計功？怎還算酬？辦書展，做導遊[66]，社會大眾咸稱大成就[67]。心歡喜，不怨尤，早已分擔新亞悲憂。浮沉於

---

[63]「奮進之心從不罷休」，在悼念文中，可以找到意思完全相同的一個用語。此即：「發奮向上，永不放棄」。其實，這個用語不是用來描繪或形容秀英的，而是一同為圖書館打拚的「志士們」的其中一位：鄧皓聲先生，他用這個詞彙來描繪秀英如何透過她的表現——言行舉止（此或見諸言教，或見諸身教）來激勵他們生發出「發奮向上，永不放棄」這股鬥志的。其實，筆者以為這個詞彙更足以反映出秀英本人的表現或其鬥志本來就是如此的。鄧先生該用語，見《紀念集》，頁38。

[64]「聽說有前輩形容新亞研究所圖書館像『書塚』的，果爾，則其殘破失修的程度，可想而知。上語見英焯瑜悼念文，《紀念集》，頁14。

[65] 在秀英感召下，伸出援手的志士仁人，非常多。李金強嘗以「感召義工成群」（《紀念集》，頁27），來形容其盛況。恕武斷，筆者深信撰寫悼念文的師友們，他們多多少少都參與過其事，即必伸出過援手的。今按順序列出其名單如下：李金強、楊永漢、讀者no.018、鄧皓聲、麥超美、司徒佩英、陳慧寧、潘惠蓮、劉家浩、李啟文、曾家明、梁慧梅、趙敬邦、鄭文熾、鄭子楷等。此外，張慕貞（阿慕－慕姐）、黎世宇（小魚）、秀英夫婿英富興先生（英sir）、秀英的女公子焯瑜小姐，焯瑜男朋友，所付出的辛勞，更是人所共喻的。然而，掛一漏萬者，恐不在少數。容爾後補上。讀者諸君，其諒之歟？

[66] 秀英這方面的表現，見《紀念集》多處，如頁26、44、57、63等等即是其例。

[67]「辦書展，做導遊」，這方面所做出的「大成就」而被社會人士稱譽有加的，見李金強、李超美、陳慧寧、劉家浩等人的文章，詳《紀念集》，頁26、44、57、63。其中劉文更指出書展與導賞活動，更「獲傳媒廣為報導」。「辦書展，做導遊」所以獲得大成就或大成功，其背後的領頭羊，當然就是本附篇的主角潘秀英女士。（按：書展是利用四個週末〔二〇二一年二月二十日、二月二十七日、三月六日、三月十三日，共四個週六〕借新亞中學二樓舉辦。舉辦過程及秀英，慕姐等等同寅所付出的辛勞，見秀英所撰〈書展後記〉一文，《紀念集》，頁143-151。）

百千浪,新亞精神[68]卻長存不朽。

---

[68] 秀英的表現乃可謂新亞精神的具體落實;其本人則可謂「新亞精神」一詞具體而微的載體。「新亞精神」一詞(含「新亞教育之精神」)見《紀念集》多處,如頁37、38、53、63、69、76、82、168、170、173、174等等,即是其例,恕不遍舉。然而,容指出一點:鄭文熾的悼念文有如下一句話:「……由此建立起新亞圖書館的精神」。語見《紀念集》,頁78。恕筆者孤陋寡聞,「新亞精神」一詞,不聞久矣。「新亞圖書館的精神」一語,個人認為,實不啻一偉大「發明」。(文熾,我要恭喜您。您這個發明,甚是了得。)筆者深深的祈盼,「新亞精神」是否可以藉著秀英所開啟出的「新亞圖書館(的)精神」的激勵而獲得「重生」呢?即所謂雖老樹,但仍能發出嫩芽,開出新枝呢?在此焚香祝禱焉!願共勉。(按:唐先生曾針對「新亞精神」寫過一篇短文,文載《新亞校刊》創刊號〔1952年6月〕,文章命名為〈我所了解之新亞精神〉。秀英得唐先生啟發,其本人即嘗借用同一題目過寫一短文,載《紀念集》,頁168-174。秀英對問題具慧解,對改革懷抱負,對社會負使命感;且見解恆異於一般流俗。此亦新亞精神之落實歟?)

錢賓四先生的禪學觀初探

王慧儀[*]

摘要

　　錢賓四先生（1895-1990）的禪學觀根植在中國文化史上，從文化史上以禪學開展出不同方向的研究。關於《六祖壇經》的真偽問題上，錢先生針對胡適只重「考據」，「教人拿證據」、「教人要把中國一切國故重定價值」等觀點來研究《壇經》，不單止降低了禪宗的價值，亦「對中國全部文化史，全都有降低或失落價值之損害」。因此錢先生提出研究思想史時，不應只求創造而忽略傳統，研究者「必先具有一番大抱負、大心胸、大眼光、大魄力，從整個大系統中去尋求」作為研究準則。另錢先生在《朱子新學案》記述朱子反對禪學的觀點；並且認為六祖和朱子「對中國中古以來學術思想與文化傳統上」影響深遠。錢先生強調自己「並不是在為六祖傳道，我只是在學術思想史上求真」作為研究宗旨。由此可見，錢先生把禪宗思想安立於中國文化史及學術思想史重要的一部分。

　　還有，錢先生認為唐代禪宗在中國文化史上扮演著一過渡角色，由宗教師轉到宋、明儒，並且出現「不重外在之教，而要轉講治國平天下」、「由信轉悟，由教轉理」二方面的轉向。

　　本文從以上各點，初探錢先生的禪學觀如何貫穿中國文化史的不同層面。

關鍵詞：禪宗、《六祖壇經》、宋明理學、朱子、胡適、《神會和尚集》

---

[*] 新亞研究所。

一　引言

　　錢賓四先生（1895-1990）的禪學觀根植在中國文化史上，從文化史上以禪學開展出不同方向的研究。「禪學」是中國文化史上的一部分，但按錢先生一向的治學宗旨，是以「整體」來看中國學問。他認為研治中國學問，不論任何專業必須具有整體的眼光。換言之，從文化整體上研治「禪學」作為定位，向外延伸，旁通中國思想、學術思想、文學形式及內容等層面，這樣可以避免只見樹木不見林的弊病。[1] 錢先生不僅身體力行，更以此教導學生，這亦成為新亞研究所研究學術的大方向。

二　禪學思想的進路

　　至於錢先生對禪學的研究及其思想進路，我們可以細閱他在《中國學術思想史論叢（四）》的序文。他說：

> 本冊乃《中國學術思想史論叢》中編之下，為第四冊。專關隋、唐、五代部分。共收文十六篇。前四篇〈王通文中子〉及論韓、柳古文運動；餘皆論唐代禪宗，乃占全冊篇幅四之三。猶憶民國三十二年春，臥病成都華西壩，累月不能下樓。一日，閒臥樓廊，忽思讀書消遣，乃取《朱子語類》有關討論宋代者七卷，逐條閱之。初謂一時覺倦，即可閉目小憩，無傷精力。不意七卷完，精力愈來，遂順序讀至終編。又逆而上溯，約可兩月餘而全書竟，病亦良瘥。是夏，避暑灌縣靈巖山，借得山僧《指月錄》，循誦畢而返。是冬又病，偶憶胡適之《神會和尚（遺）集》，借來枕上繙閱。翌春，寫〈神會與壇經〉及

---

[1] 見余英時：〈錢穆與新儒家〉（一九九一年七月二日定稿），《中國文化》第6期（1992年9月），頁4、16。

〈禪宗與理學〉兩篇,是為余撰述唐代禪宗問題之第一期。此後即放棄不理。五十二年在九龍沙田和風台,又閒繙佛書,續成〈讀六祖壇經〉等數篇,是為余撰述唐代禪宗問題之第二期。惟此期所成迄未發表。五十七年之冬,又在臺北善導寺偶講〈六祖壇經大義〉,信胡氏之說者紛起討論,余所答辨,此皆不存。(編者按:答辨二文,今已補入)後又續成〈讀宗密原人論〉及〈評胡適與鈴木大拙討論禪〉諸篇,是為余撰述唐代禪宗問題之第三期。茲所薈萃,前後亦越三十有餘年矣。[2]

一九七七年在《中國學術思想史論叢》第四冊〈序〉中,錢先生自述對禪學研究的過程,在此冊共有十六篇,其中十二篇論唐代禪宗,佔全冊四份之三。他對自己所研究禪學劃分了三個時期,約共三十多年。寫此〈序〉時錢先生八十三歲,他回想起一九四三年春天,臥病於成都,為消病困取《朱子語類》順序細閱每條內容,前後兩個月不覺地閱至終編,共七卷,精神反而更暢旺。因此,同年,夏天在灌縣靈巖山避暑向山上的僧人借閱《指月錄》,引發對禪宗研究的起點。是年冬天又生病時,想起研究胡適(1891-1962)的《神會和尚遺集》[3],不久即寫下〈神會與壇經〉及〈禪宗與理學〉兩篇,為唐代禪學研究的第一期。一九六三年,住在九龍沙田和風台,再寫〈讀六祖壇經〉等數篇,為研究唐代禪宗問題的第二期。一九六八年,在臺北善導寺講〈六祖壇經大義〉,又後來續寫〈讀宗密原人論〉及〈評胡適與鈴木大拙討論禪〉諸篇,是錢先生研究唐代禪宗問題的第三期。

2　見錢穆:《錢賓四先生全集》(臺北市:聯經出版事業公司,1988年),第19冊,《中國學術思想史論叢(四)》,〈序〉。

3　參閱胡適:《神會和尚遺集╱胡適校敦煌唐寫本》(臺北市:胡適紀念館,1970年),頁73-74。胡氏云:「神會費了畢生精力,打倒了北宗,建立了南宗為禪門正統,居然成了第七祖。……在《景德傳燈錄》等書裏,神會只佔一個極不重要的地位。他的歷史和著述,埋沒在敦煌石室裏,一千多年中,幾乎沒有人知神會在禪宗史上的地位。歷史上最不公平的事,莫有過於此事的了。然而神會的影響始終還是最偉大的……因為後世所奉為禪宗唯一經典的《六祖壇經》,便是神會的傑作。」

從此序文，首先，我們可以發現錢先生對朱熹（1130-1200）的研究亦可推算不少於三十年。第二，在中國文化與學術思想中，禪宗宋明理學與關係非常密切，成為佛轉儒的關鍵所在。錢先生在此的思想進路，亦是如此。第三，錢先生對胡適對禪宗研究的結論《神會和尚集》，引發起他撰文〈神會與壇經〉、〈禪宗與理學〉、〈評胡適與鈴木大拙討論禪〉回應，直指胡適研究結論的不合理。第四，《六祖壇經》是禪宗的最重要經典，錢先生以〈讀六祖壇經〉及〈六祖壇經大義〉闡明箇中義理。

三 禪宗《六祖壇經》在中國文化史上的價值

從中國思想史，錢先生將魏晉以下至宋、明安立為第二期[4]。唐代禪宗屬於在這段期間，出現「內在的扭轉」去掉了「出世悲觀氣氛」。不過，禪宗仍受宋、明理學的「外在排擊」，即所謂「闢佛」，但儒生們仍有些對禪宗的餘習未盡。其後到了晚明連「禪」和「子」的修養方法也不容許存在。以上的情況，錢先生認為「這是學術思想史上一絕大轉變，我們不該忽略[5]。」

錢先生有如此見解，大前題是從整體的中國文化史來看的。他說：

---

[4] 見錢穆：《錢賓四先生全集》（臺北市：聯經出版事業公司，1988年），第21冊，《中國學術思想史論叢（七）》，〈晚明學術〉，頁379。「中國思想史，若如我們所分析，以春秋、戰國乃至兩漢，為第一期。魏晉以下，迄於宋、明，為第二期。則晚明應該是第三期之開始。惟此一時期之思想，迄今繞僅三百年。」

[5] 見錢穆：《錢賓四先生全集》（臺北市：聯經出版事業公司，1988年），第21冊，《中國學術思想史論叢（七）》，〈晚明學術〉，頁380。「首可注意者，乃宗教遺風之徹底掃淨。魏、晉以來，印度佛教所帶給中國的那些極濃重的出世悲觀氣氛，首先有唐代禪宗內在的扭轉，繼之有宋、明理學外在的排擊，本已所存無幾，算只有些餘習未盡而已。一到明末時代的大劇變，連這些餘習也不容許他存在。於是晚明學都便很少有那宋、明理學家般跡近「禪」和「子」的修養方法。這是學術思想史上一絕大轉變，我們不該忽略。」

>   佛教是「人本位」的宗教。[6]
>   中國佛教顯然是更偏重在學理而偏輕於信仰的,這又可說是中國文化一種特殊精神之表現。[7]
>   說到翻譯成績,亦至可驚⋯⋯這實在是中國文化史上一絕大事業。[8]
>   兩晉、南北朝時代的高僧,若論其內心精神,我們不妨徑叫他們是一種「變相的新儒家」。他們研尋佛法,無非是想把他來代替儒家,做人性最高真理之指導。[9]

錢先生認為佛教是「以人為本」的宗教,它在中國文化中具有一種特殊的精神,這就是重學理而輕信仰。其次,在翻譯佛經方面,更是「中國文化史上一絕大事業」。還有,由兩晉、南北朝時代的高僧,傾向開展「內心精神」,目的在於「做人性最高真理之指導」。這三個向度,我們可以了解佛教以人為本的特殊精神,亦是最高真理的指導原則,記存在翻譯的佛經中,根植在中國文化史上。

至於禪宗是中國佛教其中的一個宗派,它亦應承傳了這三個向度的精神。但禪宗的宗旨是「教外別傳,不立文字,直指人心,見性成佛」。因此,禪宗以另一精神面貌在中國文化中呈現。錢先生說:

>   禪宗的精神,完全要在現實人生之日常生活中認取,他們一片天機,自由自在,正是從宗教束縛中解放而重新回到現實人生來的第一聲。運水擔柴,莫非神通。嬉笑怒罵,全成妙道。中國此後文學藝術一切

---

[6] 見錢穆:《中國文化史導論》(臺北市:臺灣商務印書館,1993年,修訂本),〈新民族與新宗教之再融和〉,頁140。

[7] 見錢穆:《中國文化史導論》(臺北市:臺灣商務印書館,1993年,修訂本),〈新民族與新宗教之再融和〉,頁147。

[8] 見錢穆:《中國文化史導論》(臺北市:臺灣商務印書館,1993年,修訂本),〈新民族與新宗教之再融和〉,頁148。

[9] 見錢穆:《中國文化史導論》(臺北市:臺灣商務印書館,1993年,修訂本)〈新民族與新宗教之再融和〉,頁149。

活潑自然空靈脫灑的境界，論其意趣理致，幾乎完全與禪宗的精神發生內在而很深微的關係。所以唐代的禪宗，是中國史上的一段「宗教革命」與「文藝復興」。那時中國文化，還是以北方中國黃河流域為主體。但唐代禪宗諸祖師，你試一查考他們的履歷，幾乎十之八九是南方人，是在長江南岸的人。乃至在當時尚目為文運未啟的閩、粵、嶺南人，也在禪宗中嶄然露頭角。[10]

禪宗的精神就是解放宗教束縛，徹底地回到現實人生，錢先生指出禪宗是為中國文化史開創了一段「宗教革命」及「文藝復興」的局面。唐代禪宗各祖師在南方文運未開時，以生活意趣開示學人，使學人各自悟出「神通」與「妙道」所在。與兩晉、南北朝的高僧「以人性作最高真理的指導」截然不同。

胡適在《神會和尚遺集》指六祖惠能（638年-713年）是不識字的人，《六祖壇經》應該是神會所撰寫，作為他的考據結論[11]。錢先生是全面反對胡適的觀點。錢先生說：

依胡博士與楊君之所考據，不僅把中國當時一些禪宗故事全降低了，全失落其價值；而對中國全部文化史，全都有降低或失落價值之損害。胡博士教人拿證據來，又教人要把中國一切國故重新估定價值。我非一佛教徒，更非一佛教中之禪宗信徒，但我也曾拿出證據，我也

---

[10] 見錢穆：《中國文化史導論》（臺北市：臺灣商務印書館，1993年，修訂本），〈文藝美術與個性伸展〉，頁166-167。

[11] 參閱唐德剛譯：《胡適口述自傳》（北京市：華文出版社，1992年），頁237-238。胡氏云：「自從這位不識字的和尚接得了衣鉢，其後禪宗中的五大支都出自此門……這是中國佛教史上傳統的說法。……在六祖慧能以後，中國各門禪宗都是從「六祖」這一宗傳下去的。這也就是一篇禪宗簡史。」又云：「慧能——如實有其人的話——顯然也不過是僅僅知名一方的一位區域性的和尚，在當地傳授一種簡化佛教，他影響也只限於當時廣東北部韶州一帶。他的教義北傳實是神會一個人把他宣揚起來的。……最後才把這位南方文盲和尚的教傳入中原！」

要來為禪門此一故事重新估價;而我所得之結論,則正和胡博士與今楊君所云云者,適成對立。因此我在討論《壇經》問題時,不得不連帶提起「考據工作在學術研討中所應占有之地位」之另一問題來,幸讀者勿怪我橫生枝節。[12]

錢先生指出從事學術研究要具備正確的研究精神,這就是研究成果要對文化及學術有所貢獻,這貢獻就是找出箇中的價值。他不同意胡適等人對《六祖壇經》的研究結論,認為這些結論是「降低或失落價值之損害」。錢先生特意提出學術工作應該注意思想問題,他說:

總之,我們若要在學術工作中來注意思想問題,我們必先具有一番大抱負、大心胸、大眼光、大魄力,從整個大系統中去尋求;此則決非只注意在考據工作者之所能勝任而愉快。今人愛言創造,怕言傳統,把傳統一筆抹殺了,誰也能創造,但亦誰也無創造。誰也有思想,但亦誰也無思想。此是我們目前學術界一悲劇。[13]

錢先生所謂「大抱負、大心胸、大眼光、大魄力」的學術研究宗旨,就是從中國文化這整個大系統中去尋求研究的價值,而並不是「只注意在考據工作者之所能勝任而愉快」,因為沒有研究宗旨而言創造,會做成學術研究出現偏差,最後學術界「降低或失落價值之損害」形成了錢先生所指的「悲劇」。

錢先生針對考據工作影響著學術思想的進路,動搖中國文化的定位,是一個重大的問題,因此他有以下的見解:

---

[12] 見錢穆:《錢賓四先生全集》(臺北市:聯經出版事業公司,1988年),第19冊,《中國學術思想史論叢(四)》,〈略述有關六祖壇經之真偽問題〉(此稿刊載於民國58年〔1969〕5月22、23日《中央日報》副刊〉,頁205。

[13] 見錢穆:《錢賓四先生全集》(臺北市:聯經出版事業公司,1988年),第19冊,《中國學術思想史論叢(四)》,〈再論關於壇經真偽問題〉(此稿刊載於民國58年〔1969〕6月18、19日《中央日報》副刊),頁215。

> 惟因此牽連到一重大問題，竊願乘便一談。此問題即為「考據工作在學術研討上所應占之地位」。我認為學術研討上不能抹殺考據工作，但考據工作在學術研討上其地位亦有限，不能單憑考據，便認為已盡了學術研討之能事。[14]

錢先生表明學術討論不能抹殺考據工作的成果，但它的地位是有限的，不能單以一時的考據結果，影響承傳已久的學術研討。他以《六祖壇經》為例，表達了他在這方面的見解：

> 即就《六祖壇經》言，《壇經》中一番大理論、大思想，此當為研討《壇經》更重要之著眼點。我曾把《神會和尚集》和《壇經》兩兩細讀，覺得神會思想實有與《壇經》中思想相歧各別之處。我因認定了此點，遂決意向胡博士創說作諍議。我在草寫〈神會與壇經〉一文之前，先有〈論禪宗與理學〉共三篇，絡續刊載於當時《思想與時代》雜誌中。其第二篇詳論自六祖以下有關禪宗內部思想上之不斷演進，若要尋根究源，則斷然自《六祖壇經》來。《壇經》思想之所為具有甚大價值者在此。今謂《壇經》由神會偽造，當知書中有些故事與證據則易造，思想則不易造。[15]

錢先生把胡適以考據方法，寫成的《神會和尚集》與《六祖壇經》相互仔細閱讀，得出《壇經》與神會思想是分歧的。文字、故事大可以不同，但思想進路分歧，成為錢先生的重要基石。在此，錢先生決意以〈神會與壇經〉、〈論禪宗與理學〉等文章來對胡適的創說作出諍議。其中有關六祖以下的禪宗內部思想的演進，不離《六祖壇經》，它的巨大價值亦在此。換言之，神

---

[14] 見錢穆：《錢賓四先生全集》（臺北市：聯經出版事業公司，1988年），第19冊，《中國學術思想論叢（四）》，〈略述有關六祖壇經之真偽問題〉，頁197。

[15] 見錢穆：《錢賓四先生全集》（臺北市：聯經出版事業公司，1988年），第19冊，《中國學術思想論叢（四）》，〈略述有關六祖壇經之真偽問題〉，頁197。

會的思想進路,是不能開出六祖以下的「五家七宗」。「五家七宗」神會亦不在其中,錢先生對此沒有直接提及,但以理推之,真實如此。

錢先生繼續說:

> 所以使用考據工夫,應先有一大前提。如對《壇經》要下考據工夫,應先對《壇經》中思想有認識,不能放下《壇經》中思想於不顧,便來作考據。又,用考據工夫所獲得之新結論,應能較之原有舊說更為合情合理方是。如謂有絕大價值之思想可由某一人因某一事項來自由捏造,此便有些不合情理。[16]

錢先生認為考據工夫,應先有一大前提,就是對考據的對象具思想上的認識。例如《壇經》中禪宗思想,不顧思想,只在文字上作考據工夫,或者有新發現,但往往於理不合,甚至否定具有絕大價值思想是被捏造的。因為思想是活的,源於心靈;而文字考據是死物,只能作佐證作參考,絕不能一筆抹殺當前的學術研究及文化價值等等。

考據工作除了不應忽略思想方面,錢先生指出作為學術研究者,應該具備修養。他說:

> 證據不僅有正面的,同時還有反面的。同一條證據,有時可作這樣解說,人人日一同時亦可作那樣解說的。因此一篇盡量運用考據的論文,驟看像是很客觀,但有時卻可有極深固的主觀意見包藏在內。我們從事學術研討的人,應該在此上另有一番修養,這卻不關考據的事。[17]

他又說:

---

[16] 見錢穆:《錢賓四先生全集》(臺北市:聯經出版事業公司,1988年),第19冊,《中國學術思想論叢(四)》,〈略述有關六祖壇經之真偽問題〉,頁198。

[17] 見錢穆:《錢賓四先生全集》(臺北市:聯經出版事業公司,1988年),第19冊,《中國學術思想論叢(四)》,〈略述有關六祖壇經之真偽問題〉,頁200。

> 凡屬一大思想，必然具有傳統性，但亦同時具有「創造性」。所謂創造性，亦只是從傳統中創造出來。[18]
>
> 凡屬一項偉大的思想，同時又必具有此思想之「純潔性」。任何一思想之背後，必然有一人格存在。此一人格，即是此思想家。凡屬一項偉大而純潔的思想，其背後則必然具有一偉大而純潔的思想家之人格存在。此乃一自明真理，應為人人所共認。[19]

錢先生認為一偉大思想，必具傳統性、創造性及純潔性，亦包含了一人格的存在，因此研究者亦必須具有一定程度的修養，與相關人格產生共鳴，才能了解它的偉大性所在。

禪宗開創了中國文化上一片天機，它的另一個貢獻，錢先生認為歸功於禪宗祖師輩無情地打醒了學人，這些「打醒」，「打出了山門」開出宋代的新儒學。這就是中國思想的力量，這力量從歷史角度來說，總是平易的、輕鬆的，同時也時中國佛教史的一場革命[20]。

錢先生云：「好了！禪宗時期，正是中國佛學的最盛時期，卻被那輩祖師們都無情地毒罵痛打。打醒了，打出山門，各各還去本分做人，遂開出此後宋代的新儒學。後人卻把宋學歸功到韓愈闢佛，這不免又是一番糊塗，又是一番冤枉。所以我說禪宗是中國佛教史上一番大革命。若把西方馬丁路德們的宗教革命來與相比，我們不能不說畢竟是中國禪師們高明些。

中國思想史的表現，永遠是平易的，輕鬆的，連宗教思想上的大革命，也只如此般平易輕鬆地滑溜過去。試問，這需何等的大力量？現在人卻總覺中國思想沒力量。若使當時諸祖師們重生今日，不知要叫我們該受幾會喝，該吃多少棒！」

---

18 見錢穆：《錢賓四先生全集》（臺北市：聯經出版事業公司，1988年），第19冊，《中國學術思想論叢（四）》，〈再論關於壇經真偽問題〉，頁214。

19 見錢穆：《錢賓四先生全集》（臺北市：聯經出版事業公司，1988年），第19冊，《中國學術思想論叢（四）》，〈再論關於壇經真偽問題〉，頁215-216。

20 參閱錢穆：《普門學報》第53期（2009年9月），〈二十世紀佛教文選‧學者篇之一〉，〈中國思想史‧南北朝隋唐之佛學〉，頁201。

四　禪宗與宋明理學在學術思想上的交涉

　　錢先生對禪宗的重視，除了它的義理外，最主要是禪宗實為一個思想、學術與文化，由佛轉儒的過渡關鍵。因此，他在〈宋明理學之總評騭〉一文中，表明他的看法。他說：

（一）唐代禪宗為過渡至宋明理學

> 惟宋、明儒究與隋、唐宗教師相異。一則宗教師偏在出世，而宋、明儒則由信轉悟，由教轉理。不重外在之教，而要轉講治國平天下。二則宗教師偏重信，偏重外在之教，宋、明儒則由信轉悟，由教轉理。不重外在之教，而要轉回頭到心悟其理。唐代禪宗則為此兩者之過渡。禪宗主張「本分為人」，已扭轉了許多佛家的出世傾向；又主張自性自悟，自心自佛，早已從信外在之教轉向到明內在之理。宋、明儒則由此更進一步，乃由佛轉回儒，此乃宋、明儒真血脈。故謂其直接孔、孟，固未全是，謂其仍是禪學，則亦非真相。[21]

　　錢先生指出隋、唐的宗教師與宋、明儒者的分別，前者在於「出世」、「偏重信」、「偏在外在之教」；後者「由信轉悟，由教轉理」、「要轉講治國平天下」、「不重外在之教，而要轉回頭到心悟其理」。剛好禪宗成為兩者之過渡者，錢先生認為禪宗「本分為人」淡化出世為宗旨，以「自心自悟」由外轉內。宋、明儒借此由佛轉儒，成為宋、明儒的「真血脈」，但錢先生強調這非直接承傳孔子及孟子，亦非完全脫離禪宗的思想，這就是禪宗的過渡角色及宋、明儒的特質所在。

　　錢先生再分析宋、明儒與先秦儒與禪宗不同的地方，他又說：

---

21 見錢穆：《錢賓四先生全集》（臺北市：聯經出版事業公司，1988年），第21冊，《中國學術思想史論叢（七）》，〈宋明理學之總評騭〉，頁368。

宋、明儒玩索心性工夫，不得不說其大體還從佛家禪宗來。他們亦主張把一切塵世習染從內心深處洗滌淨盡。所欲洗滌者，他們稱之為「人欲」。只禪宗以洗滌淨盡為究竟，而宋、明儒則在人欲洗淨後，還要有一個「天理炯然」。此所謂「天理」，則從先秦儒來，與佛法不同。但在先秦儒，卻沒有像宋、明儒一般內心洗滌的工夫。因此宋、明儒最後境界，固不與禪宗合，亦往往與先秦儒不盡合。[22]

錢先生認為宋、明儒的「心性」工夫出於禪宗，用來洗滌「人欲」，即是我們的習染，在洗淨「人欲」後，還有一個「天理」作為最後境界。這點與先秦儒與禪宗是不同的，也可以說是宋、明儒的特殊面貌。換言之，「心性」工夫的歸宿各有不同。

（二）六祖惠能與朱子

六祖惠能與朱子分別代表了唐代禪宗及宋明理學的關鍵人物。錢先生說：

因此唐代之有禪宗，從上是佛學之革新，向後則成為宋代理學之開先，而慧能則為此一大轉捩中之關鍵人物。[23]

六祖惠能的貢獻不單在唐代，禪宗在佛學上的思想革新，成就了日後的宋代理學，這大轉捩點正是六祖惠能成為關鍵人物的主因。

錢先生在講述六祖惠能與朱子思想時，表明在研究學術史要求真，可以

---

[22] 見錢穆：《錢賓四先生全集》（臺北市：聯經出版事業公司，1988年），第21冊，《中國學術思想史論叢（七）》，〈宋明理學之總評騭〉，頁369。

[23] 見錢穆：《錢賓四先生全集》（臺北市：聯經出版事業公司，1988年），第19冊，《中國學術思想論叢（四）》，〈六祖壇經大義〉，頁193。（民國57年〔1968〕12月28日臺北善導寺佛教文化講座第四十一次演講。刊載於民國五十八年〔1969〕3月13、14、15日《中央日報》副刊。）

有「宗主」但不必有「門戶」，這樣才具有客觀性。他說：

> 我在善導寺講演，一開始即把朱子與六祖並提，但下面只講六祖，不曾涉及朱子。立言陳義，各有界限，各有分寸。我並不是在為六祖傳道，我只是在學術思想史上求真；講六祖則求還出六祖之真，講朱子則求還出朱子之真。講考據亦該平心靜氣，兼觀雙方，何論講思想，可以有「宗主」，卻不必有「門戶」。入主出奴，終是要不得。講學術思想，亦終是不該排斥了宗教。宗教中亦非無學術思想可言。我個人的治學態度，也很想能有一番「宗教的心情」與夫一番「傳道的精神」，但只是「高山仰止，景行行止，雖不能至，心嚮往之」而已。[24]

錢先生表明自己「不是在為六祖傳道」，目的「只是在學術思想史上求真」，不論是講「六祖」或是「朱子」，都是求其真。錢先生指出宗教思想就是學術思想的一部分，這也說明宗教思想史，亦是學術思想史。他以自己治學態度來教導學人，要有敬誠「宗教的心情」與大無畏的「傳道的精神」來治學。因為在治學的過程中，必然受到挫折及無法想像的困難，缺乏敬誠的精神及大無畏的毅力，實難有所成。

（三）朱子反對禪學

除了從宗教的觀點來看，錢先生對禪宗的見解，一直緊扣在中國文化史上，他非常重視朱熹的學說，在他的晚年重要著作《朱子新學案》亦表達這想法。他說：

> 我最近正在撰寫《朱子新學案》一書。朱子最反對禪學，我在《新學

---

[24] 見錢穆：《錢賓四先生全集》（臺北市：聯經出版事業公司，1988年），第19冊，《中國學術思想史論叢（四）》，〈再論關於壇經真偽問題〉（此稿刊載於民國五十八年六月十八、十九日《中央日報》副刊），頁217。

案》中,彙集其《文集》、《語類》中所批評禪學思想的話,寫成一篇二三萬字的長篇。在我認為,朱子批評禪學,都能切中要害,直透進禪學思想之深處。論我本人意見,我是偏向朱子一邊的。但我對六祖和朱子兩人之偉大性,及此兩人思想之純潔性,則同樣佩服無疑。論起他兩人對中國中古以來學術思想與夫對文化傳統上之影響力,亦同樣深遠,非其他人所能比。[25]

在《朱子新學案》中,錢先生撰寫了一篇長文,內容記錄朱子在其《文集》、《語類》中批評禪學思想,對這些批評錢先生是讚同朱子的意見,因為朱子的批評「正是切中要害,直透進禪學思想之深處。」由此來看,朱子與錢先生兩位皆對禪學甚具心得,否則難成知音者。錢先生對朱子與六祖惠能的思想稱讚不已及佩服他們具偉大性及純潔性,深遠地影響著中國中古以來學術思想及文化傳統。

錢先生認為要了解宋、明理學不能不理解禪宗,即使朱子是反對禪宗,但朱子對禪宗亦深切了解的。從〈朱子論禪學(上)〉中,錢先生了解禪學精粹,亦能了解朱子為何反對禪宗。

> 朱子於佛學,亦所探玩。其於禪,則實有極真切之瞭解。明儒辨儒釋疆界,其說皆本朱子。朱子斥程門皆流入禪,又謂象山是禪,苟不明朱子之論禪,則亦不知其言之所指。特草此篇,亦治理學者所必究也。[26]

錢先生指出朱子對禪學有真切的了解,朱子反對禪學流入儒學中。其後明儒

---

[25] 見錢穆:《錢賓四先生全集》(臺北市:聯經出版事業公司,1988年),第19冊,《中國學術思想史論叢(四)》,〈再論關於壇經真偽問題〉(此稿刊載於民國58年〔1969〕6月18、19日《中央日報》副刊),頁217。

[26] 見錢穆:《錢賓四先生全集》(臺北市:聯經出版事業公司,1988年),第13冊,《朱子新學案》,第3冊,〈朱子論禪學〉上,頁555。

分別儒與禪的疆界,源出於朱子的觀點。因此朱子反對程顥(1032-1085)及程頤(1033-1107)學派以禪理解釋儒學,又指陸九淵(1139-1192)的學派是禪。後人不明白朱子為何反對禪宗,目的是要分別儒與禪的學說,反對當時儒者以禪理來解釋儒家學說。朱子並不是反對禪學之理,錢先生特意強調此點,讓研究理學的學者必須留意。

> 當朱子時,塞道者乃禪學。自北宋以來,明卿達官,文人學士,其浸染於禪學者,屈指難盡。朱子幼年即學禪,詳《從遊延平》篇。其識禪甚深,自有其住不得之感。使中國此下終不竟成為禪家之天下,朱子之功為大。[27]

當時朱子所處的環境,阻礙理學的開展,正是禪學。自從北宋以來,有很多官僚、文人學士,都受禪學影響。朱子幼年時,亦學習禪宗,造詣亦深。最後,中國文化的發展不完全是禪家天下,錢先生認為朱子功勞最大。

錢先生又說:

> 余既根據《語類》草〈朱子論禪學〉上篇,茲復摘錄其散見於《文集》者為下篇。雖同是闢禪,而所與言之對象有不同。《語類》皆面對門人弟子,直舉佛說禪學而辨之闢之,其所辨所闢者,為佛說,為禪學。《文集》則多與時人交游往來書牘,其人或沉浸陷溺於佛說禪學中,朱子隨其所信所疑而加以開導剖析。亦有著述文字流傳,朱子因其染異學,惑正解,而加以糾正。故其所重不在佛說禪學之本身,而在沉浸陷溺於佛說禪學者之所言。而此等所言,亦往往依據孔孟伊洛,而不自知其為佛說禪學也。故朱子之所辨所闢,往往以陽儒陰釋或混同調和之論為主。讀者會合此兩篇觀之,庶可益明朱子之排拒佛

---

[27] 見錢穆:《錢賓四先生全集》(臺北市:聯經出版事業公司,1988年),第13冊,《朱子新學案》,第3冊,〈朱子論禪學〉,上,頁556。

說與禪學者，其意果何在也。[28]

　　錢先生在〈朱子論禪學（下）〉中，指出朱子闢禪的對象在《語類》皆對門人弟子而說，但在《文集》記錄的對象則是友人往來的書信，借以開導剖析他們不應沉陷溺禪學中。朱子重點在於反對「陽儒陰釋或混同調和之論為主」，目的在辨明儒釋之分別，不可混為一談。

　　錢先生再說：

> 學者不深思明辨，認為理學家闢禪僅是一種門戶之見，或則謂理學只是以禪說儒，此皆未識儒釋疆界所在。[29]
> 既為《朱子論禪學》上下篇，然尚有其他闢佛語，未盡收入，重為斯篇。蓋佛學之流衍中國，禪學成為其最後歸宿，亦為在當時最盛行之一宗，故朱子特所深究。其他佛書，朱子僅瀏覽及之。議論所到，不免粗疏，不求詳備。亦有揭發未精到，剖析未深入。滙而列之，以見梗概。若專據此中一二小節，便謂朱子於對學未有甚深瞭解，則朱子本非一佛徒，其論學宗旨亦不專為闢佛。毛舉細節，斷為無當矣。[30]

錢先生在〈朱子論禪學拾零〉中，再補充解釋朱子反對禪學，不應只視為「門戶之見」或只以禪說儒的問題。朱子最主要目的是要儒釋分界，儒學是儒學，禪學是禪學，不可視為一。禪學在中國最為盛行，成為佛學的最後歸宿，朱子亦特別深入研究。至於其他佛書，朱子僅瀏覽而未詳閱。因此引用時未必精到，錢先生指出朱子非佛徒，及他論學宗旨不專於闢佛，而是指出

---

28 見錢穆：《錢賓四先生全集》（臺北市，聯經出版事業公司，1988年），第13冊，《朱子新學案》，第3冊，〈朱子論禪學〉下，頁583。

29 見錢穆：《錢賓四先生全集》（臺北市：聯經出版事業公司，1988年），第13冊，〈朱子論禪學拾零〉，頁650。

30 見錢穆：《錢賓四先生全集》（臺北市：聯經出版事業公司，1988年），第13冊，〈朱子論禪學拾零〉，頁621。

當時儒者問題。由此可見，錢先生特意闡述朱子關禪的重點所在。

五　結論

　　錢先生的禪學觀，從他自述禪宗研究的三期來說，第一期的研究以「宋明理學」與朱子為主，同期又研究胡適的《神會和尚遺集》，便撰寫了〈神會與壇經〉、〈禪宗與理學〉兩篇文章。胡氏的考據結論，指《六祖壇經》是神會撰寫的，並且以神會取代六祖惠能在禪宗的重要性。錢先生在〈神會與壇經〉、〈禪宗與理學〉兩篇文章回應了胡氏的結論，前者指出神會與六祖惠能思想上是有不同處的，這是不同意對胡適的見解。後者說明禪宗與宋明理學的密切關係，這關係就是思想轉承的關鍵所在。

　　至於錢先生在第二及第三期對唐代禪宗研究，正是確立第一期研究後的成果。因為「宋明理學」在中國學術思想具有重大意義，就是由佛轉儒的大轉捩點。這成功的關鍵又落在禪宗上，禪宗思想又安立在《六祖壇經》上，其中的關鍵人物就是六祖惠能。惠能融通佛教大乘精神，將出世轉入世，教相轉別傳作為傳法方式，才讓宋儒成功以儒家代佛家。這種連環緊扣的關係，在中國文化思想上，本是理順的。但胡適的考據結論，以《神會和尚遺集》動搖了《六祖壇經》的文化價值，這不僅僅影響「宋明理學」的思想進路，亦同時讓六祖惠能以下的「五家七宗」無所適從，無有歸宿，無法承傳。因此，錢先生開出第二及第三期對唐代禪宗的學術研究，撰寫了〈讀六祖壇經〉、〈六祖壇經大義〉及〈評胡適與鈴木大拙討論禪〉等文章。一方面回應了當時面對學術思想的爭議，另一方面表達了他認為研究中國文化及中國學術思想應以整體著眼，便能了解它們價值所在。

「以心證心」與「以心證證」
——再論實證唯心論與當代新儒學

吳 甿[*]

摘要

二十五年前山東大學召開第五屆當代新儒學國際學術會議，本人提交〈實證唯心論與當代新儒學——為「實證唯心論」述義，並論實用主義之世智及其貧困〉三萬字長文，該文宣講後有兩位大陸學者提出根本性質疑，本人現場作了回應。根據筆記的當時各方對話，深感哲學問題只要進入真正的哲學論述，永遠都在重提，永遠都在選擇切入點，永遠都在創新——因為每次的回應都須經歷心之震動，從而把哲學思想帶入最普遍而最具體特殊的存在的開展。

中國大陸學者提出的問題是：

一、「存在決定意識」；

二、「實證唯心論」是否「以心證心」；

三、實證唯心論與牟先生那套有什麼關聯？

四、當今中國哲學，是否馬列主義、西方實用主義、新儒學，三分天下？

五、你反對「存在決定意識」，又說艱難的時代故有艱難的哲學，豈不是自相矛盾？

本文今再論實證唯心論與當代新儒學，即依大陸學者之質疑，一一作回應。

本文之回應，亦以二十五年後的今日存在，重證太陽底下無新事，但又「苟日新，日日新」，「回也見新，交臂非故」。

---

[*] 新亞研究所專任教授。

一、「存在決定意識」與「意識決定存在」；

二、「以心證心」、「知行合一」與「思維與存在的同一性」；

三、從以「現象與物自身」為中心，轉向以「目的與存在」為中心，再轉向以「寂感真幾之一心開二門」為中心——實證唯心論是牟宗三哲學與唐君毅哲學的「接著說」和「綜合說」；

四、艱難的時代與哲學的艱難——二十世紀中國哲學的命運；

五、結語：太陽下山了，思想的貓頭鷹如何起飛。

關鍵詞：以心證心、以心證證、實證唯心論、牟宗三、馬列主義、存在決定意識

一　緣起

　　二十五年前，山東大學主辦「第五屆當代新儒學國際學術會議」在濟南召開。本人出席會議並提交〈實證唯心論與當代新儒學——為「實證唯心論」述義，並論實用主義之世智及其貧困〉[1]，文長三萬餘字。該文宣講後，有學者提問，我作了回應。當時作了筆記。近日家居大裝修，在故紙堆裡竟發現了這份筆記。原來二十五年光陰只讓紙張泛黃，字跡褪減；所記錄的思想仍有人在思想；所記錄的問題仍是問題，仍在發問；而不變的恐怕是我的回應，仍是這般。境況變而原有之理念不變，這本身可能也是創造；一如原有之境況不變，而信念已變；或境況與信念俱變；都無妨是創造——若「創造」意謂從原有因果串中超脫，並經歷心之震動和抉擇，重複亦可以是創造。回想當時論文發表引起關注，我想我應該把話講得更直接，再深重一些。

　　下面是當時學者的提問和本人回應的筆記內容。筆記是現場速記，當晚記憶寫成。

〈實證唯心論與當代新儒學〉答問記錄

丁冠之教授：

　　此論文包含一系統思考。今有幾個問題。

一、你反對存在決定意識、反對決定論。然而每時代有每個時代的思想，可見思想必反映時代。這如何能反對？

二、「實證唯心，唯心實證」，這樣說，豈不是以心證心？

三、你這一套與牟先生那套，有什麼關聯？或說兩者的關聯該如何理解？

四、說當今中國思想界，馬列唯物論、西方自由主義實用主義、新儒家中國文化論，三分天下。這話怎樣說？

---

[1] 後收入《實證與唯心》（香港：商務印書館，2001年，初版；2021年，修訂版），為第1章。

吳答：

一、每個時代有每個時代的思想，這話不能解為「每個時代的思想被她的時代決定」。事情正相反，思想之能思想其時代問題，正不能被決定；被決定的只能是生物反應，而不是思想。雖然，總是時代提出問題，要求思想者思想；而所謂時代提出問題，原是思想者有感觸於時代，為時代提出問題，更思想如何解決時代問題。

二、本文說「實證唯心，唯心實證」。論下來正是「證不離心，離心無證，實證相應」。分開說，是以「心」證識證能，同時即以「心」證色證所；更以「心」證如證悲，同時即以「心」證物、證神、證天。

三、本論與牟先生哲學的關係，套用馮友蘭的說法，是不敢「照著說」，只能「接著說」。每代人都有未做完的事，未說完的話。我願「接著說」，且事實是在「接著說」。

四、「三分天下」的提法，應該是在座的杜維明教授提的。我們應該請教他。

杜維明教授：

不是我提的，應是某某（案：當時聽不清楚名字）提的。我認為當今的中國，儒家思想和中國文化的復現，仍很微弱，離復興遠得很。說到綜合，以前有一位馮至先生，提出「道德衝動」，重視道德意識與感情的結合，這與中國傳統說道德的說法，有相似之處，值得注意。當然，他很快被批判了。（吳插話：好像在一九六四年，文革之前就被點名在報紙上批判了，因與唯物論的生產力與生產關係決定論不合。）

劉蔚華教授：

你反對唯物論，反對「存在決定意識」，卻又說時代艱難，故有艱難的哲學。你豈不是自相矛盾？

吳答：

說「時代艱難，故有艱難的哲學」，與說「時代的存在決定人們接受某家哲學、某種主義」；二者意義大有不同，望稍思之。時代艱難，既可

產生疏理時代問題,以帶領走出艱難時代的哲學,又可產生疏離時代或更在艱難中製造艱難走入虛妄的哲學。回顧這個時代的艱難,不幸就是聲稱被時代決定的唯物論所製造的。亦因此有回應這個艱難時代的艱難哲學。新儒家選擇以艱難哲學回應時代艱難。時代並沒有決定製造艱難,或逃避艱難,或疏理艱難、回應艱難,時代讓人自己選擇。

散會後,在通道遇到素未見面的大陸學者向我致意,說這篇論文真的寫得好。可見同一場合存在,大家的意識都不被決定;再說遠一些,則所謂「積澱」下來的每一生命存在,都不被已在的生命存在以及被認為在生命之外的存在所決定。所有的決定,唯由感知這一切的意識者自己,去理解、去作抉擇決定。

我今寫本文,雖是為此兩頁舊紙之發現所觸動,但我可以「顧左右而言他」,無暇回顧重續這段二十五年前的「緣起」;又可以「回也見新,交臂非故」,以全新的感知重撿這段舊緣,賦與其存在之新因,重新詮釋其中的每一問題環節。在此,「重複即是創造,重複就是美」。因為這種重複,每次都經過主觀實存的主體的重新理解體證,每次都須尋找其中的理性與合理性,以及以其所在的歷史節點,堅持思考這些問題的時代意義與終極意義。

以下,先簡單疏理學者所提問題究由論文的那些內容所引發,又為何作這般引發,再歸結到所謂「思想實驗」,即思想之作為「理性的事實」與「現行呈現」兩者之驗證對應,以及何謂「知行合一」、「思維與存在的同一性」等問題;由此說到「以心證心」的問題。

二 實證唯心論與目的論:「存在決定意識」與「意識決定存在」不一不二

〈實證唯心論與當代新儒學〉一文首先從「實證唯心論」一名之建立說起。由「實證」一詞之中國思想文字之老義、常義、正義,以至 Positive 之原義、常義、正義,把「實證」一詞從西方近代哲學之所謂「實證主義」

（Positivism）之以「外測符合」、「公開檢證」之狹義中解放還原，還原為立體活動論的、機體論的、方向論的、實踐論的「實證」義，而與中國主流思想（孔子儒家）之實證傳統相啣接。本人在另文〈孔子中國思想之實證傳統〉[2]認為：中國思想與孔子的實證傳統表現為：一、「超越」與「內在」不可斷裂。二、「超越」不能外在化為「外在的超越」（一種全知式的實在論的獨斷而謂「超越」）。有西方漢學家認為中國哲學重「內在」、西方哲學重「超越」，就屬於這種全知式的實在論的獨斷論。康德所謂 Transcendent，只能是一種關於超驗的思想設置。康德本人很想證成這個 Transcendent，但以批判哲學的系統論述，最後止於為思想設置，其實就是不可知，不可言說，不能驗證。孔子代表的中國思想傳統中的「超越」從來與「反省」相連，「子不語怪力亂神」亦即從來不在人的能知限度以及即事窮理之所及之外，又離開人對當前情境之反思，斷言一些非常理常情之存在。中國思想在「超越」方面，表現近乎康德的所謂「反思判斷」。人的心靈的特殊功能曰反思判斷力即著一具體存在而反省其內在目的與超越目的，既探得一具體存在之內在目的與超越目的，則可曰「超越而內在」；由「超越而內在」又可即內在而曰「內在而超越」。故在中國思想，最富理想的思想理念必是最現實的──是深入現實的內核，發現構成現實的材質因、形式因、動力因、目的因，而即此現實的目的因、動力因、形式因、材質因之反省，而言理想、構建理念；而非憑藉氣性之好惡，或概念之對列，實在論化作全知式的斷言。在形上學各種斷言一一失敗之後，西方哲學由康德而轉向，到黑格爾放棄靜態形上學建構而轉為動態的目的論歷史哲學，但又把柏拉圖的理想國內在為歷史的終極目的，全知式的宣稱歷史終結於美麗新世界。這不啻為共產主義的歷史目的論作了偽先知。只須把精神現象學全部竄改為物質決定論，再套用基督教「復樂園」歷史觀，即可以收穫所有反傳統又最傳統的思想窮乏的西方人，以至思想貧乏又偏愛全知／先知的人類。其實，黑格爾的精神現象學是講精神自覺為意識與意識所對，意識與意識所對，構成存在與存在之目的因、形

---

[2] 收入《實證與唯心》為第8章，同上註。

式因、動力因、材質因之辯證綜合，所謂「思維與存在的同一性」。此則意識與意識所對決定存在，而同時存在決定意識。此與信奉「存在決定意識」的唯物論，剛好相反。「存在決定意識」的唯物論，必以材質因決定動力因，以動力因決定目的因，以目的因決定形式因，形式因又歸於材質因（以唯物論故）。現實存在由物力決定，故「存在決定意識」意即人的意識最後被現實生產力、生產關係所決定。人的意識須認清這個現實、接受這一現實，並以此物質決定論為信念，激發宗教狂熱，稱為主觀能動性，為唯物論辯證法。由現實主義而唯物主義，如是現實被掏空、被外置化、純物化。人的意識既自覺為物質存在決定，自我唯有不斷分化，分出精神意識與物質存在之二元，而以實在論的物力否定一己意志，而為一向下的自我意識不斷自我否定的物化運動，是為唯物一元論世界觀、歷史觀。但自我否定需要意志，意志表現為不斷自我否定以肯定物質存在決定意識之反意志論，於是辯證法被派上用場，冠以唯物辯證法之名，即以精神現象學之辯證，自反精神實體之正題，歸於物質決定之反題，於是由唯物為反題顛倒為以唯物為正題，精神意識為反題；再由精神意識之自反，辯證的自求與所謂客觀存在物達成「思維與存在之同一性」，如是進入不斷之否定（鬥爭）；在存有論上是所謂「純否定」。因為不斷自我否定的同時，現實存在亦對應地不斷向下還原為終極物質，而實在論的終極物質只能是「虛無」（不斷向下還原意謂不斷否定精神作用，否定精神作用至極，只能是漆黑一團，何來有物？只能是「虛無」）。故不斷自我否定，以求徹底物化、與「終極物」同化的活動只能是純否定。借用朱子的話，是一個「兩頭明，中間暗」的反轉版，即：「兩頭暗，中間明」。所謂「兩頭暗」，是主觀方面自我否定，自力否定自力（或曰自力致力於否定自力）以投向他力決定之永不終止之無限之暗；而客觀方面存在被外在化、實在論化，又「辯證」地要求決定人的意識，主客徹底還原為一實在論純物這種無限之暗；是謂「兩頭暗」。「中間明」是明白表明：認識兩頭唯物之為「必然」，徹底工夫論地「思維與存在同一」地服從之實踐之，表現唯物論者之「知行合一」，此即其所謂「明」。是飛蛾撲火、噗剌一聲的明，四周歸於一片黑暗。本人早年撰文概之曰：「以虛無為體，以野蠻為用」。

三 以心證心——證寂、證感、證照

關於「唯心實證，實證唯心」是否「以心證心」？完整的表述是：「證不離心，唯心實證，實證唯心」。首先，「聖人應萬事，天地生萬物，直而已矣」，原無須證什麼。「直」就是不須證明什麼，自然、必然、能然、當然而然。朱子臨終前四天為學生講張橫渠《西銘記》曰：「為學之要，惟事事審求其是，決去其非，積累日久，心與理一，自然所發皆無私曲。聖人應萬事，天地生萬物，直而已矣。」（王懋竑《朱子年譜》）這「自然」在朱子也就是「心與理一，自然所發，皆無私曲」。「心與理一」者，就是不要憑空立理，以理限事，而應即事窮理，實事求是，一心湊泊「凡是存在的都是合理的，凡是合理的都是存在的」的存在之理，直認天下無無理之物，枯槁有枯槁之理、階磚有階磚之理。但天下是否有離心之理？回答這問題，在朱子是困難的。但朱子最後認為天下之理以至天理，就是一個「直」。為學之要，惟是「事事審求其是，決去其非，積累日久」，即可到達「心與理一」。到達「心與理一」矣，則「直心而行」（「德」）之「直」，即是天理。也就是人在心上做去私曲的工夫，積累日久，自然所發，就能夠湊泊這個「直」的天理。「父子相隱，天理人情之至也。順理為直。父不為子隱，子不為父隱，於理順耶？」（朱子？）是朱子又另說「順理為直」，是以「直」從屬於理，理先氣後，「直」屬於氣中之理。

到底是「積累日久」，湊泊得這個「直」呢，還是「自然所發皆無私曲」的「心」之直接呈現為「直」？「仁者人也，義者宜也，合而言之道也」，即道言「直」，「直」是「道理」、「天理」在人事氣化中表現之「第一原則」或「終始原則」，故曰「順理為直」。「理先氣後」，天理先在，人心通過「事事審求其是，決去其非」，最後豁然貫通。然則「直」不是滿心而發，直接透視天理，而是在事情是非曲直中步步湊泊天理，磨出來的教訓、格言，終於豁然貫通，攝事事審求其是之事理，以歸於一理，一理即「直道之理」，故曰「聖人應萬事，天地生萬物，直而已矣」。「直」即能在目的性實踐中貫通各環節於終極成德目的，生命成長成熟之性理。成德之終極目的是「一」，

實踐中所經歷的各環節之事理是「多」，能反省各事理所內涵的超越目的，而調適上遂，貫通之於終極成德之目的。這需要反思判斷力，而反思判斷力之養成，正代表生命之成長成熟。反思判斷力的養成在康德唯在實習中自我訓練；在朱子就是格物窮理的漸磨工夫與豁然開朗。真理就是直理，貫通之理。即使是知識論之真理，亦需將「符合說」還原於「自明說」，再驗證於「實用說」與「融貫說」，四說貫通，方說得上真理。何況是價值論之真理與形上真理，豈能無存有論的辯證說明。朱子謂陸象山「兩頭明，中間暗」，這個「中間暗」正是反思判斷力自我修習培養、生命成長成熟之地，奧義所在。象山不喜鋪陳，故隱而不說，招來朱子說其「中間暗」，而朱子在此申之不已，反招來「支離」之譏。本人多年前在〈目的論與朱子「體用也定」、「理先氣後」義之衡定——一個反思判斷的詮釋〉一長文，為朱子作了詳細說明。此或可解為朱子話語中的孟子「五穀不熟，不如荑稗」義，此義須轉從目的論之「實現之理」去說「直」。聖人應萬事，天地生萬物，最後無非天地意志與人的純粹意志（自由意志）之實現／表現其自己，此即「直心而行」（「德」）之「直」。要「直心而行」，須在心上做「超越的反省」之自我培養的工夫。在心上做這種工夫，就是「為學之要」。

四　證「父為子隱，子為父隱，直在其中矣」

尋朱子此段思想的源頭，自然是孔子那句「父為子隱，子為父隱，直在其中矣」。孔子這裡所說，借用康德之語說之：道德行為的「直」，就是遵從道德理性之基本原理；道德理性之三項基本原理是「自律，以人為目的，人人皆然」（康德原文次序是，一、人人皆然，二、以人為目的，三、自律）[3]。然則依道德理性之基本原理，人的行為之「直」必須基於：一、純然的善意志自律，二、以當事人為目的，不以他們為手段來達至任何其它目

---

[3] 參康德著，牟宗三譯注：《康德的道德哲學》（臺北市：臺灣學生書局，1982年），頁69-73。

的，如「大義滅親」或「直者」之名聲。三、人人皆自然如此者。能符合這三項基本原理，人的行為方得稱為德行，為「直」（直心而行謂「德」）。然而在符合這三項基本原理中，人的行為似乎又可分為「吾黨有直躬者，其父攘羊，而子證之」（《呂氏春秋》有「直躬救父」故事，以直躬為人名〔或以躬為人名〕，今不涉及）之類型，與「吾黨之直者異於是，父為子隱，子為父隱，直在其中矣」之類型。這「父為子隱，子為父隱」之隱，可解為：（一）隱瞞不報，（二）私下平息解決，（三）善導去惡，四、父子互為對方承擔社會責任和道德罪責，不趨利避害。本文認為四義皆可說，而以第四義較貼近原文意。

　　無論在古代或現代社會，「子證之」都或多（甚至極多）或少（沒有極少）涉及道德困難和人性傷痛，這裡不可能有「直」，只可能有「曲」，有「缺」，有「憾」；只可能「缺憾還諸天地」。可見「子證之」之「直」從來只是某「吾黨」之「法執」（意識型態），由法執（黑格爾所謂「人為法」，不是「自然法」）而來的選擇。真正的道德行為，源於人的道德意識／本真我／自由意志之當下震動，性分之不容已，確定一行為方向，此方向必與反思判斷力所提之生命之超越目的相一致。唯此行動之方向性之「直」，在現實上如何表現為動力系統之道德次序之第一動力因，而非次因；其為動力學道德次序之第一因，如何與其他次因儘量協調，使第一因與其他因不致互相衝突、互相否定，以至不能實現，此即所謂道德實踐之「致中和」，以避免「道德狂熱」。不僅此也，道德次序的第一因，又以「理一分殊」故，一人而可兼有不同之性分、理分故，同時湧現多個第一因，此多個第一因又如何只能擇定一個而陷入「悲劇」（黑格爾義）而不至同歸於盡，此即「極高明而道中庸」之智慧，全歸於孟子之成熟原則。就個人行為言，人的知識理性確認人的道德意識所選擇的行為模式（格言），人的現實意志配合實踐之。由之觀之，相關的行為規範本來自人的道德意識的「客觀化」，涉及認知判斷、動力系統與材質因。客觀化的行為規範之消極方面則表現為法律意識與法（黑格爾則認為法律來自公平理念，公平理念來自精神實體，是積極的，是從法的存有論原理說。從精神現象學說，當然是積極的）。法律意識與法

遂成為保護人的道德意識得以客觀實現的重要環節——在消極方面的重要環節。此在消極方面保護人的道德意識得以實踐的法律意識與法，其一最核心的內容就是隱私權——人在道德實踐中可以選擇的權利，僅因為此，人的行為方有可能被稱是道德的（自由的），是「直心而行」（即「德」）的「直」的，是完全自然、必然、能然、當然地如此的，並非被先在的任何存在以及法執所決定的。

「父為子隱，子為父隱，直在其中矣」，是孔子表明在他的道德意識中，天地生萬物，斯人應萬事，都遵循這個「直」。這個「直」構成「自然法」（自然形成的人間神聖法律）的「法哲學原理」，或說存有論的根源的實證相應的說明。「直」的正面表述（存有論之說明）便是後來陸象山所體會的「滿心而發，無非是理」的「滿心而發」。「直」之「思想實驗」的表述（實踐的說明），最積極的表達是陸象山「昂首攀南斗，翻身依北辰。舉頭天外望，無我這般人」。人是大自然的最後與最高目的，成為真我是人的終極目的。人能直身而立，一空依傍，則不僅是自然界所趨向的最後目的和最高目的（正如人的心身生命存在裡自然生命所表現之以成就精神生命為目的），且是眾多自我定位的目的（如立功、立言、立德，如盡忠、盡孝、盡信……）組成之目的王國裡的「元首」（康德語），故說「抬頭天外看，無我這般人」。支持這種壯語的，是孟子那句「萬物皆備於我，反身而誠，樂莫大焉」。朱子的「理先氣後，以理生氣」。顯然是以理為創造性原則，理不能只是個凝然先在的理型。「創造」意謂「無而能有，有而能無」，然則能生氣之理必為「即生言性」同時「即心言性」之性之性理——生生之性之性理。性理既是心性是一之理亦即「凡是存在的都是合理的，凡是合理的都是存在的」（黑格爾）是一之理。於此朱子自己總說不明白，等待善解善詁者為他說明白。以上是「天地生萬物，聖人應萬事，直而已矣」之積極表述。在消極方面，則是「己所不欲，勿施於人」的「恕道」與「春秋大義」之公義原則。「恕道」與「大復仇」兩義互補，構成「直道」在消極方面的實踐原則，藉以保護「滿心而發，無非是理」、「理先氣後，以理生氣」之道德實踐的積極自由。道德實踐的積極自由當然不能逾越道德法則之三原則（人人皆

然、以人為目的、自律），並正根據道德法則所遵之三原則，在反思判斷力所提供的超越目的所決定之方向中，依「綜和的盡理的精神」和「綜和的盡氣的精神」，選擇其唯一的選擇（以在現實之行動故，必是唯一選擇，亦必是綜和精神的選擇，以行動主體性故）。這三原則既為道德的形上學原理，即不須再為之尋找理由，而在法哲學原理裡，即為黑格爾的在「人為法」（「人律」）之上的「自然法」（「道法自然」之自然，黑格爾稱為「神律」）。在「其父攘羊」事件裡，葉公的「吾黨之直躬者」選擇「子證之」（告發父親），而孔子提供「吾黨之直者」異於「子證之」之選擇；意在指出：「直」如何表現為「直」是有「不成熟」與「成熟」之分別的。雖然可以有不同選擇，而「父為子隱，子為父隱」為「直」之一成熟且常態性之普遍抉擇，是人人不斷重複的選擇，老子告誡「不為天下先」不應開異端先例的選擇，亦是獨一無二之創造性抉擇──是作為世界的最後的和最高目的的存在、作為目的王國裡的元首的「人」直接給出的選擇，以每次抉擇都經過心之震動，實證相應故。

至於在「父子互隱」之決定作出之後（形上義之後以及時間義之後），可另有其他「破格」選擇，則不礙原來的「父子互隱」之「直」之為「必然、自然、能然、應然之直」或「天地生萬物，聖人應萬事，人之所以為人之直」。

五 從「反思判斷力」說「智的直覺」，從「智的直覺」說心體、性體與性理

大陸學者似乎特別關注「存在決定意識」與「時代思想」這類話題。這或與他們逐漸意識以唯物論為國教的合法性合理性深感不安有關，故在所有中國近代思想論述中，都將唯物論之征服中國，講成是存在決定的。返看〈實證唯心論與當代新儒學〉該文確是全篇透著反對決定論（包括本質決定論、上帝決定論、先在決定論、地理決定論、物力決定論，泛稱實在論決定論、歷史決定論，或所謂唯物辯證法決定論等等名號）的思想原則。實證唯

心論反對決定論,是反對離心論的決定論,以一切離心論的決定論,在實踐(目的性行為)中正都是要加以否定的,否則即違反實踐之所以為實踐的實踐原則。反對離心論的決定論而代之以唯心論之決定論,唯心論之決定論實即判斷力決定論。判斷力(無論決定判斷力或反思判斷力)既是人的心靈之特殊機能(關於判斷力是人的心靈之特殊機能,康德於此無更多的規定和說明,只說不能教傳,唯靠人自己實習實驗培養,有些像中國所言的修養工夫。而「反思判斷力」其實即是康德所說只有上帝才有,人沒有的「智的直覺」[4],然則人經過自我修行就可以具有。中國思想在此必說「工夫所至即是本體」之類的話。至於超越的反省之反思判斷心,必以「感而遂通天下」之感通心、「天人合一」之心說之),則當然是唯心的——由超越的反省心即著當前之具體情境而反思其中相關者存在之內在目的與超越目的,以及反省者自身存在之本質目的與終極目的,而為一一存在與整體存在帶入目的性原則,同時對當前一一存在,以及反省者自身存在,作雙重判斷:自然目的論之合目的性之判斷,與自由目的論之合目的性之決定性判斷;從而展示一具體存在者其在自然系統之成熟性(合目的性)及其在自由(道德)系統之自我實現之成熟性(合目的性),以及兩者在反省者心中的距離。目的性意謂一一存在以及整體存在向之而趨,「周邦雖舊,其命維新」之生命原則。一一存在與集合所成之整體存在從而成為不決定者——成為由反思活動所提之目的性原則與合目的性原則所超越決定而在現實上不決定者。由目的因,觸發動力因(實現目的與成為目的者)與形式因(選擇符合目的性原則之存在形式),而攝物質於方向性活動而為材質因。一物質之為材質因實有待於多重判斷。知性對一對象物作決定性判斷可有無窮的觀點角度以及與當前實踐之關聯性選擇。如乍見孺子將入於井、如見玩伴溺於水缸,如佛教《箭喻經》中人中箭如何拔箭療傷;目的因必超越的決定主導材質因之出現。如為

4　關於「反思判斷力」與「智的直覺」參閱吳甿〈「反思判斷」與「一心開二門」〉、〈康德、牟宗三「物自身」問題之回顧與哲學省察〉等文,收於《目的與存在》(香港:商務印書館,2021年12月)。

知識而知識而論材質因；為救人（實用）而形成材質因和利用材質因；為審美而逐一忘去四因，首忘材質因；為解脫而思如何減退四因，首退材質因；或為道德、圓善而正視材質，並將材質因合理化於形式因、動力因與目的因；此則自由為終極目的，以自由（自律自行自果，感通無礙而必有事焉）貫穿各環節。材質因與目的因、形式因，在動力系統關係之主從、張力，及方向置換中，三者互動、

互轉、互為體用。此攝存在於目的性活動之理，謂之性理。

六　四因互為體用而言性理，性理綜合「即生言性」與「即心言性」而言「成性存存，道義之門」

性理之為活動的實在論之實有之理，關鍵在具此理性之實在論之實有「人」（康德稱為「理性的存有」）以此理為其體性，即理言性，即性言用，即用言體，體用一如，故稱「性體」。性理之為性理而異於其他之理者，在其實為一活動的自我體察自我實現的目的論之理。此所以在告子言自然目的論之「即生言性」之外，孟子特言自由目的論之「即心言性」，以心之當下感悟反思生命存在之終極目的，以此自我超越而向之而趨的終極目的，統御生生之性；即此感應心、反思心、判斷心之為一理性存有（人）本有之能，陸象山承孟子「四端之心」而言「心即理」，王陽明直稱為良能；即此本有之良知良能，言自然、必然、應然、能然，則稱「心體」；心體性體與性理在實踐中「知行合一」。

實證唯心論堅決反對一切離心的實在論決定論，認為一切離心論都不可能有關於世界存在的有效說明，更不能有關於人的意識存在與行為方向的有效說明。離開「人（理性的存有）」的感觸直覺、智的直覺、理性、判斷力（泛稱「人性」，特稱「知體明覺」、「寂感真幾」）的照明（對象化、呈現、綜攝），世界存在對於我們是一起沉沒、不可說。強說之只能說「不知」（孔子「未知生，焉知死」、「知不知，是知也」之「不知」）、「無／無名」（老子）或「一」（莊子「天地與我並生而萬物與我為一。既為之一矣，且得有

言乎?」之「一」。此見莊子不同於老子)。當如此說時,亦已經是以一種近似述事的語言說的超出人之知識限度的某義之「有」,此某義之「有」正以某方向或無方向而被表明或「呈現」,亦因此可說為「寂天寞地」,可說為「必有事焉」,或「全體大寂」,亦可在程態上說為「無限」、「自由」;因作如何表明或如何呈現,正是自由無限故。王陽明謂「來扣時原是驚天動地(案不安故),扣時也只是寂天寞地(案必定故)」(《傳習錄‧下‧徐愛錄》)。指出生命的學問就是如何即一個巨大的不安而得安。於是有各種宗教。基督教是即驚怖而安於上帝信仰;佛教是即無盡苦業緣起而遁入空門,安於還滅;道家是即天地有大美而不言,而安於自然無為;儒家是安於仁。但「仁」就是不安不忍。儒家遂可說為安於不安不忍之生命真實,而證怖、證苦、證如、證道、證悲、證覺,既會通於諸教,而為一超宗教的、實證的內信外仰之人文教,為歐洲啟蒙主義所嚮往的知識分子的唯一宗教。

七 「全知式實在論的存在」與「偽先知」

離心而全知式宣說「存在決定意識」,此將要決定每個人之意識或集體意識之「存在」、被意識前之存在,究為何義之存在／存有?本來就是西方各派形而上學的舊戰場,二百多年前被批判哲學形容為廢墟,近百年前又被語言哲學宣佈此處應劃歸語言遊樂場或概念遊戲機,佛教所謂「戲論」。以離心故,離卻心之自體自性與心之所對(觀念或現象)之同態對應(Homomorphism)或同構對應(Isomorphism)之可檢證性,而失證故。柏拉圖下來全部西方形上學所言之「存在」泛指心所對之一切而獨缺心,而為佛教所言之「獨影」,而全知式地實在論化。其形上學不是根於對具體存在之反思而有之形上之認定,而唯以一超絕之理念凌駕所有經驗之知,而此超絕的理念、理型、又欠缺存有論的實證說明(若柏拉圖以回憶說理型之呈現,則是以心理學說形而上學。心理學之普遍性只是經驗的,正不宜以之說形上學。相反,若經對一一具體存在之存在之理之反思,更扣緊就人的具體存在表現作其存在之理之反思,而有一人性論之形上設定,則回憶說可解為超越的反省、解

為逆覺體證），此所謂超絕的形上學。既超絕矣，又要決定所有經驗，為一一經驗的本質實在，是所謂超知而反知。超知而反知而自以為全知，故西方式形上學又最後被稱為「偽先知」（卡爾・波柏《開放的社會及其敵人》）。

偽先知中最蹩腳的當然就是反形上學最力、反精神哲學最力、反唯心論最力的唯物論先知了。唯物論先知之所以是最蹩腳、最可悲，是當他把「存在決定意識」之「存在」，說成實在論之離心、離識、離覺之「物質」的時候，說成物性、物理、物力決定論的時候，他的「唯物論」之「物」與一元論宗教之神學雖反向（一為超越而向上，一為還原而向下），但在思想方法上無別，同是離心的，全知的，因而獨斷的。但唯神論者可轉從道德實踐之當然、必然、能然，說人性中本有神性之種子，由人性中本有神性種子，論證有超越而實在的道德意識實體，以保證道德實踐之出於自然、當然、能然、必然之永存；因此呼喚上帝，於是上帝降臨。這本是神學論證上帝的應有之道。但教會宗教卻寧願繞過道德意識，而從知識義的第一因、總設計師、充足理由律去論證上帝存在。這當然說明其是理性的宗教，是偏於知識理性的宗教，而知識理性正是否定任何宗教，如此一來，成為這類宗教內在之永久困難。知識理性只相信知識理性，理之起處即其終處；不相信在理性之外，實有理性的人格神。當批判哲學二百多年前宣告論證上帝存在之論證無效之後，教會未肯改弦更張，於是——說真那句：上帝從未在西方降臨。所有不外是像康德那般，從住所窗口遙望教堂塔尖，凡有阻隔這種眺望的障礙物，懇請移除；此外餘下的便只有「因信稱義」的節制與狂熱，以及以信仰的權威性為名義的服從與奉獻。於是，在道德的宗教需要認知理性支持時，知識理性一方把所有涉及「終極」的問題撥歸不可知，拱手交還宗教；同時亦以「不可知」故，撤走了知識系統對宗教的任何支持。另一方面，認知理性在其知識系統的終極，又需要有一個存有論的實在之認定，如「物自身」、「第一因」（自由因）、「充足理由律」，以完成其系統之完整性，否則，康德的「經驗的實在論」恐怕實在不起來，只成了個懷疑論和不可知論。但關於自由因、物自身這種認定，涉及康德所謂「智的直覺」；而人所共知，知識理性只講如何為自然經驗世界立法，此則只涉及感觸直覺，不涉及智的

直覺（先驗範疇等只是構造知識的框架，沒有內容，不涉直覺）。

八　實在論元論信仰與西方宗教精神

　　知識論極需一個存有論的終極認定，因此在知識的窮盡處，為了成就知識，為了不陷入懷疑論、無窮後退的不可知論，在知識窮盡處，常有神的影子。在現實中，科學與神學的這種基於思辨理性而又完全違反思辨理性的關係，一如西方繪畫中肥胖小天使靠著那對小小的知性翅膀，滿天飛翔。這就是科學家與神學的私密關係。私密關係之秘密在：科學本身不需要神學，科學家需要神學。在這裡，支持上帝存在的不是道德或藝術。如在中國思想則常從道德或藝術去體會天道、天理；因道德、藝術超越地需要天道、天理，內在地需要終極目的與合目的性原則。天道天理必通過具體生命之自我超越、生生，作實踐的直接呈現如道德；必通過無目的而自然合目的的機體秩序之觀照作間接呈現如藝術。人通過合目的性原則觀照一一物以至萬物，而有凌虛的價值秩序之發現；凌虛的價值秩序一旦實化為生命存在，則成為所謂生命境界。唐君毅先生在最後鉅著《生命存在與心靈境界》曾以「道德自我之建立」的方式，亦即從存在入路「成性存存」的方式，作艱難地展示。此中國思想中之宗教性，正與中國哲學「內在而超越，超越而內在」的形上學，與西方宗教、西方形上學大異其趣。

　　在西方，熱切要求上帝存在的，是明確宣稱「上帝在認知限度以外」的科學。事情是這樣的：由科學舖墊了一種疑似實在論的因果律（在科學而言本來只是在不斷測試的暫時的實在論），由實在論的因果律引導有關上帝存在的論證。但從果溯因，本不應中途停止，除非為了某種需要，要在某種層面停止。如為了經驗科學知識、為了形成歷史知識。故謂暫時的實在論。而今為了論證上帝存在，從果溯因於是在傳教士的演說中隨時中止，並以因果律的名義，稱發現上帝、發現第一因。但反對者亦以因果律指出上帝並非第一因，上帝存在本身亦需要原因。是見以因果律論證上帝存在必導至正反兩題俱立，此之謂二律背反。這個二律背反沒有阻止這種論述。在教會、甚至

在科學界,凡康德批判哲學未澤及之地,這種論述被視為是正面的,結果是把神學本來應有的道德意涵虛空化,而唯強化神在理性之誤推中之實在論的實有性、權威性。教會和廣大信徒,沿著這條因果律的實在論道路尋求上帝,一方逼上帝歸隱(以不相應故,二律背反故),但同時系統科學因上帝論述而神學化,神學因這種論述而科學化,於是偽先知準備就緒。黑格爾的歷史哲學源自其精神現象學之人的精神之表現(實現),以存在條件之限制故,必是片面的特殊的,因而只能是辯證的、歷史性的。這原亦正是對實在論決定論之揚棄。但作為歷史哲學,總偏於客觀精神,又總偏於實現論之現實主義。於是二律背反被歷史哲學收編為歷史辯證法,凝塑一種實在論的自我破裂以對其自己的頭腦,再而客觀化,宣稱為什麼法則。偽先知正式登場。這種頭腦(以二律背反為所謂「對立統一」、「緊張」、「辯證」,以之為必然、實在的頭腦)的人的進一步向實在論「辯證」的結果,遂產生既有唯神論之終極一元論,則當有異端之唯物論終極一元論。唯神論與唯物論以「背反」故,同時成立。二律背反反省的結果,不是知其陷入二律背反而避免之,從此取消實在論的因果決定論(因果由推衍之原則轉成某義之預定論),卻是由二律背反證二律俱立。二律俱立矣,又不能攝存在於活動、攝二律於一心,即認識心言因果,言二律背反,從而放棄實在論之因果律,轉言自我超越義之精神活動之辯證。西方近代思想步步自反的結果,是「因信稱義」的信仰的權威性竟從「神」反轉向「物」。有人文主義心理學家對此痛心疾首,說西方十八世紀的問題是上帝之死;隨著上帝之死,十九世紀的問題是人之死(《逃避自由》的作者佛洛姆)。我認識的朋友很多都相信唯物論。有人援老子之「反者道之動」和黑格爾的歷史哲學為其辯解,可見既不懂老子,又不懂黑格爾,只喜歡一個「反」。是因喜歡「反」而同情唯物論呢,還是因喜歡唯物論而援「反」救助呢,哪就說不清了。總之,全知的實在論決定論先是以理為本,再為神本,再是物本。人只能依附於理、或神、或物,而道德、藝術先是說為理型決定,後是上帝決定,今是物質決定。即著這種全知的實在論決定論,西方文化成功一種義無反顧的宗教精神,包括反宗教之唯物教之宗教精神。

九　宗教世俗化與資本主義精神在中國不起正面作用

　　今再從西方文化的歷史性格，說兩極化精神如何藉新教清教徒倫理構造韋伯在《新教倫理與資本主義精神》所言的極度世俗宗教精神——資本主義精神。渴望得救與追求財富同樣熾熱，正是資本主義的「新兩行」。由「新兩行」逼出「政府中立」和現代法治。其中的轉折和契機，歐美用二百年的思想實驗和行為驗證，艱難地經歷了。這是從「兩行」說西方現代精神、資本主義精神的內在破裂；並因破裂而逼使社會制度之中立、公平，讓破裂的各方都得到充份表現、消耗、客觀化為歷史大小環節，並很快被越過、遺忘，單純化為歷史節奏、歷史的工具，唯一收穫者是歷史——歷史終結者（神）所曾行經而留下的腳印。

　　本人曾以「兩極歸宗（中）」[5]說中國文化與哲學精神，是站在綜和的、辯證的、自我超越、自我實現而同時體現「乾道變化」、「天人合一」的立場，說「成性存在，道義之門」的多重「兩行」，既有形上形下說的兩行，又有縱橫說的兩行，前後說的兩行，而歸向於終極目的之「宗」（自由自律）。「兩極歸宗」之中國「兩行」當然與西方之兩極對決，非此即彼或同歸於盡，唯一實存者「上帝」，或黑格爾的「絕對知識、歷史」，大異其趣；亦異於資本主義「新兩行」之人格破裂，只為成就資本主義之客觀精神。中國思想在現代化中備受考驗，其中的艱難更與西方文明的「新兩行」夾纏一起，而有二十世紀的從憂患意識徹底轉向驚怖意識，發生中國歷史從來沒有發生過的，與西方宗教狂熱類似的「森林大火」式的災難。

十　唯神與唯物——現代西方文明的內在破裂

　　今轉從時代中心課題說西方現代化之特質。首先，人們發現上帝從未真正降臨的事實成為近代歐洲人意識中的事實；西方思想在驚怖中由呼喚上

5　參閱《實證與唯心》，第4章，〈兩極歸宗與中國哲學精神〉，頁250-160。

帝,到慢慢合上通向上帝之門。人神破裂的緊張之由祈禱救贖轉為新教倫理之世俗清教徒自我克制等待,催生了資本主義精神(見韋伯《新教倫理與資本主義精神》)。而資本主義將人神破裂的「外在緊張」與新教倫理之「內在緊張」世俗化及個人化為人在社會上的成敗得失之緊張。自資本主義言,則可簡化為以人(欲)物(物質佔有)之破裂為中心的緊張。人物破裂的緊張要得到維持使之成為資本主義社會發展的動力,又不至於崩裂失衡,於是在文化層面催生了現代法治與多黨制民主政治。現代法治與多黨制民主政治充份客觀化現代人的多重存在緊張(人神緊張、物我緊張、人我緊張、自我認同之緊張,簡言之目的與存在的緊張),至少通過異化的方式,表現了並且收穫了種種緊張之轉化所成之文化成果。這是從正面看到的資本主義之偉大成果。若從反面看,資本主義的價值觀既從傳統之人神破裂、人以救贖為最高核心價值與終極關懷,一千多年所形成的宗教主導的價值系統,轉變而為以人與其社會地位之緊張關係為中心,人的世俗成就成為最高核心價值。人在宇宙中之自我定位,從超越的終極目的之「被神接納」,個人成為真實存在亦即「神的馴服工具」(齊克果:「以虛無為用,投向存在〔上帝〕!」),演化為取消終極目的(韋伯原本是以新教倫理中「祈求神接納」之終極目的與現實存在之緊張,轉化為資本主義精神之動力來源),只承認實際目的(資本家與工人只認各自之利益,選民只認現實利益,政客只認選票)。當然這種描述只適用於徹底的資本主義社會。包括美國在內的西方資本主義社會至今仍保留傳統宗教的強大影響力,使這種世俗化轉型,得到在客觀精神層面的「兩極歸宗」而合理也,表現為積極正面的,如美國立國精神也利用實用主義之自然理性(合理主義)消化和穩定這種世俗化,基督教救世主義亦被收編納入這種合理主義。但隨著終極關懷日漸淡化,而資本主義只提供實用主義多元文化平台(以實用主義作為走廊通道哲學,所通過的實際目的與所向往的終極目的各不相同故),人格性之內在緊張(理想目的與自我存在之內在緊張,齊克果所謂「通往上帝的道路只容一人穿過」)被向外投射轉移為非人格性的社會關係之外在緊張。社會關係的外在緊張就其根源而言,當然源自人的人格性的自我認同之緊張並將之客觀之、異化。沒

有人格性的內在緊張，本不會有社會性的外在緊張。然一旦將此社會性的外在緊張向外拋而實在論化，這實在論化的實有又不是超越地向上去肯定的（如向神的，或向天道的，形而上學的），而是還原論地外在地向下去尋求肯定的，則必然有唯神論的最忠誠反動的現代唯物論之出現。

十一　觀念災難與艱難時代的哲學命運

　　現代唯物論全部繼承柏拉圖理想國和實在論神學的方法學而作顛倒的運用：認知主義地全知的、實在論的、宏大社會規劃和歷史目標的，由外在決定內在、下層決定上層、物質決定精神、客觀決定主觀，在掏空一切具體實存之自性後，按照「唯物辯證法」，所有無自性的單子圍繞唯物論現實主義之唯一中心轉動，這唯一中心又圍繞較高層之唯一中心轉動，如是直至最高中心，這叫做「主觀能動性」，其實就是權力中心主義。這種權力中心論的結構就是所謂極權主義，不再是金字塔式的權力結構，而是唯一中心論的權力結構。這個支配宇宙運行的中心，意志論者稱為權力意志，屬於實踐動力之道德次序問題，而歸於人格論的正反問題，人學的體性學、體用學、性相學問題。唯物論的權力中心主義將這種意志論與黑格爾的客觀精神混合，成為歷史意志，稱為歷史唯物論。如是權力意志中心論成為歷史存有論，被歷史唯物論稱為客觀規律、歷史法則，不為人的主觀意志所轉移，認識這條客觀規律、歷史法則的必然性，這就是「自由」、選擇服從就是「自律」。這就叫「唯物辯證法」。有了這個唯物辯證法，在權力絕對中心化的論述上，唯物論比唯意志論強大得多，因與客觀精神混合故，到達宗教的層次，可以當之無愧地被稱「偽先知」。

　　唯物論偽先知自我定位的要務，當然就是改造人類運動。在全幅繼承實在論宗教的基礎上，在意向上徹底顛倒之；由超越地向上（向神、向天道，向道德理性、向自由），顛倒為由外在決定內在，而內在地向下（向物欲、階級利益、物量決定），並不斷將內在推出為所對，以此形而下之所對，為本原實在，而不能終止，只能暫時終止於現實權力中心，而現實權力中心而

暫時中止於更高權力中心如是最後成為徹底的虛無主義。這是徹底的唯物論之必然歸宿。第二國際領袖考茨基說「運動就是一切，目的是沒有的」，是唯物論的如實說虛妄。因若最後歸於物質／物理／物力決定，而「物」自身無意識亦無反省能力，固無目的；又否定有任何內在而超越的本原性的精神存在，只餘一團黑氣，而唯內捲內耗，最後成為被科學家稱之為「黑洞」的東西。黑洞自身並不知自身為黑洞，黑洞是相對於人的「認識」之所在（儒家所謂「意之所在」，佛教所謂「唯識」），暫以實在論的名號稱之為「黑洞」。若連人的意識也去掉，「黑洞」也無所可說，無所可名謂，強稱之為「虛無」（毀滅）。毀滅自身自不知何為毀滅，於是主事者自美其名曰「運動」。於是天下的唯物論者迎來他們的盛大節日（「革命是革命者的盛大節日」），但革命是意識要求否定現實存在，違背唯物論之「存在決定意識」，於是講「唯物辯證法」。但辯證法註定歸於唯心論（精神哲學、人格論），唯物論註定不可講辯證法。唯物論之為唯物論就是不許講辯證法。到這一步，第三國際的列寧只好宣佈：現在是從「革命的武器」（共產主義意識型態）發展到「武器（暴力）革命」時代了。俄共的「十月革命」就是「唯物論辯證法」的一次示範，是唯物論辯證法的「真實行虛妄」。也就是說，實踐派的唯物論盜用唯心論實踐哲學中的自我超越原則（所謂辯證法），向外投射改造為歷史法則，成為預定論的歷史階段論；把唯心論實踐哲學的自我反省所發現的內在而超越的終極自由目的，換成以「共產」為終極目的。這個以共產為終極目的的人類歷史預定論，於是反過來決定人的意識，由這種人的意識去說明他的存在，當然就可以把權力意識決定存在說成「存在決定意識」了。

十二　致良知學之「知行合一」與致無良知學之「知行合一」

　　看似魔術般的唯物論辯證法，只是非法的盜用唯心論自我超越自我實現的實踐原則、目的性原則，將之外在化實在論化為歷史法則、歷史目的論，

並轉而以之決定人類意識、人類歷史行程、人類歷史的終極目的,以及個人意志和行為標準。唯物論充分發展的結果,是思想暴力和暴力行為之合一。好像是把王陽明的「知行合一」、「心意知物,其本一也」之唯心論辯證法拿去用了。但王陽明之「心意知物,其本一也」之「本」是道德意志之定向與遍潤,即道德終極目的之「知」與自我實現之「行」,言「知行合一」。唯物論辯證法是即所謂「存在決定意識」之意識所執之共產目的之「知」與「實現共產」之「行」之「知行合一」。從實踐的自我實現的目的論而言,兩者「知行合一」一也,但目的恰相反,結果大迥異。王陽明的「知行合一」是所謂「真知出真行」、「正行證真知」之致良知之唯心論辯證統一。馬列的「知行合一」正所謂「妄知出妄行」、「妄行泯真知」之致無良知之知行合一。在哲學詭辯上,列寧確比馬克思之貧乏的「存在決定意識」唯物論,前進了一大步,深化了馬克思主義的理論與現實力度,故一般直稱「馬列主義」。這個思想病毒發源於唯神論傳統極強的十九世紀歐洲,爆發於東正教救世主義的二十世紀初的俄國,傳播到「去亞入歐」的日本,被留俄、留日的中國留學生感染,攜帶病毒回國,集中在北京大學,流播上海、廣州;當時據說可防可控。在歐洲歷來有強大的唯神論宗教傳統,在日本有天皇及保守勢力;獨俄國正逢一次大戰、沙皇被逐,而中國當時推翻滿清,連帶把中國傳統也否定;兩國都出現所謂文化認同危機。東正教的救世主義與國際共產主義有宗教性之相通;中國徹底的人文主義心性論傳統,根本與宗教狂熱毫無相通之處,卻在自詆自殘之文化認同危機之時代,成為最欠缺免疫力的族群。

　　回顧二十世紀的中國,到底是什麼樣的存在,決定了人的什麼意識從而產生了這樣的存在?還是什麼樣的人的意識,選擇了怎樣的意識型態,從而決定了人的存在?至於說「時代」,仿照維特根斯坦的語言:所謂「時代」只是一一時代持分者,其意識所選擇的意識型態(或捨棄意識型態)從而形成的一一生命存在,互為主觀(客觀)地構成一一場有,之一一場有之集合;離開一一持分者互為主觀的意識意向之集合,並無一個所謂「時代」。時代就是所有持分者在某個節點上的「在」的集合。並無一個什麼實在論的「時代」決定一一持分者的意識,並因此配與「時代」之名。

十三　意識型態的破除與免於恐懼的自由

　　本人說「艱難的時代故有艱難的哲學」，此語的要點在哲學承擔，此與本人在另處說的「哲學的良心與判斷力」同義。接著本人又講「二十世紀的艱難就是由唯物論造成的」，意思更明白：不是艱難的二十世紀迫使中國人選擇共產主義，是選擇共產主義讓中國在艱難的二十世紀淪為馬列主義殖民地，極端化地加深了時代艱難。就個人生命而言，則重濁者不知所措，或泥足深陷，輕狂者飛蛾撲火，自害害人。

　　在歷史中每個時代有每個時代的難。有些時候的難是屬於點、線的，有些時候的難是屬於面的，有些時候的難是立體的。立體的意謂不僅是個人的、人際的，或群體的、社會性的；而是既屬個人的、人際的、社會性的，且是國家的、國際的，更是歷史性的，縱橫交錯的，型態學，核心價值觀的；涉及個人、集體選擇在宇宙中的自我定位的、自我實現的。這種整體性的艱難讓二十世紀中國人茫然失措，遂病急亂投醫的倉促地回應以實在論化、變異了的「知行合一」整體論，整體論地徹底否定中國文化，寄望於全盤移植西方文化，不管是英美文化，或德日文化，或蘇俄馬列文化。整體性論述的固結化、實在論化，即所謂「意識型態」（Ideology，原由法國人德塔西創用，或譯作「意底牢結」）。著名的案例，即《共產黨宣言》宣告與人類全部歷史形成的制度徹底決裂，與人類固有之價值觀徹底決裂（所謂「兩個決裂」）。這種實在論的整體論從來就是柏拉圖傳統下的述事方式：排中律，非此即彼，理型世界或影子世界，極樂世界或悲慘世界（伊甸園－失樂園－復樂園；原始共產－私有制－共產）。若說宗教歷史觀止於宗教的、神話的，精神性活動的；則唯物論的三部曲歷史觀是所謂科學的、政教合一的全人類普遍真理、客觀規律，不為人的主觀意志所轉移，是名符其實的知行合一的、自我實現的革命福音。時至今日，偽先知早與他的十二門徒用過最後的晚餐。這與中國傳統的心性論的自內而外、而自我超越，天道性命相貫通，活動的、兩極歸宗（中）、自我實現的整體文化論完全異趣。「天命之謂性，率性之謂道，修道之謂教。」（中庸）「人法地，地法天，天法道，道法

自然。」(老子)「乾道變化,名正性命。」(易傳)「由太虛,有天之名;由氣化,有道之名。合虛與氣,有性之名;合性與知覺,有心之名。」(張載〈太和〉)這類「兩極歸宗(中)」話語在中國思想多不勝舉,與實在論的整體論的非此即彼,正是南轅北轍。凡意識型態必堅持兩極不歸中,只許實在論的一極吞沒另極,實在論的一元吞沒其他元,以顯示一元論實在論之絕對權威,在唯物論即物質之絕對權力。

十四 「超越」與「內在」——一心所開,互依相生

回到二十世紀中國問題。在歷史哲學方面,中國現代化問題即有關如何盡理盡氣,中國文化如何由綜和的盡理盡氣轉出分解的盡理盡氣,以及分解的盡理盡氣與綜和的盡理盡氣如何再辯證綜和的問題,亦即中國文化在現代轉型(轉出科學、民主法治)的問題。在社會學及政治層面,即所謂「化質為量」,「化實體為關係」,「化目的為作業」等等問題。二十世紀中國的難就是這種立體的、整體論的、活動的、實踐的自我實現的難。「化質為量」意即將立體性問題暫時平面化,又可將平面問題作點、線的處理,亦即以所謂科學方法處理。科學方法處理最初當然是抽象的、非存在的,命題式的;科學方法之運用以達到某個目的,需要具體的人依其判斷力(決定性判斷力與反思判斷力)去「理解」與「運行」,更依「理」之不同作「同態對應」或「同構對應」之檢證[6],看所用的方法手段與其目的之實現是否相應,從而不斷調整方法手段,以至重檢目的之合理性、合次序性。(參閱本人〈歷史理念中的自由與道德〉、〈超政治與政治〉、〈「語言轉向」之轉向〉等文之有關討論)[7]。這是純從學理說的二十世紀中國文化轉型涉及的「思想模式」問題。

中國文化在思想上本有很好的綜和的、融貫的實證傳統和深植民間的實

---

6 參閱吳汝鈞:《玄理與性理》(香港:商務印書館,2021年,修訂版),〈上篇:言意之辨與魏晉名理〉,第3章,〈「言意之辨」析義〉。
7 諸篇皆收入《實證與唯心》為第6章、第10章、第3章。

用理性。中國文化實現現代化,這種現代轉型的難,只是一種將傳統整體論的,機體的,立體的以目的性涵攝綜和各環節不使破裂對立的、動態的自我實現的思想模式,暫時自我解構、下墜,平面化為點、線、面之平面結構的,對列的、量化的(平列的,唯量的,以量述質,以量論力)的思想模式;新黑格爾主義者哈特曼所謂「客觀化了的客觀精神」,存在主義者從黑格爾接手而言的所謂「異化」(人所創造的東西反過來支配人)。牟宗三先生則從自由無限心之自我超越,說「自我坎陷」、「一心開二門」。二門為「無執的存有界」和「執的存有界」;由「執的存有界」之「執」(借用佛教語是「轉識成智」逆反為「轉智成識」)為這種下放、解構、重構、平面化、量化、客觀化、非人格化,作純理的(中性的)的展示和提供存有論的說明,是「自由無限心之自我坎陷」。這些都是在康德之後,沿用西方傳統(柏拉圖傳統)的「離教(分解的、二元論的、兩極化的)」語言而出現的近代論述。由「超越」、「超絕」與「內在」之分離、兩極化,再即超越／超絕而轉言「超越而內在」,是近代文明需要的不是「超越」而是如何超越超越以達到內在化、可驗證化。亞里士多德之「四因」說可說是最早提出了這種要求,但被攝收歸於柏拉圖(參閱陳康有關論述)。到康德又即「超越」與「內在」言「物自身與現象之超越區分」,然則現象與物自身之二分,非實在論的二分,而是所謂「超越的區分」,物自身本有之實在論的超絕存有之意義,被這「超越的區分」徹底地沖淡,徹底地玄化、意味化,動態化,而為超越的觀念論中的智思物。而所謂「超絕之實在實有」,既屬於超越的觀念論智思之物,則世界存在的最後真實,不再滿足於柏拉圖傳統之全知式的唯理論、或唯神論、或唯物論的獨斷論,不再以感知所對、意識所對、精神所對之對象物,隔離之,言為最後真實。即應明白:欲探究世界存在的最後真實,必須從所感所知所思所對之對象物中撤回,而從如何感、如何知、如何思、如何對,方能與所感、所知、所思、所對——實證相應、統體實證相應上,探究世界存在的最後真實。不僅此也,不僅要從主客相應方面探究存在的最後真實,而且要即著這主客相應所成的「經驗的實在」,論證「境不離識,唯識所緻」;再由「唯識所變」證「轉識成智」;由「轉識成智」證

「如」。此則成為佛教。即「經驗實在」而證「能所不二，唯道集虛」、「天地有大美而不言」，則是道家。佛道二家皆不走西方的知性的形上學的道路，包括康德的以智思之物，如「物自身」、「靈魂」、「上帝存在」；單向地在觀念推衍中求證世界存在的最後真實，這條道路。換言之，就康德哲學而言，不應在「現象」一邊，或「物自身」一邊，就以為可以究詰存在真實，而須在為何有「現象與物自身」之超越區分？作此超越區分的用心、意義以及如何證成？即此而去發現世界存在的最後真實。亦即應該返回在作出這一切指稱以及超越的區分之區分者、判斷者、言說者之自身存在，去尋找世界存在的最後真實。

十五　從生命存在實證「現象與物自身」，從「現象與物自身」轉向「目的與存在」

　　人的生命存在自身豈不就是個「現象與物自身」？豈不始終在體現／表現「現象與物自身之超過區分」？人豈能自欺，說我沒有智的直覺，我不知我的本真，一切交上帝（或）指示和安排？人若不自欺，自能、必能、應能直感直覺內心的震動不安，這震動不安所及，無遠弗屆，而首先覆蓋了主導了此身生命的五根六識，以及知性活動和意志活動。這震動不安的就是的本真、真我。本真我既超脫自然因果串系之決定性，故可說為超絕，但這超脫自然因果串系決定的本真我本來就是個震動不安的「仁體」，不能只存在為「本真我之在其自己」，成了個「只是感通而無所感通（「人而不仁如禮何？人而不仁如樂何？」之不仁）；故須「對其自己」，在現實世界呈現其自己、實踐其自己、實證其自己」。此即孟子的「反身而誠」，通過自我超越之「兩行」：超越氣質我與超越超絕我並行，為義理世界之新「兩行」，自我實現為既在自然因果串系之外，自為自由者，又以自由因移動自然因果串系，成為繼後之因果串系之第一因，而為本真我之在其自己並對其自己者。

　　既稱本真我、自在自由我，普天之下這個自在自由我只能是「一」（以無限故）且是「唯一」（以唯我故）。因這個自在自由我不能一味自由無限在

其自己,否則就沒有自由無限,也沒有自己。自由須通過對他力支配之排拒(消極方面)以及自力之自覺作用(積極方面),方真實現為自由無限(不被限制)。積極義的自由無限涉及人在自然世界之定位(現實上)與人自由選擇其在宇宙中之自我定位(理想中之定位),以及人如何依其所選擇的理想為目的方向,以自力轉動自身及自身所在之自然因果串系,向成為所屬意的「理想人格」而趨,由此則可形成階段性、成長性、成熟性,以及理想人格之類型性、差等性。然則自在自由之在其自己是「一」(以無限故),自在自由無限之對其自己、實踐、實現其自己是「多」(以自我超越故、實踐自由故、「乾道變化,各正性命」故)。於是有「人格世界」,有「聖人之悲劇」、有「歷史」,有「軸心文明」與「後軸心時代」(雅思培《歷史的起源與目標》)。就人類文化言,有中、西、印三大路向之文化類型(梁漱溟《東西文化及其哲學》),中國文化則有儒、道、釋三教。舒之瀰綸六合,卷之退藏於密。中國思想總不願作靜態化之分解,更不願意自我分解,把一個正在行走的生命,作知(知性)、情(情感)、意(意志)三分(再可分出動物性之食色之性、實用論的才質之性、心理學含美學的氣質之性,以至生物學的物性,等等),而總是喜歡關聯於一整體論的「場有」(「氣場」)並觀其勢態。康德言「認識心」、「實踐理性」、「反思判斷力」,似是知、意、情三分。但康德自言全部哲學業績是攝知情意而歸於一哲學的人學,歸於問最後「人是什麼?」這當然不再是分解的知、情、意是什麼,而是一實踐者(擁有目的性的行動者)主體之體性是什麼。在第三批判,康德發現了擁有目的性行動者的最重大特質,這一最重大特質是區分一個獨立自主的「理性的存有」、和一個非獨立自主的「理性的存有」的試金石,或說為是區分一個成熟的「理性的存有」,和未成熟的「理性的存有」的分水嶺,這就是他的判斷力(決定性判斷力與反思判斷力),唯判斷力可以攝認識的自然世界與道德自由世界於合目的性活動之實踐與自我實現。

十六　從目的論說綜和的盡理盡氣

　　牟宗三以中國哲學重證主體性,而言「智的直覺」、「心體與性體」、「一心開二門」,藉康德哲學把西方全套超越論貫穿,集中於「現象與物自身」一課題,再藉論證中國哲學肯定「人有智的直覺」,確認物自身之地位以及現象與物自身區分的證成。這套近乎實在論的存有論的語言,彷彿在客觀述說有兩層存有;但又說這兩層存有,無非是「無執的存有界」與「執的(由人的感性與知性所執)存有界」。然則所謂客觀述事中的兩層存有,只來自言說者一心之對翻:執與無執之對翻。執的存有界容易理解,就是我們常識中由感性、知性所執的經驗世界,亦即現象世界。「無執的存有界」初想很易理解,無非就是撤消感性、知性之執持,物物還原為物物之在其自己之謂。但想深一步很難理解,這無執的存有界既失去人的感性對之之起現與知性判斷,那就已經不是對象物,而只是人的關於事物存在的存有論意識之另類信念執著,亦就無須尋找另類直覺如「智的直覺」去直覺之,實證其存有。故隨即說「(智的直覺)直覺之即創造之」,意即「我欲仁,斯仁至矣」。然則「物自身」云云,直是我們的智思物,並非客觀實在於我們的智的直覺作用之前,事先存有者。我們為何需要在現象世界、知識世界以外,安立(智思)一個物自身世界,為我們的「智的直覺」所對(發現／創造)?整件事看來只因為進入了全知式的實在論的超越論述,並環環緊扣地展開之,最後剩下「人能否有智的直覺?」一問題;若人無智的直覺,則上述環環相扣的全部問題都沒有意義,都是戲論;若人有智的直覺,則證成現象與物自身之區分,全部問題得到存有論的根源的說明。

　　這種全知式的實在論元論的思想模式由柏拉圖確立,並因此一直受懷疑主義和唯我論質疑。這樣一正一反構成西方哲學史。雙方都不能證明給對方說找到全部存在的最後支承點。被稱為近代西方哲學之父的笛卡兒以「我思」為支承點,是對於全知式實在論的一次突破。但這個「我思」不能證成「我在」,因笛卡兒的「我思」只涉及思想者的在,不觸及行動抉擇,亦即不涉及存在可以轉移從而證成「我」在。世界仍在思想裡漂流。雖則如此,

笛卡兒確是要扭轉傳統西方一直泛客觀地、外在地之形上學之失敗歷史，轉而在主觀（主體）之感知自明方面實證存在之真實；即著一己存在之實知真感，推擴出去，說他者存在，以至世界存在之真實可能。

　　康德從人的主體的體性、體用、體相，說世界存在之真實可能，自詡是一次哥白尼式革命。康德最後證成「經驗的實在論」與「超越的觀念論」。「經驗的實在論」將實在論限制於「經驗」，意即其實在性只是經驗主義的。廣義的「經驗」其實可分為「知識」（知性要素之邏輯、先驗範疇、超越的統覺；認識心依知識法則將所感知之雜多與料作判斷，構造系統性知識即科學），「經驗」（人的感性與其所遇發生關係，表而為象（相），人的超越統覺綜攝之而為其所對，知性判斷之、構造之而為經驗知識。將已知知識在現成世界運用，發現沒有完全吻合者，只有概率吻合者，此之謂經驗），與「世智」（世俗智慧。此則須承認有目的性原理，而云累積經驗、學步、習行、成長成熟、豁然貫通、觸類旁通等種種合目的性之選擇表現）。廣義的經驗領域都是「實在」的，或倒過來說，實在論在經驗領域或而為暫時的實在論，所謂暫時的實在論意謂其為真理是相對的，不是絕對的無條件的。「經驗的實在論」遺留的問題是：純粹理性之歸屬、經驗主體之先驗綜合、目的性原理與判斷力之養成，這些超越論課題。這些論題康德一律保留給觀念論，而為「超越的觀念論」，說實了，是沒法證成，一如康德沒法證成「上帝存在」、「靈魂不滅」、「自由意志」，故只保留為「超越的觀念論」，有待來者論證「超越的實在論」。論證超越的實在論當然不能重走「超知而反知」的超知而全知或實在論的老路，而要走親證實證的道路。既要重檢「超越」與「超絕」之區分與關聯，更要重檢「實在論」之多型態；如「只存有而不活動」乎？「即存有即活動」乎？「即活動即存有」乎？「即活動即不存有」乎？「有向活動之即活動即存有」乎？「無向活動之即活動即不存有」乎？「有向活動與無向活動之即寂即感與自我超越」乎？或唯一實在論（一元論實在論）與多元實在論（相對主義）或「理一分殊」實在論乎？預定論與自我實現之目的論實在論乎？要言之，我們需要的是即知而反本，反本而「寂天寞地必有事焉」，一方復歸無限可能性，一方實現唯一選定的自

我實現的可能性,知行合一的,活動的,實證相應的,創造論的實在論。

十七　目的性判斷力與真我之站立

　　在牟先生疏理的康德哲學的核心問題「現象與物自身」論述之基礎上,我們可以將現象與物自身之區分,還用於人自身:人的現象乃由對我之感知執起之相,我之在其自己之本真即物自身。我的本真真我站出來,即物自身的證成。然則智的直覺即「自誠明,自明誠」之自知自證之明,同時是反思判斷力為天地立心。由自知自證之明,證有我,有感有照有「現象與物自身」,有「形而上者謂之道,形而下者謂之器」,有「一心開二門」;並且有「兩極歸宗」,有性向、有目的、有意義;並因此反證有世界萬物之存在。故本真我之站出來,反身而誠,茲事體大。故張橫渠說「為天地立心」,陸象山說「吾心即宇宙,宇宙即吾心」。為天地立心者為萬有提供目的性理念,從而為萬有內置價值判斷與行為法則。若無目的性理念的明誠,縱有黑白方圓,萬有仍千古如長夜。然則智的直覺(或反思判斷力)既是人自己(本真我)之自知自明自證之「特殊功能」(康德義。或曰「良能」),亦是萬有之成為其自己、成長成熟其自己之之方向目標之發現、燭照者、成全者,是萬有存在之價值秩序之照明。故曰「誠者物之終始,不誠無物」,「厚德載物」。康德當然不會同意在人的世界只有現象,沒有自身;但康德又判定人無智的直覺,不能知及物自身;這就等同在人的世界只有現象,沒有物自身。直到第三批判討論「目的性判斷力」,康德承認人通過修行可以擁有一種洞悉萬有存在之內在目的與終極目的能力,這就是反思判斷力,是人的心靈的特殊功能。本人認為:這對於康德哲學,不啻是第二次哥白尼式革命——康德由超越的分解,進到主體體性學的辯證綜和了。康德自己當然不說:他已經非常接近中國哲學了。

　　「工夫所至即是本體」、「無聲無臭獨覺時,即是乾坤萬有基」。中國哲學直截明了的智慧來自她的心性論方法學。人既是世界存在的全部條件與關係(因緣)的最高集合體,是世界存在的最後目的與最高目的,又是世界存

在的照明與說明者;更無可懷疑的,是「我應故我在」和「我在故我能」、「我能故我思」、「我思故我必」的自明的存在者;則一切關於世界真相的追尋,與其向外格物物之存在之理,卻偏偏錯過人的生命存在這一「第一存在」,這不僅是捨近求遠,且是捨本逐末。與其向天外去找存在的真相,不若就著人的生命存在的自我省察,實探存在的真相。從人的生命存在如何從根底上就直接參與萬有存在,分有並照明、說明萬有之存在秩序,並在實踐中轉動萬有存在之目的因、形式因、動力因,以及材質之發現與決定,以至世界存在之意義與歷史之起源和目的。

十八　「人學」四問之反省

(一)關於「人能知道什麼?」

事情如康德所言,全部的哲學業績,歸結為三問:「人能知什麼?」「人應做什麼?」「人可希望什麼?」最後是「人是什麼?」換言之,離開人的生命存在的自我省察,什麼知識論、價值論、形而上學、神學、美學、道德,都不能說、說不上。回歸「人學」矣,康德卻又遺留一大問題,即人學又究以那一問為中心的問題。康德本人沒有意識及這個問題,牟先生從康德提法之次序,意識這個問題涉及康德哲學最後的成敗以及與中國哲學的區分(參閱《現象與物自身》。牟先生認為中國哲學以「人應做什麼?」為首出、為中心)。明顯的後來的存在主義即要求從西方哲學以至康德傳統以「人能知什麼?」為首出,轉向為以「人可希望什麼?」或「人應做什麼?」或「人是什麼」為首出。海德格似仍以「人能知什麼?」為中心說他的「存在與時間」。但他很快意識人的知能無時不與他的向死之在之感、之意、之念,交纏一起,唯在「此在」之「煩」中,以「尚能」的方式展示每一步存在。此外,並無一個橫空而降的存在。海德格是把康德的「四問」的次序給倒過來,以「人是什麼?」為首出,展示他的人的存在的現象學的還原,即此人的存在的還原,以「人是什麼?」之「此在」為首出,重思「人

能知什麼？」「人應做什麼？」「人可希望什麼？」如是有《存在與時間》之似仍以「人能知什麼？」為首出的關於存在與存在的還原，兩者糾結夾纏不清的展示，為康德的人學作還原，暗示還原到底，才有出路。以「人能知什麼？」為首出，則人不能知人的認知能力以外的事物是一定的（分析的）。隨後的二個根源問題「人應做什麼？」「人可希望什麼？」亦被這首出的「人不能知人的認知能力以外的事物」給限制了。故在三個「人能」之前，須把「人是什麼？」弄明白。海德格的方法，是胡塞爾現象學的「還原」，約相近中國哲學的「遮詮」、「雙遮」；至於在「遮」後，豁顯出來的、或說「超越的還原」所剩餘的，是純粹主體，還是純粹現象（如如）；還是虛空？是道？天德流行？那就要看各家怎個選擇，或「造化」了。

（二）關於「人應做什麼？」

看康德的第二問「人應做什麼？」康德會怎樣回答。想必會這樣回答：人不能知有上帝存在，不能知人有自由，但不能不知人應做什麼。人以人的生命存在而必在行動與抉擇中，故康德言實踐理性之優先性，即使對一行為是否為道德並無所知，亦應服從橫空而降的道德律令行事，成敗功過亦在所不計。

（三）關於「人可希望什麼？」

至於第三問「人可希望什麼？」康德似應答「希望上帝存在」，這樣什麼希望都可以寄託了。但若上帝存在，人的自由就只剩下選擇服從上帝或不服從上帝的自由了，這就是如何理解上帝以及「在上帝與荒謬之間，我寧選擇荒謬」的問題，上帝為何不主持公道、人間德福不相配的問題。然則上帝存在對回應「人可希望什麼？」並無多大幫助，近乎思想休假，不再想了。其實康德應回答：人可希望保留希望。「人可希望什麼？」我們試依中國哲學回答。人主觀上必希望得到生命所欠缺的東西。但生命的本質就是欠缺，

而各人如何認識其一己生命之所欠缺正各不相同,故並無普遍義之幸福可言。人亦不可希望生命無一欠缺,因為那表示生命終結,生命再無所希望。人唯一可希望只能是人通過有目的性的行為(實踐),改變生命所在的自然因果串系,努力使之符合人行為之目的,努力成功,則有合目的的愉悅之情之生起,此即所謂「幸福」。此亦某義之「德福相配」。這似乎可構成自然目的系統中「德福相配」之可希望。然一旦生命所在的自然因果串系符合人的希望,人得到自然目的之滿足,生命依自然目的「諸行無常,諸法無我」之本質,隨即從所在之合自然目的之存在狀態中破裂,重陷痛苦,所感欠缺或更有甚於先前。然則人唯一可希望的「德福相配」,亦不值得去希望——除非這「德福相配」不在自然目的上說,而是轉從自由目的上說,亦即轉從孟子的「天爵」(以及天爵與人爵的關係)去說。人唯一值得嚮往並希望實現的,是生命從自然因果串系中解脫,體會一種無所繫縛的自由。

(四)關於「人是什麼?」——「從自然因果串系中解除」之諸義

但這「從自然因果串系中解脫」有多種說法。

一、第一種說法是逐步減少生命欲望;生命由不斷的欠缺,減退為最少欠缺,然後熄滅。這是原始佛教亦是終極佛教的解脫說。

二、第二種說法是生命回歸為自然生命,自然生命的需求若在自然狀態中得到自然滿足,從而超忘欠缺之苦,同時亦就忘去自然因果決定以及節制生命以配合自然因果串系律動之「德福相配」之樂。這是道家「少私寡欲」(老子)「有待逍遙」(莊子,〈天下篇〉:「以事為常,以衣食為主,蕃息畜養,老弱孤寡為意。皆有以養,民之理也。」)之懸解義,亦是某義之顏子樂處、孔孟「先養後教」、儒典《大學》「修身」中當有之義。

魚躍鳶飛,春溫秋肅,既是自然合目的,亦證自然無目的。為自然立法之知性、德性,暫被擱置,人與萬物一起從目的性與因果決定中得自然安頓而相忘於江海。這是從作用上消除自然因果串系之繫縛同時超忘解脫之執之玄學道家之法門。

三、第三種說法，或即此自然無目的與自然合目的，而言「常無欲以觀其妙，常有欲以觀其徼」（老子）、「天地有大美而不言」、「備於天地之美，稱神明之容」（莊子〈天下篇〉），此為道家「玄之又玄，眾妙之門」之「玄解」義之自由，以玄解一空依傍，從有無相生後返至非有非無。此則從超越之還原，還原至主觀意向之「此兩者（有、無）同出而異門。同謂之玄，玄之又玄，眾妙之門」之根上，消除所有實在論的實有之執，歸於老子之「玄無」、莊子之「玄有」。「玄無」者「貴有」，「無以全有」；「玄有」者「貴無」，「齊物論逍遙遊」。

四、此外，更有一種「假無證有」的說法，是即此自然無目的與自然合目的之自然目的論而言「寂天寞地，必有事焉」之自由目的論。此則在自然目的窮盡處，頓知「生」之超越還原的終極，必是可生可不生；今既已生，必自由生──生於自由。由自由／自然目的論之無執無為，掃蕩一切全知式客觀主義的「偽先知」（「偽先知」為《開放的社會及其敵人》作者卡爾・波柏語）。掃蕩一切偽先知已，寂天寞地，生命感應一最內在深沉的震動──這不再是由自然生命存在之欠缺而來的苦樂之感，亦不是「順之則生天生地」之自然合目的之順逆之感，而是即此「寂然不動，感而遂通天下」之感通心，即此感通心之所感通，不安不忍，而有之當下感通震動，即此感通震動，言心言性，而知一己之心之性而曰即寂即感，性分之不容已；由一己為人之性之性分之不容已，而曰率性、盡性，而推知天地萬物之為一一天地萬物之性，天地萬物之為整體天地萬物之性。天地一一物之性，如水性、五穀之性、稊稗之性、人禽動物之性，固必以生為性；此以生為性，一為維持其原有生存狀態之性；二為改變其原有生態、不斷成長成熟之性；三為完成生長成熟之自然目的而自我耗損，孕育新存在、新生命之性，而曰生生之性。「子在川上曰：逝者如斯乎」；如水之水性，五穀、稊稗之為五穀、稊稗之性，以及水之潤物，五穀、稊稗之種子之以死亡換取新生代之性；天地萬物之以新陳代謝、自然演化趨向於人的出現，以人的生成為天地萬物之最後目的與最高目的之性。

十九　目的論之建立與自我實現之道

　　人的出現，意味著整個自然目的統緒序列以率性、盡性為終極目的或存在之理，藉「人」的生成而得寄託以實現。孔子曰「天何言哉！四時行焉，百物生焉。天何言哉！」而老子曰「天地不仁，以萬物為芻狗。聖人不仁，以百姓為芻狗。」，是自然系統整個窮理盡性以換取人這一最高目的者自由者之出現，以開啟自由目的統緒。而自由目的統緒之每一個體自由之實現，即反顯自然目的統緒中相應環節所提供之可能性之存有論意義與價值，而為自由目的與自然目的之「兩行」。是見天地萬物之為天地萬物之性，竟必自我感通，互相感通，而趨向於一超越目的：存在的目的就是自我超越，成為目的、成為自由、成為「仁」。存在必不會自我封閉為「單子」，靠上帝安排（萊布尼茲）；亦不會只是思辨推衍中不受人的感知照明之「物自身」（康德之消極義之智思物）；或存在主義者之「存在先於本質」之「先於本質之赤裸存在」（沙特）；或存在無本質故，無方向故，而呈現為「存在之荒謬」（卡謬）；「在上帝與荒謬之間，我寧選擇荒謬。」認為即使是荒謬，仍正表示不受決定論支配，有可能表現自由目的（沙特）。

　　中國哲學認為，這「寂天寞地」，必有事焉」即是──存在之本質，同時即是整體存在之本質。朱熹從格物窮理的語境，說「物物一太極，統體一太極」，是「天生蒸民，有物有則；民之秉彝，好是懿德」之理學表述。張橫渠即此「不斷開合，自我超越之活動」說「兩不立，則一不可見；一不可見，則兩之用息。兩體者，虛實也，動靜也，聚散也，清濁也。其究一而已」，以「兩行歸一」為物物存在之本質；物物即此不斷開合，自我超越、自我完成，自證存在先於本質，同時自證本質先於存在。「一物兩體，氣也；一故神，兩故化」（張橫渠〈參兩篇〉），「一故神，兩在故不測」（同上）。統體之本質亦正在維持此物物之自我超越、開合，以成就統體存在之目的，而自證統體存在先於本質，同時本質先於統體存在；本質即「乾道變化，各正性命」之「一故神，兩故化」。陸象山則從「心即理」的語境，說「宇宙便是吾心，吾心即是宇宙」，是攝一切「寂感」、「開合」、「自我超

越」、「終極目的」、「內在目的」、「本質」、「存在」於「必有事焉」,即「必有事焉」言性,言性分之不容已,言性理,言心,言心之不安、不忍。以上言儒家性理之諸子之說,以至言道家玄理之老莊之言,皆從根上(存有論之本原上)中止了佛教滅度論解脫觀之正面意義。以終極滅度說生命存在之終極目的,此不能說成是生命存在在本真上的出於「自然」、出於「必然」、出於「當然」;「能然」固是能然,但不能從生命存在之常道上說此「能然」。在生命存在之道上說生命存在的終極目的是自我滅渡(無餘涅槃),此則須指生命緣自無明,終其一生就是一個「煩」(海德格《存在與時間》),故掙脫自然生命之生生,不入輪迴,成為佛教的終生以至未來世代之事業。此則有以「自由目的」之名義,越過自然生命之嫌。以儒定性理、道家玄理觀之,既違反天地萬物自然目的之性,亦違反自由目的之實現所必須的自然目的之相應配合,而為自然與自由「兩行」,由「兩行」而生生,由生生而言證苦、證怖、證悲、證覺,而有儒、道、佛、耶、穆諸教出現之「起源與目標」。若換一個說法,再說得目的論一些,亦不合自由目的中之「自由無限」與「自由之定在」之綜和於「合目性原則」各環節之對其自己之實踐實現。若孔子曰「吾非斯人之徒與而誰?」孟子言「可欲之謂善,得諸己之謂信,充實之謂美,充實而有光輝之謂大,大而化之之謂聖,聖而不可知之之謂神。」「極高明而道中庸」之即有限而實現無限、即無限而自我超越、自我坎陷,尋得實踐之起點以及十字打開、一心開二門之可能。儒家性理保留佛教雙遮辯證所開示的非實在論態度,予以心學的自我實現的目的論之功能,即只保留解脫觀之出於「能然」之智慧。但所有佛教正法解脫觀,皆反對從主觀義「能然」說佛法。是則「寂天寞地,必有事焉」在客觀上對決了佛教「解脫」觀之自然義、必然義、當然義,以至能然義。佛教並不願以能然說解脫,而亟亟於從自然、當然、必然上說解脫,今四義皆空,佛教卻餘下一「我法二空」義。原來佛教正要與「存有論之本源」這種思想完全擺脫關係。「從無住本立一切法」(《金剛經》)的無住無本,不可解為以無住本為本。這無住無本當然不是實在論的無住無本,乃是即一切有住有本之思想意念而還滅之;不僅如此,此即一切有而還滅之「還滅」本身,又即還滅之,

是謂如是如是;是佛教「空理」最後亦要空去。佛教遂以「空理」掃蕩所有聲稱掌握一切實體實理之偽先知,但亦因此隔寞了與「必有事焉」之性體、心體之直接關聯感應,把個「慈悲」交給「無緣大慈,同體大悲」之無盡緣起、無盡業報,而竟不能為「當然」之所以為當然之實在實有,「自然」、「能然」、「必然」之所以為自然、能然、必然之實在實有,提一證詞,作一實證。此亦佛教之所以為佛教之自證與自我實現──實現為「我法二空」也。

二十　從目的論的自我實現,說「五穀不熟,不如荑稗」和「德福一致」

然則「生命從自然因果串系之決定性中解脫」,在中國哲學儒、道、釋三教皆予以肯定,唯說法不同,目的有異,實踐實證之工夫亦經常言彌近而意愈遠。只是三教皆扣緊主體性說話,皆從具體存在入路,以「自我超越」為核心觀念,即自然反思自然之目的,即自然目的反思自然之終極目的,即自然之終極目的證「自由」──「自由」必為自然因果串系之第一因,同時即是自然存在之終極目的。由自然存在之終極目的必為自由,則我們可以即此自由目的反思自由之目的與無目的。自由目的之目的固在人可以依其在宇宙中之自我定位,選擇在自然界欲實現之自然目的(如幸福,如捨離,如苦行、少私寡欲、長生久視,受難,或德福相配),以及在自由界欲實現之自由目的(如放棄自由,如奴役,如享受自由／自在,如自由創造、自律,如圓善、德福一致)。本來在思辨領域,自由既為終極目的,則不得再思以自由為手段實現成就其他目的。但作此思辨的人其生命存在必在一一特定的現實世界,人在其所在之現實世界,自覺或不自覺地開展每一天;這每一天若依其在宇宙中之自我定位之方向開展,則稱「踐行」或「修行」,可說本身就是目的,以「知(目的)行(踐行)合一」故;亦可說為是實現終極目的的分位之等之階梯,而為手段。每一天的踐行都是前一天踐行的目的同時是下一天踐行的基底手段。此所以孔子說「吾十有五而志於學,三十而立,四十而不惑,五十而知天命,六十而耳順,七十而從心所欲不逾矩」,孟子說

「五穀者,種之美者也。苟為不熟,不如荑稗。夫仁亦在乎熟之而已矣」。孔子偏重於說階段性成果,每一階段都內存終極目的,並趨向於終極「自由目的」。孟子偏重於說若不能真實體現「踐行者」內存的終極目的,則他的所謂階段性表現(所謂修行品位)都歸於失敗。換言之,「仁」的修成,須經過「成長、成熟」這種過程。「成長、成熟」者一物之成為其物也;仁之成為仁也,人之成為人也。萬物在宇宙中之定位若由知性決定,則所謂「無名天地之始,有名萬物之母」,此所以成就人的知識世界;而關於人的道德實踐,人在宇宙中的自我定位以及其實踐實現所至之品位之名,則所以成就人格世界。「仁也者,人也,合而言之,道也」。孟子曰「可欲之謂善,得諸己之謂信,充實之謂美,充實而有光輝之謂大,大而化之謂聖,聖而不可知之謂神」,又曰「五穀不熟,不如荑稗。夫仁亦在乎熟之而已矣」。所言「夫仁亦在乎熟之而已矣」之「熟」,意謂由性分不容已之「可欲之謂善」至實現自由目的與自然目的之結合之「充實之謂美」,這中間正是為己之學十分著力處,若缺這「得諸己之謂信」之成熟而謂大、謂聖、謂神,則不如自我定位為稊稗,可以名實相符矣。

　　子曰「必也正名乎」。自由目的與自然目的皆表現於一物事之命名,名實相符即所謂「誠」,「誠者物之終始,不誠無物。」老子亦曰「慎終如始」。儒、道、釋三教皆不違此「成熟」觀。這裡面既有終極目的之完滿呈現,亦包涵自然目的與自由目的之不雜不離。這與康德的義務論道德當然大不同;義務論沒有成熟問題,也不可能講成熟;亦與黑格爾的以「歷史目的」綜和自然與自由,這種歷史判斷論大不同。雖然講到歷史哲學就必然關係到成熟問題,但黑格爾把這問題交給「歷史判斷」。黑格爾以實現自由為歷史終極目的,如是歷史之為歷史乃綜和自然目的與自由目的,以趨向於終極目的之實現自由,而為歷史之起源與目標;而每一階段的歷史,黑格爾則交給「客觀精神」以至「客觀化了的客觀精神」,這種以「歷史為辯證綜和的集團主義自我實現論」這種歷史觀。孟子義的成熟與黑格爾的歷史目的論之成熟當然大異其趣。其中關鍵,在儒、道、釋三教皆從具體存在入路,以「自我超越」為核心觀念,在「自我超越」之開展中加上一迴旋,即「自我

超越之超越」，亦即「自我超越」須以「止於至善」，止於「成熟」為原則；而這「至善」、「成熟」並非實在論的一個什麼標準，但繫於又涉及目的論的「合目的性原則」。此「合目的性原則」在此須綜和「自然目的之合目的性原則」與「自由目的之合目的性原則」，而為動態的，或攝自由目的於自然目的（如「先養後教」），或攝自然目的於自由目的（如「我欲仁，斯仁至矣」、「三軍可奪帥，匹夫不可奪志」），自然目的與自由目的兩行而一陰一陽、一乾一坤，此消彼長、此長彼消而不雜不離，迴旋不已，向著自我實現之「至善」、「成熟」目標而趨。此「兩行」如何為合於「兩極歸宗」之宗的，亦只能歸於作此綜合判斷（「合目的性原則」之判斷）的判斷者之當下一念。此當下一念之當不當，正是「仁亦在乎熟之而已矣」之成熟不成熟。道家所謂「和之以是非而休乎天鈞」（莊子）。佛教所謂「如實觀、如實知、真實行」。唐君毅先生則謂「道德實踐之勝義，乃以人德之成就同時是天德之流行」。牟宗三先生以「生命的學問」說之，表示這個學問是生命之自我發現，掘井及泉、沛然莫之能禦之學，極玄遠而又最內在也。

二十一　實證唯心論是唐君毅哲學與牟宗三哲學的綜和，與「接著說」

以上三萬言，論說了當代新儒學中最富理論意指或爭議性的二十項題目，以為本人的「實證唯心論」的再論。所論所證，無一不是出於「成己之學」，亦無一不亦思為時代留下證言。不待自我表白，讀者應該看到，實證唯心論是唐君毅哲學與牟宗三哲學的綜合說和接著說。而背景是中國儒、道、釋三教，另加魏晉玄學，西方是康德，另加黑格爾、存在主義，以及語言哲學。

今年是新亞研究所建立七十周年。關於「新亞精神」，本人想到的唯是唐先生那兩句：「花果飄零」與「靈根自植」。

本文寫於二〇二三年九月三十日

從牟宗三先生對知禮《十不二門指要鈔》說法的批評來看其所謂「天臺圓教」之涵義

張力云[*]

摘要

　　當代新儒學的重要學者牟宗三先生對於中國佛學，尤其是對天臺宗思想觀點的理解，充分展示在其著作《佛性與般若》中，他循一文獻的途徑，援引天臺宗重要人物，如智者大師、荊溪湛然、四明知禮等的文獻，由此展開他所認為的天臺圓教之所以為真圓實教之義涵。大體上看來，牟宗三先生對於智者《摩訶止觀》、《法華玄義》及荊溪湛然《法華玄義釋籤》、《法華文句記》等所提出的天臺圓教之說法多持贊同意見，而對於四明知禮《十不二門指要抄》中的看法，雖亦肯定知禮為判別天臺山家與山外派說法不同的用心，但仍對於知禮詮釋湛然《十不二門》偶有的不恰當，亦或是有不合於湛然、智者大師或天臺圓教之原意處，有直接而精微的批評。本文透過牟宗三先生《佛性與般若》中，對知禮《十不二門指要鈔》詮釋所產生的問題之批評，藉此來看牟宗三先生對天臺宗之圓教說法的恰當理解，透過牟宗三先生此分判，對天臺宗之「圓教」義有更進一步的掌握。

關鍵詞：牟宗三先生、四明知禮、十不二門、十不二門指要鈔、天臺圓教

---

[*] 臺灣中央大學中文系博士候選人暨中文系兼任講師。

一　前言

　　佛學思想傳入中國，發展到宋朝達到義理的高峰，主要表現在天臺宗與華嚴宗。對於中國佛學，在當代新儒學的重要學者中，牟宗三先生（1909-1995）在其系統的著作《佛性與般若》中，對於天臺宗的判教有一系統的論述，並且此論述中能將天臺圓教之所以為真圓實教的意涵有充分展現與發揮，但由於牟宗三先生主要是以文獻的途徑來鋪敘其義理內容，雖能對圓教涵義的認定有諸多文獻作為依據，但若想從中直接了解牟宗三先生對天臺圓教之義理涵義的全部意義，僅順著其文獻的途徑，較難明顯看出牟宗三先生所認為的天臺圓教之涵義是否能完全契合天臺說法之本旨。從其著作《佛性與般若》中，大體可以看出牟宗三先生對於天臺創始人釋智顗（538年-597年，法號智者，世稱智者大師）之重要著作，如《摩訶止觀》（以下簡稱《止觀》）、《法華玄義》，及荊溪湛然（711年-782年，法號湛然）對《法華玄義》之疏解，而註《法華玄義釋籤》、《法華文句記》、《止觀輔行傳弘決》（以下簡稱《輔行》）以及《十不二門》等，均有相當高的贊同與肯定。值得留意的是，對於四明知禮（960-1028，又稱法智大師、四明尊者、四明大師，以下簡稱知禮）依據湛然《十不二門》而作的《十不二門指要抄》（以下簡稱《指要鈔》）之內容，卻是有褒有貶而非全幅的肯定。

　　牟宗三先生在《佛性與般若》中，雖僅引「色心不二門」、「修性不二門」、「因果不二門」、「染淨不二門」等四門來作為《指要鈔》之精簡，但從中已可對知禮詮釋的天臺圓教說法有一較清楚的了解。在論《指要鈔》精簡的開頭，牟宗三先生首先強調了知禮之所以作《指要鈔》之旨，除了為了讓讀者方便了解湛然簡明扼要的《十不二門》所蘊含的深刻義理，更是為了對於天臺宗山外派混華嚴義理而開出的說法作出嚴格的分判與批評[1]，在此點上，牟宗三先生大力讚許知禮對其中的了解與分判，除了肯定知禮根據湛然

---

[1] 牟宗三：《佛性與般若》（臺北市：臺灣學生書局，2011年），下冊，頁764。

《十不二門》而著《指要鈔》，能將湛然精簡而有不易懂處作出開展外，更能因應當時天臺山外派等諸家說法有違於天臺宗之本旨，而有此合於天臺宗義理判攝之需要。因此之故，知禮作《指要鈔》頗多處都明確指出天臺山外派的說法有混入華嚴宗真心系統的義理，而有「墜陷本宗之錯誤[2]」。知禮處處提撕，為了使讀者了解天臺宗所謂「三道即三德」、「不斷斷」與「即」義[3]，頗能將天臺圓教有別於但理之別教而之所以為真圓實教之區別，作出非常清楚而具體的分判。大抵而言，牟宗三先生確實對於知禮了解的天臺圓教之本意有諸多肯定，並且讚揚知禮「精當」[4]、「諦當」[5]、「透闢」[6]、「精簡」[7]等；但也不只是讚揚，而有公允的評判，認為知禮《指要鈔》的某部分解釋「太過分殊」[8]、「有偏差」[9]、「不甚諦」、「迂曲」[10]、「不甚切當」[11]、「支離」[12]，甚至有些詮釋，嚴重來說是有「不諦[13]」、「不妥[14]」、「太著[15]」等問題，能夠給出這樣的批評，想見牟宗三先生對於天臺圓教之圓義有純熟的掌握，才能對於《指要鈔》的詮釋作出細微的分判。以下先引牟宗三先生對於知禮《指要鈔》說法的核心概念，也就是對於所謂「一念心」作一詳述，再對於牟宗三先生認為知禮說法有詮釋表達不當處，抑或是有不合於天臺圓教義處之批評[16]進行詳細的展開，以此作為釐清牟宗三先生對於天臺宗所強調

2　牟宗三：《佛性與般若》，下冊，頁796。
3　牟宗三：《佛性與般若》，下冊，頁782。
4　牟宗三：《佛性與般若》，下冊，頁780。
5　牟宗三：《佛性與般若》，下冊，頁820。
6　牟宗三：《佛性與般若》，下冊，頁836。
7　牟宗三：《佛性與般若》，下冊，頁851。
8　牟宗三：《佛性與般若》，下冊，頁768。
9　牟宗三：《佛性與般若》，下冊，頁774。
10　牟宗三：《佛性與般若》，下冊，頁804、805。
11　牟宗三：《佛性與般若》，下冊，頁810。
12　牟宗三：《佛性與般若》，下冊，頁844。
13　牟宗三：《佛性與般若》，下冊，頁820、859。
14　牟宗三：《佛性與般若》，下冊，頁847。
15　牟宗三：《佛性與般若》，下冊，頁856。
16　牟宗三於《佛性與般若》中亦有對於知禮的其他著作有所評判，如對於知禮《「觀經

的圓教義涵的理解之進路。

二　肯定知禮能掌握天臺圓教之核心觀點，即「一念心」之意涵

在牟宗三先生《佛性與般若》第三章，對「十不二門指要鈔」的精簡，先有一總括性的說明。知禮《指要鈔》開頭便強調最容易混淆的觀念便是「一念」之涵義。對於知禮詮釋「一念」的說法，牟宗三先生引知禮解湛然《法華玄義釋籤》，以「一念三千」來綜括十不二門之「十妙」[17]，並對於其中「本跡雖殊，不思議一」有以下展開，而有「若曉斯旨，則教有歸。一期綜橫不出一念。三千世間即空假中。」等語。知禮對此詳細的討論內容如下：

　　三千妙體為教所歸。故一期之內，五味傳傳相生，故縱。四教各各趣理，故橫。而所詮法雖有顯覆，準今經意，未嘗暫離三千妙法。又，雖諸法皆具三千，今為易成妙解妙行故，的指「一念」，即三千法妙中特取心法也。（案此「三法妙」即心法、佛法、眾生法之三法，非十妙中「三法妙」之三法。……）應知心法就迷就事而辨。故《釋籤》云：「眾生法一往通因果，二往唯局因。佛法定在果。心法定在

疏」妙宗鈔》釋「六即」之「分證即」（分真即）的內容，有案語認為知禮直接就「本覺性」說三德，容易有「唯真心」之嫌，故認為如此不甚妥、是知禮之疏忽等，由於此類文獻不是本文主要探討的範圍，故不加以贅述。可見牟宗三：《佛性與般若》，下冊，頁834。

[17] 慈怡法師主編之《佛光大辭典》中對此跡門十妙與本門十妙有一好的總結：「跡門之目的乃在斷迷妄、悟中道，故詳說自行之因；本門係表佛是久遠佛，乃菩薩漸增長中道智慧，漸次滅少變易生死，故詳說自行之果。如此本跡互異，但其不思議之境界則無差別。」（見《佛光大辭典》佛光山電子大藏經，網址：http://etext.fgs.org.tw/sutra_02.aspx，2023年9月15日）案此處牟宗三有云「十不二門」乃跡門十妙。主要是因為天臺強調的是近跡而非遠本，旨在發跡顯本故。（此義可見牟宗三：《佛性與般若》，下冊，頁580。）但由於跡門十妙與本門十妙的相關問題，已超出本文所要探討的範圍，故在此略而不談。

因。」(《法華玄義釋籤》卷第二下)[18]

知禮此處肯定天臺宗所宗旨的圓教義，強調天臺所說的圓教是一不離於當前縱橫一念所具之三千妙法，也就是不離於當前一念所對的任何一種差別法。且在此處知禮特別提到「應知心法就迷就事而辨」，強調了心法只有一而非多，差別只在於是否在迷、就事上判別是眾生或者是佛，對於此意，後文又續云：

> 若約迷悟分之，佛唯屬悟，二皆在迷。復就迷中，眾生屬他，通一切故；心法屬己，別指自心故。《四念處》(智者《四念處》四卷)節節皆云「觀一念無明心」。《止觀》初觀陰入心，〔餘〕九境亦約事中明心，故云煩惱心，病心，乃至禪、見心等，及隨自意中四運心等。豈非就迷就事辨所觀心？[19]

按此處知禮將天臺宗所強調的迷悟之分別只在於迷與悟，而不在於事上、所對的差別法上之義，表達得非常清楚。是否成佛是就迷、悟來分，眾生心都在迷，唯佛心屬於悟。而此當前的心若在迷中，則眾生是他（非己），且因為此心能通於一切法，故作為修行的對象來看，以應眾生來修則太廣；而心法屬於己，只就自己的當前一念來說心法，則要且乃是修行之始要者，這也是《法華玄義》對於初學修行者，有所謂「但眾生法太廣，佛法太高，於初學為難。然心、佛及眾生是三無差別者，但自觀己心則為易。[20]」之義，即相比於眾生法及佛法的高與廣，說心法既能與佛法、眾生法是三而無差別，也就是能夠通過修心而通達於修佛法與眾生法，又相對其他二者，自觀己心是更為容易的，即對於自心的修行是最容易作為開始的。而對於此自心，則

---

18 牟宗三：《佛性與般若》，下冊，頁764-765。
19 牟宗三：《佛性與般若》，下冊，頁765。
20 〔隋〕智顗講，〔唐〕灌頂記，夏德美校注：《法華玄義校注》(北京市：中華書局，2022年)，頁118。

強調是「一念無明心」(天臺宗所謂一念無明法性心之義,之所以說為一念無明心,是強調其當前的迷、無明之義),這也就是所謂用以觀五陰、十二入處、十八界的「當前一念心」,即《止觀》所謂的「陰識心」之義。此陰識心是要是在事(事理)中表現,故此心多為一煩惱心、病心,因為眾生尚未修行,在迷中看世間諸法,大多只能看到煩惱故。就迷中修,而能使無明斷(案:依天臺圓教義乃是「不斷斷」),屆時便能夠使心有禪(心)、見心,及四運心等表現。因此要分別迷與悟、眾生與佛,得就迷就事來觀此心,方能看出此心是迷或者悟。後文知禮又云:

> 有人解今「一念」云是真性,恐未稱文旨。何者?若論真性,諸法皆是,何獨一念?又,諸文多云:「觀于己心」,豈可真理有于己他?
> 更有人全不許立陰、界、入等為所觀境,唯云「不思議境」。
> 此之二師灼然違教。且《摩訶止觀》先於六章廣示妙解,豈不論諸法本真,皆不思議?然欲立行造修,須揀入理之門,起觀之處。故於三科揀去界入,復于五陰又除前四,的取識陰。《輔行》又揀「能招報心」及以「發得」,屬於下境(案屬下煩惱境,見《輔行》卷第五之二)。此是去丈就尺,去尺就寸,如灸得穴也。乃依此心觀不思議,顯三千法;乃至貪瞋等心及諸根塵,皆云觀陰入界及下九境。文中揀判,毫末不差。豈是直云「真性」及「不思議」?[21]

案:此處「有人」主要指天臺山外派,知禮以山家與山外所理解「一念」的不同,來判二者孰能明天臺本宗本旨。有別於天臺本宗(即山家派)之說法,山外派混華嚴宗真心系統,而以「一念」為真性(或唯一真心);更有甚者其餘諸家,認為不應該立陰、界、入等為所觀境,只說「不思議境」即可,對此二種說法,知禮有嚴厲的批評,認為均違背天臺教旨,不合於智者大師及荊溪湛然所要表達的天臺圓教之宗旨。由此可以看出,知禮除了對於智

---

21 牟宗三:《佛性與般若》,下冊,頁766。

者、湛然的著作都有相應的掌握外,對於天臺宗旨也把握得當,對於此點,牟宗三先生對也十分肯定。但牟宗三先生在細看知禮《指要鈔》後,發現知禮並非處處都能夠扣緊他所肯定的天臺宗旨,故在《指要鈔》中,偶有對於其所要強調的天臺圓教之圓義,出現把握不恰當,或更甚者,有離於智者、湛然說法本旨處。以下先引牟宗三先生認為知禮在《指要鈔》中,因為表達不當而容易引起誤解處的批評,以此來看牟宗三先生對於天臺圓教的了解。

三 對知禮《指要鈔》中詮釋表達不當處之批評

牟宗三先生對於知禮說法的批評大抵有兩種不同的程度,比較輕微的批評,主要是認為知禮的說法雖不能說完全合於智者或者湛然《十不二門》所說的天臺原意,但也不至於偏離本旨,可以說是知禮對於天臺圓教義在詮釋上的一些小瑕疵,但瑕不掩瑜,並不算完全悖於天臺圓教之旨,只是在表述上有些微問題,亦或是容易造成混淆與誤解。此類有以下兩例:

(一) 以正因為無住本,緣了二因為一切法

知禮詮釋湛然《十不二門》「色心不二門」的「一實及無,準此可見。既知別已,攝別入總。一切諸法無非心性,一性無性,三千宛然。」一段中的「一切諸法無非心性,一性無性,三千宛然」[22]一句時,有區分過度的情

---

[22] 湛然《十不二門》首說之色心不二門原文如下:「一、色心不二門者,且十如境,乃至無諦,一一皆可(一作「有」)總別二意。總在一念,別分色心。何者?初十如中,相唯在色,性唯在心;體、力、作、緣義兼色心,因、果唯心,報唯約色。十二因緣,苦、業兩兼,惑唯在心。四諦,則三兼色心,滅唯在心。二諦、三諦,皆俗具色心,真、中唯心。一實及無,準此可見。既知別已,攝別入總。一切諸法無非心性,一性無性,三千宛然。」後續云:「當知心之色心,即心名變。變名為造,造謂體用。是則非色非心,而色而心,唯色唯心,良由於此。故知但識一念,遍見己他生佛。他生他佛尚與心同,況己心生佛寧乖一念?故彼彼境法差差而不差。」,引自牟宗三《佛性與般若》,下冊,頁782-783。

形。原文如下：

> 「一性」等者，性雖是一，而無定一之性，故使三千色心相相宛爾。此則「從無住本立一切法」。應知若理若事皆有此義。故第七記（《法華文句記》卷第七下）釋此文云：「理則性德緣了，事則修德三因，迷則三道流轉，悟則果中勝用。如此四重並由迷中實相而立。」今釋曰：「迷中實相」即無住本，乃今文「一性無性」也。上之四重即「立一切法」，乃今文「三千宛然」也。第一重既以「性德緣了」為一切法，須以正因為無住本。餘之三重既將逆順二修為一切法，必以性德三因為無住本，此即理事兩重總別也。[23]

案：知禮先說性雖是一（即空），但沒有定一之性，此是指性無常，一切三千諸法，不論色法、心法的法相，皆如是表現，這便是「從無住本立一切法」義。在此處，知禮舉《法華文句記》中云「理則性德緣了，事則修德三因，迷則三道流轉，悟則果中勝用」來加強論述，認為此四重（理、事、迷、悟）皆由「迷中實相」而立，何謂迷中實相？即是「無住本」，也是「一性無性」之義。牟宗三先生在案語處肯定此「從無住本立一切法」等同於「從迷中實相立一切法」，這是沒有問題的詮釋，知禮後文所說的四重，也能夠說第一重屬理；餘三重屬事。重總別。但不論屬理還是屬事，都得是以一念為總，以三千色心為別，而不是以理為總，以事為別（此乃山外諸師所想[24]），此義方能合於天臺圓教強調所謂「理具事造」，理與事只是一念的迷與悟之區別，故理事不須有迷、悟的區分，都是一念所表現的場所，所面對的法也都是眼前三千諸法。因此之故，牟宗三先生認為知禮說：「第一重既以性德緣了為一切法，須以正因為無住本。餘之三重既將逆順二修為一切法，必以性德三因為無住本。此即理事兩重總別也。」[25]是「不甚諦」、「未

---

23 牟宗三：《佛性與般若》，下冊，頁801-802。
24 牟宗三：《佛性與般若》，下冊，頁804。
25 牟宗三：《佛性與般若》，下冊，頁804。

經審慎之詞」。對於此批評，更詳細的解釋如下：

> 實則同是以「迷中實相，一性無性」為無住本也。焉能于第一重將三因拆開以正因為無住本，以緣了為一切法？性德三因即是理重上之一切法；一念為總，三千為別，三千惑業苦三道性相即性德三因也，三道即三德也。此並由一念無明法性心即具十法界而說。故仍是以「迷中實相，一性無性」為無住本也。……餘三重亦不是以「性德三因」為無住本，乃是性德三因中之三千或為修德三因之三千，或為迷執之三道流轉之三千，或為修德滿大覺果用之三千，「並由理具，方有事用」，故三重事用中之三千亦並由「迷中實相，一性無性」為無住本而立也。不可于性德三因之或迷或顯而說「性德三因為無住本」也。是故知禮此語乃未經審慎之辭。[26]

案：知禮解「理則性德緣了」時，將「性德緣了」為一切法，並說須以「正因」為無住本，這樣的說法是將「正因」與「性德緣了（即緣了二因）」作了區分，也就是將正因與緣、了二因作出了區隔。正因為無住本，緣、了二因則為一切法。這會造成理與事被分解的說明，正因與緣因、了因也被分解開來。在此牟宗三先生特地點明三因的關係不能分解的理解，而有云：「說緣因了因即函著正因……是故嚴格說，當該是性德三因，而性德三因即是性德三軌。」並強調「此之三軌皆是迷中中道實相法性理所固具本有之德也。」[27]，此即是說正因與緣了二因並不能以理、事作為區分，正因即函緣了二因，性德三軌應該是一而三的關係，而非一個歸於一切法，一個歸於無住本之關係，雖然天臺在說無住本立一切法時，無住本與一切法非體用關係，而是無住則無本，故無住本立一切法所要講的是「依而復即」的關係。在「理則性德緣了，事則修德三因」說法下，看似可將性德與修德各自歸於

---

26 牟宗三：《佛性與般若》，下冊，頁804。
27 牟宗三：《佛性與般若》，下冊，頁802。

理與事，但實際上，理需在事中表現，也就是性德在修德才能表現，此義與湛然所謂「修性不二」義同，故知禮只從「理則性德緣了，事則修德三因」便給出正因是理、是無住本，緣了二因是事、是一切法，便容易有別有隔。說「性德」時，雖可說「理則性德緣了」，但不能將由此將正因即是理，理只能如上述牟宗三先生所說，是一「迷中中道實相這個法性理[28]」，此理之意涵，必須是以實相（事）為其根本，此實相需是已包含空、假、中，方能說為實相，故理不能只是空，必須函假與中，方能是中道，此即「一念三千即空假中」之義。且此處牟宗三先生認為此理乃「迷中實相」方能為中道，如此知禮便不能因後文云「事則修德三因」，便將「理則性德緣了」認為只有正因而無緣、了二因，更不能由此說「理」是無住本；「性德緣了」是一切法。

再接續看知禮說「餘之三重既將逆順二修為一切法，必以性德三因為無住本」，此語中的將「逆順二修」為一切法，又將「性德三因」為無住本，在牟宗三先生看來，將立一切法的無住本劃歸於「性德三因」，即使不是前述所謂只有正因作為無住本，而擴大為「性德三因」皆是無住本，都是無法表現出事用中的三千所要強調的，都是由「迷中實相，一性無性」來理解無住本立一切法，即不是「性德」作為「事用」的無住本，而是不論性德三千或修德三千，都同樣是眼前這三千世間法，且都是以此「迷中中道實相法性理」為無住本。若不能從「迷中實相」中肯定此法性理為立一切法之無住本，則天臺所謂「圓具」、「圓一念」、「一念三千」皆不可說，唯有強調三千只就迷就悟而言，方能講一念三千與圓具當前世間一切法。故不可如知禮直接以理為總，以事為別[29]，更甭說理、事為兩重總別，只需講「以一念為總，三千色心為別」[30]即可，而不須如知禮這般分殊理與事，使「性德三

---

28 牟宗三：《佛性與般若》，下冊，頁802。
29 牟宗三：《佛性與般若》，下冊，頁783。
30 牟宗三：《佛性與般若》，下冊，頁787。

因」只有轉為「修德三因」[31],並轉迷成悟,方能說為三德究竟滿現[32],如此詮釋容易導致無法從當前的一念直接肯定此一念所具的三千世間法。後文由此分殊而引申出的討論,也被牟宗三先生批評其「迂曲」[33]。知禮的設問與答解引文如下:

> 問:既以迷中實相為一性,對三千為別,正當以理為總,何苦破他?
> 答:以三千法同一性故,隨緣為萬法時,趣舉一法總攝一切也。眾生無始全體在迷,若唯論真性為總,何能事事具攝諸法?而專舉一念者,別從近要立觀慧之境也。若示一念總攝諸法,則顯諸法同一真性。故《釋籤》云,俗即百界千如,真則同居一念。須知同一性故,方能同居一念,故以同居一念用顯同一真性,非謂便將一念名為真諦,豈同居一塵非真諦邪?今文以一性為總,前後文以一念為總,蓋理事相顯也。此之二句,正出攝別入總之所以也,由一性無性立理事三千故,故兩重三千同居一念也,豈同他釋直以一念名真性邪?[34]

對於問者所云,既然以迷中實相為一性(性空),對三千為別,那恰好可以說「以理為總」,何苦破此義?知理的回答是由於三千法皆是以空為性,空理具一切法,但其造種種法而顯事之相,雖能夠說「一切法趣」,而為一趣有趣空趣不有不空之一切法,但眾生隨緣而具有時是在迷中,若只以真性為總,如何能夠肯定事事都攝在內?此便是「但理」(只是理、唯理),如此說的理便不具有「一切法趣」的即空即假即中之「連三即」之義。此外,山外派所謂「一念」從近要立觀慧,而說以一念為總,諸法為別,以此來顯諸法

---

[31] 此問題亦可牽扯到「修性不二門」的問題,見牟宗三:《佛性與般若》,下冊,頁817-824。
[32] 此關聯於因果不二門,可見牟宗三:《佛性與般若》,下冊,頁840-848。
[33] 牟宗三:《佛性與般若》,下冊,頁804-805。
[34] 牟宗三:《佛性與般若》,下冊,頁804-805。

的同一真性,此方法在知禮看來並不能真顯諸法為同一真性,他舉《法華玄義釋籤》中「俗即百界千如,真則同居一念」來說此諸法為同一真性,是以肯定一念心具三千世間法,故俗則可說此一念百界千如;真則九法界、三千世間法都是此一念,而不能夠如山外派將此一念理解為真諦來肯定諸法的同居一念。知禮認為先以「一性」為總,後以「一念」為總,此即是所謂「理事相顯」,故可以說「一性無性,三千宛然」,此即是攝別入總,由此說「理事三千」,並以兩重三千(理三千、事三千)皆同居一念為符合天臺圓教義,而以他宗釋一念為真性並不合於天臺圓教本義。對於知禮如此詮釋,牟宗三先生有案語云:

> 此答解亦迂曲。以「迷中實相,一性無性」為無住本立四重中一切法,並非即以「實相」或「一性」為總也。中道實相法性理由「一念三千即空假中」(此是圓一念法性理)通過妙觀而顯,而總別是就一念三千法說,非就法性理與法事相對而說也。「一性無性」,即法性無性,法性即無明。法性即無明而為「一念無明法性心即具十法界」,總別恰恰是就此圓一念說,即就不思議之妙境說,不是分解地以法性理為總,以三千法事為別也。[35]

牟宗三先生認為知禮此解太過曲折,以「迷中實相,一性無性」來說「無住本立一切法」,且此一切法可以說有四重(理事迷悟四重),這樣雖不違反天臺圓教的原意,但不等同於可以說以「實相」或「一性」為總。牟宗三先生認為總、別之區分是就一念為總,三千為別來說的,而不能以「實相」或「一性」為總,以三千為別。因為此種分判會造成理與事相對,若有此相對之總別,則便不是以圓教的態度來說「一念心即具三千世間法」,不能夠由此而說到由當前一念就保住一切法成佛的可能,此即是牟宗三先生所強調的「存有論的圓具一切法」之義。既然知禮此分判下之總別只能是相對的,是

---

35 牟宗三:《佛性與般若》,下冊,頁805。

如別教（華嚴宗或者山外諸家）那般，分解的以法性理、靈知真性為總，並以隨緣現起的諸法事為別，如此便不是「性具」，而更接近「性起」之系統之說法。據此意，牟宗三先生認為知禮的答解「迂曲而不穩定」，他既不贊同知禮所謂「今文以一性為總」，也不同意知禮所謂「由一性無性立理事三千」，認為對此「一性無性」，應理解為「法性即無明」之義，並就此法性即無明來說「一念心即具十法界」，故總、別是就圓一念來說的總、別，只能以一念為總，以三千世間為別。此即符合前述知禮所想要強調的總別不是就理、事而分，而是以能具三千世間之「一念」為總之意，此一念能通九界所囊括的三千世間法，如此方可以說「一念三千」、「迷則三道流轉，悟則果中勝用」。由一念迷與悟來分總別，方可以是一非分解的、不思議之妙境，而不是分解的進路。由以上分析可以看出，牟宗三先生對於知禮詮釋〈十不二門〉的問題，能夠有很明確的判釋，並對於天臺圓教所強調的，三千法不論迷或悟，都是當前一念所具的三千法，如此方能說是「妙法」，方能夠是一「性具」，是一以非分解的進路來說的天臺圓教之本旨。

（二）以「非色非心」三句對應空假中三諦

再者，知禮在解「色心不二門」後文所謂「非色非心，而色而心，唯色唯心」一段，也有類似上述所出現的分殊之問題。知禮的詮釋如下：

> 「是則」下，結成三諦者，上之事理三千皆以剎那心法為總。（依知禮之科判，上四句明理事，「是則」下四句結成三諦。彼之科判標數甚為煩瑣，今只直引解文。）心空，故理事諸法皆空，即「非色非心」也。心假，故理事諸法皆假，即「而色而心」也。心中，故理事諸法皆中，即「唯色唯心」也。故《輔行》（卷第五之三）云：「並由理具，方有事用。今欲修觀，但觀理具。俱破俱立，俱是法界，任運攝得權實所現。」言「良由於此」者，即由「心之色心」故（原注：理也），「即心名變」故（原注：事也），「全體起用」故（原注：理事

合也），方能一空一切空，一假一切假，一中一切中也。他解此文，分擘對當，大義全失。仍不許對三諦。而云「此中未論修觀故」。設未修觀，立諦何妨？況此色心本是諦境，更有人互對三諦，云得圓意，蓋不足言也。[36]

案此處知禮將空假中三諦分別對應「非色非心，而色而心，唯色唯心」三句，認為心空為「非色非心」、心假為「而色而心」、心中為「唯色唯心」。對於此比配，牟宗三先生認為是既不顯天臺圓意，亦不切當[37]的。牟宗三先生所謂不顯天臺圓意，是認為知禮的詮釋雖然不至於違背天臺圓教之說法，但卻無法顯現出天臺之本旨的。因為雖可以客觀的說「非色非心」與「而色而心」是就理具事造而言；「唯色唯心」就終窮義言，但實不須將非色非心直接等同於空、而色而心等同於假，唯色唯心等同於中來說。在天臺圓教觀點下，說空假中是必須講連三即、講空必即假與中，講假必即空與中，講中也必即空與假，因此此三者之間雖分為空假中，實不能不強調其一需「即」另外兩者來說。而「非色非心」、「而色而心」，主要是色與心相遮與相表，但要講到迴還終窮，方能明一切法趣之「唯色唯心」義，因此非色非心強調的是色與心的相遮與相表之意，與三諦之空、假義並不完全能夠相通，此比配不能說是得當。且牟宗三先生還有說：「一切法趣有趣空趣不有不空為中，光是『唯色唯心』尚不足，故此句對中尚不甚恰」[38]，即此三句要強調之色與心的不二義，有二而不二的「二」義在，與空假中所強調之相即、連三即之「即」義，實不能完全對應。對於此處的詮釋問題，牟宗三先生認為知禮若以其在《四念處》卷四中說「圓教四念處」中的說法，來對於「非色非心」一段作詮釋與說明，應當會更為順當，知禮《四念處》的相關說法如下：

欲重說此義（案即圓教四念之義），更引天親唯識論。唯是一識，復

---

36 牟宗三：《佛性與般若》，下冊，頁810。
37 牟宗三：《佛性與般若》，下冊，頁811。
38 牟宗三：《佛性與般若》，下冊，頁811。

有分別識,無分別識。分別識者,是識識。無分別者,是塵識。一切法界所有瓶依車乘等,皆是無分別識,成三無性。……一切法趣身念處,即是一「性色」得有分別色,無分別色。分別色,如言光明,即是智慧也。無分別色,即是法界,四大所成皆是無分別等,是色心不二。彼既得作兩識之名,此亦作兩色之名。若色心相對,離色無心,離心無色。若不得作此分別色、無分別色,云何得作分別識、無分別識耶?若圓說者,亦得唯色,唯聲,唯香,唯味,唯觸,唯識。若合論,一一法具皆足法界。諸法等,故般若等。內照既等,外化亦等。即是四隨逐物,情有難易。(四隨者,隨樂欲,隨機宜,隨對治,隨第一義。)[39]

牟宗三先生認為知禮在《四念處》中解色心不二門甚是恰當,甚至肯定知禮開頭四段[40]所引天親唯識論的講法,更認為湛然可以說是概括了此義方有「色心不二門」之說。從此處智者說「今雖說色心兩名,其實只一念無明法性十法界,即是不可思議一心具一切因緣所生法。」等語,可以看出其明顯是很能表示出天臺圓義的,但卻又在解「色心不二門」時以「結成三諦」來比配,而有不順當於天臺圓教義之講法,甚為可惜。

綜上所述,牟宗三先生雖並非認為知禮不能明《十不二門》以及天臺宗之所以為真圓實教之涵義,但在詮釋《十不二門》時,卻偶有詮釋上未能恰當處。從以上兩處的詮釋來看,知禮在詮釋上雖偶有問題而未能完全合於天臺與《十不二門》所要強調的宗旨,但瑕不掩瑜,不至於離於天臺所要強調與表明的宗旨與宗骨。至於下文二例,則是牟宗三先生認為知禮在詮釋上有不合於天臺圓教義者,這是對於知禮較為嚴重的批評。

---

39 牟宗三:《佛性與般若》,下冊,頁813。
40 此處指知禮所謂:「唯是一識,復有分別識,無分別識。分別識者,是識識。無分別者,是塵識。一切法界所有憑依車乘等,皆是無分別識,成三無性。三無性名非安立諦。」四段。見牟宗三:《佛性與般若》,下冊,頁813。

四　對知禮《指要鈔》中的詮釋有不合於天臺圓教義處之批評

上述已提到，知禮除了在詮釋上偶有未盡、稍嫌有瑕疵外，在《指要鈔》中，牟宗三先生認為有幾處的詮釋是有嚴重問題的，此所謂嚴重的問題，是指與天臺圓教所要強調的本旨有不符、不合，這是牟宗三先生對知禮比較嚴重的批評，即認為知禮對於天臺圓教雖很了解，但在詮釋「十不二門」的段落時，有違背自己所提出且肯定的，所謂天臺圓教之圓義與本旨處。以下分兩點來說明。

（一）有無明、法性異體之病

知禮解「染淨不二門」時，對於湛然所謂「法性之與無明，遍造諸法，名之為染。無明之與法性，遍應眾緣，號之為淨。[41]」的詮釋，牟宗三先生認為有義理上的問題。首先引知禮的詮釋如下：

〔法性之與無明〕，夫與者借與賜與也，亦助也。法性無明既互翻轉，成於兩用，**互有借力助成之義**，而劣者借力助於強者。若法性內熏無力，無明染用強者，則法性與無明力，造諸染法。若無明執情無力，法性內熏有力，則無明與法性力，起諸淨應。以由無明雖有成事之用，以體空故，自不能變造，須假法性借力助之，方成染法。法性雖具三千淨用，顯發由修，**真修縱不藉無明，緣修寧無欣厭**？故下文（自他不二門）云：「必藉緣了為利他功。」無明與力，助與法性，方成淨用。荊溪既許隨緣之義，必許法性無明互為因緣。但約體具明隨緣，自異權教。[42]

---

[41] 牟宗三：《佛性與般若》，下冊，頁852。
[42] 牟宗三：《佛性與般若》，下冊，頁856。

案：湛然此處所謂法性與無明之「與」字，知禮解為「相互助成」，此理解雖能看出後文所謂「遍造諸法為染」、「順應眾緣為淨」的主語是為無明抑或是法性，但誠如牟宗三先生所說，此說很容易認為無明與法性有隔，故恐有異體之嫌，不合於天臺所謂無明法性「同體無住」之義。但其實看湛然「染淨不二門」原文，其中「若法性內熏無力，無明染用強者，則法性與無明力，造諸染法。若無明執情無力，法性內熏有力，則無明與法性力，起諸淨應」以及「以由無明雖有成事之用，以體空故，自不能變造，須假法性借力助之，方成染法」二段，似也有異體之嫌，法性與無明二者異體，方有力之強弱的問題，法性強、無明弱，則起淨法；無明強、法性弱，則起染法，此語說法的確不如後文湛然譬喻無明為濁水，法性為淨水，並說二者「波濕無殊」之義，在此湛然又云「清濁雖即由緣，而濁成本有」，此語甚符合天臺圓教之義，清濁只憑迷或悟而同表現於事體（水），且此濁水亦是本有，且雖濁乃本有，但全體是清（有清之可能），此表述相較於互助之義，更能表達天臺所謂無明即法性，法性即無明之義。牟宗三先生認為知禮之所以會有此義理上之問題，是由於著於要詮釋湛然的原文所造成的「以辭害意」[43]的問題。對於此段內容，牟宗三先生認為此助若要解為「借力助成」，也應該強調是一「不助之助」[44]，無明與法性若區分過於分殊，便不合於天臺圓教所謂「無明法性同體」之義，唯有將此力以虛說來解，方能不違反「當體」即法性即無明義。而此異體之問題，於後一句「無明之與法性，遍應眾緣，號之為淨」，牟宗三先生認為更為顯著，而認為「法性為主，無明又『借力助成』之，說得如此著實，則異體之病甚顯，」[45]牟宗三先生認為即使可以說「九界差別全無明功」，也不代表可以很著實的說是「假無明借力助成」了九界，如此便不是「性具」，而成為「性起」之分解式的講法了。至於後文所謂「而且又有佛猶有無明之病」，即在此說法下，佛達到佛境界需

---

[43] 牟宗三：《佛性與般若》，下冊，頁863。
[44] 牟宗三：《佛性與般若》，下冊，頁857。
[45] 牟宗三：《佛性與般若》，下冊，頁857。

要仰賴無明方能助成其為佛。其實對於佛猶有無明之病，知禮可以用上文所謂「真修縱不藉無明，緣修寧無欣厭」來回應，也就是說佛已成真修，則不需要藉無明與其法性的表現為互助，但緣修者則不斷有此無明來影響，此說看似可以解釋，但牟宗三先生認為此解更不諦。牟宗三先生認為緣修與真修的區別在於一個是見於惑苦中；一個是在證真如、冥實相中[46]，則此解的真緣二修更類似順修與逆修之意，故真修與緣修只是相對，尚不到絕對者之境界，要講到智者《維摩經玄義》對於「明修無作三昧」之講法來說此真修，方可以說是一絕待的真修，智者提出「觀真如實相，不見緣修作佛，亦不見真修作佛，亦不見真緣二修合故作佛，亦不離真緣二修而作佛也」，此乃四種「無作」意，在此真如實相下，真修與緣修並不如上述知禮所謂真修與緣修之分判，即不是一個有無明，一個不假無明之分別，此處的真修與緣修都不是不需無明、無作的絕待者，只是有作的真修與緣修。牟宗三先生認為此意知禮是知道的。但強調「佛之無作三昧遍應眾緣，則不得以有作之真修緣修說也」，認為知禮由無明來講佛需假無明力助於法性，方能達到「遍應眾緣」，此並不妥當。且強調即便說「互助」，應只為一方便說，即「法性無住，法性即無明；無明無住，無明即法性」之意，而非知禮所謂「互為因緣」的詮釋。且若無明與法性互為因緣，則佛要能有待於無明，方能達到「遍應眾緣」，則此佛與眾緣已成異體；且若說成佛不是真修而是緣修而成，則又陷於無明成為其助力的問題。在此處，牟宗三先生除了認為「佛只用差別法，不假無明相助」[47]，而以知禮對無明之解釋不諦外，更有案語云：

> 智德斷德之現固有須於緣修，而在緣修過程中固亦有欣厭而不能無無明，雖即至等覺位，亦猶如此，即因此故，不得明曰一切解脫，亦不得名曰一切種智，然若緣修至極而至圓證真修，斷盡無明，證成佛果時，則緣了二德滿現（圓現），便無無明，而三千宛然，即空假中，

---

[46] 牟宗三：《佛性與般若》，下冊，頁858。
[47] 牟宗三：《佛性與般若》，下冊，頁857。

> 此是悟中之實相，悟中之淨三千。如此緣了利他，如何復猶借力於無明？又如何能以此緣了利他來證緣修之有待於無明？[48]

對於知禮此毛病，牟宗三先生認為是因為只見「不斷」而忘「不斷斷」[49]之「斷」義，在尚未修得圓滿時，當然無明無處不現，一念能是法性之表現，但也可能因下一秒的欣厭而又轉而為無明之表現，因此即使到了等覺位仍不是解脫，也尚不到「一切種智」的境界。但牟宗三先生認為需要特別留意的是，若圓修至極處，而得「圓證真修，斷盡無明，證成佛果」之時，也就是修至一不退轉的佛境界時，雖仍處在三千世間法中，面對的當前的三千法仍是同個三千世間法，但此時的果境應該是「便無無明，而三千宛然」的狀態的，既然轉迷成悟，此處雖然面對的仍同於迷中的眾生所面對之實相，但卻是一「悟中之實相」，已不能再轉悟為迷故。牟宗三先生認為知禮此處之解釋雖然可以通「染淨不二」之意，但對於佛「不斷淫怒痴之法，而無淫怒痴之實」之果境界，未能明白的表示，牟宗三先生所謂「淨用須借力於無明，則無明終不可斷」便與「不斷斷」仍需要「斷」，即「去病不去法」義有所違背。雖在此處牟宗三先生有提到「知禮不違天臺矩矱，而時有疵病[50]」，但就上文的分析，知禮此處知詮釋有「異體」與無法講明「不斷斷」之義，是可以說其有違於天臺之宗旨的，即使並非有意去違離於天臺宗旨，但在表達上已可說是與天臺圓教宗旨有所出入。

（二）立雙重能所

前述已有提過，湛然在《法華玄義釋籤》詳述「十不二門」前，有一段釋籤解釋跡門十妙，以闡述天臺宗旨，提到此處所說的「本跡雖殊，不思議

---

48 牟宗三：《佛性與般若》，下冊，頁859。
49 牟宗三：《佛性與般若》，下冊，頁864。
50 牟宗三：《佛性與般若》，下冊，頁865。

一」所表達的意思若能理解，則能完全掌握天臺本宗之教義[51]。後文提到「起教一章成今化他能所，則彼此昭著」是為強調對《摩訶止觀》〈起教〉一章提到成今與化他之能、所義，對此知禮設有一問答，引智者《摩訶止觀》中所謂「賊有三重」一段來強調能、所之間的關係。但知禮對於此段給出的詮釋，牟宗三先生認為有不同甚至不合於湛然及智者處。智者大師在《摩訶止觀》中，之所以舉「賊有三重」一例，是為了強調天臺圓教之所以一開始便講空假中三觀，而不從二諦，即觀空與觀假入手，是由於在天臺圓教義下，觀中便能在其當前就破空與假之執著。智者的原文如下：

> 二觀既是方便，必須於中；雖復必須，要前二觀；二觀若未辦，亦不暇第三觀見。
> 圓教初知中道，亦前破兩惑，奢促有異。何以故？別（教）除兩惑，歷三十心，動經劫數，然後始破無明。圓教不爾！祇於是身，即破兩惑，即入中道，一生可辦。
> 譬如賊有三重，一人器械鈍，身力羸，智謀少。先破二重，更整人物，方破第三，所以遲迴日月。有人身壯、兵利、權多，一日之中，即破三重，不待時節。以此喻之，其義可見。
> 又如兩鐵，一種種燒治，方有利用。一是古珠，即燒即利。
> 為是義故，圓教初心即修三觀，不待二觀成。以是義故，即須明第三觀也。[52]

不同於別教需要先通過破除對於假諦與空理之執著，歷經諸多劫數，方能始破無明，天臺圓教本身「祇於是身即破兩惑」，即只在當體便能破空與假之執，故強調「即」需明第三觀，而非等到前二觀已破，才來破第三觀。此

---

51 牟宗三：《佛性與般若》，下冊，頁764。
52 〔唐〕智者說：《摩訶止觀》（臺北市：佛陀教育基金會，2011年），卷6，頁446。〔隋〕智顗說，〔唐〕湛然大師注：《止觀輔行傳弘訣》（臺北市：佛陀教育基金會，2016年），中冊，卷6之3，頁718-719。

處可以看出智者之所以舉賊有三重之說法,是為了區分別教所言二觀與天臺宗在「即」處言三觀之區別。而對於智者此處以用兵與治鐵之譬喻,湛然在《輔行》中對於此段的說法只有「初曰用兵以譬能所。次以治鐵別譬於能」,並說:「『兩鐵』譬者,約教說之,乃有種種燒治故也。」[53] 可以看出是本於智者之說作解釋。而知禮將此比喻用來講能觀與所觀,也就是能觀之智與所觀之境之間的關係。知禮的原文如下:

> 問:常坐中(案常坐當為四弘。《止觀》首章約四弘顯發菩提心處)云:「以法界對法界,起法界」。安心中(《止觀》第七章十法觀心第三「善巧安心」)云:「但信法性,不信其諸。」及節節云:「不思議境。」今何不許?
> 答:「此等諸文皆是能觀觀法,復是所顯法門。豈不讀《輔行》中分科之文?先重明境,即去尺就寸文也。次明修觀,即「觀不思議境」等十乘文也。況《輔行》委示二境之相,非不分明。豈得直以「一念」名「真理」及「不思議」耶?[54]
> 應知不思議境對觀智邊,不分而分,名所觀境。若對所破陰等諸境故,不思議境之與觀智皆名能觀。故《止觀》云:「譬如賊有三重。一人器械鈍,身力羸,智謀少,先破二重。更整人物,方破第三,所以遲迴日月。有人身壯,兵利,權多,一日之中即破三重。」《輔行》釋云:「約用兵以譬能所。今以身壯譬圓三諦,兵利譬圓三止,權多譬圓三觀。械等並依身力故也。」豈非諦、觀俱為能觀耶?[55]

案:知禮此處將不思議境對觀智邊,即指不思議境是與觀智(也作智觀)相對,此意即「能觀之智」與「所觀之境」相對(非相反義,而是主客義),二

---

53 〔隋〕智顗說,〔唐〕湛然大師注:《止觀輔行傳弘訣》,中冊,卷6之3,頁719。
54 牟宗三:《佛性與般若》,下冊,頁767-768。
55 牟宗三:《佛性與般若》,下冊,頁767-768。

者不分而分,因未能觀之智決定了所觀之境,此解釋牟宗三先生認為沒有問題。但牟宗三先生對於知禮以兩重能所來詮釋,則認為為沒有這個必要[56]。知禮認為按此譬喻,即器械分槌與砧,槌乃能觀智,砧乃所觀境,此可以說是第一重能所。而第二層能所,是只若槌、砧二者皆材質淳樸,方能成妙用,故知禮認為第一重的能所在別教亦能夠說,但第二重的能、所,要強調槌、砧與淳樸相對而為能觀,淳樸為所觀。倘若槌、砧若不以淳樸為質(材質),則無法達圓三諦、圓三止、圓三觀所應有之不思議境。至於知禮設雙重能所的用意,在吳聰敏居士的論文《知禮《觀無量壽佛經疏妙宗鈔》研究》中有比較詳盡的解釋:

> 明山外諸師主張「真心觀」,尚侷初重能所,有如只取槌、砧、柱自敲擊,既無淳樸,如何造出器具?是以,今在本書(案《指要鈔》)中,直接點明「一境三諦」與「一心三觀」,皆是能觀;「陰等法境」,乃至「一念識陰」,皆是所觀;並重勸山外,勿固守略本之文,須進尋廣本「觀心」之義。[57]

此處所言第一重能所,乃是「觀智」與「不思議境」;第二重則為以眼前的陰妄之心(一念妄心)之淳樸下所對的「觀智」與「不思議境」。此說法似可以看出知禮試圖強調若沒有天臺宗所謂「一念三千」等義來理解智與境,就猶如不知純樸而造器具般,因此區分為未明的智與境,與「一心三觀」(純樸之智)下理解的不思議境(純樸之境)。但此分判對於知禮想要呈現的兩重能所,尤其是從知禮所謂「不思議境對觀智邊,不分而分,名所觀境。若對所破陰等諸境故,不思議境之與觀智皆名能觀」一語來看,吳氏的分判中似乎無法解釋「諦、觀俱為能觀」之義,應只是作了藏通別教與圓教

---

56 牟宗三:《佛性與般若》,下冊,頁768。
57 吳聰敏居士:《知禮《觀無量壽佛經疏妙宗鈔》研究》(臺中市:中興大學中國文學系二○○三年碩士論文,指導教授:蔡纓勳),第2節,「觀照妄心的認識論」,頁64。

的區隔,而非真能立兩重能、所。而且若說能所為兩重,且藏通別為一重,圓教為另一重,也不符合天臺圓教強調由「可思議境」達「不思議境」,所面對的境仍是同一實相之義。天臺強調所謂的開權顯實,的確要先有權有實,方能說開權顯實,但此開權顯實卻是不改一切諸法之分別,如此方能說「不斷斷」、「三道即三德」,故若此兩重能所,若是指在「一心三觀」理解下,另有一不同於「唯真心」等所理解的「不思議境」,等於區分了淳樸與真心意義下的「不思議境」,那便不能講「二而不二」之意。

　　牟宗三先生對於此處知禮所謂的兩重能所,則認為是「視一般言的陰界入為所破之純樸之陰界入,而以圓教之不思議的陰界入(諦境與觀智合一)為能觀能破之陰界入」[58],即認為知禮先區分了第一重的能所,為「一般的能觀(未達不思議境)之智」與「一般之陰界入境」;爾後有第二重的能所,為「觀智(達不思議境之智)」與「不思議境下的陰界入境」。在牟宗三先生此解釋下,一般的陰界入,除了為一般的能觀之智所對,而稱其為所觀境外,也在圓教的不思議境下,成為能觀之智,也就合於天臺所謂「一心三觀」、「一念三千」等意義,牟宗三先生在此處強調,之所以是「不思議境的陰界入」,重在其能合「諦境」與「觀智」,此意相較於吳氏之解,較能解釋知禮所謂「諦、觀俱為能觀」之義,即認為在不思議妙境的圓佛境界下,所對的境中那些尚未達圓佛、不思議境界時尚有無明的能觀之智與所觀之境,都在此不思議妙境下而成為能觀者。但對於知禮特別區分的兩重能所,牟宗三先生是不贊同,甚至予以批判的。牟宗三先生對此批評的說明如下:

> 雖可如此分殊,而實不需如此分殊。一念三千即不思議境,妙境,寧有淳樸之陰界入以為此不思議諦境與觀智之所破耶?陰界入一境,「始自凡夫正報,終至聖人方便,常自現前,若發不發,恆得為觀。」此是一般言之的陰界入境。就藏通別三教言之,是思議境,就圓教言之,是不思議境,皆陰界入境也。知禮似視一般言的陰界入為所破之

---

58 牟宗三:《佛性與般若》,下冊,頁767-768。

純樸之陰界入，而以圓教之不思議的陰界入（諦境與觀智合一）為能觀能破之陰界入，故言雙重能所。實則不須如此言。一般言之的陰界入境只表示無論何教何位皆須立陰界入境為所觀境也。而在圓教，此陰界入境即不思議之妙境。何以故？以由一念三千說之故。[59]

案：牟宗三先生認為知禮立雙重能所是一分殊的說法，雖然可以講，但天臺圓教所要強調的並非將可思議境與不思議境分別為二，此所謂不思議境應該是「差而無差，無差而差」的境界，故云「二而不二」，且若是強調可思議與不思議境是同體表現的，即只有一個三千法，眼前的三千法本身便可以表現可思議與不思議之境界，而並非有兩層的三千妙法，那豈需講一淳樸的陰界入不同於一般的陰介入境？故陰界入境只是一，而就藏通別三教看，因仍有無明，在迷之三道流轉中，故是思議境（迷則三道流轉）；而就圓教而言，因悟而不離三千是間諸法（悟則果中勝用）。故觀眼前之一一諸法，皆可以是在不思議境下，雖是不思議境，但陰界入仍與藏通別之在迷中一般無二。牟宗三先生又續云：

> 是則只有一重能所（觀智與所觀之不思議境），並無雙重能所。說雙重者徒增糾纏，亦不顯圓教就陰界入說不思議之勝義。故不須如此分殊，只如下文所說便可。……是故一念三千之不思議境本是在「三道即三德」下，在「不斷斷」中，就陰界入所圓說之妙境。境既妙，如其妙而觀之，便成妙觀。不是觀達純樸之陰界入以成妙觀顯妙境也。故雙重能所雖可說，然不是《摩訶》止觀節節說不思議境之文意。[60]

依牟宗三先生之意，知禮特別提出的「雙重能所」，既使得對《止觀》的詮解更為複雜、難以明了外，又對於闡明天臺圓教所要強調的就當前一念心、

---

59 牟宗三：《佛性與般若》，下冊，頁768。
60 牟宗三：《佛性與般若》，下冊，頁768-769。

就眼前的陰界入,而達不思議之「一念三千」、「三道即三德」之宗旨,並未有任何的幫助,反而更容易使此天臺圓教義不顯。故牟宗三先生認為只須依「煩惱即菩提」、「生死即涅槃」來講這「一念」,而不以「一念」為「真性」,偏指真常心而言[61]。在此意義下,雙重能所說本不須立。而且知禮為了立兩重能所,也造成了一些詮解上的偏差。牟宗三先生在另一段有明文云:

> 《摩訶止觀》原文因為是只就圓教無作四諦說四弘誓,其說圓教無作四諦,只就一念心即具十法界之不思議境說,故遂說及「佛法界,對法界,起法界,無非佛法」。荊溪《輔行》中釋此語亦是明其只「約理」說,故云「仍本迷說」。此中並未說及觀行。知禮引荊溪《止觀義例》文,說智者原文『正約觀行辨』,此則有偏差。蓋旨在成其兩重能所之說也。即使涉及觀行,亦不必設兩重能所。知禮對此「佛法界,對法界,起法界,無非佛法」之語,未能了解恰當,故于設問中,既錯記出處,又誤寫為「以法界對法界,起法界」,而解語簡略,不甚中肯,又立為兩重能所之說,皆遠于智者原文之文旨也。[62]

案:智者《止觀》原文的詮釋是就圓教無作四諦(苦寂滅道)來說「佛法界,對法界,起法界,無非佛法」,此處荊溪《輔行》中的詮釋也同於智者所要表達的原義,但知禮為了強調其自創的兩重能所,在其他詮釋上容易造成扭曲,使得此段的詮釋既遠於智者原文,亦遠於天臺圓教宗旨。牟宗三先生這樣的批評可為相當精微,既能切中天臺圓義下須強調的「無明、法性同體」義,又合於天臺所謂「不思議境」乃不離於當前所對之境而言的,境只是一而非多,不是透過修行而離開眼前的境到達佛境,而是使此當前的一念轉迷成悟,則屆時眼前之境便由無明表現的場所,轉為法性表現的場所,故可以當體承認一切法都能夠是佛法,諸念都能夠轉迷成悟,如此方能合於天

---

[61] 牟宗三:《佛性與般若》,下冊,頁769。
[62] 牟宗三:《佛性與般若》,下冊,頁774。

臺圓教所強調的「不斷斷」、「三道即三德」、「佛即九法界眾生而成佛」等天臺宗之本旨。

五　結論：牟宗三先生所謂的天臺圓教意涵

　　知禮對於顯發天臺山家宗旨，斥山外派融合華嚴教義而失天臺圓教之宗骨，在其《指要鈔》中頗有細膩而仔細的分判與簡別。牟宗三先生在謹守天臺圓教教義下，既能夠肯定知禮以《指要鈔》來斥山外派等說，以及不同意天臺圓教可以向山外派發展[63]之義；又能夠看出知禮詮釋湛然「十不二門」而作《指要鈔》中有問題、瑕疵，或不合於智者、湛然處，抑或甚至不合於天臺圓教之本義處。對天臺圓教所謂「一念心」、「不斷斷」、「不思議境」等義，牟宗三先生均能夠時時恰當的理解與掌握。故在上文中藉由對知禮以下四處科判，更顯牟宗三先生所一再強調的，天臺圓教之所以為圓教處：

一、以正因為無住本，緣、了二因為一切法，不合於圓教所謂「無住本立一切法」之定義

二、以「非色非心，而色而心，唯色唯心」比配空假中三諦，此不合於即空即假即中之「連三即」義

三、將無明與法性說為互助，此解有異體義，不符合「無明法性同體」、「不斷斷」義

四、立雙重能所，不符合天臺圓教所要強調的當前一念心即具三千世間法之不思議境之「三道即三德」、「佛即九法界眾生而成佛」義

藉由牟宗三先生對於知禮詮釋〈十不二門〉中產生四處問題的科判，可以看出牟宗三先生對於天臺圓義有非常圓熟的掌握。他認為天臺圓教強調要能夠由當前一念（多為染一念而非清淨的一念）便能承認其有成佛的可能，因為當前的一念隨時都可以轉迷成悟，甚至可以說無明與法性同在當前的事體上表現，故必須肯定吳明即法性、法性即無明，二者是同體、依而復即的。又

63　牟宗三：《佛性與般若》，下冊，頁796。

透過一心三觀之空、假、中須「連三即」的表現，強調三者不是分解的理解，而是須能一而三、三而一的、非分解式的理解空假中之關係。在此二強調下，每一法都既可以表現無明，也可以顯法性，則既然每一法都能作為無明亦或法性表現的場所，則每一法便都能夠當下肯定其有成佛的可能，更重要的是，成佛並不代表離於眼前的一一法，而是能夠不以眼前的一一法為須斷、需離的對象，沒有此執著方能真正明白天臺宗認為的，以「不斷斷」修至圓滿境界的佛，是如何即於九法界而成佛，此即是天臺宗強調「融情執冰為（九界）互具水」，而非如華嚴所謂「融九界冰而為佛界水」之義[64]。綜上所述，牟宗三先生透過上述四項對知禮的批判，使其所要強調天臺圓教之所以為圓教之義更為昭著。

---

64 牟宗三：《佛性與般若》，下冊，頁716。

參考文獻

一　古籍

〔宋〕四明尊者撰，聶士全校釋：《十不二門指要鈔校釋》，北京市：中華書局，2021年。

〔隋〕智顗說，〔唐〕湛然大師注：《止觀輔行傳弘訣》，臺北市：佛陀教育基金會，2016年。

〔隋〕智顗說：《摩訶止觀》，臺北市：佛陀教育基金會，2011年。

〔隋〕智顗講，〔唐〕灌頂記，夏德美校注：《法華玄義校注》，北京市：中華書局，2022年。

二　當代著作

牟宗三：《佛性與般若》，臺北市：臺灣學生書局，2011年。

吳聰敏居士：《知禮《觀無量壽佛經疏妙宗鈔》研究》，臺中市：中興大學中國文學系二〇〇三年碩士論文，指導教授：蔡纓勳。

慈怡法師主編：《佛光大辭典》，佛光山電子大藏經，網址：http://etext.fgs.org.tw/sutra_02.aspx

什麼是辯證法

黃昌明[*]

摘要

　　亞里士多德留給世人的啟示：一隻燕子帶不來哲學的春天。這說明了，我們不能只是一隻孤燕，人們必須要找到另一個或更多的對象來對話，如此人生才顯耀的更幸福。

　　無論在現象界或心靈世界，所有哲學的開始，就是以辯證法的提問，來考察哲學的問題。我們確認柏拉圖所說，「辯證法是我們所有學科中的最高冠冕，沒有其他任何學科凌駕於它，而能放在辯證法之上」。

　　人類自古直到現代思潮中，思想家們由雜多概念、現象，論述出辯證法的發展。但，仍未豁然確斯。本文則對辯證法歸結出三種意涵，即以變化、矛盾、否定、發展以及動態思想做為整個辯證的基礎、是由現象界進入到形而上的本體世界、最後所有的辯證都回歸到一。

　　哲學是一種活思想的自我，必須要靠形而上學及辯證法這兩柄尚方寶劍，才能將世俗的悖論、詭辯除盡，並激發人類不斷的超越自我，促使哲學在人生舞台上照亮世界！

關鍵詞：辯證法、柏拉圖、亞里士多德、邏輯、形而上、提問藝術

---

[*] 新亞研究所（哲學組）博士。

一 辯證法的概念

　　欲追求哲學的真理，其首要條件在於「思辨」。「思」是一種對世間萬物的驚訝與好奇而產生的思考，其動機是要去探究與人類生活相關的深邃價值。然而，人們起初是對宇宙萬物的現象，以不著邊際的胡思亂想來進行這個「思」的運動，然後得出見解。思想家們雖逐漸累積出他們的成果——知識，但是由於感官的認知與主觀的立場、時代背景各異，後繼者發現其侷限性或矛盾性；例如，宇宙是如何生成的？有邊界還是無限？世界是真實存在的還是幻象？人性是善還是惡？人生是飽足肉體還是豐富靈魂的過程？等等的各說各話。於是，他們為了求得真理而進入「辯」的歷程。「辯」不是狡辯、不是詭辯[1]，它是循一定邏輯法則的論述。為了讓論述的結果能達到普遍性，所以產生了各種不同「辯」的法則，其目的在於運用這些法則，能更客觀的歸結出真正的知識。然而，「思」與「辯」最基本的要件必須是以承繼前人的思想為基底，經過通透理解其神韻，才能進行批判、發揮創新、超越現實。這就是為什麼柏拉圖堅持在論辯進行時，所有參與者必須有一定的哲學素養，才不至於像一頭豬在汙泥中打滾（*Republic*〔《國家篇》〕535e）。「思」與「辯」是相輔相成的。笛卡爾（René Descartes）說「我思故我在」，而我們要說「我辯證故我在」，這是因為笛卡爾的「我思」僅止於我，沒有你，沒有他，甚至你們、他們。而「我辯」是除了自我反省、反思以外，還要與你、與他，甚或你們、他們去「辯」，才能在掌握客觀的態度下，於相互交流中創造出更純真的知識。所以，這裡的「思辯」就是透過不斷的反思，將主觀的東西變成一個客觀的東西，最後又回到一個新的主觀上。這個一再的旋迴反思，構成一個從主觀到客觀又回到主觀的螺旋循環往復。我們

---

[1] 黑格爾在他的《小邏輯》第八十一節中指出，「詭辯」的本質在於孤立起來看事物，把本身片面的、抽象的規定，認為是可靠的，只要這樣的規定能夠帶來個人當時特殊情形下的利益。而「辯證法」的本質，其出發點，是就事物本身的存在和過程加以客觀的考察，藉以揭示出片面的知性規定的有限性。

可以說「辯證法」就是從以上「思」與「辯」的概念中推展開來的。

「辯證法（Dialectics）」這個詞的意義，有爭論、議論、交談、相反對立的事物等等意涵，它是對話及論辯的藝術。而我們中國人就其字詞的解釋，認為其本意是論說術，也就是論辯和證明的技術，遂將其翻譯為「辯證法」。在柏拉圖（Plato）那裡，則是具有「一種通過問答來論證的藝術」的意義。柏拉圖及其學派將辯證法賦有廣泛的意義，即成為科學方法。柏拉圖的科學不只限於駁斥，也更直接接觸異議，它啟示真理自身進入到事物的本質及原則。而這方法如沒有「理性」，柏拉圖是難以理解的，因為理性為他帶來光明，此即是整個系統的支柱力量，而這個方法確實能放出光芒。

就亞里士多德（Aristotle）而言，我們認為他對這種辯證術意義上的辯證法是有其以下理解的意涵：一是，在他的 *Topica*（《論題篇》）[2]中指出，辯證法是指一種特定的技術。這種論證的技巧，不是從必然的、自明的或原先已經證明的前提出發，而是從一般人信仰的或某些哲學家接受的前提出發。二是，在他的 *Rhetoric*（《修辭學》）[3]（1355a:25-35）中指出，修辭術是以意圖為目的，千方百計的誘發人們的激情，使人們在憂愁或愉快、憐憫或憎恨等等的情緒下做出判斷，進而去說服人們贊同論說者的論證是對的、是真理的。但是，辯證法是指從同一前提出發，得出相反結論，目的不是使人們相信相反的結論都是真的，而是去論證對方提出的論據是不可靠的。

黑格爾（Georg Wilhelm Friedrich Hegel）對柏拉圖的辯證法的認知：這種辯證法並不是我們前些時候所看見的那樣的辯證法——不是把觀念弄混亂的那種智者派的辯證法，而是在純概念中運動的辯證法——是邏輯理念的運動。另外，就柏拉圖使辯證法達到系統化、客觀化而言，黑格爾他在《小邏輯》[4]中是這樣認為的：「辯證法在哲學上並不是什麼新東西。在古代，柏拉圖被稱為辯證法的發明者。就其只在柏拉圖哲學中，辯證法第一次以自由的

2　Aristotle. *The works of Aristotle*. Volume I, "Topica." in W. D. Ross, M.A., Hon. LL.D. eds., Oxford at the Clarendon Press, 1928.

3　Aristotle. *Rhetoric*. Translated by W. Rhys Roberts. Oxford at The Clarendon Press, 1924.

4　黑格爾著，賀麟譯：《小邏輯》（北京市：商務印書館。1980年），頁178。

科學形式，亦即以客觀的形式出現而言，這話卻是對的」。我們認為，柏拉圖的辯證法，是兼有芝諾（Zeno）的辯證術的含意，又以此引發了黑格爾所謂的概念範疇的「矛盾進展」。

　　辯證法是有其思想淵源的，而在這個連續的歷史當中，產出了許多哲學家（諸如赫拉克利特〔Heraclitus〕、畢達哥拉斯〔Pythagoras〕、巴門尼德〔Parmenides〕、芝諾等）的各家的辯證思想觀念。我們要確認的是，柏拉圖就是辯證法的集大成者，他不但將古希臘思想家相關思想連結起來──尤其是他的老師蘇格拉底（Socrates），並在此基礎之上建立起辯證法的思想。然而，目前一般人對辯證法的理解，只不過僅僅侷限、停滯於黑格爾的辯證法概念，這已和希臘古代的辯證法涵義有其本質上的歧異。其實，想要知道什麼是辯證法，除了要了解辯證法的詞義，而且我們應該進入「柏拉圖的思想」中去理解辯證法的真正精神。

　　柏拉圖的辯證法是探索理念之間的關係、建構理念體系的方法。較之蘇格拉底的「助產術（The art of midwifery）」[5]，柏拉圖的辯證法有了極大的豐富和發展，可以說是「質」的飛躍。他提出「通種」說－即最普遍的範疇之間的關係和結合的學說－運用辯證法著力於研究最普遍、最抽象的理念（即範疇）及其關係，從而建構範疇體系。但是應該注意：柏拉圖不但把辯證法看做是構建範疇體系的方法，而把辯證法看作最高等級的知識（即理念本身），且最重要的是應該首先把辯證法看作最高等級的知識。他認為，真正的知識是完全擺脫一切感性事物的，僅僅與理念有關，這種知識不是別的，那就是辯證法。在柏拉圖關於認識等級的劃分中，辯證法位居最高級，佔據絕對優越的地位，它不僅居於「意見（Opinion）」之上，而且置於一切數理科學之端。因為，在他看來，一切科學都或多或少與人造物或自然物，也就是與可見世界的事物有某種關係；它們雖然對實在理念有某種認識，但只是「夢似地看見實在」，所以它們都算不上是嚴格意義上的知識，但我們

---

[5] 對話的過程本身就是真理彰顯出場的過程，通過不斷交談、對話、引導使真理自身在對話的過程中自身開啟與呈現。這種「讓言說本身產生論辯並導向普遍定義」的方法，蘇格拉底曾幽默地稱之為「助產術」。

常常根據習慣稱之為知識。我們認為，其實思維是與意見相對立的，思想才是真理的唯一源泉；真理是可靠的，他永遠不會有錯，但是人的意見是完全沒有信心的。因為，意見是介於知識與無知之間的狀態，它既不是無知又不是知識，它只是「見解」；也就是「在宴席上用模稜兩可的語話來逗趣，或者像給兒童猜的那個太監打蝙蝠的謎語。」（*Republic*, 479c）。因此，只有一條道路通向真理，而通向真理的道路不能通過意見，即令是要通過思維並也只能通過理性來窺見。實而只有辯證法才能完全擺脫一切感性事物，只與理念有關、只與純粹的思想有關，也才是真正的知識。另外，柏拉圖在運用辯證法論述範疇之間的關係時，一再強調要借此弄清楚存在與非存在的關係，特別是要認清非存在究竟指的是什麼？非存在是否真的存在？即對非存在要作出解釋。柏拉圖是想用辯證思維解決這個問題，這也是他一直所關注對「存在」問題的探討，其目的指向「本體論」。也就是說，辯證法也是通達於本體的方法、路徑。由此，辯證法自柏拉圖之後進化了，形成了獨特的風格，他完全撇開感性，從理性出發，不但把辯證法看作是通達於本體的方法，而且認為辯證法本身就是本體的。

在柏拉圖那裡，思想的力量表現為問答的辯證法，這種辯證法是從「無知」的、「無知的說話的人」開始的。蘇格拉底著名的「自知無知」是極其重要的命題，它展現的「思想」是純粹的、虛無般的力量。在蘇格拉底那裡，求知之路，首先是把人從各種非知識的觀念和意見的雜多中解脫出來，將他們懸置起來，將他們虛無掉，清理好思維，以便發揮思想的力量。這就是「無」知。而這種力量不是巴門尼德作為不存在的虛無，而是存在的力量，是肯定的否定，「自知無知」就是肯定與否定的辯證。人們只有體認了無知以後，接著才會警覺問題的降臨。這種警覺性表明了問題的優先性，進而強化了思想的必然性和自由的本性。柏拉圖辯證法的對話核心表現在問題之中。而問題的意義，在於答案是否具有能提供出唯一正確方向的意義，這個方向是一種具意義的規定性而非內容的規定性。如果答案僅僅表現於推論是否合理，而不探討是否為真，如此之答，其意義將不存在，無知的意義也就不存在。

由於以上的理由，柏拉圖辯證法「問與答」進行的方式，是一切通過提問而抵達認識的大道。提問就是進行開放，被問的東西的開放性在於回答的不固定性，被問的東西必須是懸而未決的；被問的東西必須被帶到有問題的狀態，以至於正與反之間保持均衡，使思想自身能夠破除任何意見的頑固性。這是展現思想之創造性力量的氛圍和境域。不過，這種力量的無限性同時意味著，問題的開放性並不是無邊無際的，問題本身總是包含著由問題境域所劃定的某種界限，沒有這種界限的問題是空的。提問既預設了開放性，同時也預設了某種限制。這種矛盾，推動了辯證法的向前發展。柏拉圖的辯證法以「問與答」的對話成為形式，即成為了思想的具體運作和表達方式。憑藉著思想的偉大虛無力量，辯證的問答藝術，不僅僅激起了「助產」的作用，而且直接參與了事物自身的孕育和誕生。真理在思想中湧現，這真理既不是你的也不是我的，它是這樣遠遠地超出論證者的主觀意見，以致對話中的引導者自身也經常感覺是無知的。我們在這種相互對反論證的激活中，可以感受到思想存在的力量、理念的力量。

　　我們整理出柏拉圖的辯證法，具有以下多重的涵義。其中包括了，以雜多的相互矛盾的感性事物中揭示共相（理念）的方法、通過純粹的思辨活動在推理的過程中揭示理念之間的對立統一關係，最後達到最高（善）理念的認識過程。這也是指分析與綜合的方法，它是通過有效的推理論證，來獲得真理的科學方法。柏拉圖把辯證法看作是超越了感性事物，以純粹理性思維的方式去認識最高理念的方法和過程，並將它視為達到真理性認識的唯一正確方法。總之，柏拉圖的思想向後人顯示了這位「人類的導師」的深邃，而柏拉圖的深邃和他的辯證法是息息相關的。辯證法在其本源意義上，即在柏拉圖那裡，就是理性思想認識事物本質的方法。追求真理和堅持真理是人類存在不可缺失的一個向度，在這方面，柏拉圖的努力確實給當代人以撥雲見日的啟示。

二　辯證法的本質

我們可以認定,辯證法的內容就是辯證思維,也就是運用辯證思維在論辯中達到「參透」的目的。從古代的思想家開始的自我論辯,自我參透──「反思」,以及他們參透宇宙自然的變與不變(常)的道理,到了蘇格拉底那裡就與人論辯──「對話」,而柏拉圖從自我論辯且要求以理性來論辯,參與論辯者亦是如此──「理性對話」。所以,從古到今的哲學家們,都是運用這種自我或與他人論辯的方式,去參透出許多哲學思想,而這些哲學思想都有辯證法的影子,都是運用辯證法進展思維的結果。因此,辯證法是具有其特殊的本質,我們只要從蘇格拉底與柏拉圖的哲學思想當中理解出這個特性,就能了解什麼是辯證法。我們歸納出辯證法具有以下的本質:

(一)變化、矛盾、否定、發展

人類起初是用感官,直覺地去觀察這個世界。在超出感官以外的範圍時,就進行自我反思來解決想要得到的答案,在反思的過程中獲得經驗,再由經驗的逐步累積成了知識。思想家們在追求「真的知識」的渴望需求下,不斷發現宇宙事物是具有變化性,致使發現現有知識中的矛盾,便加以否定再去發展創造新的知識──哲學。雖然當時沒有辯證法這個概念,但是他們都已經具有了辯證法的思維。「我只知道我什麼都不知道。」,蘇格拉底所說的這句看似簡單的短語,但它囊括了他的哲學智慧的核心,並構成了辯證法從其發展的根源,且確定了辯證法中「否定」的本質。這句話蘊含著對自我主觀認識的否定,因為世界上必有客觀的真理,只有否定隨心所欲的主觀,才感覺自我的不足,而激起繼續求知的欲望。

辯證法的本質是存在著批判與否定的精神,它從批判和否定開始達到發展的目的。在論辯的過程中,雙方為了證實自己的觀點,必須批判對方論述中的瑕疵和自相矛盾之處,其目的就是要取得一個無矛盾的、確定的真理認識。然而,這裡絕不是運用理智直觀的方法,而是要經過一個發現矛盾、不

斷否定和變化、發展的過程來實現這一目的。所以，辯證法最終的結果是給出一個人生當中人性昇華的方法。它讓人理解，在貫穿人生當中，所有的生成、變化、矛盾、否定這些必然的運動概念，為的是推動人本質的發展，在短暫的人生旅程中具有豐富的內容，創造生命更高的價值。

（二）動態思想

邏輯是靜態的，邏輯的論辯只能滿足於我們的精神，它無法引起新東西。要能引起新東西，我們必須要有活動的思想，這種動態思想能使我們脫離人類的惰性及慣性，是這個動態思想標誌出辯證法這個概念。這種辯證的動態思想不正是柏拉圖的萬物都在流轉嗎？他借用荷馬《Iliad（伊利亞特）》[6]（第十四卷201與302）中隱喻，「運動才是存在和變化，靜止就是滅亡」的思想，提出萬物都是流動、運動的產物。所以，哲學只在思想中才是活的，由於思想是活的，才能運用辯證法與人對話，而產生源源不斷的哲理。在 Theaeteus（《泰阿泰德篇》）（152-153）中，柏拉圖提出，所有我們所說「存在」的事物，都在變化中，是轉化、運動和互相混合的結果，「沒有永恆的停止，萬物都在變化中」，運動是存在和變化的原因，靜止則是非存在及毀滅的原因。又在此篇對話錄（156b）說，萬物都在運動中，在這之外別無他物。他更指出運動有兩種，一種是主動的動力，一種是被動的動力，兩種運動相互作用。亞里士多德在其 Metaphysic（《形而上學》）[7]（1072b:27）說：「思想的活動才是生命」。但要如何運用思想使人類的哲學智慧發光發熱，把人類帶入更高的境界？我們認為，就像柏拉圖在 Republic（533d）中所說：「唯有辯證法可以直接上升到第一原理本身」。

6　Homer. Translated by Robert Fagles. *The Iliad*. Penguin books, USA Inc, 1990.

7　Aristotle. *The works of Aristotle*. Volume VIII, "Metaphysic." in W. D. Ross, M.A., Hon. LL.D. eds., Oxford at the Clarendon Press, 1928.

（三）形而上的

　　柏拉圖的辯證法認為，在變幻莫測的世界萬物中，有一個絕對不變的實體－理念（Idea），萬物都是「理念」的摹本，所以他的辯證思想是屬於知識論的形而上學的。我們認為，精神的最高發展就是在「善」的光環中抓住理智，它走向直覺的影像，這是理性的辯證能力的恩賜，可由假設到原則。在辯證法中因此可組成科學的最完全的方法，這方法區分成二個連續性及補充性的時刻。一部分是上升的辯證法，它可達到一些觀念而且可再提升直到「善」，透過其單一性及它的絕對超驗性，它是所有事物的基礎。由於「唯一的善本身，相對於雜多萬物，我們假定每一類雜多的東西都有一個單一的『型』或『類型』，假定它是一個統一體而稱之為真正的實在。」（*Republic*, 507b）。唯有懂得辯證法的人能清楚地認識到，在彼此分離存在的事物（多）中有一個貫穿它們的理念即「一」；彼此不同的多種的理念被一種外在的理念所包含，一種理念通過許多整體而使之連成一體，而多種理念是相互分離的。這意味著，懂得辯證法就能知道如何區分種類，知道若干種類以何種方式能夠結合或不能結合。能夠掌握這門辯證法學問的大師不是智者而是哲學家，因為智者只能在非存在的黑暗中藏身和摸索，而哲學家的思想始終依據真實事物的本性（*Sophist*（《智者篇》）253d-254a）。而另一部份則是下降的辯證法，它演繹「善」結果的名目來區分觀念等級的雜多性，柏拉圖將辯證法具體化為結合與分解的方法。所謂「結合」，是將紛繁複雜而又相互關聯的事物置於一個類型（理念）之下，從整體上加以把握，使被敘述的主題明確顯示，得到一個定義。所謂「分解」，是按自然的關節，將整體劃分為部分。分解法的關鍵是要順應「自然的關節」，就是要根據事物的內在本性，而不是主觀任意的分割，像笨拙的屠夫那般把任何部分弄破（*Phaedrus*〔《斐德羅篇》〕, 265e）。柏拉圖聲稱自己是結合與分解的熱愛者，並因此而獲得言說和思想的力量。他還認為，具有結合與分解能力的人能看出事物的一與多，他將以追隨神的態度去追隨這些人，稱他們為「辯證法家」（*Phaedrus*, 265d-266c）。辯證法學家對自然的骨頭關節來切割「分解」，可和一個技藝絕佳的

屠夫相比。他們對事物的解剖分析的明確，就如莊子「庖丁解牛」故事中的神乎奇技——由於深知事物的劃分的關節，了解「彼節者有閒，而刀刃者無厚，以無厚入有閒」，而到了「恢恢乎其於遊刃必有餘地矣」的境界。所以，對於事物的分析明確後再度還原它的原貌，在於按照道理、規律；也就是在整個解牛的過程中，已經熟悉、瞭解，甚至是參悟出了牛周身「經脈」的運行規律，知道在何處「動刀甚微」，在何處「謹小慎微」。

（四）歸於一的

柏拉圖在他的 *Philebus*（《斐萊布篇》）中說：「始終有兩種事物，亦即一種事物總是以其他事物為目的的，而另一種事物在其出現時是最先出現的。」（53e）。這是存在與變易的問題。也就是要問，到底存在是變化的目的？還是變化是存在的目的？例如：知識的目的是要求「善」，其實善已經早先駐足在我們的心靈中了。知識是變易的，它隨著時間（過去、現在、未來）以及空間的改變而改變；以往的知識現在不見得適用，現在的知識對於未來而言也未必會是真理，地域的不同亦然。所以變易是衰亡的。而「善」不是知識，也不是真理，它是「理性」，是永遠不變易和不被更替的事物。如此，「以他物為目的的事物或存在時，可以為它自己提供手段或工具一類的東西。而變易總是以存在為目的，所以總起來說，變易以存在為目的。」（54c）。所以，存在是「一」而變易的目的就是要達到「一」，這是一個「歸於一」的概念。依此，我們衍生出一系列的思緒：這個「一」是否存在，要如何察覺它的存在，這個「一」又是否永遠是它自己，而不增生也不縮減，也不會有不同於原先的「一」。我們的看法，可確定看到「多」是不可少而且是真實存在的，而「一」則是一個無法認識的形而上的存在。這個「一」，一經開始就永遠存在，而且是確實的「一」，但它最後可存在於可增生的以及無限雜多的事物中，但我們確認這個「一」本身被分割而變成「多」是絕對不可能的。我們的論點，是基於老子的「一生二」的辯證思想而來——整體中產生相反相成的事物，萬物萬象源源不絕，生而不絕，滅而

不絕，一而多，多而一，「一」之道是永恆的。更重要值得注意的是，「一生二，而非一分為二」，也就是說萬物萬象是由「一」派生出既對立又統一的「二」。在我們的信念中，一與多是一種和諧的不斷超越，只要真能掌握「一與多」的本質，它們給人生的價值是無限的。

然而，面對一個無限雜多支配的世界，我們在尊重生命的理念前提之下，應該以什麼樣的態度來對待生命？這是在人生過程當中必須嚴肅面對的課題。人類存活在這個戲劇性與不同等級角色區分的世界中，必須將這個世界視為就像是個劇場的舞台，人們扮演、經驗他們的命運；而現象事物則越來越被人類（尤其是特定人物）加工與改造，人和雜多現象事物成了缺一不可的夥伴。但是，人世間又有多少人真能像蜜蜂一樣，由自己的蜂巢飛出去擷取了無數雜多花朵的精華，再度飛回自己原本的產品製造工廠，來成就出令人盼望的精品——蜂蜜。而大部分人都只看到原野中雜多的花朵，但無法認知自己就是蜜蜂；相信很多人都是在人生的化妝舞會臨近戲劇終場時才卸下面具，這時你才能恍然看清楚真實的自我，以及你在人生旅途中所相遇的雜多現象的真面目，但這時已是人生舞台的謝幕，曲終人散。所以，人與現象也就是我們所講的一與多，可以說是一個反命題的思考模式。若不經意，兩者都容易走極端。我們必須在兩者之間突出其否定的關係，並認識兩者都是具有其否定的功能的。

三　辯證法是一門活的藝術

（一）提問藝術的特質

柏拉圖的 *Gorgias*（《高爾吉亞篇》）（448d）將 Dialectic 解釋為對話，對話就是一問一答的談話方式（449b）。而在 *Cratylus*（《克拉底魯篇》）（398d-e）中，他也認為具有「提出問題」的藝術的提問者稱為辯證法家。這個「提出問題」，揭櫫著人們對看到的東西具有考察、考慮或探究的本能，進而對所見萬物進行提問。我們認為辯證法可以解釋為一種藝術。因為辯證

法的藝術僅歸於哲學家的純正與真實（*Sophist*, 253e）。從以上柏拉圖《對話錄》中所述，我們確認辯證法就是一門活的藝術。然而，在蘇格拉底與柏拉圖的辯證法中，提問的藝術是重要的關鍵。而這種藝術有以下幾個特質：

1　思考的藝術特質

提問的基礎在於蘇格拉底式的「無知」概念，因為自感無知所以對未曾經驗的事物提出疑問，目的是在否定現在已知的經驗或知識，去求取那未知的經驗與知識。因為，我們不能用昨日的思維，來解決今日的問題。這時，思考就是完成提出問題的必要條件。如果對客觀事物不關心，就不會去思考，沒有思考就提不出問題；問題是開放性的，思考也是自由的，是不受限迫性的。如此，才能站在對立的面向去提出問題。

2　檢驗性的藝術特質

進行對話的目的並不是要完全否定對方，而是在提問當中讓對方自我檢驗他所論述內容的真偽，從而修正、歸納出真正的知識。

3　強化性的藝術特質

辯證法並不是要找出參與論辯者論述的弱點，去強調自我的正當性。相反的，辯證法的藝術，是能從事物本身出發去增強反對的意見。因為，在這種來回的辯證過程中，使正反兩方的論述不斷的形成正確性。也就是在不斷的提問下，迫使被詢問者持續陳述那些不完整的回答，直到真理的顯現。

4　概念構成性的藝術特質

對話中透過不斷的提問，產生意見的客觀性。最後概念的構成是一個不是我又不是你的結果，而這些卻是遠遠超過雙方各自的意見，是一個共同認定的結果。其實，以上提問的各種藝術特質，也就是辯證法中對話的藝術。我們認為，辯證法內在本質是一種反思的意涵，其外在的形式是對話，這種反思與對話都是的藝術概念的表現。

(二)運用對話進行藝術創作

　　尼采在他的 The Birth of Tragedy（《悲劇的誕生》）中確定了,「哲學觀念蔓延在藝術周圍,迫使它緊緊抱住辯證法的主幹」[8]。事實上,蘇格拉底並不願意以權威性的、單向性的、填鴨式的,進行主觀認知的強行餵灌模式進行對話,反而要求對話參與者開放性的、自由地回應所提出的問題。這就說明了,對蘇格拉底而言,哲學只能由對話開始。同樣的,藝術也是必須是在我與我、你、祂的內在反省與對話活動中去找尋它的價值並育化完成。而作為一位辯證藝術創作者就是運用這種「與萬物對話」的方式,去激發創作靈感,參透出引導前進的方向,去成就一件完美的作品,而這個作品就是心靈的產出。

(三)藝術與辯證法

　　其實,藝術與辯證思想是有緊密的關係。我們在黑格爾的 Lectures on Aesthetics（《美學》）第一冊緒論中可以看出端倪。他認為,藝術和藝術作品是由心靈產生的,其也容納感性事物的外形,是將心靈滲透到感性事物之中。如此,藝術的心靈和思想較外在的自然型態較更為接近。然而,藝術作品雖然不是抽象的思想和概念,而是自身的思想和概念的外化,但是這已經顯現出作品當中思考的心靈張力。此時展現出它不僅運用思考去認識它自己,而且從它所外化的事物當中再度認識自己。也就是說,它在自己的另一面中再度認識到自己,因為它將外化的東西轉化為思想,而使外化的東西還原到心靈本身。藝術與藝術作品所展現的思維是認識到自己,又認識到自己的對立面。因為概念就是普遍性,這種普遍性統攝了它自己和自己的另一面,這是動態的、這是具有一種否定的因素,也成了非存在。在它非存在

8　Friedrich Nietzsche. *The Birth of Tragedy*. Translated by Douglas Smith. Oxford World's Classics paperback, 2000.

中,孕育出它未來的存在,這表達出不停的孕育發展。黑格爾更啟示人類,藝術、宗教和哲學只是形式上的不同,他們的客體是完全相同的。所以,我們說辯證法是活的藝術,也是由哲學的本質來進行演述。

四 辯證法的價值

事實上,辯證法也是隨著時間的推移而有其發展。傳統的辯證法是透過古希臘一些哲學家用推理的方法,去提問、解釋並轉化等等。一般的辯證法都有兩個觀點:一個是觀念,另一個則是一些事實。就是一般常說的心、物二元的思想。柏拉圖早就在其 Republic（511）啟示了我們,其實,辯證法不只是一種問題與回答的推理,而是一個抓住真實同時擁抱肯定與否定,強而有力思想系統的一個模式,它運用「是與非」的交流往來,並不會去排除二者之間的任何一個,也不會去選擇二者之一的任何一個,因為所有的選擇都是要排除事實的一部份。另外,它還有一個本質特性,就是一些矛盾因素不會和一些無活力、靜態的他者互相對立,反而是相互作用。在正、反、合的過程上,從歷史與時間的觀點,帶入到辯證法中,這樣一些矛盾的因素就不能繼續存在,而自動消失。因此,在時間的運動中,他們是互相關聯的,而且必定走入一個新境界。因此,沒有一個固定客體的情況,但是自我可以強加於它,而且時間的流動是必定帶入認知自身當中。

辯證法中,人是唯一最重要的主體,涉及到人要負責的確定性,透過這個確定性,就是一種自由選擇和決定。辯證法不只是理智的運作,它包含了生活,也就是人的生存經驗的全部,這個全部絕對不是把辯證法投入某個系統中,而是以我這個主體,再由意志發展出的一種變動的智慧。曾如盧梭在其 Emile, or On Education（《愛彌兒》）第四章所講,「我把我所感覺到的在我身外對我的感官發生作用的東西都稱他為物質;在我看來,物質的所有各個部份都將結合成個體的存在,我稱它們為物體。正因這樣,我認為唯心論者和唯物論者之間的一切爭論,都是沒有什麼意義的,他們所說的物體的表象和實際之間的區別完全是一些想像」。

我們再來看看當代理性主義鼻祖的笛卡爾在其 *A Discourse on the Method*（《方法論》）[9]第一章，就強調理性，他說，因為理性和意識是唯一使人和動物區分的東西，我相信它是完整的存在於每一個人身上。以及在其 *Meditations on First Philosophy*（《第一哲學沉思》）[10]第三章，就肯定了上帝存在。他強調上帝的觀念，不是透過感官獲得，也不是意外出現，也不是純粹心靈產物或虛構的事物，他說只能確定上帝是自我生成的。笛卡爾和盧梭都是一致贊同並特別強調上帝是全宇宙、全人類的主人的經典級大哲學家，而且兩位大哲學家都是用辯證法來論述他們的思想，所不同的則是辯證內涵所用的材料不同而已，例如盧梭是用「非理性」，而笛卡爾則是強調必須要透過「理性」。然而，我們進入笛卡爾的感情（Passion，也有翻譯成激情）世界，尤其沉浸在他的名著 *The Passions of the Soul*（《靈魂的感情》）[11]書中，就更能顯示出辯證法的自由、自主及活生生的本質。大家都知道，笛卡爾是「我思故我在」的大哲學家，這句經典名言，其最高的智慧，就是主體在他存在之上的確定性。這也是辯證法運作過程的第一條件。

　　笛卡爾不只是哲學家，也是科學家，他以物體功能機械性的研究，來決定感情問題經典式的探討，對此他有很完整的意識，在這感情範圍中去開啟一種完全是新的方法。在古希臘時期，哲學上對於感情的研究具有相當的興趣，針對它的性質有各種不同的感情及指導的方法。由於，感情哲學的定義有很廣泛的延伸，所以絕不能只討論一個客體、一個概念或一個人。但是最主要的，如果感情建構一個古代道德反思的主要軸心，幾乎從沒有把理性帶入到這個機械客體上。而笛卡爾所從事的探討，在於擴大道德領域的方法，這方法可做出光彩的證明。

　　笛卡爾提出感情的問題，就像物體運動的問題和一些靈魂意志的問題，

9　Rene Descartes. *A Discourse on the Method.* in Ian Maclean, eds., Published in the United States by Oxford University Press Inc., New York. 2006.

10　René Descartes. *Meditations on First Philosophy*, Translated by Elizabeth S. Haldane. Cambridge University Press. 1911.

11　René Descartes. *The Passions of the Soul.* Edition: J. Martin and J. Ridley, London. 1650.

以及物體廣延性和靈魂思想的問題。就笛卡爾而言，應該先描述感情本體，再去分析感情心理學。此即，必須要先提出，感情要如何才是真實的。因為對笛卡爾來說，一種感情就是一個觀念，它由我而來，經過我的意志，所以感情是被動的，也只是一種物體的感覺，如此物體是感情的，它使人格化的經驗靈魂來忍受。笛卡爾思索一種更幸福生活形式的方法，以知識使用的方法，使他著手進行理性的探討，並保持傳統的非理性：就是感情。責備感情是沒有用的，它各種原因的唯一嚴格的知識，就是允許在它自身上的行為活動。其實，在靈魂、肉體以及各種感情的思想關係上，早在他的 A Discourse on the Method 第五章中，就已經畫出了靈魂實踐於感情的草圖。

笛卡爾特別指出，一些精神在肌肉和神經中循環，就是靈魂與肉體關係的器官、就是一些行為才使人產生各種感情等等的各種反應。理性的靈魂不是被物質所引出，是一種不同的創造而得的結果，這是動物所不具有的。而人類對肉體的關係並不是像駕駛員和船的關係，而是一種本質上的結合，經由感情現象的總合和感覺表露出來。由此理論，我們可以看清楚笛卡爾辯證思想的發展，他清楚地肯定存在對人而言，一種自由意志也要依循判斷是一種選擇的結果。如果說有錯誤，那是因為過於倉促的判斷。笛卡爾的博學並不是因為他是一位思辨家，而是他知道要經由原因的理智得到有效果的意志。在笛卡爾的思想中，所有感情的問題都要進入靈魂及肉體的關係當中去進行研究。

我們再來看看斯賓諾莎（Baruch Spinoza）對感情的理論[12]，他認為感情和意志是一致的，必須在人的本質中去理解才有可能。這就是意味著理性向找尋愉快的方向移動，同時也躲避不愉快，這個移動是透過本能意志活動表現出來這些感情。感情是一種和想像不相符合的觀念，但卻是一個真實的行為，也是來自一種和理性相一致的觀念，是人自己決定真正的功能，而且他完全是宇宙的。

至於新辯證法的頭號大師黑格爾，則是拒絕用道德家的眼光去看感情，

---

[12]〔荷〕斯賓諾莎：《斯賓諾莎文集》（北京市：商務印書館，2016年），卷4，《倫理學》。

因為他們的思想判斷都是抽象的。黑格爾把感情也帶入到歷史的領域中，放出他真正的尺度。歷史中富感情的人很多，不只是斐德羅（Phaedrus），同時也有凱撒（Julius Caesar），拿破崙（Napoleon）等等。都是透過各人感情把個人意志放入活動的歷史中。感情就像歷史中的發動機，是所有客體實現的條件。黑格爾說，沒有感情不被實現在世界中，否則就完全沒有偉大可言。感情是這活動中透過拒絕所有其他目的，用它所有欲望的內在本質把整個人投入到一個客體上，並集中在它的目的、它的力量以及所有的需要中。就是在歷史的領域，感情展開在整個它的實在性。

關於感情這個問題，幾乎歐洲大哲學家都會劃上一筆，例如法國啟蒙運動大哲學家底特羅（Diderot），他告訴我們，沒有感情的理性，幾乎是一個沒有臣民的國王。而二十世紀辯證大師巴舍拉，在其 *On Poetic Imagination and Reverie*（《沉思幻想的詩學》）[13]開始不久就給我們關於感情的價值，他說，偉大的感情，是給偉大的沉思幻想作準備的。而笛卡爾在其 *The Passions of the Soul* 第二一一條提醒人類，所有感情從其本性來說都是好的，我們只需要避免對它們進行不良的使用，或者說不要過度使用就可以了。為此笛卡爾告訴我們，必須將思維與人類內心所隱藏的動物性的氣息區隔開，並在該書最後啟示人類，要用智慧去做自己感情的主人，並且對感情給予適宜的安排與掌控，人們才能感受到快樂。

總之，無論是柏拉圖 *Phaedo*（《斐多篇》，105c）所講，是靈魂給人類肉體帶來生命，使它活著，或是笛卡爾在 *The Passions of the Soul* 第五、第六條所述，他否定人的生命是由靈魂所賦予而讓人活著之思想。我們則指出康德在其 *The Metaphysics of Morals*（《道德形上學》）[14]一開始講得好，他說，一個存在者按照自己的表象去行動的能力，就叫做生命。因為一個已死的人，是沒有生命，而且是無活動力的。所以，我們確定辯證法是有生命之

---

[13] Gaston Bachelard. *On Poetic Imagination and Reverie*. Translated by Collete Gaudin. Spring Publications, Inc., 1987.

[14] .Immanuel Kant. *The Metaphysics of Morals*. Translated by Mary Gregor. Cambridge University Press, 1996.

人的方法。

　　從上面哲學思想的演述，我們看到了而且肯定了辯證法的價值。一個具有生命力的人，絕對知道自己是自己的主人，他會用自我的意志做工具，以辯證法的智慧做為進入宇宙的方法。在內容材料方面，無論你是唯心、唯物，無論你是理性、非理性，亦或是心、物合一，亦或是理性和非理性的融合、現象經驗界的主動或被動，當人的智慧能進入這個境界，那麼在柏拉圖思想中的這門最高的學門－辯證法，必定是一門由人所主宰的活的藝術。

五　結語

　　概括來說，辯證法既不是本體論所講空無的普遍性，又不是科學所指的精確性，它只是一種對所有各種不同看法的判斷。我們的目的，是要明確指出辯證法思想上的意義。

　　人類從兩、三千年前直到現代思潮的辯證發展過程中，無論是用口述講授或用編撰著作的專家學者，都有共同的憂慮，就是很難說得清楚、寫得明白。我們則確定人類沒有一種真正的辯證法，有的只是辯證法的雜多概念及其現象。由這些雜多概念及其現象，編寫出整個辯證法的發展。例如伊利亞學派把辯證定義為爭論（討論）的藝術。亞里士多德及康德則把辯證法看成是一種低於邏輯的形式。而斯多亞學派則把辯證法看成和邏輯是同義詞。我們經過深入探討與研究，到今天為止，還是各說各話。不過，我們則大膽地肯定，到目前為止西方思想對辯證法的方向只有兩個：一個，是承接柏拉圖思想的黑格爾及馬克思的辯證法。另一個，則是二十世紀甚至二十一世紀的所謂現代主義的學者們所標榜的辯證法，此既不是柏拉圖式的，亦非邏輯式的方法。也就是到今天還沒有定型、半調子的科學哲學家們，他們所強調舊理論無法發展出新事物，因而必須使新世代用那標榜沒有矛盾的新方法，以新東西把舊理論包起來並存封在歷史中。其中，有的只是收縮與結合以及沒有否定，有的只是修正等等諸如此類那些無法找出結局的辯證流派。

　　正是因為這些對辯證法的矛盾回響浪潮，打醒了我們的精神，使我們企

圖進一步去探討，辯證法是否同時暗示我們，在尋求真理時，我們的精神是否因拐彎抹角的技能使我們迷失了方向，造成難以理解的過程，而使辯證變成了詭辯。為了看清楚辯證法對人類的價值。因此，我們從對辯證法最有原創性的柏拉圖思想當中，歸結出辯證法具有下列三種原則：首先，是以變化、矛盾、否定、發展以及動態思想做為整個辯證的基礎。其次，是由現象界進入到形而上的本體世界。第三，最後所有的辯證都回歸到一，也就是達到融合的境界。

因為，只有活動的思想才能使我們脫離我們慣常的惰性，人不是一個靜態的存在，人之所以為人，只在於他是在永恆的變化中。而形而上的方法更是柏拉圖最本源的辯證方法，柏拉圖在他的 Republic 第七章所說的：「那麼只有辯證法才是唯一的這樣一種研究方法，它不需要假設而直接上升到第一原理本身，並且就在那裡得到證實。」、「當靈魂的眼睛陷入奧菲斯教的泥坑時，辯證法能輕輕地把它拉出來，引導它向上。」。最後，談到歸一，柏拉圖的「一加一等於一」的思想更可肯定「一」，這絕對是柏拉圖辯證思想的最後目的。這就是為什麼我們特別提出他透過變化、矛盾、否定、發展以及動態、形而上學、歸一的三個不同原則，來建立他的辯證思想；也正是這三種辯證的必然元素，使人類不斷的超越自我，不斷地駁斥人類先前的肯定，不停地打開新觀點，為人類帶來更大的幸福。

哲學沒有對錯，只為找尋真理及幸福。辯證法則是找出真理、幸福的最好且必要的方法。它讓我們的靈魂從黑暗的夜晚過渡到微曦的黎明，再而轉向陽光普照的白晝，上升到我們稱之為真正哲學的實在。這不正是人類追尋自由思想的解放嗎？柏拉圖的辯證法已經做出他的貢獻，並將其辯證思想的精華交給了人類。

參考文獻

一　中文部分

〔古希臘〕亞里士多德著，苗力田主編：《亞里士多德全集》，北京市：中國人民大學出版社，2009年。

〔法〕巴舍拉著，張逸婧譯：《空間的詩學》，上海市：上海譯文出版社，2009年。

〔德〕尼采著，楊恒達譯：《悲劇的誕生》，南京市：譯林出版社，2012年。

〔古希臘〕柏拉圖著，王曉朝譯：《柏拉圖全集》，臺北縣：左岸文化事業公司，2006年。

〔德〕叔本華著，劉大悲譯：《意志與表象的世界》，臺北市：志文出版社，2014年。

〔法〕笛卡爾著，王太慶譯：《談談方法》，北京市：商務印書館，2001年。

〔法〕笛卡爾著，黎惟東譯：《沉思錄》，志文出版社，2012年。

〔德〕黑格爾著，賀麟譯：《小邏輯》，北京市：商務印書館，1980年。

〔德〕黑格爾著，朱光潛譯：《美學》第一卷，臺北市：五南圖書出版公司，2018年。

〔德〕黑格爾著，朱光潛譯：《美學》第二卷，北京市：商務印書館，1996年。

〔德〕謝林著，魏慶征譯：《藝術哲學》，北京市：中國社會出版社，1996年。

謝冰瑩等編譯：《新譯四書讀本》，臺北市：三民書局，1999年。

〔荷〕斯賓諾莎：《斯賓諾莎文集，第4卷：倫理學》，北京市：商務印書館，2016年。

〔法〕盧梭著，李平漚譯：《愛彌兒》，北京商務印書館，2014年。

二 英文部分

Aristotle. *The works of Aristotle*. in W. D. Ross, M.A., Hon. LL.D. eds., Oxford at the Clarendon Press, 1928.

Arthur Schopenhauer. *The World as Will and Representation*. Translated by E. F. J. Payne. Dover publication, Inc. New York, 1969.

Friedrich Nietzsche. *The Birth of Tragedy*. Translated by Douglas Smith. Oxford World's Classics, paperback, 2000.

Georg Wilhelm Friedrich Hegel. *Part I: Science of Logic*.Translated and edited by Klaus Brinkmann and Daniel O. Dahlstrom. Cambridge University Press, 2010.

Georg Wilhelm Friedrich Hegel. *Aesthetics Lectures on Fine Art*, Volume 1,2. Translated by T. M. Knox. Oxford University Press, 1975.

Gaston Bachelard. *On Poetic Imagination and Reverie*. Translated by Collete Gaudin. Spring Publications, Inc., 1987.

Homer. *The Iliad*. Translation by Robert Fagles. Penguin books USA Inc., 1990.

Marcel Proust. *In Search of Lost Time* (volume 1. Swann's way). Translated by C. K. Scott Moncrieff. Random house Inc., 1992.

Immanuel Kant. *The Metaphysics of Morals*. Translated by Mary Gregor. Cambridge University Press, 1996.

Jean-Jacques Rousseau. *Emile, or Education*. Introduction translation and notes by Allan Bloom. Basic Books, 1979.

Rene Descartes. *A Discourse on the Method*. in Ian Maclean, eds., Published in the United States by Oxford University Press Inc., New York, 2006.

René Descartes. *Meditations on First Philosophy*, Translated by Elizabeth S. Haldane. Cambridge University Press, 1911.

René Descartes. *The Passions of the Soul*. Edited by J. Martin and J. Ridley, London, 1650.

Plato. *Plato: Complete Works*. John M. Cooper, eds., Hackett Publishing Company, Inc., 1997.

唐君毅論公羊家董仲舒
——一位政治上的理想主義者

黃漢光[*]

摘要

  唐君毅論公羊家董仲舒，一位政治上的理想主義者董仲舒可能是近代研究兩漢哲學爭議最多的一位哲學家，他最大的過錯是提出罷黜百家，獨尊儒學，從而導致中國哲學從戰國時代百家爭鳴的興盛局面，走入一家獨大的孤寂境況。就是儒家之內，雖然大家都稱許他為漢代第一大儒，然而他傍落了思孟的心性論，也招來不少爭議。中共建政之後，從政治上牽動的毀譽，就更複雜了。本論文主要是透過唐君毅對春秋三傳的論述，從董仲舒作為一位公羊家的視角，突顯他政治上的理想主義者一面。

關鍵詞：唐君毅、公羊傳、董仲舒、大一統、三統說

---

[*] 臺灣東華大學社會系教授。

一 前言

　　董仲舒，這是每一部中國哲學史、思想史或經學史都必須介紹的大人物，他在漢代學術由道轉儒的關鍵點上，向漢武帝提出了「罷黜百家，獨尊儒術」的建議，在當時、乃至以後的朝代裡，都發揮了相當大的影響力。可是，他的學說體系龐雜，儒、道、法三家的思想時時在他的文獻中糾葛不清，又常籠罩著陰陽家的面紗以說解天人感應、三統、災異等，致使現今的學者們在評斷他的思想價值時，不是本著宋儒的心性立場批評他為「邪妄」[1]，便是以今人的科學觀念批評他為「荒唐」[2]，還有一部分的學者本著階級鬥爭的立場視他為「地主階級思想家」[3]，或者從現今的政治生態批評他的學說是「為強化君主專制與集權提供了理論依據」[4]；同情董仲舒的學者，即使措辭不那麼強烈，也不得不承認「這是思想史上很難處理的一位大思想家」[5]。

---

[1] 勞思光說：「董氏則取陰陽五行之幼稚思想為基礎，遂有『天人』關係之謬說，而將價值及德性根源歸於一宇宙論意義之『天』矣。……董氏之學則歸於邪妄也。」見氏著：《中國哲學史》（香港：香港中文大學崇基書院，1980年11月，三版），卷2，頁30。

[2] 王永祥說：「對於這種比附（天人相副相應），不論表面上怎樣相似，歸根結底卻是外在的牽強附會，而且比附得越是詳盡和具體，也就越加荒唐。」見氏著：《董仲舒評傳》（南京市：南京大學出版社，2006年11月，三刷），頁163。

[3] 秦學頎說：「從上面的分析可以看出，以董仲舒為代表的《公羊春秋》學實際上就是景武時期具有時代使命感的地主階級思想家的主張，是時代思潮的反映，是為漢王朝的大一統皇權政治服務的學說。」見吳雁南等主編：《中國經學史》（福州市：福建人民出版社，2005年3月，二刷），頁64。

[4] 葛荃說：「君主是社會政治生活中唯一的最高權威。董仲舒的論證直接為漢武帝及封建統治者強化君主專制與集權提供了理論依據。」見劉澤華主編：《中國古代政治思想史》（天津市：南開大學出版社，1997年3月，三刷），頁305。

[5] 徐復觀說：「專制政治的自身，只能為專制而專制，必澈底否定他由天的哲學所表現的理想，使他成為第一個受了專制政治的大欺騙，而自身在客觀上也成了助成專制政治的歷史中的罪人；實則他的動機、目的，乃至他的品格，決不是如此。所以這是思想史上很難處理的一位大思想家。」見氏著：《兩漢思想史》（臺北市：學生書局，2000年9月，六刷），卷2，頁298。

以上的種種評斷，不能說沒有一些道理在，不過，他們大多從今人的場域出發，以當今進步的科學成果與政治模式來衡斷兩千多年前的董子的天人宇宙觀與政治論，或者帶著某種心性論的意識型態，來指責董子有別於宋明儒者的另一種心性論。這些批評存在著某些真理，卻也帶有一部分的局限性，即是忽略了董子所處的歷史背景，那是一個什麼樣的時代？什麼樣的思想氛圍？那個時代的人又面臨了什麼樣的重大課題？以當時的知識水準與文化積累的程度又能如何回應這些重大課題？換句話說，今人對董仲舒的批評的局限性，正是忽略了董仲舒那個時代的局限性。從這些批評不難發現，董仲舒的學說是多面向、多層次的，《春秋繁露》中有宇宙論、心性論等不同系統，即使在同一系統中，也有糾雜不清的的矛盾存在。本論文主要是透過唐君毅對《春秋》三傳的論述，從董仲舒作為一位《公羊》家的視角，突顯他政治上的理想主義者一面。

二　《春秋》三傳的特色

　　《春秋》一書，是孔子所修，原本是史書，這是公認的。《春秋》文本敘事相當簡潔，若離三傳直接閱讀《春秋》之文本，常常只見其在年、月、日之下，或繫以一二句之文，紀當時之事實，不容易看出有何義理，此即所謂《春秋經》的微言。然漢儒則深信孔子修《春秋》，必有大義存於其中。而漢初傳《春秋》即有《左傳》、《穀梁》與《公羊》三家，都言及於若干義理。漢儒本之加以推述，遂各成專門之學，都自以為能得孔子作《春秋》微言大義之本旨；而所推述者，彼此又不盡同，由是相爭不決。

　　三傳中，《左傳》詳於記事，唐君毅認為：

> 《左傳》書較《公》《穀》先傳於漢世，其君子曰之文，更評論史事，不知何人所作。然要初是以有此君子曰之文，而得稱為《春秋經》之傳，乃不復只是紀事紀言之史。此君子曰之文，評論史事，多是就事之成敗之結果，而更追溯其所以成敗之故，遂及於人之處事之

方；亦附及於行事之合禮與否，及人存心之正邪、善不善。故《左傳》之君子曰之文，兼有對人處事之方可致成致敗之功利性的判斷，與對行事之合禮與否之文化性的判斷，及對人存心之正邪善惡之道德性之判斷三者。而其中功利性的判斷，又特多。[6]

可見《左傳》是以功利性的判斷評論史事的，而

《公》、《穀》之異于《左傳》者，在《公》、《穀》多直論事之合禮與否，及其是與非，以及於人之賢不肖．存心之正不正，善不善。此則為文化性或道德性之判斷，而更以道德上之賢賢賤不肖、善善惡惡之義為本者。此種文化性道德性之判斷，即據儒家所言之禮義之原則，以用之于史事之評論，又無異儒家所言之普遍抽象的道德文化之原理，落實運用於具體特殊之史事，而成之評論。（頁八〇九）

其實《公》《穀》二傳記史事不多，共同的是在闡發孔子的微言大義，而闡發的是儒家的道德性之判斷。其中《穀梁》與《公羊》亦有所不同，唐君毅之意是：「要之，《穀梁》之道德意識極強，可用之以修德。《公羊》之道德意識，則即在其為來世立法建制之政治意識中。此乃與漢之為大一統時代，最有待於建新制、立新法之需要，更為相應者，故公羊學遂為漢代最顯之春秋學。此公羊家在漢代之發展，則董仲舒代表一階段。」（頁八一五）「《穀梁》與《公羊》之不同，亦即純道德理性主義之大義與政治上之理想主義之大義之不同也。」（頁八一四）

《穀梁》之道德意識極強，可用之以修德。《公羊》之道德意識，則即在其為來世立法建制之政治意識中。所以《穀梁》、《公羊》同屬儒家，也貫注了道德意識，而《穀梁》道德意識極強，只可用之以修德，成就個人的德

---

[6] 唐君毅：《中國哲學原論．原道篇二》（香港：新亞研究所，1973年），頁808-809。本篇文引用該文甚多，以下只標頁碼，不再注。

行；《公羊》雖然也具道德意識，卻能關注「長久之禮制上著眼」，即從禮義之統上，更客觀的分判史實，則可為來世立法建制，是故唐君毅謂「《公羊》與漢之為大一統時代，最有待於建新制、立新法之需要，更為相應者，故公羊學遂為漢代最顯之春秋學。」（頁八一五）

董仲舒是漢初最重要的公羊家，他的《天人三策》，對漢武帝的改革，在政治及文化上有直接的影響。唐君毅在分析《春秋繁露》之後謂：

> 《春秋》重在道德判斷上之決嫌疑，以定是非，貶討不賢，而舉賢以為法。而其所本之原則，則可謂之為道德上之「禮信尊貴於土地之物與身體之形軀」之原則。此即為一道德上之理性主義。（頁八一六）

由董仲舒的《春秋繁露》顯示《春秋經》的思想為一道德上之理性主義，則唐君毅應該許董仲舒為一道德上之理性主義者。

三　道德上之理性主義

唐君毅謂《公羊傳》為政治上的道德上之理想主義，至於政治上的道德上之理想主義之意義為何，並未有直接說明，我們不妨參考牟宗三的說法。牟宗三在《道德的理想主義》中說：

> 由吾人當下反歸於己之主體以親證此怵惕惻隱之仁，此即為價值之根源，亦即理想之根源。直就此義而曰『道德的理想主義』。此怵惕惻隱之仁是了悟性命天道之機竅。故直由此而立『人性論』，以期吾人處此時代能正視人性之尊嚴，並於人性有一正確而鞭辟入裡之了悟。……再進即為踐仁之過程，由此而有家、國、天下（大同）之重新肯定，其極則為「與天地萬物為一體」[7]。

---

[7] 牟宗三：《牟宗三先生全集》（臺北市：聯經出版事業公司，2003年），卷9，《道德的理想主義·序》，頁7-8。

可見牟宗三認為道德的理想主義是中國儒家哲學思想的主流，他分析：

> 中國歷史，發展至孔子，實為反省時期。此種反省，吾人名曰人類之覺醒。就史實言，亦曰歷史發展之點醒。此種點醒，為功甚大。乃人類之眼目，歷史之光明也。經此點醒，意義乃顯。意義顯，則可以明朗過去之潛在，並可垂統於來世。此意義即古人所謂「道」也。此道之涵義即為上所說之一、仁義並建之主動的理性，由人性通神性所定之理性；二、即此歷史文化之肯定，視歷史文化為實現『道』者。道不空懸，必須實現。不實現，不足以為道。實現必通過家庭國家之客觀存在以及歷史文化之曲折婉轉而實現。而歷史文化以及家庭國家或民族國家亦正因其為道之實現之憑藉，始有其被肯定之價值或客觀之價值。[8]

孔子之後，牟宗三更推崇孟子，因為孟子由人皆有的惻隱之心，肯定人性善：

> 孟子之直就人性言仁義而道性善也。惟仁義俱是生命充沛之所發，人性中神性之流露，故仁不離義，義必根仁。亦猶《論語》中或仁智並言，或聖智並言。就此而觀之，可知孔子乃在啟發人之心性之全德也。孟子即就此而發揮，遂成盡心知性知天之道德形上學。宋明儒者亦順此路而發展。吾人名此步開拓曰『由人性以通神性』，藉以規定人類之理性。吾人亦名此曰普遍之理性，或主動之理性。由此遂成功理想主義之理性主義，或理性主義之理想主義。[9]

唐君毅在《文化意識與道德理性自序二》也有一段與上面意思差不多多的話：

> 儒家思想始於孔子。孔子之功績，一方在承繼以前中國之六藝之文

---

8 同上，頁7-8。
9 同上，頁6-7。

化。而孔子則統六藝之文化于人心之仁。以後中國儒家論文化之一貫精神，即以一切文化皆本於人之心性，統於人之人格，亦為人之人格之完成而有。……孔子以後，孟子重義利之辨、人禽之辨，偏重在講人生。荀子則特偏重講文化。文與野對、文與質對、文與自然對。故荀子反自然、重人為，而以自然之性為惡。荀子之哲學，善於講心之主宰性超越性，以對治自然之性，由此便顯出人文世界之莊嚴。但荀子不知人心之本性，乃理性或性理之性，而非其所謂自然之性。[10]

唐、牟二人都肯定孔子統六藝於人心之仁，孟子直就人性言仁義而道性善，是儒家的主要精神，藉以規定吾人之理性。牟宗三認為吾人亦名此曰普遍之理性，或主動之理性，以建立理想主義之理性主義，或理性主義之理想主義。唐君毅雖然對政治上的道德上之理想主義之意義為何，並未有直接的說明，牟宗三的清楚界定，應該是符合唐君毅的意思的。兼且道德上之理想主義可為來世立法建制，牟宗三即肯認「儒者之學，除顯於政治社會之組織外，於思想則孔、孟、荀為第一階段，《中庸》、《易·繫》、〈樂記〉、《大學》為第二階段，董仲舒為第三階段。此儒學之由晚周進至秦漢大一統後，表現為學術文化之力量而凝結漢代之政治社會者也。兩漢四百年，為後世歷史之定型時期。一經成型，則禮俗傳統，于焉形成」。[11] 可見牟宗三直就兩漢的政治社會，型態禮俗傳統，因董仲舒改革而成型，就此而論，他肯認董仲舒為一道德的理想主義者。唐君毅亦應如是肯認董仲舒為一道德的理想主義者。

四　董仲舒的《春秋》學

　　董仲舒為一道德的理想主義者，可從董仲舒的《春秋》學得其大端，重點可分三點而論：

---

[10] 唐君毅：《唐君毅全集》，卷20，《文化意識與道德理性·自序二》，頁5-6。
[11] 牟宗三：《牟宗三先生全集》（臺北市：聯經出版事業公司，2003年），卷9，《道德的理想主義·序》，頁12-13。

（一）「大一統」之義

　　秦始皇兼併六國後，結束了戰國紛爭的局面，實行中央集權，卻十四年而亡；劉邦結束了楚漢相爭，也完成了「大一統」的局面。有鑒於秦的迅速滅亡，乃改中央集權為中央集權與地方分權並行的郡國制。然而郡國制到了文帝時已出現尾大不掉的現象，賈誼已建議文帝眾建諸國而少其力。文帝初即位，謙讓未決，至景帝就出現了七國之亂，為漢初最大的動亂。七國之亂雖然平定了，但漢朝中央與地方的緊張局勢並未完全緩和下來。當董仲舒在向武帝陳述他的《春秋》「大一統」理論時，他的腦袋裡能不想著戰國七雄相爭的局面嗎？能不想著漢初諸侯跋扈而使高祖疲奔命的局面嗎？能不想著七國之亂使景帝惶惶不可終日的局面嗎？要各地諸侯聽命於集權的中央，唯有實行「強幹弱枝、大本小末」的集權政治，大帝國才有長治久安的可能，「同民所欲」、「安百姓」的理想才有實現的可能。「大一統」是董仲舒為大帝國的沉疴所下的良方。唐詩君毅分析《公羊傳》解《春秋經》隱公元年「元年春，王正月」六字說：

> 《春秋經》於隱公元年下，只繫「元年春，王正月」六字，《公羊傳》的解釋是「元年者何？君之始年也。春者何？歲之始也。王者孰謂？謂文王也。曷為先言王，而後言正月？王正月也。何言乎王正月？大一統也。……《公羊》之更說春為歲始，亦可說。然謂王必指文王非周王，謂元年為君之始年，正月為文王之正月，表大一統之義，則純依公羊家之理想而說。秦漢方有大一統之政治，顯見其言之出於秦漢之世，其必以王為文王，則以文王為開一新朝者，乃表示公羊家之望一新朝之來臨。（頁八一二～八一三）

　　《漢書・儒林傳》載：「武帝時，江公與董仲舒並。仲舒通五經，能持論，善屬文。江公吶於口，上使與仲舒議，不如仲舒。而丞相公孫弘本為《公羊》學，比輯其議，卒用董生。於是上因尊《公羊》家，詔太子受《公羊春

秋》,由是《公羊》大興。」董仲舒既然是《公羊》家,則《公羊傳》中解釋「元年春,王正月」的《傳》文,很可能出於董仲舒之意。

其次,《漢書‧董仲舒傳第二十六》也載有董仲舒「大一統」的另一段文字,那是《天人三策》裏的:「《春秋》「大一統」者,天地之常經,古今之通誼也。今師異道,人異論,百家殊方,指意不同,是以上亡以持一統,法制數變,下不知所守。臣愚以為諸不在六藝之科、孔子之數者,皆絕其道,勿使並進,邪辟之說滅息,然後統可一而法度可明,民知所從矣。」[12]

這段話常常被認為是董仲書提出統制學術思想的根據,其實從政治的大一統引伸到學術文化的大一統,他應該認為政治的大一統不夠牢靠,於是提出文化上的改革,以孔子之數,六藝之科的儒家思想,統一當時師異道,人異論,百家殊方的混亂局面,而後可統一法度,民知所從,這是更根本的大一統方式。董仲舒要求帝國維持統一,制度、法律、教育、思想皆如是,最根本的方法即在於以「六藝」為準則,以孔子之道為法度。當時的君臣雖然把帝國的統一看成一件非常重要的任務,政治上也已達成維持了統一的現狀,董仲書卻為帝國長治久安找到內在文化思想的理據。

(二) 奉天法古

在《春秋繁露‧楚元王篇》中董仲書的政治主張是「《春秋》之道,乃奉天而法古,是故雖有巧手,弗修規矩,不能正方圓;雖有察耳,不吹六律,不能定五音;雖有知心,不覽先王,不能平天下;然則先王之遺道,亦天下之規矩六律已!故聖者法天,賢者法聖,此其大數也;得大數而治,失大數而亂,此治亂之分也;所聞天下無二道,故聖人異治同理也,古今通達,故先賢傳其法於後世也。《春秋》之於世事也,善復古,譏易常,欲其法先王也。」又言「聖者法天,賢者法聖」《春秋繁露‧楚元王篇》。

唐君毅認為「此法古即法古聖,以共奉天。」即奉天而法古,因為人雖

---

[12] 《漢書‧董仲舒傳第二十六》。

然有靈巧的雙手，沒有規矩的幫助，也不能劃出端正的方和圓；有聰敏的耳朵，不依賴六律，也不能演奏出正確的五音；心智雖然敏慧，不閱覽先王的治國之道，也不能平定天下。可見先王的治國之道，就如同規矩六律，所以治國一定要法古，即依循先王的治國之道。

治國之道除了法古之外，還要奉天，因為「聖者法天，賢者法聖，此其大數也；得大數而治，失大數而亂，此治亂之分也；所聞天下無二道，故聖人異治同理也，古今通達，故先賢傳其法於後世也。《春秋》之於世事也，善復古，譏易常，欲其法先王也。」《春秋繁露‧楚元王篇》

至於「奉天」，有關「天」，唐君毅於《中國哲學原論‧導論篇》說：「（董氏）唯言一天。其所謂天，為萬物之本原或元。然其天雖表現於氣或陰陽二氣與五行，而天自身實為一天帝」。[13] 天自身實為一天帝，因此「天下無二道」，「故聖人異治同理也，古今通達，故先賢傳其法於後世也。《春秋》之於世事也，善復古，譏易常，欲其法先王也」。

治國之道要「奉天法古」之外，董仲書又提出「新王必改制」的主張。其「新王改制」的論調，基本上是「改正朔，易服色」。「改正朔，易服色」，這並不是董仲書最早提出來的。此論調漢初陰陽家已有，賈誼的《治安策》也提過，都是依陰陽家五德終始說而提出的。董仲書是儒者，「新王改制」理由也不是本於陰陽家五德終始說，他認為改制的理由是：

> 新王必改制者，非改其道，非變其理，受命於天，易姓更王，非繼前王而王也，若一因前制，修故業，而無有所改，是與繼前王而王者無以別。受命之君，天之所大顯也；事父者承意，事君者儀志，事天亦然；今天大顯已，物襲所代，而率與同，則不顯不明，非天志，故必徙居處，更稱號，改正朔，易服色者，無他焉，不敢不順天志，而明自顯也。若夫大綱，人倫道理，政治教化，習俗文義盡如故，亦何改哉！故王者有改制之名，無易道之實。《春秋繁露‧楚元王篇》

---

[13] 唐君毅：《唐君毅全集》，卷17，《中國哲學原論‧導論篇》，頁451。

董仲書認為新王朝是「受命於天，易姓更王，非繼前王而王也」，「若一因前制，修故業，而無有所改，是與繼前王而王者無以別」，所以改制是用以張顯易姓更王，上天重新授命的儀式，而且此舉可以向天下萬民顯示「不敢不順天志」；不「更稱號，改正朔，易服色」，「是與繼前王而王者無以別」。要是制改了，然而「若夫大綱，人倫道理，政治教化，習俗文義盡如故，亦何改哉」，所以最後得出新王朝「有改制之名，無易道之實」的說法。不過，董仲書認為新王朝的理想改制是「有改制之名，無易道之實」。然而前王朝推行的政策，若非先王的古法，則改制易道就是必然的了。上文謂董仲書對策所謂：「諸不在六藝之科、孔子之數者，皆絕其道，勿使並進，邪辟之說滅息，然後統可一而法度可明，民知所從」，正就是此意。

（三）三統說

接下來討論董子「三統」說的價值意義。在朝代更迭與新君臨朝之際，時君們總要為其繼承大統找到一個形而上的合理性與代表性。自鄒衍創「五德終始」之說後，為這樣的需要提供了一套完整的理論系統，儘管以今人的眼光來看，這套系統充滿了荒誕不經的想像與聯結，但在當時人的思想中，政治的秩序既是維持生活穩定的必要因素，而此政治秩序又與天道秩序息息相關，在他們有限的科學理解與天文知識的支持下，配合著五行以解釋朝代的合理性的「五德終始」之說得到了戰國以降君主的歡迎。秦始皇是第一個接受「五德終始」理論的皇帝，但他並不了解這個學說的實際內涵，在「五德終始」以外又另加了一套「萬世一系」的理論，使得前者中的某些理想性被君主對權力的占有欲沾上了陰影。董仲舒雖然也有「五德終始」的精神，為了避免此說的歷史糾葛而另創了「三統」說，而他的三統說，「則是一純依人文禮制之變所形成之歷史觀，而初不同於陰陽家之兼依自然界之陰陽五行之變，所形成之歷史觀者」（826）。他說：

> 三王之教，所祖不同，而皆有失；或謂久而不易者，道也。《董仲舒傳》

人主若不能循道而行，就無法「久而不易」，他又說：

> 夏無道而殷伐之，殷無道而周伐之，周無道而秦伐之，秦無道而漢伐之，有道伐無道，此天理也。《春秋繁露・堯舜不擅移，湯武不專殺第二十五》

董子藉此以警惕人君，除了「天人感應」以外，對君主專制的限制力量又加上了一層防護。唐君毅則以「董子有《三代改制質文》之論，即以人間之文制政制，當隨時代而變，亦周而復始者。然此人間之文制政制之形態，則基本上為三，而其道則皆與天相應合而變，以不失其統者。故曰三統。……此董子之言質文三統，蓋原自《禮記》中「夏尚忠、殷尚質、周尚文」，三代之制不同之論，更可上溯至《論語》所記孔子言虞夏商週四代之禮不同之旨。……董仲舒之由公羊家《春秋》當新王之旨，以言三代之質文改制，《春秋》之教對未來時代之意義，即最表此公羊學之為一政治上之理想主義之精神。」（頁八二五～八二八）

董仲舒之後，仍有不少儒者秉持著他的三統說的真正精神，每當人主失道失義、國政紊亂之際，倡言革命的正確與合理，藉此警告皇帝事態的嚴重性。如《漢書・眭弘傳》：

> 孝昭元鳳三年正月，泰山萊蕪山南匈匈有數千人聲，民視之，有大石自立；……是時昌邑有枯社木臥復生；又上林苑中大柳樹斷枯臥地，亦自立生；有蟲食樹葉成文字，曰：「公孫病已立。」孟推《春秋》之意，以為……此當有從匹夫為天子者，……孟意亦不知其所在，即說曰：「先師董仲舒有言：『雖有繼體守文之君，不害聖人之受命。』漢家堯後，有傳國之運。漢帝宜誰？差天下求索賢人，禪以帝位，而退自封百里，如殷、周二王後，以承順天命。」[14]

---

14 《漢書・眭兩夏侯京翼李傳》。

《漢書‧楚元王傳》中，劉向說：

> 王者必通三統，明天命所授者博，非獨一姓也……自古及今，未有不亡之國。[15]

《漢書‧蓋寬饒傳》中，蓋寬饒說：

> 《韓氏易傳》言：「五帝官天下，三王家天下。家以傳子，官以傳賢。」若四時之運，功成者去，不得其人則不居其位。[16]

結果被認為「意欲求禪，大逆不道」。谷永說：

> 天生蒸民，不能相治，為立王者以統理之。方制海內，非為天子，列土封疆，非為諸侯，皆以為民。垂三統，列三正，去無道，開有德，不私一姓。天下乃天下人之天下，非一人之天下也。[17]

這些三統說的繼承者，闡述著「天下為公」、「設君為民」、「不獨一姓」的理想，並為堅持此理想而付出了或貶或誅的代價，使儒家外王思想中的偉大理想留下一線之明，卻一再地以血肉之軀阻擋皇帝專制的人欲橫流而重演歷史的悲劇。不過，由此我們看到董仲舒表現《公羊》家的道德的理想主義，在漢代即發生了對現實的政治實質的影響。

董仲舒的《春秋》學，內容繁雜，不能一一列舉，然就以上三重點而論，董仲舒的《春秋》都確具道德的理想主義精神。

---

15 《漢書‧楚元王傳》。
16 《漢書‧蓋諸葛劉鄭孫毋將何傳》。
17 《漢書‧谷永杜鄴傳》。

五 結語

　　董仲舒的學說是多面向多層次的，其思想雖然主要是儒家，但不可諱言，也參雜了陰陽家、法家、墨家和道家；《春秋繁露》中有的宇宙論、心性論等也有不純之處，也有混雜不清的矛盾存在，要全面論斷並不容易。本論文旨在透過唐君毅討論《春秋經》的哲學問題，張顯董仲舒在政治上為一道德的理想主義者。經上文的析論，這一論斷，應該是對董仲書最恰當的了。

　　牟宗三說：「（儒家）第一期之形態，孔、孟、荀為典型之鑄造時期，孔子以人格之實踐與天合一而為大聖，其功效則為漢帝國之建構。此則為積極的、豐富的、建設的、綜和的。」[18] 又說：「孔、孟、荀所彰之道，雖未及身而見於國家政治，然而發展至董仲舒，則收其功效於漢帝國之建立。」[19] 此為此道之實現之第一期的形態。唐君毅也說：「董子對三統文質之制度內容，種種構想，今人已難發生興趣。唯當心知其意，乃重在言一新時代應有一新時代之顏色與禮樂，而文質之制，則當相代為用。即親親之仁樸與尊尊之義節，當相代為用。其言《春秋》當新王之意，在由文返質，故當重仁樸。故上文說言《春秋》之義，重愛民之仁，『方救其質，奚恤其文』。此《春秋》之新王，即孔子之理想，而期之於後一時代者，亦即此漢所當依之而改制者。以董子觀秦政之重刑法，即由於偏尚在義，為陰德。故救此秦之敝者，則正為《春秋》之尚陽德而尚仁，亦即以尚教化代尚刑法之政。此《春秋》之義，即有為後世或漢制法之意義；而《春秋》之為書，其用亦即在當今之變法改制。」（頁八二七）

　　孔、孟、荀為儒家典型之鑄造時期，董仲舒對漢帝國之建立收其功效，我們處於於儒家的第三期，唐、牟等已指示儒家發展的方向，新亞的同人，盍興來乎！

---

[18] 牟宗三：《牟宗三先生全集》（臺北市：聯經出版事業公司，2003年），卷9，《道德的理想主義‧序》，頁13。

[19] 同上，頁13。

論唐君毅先生對《墨子・小取》的詮釋：從格賴斯的觀點看

韓曉華[*]

摘要

唐先生對《墨子・小取》的詮釋有別於學界主流用邏輯分析之進路，以「成就人己心意之交通為歸」為要旨，從人際之間的實踐與做事的脈絡來重構晚期墨家的名辯思想，分別為「辯之七事」與「言之多方殊類異故」。前者作為論辯程歷的分析，指出為了達至有果效之論辯而需要遵行的基本原則，即「以類取，以類予」及「有諸己不非諸人，無諸己不求諸人」；後者則提出「言辯」具有邏輯思維與主觀心理的差異，指出「辭之侔」的形式著重於論辯雙方的心理取態，也揭示論辯雙方隱藏的邏輯原則。本文借助格賴斯（Paul Grice）的「格賴斯方案」及「理性行動」思考，論證唐先生詮釋方向的有效性，並指出論辯是作為追求幸福的可靠手段，提出名辯思想的一個可能詮釋取向。

關鍵詞：唐君毅、格賴斯、墨辯、格賴斯方案、理性行動

---

[*] 香港新亞研究所（哲學組）博士／香港中文大學哲學系兼任講師。

> 中國名辯之學或語言之哲學，
> 乃純以成就人己心意之交通為歸，此實倫理精神之表現。
> ——唐君毅[1]

一　前言

　　唐君毅先生對於《墨子‧小取》的詮釋以「成就人己心意之交通為歸」[2]，即從人際之間的實踐與做事的脈絡來理解，認定墨家的「名辯」思想是倫理精神的開展。鄧育仁教授說：「不同於過去學者由邏輯方法的角度入手，唐君毅之〈原辯：墨子小取篇論「辯」辨義〉以人間事定位《墨子‧小取》所說的或、假、效、辟、侔、援、推，而稱之為『七事』。循此定位方式來看，七事本來就不適合由邏輯推衍的方式來界定，而應當放到人際之間實踐與做事的脈絡來檢視。進一步來說，七事是涉及人與人之間言論與對話的事，尤其是當彼此所持的觀點不同而捲入辯論時。在辯論的過程裡，無論如何舉例，如何表達意思，如何說出道理，相互之間最起碼的要求是：『有諸己不非諸人，無諸己不求諸人』。七事是在此基本求下次第展開的語說方式。」[3]如此，唐先生對《小取》的詮釋在當代墨學中就具有其殊異性。[4]本文認為唐先生對《小取》的詮釋既具有墨辯的語用學詮釋意涵，亦

1　唐君毅：《唐君毅全集》（北京市：九州出版社，2016年），卷17，《中國哲學原論‧導論篇》，頁5。
2　唐君毅：《唐君毅全集》，卷17，《中國哲學原論‧導論篇》，頁5。
3　鄧育仁：《公民儒學》，（臺北市：臺灣大學出版中心，2015年），頁284-285。鄧育仁先生對唐先生〈小取〉詮釋的討論主要在於應用層面，他明言：「循唐君毅所提的實踐與對話的觀點，本文進一步將七事分二階段依次明。……至於分項的實質鈉容，只是改寫而沒有超出唐君毅原已提出的說明。本文的新意，在於分二階段後，將重點放在七事中『侔』的言說方式，而以辭之侔為聯合辟、侔、援、推四事的核心，探索它們在當代哲學論述裡能有的秉策略角色，以及現代生活中田竹能有的新意涵。」（鄧育仁：《公民儒學》，頁285。）
4　孫長祥先生曾指出：「若依今日哲學問題分類的觀點來看，以經說取三者一貫、相互注釋的方法，對〈小取〉內文加以詮釋，似乎並不全然只限定在邏輯的立場，實際還包

有他自身對於「哲學語言」的思考。[5]從語用學詮釋來看,《小取》論述「辯」的作用不單止邏輯思考的呈現,更涉及倫理學的意涵;從唐君毅的哲學思想來看,則其對《小取》的詮釋方案既呈現他融貫式的思維方式,更透顯他「立言皆是立德」的哲學語言觀。本文的寫作目的即以上述兩者為論述方向,具體的操作分成三部分:首先,重構唐先生以「語意之相互了解」來詮釋《小取》「名辯」思想要點,分從「辯之七事」與「言之多方殊類異故」析論;其次,論述格賴斯(Paul Grice,又譯格萊斯)的語言哲學思考,即「格賴斯方案」與「理性行動」,展示在交談行為即具有追求「幸福」的合理途徑;[6]最後,結論部分比較唐先生《小取》詮釋方案與格賴斯的語言哲

含了認識論、形上學、語言哲學、科學哲學、方法論等各個不同的領域。」(孫長祥:《思維‧語言‧行動:現代學術視野中的墨辯》〔臺北市:文津出版社公司,2005年〕,頁41。)葛瑞漢(A. C. Graham)也有類似的論述:「墨家的興趣都不在於建立邏輯形式。它設置的並列句式,不是嘗試著探究三段論,而是表明,因推論所從開始的描述的虛假並列,不同組合的字詞的不確定性會使推論失效。恰是這一點使得《名實》奇妙地有了維特根斯坦的表徵。」(葛瑞漢:《論道者:中國古代哲學論辯》〔北京市:中國社會科學出版社,2003年〕,頁182-183。)

5　陳榮灼先生也曾指出「墨辯」具有語用學的色彩,他說:「『墨辯』中無論是『為自推理』或『為他推理』都是帶有強烈之『語用』(pragmatic)色彩。這是說,『墨辯』中推理之『有效性』是具有『語用性格』的概念,使一『墨辯』推理成為『有效』的相似性本身是『依賴目標的』(goal-dependent)。」(陳榮灼在〈作為類比推理的《墨辯》〉,楊儒賓等編:《中國古代思維方式探索》〔臺北市:中正書局,1996年〕,頁203。)此外,陳榮灼先生指出「墨辯」是完整的類比邏輯理論,再分別從類比推理的方式類型、謬誤成因及可能結果重新詮釋《小取》,指出「墨辯」是「類比思維模式」與公孫龍的「演繹思維模式」是截然不同的思維型態。這是陳榮灼先生從事思維現象學的研究成果。

6　以格賴斯的「格賴斯方案」及「理性行動」理論來討論唐先生《小取》的詮釋意涵有三個理由:其一,格賴斯的語言哲學以交談行為的「非自然意義」為重,唐先生的《小取》詮釋亦著眼「辯」的交談形式,二者皆對交談行為現象作出的論析與反思;其二,格賴斯的「意圖」理論與「義蘊」理論為交談行為的「非自然意義」提供多項的原則與設準,與唐君毅的《小取》詮釋著重「辯之七事」的理想交談模式及「言之多方殊類異故」的類型分析,皆為找出交談行為所傳遞訊息的確當性作出技術性的原則分析;其三,格賴斯的語言哲學雖著重於語用學一面,卻從「理性」的探討而提出

學，論證唐先生詮釋的理論效力，並略論唐先生的「哲學語言」觀。

二 論唐君毅先生的《墨子·小取》詮釋：「辯之七事」與「言之多方殊類異故」

唐先生論述《小取》的要點在於「辯之七事」與「言之多方殊類異故」兩部分，前部分是展示論辯歷程中的「辯之七事」；後部分以「辭之侔」揭示論辯雙方的心理事項；最後指出《小取》的宗趣為「立辭必明於其類」[7]。下文依次討論。

（一）辨「辯之七事」非「辯之七法」

所謂「辯之七事」，即《小取》中所記載相關於「辯」的「假」、「或」、「效」、「辟」、「侔」、「援」、「推」等七名目。唐先生指出不少學者（梁啟超、馮友蘭、胡適、陳大齊等）以《小取》對此七名目作出分別的解釋，認為《小取》乃「表示不同之立論設辯之法而並立者」[8]，並以「辯之七法」（即七種並列而不同的言辯方式）詮釋《小取》的七名目。然而，唐先生指出《小取》此七名目是「論辯歷程中次第相生之七事」[9]，從而論證《小

具有倫理意涵的一面，唐君毅的《小取》詮釋亦指出其兼有「推恕之道以成辯」，兩者皆從交談行為而論及倫理意涵。依此，本文認為透過格賴斯語言哲學的觀點，能論證並完備唐先生《小取》詮釋之觀點。

[7] 唐君毅：《唐君毅全集》，卷17，《中國哲學原論·導論篇》，頁165。而「立辭必明於其類」一語應是唐先生改寫自《墨子·大取》：「夫辭以類行者也，立辭而不明於其類，則必困矣。」

[8] 唐君毅：《唐君毅全集》，卷17，《中國哲學原論·導論篇》，頁134-135。從當代的《墨子·小取》詮釋中，把《小取》的七目作為「辯之七法」仍然為數不少，如孫中原的《墨子解讀》（北京市：中國人民大學出版社，2013年）、陳孟麟的《墨辯邏輯學新探》等。

[9] 唐君毅：《唐君毅全集》，卷17，《中國哲學原論·導論篇》，頁152。

取》的七名目實是「辯之七法」。唐先生從兩方面論證他的判斷：一、《小取》篇中的文義脈絡；二、《小取》七名目的再詮釋。

一、從《小取》的文義來看。首先，唐先生指出：「在『或』與『假』，根本不能分別獨立，以各成辯之一法。」以「或」即是「特稱命題」或「或然命題」及「假」則是「假然命題」來說，即使兩者可以作為「命題」來理解，但命題並不能已經是「論辯」或「邏輯推論」之法。這樣，當理解《小取》中七名目為「立論設辯之法」，則從文義思想「或」與「假」實不足為「法」時即已論證「辯之七法」的不成立。其次，唐先生又指出：「謂『效』為演繹法，『推』為歸納法，或以『所效』相當於主辭，『效』相當於賓辭，以『推』為因明中之喻體（相當於邏輯中之大前提）及以譬、侔、援、推，各為一論辯法者，亦皆同於原文無的據，且與小取篇後文所舉之論辯之例證，多無所應合。」[10]即是說，唐先生認為把「效」、「辟」、「侔」、「援」、「推」等視為論辯的七種並列的方法，既沒有文本義理上的支持，又從《小取》篇所舉的例證上沒有契合之處。唐先生遂指出從《小取》篇的文義脈絡看《小取》的七名目僅能理解為「辯之七事」。

二、從《小取》七名目的詮釋來看。唐先生再從《墨經》各篇把七名目的義理衡定，並以《墨子》各篇的說法作例證：

（一）關於「或」。《小取》說：「或，不盡也。」唐先生引《經上》的「盡，莫不然」，《經上說》的「盡，俱止動」，以「或」是「盡」的否定，而「盡」即「止」、「動」的定然不移之義為理解，綜括「或」的意涵即「小取所謂『或』為不盡，即疑其為『不盡然』，或疑其『非莫不然』之義」。[11]如此，「或」實是論辯的第一步，即「直對他人所立之辭或義，『疑是其然』，擬『舉不然者而問之』之事」[12]，「或」是對他者所論有所「疑惑」。

（二）關於「假」。《小取》說：「假也者，今不然也。」唐先生引《經

---

10 唐君毅：《唐君毅全集》，卷17，《中國哲學原論・導論篇》，頁136。
11 唐君毅：《唐君毅全集》，卷17，《中國哲學原論・導論篇》，頁137。
12 唐君毅：《唐君毅全集》，卷17，《中國哲學原論・導論篇》，頁138。

下》的「假必誖，說在不然」，《經下說》的「假必非也而後假，狗假虎也，狗非虎也」，以「假」即是從「或」的「舉不然者而問之」，以證他者所立之辭或義為「假」或「誖謬」，「假」是論辯的第二步，即認定他人的立論（言辭）為「非」、「錯誤」。

（三）關於「效」。《小取》說：「效也者，為之法也。所效者，所以為之法也。故中效，則是也；不中效，則非也。」唐先生引《經下》的「一法者之相與也，盡類，若方之相合也」，《經下說》的「一方盡類，俱有法而異，或木或石，不害其方之相合也。盡類，猶方也」等，指出《經下說》所引「方」類的例證，再依此「具體事物中之普遍者」來詮釋「法」，則「法」即是指「同類事物間之共同的方式或法則」。[13]依此，關於「效」的論述，唐先生作出兩方面的論述：其一，既然「法」是「同類事物間之相類處」，實是指破題立論一方以可行仿效之依循方式而立言。所謂「效也者，為之法也」即「立一辭，當使其所依循之方式，可為他辭所效法」；所謂「所效者，所以為之法也」即「為他辭所效法者，即此依循某方式而立之言辭」。[14]其二，唐先生指出「故中效，則是也；不中效，則非也」一語為理解「效」的核心語句或關鍵，《經上》的「故，所得而後成也」來看，「『故』即辭之所得而成之理由」，配合「故中效」或「不中效」作詮釋，則「效」的關鍵即在於能否依據所論及之辭而作出相類處的推論，能夠依循的即是「中效」，即是可行仿效的依循方式。「效」是論辯的第三步，即「仿效」他者的立論（言辭）而能從相類舉出推論。

（四）關於「辟」。《小取》說：「辟也者，舉他物而以明之也。」唐先生引用孫詒讓《潛夫論釋難》的「直告之不明，故以他物為喻以明之」[15]，表明「辟」的作用是論辯歷程中以「譬喻」幫助他者容易理解立論之言辭。

---

13 唐君毅：《唐君毅全集》，卷17，《中國哲學原論・導論篇》，頁141。
14 唐君毅：《唐君毅全集》，卷17，《中國哲學原論・導論篇》，頁142。
15 吳毓江：《墨子校注》（北京市：中華書局，1993年），頁648。依《墨子校注》，《潛夫論釋難》所述為「夫譬喻也者，生於直告之不明，故假物之然否以彰之」，與唐先生的引文稍有出入。

進一步來說，唐先生認為「辟」並不是自由採用或漫無準則的，從「舉他物而以明之」的「他物」與「明之」來說，實是理應與上下文脈絡作連貫的，「辟」所「明之」的正是「效」所作的「自立其辭」之「不明」者；「辟」所舉的「他物」也是「效」中論及同類之物，同類與否即以依同類之「故」作衡定，唐先生引述《非攻上》的「竊人桃李」與「取人牛馬」來例證「辟」的使用。「辟」是論辯的第四步，即用能合適的例證或譬喻來論證己方的立論，「辟」即是例證。

（五）關於「侔」。《小取》說：「侔也者，比辭而俱行也。」唐先生說：「以侔為比照一辭之引出新辭之方式，以自引出新辭，則侔對辯論之價值即至大，而明顯為論辯歷程中，人求立論時，繼譬之事而必然應有之事。」[16] 換言之，「侔」的「比辭而俱行」固然是指文義、句型等相當接近的表達形式，而這種相近的表達形式為的是引伸或推論出新的結論。唐先生援引《非攻上》的推論作例證。「侔」即論辯的第五步，是指「近乎類比推理」，可稱作「侔之辭」或「侔式推理」。

（六）關於「援」。《小取》說：「援也者，子然，我奚獨不可以然也？」唐先生指出：「小取篇之釋援則曰：『子然我奚獨不可以然也？』則至少自表面上文字以觀，並非由此一然以推彼一然之事，而是由此一然以問彼何不然。」[17] 論辯的歷程來看，則「或援『子然』為例，以問『我何不然』之事。此所成者遂只為一反詰之辭」[18]，「援」是論辯的第六步，乃是以反問的形式，對「侔」作出進一步推論的引子。

（七）關於「推」。《小取》說：「推也者，以其不取之同所取者，予之也。是猶謂他者同也，吾豈謂他者異也。」唐先生對於「推」的「以其不取之同所取者，予之也，」之「取」、「不取」及「予」，皆從「以類取，以類予」的文義脈絡作詮釋，所謂「類」即某事物，從對方所「不取」的某事

---

16 唐君毅：《唐君毅全集》，卷17，《中國哲學原論・導論篇》，頁146。
17 唐君毅：《唐君毅全集》，卷17，《中國哲學原論・導論篇》，頁147。
18 唐君毅：《唐君毅全集》，卷17，《中國哲學原論・導論篇》，頁147。

物,實為己方之所「取」的同一某事物,以此作為給「予」彼此的結論,如此,即能成為整個論辯歷程的完結。

綜言之,唐先生判斷《小取》的七名目是「辯之七事」,即「論辯歷程中次第相生之七事」,而「此論辯之歷程,非一人獨自運思之事,而是在說者與為論敵者之人已雙方間進行之事」。[19]如此,為了能達至有果效之論辯,論辯雙方需要有基本的原則所遵行,此即「以類取,以類予」及「有諸己不非諸人,無諸己不求諸人」。唐先生更綜括「辯之七事」的歷程狀態:雙方論辯之始,即以為其中一方的立論並未能盡善處,即「或」而疑;進而提出對方立論未能盡善處以為「假」;除了破斥對方的立論,己方亦需從立論的相類近處作自立論說,而這一自立論說更需要能有所「效」法;在確定能與對方所論具可效法性,則己方更應該進而舉其他與對方立論所同類之事物為「辟」(譬);而此類「辟」的作一例,更可依相近的文義與形式作出「比辭俱行」的多重例證,此即「侔」,亦即類比推理;從「侔」的類比推理中更應該作出反詰的「援」;從而引伸另舉一例,此例當為論辯之初對方所不採用,卻又與己方的立論為所同類之事物,從而反證己方之立論為完備,此即為論辯之歸結,亦為「推」。[20]依此,唐先生從論辯歷程來詮釋《小取》的七名目為「辯之七事」,並否定以邏輯分析進路來詮釋的「辯之七法」。

(二)辨「言之多方殊類異故」

唐先生把《小取》的七名目詮釋為「辯之七事」後,亦對《小取》篇的後半作出論析,尤其是以「辭之侔」(對偶成文)作出討論。唐先生認為《小取》後半的義理不多,他說:「小取篇後半之文,論辟侔援推之辭之『行而異,轉而危,遠而失,流而離本』,及言之『多方、殊類、異故』其

---

[19] 唐君毅:《唐君毅全集》,卷17,《中國哲學原論・導論篇》,頁152。
[20] 唐君毅:《唐君毅全集》,卷17,《中國哲學原論・導論篇》,頁152。

所舉之例多瑣屑，義蘊亦不多。」[21]唐先生對《小取》後半的討論只有兩個目的：其一，展示「辭之侔」（對偶成文）所特具有的類比推理效力，展示各種「實」、「故」、「類」的關係；[22]其二，展示後期墨家的「名辯」不是意在建立邏輯的推論形式，是在意於顯出論辯雙方的心理中之所注意的取向。他說：「可通之者，蓋惟一原則，即就世人或對辯之他方，立辭時之主觀心理中，其辭所指之『實』如何（即察名實之理），如何取『故』（即依何理由），及其所已承認之『類』之同異，以定其所生之辭之當否而已。」[23]依此，唐先生對《小取》後半的處理是對「言之多方殊類異故」的五個類型配合《小取》後半的例子作分類說明。

一、「是而然」。所謂「是而然」即從心理上以事實為據而立論。以「獲，人也；愛獲，愛人也。臧，人也，愛臧，愛人也」為例，唐先生指出：「此中之臧與獲，或謂為奴婢之名。無論是否，要之吾人愛臧與獲，非因其與我有何親戚關係，而純因其實為人之故而愛之，故愛臧與獲即是愛人也。」[24]

二、「是而不然」。所謂「是而不然」即從心理上以事實為據而得出不同「類」的立論，其關鍵在於所取的事實僅為特殊個體例子。以「獲之親，人也；獲事其親，非事人也」為例，唐先生指出：「由於獲之親，雖為一人，然獲之所以特孝事其親之故，卻非由於彼為一人，而實由於彼為其親之故；而獲之愛其弟之故，亦因彼實是其弟之故，亦非其為美人之故也。」[25]

---

21 唐君毅：《唐君毅全集》，卷17，《中國哲學原論・導論篇》，頁153。
22 關於「侔」式推理的理論效力。葉錦明先生指出：「墨辯邏輯裏的『侔』式推理，所涉及的恰恰是一種困擾西方傳統邏輯家的推理，即如何從『所有圓形都是圖形』推出『任何人畫了一個圓形就是畫了一個圖形』。仿照《墨辯》的言氣來說，那就是『圓，圖也；畫圓，畫圖也』。這個推理的對確性無法靠傳統三段論的邏輯來證明，因而一直困擾著傳統邏輯家。」（葉錦明：《邏輯分析與名辯哲學》〔臺北市：學生書局，2003年〕，頁219。）
23 唐君毅：《唐君毅全集》，卷17，《中國哲學原論・導論篇》，頁153。
24 唐君毅：《唐君毅全集》，卷17，《中國哲學原論・導論篇》，頁156。
25 唐君毅：《唐君毅全集》，卷17，《中國哲學原論・導論篇》，頁156。

三、「不是而然」。所謂「不是而然」即前者觀念不同卻依於心理上的狀態而得出同類的結論。以「讀書，非書也，好讀書，好書也」為例，唐先生指出：「依吾人之意，好讀書之所以為好書——或吾人之所以可由好讀書之辭，以引生出好書之辭——唯由人在好讀書時，人在心理上確對於書與讀，皆有一好，因而好讀書之辭中，即包涵好書之意義。」[26]

四、「一周一不周」。所謂「一周一不周」即「周」的普遍性問題（「周」與「不周」）取決於個別的思想型態，以墨家的「兼愛」思想說「愛人」則必然要求「周」的普遍性，然對其他事情則不然。依此，即使兩類推論的表達形式相近似，結論卻呈現「互相矛盾」實緣於思想型態之不同。以「愛人，待周愛人而後為愛人，不愛人，不待周不愛人。……乘馬，不待周乘馬，然後為乘馬；有乘於馬，因為乘馬矣。」為例，唐先生指出：「一周一不周，明非就一例內部言，而為就二例之相似而不同處言。愛人之例乃周之例，乘馬之例，則不周之例也。」[27]

五、「一是而一非」。所謂「一是而一非是」即「是」的肯定性問題（「是」與「非是」）乃是取決於個別在心理上的觀念選取而已。以「居於國，則為居國，有一宅於國，而不為有國。」為例，唐先生說：「小取篇之言二者之別，則唯有就人一般人之心理上，語言意義上，說居於國時，人所思者，實乃所居之國之全體之土地，此全體之土地，似皆為人之行旅所及，故居於國即居國；而說有一宅於國時，人所思者實乃宅之只佔國之一部分之土地，除宅所佔之此一部分土地外，其餘部分之土地皆在其外，故有宅於國非有國也。」[28]即是說，此類論述僅是從心理上所關注的部分作為立論而已。

綜言之，唐先生對於《小取》後半以「辭之侔」的形式展示「言之多方殊類異故」的種種情況，指出《小取》後半並非以純粹建立邏輯的推論形式，實著重於論辯雙方的心理取態。然而，即使《小取》篇並非以建立邏輯

---

26 唐君毅：《唐君毅全集》，卷17，《中國哲學原論・導論篇》，頁158。
27 唐君毅：《唐君毅全集》，卷17，《中國哲學原論・導論篇》，頁159。
28 唐君毅：《唐君毅全集》，卷17，《中國哲學原論・導論篇》，頁161。

的推論形式為要,卻以「辭之侔」的形式展示了隱涵於論辯雙方的邏輯原則。依此,唐先生對《小取》的後半提出結語:「吾人雖謂小取篇後半篇之宗趣,不在建邏輯上之普遍的推論形式,然卻又不可說小取篇無邏輯上之原則之提出,更不可說小取篇意在明世間無真正相類之辭。其所欲人注意者,唯是辭之似相類者,可實非相類;……簡言之,即吾人於此二辭,其所取之故或所依之理由,是否相同。辭若異故,則殊類,必同故而後其類同,此即小取篇所提出之邏輯原則。」[29]

(三)論《墨子・小取》的宗趣

至此,唐先生已展示對《小取》的獨到詮釋,即以「成就人己心意之交通」為宗要,判斷《小取》區分成兩個部分,前部分是展示論辯歷程中的「辯之七事」;後部分即以「辭之侔」揭示論辯雙方的心理事項。唐先生指出:「小取篇之中心問題,實不在建立邏輯上之推論形式,而唯在論述論辯歷程中之或、假、效、辟、侔、援、推之七事。此中之要點,則在『立辭必明於其類』,辭之相類者,亦即依相同之『故』而立者。」[30]

唐先生詮釋《小取》的宗趣可從三方面講:首先,《小取》的「辯之七事」是建構一個「辯」的理想程序,它可以具有邏輯的推論形式或思考,卻不必然是建立邏輯的推論形式;其次,從《小取》篇前半「辯之七事」中的「侔」及《小取》篇後半「言之多方殊類異故」中的「辭之侔」的關係來看,則「辭之侔」的「對偶成文」或「比辭俱行」形式正是「辯之七事」中「侔」的應用,此應用更多地涉及心理層面意義。最後,所謂《小取》即「取言」論調,並不止於對「言辭」的恰當理解,而是透過「名辯」的合理性展示客觀事物的是非標準,而達至具倫理意涵的「一同天下之義」。唐先生說:「因墨家信有客觀標準可決定是非勝負,故重辯。……辯中之相非,

---

[29] 唐君毅:《唐君毅全集》,卷17,《中國哲學原論・導論篇》,頁162。
[30] 唐君毅:《唐君毅全集》,卷17,《中國哲學原論・導論篇》,頁165。

既當有又必有勝者，則一同天下之義之事，即有可能。此蓋即墨者所以上說下教，強聒不捨，以與他家辯，以求一同天下之義也。」[31]

然而，唐先生的《小取》詮釋雖可以整全地從墨家「尚同」的「一同天下之義」而判斷「取言」具有倫理意涵，唯《小取》首段言：「夫辯者，將以明是非之分，審治亂之紀，明同異之處，察名實之理，處利害，決嫌疑。焉摹略萬物之然，論求群言之比。」依此，「辯」之所以能「處利害，決嫌疑」等僅源於「辯」的工具價值，「辯」自身沒有內在價值嗎？《經上》：「辯，爭彼也。辯勝，當也。」[32]《經下》：「謂辯無勝，必不當，說在辯。」《經下說》：「辯也者，或謂之是，或謂之非，當者勝也。」[33]依此，《小取》所言的「辯」就是「爭辯」的意思，尤其指向具有爭辯意涵而分出勝負的論辯。可是，《墨子》書中對「辯」一語的使用不止於爭勝辯論的意思，至少還有「辨別」的意涵，如《大取》：「義利；不義害。志，功為辯。」[34]《尚賢中》：「天亦不辯貧富、貴賤、遠邇、親疏，賢者舉而尚之，不肖者抑而廢之。」[35]《兼愛中》：「天下之士君子，特不識其利，辯其故也。」[36]《非命中》：「今天下之士君子，將欲辯是非利害之故，當天有命者，不可不疾非也。」[37]甚至使用「勝」字時，除了「勝負」的意思，還可以有「恰當」、「合宜」等意思，如《經下》：「五行毋常勝，說在宜。」[38]依此，假如將《小取》「辯」的意涵稍作擴展，並不狹義地取形式上的「爭辯」或「辯論」，而是以廣義地包括自我說服、批判他人理論，並從合宜或合理為衡量標準，作為關於論說活動或交談行為的理論，則「辯」是具有恰當地「成就人己心意之交通」的意義，亦是人作為「理性存在」既可以從論

---

31 唐君毅：《唐君毅全集》，卷17，《中國哲學原論・導論篇》，頁189。
32 吳毓江：《墨子校注》，頁478。
33 吳毓江：《墨子校注》，頁535。
34 吳毓江：《墨子校注》，頁613。
35 吳毓江：《墨子校注》，頁78。
36 吳毓江：《墨子校注》，頁159。
37 吳毓江：《墨子校注》，頁415。
38 吳毓江：《墨子校注》，頁537。

說活動或交談行為作出批判性的價值取捨，又可以從過程中展示其理性的本質。[39]以下就轉而論述格賴斯的語言哲學從而論析這詮釋取向的可能性。

三　論格賴斯的語言哲學：「格賴斯方案」與「理性行動」

格賴斯在語言哲學發展上具有特別的位置，他所提出的「意圖」（intention）理論與「義蘊」（implicature）[40]理論，更有「格賴斯方案」（Grice's program）之稱。[41]所謂「格賴斯方案」具有兩個部分，第一部分是以「意圖」作為語句使用產生「非自然意義」的意義理論；第二部分則是從「非自然意義」與「合作原則」（The Cooperative Principle, CP）來確定在言語行為過程中「義蘊」產生的可能條件。然而，格賴斯作為哲學家所追求的研究並不止於語用學（Pragmatics）的範疇，更涉及「理性行動」（rational action）的意義建構或探索。戴維（B. L. Davies）曾指出：「格賴斯的興趣在

39　關於《小取》「辯」的意涵，孫長祥先生從「思言行」的觀點指出「辯」具有思辨、指導及檢討等的意義，他說：「〈小取〉篇之所以論『辯』，主要即在揭示墨學重視行動的合理性及可行性；並非只是主觀的意願，而是企圖從認識與思辨活動的主觀狀況出發，區辨出思與所思對象的關係，建立起邏輯思維的合理聯結；再檢討並省察人在現實社會、政治中的情狀，以及『立辭』的心理狀態及言語表達的方式與內容，以做為墨者取捨行動時的主要參考。」（孫長祥：《思維・語言・行動：現代學術視野中的墨辯》，頁49-50。）

40　在漢語學界中，格賴斯的「implicature」有不同漢譯，如「蘊涵」、「隱涵」、「含意」、「意涵」、「暗示」、「義蘊」等，本文採用「義蘊」作為「implicature」的漢譯，這僅緣於筆者最早透過岑溢成先生〈詭辭的語用學分析〉（香港科技大學人文學部主編：《邏輯思想與語言哲學》〔臺北市：學生書局，1997年〕頁59-80。）的閱讀而認識格賴斯的「義蘊」（implicature）概念。至於「義蘊」的意思粗略為漢語的「暗示」或「言外之意」。

41　在介紹英美語言哲學的著作中，格賴斯的意義理論就直接寫成「格賴斯方案」（Grice's programme, Grice's program），如William G. Lycan, *Philosophy of Language: A Contemporary Introduction*, Routledge: Taylor & Francis Group, New York and London, 2019, Alexander Miller, *Philosophy of Language*, Routledge: Taylor & Francis Group, New York and London, 2018。

於把語言系統看為人類理性行動的一個範例,通過各種邏輯加以解釋。他的目標是發現會話的邏輯,以整合言說與意義、所說與所義蘊、約定俗成與非約定俗成之間的罅隙並加予以解釋。他所尋求的邏輯可被視為理性行動的展現。」[42] 以下將分別以「格賴斯方案」與「理性行動」討論格賴斯對言語行的哲學思考。

(一)格賴斯方案:意圖與義蘊

關於「意圖」作為「非自然意義」產生的重要元素。在〈意義〉及〈說話者的意義與意圖〉中,格賴斯對於「意義/意謂」(meaning)的分析粗略區分成三個步驟:首先,格賴斯區分「自然意義」(natural meaning)與「非自然意義」(nonnatural meaning),所謂「自然意義」即以「自然記號」(natural signs)或「約定記號」(conventional signs)而直接知悉的意義;所謂「非自然意義」即在溝通過程中,某方透過以任何記號而傳遞記號意思或有別於記號意思的訊息。例如:彩票開獎後,你在我面前憤然撕掉彩票。你這行動意謂著向我表示並未能中獎。這種「意謂」就是某人透過記號(如動作)欲表達有別於記號意思的意義。換言之,格賴斯的「非自然意義」就是以人際溝通的情境為記號使用的確當意義,格賴斯以下標「NN」表示「非自然」,用「meaning$_{NN}$」表示「非自然意義」,他的意義理論最重要的部分就是分析「非自然意義」構成的可能條件或形式。其次,格賴斯認為「非自然意義」構成的元素在於說話者的「意圖」,並著手分析「X 透過媒介 U 傳遞(非自然意義)P」(X mean$_{NN}$ by uttering U that P)這形式的可能條件。[43] 格賴斯指

---

42 B. L. Davies, "Grice's Cooperative Principle: Meaning and rationality," *Journal of Pragmatics*, 39 (2007), p. 2328.

43 格賴斯使用「Utter」為一個既中性又寬泛的用語,他說:「我把『話語(utterance)』當作適用於意義$_{NN}$ 的所有候選者的中性詞使用;它有一種方便的行為─對象歧義。」(Paul Grice, *Studies in the Way of Word*, Harvard University Press, 1989. p. 216. 中譯本:保羅‧格賴斯著,姜望琪、杜世洪譯:《言辭之道研究》〔北京市:商務印書館,2021年〕,頁213。)

出在一個溝通過程中,如必然地產生「meaning$_{NN}$」的話,則僅能透過言說者(Utther)的「意圖」。格賴斯說:「X 若要『非自然意義』「meant$_{NN}$」什麼東西,言說者不僅必須帶著誘發一個信念的意圖『說出』(uttered),還必須意圖使『聽話者』(audience)察覺到話語帶後的意圖。」[44]最後,以「意圖」為關鍵,格賴斯提出確定產生「meaning$_{NN}$」的三個條件,即「X 透過媒介 U 傳遞(非自然意義)P 給 Y」,則 X 意圖:一、令 Y 相信 P;二、令 Y 察覺到 X 的意圖(一);三、令 Y 因為察覺到 X 的意圖(一)而達成(二)。如此,格賴斯的意義理論即以「意圖」為要,並區別說話者的意義與語句的意義。[45]

關於「非自然意義」與「合作原則」作為產生「義蘊」的可能條件。在〈邏輯與會話〉及〈邏輯與會話的再議〉中,格賴斯提出「義蘊」觀念並以此討論在「非自然意義」中產生「義蘊」的可能條件。格賴斯的「義蘊」理論建構可粗略區分成三個層面:首先,格賴斯延續對「非自然意義」的討論,將「非自然意義」區分為兩大類別,其一是記號字面上的意思,即說話者所「言說」的內容(what is said);其二是記號字面以外的意思,即說話者所「義蘊」的內容(what is implicated)。其次,「義蘊」可區分為「約定義蘊」(conventional implicature)及「非約定義蘊」(nonconventional implicature);所謂「約定義蘊」即指一個句子或說話藉詞語或句子形式的約定用法而傳達的,而非語義內容的意義,如預設;以格賴斯的例子說明:「他是一個英國人,因此他是勇敢的。」這裡預設了「英國人具有勇敢的特質」的意涵卻並沒有明確說出,即從約定的用語而「義蘊」。[46]所謂「非約定義蘊」即與一個句子或說話藉詞語或句子形式的約定用法並沒有直接關係。格賴斯指出人們在交談或表情達意時會遵守一些原則或格準,而有意違反這些原則或格準,刻意引發出意涵即是「非約定義蘊」。最後,「非約定義

---

[44] Paul Grice, *Studies in the Way of Word*, p. 217.

[45] 格賴斯的「意圖理論」受到多次的批評與反覆的修訂,早已演變成極為複雜的討論,這裡僅展示格賴斯一個比較原初的版本,並不作延伸的討論。

[46] Paul Grice, *Studies in the Way of Word*, p. 25.

蘊」又可區分為「會話義蘊」（conversational implicature）與「非會話義蘊」（nonconversational implicature），「會話義蘊」即有意違反格賴斯所訂定的「合作原則」，所謂「合作原則」是指交談時須符合交談者所共許的目標或方向，依此原則引伸出四組「格準」（maxims），即：一、數量（quantity）：所說的話不會過多或過少；二、品質（quality）：所說的是自己也相信的、有根據的話；三、關係（relation）：所說的話與當下的話題的相干性；四、方式（manner）：說話清晰、明確、簡要而且條理分明。[47]即是說，說話者刻意違反「合作原則」或這些格準，則聽話者就可以推論說話者所傳遞的訊息與約定用法沒有直接關係而具有語義內容以外的義蘊；而「非會話義蘊」則是違反「合作原則」以外的「格準」，如道德的、美感的等。如此，格賴斯的「義蘊」理論從「非自然意義」的分析逐步找出「義蘊」產生的可能條件，讓「意義即用法」的理論有不同的取向。

（二）理性行動：推理與幸福

「格賴斯方案」確然是語言哲學發展的重要里程，即使「意圖」理論備受批評而未能成為意義理論的主流，而「義蘊」理論或「合作原則」卻成為語用學的奠基性理論。[48]然而，格賴斯在語言哲學的思考背後至少要面對兩個問題：其一，「意圖」理論與「義蘊」理論在理論上取態衝突的問題。「意圖」理論訴諸的是「意圖」的傳達；「義蘊」理論則強調語言學的語義或語用的慣例在靈活表達言外之意時的作用。珍妮花‧索爾（Jennifer M. Saul）指出：「格賴斯對話話者意義和會話義蘊的論述用了截然不同的術語體系，前者完全是基於說話者的意圖；後者則大量涉及聽話者。結果，導致不少觀念（如說話者意圖）並不能與格賴斯的理論融合，還有許多表達說話者意義

---

47 Paul Grice, *Studies in the Way of Word*, p. 28. 中譯參考岑溢成：〈詭辭的語用學分析〉。
48 如Stephen Levinson, *Pragmatics*, Cambridge University Press, 1983. 或李捷等編：《語用學十二講》（上海市：華東師範大學出版社，2010年）等都有專章討論「會話含意理論」（Conversational Implicature）。

的既不是說話者的『所說』也不是說話者的『義蘊』。」[49]其二,「理性」與「推理」的問題。無論是「意圖」理論或「義蘊」理論,它們對於信息的傳達還是依賴於說話者或聽話者自身的「推理」或「推論」,問題是「意圖」或「義蘊」在說話者或聽話者的「推理」具有必然性嗎?在「意圖」與「義蘊」的產生仍需要探討「推理」所具有的意義。理查德・沃納(Richard Warner)指出:「關於理由和推理的主張奠定了他的意義理論,也奠定了格賴斯處理哲學問題的一般方法。」[50]即是說,在「格賴斯方案」後,格賴斯並未停留在語用學內作出種種理論修訂,而是繼續探求「理性」在交談行為中的作用。

關於「推理」、「理性」與「理由」。格賴斯指出:「我也許會用『價值範式』(value-paradigmatic)來稱謂推理這一概念。」[51]格賴斯從形式化的有效性與滿足的保真性所促成「價值範式」作為「推理」的理據,他說:「通過過用形式的轉化,我將把推理看作是用於擴大我們的可接受的一種稟賦:從一個可接受〔的東西〕的集合到另一個可接受〔的東西〕,並且要確保價值(value)從前提傳遞到結論,如果的這些價值附屬在前提之上的話。這裡的『價值』我意指的是可以作為會值的一些屬性(毫無疑問,它是一些特定種類的價值)。真就是這樣的一個屬性,但它不是唯一的。現在我們可以確定另一個,實踐的價值(善)。因此,每一種這樣的價值都應該被視為一個更一般的概念『可滿足性』的一個特例。」[52]依此,格賴斯以三個層面的區分來論證「推理」具有「價值範式」的特性:首先,格賴斯把交談時的「推理」(Reasoning)區分「難方式」(Hard way)與「快方式」(Quick way),所謂「難方式」的推理是指推理者仔細地羅列出每個推理的前提與步驟,它

---

49 Jennifer M. Saul, "Speaker Meaning, What is Said and What is Implicated," *Nuts*, 36 (2), 2002, p. 229.
50 Richard Warner, "Introduction," Paul Grice, *Aspects of Reason*. Oxford University Press, 2001.vii.中譯參考保羅・格賴斯著,榮立武譯:《理性的面向》(北京市:科學出版社,2022年)。
51 Paul Grice, *Aspects of Reason*, p. 35;格賴斯:《理性的面向》,頁80。
52 Paul Grice, *Aspects of Reason*, p87-88;格賴斯:《理性的面向》,頁144。

的「難」在於交談時間的短促而難於快速完成;格賴斯指出:「對難方式的一個替換性選擇是快方式,它是我們基於習慣和意圖而變得可能的,並且這種能力〔快方式〕是我們所欲求的一種特質,有時候它也被稱為智力,其在程度上有差別。」[53]其次,既然推理與智力有關聯,格賴斯又把「理性」(Rational)區分為「平凡理性」(Flat Rationality)與「變化理性」(Variable Rationality),所謂「平凡理性」即是基本的理智能力,亦即是基本的智力;而「變化理性」就是從「平凡理性」所衍生並且可以訓練得來的理智特性,這些特性或可以表列為:頭腦清晰、關聯性、靈活性或創造性等,亦即是智力表現。如此,由於每個聽話者都具有「平凡理性」,具有基本的推理能力;而話語者則可以運用「變化理性」展示作出「快方式」的推理而引發聽話者的理解。最後,格賴斯先區分「真值性推理」(alethic reasoning)與「實踐性推理」(practical reasoning),再引伸出辯護信念的「認知理由」(alethic reason)與辯護行動的「實踐理由」(practical reason)。格賴斯指出:「我想要主張的是不僅『Prob(h:p)』和『Best(h:a)』這樣的結構是可以類比的,而且它們可以被包含著一個普通常項的更複雜的結構所替換。在我看來,這個想法得到了語言學上的支持。」[54]即是說,格賴斯論證「推理」具有認知性質與實踐性質的不同,前者辯護信念的有效性;後者辯護行動的可接受性,兩者是在價值上是具有可替換性的。依此,格賴斯作出了三項的兩分法,在交談行為對「理性」、「理由」及「推理」等的分析,從形式化及語言學的方案而對「真」與「善」作出等值的替換,「推理」即具有「價值範式」的意涵。

關於「幸福」。格賴斯在《理性的面向》的最後一章說:「我傾向於考慮這樣的可能性,即一般的幸福這樣的觀念將訴諸一個人(理性的動物)的本質特徵才能被確定下來。」[55]「理性動物」的本質特徵就是「理性行動」,而「理性行動」是促成「幸福」的可能,「理性行動」正是格賴斯論證在交談

---

53 Paul Grice, *Aspects of Reason*, p17;格賴斯:《理性的面向》,頁59。
54 Paul Grice, *Aspects of Reason*, p49;格賴斯:《理性的面向》,頁98。
55 Paul Grice, *Aspects of Reason*, p134;格賴斯:《理性的面向》,頁204。

活動中具有「價值範式」意涵的「推理」。格賴斯先依亞里士多德的「幸福」觀念指出榮耀、財富、美德和理性都是幸福的構成性要素，再分析「幸福的增益」（eudaemonia）並不能以「目的－手段」的模式來理解，而是從「包含性目的」（inclusive end）作思考，即榮耀、財富、美德和理性等本身即是幸福的構成，而欲求這些要素在於能構成幸福本身，至於兩項或多項構成元素衝突時的處理方案，則在於權衡「可滿足性」而已。[56] 既然「幸福」是依於「理性行動」而達致，則交談活動中具有「價值範式」意涵的「推理」就是承擔這個重要的責任。榮立武指出：「推理就是保持價值不變的形式轉化過程，其中『真值』只是規範推理行動的一個價值，『善』或『目的』則是規範推理行動的另一個價值。在此意義上格賴斯把推理定義為一個有目的的行動，並且它滿足保真性或形式有效性。於是，理論推理就是從真信念出發保真地得出另一個真信念，而實踐推理就是從欲求一個目的出發保持可滿足性地（即保持目的不變地）實現該目的。推理和理性是相互規定的，它們共同地展現在『可滿足性』這個抽象概念上。」[57] 換言之，格賴斯對於「幸福」的可能，在於「理性存在」的分析，這一分析透過「推理」而至「真值」與「善」的價值不變，作出恰當而理性的權衡。如此，格賴斯對「理性存在」的討論就形成了他整個思想的基礎，由「理性」、「理由」及「推理」的分析而至「幸福」的可能，即人的理性運用就是人的目的與幸福。[58]

---

[56] 榮立武曾解釋格賴斯這一個處理方案：「格萊斯主張，財富或榮譽之於幸福的關係也是如此：與其說是財富或榮譽本身有助於實現幸福，不如說是對財富的追求或對榮譽的追求將有助於實現幸福。……儘管X知道A1和A2是相互衝突的，但他對A1和A2的追求並不衝突，因為這二者都是他想要的。X需要做的只是對這兩個低價的欲求A1和A2做出權衡，以便在追求B的過程中儘量保持這兩低價欲求的競爭性平衡。」（榮立武：〈格萊斯語用理論的內部衝突及解決方案〉，《邏輯學研究》，第15卷，第4期，2022年，頁86。）

[57] 榮立武：〈譯者序〉，《理性的面向》，頁xvi。

[58] 格賴斯說：「從理性存在這一觀念進行難導可能會獲得許多至關重要的哲學結果。以亞里士多德為例，他認為他可以通過下面的步驟對人的終極目的進行刻劃：人的目的是人的功能之實現；人的功能是對人區別於其他生物之能力的最佳運用；這種能力就是理性；理性的最佳運用就是對形上學真理的沉思；因此那也是人的（初始）目的。……

綜言之，格賴斯的語言哲學是透分析語言的日常使用，尤其注意到實際交談時的信息傳遞問題，由此他提出「意圖」理論與「義蘊」理論。然而，格賴斯並不停留於語用學的研究，透過對「理性存在」的分析，格賴斯論證「意圖」理論與「義蘊」理論的可能在於人是「理性存在」，更由此而能達至「幸福」的途徑。[59]

四　結語：論「成就人己心意之交通」的詮釋效力；兼論唐君毅先生的哲學語言觀

回到唐先生對《小取》的詮釋討論。以格賴斯的語言哲學來看，唐先生詮釋《小取》所著重的「辯之七事」與「言之多方殊類異故」，展示的是論說活動或交談行為的別具特色的分析模型，與「格賴斯方案」明顯是不同的分析模型，卻又可以分從「名辯」與「理性」兩方面作出比較。

從「名辯」作為論說活動或交談行為來看，辨別雙方共識的「意圖」和對「以類取，以類予」的察覺，是兩者可以互相補足的論點。首先，以辨識「意圖」來說，《小取》中「辯」的意義固然著重「爭辯」的意義，唯從「辯之七事」的程序來說，重點是「以類取，以類予」的思維模式，嘗試找出彼此之間所討論的「類」，既用譬喻、侔式推理；更從反詰、反證的推論作總結。相對於格賴斯的「意圖」理論，「辯之七事」的具體操作程序更容易確證得到雙方的共識，而格賴斯的「meaning$_{NN}$」三條件，要能讓聽話者得悉「意圖」，更多的是說話者的責任，「辯之七事」所提供的與對話者反覆的互動操作，實可以作為具體的實踐方案。此外，唐先生的《小取》詮釋所

「我現在並不知道這些宏大的結果是否可以從『理性存在』這一概念中推導出來，但我暗暗地希望它們是可能的，並有一種揮之不去的欲望，想要找出它們是如何可能。」（Paul Grice, *Aspects of Reason*, p. 4；格賴斯：《理性的面向》，頁44。）

[59] 格賴斯的分析具有不少技術性的討論，而他的論證又涉及對其同代人的反駁，本節的論述旨呈現在從語用分析連接到「理性行動」作為「幸福」的可能依據，不少細節部分也只能略而不談。

注意到心理層面的「言之多方殊類異故」亦能與格賴斯的「意圖」理論有所配對。其次，格賴斯的「合作理論」提醒著言談的雙方具有「合作」交流的「格準」，透過「格準」的遵守與否從而論析「義蘊」的可能。雖然已有不少學者批評「合作原則」的「合作」觀念，認為「合作」是理想化說話者與聽話者的平等關係及交談目的，[60]但在《小取》的「以類取，以類予」中並未有提出「類」的尋找方案，以「合作原則」作為線索引子，反而能夠提供可資參考的作用。換言之，唐先生詮釋《小取》所著重的「辯之七事」與「言之多方殊類異故」能夠從格賴斯的語言哲學中得到互相補足的支持，得到理論上的論證其可行性。

從「理性」作為論說活動或交談行為的基礎意義來看，唐先生詮釋《小取》時衡量「辯」的意義在於能配合墨家思想認定客觀標準的存在理論性格，他說：「墨家於客觀事物之辯，乃以言之是否當於客觀事物，為決定是非之標準。而於人生社會之理，則以天為義，天志為決定是非之標準，天志在兼愛，墨家即本之以斥不兼愛而攻戰等說為非，而謂兼愛非攻及天子之尚同於天之為是。」[61]然而，這樣的詮釋僅將「辯」在墨家思想被視作僅具工具價值而已，從《墨子》書內對「辯」可解作「辨」來看，則具有「辨別」的思考亦是「與辯者」的重要特質。借格賴斯對「理性行動」的分析來看，「推理」是具有「價值範式」的意涵，當《小取》指出「與辯者」在進行「推理」時，則可理解為「理性行動」的發生。這樣，至少具有兩重意義：其一，「辯」具有「立言即立德」的意義，即「與辯者」既在所進行「辯」時展示由「真值性推理」至「實踐性推理」的「價值範式」，又在「辯」的過程中作出合乎理性的取捨。如此，在《小取》以廣義的「辯」（辯論、辨別）都是能夠從認知理由推衍至實踐理由，由認知而至倫理意涵，即從言說

---

60 如喬姆斯基（N. Chomsky）認為：把理想的說話者－聽話者放在一個完全同質的言語環境中，但是它沒有解釋人們如何在複雜的社會環境中真正表情達意的。例如，說話者如何交流才能使他們在所有社交環境中被人所接受。（N. Chomsky, *Aspects of the Theory of Syntax*, Cambridge MIT Press, 1965, p. 4.）
61 唐君毅：《唐君毅全集》，卷17，《中國哲學原論・導論篇》，頁189。

而至道德。其二,「與辯者」即「理性存在」,亦即展開其理性的本質,這種展開本身已經具有目的性,呈現追求「幸福」的可能。綜言之,借格賴斯的理論來說唐先生的《小取》詮釋,可以更完備「辯」的形式意義及倫理意涵,讓「辯」不止於工具價值而具有自身內在價值,從而加強以「成就人己心意之交通」為《小取》要義的詮釋效力。

最後,略論唐先生的「哲學語言」觀。唐先生詮釋《小取》所著重的是「成就人己心意之交通為歸」之詮釋進路,唐先生指出:「吾本文(按:〈原言與原默:中國先哲對言默之運用〉)將更進而論者,則在說明中國思想,對語意之問題之反省,乃自始注意及語言與語言之外圍之默之關係,並視語言之用,唯在成就人與人之心意之交通。此中可說有一中國之語言哲學之傳統。」[62]即是說,唐先生認為「人與人之心意之交通」的要旨就是中國語言哲學的傳統取向。唐先生分析老莊對語言採取「忘辯忘言」的態度,即在於老莊認為未能容易從「辯」而得到「人與人之心意之交通」,遂分析背後的問題在於「成心」。[63]唐先生甚至指出以「人與人之心意之交通」為理由,可以容許「言默」作為「無言之言」。[64]唐先生這種語言的詮釋取態源於他的「哲學語言」觀,在他來說「哲學語言」(講哲學)僅是利生救世的其中一種方式,能自悟他悟、自覺他覺就已經是「立德」,是以「哲學語言」(講哲學)是「立言即立德」,而自悟他悟、自覺他覺除了使用「哲學語言」(講哲學)還可以講其他學問或其他宗教,如此,「哲學語言」僅是其中一個利生救世的工具而已。這裡謹引述唐先生的話作結束:「講哲學,必以為世興教為目標,然後吾人講哲學之事,乃出於吾人之道德理性,而可成就吾人之

---

62 唐君毅:《唐君毅全集》,卷17,《中國哲學原論・導論篇》,頁166。
63 唐先生說:「老莊之意,則毋寧在說辯不能使人達於同意,而人亦不當由辯以求同意,而當另求人我之所以達於同意之方;或歸於不求之必同我意,而任天下人各有其意,不互求其同意;或相忘於其意之異,而皆無必求同意之意。……而在莊子,則首溯人在辯論中是己而非他,於此人之成心。」(《中國哲學原論・導論篇》,《唐君毅全集》,卷17,頁190-191。)
64 《唐君毅全集》,卷17,《中國哲學原論・導論篇》,頁169。

道德生活。否則吾人之講哲學,即止於吾人前所說觀照境中。……欲入道德境界,則其講哲學,必兼是自悟求他悟,自覺求覺他,以說法利生、興教救世之事,其立言皆是其立德,而希賢希聖中一事。」[65]

---

[65] 唐君毅:《唐君毅全集》(北京市:九州出版社,2016年),第26卷,《生命存在與心靈境界》,下冊,頁391-392。

試論「唯識無境」對「天人合一」的啟示

趙敬邦[*]

摘要

「天人合一」是傳統中國文化的一個重要論旨，其可謂儒、道、佛等主流思想所共同承認的價值觀。惟「天人合一」的具體內容向來頗具爭議，以致其意義亦廣受質疑。有趣的是，佛學家李潤生先生曾言佛教的「唯識無境」與「天人合一」實有相契的地方，這即使人聯想前者能否作為改善後者的資糧。本文的目的，正是討論「唯識無境」對「天人合一」的可能啟示，藉以嘗試改善後者的立論，從而使其價值能更穩固地呈現在現代社會。

關鍵詞：「天人合一」、「唯識無境」、錢穆、李潤生、共同發展

---

[*] 新亞研究所佛學中心副研究員。

一　前言

　　「天人合一」是中國文化其中一個重要論旨，其精神可謂貫穿儒、道、佛等主要傳統中國思想[1]。史學大師錢穆先生（1895-1990）在其生命的最後階段便口述了〈中國文化對人類未來可有的貢獻〉一文，當中言及「天人合一」是「整個中國傳統文化思想之歸宿處」和「中國文化對人類最大的貢獻」[2]，可見「天人合一」應有值得吾人珍視的價值。惟「天人合一」在中國文化中雖然重要，但該說的內涵卻人殊人異，以致吾人對其理論得失亦往往莫衷一是[3]。唐君毅先生（1909-1978）即認為傳統中國哲人並未以嚴格的推理證明「天人合一」的存在，而是用不同話語暗示「天人合一」的可能[4]；余英時先生（1930-2021）則主張「天人合一」是一種思維方式，又或是個人的一種信仰[5]。也許，「天人合一」更似是一種原始的價值觀[6]，其具體內容和立論方法仍有待吾人進一步的探究和解釋。

　　事實上，「天人合一」是古人用以表達「天」、「人」關係的總稱，只要相關論述並非主張「天」、「人」分隔，則其基本上已可被歸類為「天人合

---

[1] 有關儒、道、佛等涉及「天人合一」思想的例子，可參考劉笑敢：〈天人合一：學術、學說和信仰——再論中國哲學之身份及研究取向的不同〉，收入劉笑敢編：《中國哲學與文化（第十輯）——儒學：學術、信仰和修養》（桂林市：灕江出版社，2012年），頁71-102。

[2] 錢穆：〈中國文化對人類未來可有的貢獻〉，收入《錢賓四先生全集》（臺北市：聯經出版事業公司，1996年），43冊，《世界局勢與中國文化》，頁419-429。

[3] 參考張岱年：《中國哲學大綱》（北京市：中國社會科學出版社，1997年），頁167-182。

[4] 唐君毅：《中西哲學思想之比較論文集》，（臺北市：臺灣學生書局，1988年），頁128-129。

[5] 余英時：《論天人之際：中國古代思想起源試探》，（臺北市：聯經出版事業公司，2014年），頁217-218；余英時：《我的治學經驗》（臺北市：聯經出版事業公司，2022年），164-166。

[6] 類似觀點，詳見方東美：《中國人生哲學》（臺北市：黎明文化事業公司，2004年），頁170-196。

一」。查中國思想史上不少與「天」、「人」關係有關的論述可歸納為「天人合一」[7]，我們實難以在一短文中對其均作討論；但吾人仍可按這些論述的代表性或影響力擇其三者以幫助分析：第一，是道家式強調「天」、「人」本為一整體的「天人一體」說；第二，是漢代時認為「天」、「人」能互相感應的「天人相感」說；第三，是宋明儒者主張「人」能隨著個人修養的改善而把「天」視作一己的關懷對象，從而打破一己和萬物隔閡的「天人合德」說。惟不論是何種形態，「天人合一」說已隨著科學在近世的盛行而廣被視為主觀和獨斷，以致該說的價值亦為人所質疑。箇中原因，主要是循認知和實證的角度，「天」和「人」實難以簡單地被視為一體，更遑論彼此能互相感應，或自然萬物的存在和形象竟會隨吾人修養的改善而有所變化[8]。簡言之，認知的進路似無助我們了解「天人合一」；要了解「天人合一」便不能循認知的角度切入[9]。有趣的是，當代佛學名家李潤生先生在其〈唯識無境辨義〉這一篇解釋「唯識無境」當是一種認識論的文章中，言及作為認識論的「唯識無境」應能臻至宋明儒學所言「仁者與天地萬物為一體」的境界，並言前者可作為後者的理論依據[10]；在稍後的一次訪問中，李先生則明確地把唯識思想如何看待人和宇宙萬物的關係與儒家的「天人合一」相提並論[11]；在近年出版的一篇文章中，李先生更對相關觀點作出解釋[12]。若是，則「唯識無境」可謂隱然與「天人合一」相通。李先生的說法不禁使吾人有以下聯

---

[7] 可歸類為「天人合一」的論述包括「天人合德」、「天人不二」、「天人無間」、「天人相與」、「天人一貫」、「天人合策」、「天人之際」、「天人不相勝」和「天人一氣」等，見唐君毅：《中西哲學思想之比較論文集》，頁128。

[8] 以上所述，參考景海峰：〈儒家「天人合一」思想的歷史脈絡及當代意義〉，收入鄭宗義、林月惠編：《全球與本土之間的哲學探索——劉述先先生八秩壽慶論文集》（臺北市：臺灣學生書局，2014年），頁551-581。

[9] 劉國強：《儒學的現代意義》（臺北縣：鵝湖出版社，2001年），頁14-17。

[10] 該文收入李潤生：《唯識・因明・禪偈的深層探究（下）》（臺北市：全佛文化事業公司，2001年），頁441-529，內文所述觀點則見頁518-519。

[11] 詳見〈李潤生先生訪問〉，《毅圃》第48期（2009年5月），頁10-20。

[12] 李潤生：〈淨土建立的理論〉，收入李潤生等著：《淨土論集》（香港：佛教法相學會，2020年），頁5-145，尤頁143-144。

想：重視認知是否便不能認同「天人合一」？「天人合一」是否便全然沒有認知意義？強調認知意義的理論能否幫助改善「天人合一」的立論？假如「天人合一」的立論真有需要改善的地方，則「唯識無境」能否在這一議題上起著正面作用？本文即以上述數種形態的「天人合一」為例，試析「唯識無境」對「天人合一」的啟示，藉以嘗試為「天人合一」如何可能提供另一面向的解釋，從而使該說的價值能更穩固地呈現於今人面前。

二 「天人合一」簡析

誠如前文所述，「天人合一」是傳統中國思想用以解釋「天」、「人」關係的一個總稱，當中實涉及不同的形態。惟在進一步討論以前，有一點卻要稍作說明：古代中國的「天」在最初有「帝」的意思，其在一定程度上有著人格神的色彩；但隨著原始宗教褪色，「天」有著人格神意義的一面亦逐漸淡薄，「天」在一般意義下乃泛指自然萬物，雖然在特定情況下亦可解作命運或命限[13]。本文著重「天」作為自然萬物的意思，即強調人和自然的關係，雖然這一人和自然的關係不代表沒有任何的宗教意義。這一點將在後文再述，暫按下不表。以下，即循道家式的「天人一體」、漢代時的「天人相感」和宋明儒的「天人合德」為例，探討「天人合一」如何說明人和自然的關係，以及相關說明有著什麼價值和局限。

首先，是道家式的「天人一體」說[14]。蓋道家強調人和萬物本為一整全的存在，《道德經》即認為萬物為「道」所生，而「道」生成萬物的方法則是透過「無」、「有」兩者相互協作而成事。誠如《道德經》言「有物混成，

---

[13] Paul Y. M. Jiang, "Ethics in Cosmology: Variations on the Theme of 'Unity of Heaven and Man' in Neo-Confucianism," in Shu-hsien Liu and Robert E. Allinson ed., *Harmony and Strife: Contemporary Perspectives, East & West*. Hong Kong: The Chinese University Press, 1988, pp.271-290.

[14] 此段的討論，主要參考牟宗三：《中國哲學十九講：中國哲學之簡述及其所涵蘊之問題》（臺北市：臺灣學生書局，1999年），頁111-126。

先天地生,寂兮寥兮,獨立而不改,周行而不殆,可以為天下母。吾不知其名,字之曰道,強為之名曰大」(〈第二十五章〉);並言「道可道,非常道;名可名,非常名。無,名天地之始;有,名萬物之母。故常無,欲以觀其妙;常有,欲以觀其徼。此兩者,同出而異名,同謂之玄。玄之又玄,眾妙之門。」(〈第一章〉)按「無」、「有」兩者如何協作以衍生萬物,向來極具爭議[15]。本文並不打算介入相關討論,而僅想強調道家主張人只是自然萬物的一員,人在自然萬物之中並不扮演特別重要的角色;反之,道家認為社會之所以出現各種問題,正是因為人利用一己才智以逆自然秩序所致。因此,我們當效法天地的無為,藉以復歸自然。《道德經》便言「五色令人目盲,五音令人耳聾,五味令人口爽,馳騁畋獵令人心發狂,難得之貨令人行妨。是以聖人為腹不為目,故去彼取此」(〈第十二章〉);又言「故道大,天大,地大,人亦大。域中有四大,而人居其一焉。人法地,地法天,天法道,道法自然。」(〈第二十五章〉)明確否定人循自己的才智和慾望以行事[16]。至《莊子》,則更指出人和自然萬物既然均只是整體中的部分,故我們不必執取一己的意見為世上唯一的真理或標準,此所謂「凡物無成與毀,復通為一」(〈齊物論〉),由此即帶出齊物論的看法;而作人的最高境界,正是去除一己的成見以重新與天地萬物通貫為一個整體,故言「天地與我並生,萬物與我為一」(〈同上〉),此乃衍生逍遙遊的價值。道家主張恬靜無為的心境和逍遙自在的理想,即建基於以上的天人關係而更作發揮[17]。

第二,是漢代時盛行的「天人相感」說。繼承戰國末年盛行的陰陽學說和五德終始說,漢儒董仲舒(前179年-前104年)主張自然和人類的構

---

15 參考劉國強,〈道家的「道」、「無」、「有」:一個從常識經驗入路的詮釋〉,收入劉國英、張燦輝編:《現象學與人文科學(第2期):現象學與道家哲學》(臺北市:邊城出版社,2005年),頁379-400。

16 勞思光:《新編中國哲學史》(桂林市:廣西師範大學出版社,2005年),卷1,頁185-188。

17 更多討論,參考陳鼓應,〈《齊物論》的理論結構之開展〉,收入張松如、陳鼓應、趙明、張軍:《老莊論集》(濟南市:齊魯書社,1987年),頁204-222。

成有相似或相類的地方，故「人」的行為得模仿「天」的規律；「天」的規律又會按「人」的行為而改變[18]。董仲舒在《春秋繁露》中便言：「求天數之微，莫若於人。人之身有四肢，每肢有三節，三四十二，十二節相持而形體立矣。天有四時，每時有三月，三四十二，十二月相受而歲終矣」（〈官制象天〉）；又言「天亦有喜怒之氣，哀樂之心，與人相副。以類合之，天人一也。」（〈陰陽義〉）凡此均強調「天」和「人」的構造和表徵有相似的地方，而這一判斷即帶出「人」之所以行善是因為「天」有創生之德，「天」不會降禍於「人」是因為後者的行為合乎道德。誠如董仲舒所言：「天出至明，眾知類也，其伏無不炤也。地出至晦，星日為不敢闇。君臣父子夫婦之道取之此」（〈觀德〉），認為人的實踐德目實仿傚自然的特性；而「世治而民和，志平而氣正，則天地之化精，而萬物之美起。世亂而民乖，志僻而氣逆，則天地之化傷，氣生災害起」（〈天地陰陽〉）則指出人事的興衰會影響天時的運作。簡言之，董仲舒不僅如道家般認為「天」和「人」是一體，其更主張這一合「天」和「人」為一體的存在是一生命體或有機體，彼此相互影響。在這一意義下，「天」可謂隱然有著人格意義，而這種「天」、「人」的關係乃富有一定程度的宗教色彩[19]。

第三，是宋明儒者的「天人合德」說。按宋明儒者的理解，「天」和「人」本不相隔，只是吾人的心量往往不夠廣大，以致把自己從自然萬物中分別出來。陸象（1139-1193）即有言：「宇宙不曾限隔人，人自限隔宇宙。」（《象山全集・語錄》）是以，吾人當擴大一己的心量，藉以把萬事萬物視作我們的關懷對象；吾人的仁心應盡可能含攝萬物，不應到某一階段即告停止。換言之，我們如未能擴闊一己的心量，則自然萬物便始終為我們所排拒；「天」和「人」雖本來未有分隔，但「天人合一」卻是一有待吾人體證或完成的境界。張橫渠（1020-1077）在《正蒙》便言：「大其心則能體天

---

[18] 章啟群：《星空與帝國——秦漢思想史與占星學》（北京市：商務印書館，2013年），頁250-263。

[19] 徐復觀：《兩漢思想史》（臺北市：臺灣學生書局，2000年），卷2，頁395-399。

下之物。物有未體，則心為有外。」(〈大心〉)在這一意義下，「天人合一」乃非如道家所言僅是一實然的描述，而更是我們一種應然的追求。至於吾人一旦能把仁心擴而充之，致使自然萬物皆成為吾人的關懷對象時，則自然萬物乃能隨著我們仁心的帶動而朝一正面的方向以發展。由此，「天」的價值即由「人」所帶動甚至賦予，「天人合一」遂成為一具道德意義的理境[20]。宋明儒的「天人合一」之所以又名「天人合德」，原因正是如此。王陽明（1472-1529）《大學問》的一段說話，或可作為宋明儒者「天人合一」說的總結：「明明德者，立其天地萬物一體之體也；親民者，達其天地萬物一體之用也。故明明德必在於親民，而親民乃所以明其明德也。是故親吾之父，以及人之父，以及天下人之父，而後吾之仁實與吾之父、人之父與天下之父而為一體矣。實與之為一體，而後孝之明德始明矣。〔……〕君臣也、夫婦也、朋友也，以至於山川鬼神鳥獸草木也，莫不實有以親之，以達吾一體之仁，然後吾之明德始無不明，而真能以天地萬物為一體矣。夫是之謂明明德於天下，是之謂家齊國治而天下平，是之謂盡性。」簡言之，即是透過吾人自身修養的改善，逐步影響身邊的人和物，從而使其質素能有所提昇[21]。

誠然，以上只是有關「天人合一」說的一些簡單介紹，其遠不能窮盡相關理念的涵意。惟不論「天人合一」說的形態如何多元，我們亦應注意不同說法並非截然劃分，而是彼此有著一定程度的連繫。誠如方東美先生（1899-1977）強調，傳統中國思想的宇宙觀實包含真、善、美等各種價值，後人各種涉及人和自然關係的論述或有不同的側重，但各種觀點卻非相互排斥[22]。事實上，正是在宏觀的意義下人與自然萬物為一體，故自然的某些特性才會與人的情況有著一定程度的相似或類同；既然人與自然有著一定程度的相似和類同，人乃能進一步循一己

---

20 劉國強：《儒學的現代意義》，頁14-17。
21 更多討論，參考陳榮捷：《宋明理學之概念與歷史》（臺北市：中央研究院中國文哲研究所，2004年），頁97-99。另見程兆熊：《大地人物：理學的規模與境界》（臺北市：久大文化公司，1987年）。
22 方東美：《中國人生哲學》，頁170-196。更見張岱年：《中國哲學大綱》，頁5-9。

的角度發掘人和自然的其他相似之處，從而發現彼此共同的德性。在這一意義下，前述各種的「天人合一」說亦可謂相通[23]。惟不同的「天人合一」說既各有特色，則其亦必有各自的殊勝和局限。下文即以前述三種形態的「天人合一」說為例，指出不同論說的理論得失，藉以帶出「唯識無境」在相關議題上或可扮演的角色。

首先，是道家式的「天人一體」說。這一觀點客觀描述了人和自然萬物實共同構成一整體，而在這一觀點下，人類當能認識到自己在大自然中並不扮演特別重要的角色，從而能以一平等的態度看待自身與萬物之間的關係。這對於現代環境因受人類活動而遭到破壞等環保議題而言，尤有著價值[24]。但這一主張卻有一嚴重的理論後果，此即低估了人類在宇宙中的地位。誠然，人類只是萬物之一，其與萬物共同構成一整體；惟人類在這一整體中的價值是否便與其他自然萬物無異，以致我們竟可把人類的價值和蟑螂等量齊觀？當中答案明顯是否定的。簡言之，道家式的「天人合一」容易忽視人在萬物中的價值以及人類文明的特殊性，以致多少帶有一種反人文的傾向[25]。其次，是漢代式的「天人相感」說。這種形態的「天人合一」有著一定程度的宗教色彩，人的行為在這種觀念之下可謂受著形上意義的天命所支配。類似想法在人類的自我日益膨漲，以致認為自己能夠肆意征服自然萬物的今天有著一定價值，因其讓人懂得敬畏天命而變得謙卑，直接限制吾人因對主體的過份自信而對一己以外的自然萬物予取予攜[26]。人類甚至在敬畏天命的情況下不致行惡，這對於欠缺自覺能力的人士而言尤其重要[27]；但這形態的「天人合一」強調「天」和「人」因有著表面的相似故能彼此感應，卻

---

23 詳見唐君毅：《中國文化之精神價值》（臺北市：正中書局，2000年），頁450-458。
24 參考伍至學：〈老莊之自然現象學〉，收入劉國英、張燦輝編：《現象學與人文科學（第2期）：現象學與道家哲學》，頁37-61。
25 類似觀點，見Holmes Rolston, III, "Can the East Help the West to Value Nature?," *Philosophy East and West*, vol. 37, no. 2, 1987, pp. 172-190.
26 參考關子尹：《徘徊於天人之際：海德格的哲學思路》（臺北市：聯經出版事業公司，2021年），頁199-234。
27 詳見牟宗三：《歷史哲學》（臺北市：臺灣學生書局，2000年），頁269-272。

難免流於穿鑿附會,因「天」和「人」縱有相似的地方,但兩者的相異之處恐怕更大。若是,則「天」和「人」實難以完全相應。更重要的,是人類若是在服膺天命的情況下行善,則人的行為便變得僵化,而人的自主性遂蕩然無存[28]。在這一意義下,「天人相感」說可謂利弊參半。最後,是宋明儒者的「天人合德」說。按這形態「天人合一」說的好處是能夠重視人的自主性,不致把「人」的行為僅視作是對「天」的模仿,並能承認「人」在自然萬物中當有獨特之處,其甚至可使自然萬物朝一更有道德價值的方向以發展。因此,「天人合德」可說是一種積極進取卻同時充滿人文色彩的論說;惟這一形態的「天人合一」說取決於個人修養或境界,而個人修養或境界卻難以量化和觀察,故難免予人一種主觀、獨斷乃至神秘的印象[29],這遂使該說淪為缺乏普遍性和客觀性,而終陷入人殊人異的窘境之中[30]。

給合以上所述,我們可見不同形態的「天人合一」說實有各自的優點和缺點。吾人當可言,若「天人合一」說的缺點未能有效改善,則相關優點亦難以得到保證。「唯識無境」對「天人合一」是否有著啟示,便取決於前者在多大程度上能夠使後者的缺點得以改善,卻同時保留相關優點,從而使「天人合一」成為一更完善的說法。以下,即對「唯識無境」作一介紹,藉以為往後的討論打下基礎。

三 「唯識無境」簡析

蓋「唯識無境」在佛教中是一極重要的想法,因其代表了唯識思想如何

---

28 更多討論,見林遠澤:《儒家後習俗責任倫理學的理念》(臺北市:聯經出版事業公司,2017年),頁201-238。
29 陳來:《有無之境:王陽明哲學的精神》(北京市:北京大學出版社,2006年),頁359-384。
30 詳見Yiu-ming Fung, "The Dogmas of New Confucianism: A Perspective of Analytic Philosophy," in Bo Mou ed., *Two Roads to Wisdom? Chinese and Analytic Philosophical Traditions*. Chicago and La Salle, Open Court, 2001, pp. 245-266.

看待人和外境的關係;但「唯識無境」的想法雖然重要,其確切的意涵卻一直存著爭議。一個較流行的說法,是認為「唯識無境」主張世上只有吾人的心識是真實,而外境則僅為我們的心識所「變現」(pariṇāma),故其本質當是虛妄。在這一意義下,「唯識無境」可謂是一種本體論,用以解釋外境如何出現;其亦可說是一種唯心論,徹底否定了外境的真實性。但有論者認為以上闡釋實已違佛教的宗旨,因佛教並不否定外物的客觀存在,只是否定這種存在有獨立不變的本質;佛教亦不主張吾人的心識永恆不變,而是認為我們的主體會隨著修持而作出變化。若是,則上述以為「唯識無境」主張世上只有吾人的心識是真實,而一切外境僅是我們心識所「變現」的觀點便非正確。然則,「唯識無境」應是屬於哪種範疇的概念?學界即有認為其是一種認識論[31],一如李潤生先生所主張。

按窺基法師(632年-682年)在《成唯識論述記》的序文中,對「唯識」作了以下界定:「唯謂簡別,遮無外境。識謂能了,詮有內心。〔……〕識性、識相皆不離心;心所、心王以識為主。歸心泯相,總言唯識。」循引文,「唯識」非指世上只有吾人的心識是真實,心識以外的外境則為虛妄;「唯識」的意思,是外境如未能透過我們心識的抉擇或簡別,則其根本不能存在。換言之,只有透過吾人心識的抉擇或簡別,外境才有存在的可能。這裡有一點極需注意,此即《成唯識論述記》言「外境」得透過我們的心識才有存在的可能,卻非言「外物」得透過吾人的心識才有存在的可能。當中的分別,是「外境」一詞為梵文 viṣaya 的翻譯,意指我們感知或認知的區域。在很大程度上,該詞又與梵文的 artha 和 gocara 同義,前者指人的認知對象,後者則解吾人心識的活動範圍。是以,「外境」實為吾人的心識起用下,

---

31 以上有關「唯識無境」不同闡釋的討論,參考林鎮國:《空性與現代性:從京都學派、新儒家到多音的佛教詮釋學》(臺北市:立緒文化事業公司,1999年),頁231-246;釋則生:《唯識宗與應成派宗義抉擇》(臺北市:新文豐出版公司,2021年),上冊,頁524-533。事實上,除了內文提及的說法以外,尚有其他有關「唯識無境」的闡釋,見上田義文著,陳一標譯:《大乘佛教思想》(臺北市:東大圖書公司,2002年),頁105-142。

「外物」為心識感知或認知的形象，而非「外物」本身。「唯識無境」只是重申「所知」客境不能離開「能知」主體，卻非主張「外物」竟為我們的心識所創造或變現[32]。唯識思想有關「能知」與「所知」關係的所謂「變現」，實是呈現的意思[33]。正是「外物」已然存在，吾人才能對其作出感知和認知，繼而出現該物的「外境」。因此，唯識思想並沒有視「外物」為不存在的意思[34]，雖然被稱為「無相唯識」的藏傳佛教不一定同意這一立場[35]。

與此同時，唯識思想亦沒有視吾人的心識為永恆不變的實體；反之，其更是強調心識隨時變化。蓋唯識思想主張心識是由「因緣」（hetu-pratyaya）、「增上緣」（adhipati-pratyaya）、「等無間緣」（samanantara-pratyaya）和「所緣緣」（ālambana-pratyaya）和合而成，此即為佛教由阿毘達磨時代開始便言的「四緣」（catvāraḥ pratyayāḥ）。所謂「因緣」，意指產生一結果的內在原因，例如蘋果的種子是蘋果樹得以出現的原因。是以，蘋果的種子乃為蘋果樹的「因緣」。「增上緣」者，泛指「因緣」以外其他有助一法生起的條件。如蘋果樹之得以出現固然得有蘋果的種子，但蘋果的種子得以發芽和生長卻有賴適當的泥土、陽光和水份。凡此，即為蘋果樹的「增上緣」。「等無間緣」則指各種等同吾人心靈作用的「心所」之間的相續關係。按「無間」的意思是前一剎那的心識謝滅後，後一剎那的心識隨即生起，故心識與心識之間念念生滅，無有間斷，而「等」即強調心識之間的平等。簡言之，若不是前念謝滅，後念亦不能出現。在這一意義下，前念乃為後念的一種緣。最

---

32 以上討論，詳見李潤生，《唯識・因明・禪偈的深層探究（下）》，頁450-451。

33 羅時憲講，陳雁姿、余志偉編：《能斷金剛般若波羅蜜多經纂釋講記》（香港：佛教法相學會，2019年），冊4，頁166-182；李潤生：《唯識・因明・禪偈的深層探究（下）》，頁600-602。

34 參考Lambert Schmithausen, *On the Problem of the External World in the Ch'eng wei shih lun*. Tokyo: The International Institute for Buddhist Studies, 2005；吳汝鈞：《印度佛學的現代詮釋》（臺北市：文津出版社公司，1995年），頁141。

35 參考John Powers, "Yogācāra: Indian Buddhist Origins," in John Makeham ed., *Transforming Consciousness: Yogācāra Thought in Modern China*. New York: Oxford University Press, 2014, pp. 41-63.

後,是「所緣緣」,其由「所緣」和「緣」兩者共同構成。所謂「所緣」,指「心所」攀附或慮知的對象。例如「色境」是眼識的「所緣」;「聲境」是耳識的「所緣」,一切法是意識的「所緣」。簡言之,外境即為吾人心識的「所緣」。至於「緣」是「增上緣」的簡稱,意指外境一方面是我們心識的「所緣」,另方面則是使吾人心識得以生起作用的「增上緣」。是以,外境不僅是為我們感知或認知的對象,其亦是影響吾人感知或認知的主體。有外境便必有心識;有心識則必有外境。唯識思想認為我們的心識由以上「四緣」所組成,足見心識實受外境的影響而生滅,並非不生不滅的實體[36]。

循以上所述,可知外境的存在狀態取決於吾人的心識,而外境又會影響心識而使之作出改變,這一強調心識與外境作為「能」、「所」關係的論說即是「唯識無境」。事實上,唯識思想的諸位祖師即強調以上有關心識與外境關係的說法,如勒彌在《辯中邊論・辯相品》言「識生變似義、有情、我及了,此境實非有,境無故識無」,認為世間一切法均只是吾人的心識所呈現,其並非永恆不變的實有,而由於外境沒有獨立不變的本質,故為外境影響的心識亦沒有實在性;無著《攝大乘論・所知相品》的「實智觀無義,唯有分別三。彼無故此無,是即入三性」,則指出外境的存在狀態隨著我們心識的轉變而改變,而外境既會改變故吾人的心識亦不能永恆不變;由玄奘和窺基兩位法師共同纂譯的《成唯識論・卷二》即更言「諸心、心所,依他起故,亦如幻事,非真實有。為遣妄執心、心所外實有境故,說唯有識。若執唯識真實有者,如執外境,亦是法執」,明言若以為外境和心識是實有,於佛教而言實為執取。凡此,足見「唯識無境」並非一種以為心識是實有並有創造功能的本體論或唯心論,而是一種解釋外境與心識關係的認識論[37]。惟值得注意者,是唯識思想既認為吾人有八個心識,而第八識「阿賴耶識」又是攝藏一切種子的載體,則在一切種子當包括各種行為的情況下,「唯識無

---

36 以上有關「四緣」的討論,詳見羅時憲:《唯識方隅》,頁167-171;陳雁姿:《陳那觀所緣緣論之研究》(香港:志蓮淨苑文化部,1999年),頁31-33。

37 更多例子及對相關例子所作的分析,詳見李潤生:〈唯識無境辨義〉一文,茲不贅引。

境」除了肯定心識的轉變會帶來我們在認識「外物」時會有所改變外,當亦認同心識的改變會帶動吾人在行為上的改變,以致最終構成「外物」的改變。因此,有學者認為「唯識無境」雖是一種認識論,但卻是以認識論作入路或基礎的一套倫理學甚至解脫論,其最終還是以改變一己行為乃至社會現況為終極目標[38]。這一觀點,當能夠為強調「唯識無境」是一種認識論的李潤生先生所同意。事實上,種子即等同潛能,而潛能的一個特性正是能起現行[39]。在這一意義下,現實的山河大地和社會文化等固然是吾人的眼識、耳識和意識等的感知和認知對象,但其亦是由吾人的「阿賴耶識」所共同變現的結果,一如《成唯識論·卷二》所言「所言處者,謂異熟識由共相種成熟力故,變似色等器世間相,即外大種及所造色。雖諸有情所變各別而相相似,處所無異,如眾燈明各遍似一。」簡言之,器世間的一切均是由我們各人的實際行為所共同構成。若是,則作為認識論的「唯識無境」便不僅是要解釋吾人對世界的知識究是如何建立,而亦是解釋現實的山河大地和社會文化等當是如何出現[40]。值得注意者,是種子雖起著如此這般的現行,其卻有著不如此這般的潛能。因此,現實世界一方面是由吾人各種子所起的現行所變現,但可能世界在另一方面卻待由這些種子所具的潛能所創造[41]。此所以唯識思想把「轉識成智」作為立論的目標,其要求吾人要在心識上有所轉化的一點實至為明顯;世界亦不僅是我們的認識對象,其現實和可能形態均為吾人所共同負責[42]。

以上有關「唯識無境」的討論,有三點值得我們注意。第一,「唯識無境」強調吾人和外境是一體,但這所謂「一體」卻是從認識論的角度出發,

---

[38] 林鎮國:《空性與方法:跨文化佛教哲學十四論》(臺北市:政大出版社,2012年),頁33-45;劉宇光:《煩惱與表識:東亞唯識哲學論集》(臺北市:文津出版社公司,2020年),頁42-45;蔡伯郎:〈唯識無境在倫理學上的意涵〉,《正觀》第82期(2017年9月),頁81-113。

[39] 呂澂:《中國佛學源流略講》(北京市:中華書局,2002年),頁188。

[40] 李潤生:〈淨土建立的理論〉,頁85-94。

[41] 李潤生:〈淨土建立的理論〉,頁95-106。

[42] 詳見羅時憲:《唯識方隅》,頁192-193;李潤生:〈淨土建立的理論〉,頁137-145。

亦即既有「能知」的主體，必有「所知」的外境，反之亦然。第二，在這一涉及「能知」和「所知」的「一體」中，主體和外境的關係是互動的。一方面，外境當隨著吾人心識的轉變而改變；另一方面，吾人心識亦受外境影響，並非任意變化。在這一意義下，我們在認知的過程中固然扮演著主動的角色，但這不代表外境即可由我們肆意闡釋。第三，認識上的改變會帶動行為上的改變，行為上的改變則使外在世界隨之改變。外境雖不是任由我們肆意闡釋，但吾人卻能改變外在世界，從而直接使相關外境作出變化。由此，外境作為我們對外在世界所作認識而得出的形象，其最終還是循吾人心識的轉變而改變。以上三點，即帶出「唯識無境」對「天人合一」的可能啟示。

四　討論

　　誠如上文所述，本文有關「唯識無境」對「天人合一」所作啟示的討論實建基於一標準：前者在多大程度上保留後者的優點之餘，能夠彌補後者的不足。假如「唯識無境」不能改善「天人合一」的缺點，則吾人實難言前者對後者有何啟示；若果「唯識無境」未能保留「天人合一」的優點，則恐怕前者已是對後者作出徹底的改造，以上兩種情況均不符本文的用意。

　　按上文以道家式、漢代式和宋明儒式的「天人合一」說為例，指出各種形態的論說均有其優點和缺點。大致而言，道家式的立說使人謙遜，人在與萬物相處的過程中遂不會以人為尊，但這一想法卻忽視了人在萬物中的特殊角色，甚至有輕視了人文精神的風險；漢代式的立論則迫使欠缺反思能力的人也能止惡行善，惟相關說法亦流於穿鑿附會，並忽視了人的自主性；宋明儒式的立說雖強調人的自主性並能肯定人文價值，但其卻因過於強調個人修養或境界而陷入主觀和獨斷。「唯識無境」能否改善以上各種論說的缺點，並保持相關理論的優點，即為我們關注的地方。大致而言，吾人可言「唯識無境」在很大程度上能有助「天人合一」的立論水平得以提升。蓋「唯識無境」一說強調吾人和外境當為「一體」，但這「一體」卻是循認識論的角度出發，即從認知的角度而言，作為「所知」的外境必然憑藉作為「能知」的

主體才得以出現；而作為「能知」的主體一旦發揮功能則必然產生作為「所知」的外境。在這一認知過程中，人的主體性固然得以肯定，否則外境乃沒有存在的可能；惟外境的客觀性同樣得到正視，即吾人並非能夠對世界作任意的闡釋。循這一「能知」和「所知」當為一體的角度出發，我們遂能開展使用「唯識無境」來改善「天人合一」立論的進路。

事實上，「唯識無境」既強調人的主體性，則其當能改善道家式和漢代式「天人合一」說的流弊。的確，道家式的立論忽視了人在萬物中的特殊地位，以致未能正視人文價值；漢代式的立論更是認為人之所以止惡行善實為天所影響，從而忽視了人的自主性。但「唯識無境」強調外境的狀態實取決於心識，故心識才是外境的決定因素。值得注意者，是人和動物有著不同的心識，乃至各人之間亦擁有各自的心識，故人和動物甚至每人均有著不同的外境。在這一意義下，人和外境雖為「一體」，卻無阻人和萬物各有特性，彼此不能相互替代。是以，人的獨特性乃能在這「一體」中得以保存，而人文價值亦能因而得到正視。由此，即解決道家式立論存在的問題。至於「唯識無境」認為隨著一人質素的改善，外境亦會隨之變化，故人遂不是純粹為外境影響或決定；反之，人才是影響和決定外境的因素。若是，則相關觀點不但能避免出現漢代式的認為人的行為僅為外在主宰所左右，甚至可倒過來改善漢代式立論的問題，即我們最終若承認人的主體性，則一人縱使在現階段或因各種理由而未能行善，吾人亦不會否定其往後有自動行善的可能。心識雖然影響一人的行為，但行為亦會影響一人的心識，此即所謂透過外在的約制影響內在的心理[43]。因此，我們乃可視現階段借用外力使人行善一事，為日後幫助人們自動行善的方法。換言之，漢代式的立論遂可被視為一權宜的手段，吾人乃能對其理論價值作一定程度的肯定[44]。至於「唯識無境」強

---

[43] 參考勞思光：《文化哲學講演錄》（香港：香港中文大學出版社，2002年），頁127-142。
[44] 唐君毅先生即對董仲舒以確立政教為目的，而未能掌握人性的善的這一觀點，持一較為體諒的態度，認為董仲舒的理論當有其歷史和現實意義，筆者於此即與唐先生抱類似立場。有關唐先生的看法，參考其《中國哲學原論・原性篇》（臺北市：臺灣學生書局，1991年），頁122-140。

調人的主體性及人對外境的決定性,則其明顯契合宋明儒式理論的立場,更不待言。

的確,「唯識無境」既強調外境的狀態當取決於主體心識,除非吾人主體的心識是虛幻,否則外境乃有一定程度的客觀性,非可讓我們任意闡釋。若是,則避免了宋明儒式立說所受到的批評,即外境如何只是吾人的主觀幻想。此外,心識如何改變實依循前述的「四緣」等方式,非任憑吾人隨意改變。換言之,某一外境之得以出現取決於相關的心識,相關的心識之所以出現取決於相應的條件。是以,人的心識不會衍生狗的外境,促使惡種子成長的外緣不易薰習善種子。假如外境是「果」,則心識便是其之得以出現的「因」,而「因」之得以生「果」還得賴「緣」的配合。一人之所以得出如此外境,必有相關的因緣。他人若對這一外境有所懷疑,則可透過養成相應的「因」和創造相應的「緣」,藉以驗證能否得出相應的「果」。因此,吾人與外境的特殊關係當非一句主觀或獨斷即能抹殺。更重要的,是我們心識的改變包括行為的改變,吾人行為的改變則使外在世界隨之改變。如果唯識所言的外境與宋明儒理解的「天」有著共同的特性,即兩者皆為我們的認識對象,則「天」的質素便當隨著「人」的水準提昇而有所改善,卻非僅是吾人的一種幻想。情況一如外境不是純粹因為我們心識的改變而主觀上得以改善,而是因為吾人心識的改善會客觀上使外物得以改善,從而使外境亦有所改善一樣[45]。若以上的分析正確,則吾人可言「唯識無境」有關吾人和外境之間關係的討論,實大大減低相關議題的主觀性,其乃有助回應「天人合一」所面對的批評。

最後,有一點尚值得注意,此即唯識思想既認為外境與外物畢竟有別,而外境只是外物經過主體心識過濾後所呈現的形象,則在理論上,外物當在外境以外繼續存在;惟在實際上,我們卻不必能夠在認識外境以外更對外物有所了解而已。但僅是在理論上容許外物存在,而實際上外物卻可以不為吾

---

[45] 呂澂:〈正覺與出離〉,收入洪啟嵩、黃啟霖編:《呂澂:當代佛學的泰斗》(臺北市:大塊文化出版公司,2021年),頁192-200。

人所知的這一特性,便足已讓我們對世界抱有開放和謙遜的態度,因在吾人所知以外總是有著未知的存在,並為我們能持續改善一己質素以對這一未知更作認識埋下一理論上的伏線[46]。這一對未知抱持謙遜和敬畏的心理,未嘗不可視作與道家式或漢代式立論的優點相一致。綜合以上所述,「唯識無境」當能保存「天人合一」說的優點之餘,也能改善相關論述的缺點,故其對後者可謂有著極大的啟示,我們對之實不宜加以忽視。

誠然,「唯識無境」的理論和「天人合一」的形態遠比本文所論的為複雜和多元,而前者的某些說法亦不一定能為後者所接受[47]。因此,縱使「唯識無境」真對「天人合一」有著啟示,亦不代表吾人便要無條件地接受使用「唯識無境」來改良「天人合一」的做法,而應以一全面的方式對兩者的可能關係更作檢討[48]。本文僅想指出「天人合一」縱使並非純然是一個理論問題,而更涉及吾人的實踐、修養和境界,但理論卻可以有助解釋「天人合一」如何可能,從而減少「天人合一」的主觀程度乃至神秘色彩;至於「天人合一」雖常被認為與現行流行認知的風氣不相容,惟認知實不必即對「天人合一」說不利。我們若能善加利用認知能力,則或可彌補「天人合一」說的不足。本文於此只是對相關議題作一初步探索,冀可指出不同能力或不同思想實不一定處於非此即彼的位置;反之,不同能力和不同思想可相輔相成,從而達到共同發展的效果。若這一研究方向有一定價值,則吾人便應努力朝這

---

[46] 如牟宗三先生便嘗試為我們當如何把握「物自身」提出解釋,其即為吾人圍繞這一未知作理論發揮的一個嘗試。詳見牟宗三:《智的直覺與中國哲學》(臺北市:臺灣商務印書館,2000年)。

[47] 最明顯的例子,是唯識思想認為由識心開展的「能」、「所」關係實有著執取的成份,故有待我們加以轉化。但「能」、「所」關係有著執取成份的一點,卻不似是「天人合一」說的預設。有關「能」、「所」關係性質的討論,參考吳汝鈞:《印度佛學的現代詮釋》,頁141-143。

[48] 本文初稿原發表於二〇二三年十月七日在香港新亞研究所舉行的「舊學新傳——新亞學統及文史哲學術研討會」中。會中東吳大學歷史系的黃兆強教授便再指出,「唯識無境」與儒家主張的「感通」似有一定程度的可比性。可見不同思想間的關係究是如何,實有待吾人進一步探索。

一方向前進。如此,中國哲學的發展乃能有較多的可能,其對人類的文化亦將有更大的貢獻,而錢穆先生對「天人合一」的期許亦終有實現的希望!

基督教入傳香港及其歷史意義
（1841-1901）

李金強[*]

摘要

　　基督教來華宣教，至鴉片戰爭（1839-1942）後，始見實現。此乃歐美傳教士於香港開埠後，以香港為橋頭堡及後勤基地，藉此入華宣教，而歐美基督教差會亦由此在香港開基，建立教會。

　　其中以美國浸信會最早來港，隨之而來為英國倫敦傳道會、美國公理會（日後合為中華基督教會）、聖公會、巴色會（今崇真會）、巴冕會（今禮賢會）、循道會等七大宗派。上述差會除建堂宣教外，並且辦學，行醫及出版，從而使西方文化得以入傳香港，使香港成為中西文化交流的新社會，影響中國現代化，深具歷史意義。

關鍵詞：傳教士、浸信會、倫敦傳道會、聖公會、循道會、福漢會、巴色會、巴冕會

---

[*] 香港浸會大學歷史系教授／儒學史研究中心主任。

基督教為外來宗教，由歐美傳教士來港來華宣教而立。原來自十八、十九世紀歐美基督教出現兩次宗教大覺醒（The Great Awakening, 1720-1740, 1790-1840），從而掀起海外宣教運動，相繼組織差會（或稱公會，Missionary Society），派遣傳教士至亞、非洲各地，對「異邦人」傳教。而中國以其廣土眾民，遂成為其宣教的重要對象。[1]時清廷自康熙、雍正、乾隆三朝（1662-1795），實施禁教及一口（廣州）通商的閉關政策，故歐美傳教士難以入華，宣教備受限制。然宣教中華之呼召，日見熱切。歐美差會來華傳教，終由英國倫敦傳道會（London Missionary Society）首開其先，於1807年差派馬禮遜（Robert Morrison, 1782-1834）來華傳教，是為基督教入華傳教之始。由於清廷禁教及閉關，故只能寓居葡佔澳門、廣州兩地，且為澳門天主教會排斥。遂轉而向英屬、荷屬之南洋，建立宣教據點，包括馬六甲、新加坡、巴達維亞（今耶加達）及曼谷。尤以馬六甲最為重要。馬禮遜與同會米憐牧師（Williams Milne, 1785-1822）選址於此，因該地屬英、荷勢力，又為海上交通要塞，地近中國，且華僑聚居於此，遂於一八一五年設立「恆河外方傳道會」（Ultra-Ganges Mission）。由米憐主其事，首設印刷所，刊印馬禮遜所譯《聖經》，出版中英文期刊如《察世俗每月統紀傳》、*Indo-Chinese Gleaner*（印支搜聞）及宗教書冊。繼而創辦英華書院，藉以培訓傳教士及華人信徒，以備日後來華宣教。歐美傳教士遂先行傳教南洋，等待中國「開門」，是為基督教入華傳教的預備時期（1807-1860）。期間馬禮遜及受其感召而來的歐美傳教士，均採用遊行佈道，在南洋另闢宣教天地。一方面建堂宣教，一方面學習中文，翻譯聖經，派送宗教冊子，贈醫施藥，開辦學校，吸納「華僑」信徒，為進入中國宣教作預備。而此一宣教模式，遂成為日後在香港及中華大地傳教的主要策略。[2]

---

[1] A. Skeviagtoo Wood, "Awakening," in Tim Dowley ed., *The History of Christianity*. Oxford: Lion Publishing, 1990, pp. 436-452; 羅伯特・A・貝克（Robert A. Baker）著，蕭維元譯：《基督教史略》（香港：浸信會出版社，1989年），頁369-371、427-428。

[2] 王元深：《聖道東來考》（香港：〔出版社不詳〕，1899年），頁6；Eliza Armstrong Morrison著，鄧肇明譯：《馬禮遜回憶錄：他的生平與事工》（香港：基督教文藝出版社，

一　美國浸信會先拔頭籌

　　一八三九至一八四二年中英鴉片戰爭，清廷戰敗，簽訂《南京條約》，割讓香港島予英國，並開放廣州、廈門、福州、寧波、上海五口為通商口岸（treaty port），准許五口建堂宣教。歐美傳教士遂於香港開埠後，紛紛從南洋宣教據點，及葡屬澳門寄居地，相繼轉赴英屬香港居停，並計劃北上廣州等五口，開拓中國此一廣袤的宣教工場，拯救異國「亡靈」。香港從此成為歐美差會進入華南以至全國宣教之橋頭堡，並發展成為其後勤基地。[3]

　　歐美傳教士相繼來港，其所屬差會，依次為美國浸信宗（American Baptists）的浸信會國外傳道部（The American Baptist Board of Foreign Mission）、公理宗（Congregational Church，或稱網紀慎會）的倫敦傳道會及美部會（American Board of Commissionerfor Foreign Missions），即今之中華基督教會、英國聖公宗（Anglican Church，或稱安立甘會）及其差會——海外傳道會（Church Missionary Society）、歐陸信義宗（Lutheran Church）的三巴會，此即巴色會（Basel Missionary Society），即今之崇真會、巴冕會（Barman Missionary Society），即今之禮賢會及巴陵會（Berlin Missionary Society），即今之信義會、循道宗（Methodist Church）的英國惠斯禮會（Wesleyan Methodist Missionary Society）及美國美以美會（Methodist

---

2008年），頁201-203、259-263、301-320；李金強：〈基督教入華的預備時——以潮汕開教為例〉，李金強、吳梓明、邢福增：《基督教來華二百年論集》（香港：基督教文藝出版社，2009年），頁193-197。李金強：〈馬禮遜（Robert Morrison, 1782-1814）來華及其宣教事業的評估〉，《近代中國牧師群體的出現》（臺北市：萬卷樓圖書公司，2020年），頁9-24；譚樹林：〈恆河外方傳道團及其對華影響〉，《馬禮遜與中國文化論稿》（臺北：宇宙光出版社，2006年），頁119-137；Philosinensis, "Christian Missions in China, Remarks on the Means and Measures for Extending and Establishing Christianity; Namely the Preaching of the Gospel, Schools, Publication of Books, Charities, & c." *Chinese Repository*, April 1835, pp. 559-568.

3　李志剛：〈早期傳教士由澳遷港之事業及貢獻〉，《香港基督教會史研究》（香港：道聲出版社，1987年），頁7-25；邢福增：《香港基督教史研究導論》（香港：建道神學院，2004年），頁12-14。

Episcopal Mission），即今之循道衛理會。值得注意者乃開埠後，信義宗之巴陵會及循道宗之美以美會，先後離港入華宣教，是為五大宗派、七大公（差）會在本港開基宣教之始。相繼租賃及建立教堂於港島之四環（上環、中環、西環、下環），又設學校，辦醫療，進而吸納華人信徒，成立教會。與此同時，港府撫華道（Chinese Secretary）郭士立（Karl A. F. Gützlaff, 1803-1851），原為荷蘭傳道會（Netherlands Missionary Society）傳教士，熱心傳教，於公餘之際，成立「福漢會」（Chinese Union），招募「福、潮弟兄」，進入粵東宣教。上述各會，隨即以香港為跳板，進入中國沿海及內陸省份宣教，拓展工場，由是為香港基督教史揭起序幕。[4]

美國浸信會首建教堂於港島：一八四一年英國出兵佔領香港前後，原駐澳門的美國浸信會傳教士叔未士、何顯理夫婦（J. Lewis Shuck, 1812-1863; Henrietta Hall Shuck, 1817-1844）早於一八三九年由澳門至香港遊歷一週，留下深刻印象，曾說：「香港港口之美，冠甲全球。」[5]及至一八四一年英軍佔領香港，英國軍艦拜耳島號（Belleisle）隨軍國教（聖公宗）牧師費爾伯（Rev. Edward Spencer Phelps R.N.）首建木造以洋布為窗之簡陋禮拜堂。[6]翌年二月，與叔未士同會的傳教士羅孝全（I. J. Roberts, 1802-1871）到港，成為開埠後首位來港傳教士，並於英軍初到之地，港島南區赤柱落腳傳教。而叔未士夫婦亦隨之而至，於同年五月十五日成立皇后大道浸信會，並於七月十九日首建教堂，是為香港第一間教堂的誕生，亦為近代中國首建教堂。同年六月十九日於上環設立街市浸信會，以粵、英兩語向本港軍警及平民傳

4　A. B. Hutchinson, "Historical Sketch of Protestant Missions in Hong Kong, To January, 1875," *Chinese Recorder of Missionary Journal* (Jan. 1, 1877), pp. 30-39；王元深：《聖道東來考》，頁7-17；劉粵聲主編：《香港基督教會史》（香港：香港浸信教會，1996年，重刊），頁1-2；劉紹麟：《解碼香港基督教與社會脈絡》（香港：基督教文藝出版社，2018年），頁51-62。

5　吳立樂（Lila Watson）：《香港基督教教育的先驅》（香港：浸信教會出版社，1955年），上編，頁5。

6　劉粵聲主編：《香港基督教會史》，頁152-153；劉紹麟：《香港華人教會之開基：一八四二至一八六六年的香港基督教會史》（香港：中國神學研究院，2003年），頁43。

教。又開辦兩所學校，其一為何顯理所主持的女校，另一所或稱之為宏藝書塾。與此同時，原在暹羅傳教，熟悉潮語之同會粦為仁（William Dean, 1807-1895）亦由曼谷抵港，借街市浸信會宣教，並於一八四三年五月二十八日建立中國教會史上第一所潮語浸信會。稍後並於長洲、土瓜灣、尖沙咀等地開設福音堂址，浸信會在香港的傳教事業，漸具規模。[7]

至一八四七年繼派約翰生夫婦（John W. Johnson, ?-1872; Anna A. Stevens Johnson, 1823-1848）等來港宣教，翌年初抵港，其妻半年後去世。約牧在港十二年（1848-1860），一八五一年，續絃荷蘭女傳教士露明娜（Lumina Wakker, 1818-?）。一八六○年，該會以約翰生為首，出售香港教會資產，進入汕頭開教，開拓浸信會在潮汕之傳教事業，而浸信會在香港的宣教，由此中斷。直至一八七五年約師母露明娜因約牧於汕頭中風去世，改以獨立傳教士身份，自行來港宣教於港島。至一八八一年因年事已高，只得返回荷蘭。並將本港的浸會事工，轉交時在廣州的美南浸信會差會傳教士紀好弼牧師（Roswell H. Grave, 1833-1913）及士文牧師（Ezekias Z. Simmons, 1847-1921）二人主理。浸信會在香港，由是得以復會及重新發展，此皆露明娜之功。[8]

港島浸信會，其初並無堂址，於一八八四年起租賃大道西（高陞戲院對

---

[7] 吳立樂（Lila Watson），同前，頁10、22-23、33-35；皇后大道浸信會的成立及建堂，參 "Annual Report—Asiatic Missions," *Baptist Missionary Magazine*, vol. 23, no. 6, 1843, p. 157. 指皇后大道浸信會，成立於一八四二年五月十五日，獻堂為七月十九日，以叔牧此一年度報告為準，然獻堂另一說為七月十七日，參 "Dedication of the Protestant House of Worship in China," *Canton Press*, 6th Aug., 1842; 宏藝書塾，見王元深：《聖道東來考》，頁10；邢福增：〈香港開埠初期潮語教會（1842-1860）〉，《潮汕社會與基督教史論》（汕頭市：汕頭大學出版社，2012年），頁170-184；E. J. Eitel, *Europe in China* (1895). Hong Kong: Oxford University Press, reprinted, 1983. 頁186，謂叔未士於一八四二年七月七日建立皇后大道浸信會；頁190，謂粦為仁於一八四三年成立潮州教會於上環街市。

[8] 李金強：《自立與關懷：香港浸信教會百年史1901-2001》（香港：商務印書館，2002年），頁21-23，關於約翰生師母露明娜生平之發現，參蔡香玉：〈評「福源潮汕澤香江：基督教潮人生命堂百年史述1909-2009」〉，《近代中國基督教史研究集刊》，頁101-102。

面），數度遷址。至一八九八年得紐約歸僑李鼎新（1864-1907），此一「聖神熱心，引人歸主，倡建會堂」之會友，引介其相熟之美國信徒溫德普女士（Mrs. Vanderpol），慷慨捐獻建堂費一萬九千餘元。該會遂得於一八九九年購入卑利街五十一號，改建而成教堂。並於一九〇〇年秋，禮聘三藩市湯傑卿（?-1908）牧師來港，主理該會，為該會立會後第一位華人會牧。至此，該會有堂、有牧，遂於一九〇一年十二月九日，宣佈立會，始稱「香港浸信自理會」。而日後港、九、新界各區的浸信會堂，皆由該會分生而出，故被譽稱為「香港浸信會之母」。[9]

二　英美差會續至

公理宗的英國倫敦傳道會及美國美部會繼之而來。公理宗來華宣教，分別為倫敦傳道會及美國公理會之差會——美部會，兩會先後派遣傳教士東來開教。倫敦傳道會首由「基督教開山祖」馬禮遜於一八〇七年來華宣教，已於前述。至鴉片戰爭後，該會由繼馬禮遜、米憐接任英華書院的理雅各（James Legge, 1815-1897），率領英華書院員生及印刷設備，自馬六甲遷移至香港，就地建堂興教，是為香港倫敦傳道會。至一九二七年該會與公理會、長老會合一而成為中華基督教會。而美部會則於一八四二年，由第一位來華傳教士裨治文（Elijah Coleman Bridgman, 1801-1861）來港宣教，首開其先。[10]

一八四二年英國佔領香港後，馬禮遜女婿合信（Benjamin Hobson, 1816-1873）隨即至港，翌年建立醫院於灣仔摩利臣山，並於黃泥涌開設教會，為倫敦傳道會在港首建事工。[11] 與此同時，原於馬六甲的理雅各，如上述亦因

9　李金強：《自立與關懷：香港浸信教會百年史1901-2001》，頁23-25、41-43；李鼎新引文，見其墓碑，立於香港薄扶林道基督教墳場丙段十二級。

10　劉粵聲主編：《香港基督教會史》，頁2、5、304-309；劉紹麟：《香港華人教會之開基：一八四二至一八六六年的香港基督教會史》，頁111-112；陳智衡：《合一非一律：中華基督教會歷史》（香港：建道神學院，2013年），頁89-108。

11　Benjamin Hobson, *A General Report of the Hospital at Kum-le-Fau in Canton, from April 1848 to Nov. 1849*. Canton: Press of S. Wells Williams, 1850, p. 5; 蘇精：〈合信《全體新

應香港開埠，於一八四三年六月抵港。理牧與合信合作，開拓香港事工，一八四四年先於今上環皇后大道中三一五至三一九號創立下市場堂（又稱真神堂），乃為華人而開設的第一所教堂，由何進善（福堂，1817-1871）主理。同年，理牧購入士丹頓街與伊利近街交接的港島第九十八十九號地段，興建倫敦傳道會差會大樓，作為該會在港的總部，時華人於此聚會，並稱差會大樓為「英華書院公會」。隨著西人居港漸多，逐漸形成一西人社群，至一八四五年，該會遂於差會大樓鄰接之伊利近街，開設愉寧堂（Union Chapel），為該會之西人教會。[12]

倫敦傳道會在香港的傳教事業，自理雅各以降，日漸發展，「初建堂於上環，繼而太平山、灣仔，此香港關門傳福音」。自一八七〇年至一八八〇年間，華人受洗及加入教會共兩百五十八人，而士、商，慕道者眾，該會教牧、信徒漸具自立意識。一八七九年首先於上環購入一座樓宇為聖堂，始稱「華人自理會」，該堂信眾，遂決定籌建新堂，適值教友高露雲夫人（Mrs. Caldwell）願意廉價出讓荷李活道地段。至一八八八年終於將地段之半建成道濟會堂，期間於一八八五年特聘禮賢會王元深（1817-1914）之長子王煜初（1842-1902）牧師為主任牧師，王牧尤主華人教會自養自立。其時之道濟會堂，信徒人才輩出，已能自養，遂正式宣告自立，成為本港第一間華人自立教會。該會即在王煜初牧師及一九〇八年繼任者張祝齡牧師（1877-1961）兩人的主理下，成為本港二十世紀上半葉卓有聲望之華人教會，至一九二六年興建新堂於盤咸道，改稱中華基督教會合一堂。[13]

論》的生產與初期傳播〉，《西醫來華十記》（臺北市：元華文創公司，2019年），頁133-135。

[12] 張祝齡：〈合一堂早期史略〉，《中華基督教會合一堂開基一百周年暨香港建堂六十周年榮慶1886-1986》（中華基督教會合一堂，1986年），頁4；劉紹麟：《中華基督教會合一堂史：從一八四三年建基至現代》，頁39-42、54-83；黃文江：〈理雅各與荷李活道社區〉，鄭宏泰、周文港主編：《荷李活道：尋覓往日芳華》（香港：中華書局，2018年），頁8-31。

[13] 王元深：〈英國倫敦傳道會入粵記〉，《聖道東來考》，頁6-9；張祝齡：〈倫敦會華南歷史〉，《合一堂十週年紀念特刊》（1936年10月4日），頁22-23，張祝齡謂一九〇八年由

至於美部會，自一八三〇年起差派裨治文牧師等來華。其中裨治文為美國首位來華傳教士，於一八四二年已至香港，建堂辦學，參加《聖經》翻譯。然裨牧於一八四七年，結束粵港傳教事業北上上海，香港的公理宗傳教事業，由是中止。[14]至一八八三年舊金山「綱紀慎會」四邑華僑信徒，向美部會請求差派傳教士至四邑宣教。該會遂決定派遣喜嘉理牧師（Charles Hager, 1851-1917）來華宣教。喜牧抵香港後，獲得倫敦傳道會執事溫清溪（1834-1917）之助，租賃必列啫士街二號，成立公理會佈道所。並以辦學宣教，日見成效。值得注意者為孫中山於一八八四年以日新之名，在該所受洗信教。隨著在港信徒日增，遂於一八九八年，由會眾及華僑捐獻，集資購得樓梯街二二九四地段，自行興建教堂，於一九〇一年落成，俗稱樓梯街堂。該會其初名合眾會，意即集合由外國回華，國內來港之教友所組成之教會。至今自行建堂，遂取名華美自理會。並於一九〇三年聘請翁挺生（1865-1955）牧會，該會有堂、有牧，由是自立。一九一二年向差會購回業權，再易名為中華公理會堂，成為與道濟會堂（今盤咸道合一堂）、香港浸信自理會（今堅道浸信教會）合稱為本港開埠以來三大自立教會。[15]

　　英國國教聖公宗之來港。中英鴉片戰爭前，一七九九年成立之英國聖公宗差會海外傳道會，早已關注來華宣教，首派施快爾（Edward B. Squire）夫婦及「自由傳教士」史丹頓（Vicent J. Stanton, 1817-1891），先後來華傳教，然未見果效。及至鴉片戰爭爆發，時英國政府拓展海外，向有隨軍及殖民地

　　區鳳墀介紹，出任該會牧職。劉治平：《合一堂史略》（香港：九龍合一堂宣道部，1965年），頁1-9。引文見王煜初等：《恭賀倫敦會傳教百年敘》（1896年）（London Missionary Society Archives）。

[14] "Elijah Coleman Bridgeman," in Alexander Wylie, *Memorials of Protestant Missionaries to the Chinese*. Shanghai: American Presbyterian Mission Press, 1867, pp. 68-72；劉紹麟：《香港華人教會之開基：一八四二至一八六六年的香港基督教會史》，頁173-181。

[15] 翁瑞光：〈公理堂百年大事紀要〉，《公理堂開基一百週年紀念特刊1883-1983》（香港：公理堂，1983），頁14-15；又參〈公理堂〉、〈孫總理信奉基教之經過〉、〈喜嘉理牧師〉，劉粵聲主編：《香港基督教會史》，頁46-48、294-303、322-327；李志剛：〈一個具有歷史性的教會——公理堂〉，《基督教週報》，1004期，第5版（1983年）。

牧師（Colonial Chaplain）之設，編制有如公務員。故一八四一年即有首位隨軍牧師費爾伯來港，並興建一簡陋之木建教堂，為寓港外人禮拜之用，已於前及。至一八四三年，又委任上述來華傳教不果之史丹頓來港，出任殖民地牧師，建堂興教。遂於一八四九年創建聖約翰禮拜教堂（St. John's Cathedral）於花園道，俗稱大禮拜堂，為本港現存最古老之教堂，以此牧養寓港英人。史牧任內尚成立英童學校、聖保羅書院、海員教會等。至一八四九年港府根據「英皇制誥」（Royal Letters Patent），在港成立維多利亞教區（Diocese of Victoria），任命曾來華宣教之施美夫（Bishop George Smith, 1815-1871）出任首任主教（或譯會督）。施主教於任內（1849-1866），除管轄殖民地香港的教會事務外，並兼理中、日、韓三地之教務。及至二次鴉片戰爭（1858-1860）北京條約簽訂後，規定西教士可入內地傳教。遂決定以香港作為對華宣教基地，先後在上海、寧波、福州三地，建立傳教據點，開拓中國工場。一八六二年海外傳道會差派司徒靈芝（Thomas Stinger）牧師來港，成為該會來港首位駐港傳教士，展開對港華人宣教。任內施主教於一八六三年按立澳洲歸僑羅心源為會吏，成為首位華人聖品。然司徒牧師卻於一八六五年離任，至廣州出任領事館牧師，隨即由華連（Charles F. Warren）接任。華牧到任後，即於荷李活道尾，建成本港第一間華人教會——聖士提反堂（1865），後遷薄扶林道，並由羅心源出任該堂主任，代理會務。[16]

一八七四年，由原為海外傳道會傳教士之包爾騰（Bishop John Burden, 1826-1907）出任第三任主教（任期：1874-1897），時九龍半島已為英人所奪，包主教任內積極推動九龍與廣東兩地之傳教事工，從而確立維多利亞教區之基礎。任內大量起用華人傳道。一八八四年按立鄺日修（1840-1921）為會吏，協助傳教。並致力培養華人助手，包括吳錦堂、羅懷柔、羅儉行、霍靜山及莫壽增（1866-1943）等，促成教會本色化。並於九龍城區創立聖

---

[16] 劉粵聲主編：〈西人聖約翰堂（St. John's Cathedral）〉，《香港基督教會史》，頁153-154；鍾仁立：《中華聖公會華南教區百年史略》（香港：中華聖公會督府，1951年），頁1-7；邢福增、劉紹麟：《天國龍城：香港聖公會聖三一堂史1890-2009》（香港：基督教中國宗教文化研究社，2010年），頁2-4。

三一堂（1891）；又於油、旺地區建立諸聖堂（1891），為聖公會開拓九龍教務之肇始。上述鄺、霍、莫三牧，即為日後本港聖公會的華人名牧。時來華宣教之美、英、加三國的聖公會，基於該會素重自立與合一精神，積極參與其時中國教會之自立及合一運動。三國聖公會遂於一九一二年合組中華聖公會，予以華人教會自治及聯合發展，為二十世紀中國宗派教會自立本色化之典範。在港之聖公會，隨即加入中華聖公會，與廣東省之聖公會，聯合組成中華聖公會港粵教區。本港聖公會由是與國內聖公會合而為一，從而進入發展之新階段。[17]

英國循道宗來港及惠斯禮會之創設。鴉片戰爭後，循道及衛理兩會之會友及傳教士，先後來港傳教，由是開啟英美循道、衛理兩會在華之傳教事業。其中美國衛理會，經港轉至福州傳教，日後稱美以美會。而英國循道會則於一八四三年由循道會會友，時為駐港英國皇家陸軍工兵李奧倫（Rowland Rees）首傳，組成第一個循道會班會，以英國士兵聚會為主，為其在港傳教之始。至一八四八年駐港赤柱之英兵羅斯（Ross），致函倫敦總會，請求派遣傳教士來港宣教，由是感動出身約克郡碧嘉陵鎮（Pickering）之農夫俾士（George Piercy, 1829-1913），原為循道會義務教士，蒙召赴華傳道，決定自籌資金，來華傳教，首至香港。在香港出任赤柱英軍之循道會班會的義務牧師，於牧養英軍之餘，學習中文及醫藥常識。繼至廣州，獲梁發（1789-1855）教導中文，於廣州、佛山等地宣教，成立循道會的廣州教區，其後易名華南教區。至一八六八年，駐港第七十三兵團中，具有八名循道會會友，並由隨軍牧師馬禮士（D.B. Morris）牧養，人數漸增。至一八八五年華南教區決定為在港海陸軍人及外僑申請建堂，一八九三年於灣仔大道東建成禮拜堂，名循道會「防軍海軍堂」（後易名英語堂，今稱國際禮拜堂），為該會在

---

[17] 劉粵聲主編：〈聖公宗〉，〈聖公會聖士提反堂〉，〈西人聖約翰教會〉，《香港基督教會史》，頁18-21、34-36、153-154；劉紹麟：《香港華人教會之開基：一八四二至一八六六年的香港基督教會史》，頁141-171；包爾騰主教早年在內地宣教，曾任同文館首任英文教師。並參加第一本官話《聖經》之翻譯，其生平參陳睿文：《包爾騰主教傳略》（香港：宗教教育中心，2018年）一書。

香港第一間禮拜堂。此後並設「海陸軍人之家」（Sailor's and Soldier's Home），俗稱水手館，服務遠離故國之軍人。[18]

一八八二年廣州循道會會友陳耀壇來港，於威靈頓街設書館辦學，並集合廣州來港的會友，於書館崇拜。一八八四年，澳洲墨爾鉢循道會梁安統牧師（1827-1913），退休回港，應允擔任牧職。遂借書館，兼作福音堂，是為香港時稱「惠斯禮會」之創設。而梁牧則為香港首所華人循道會的首任牧師，為循道會在香港打下基礎，此為該會在港創設之起點。此後該會在梁牧帶領下，由於租賃堂址，教會屢遷。由威靈頓街而高街而歌賦街而卑利治街，在中上環一帶東遷西徙，未有自設堂址。至一九〇六年美洲歸僑會友鍾春和遺款六百元，囑託購堂之用，以此為基金。進而勸捐集資，遂購入鴨巴甸街堂址，始見轉機。自此有堂有牧，由是自立。至一九一四年，易名中華循道會。[19]

三　歐陸差會之東來

歐陸信義宗之來港宣教，乃由郭士立而起，因受馬禮遜的影響，東來宣教，一八二七年，至南洋巡迴傳道，然志在中國。終以其嫻熟華語，得以出任香港開埠殖民地的華文譯官，時稱撫華道（Chinese Secretary）。郭氏公餘創設福漢會，招募華人信徒至內地傳教。隨即招引德國、瑞士兩國具有信義宗背景的差會——三巴會，來華宣教。三巴會者，乃指瑞士巴色城之巴色會；德國巴冕會及巴陵會三者。三會相繼派遣傳教士東來，並接受郭士立之

---

18 劉粵聲主編：〈循道宗〉，〈中華循道會〉，《香港基督教會史》，頁27、53；盧龍光、湯開建等：《苦難中成長的教會：英國循道公會佛山傳教發展史1851-1949》（香港：宗文社，2011年），頁5-9、24-25。

19 劉粵聲：〈中華循道會〉，《香港基督教會史》，頁53-54；邢福增：〈香港循道衛理聯合教會的故事〉，《循道衛理聯合四十週年》（香港：香港基督教循道衛理聯合教會，2015），頁6-8；邢福增：〈梁安統（1827-1913）〉，李金強主編：《香港教會人物傳》（香港：香港華人基督教聯會，2014年），156-159。

安排，在港受訓，入華傳教。信義宗由是得以在香港及華南傳播，建立宣教事業。故三會來港「皆以郭士立（博士）為其導線焉」。[20]

福漢會：郭氏於一八四三年出任撫華道後，因富有宣教熱情，素主對華宣教，宜由「沿海通商口岸」轉入「中國內地」傳教。遂於一八四四年，獨自組織福漢會，力主華人自行傳教。故招募華人，在港接受教義訓練，以王元深最著。並以「佈道員」（Preacher）及「派書者」（Tracts distributors）的身份，進入中國內地宣教。郭氏由是被視為倡導本色化教會的先驅，此為其對華宣教之創舉。終於影響巴色會差派韓山明（Theodor Hamberg, 1819-1854）及黎力基（Rudolf Lechler, 1824-1908），巴冕會差派柯士德（Heinrich Köster）及葉納清（Ferdinand Genähr），巴陵會差派那文牧師（Robert Neumann）五人東來傳教。[21]

巴色會：於一八四六年差派韓、黎二牧首途來港，二人受巴色會培訓而為同窗。均受郭士立的感召，對「已經打開的中國大門」，以及福漢會華人助手的傳道成績，十分嚮往。而巴冕會所差派的柯士德及葉納清，亦於一八四六年與韓、葉二牧共同結伴東來。四人於一八四七年三月抵達香港，在郭士立安排下，學習華語，改穿華服、留髮辮，與華人往來，預備投身入華宣教。時郭牧將廣東省分為四區，規定韓山明習客家語，黎力基學潮州語，而柯、韓二牧學習粵語。學成後，韓牧入歸善、寶安客語區宣教；黎牧入潮汕傳教。而柯、葉二牧則入東莞、虎門粵語區傳教。然巴色會黎牧入潮五年，最終未能成事，無功而還，此後黎牧與韓牧專注客語事工，二牧傳教，採立足香港、北進廣東。下開日後崇真會之創立。一八五一年租得浸信會上環掘

---

20 劉粵聲主編：〈信義宗〉，《香港基督教會史》，頁9。
21 王元深：《聖道東來考》，頁15-17；李志剛：〈郭士立牧師在港之歷史及其所遺中文資料〉，《香港基督教史研究》，頁67-77；吳義雄：〈郭士立與福漢會〉，《開端與進展——華南近代基督史論集》（臺北市：宇宙光全人關懷機構，2006年），頁97-98。又參 Jessie G; Lutz and R. Ray Lutz, "Karl Gützlaff's Approach to Indigenization: The Chinese Union," in Daniel H. Bays ed., *Christianity in China: From the Eighteenth Century to the Present* Stanford: Stanford University Press, 1991, pp. 269-291.

斷龍破屋，修葺而成巴色會客語禮拜堂，為香港客語教會之始。一八六二年向港府取得西營盤九十七地段，興建傳教士居所及辦事處，時稱四角樓（今高街救恩堂現址）。一八六七年於第三街九十六號興建教堂，為該會在港興建教堂之始，並聘洪秀全（1814-1864）密友李正高為教師，協助傳教。至一八六八年晉升牧師，為崇真會首任華牧。此後相繼建立筲箕灣（1862）、深水埗（1876）、九龍城（1890）、黃宜洲（1890）、窩美（1905）、龍躍頭崇謙堂（1905）六所支堂。[22]

巴冕會：柯士德及葉納清二牧，進入東莞、寶安傳教，惜柯牧水土不服，回港病逝。該會於一八四八年再差派羅存德（William Lobscheid, 1822-1893）來港加入，葉牧初於西營盤第二街設立香港巴冕會，為傳教士駐足地。遂以香港為跳板，進入廣東宣教，其港島第二街物業，稍後出售，因傳教重心轉入國內。然至一八九八年，再購盤咸道八二二號，作為該會內地傳教士返港休養之所。時傳教士葛理察牧師（Richard Gottschalk）回港養病，適王元深之次子王謙如牧師（1847-1907）亦南下香港，時東莞、寶安信徒不少南下至港謀生，盼能聚會。王牧遂商之於葛牧，於一八九九年九月十日開始主日崇拜，是為香港禮賢會之誕生。一九〇三年，葛牧回國，葉納清之子葉道勝牧師亦因病來港休養，遂由葉牧與王謙如主理香港禮賢會。[23]

巴陵會：郭士立於一八四九年休假回國，於歐洲各地宣傳在華宣教情況，並以華人多有遺棄女嬰，盼巴陵會捐資收養棄嬰。巴陵會遂響應郭氏，於一八五一年派遣那文牧師來港宣教，並於灣仔摩理臣山，興辦「巴陵婦女傳道會育嬰院」。郭氏逝世後，那牧接任福漢會事工。其時福漢會因其組織被發現作弊，在韓山明等調查屬實後，已見聲名狼藉，故難以維持。一八五五年那文回國後，便告結束。而巴陵會仍以育嬰為傳教之憑藉，一度按立禮賢會王煜初為牧師，繼承事工。然王牧最終離開，至道濟會堂牧會。該會維

---

22 劉粵聲：〈西營盤崇真會〉，《香港基督教會史》，頁39-41；湯泳詩：《一個華南客家教會的研究——從巴色到香港崇真會》（香港：宗文社，2002年），頁16-17、49-50。

23 劉粵聲：〈禮賢會〉，《香港基督教會史》，頁58-59；羅彥彬：《中華基督教會禮賢會在華傳教史（1847-1947）》（香港：禮賢會香港區會，1968年），頁3、4-5。

持至一次世界大戰，由於英、德敵對，遂結束在港事工。[24]

此一時期歐美基督教五宗七大公（差）會，包括浸信會、倫敦傳道會、公理會、聖公會、巴色會（崇真會）、巴冕會（禮賢會）及惠斯禮會（循道會），因香港開埠，其各會傳教士，相繼自澳門及南洋至港，以此為跳板，進入通商五口開教，逐漸於華南至全國各地，建立教區。而五宗七大公（差）會傳教士，亦乘時於香港覓地建堂傳教，創立教會。故被稱為香港基督教史的「西教士治會時期」。[25]

就此一西教士治會時期而言，亦為香港之開教始基時期，自一八〇七年至一八五一來港傳教士計有二十四名。[26]至一八七五年，傳教士共有二十八人，其中十四人為女性，本地傳道二十八人。[27]就信徒而言，根據《香港藍皮書》（*Hong Kong Blue Book*），自一八四四年至一九〇一年由六百五十人增至三千零五十人，五十七年間信徒人數增長超越四倍。而早期信徒，皆以西人為主，此後中、西信徒互有消長，直至一八九五年，華人信徒合共一千兩百七十人，始見超越西人之九百三十人，可見基督教終於在香港華人社會獲得接納。[28]

---

[24] 王元深：《聖道東來考》，頁16-17、31-32、35-36；劉粵聲編：〈信義宗〉，〈巴陵女書院（育嬰堂）〉，《香港基督教會史》，頁9-10、256-258；並參蘇精：〈郭實臘與其他傳教士的緊張關係〉，《上帝的人馬：十九世紀在華傳教士的作為》（香港：基督教中國宗教文化研究社，2006年），頁67-71；韓山明出版 Reporting the Chinese Union at Hong Kong (Hong Kong: 1851) 一書，揭露福漢會種種弊端，如成員詐騙，吸毒劣跡，以至經費等問題。

[25] 李志剛：〈天主教和基督教在香港的傳播與影響〉，王賡武主編：《香港史新編》（香港：三聯書店，1997年），下冊，頁755。

[26] 吳義雄：《在宗教與世俗之間：基督新教傳教士在華南的早期活動研究》，頁527-538，附錄一之（二）〈1817-1851年來華新教傳教士一覽表〉。

[27] A.B. Hutchinson, "Historical Sketch of Protestant Missions in Hong Kong, to January 1875," *Chinese Recorder and Missionary Journal*, Jan 1, 1877, p. 39.

[28] *Hong Kong Blue Book*. Hong Kong: Govt. Printer 1844-1940, 1844, 1891, 1901.

四　歷史意義

　　就基督教入傳香港而言，首先值得注意者為來華各歐美差會，志在傳教中國大陸，今來港傳教，得以此為第一站。故多進入鄰接香港的華南地區展開宣教工作，再行深進中國各省，故香港遂成為各差會來華傳教之橋頭堡及後勤基地，[29] 香港從而成為「福臨中華」或「近代中國基督教入華史」的第一章。然更重要則為各差會亦不忘在香港對華人宣教。故在西教士努力宣教下，除建堂立教，推動聖經翻譯，進而施醫，辦學及出版。西方文化由是入傳。使原具傳統中國文化的香港華人社會，由是得見中西文化交流之蘊積。形成香港社會兼有中西文化此一特質。此基督教入傳香港之歷史意義。

　　眾所週知，講派《聖經》傳道及施行慈惠啟智兩者，為來華基督教宣教之所本，來港五宗七大公（差）會傳教士亦以此為事。就前者而言，首先必具中譯《聖經》。中譯聖經早有《馬士曼譯本》（1822）及《馬禮遜譯本》（1823），然未見完善，馬禮遜早有重譯及修訂之意。其中尤以《聖經》用語如 Baptism, God, Saint, Soul 等之翻譯統一，尤為必需。故抵港傳教士，以倫敦傳道會麥都思（Welter H. Medhurst, 1796-1857）為首，於一八四三年八月二十二日至九月四日在港召開首次委辦譯經會議，出席者包括倫敦傳道會理雅各及合信、美部會裨治文、浸信會叔未士及羅孝全、馬禮遜教育協會鮑留雲（Samuel R. Brown, 1810-1880）、美國長老會代表晏理華（Walter M. Lowrie, 1819-1847）等共十五人。會議通過重新修譯《聖經》，結果促成一八五三年《聖經》（委辦本）之出版。此舉不但為歐美基督教來華傳教首次聯合事工，更為「高等文理」、「淺文理」、「官話」、「和合本」及各種方言《聖經》出版之濫觴，不但使福音藉《聖經》廣傳中華，而譯本亦為中西文化交流之頭等大事。可見該會於香港舉行，意義重大。[30] 就宣教所行之慈惠

29　邢福增：《香港基督史研究導論》，頁12-30。
30　李志剛：〈香港基督教首次會議之新探〉，《香港基督教會史研究》，頁33-49；E. J. Eitel, *Europe in China*, ibid, p.191.

啟智而言，以開辦醫院、學校及出版最為重要。醫院方面，倫敦傳道會先有合信於摩理臣山開設醫院，繼有同會何啟（1859-1914）為紀念因傷寒逝世之亡妻雅麗氏（Alice Walkden, 1852-1884）而捐款，於荷李活道開設雅麗氏紀念醫院（Alice Memorial Hospital），西醫遂得於日後大行其道於本港。[31]學校方面，影響尤大。計有叔未士夫婦開辦男、女校二所。由鮑留雲主理之馬禮遜紀念學校（1839-1849），自澳門遷至香港，於灣仔摩理臣山建校，培養容閎（1828-1912）、黃勝（1827-1902）及黃寬（1829-1878）三人，先後留學英美，為我國最早留學生。倫敦傳道會由理雅各將英華書院（1819-1856）復校於倫敦會所內，唐傑（廷樞）為其畢業生。其中容閎畢業耶魯大學，日後協助曾國藩（1811-1872），興建江南製造局（1865），並負責一百二十位幼童留學美國，推動清季洋務，促成中國現代化之起步。而黃寬畢業於愛丁堡大學，成為我國首名華人西醫。[32]一八八七年開辦香港西醫書院（1887-1911），此為本港首間大專，孫中山（1866-1925）畢業此校，尚有香港大學首位華人教授王寵益（1883-1930）亦為該校畢業生，西醫由是入傳香江。值得注意者為孫中山日後倡導革命，推翻滿清，建立中華民國，影響尤大。聖公會則開辦聖保羅書院（1851），伍廷芳（1842-1922）、王寵惠（1881-1958）、晏陽初（1890-1990）均為該校畢業生。[33]對於清季民國之政

---

[31] E. H. Paterson, *A Hospital for Hong Kong: The Centenary History of the Alice Ho Miu Ling Nethersole Hospital 1887-1987* (Hong Kong: 1987), pp. 9-19；羅婉嫻：《香港西醫發展史1842-1991》（香港：中華書局，2018年），頁66-77。

[32] 王齊樂：《香港中文教育發展史》（香港：波文書局，1982年），頁94-107；李志剛：〈馬禮遜紀念學校的創立經過及影響〉，《香港基督教會史研究》，頁51-63；蘇精：〈黃寬的醫學生涯與中西文化夾縫〉，《西醫來華十記》（臺北市：元華文創公司，2019年），頁157-189；唐廷樞初亦為馬禮遜紀念學校學生，及至該校結束，轉入英華書院，見Carl T. Smith, *Chinese Christians: Elites, Middlemen, and the Church in Hong Kong*. Hong Kong: Oxford University Press, 1985, pp. 34-41, 49-51.

[33] 羅香林：〈香港早期之西醫書院及其在醫術與科學上之貢獻〉，《香港與中西文化之交流》（香港：中國學社，1961年），頁135-178；並參Faith C.S. Ho, *Western Medicine for Chinese: How the Hong Kong College of Medicine Achieved a Breakthrough*. Hong Kong University Press, 2017. 該校著名醫生校友，見頁142-165。

治及社會革新,三人均具貢獻。此外,尚有理雅各建議港府成立第一所官立英文中學——中央書院(1862),著名校友包括胡禮恒(1847-1916)、何啟(1859-1914)、何東(1862-1956)及孫中山等,[34]對中、港兩地之貢獻,不言而喻。上述各校堪稱為近代中國西學搖籃,培養出一批中英雙語精英,對中港兩地的政治與社會影響尤大,因而著稱。出版方面,原於馬六甲英華書院之活字印刷設備,於一八四三年遷至香港,開啟香港的出版事業,除出版理雅各的《中國經典》(The Chinese Classics)、《聖經》外,首份香港中文報紙《遐邇貫珍》,即由其代印,藉此推介西學新知。至一八七三年理雅各更將該院印刷設備,轉讓與陳靄廷(1847-1897)的中華印務總局。翌年,陳氏與王韜(1838-1897)、黃勝起而合辦以「華人資本、華人操權」的《循環日報》,開啟香港華人辦報的先聲,傳播世界資訊。[35]由此可見,香港即在基督教入傳後,社會文化得以更新,此即得獲西醫濟世,並於新式學校中,培養大批中英雙語精英,又藉出版而推廣西學新知,使香港成為近代中國吸收西方文化之搖籃。[36]不但使香港華人社會具有中西文化之特質,進而貢獻祖國,促成國家之現代化,從而使香港於近代中國之發展中,扮演現代化「窗口」之角色,意義重大。[37]

---

34 李金強:〈香港中央書院與清季革新運動〉,李國祁主編:《郭廷以先生百歲冥誕紀念史學論文集》(臺北市:臺灣商務印書館,2005年),頁249-269。

35 蘇精:〈從英華書院到印務總局〉,《馬禮遜與中文印刷出版》(臺北市:學生書局,2000年),頁259-271;參卓南生:〈香港最早的中文報刊——《遐邇貫珍》(1853-1856)〉,〈中國人自辦成功的最早中文日報——循環日報〉,《中國近代報業發展史》(臺北市:正中書局,1998年),頁78-101,212-241。

36 李金強:〈西學搖籃:清季香港雙語精英的誕生〉,黃愛平、黃興濤主編:《西學與清代文化》(北京市:中華書局,2008年),頁692-703。

37 參K. C. Fok, *Lectures on Hong Kong History: Hong Kong's Role in Modern Chinese History*. Hong Kong: The Commercial Press (Hong Kong) Ltd., 1990.

孔教在香港：傳入與演變

游子安、危丁明[*]

摘要

孔教作為今日香港的中國傳統宗教之一，嚴格說來，時間其實不長。其傳入和演變與近現代中國的歷史變局，與及香港作為中西文化交匯前沿的地理位置有著深刻的聯繫。孔教在香港傳播的一百多年中，不但成功地塑造了本地的儒商文化，使熱愛傳統、關心社會成為華商的共同價值，也參與到了香港的華文教育建設，儒家的倫理道德思想一直受到社會大眾普遍的尊重和遵行。二次大戰後，隨著經濟的越趨全球化，傳統價值備受衝擊，孔教的傳播方式亦必須進行調整。在新的歷史時期，如何維護中華傳統，如何重塑孔教信仰，如何參與全球價值體系的建設，成為孔教人士所關心的課題。

關鍵詞：儒家倫理、國教運動、孔教、華商

---

[*] 香港珠海學院中文系副教授、香港珠海學院中文系助理教授。

孔教，指的是以宗教化儒學為神學基礎，以神道的代表——天——為最高信仰對象，以傳統儒家倫理道德為宗教行為規範，以孔子為教主，以禮樂為宗教儀軌，以人道為終極關懷，以入世教化為主要特色的中國宗教。孔教雖說可追溯至源遠流長的中華儒學傳統，但真正被獨立作為宗教提出，卻是近到清末民初間的事。孔教的積極提倡者之一，是被稱為孔教的馬丁·路德[1]、著名的維新派人物康有為。他是將傳統儒學轉化為孔教的關鍵人物。康氏學貫中西，按其自編年譜《我史》，其與西學之會合，可追溯至一八七九年。這年也是他首次來港考察。[2]於此期間前後，康氏寫成《康子內外篇》，其中的〈性學編〉，視孔教如同佛教、耶教、回教等，是宗教的一種。[3]在一八九五年的公車上書事件中，他更進一步，率梁啟超等一千兩百名舉人向光緒皇帝上奏，痛陳時弊，力主變法維新，並提出設立「國教」，要求清廷明確孔子為教主，設立孔教的組織機構，廢除淫祀，以孔教教化民眾，甚至派遣孔教牧師到海外向華僑傳教。

一 十九世紀後期

一八九八年，戊戌變法失敗，政壇失意的康有為被迫流亡海外。十餘年間，居無定址，遍歷歐美亞等大國。對於西方國家的實地考察，並沒有改變康氏提倡孔教態度，反而更加堅定之。[4]當時因國內生活困難，流寓海外的

---

1 「先生者，孔教之馬丁·路得也。」見梁啟超：《南海康先生傳》，載夏曉虹編：《追憶康有為》（北京市：生活·讀書·新知三聯書店，2009年），頁10。

2 「薄遊香港，覽西人宮室之瑰麗，道路之整潔，巡捕之嚴密，乃始知西人治國有法度，不得以古舊之夷狄視之。乃復閱《海國圖志》、《瀛環志略》等書，購地球圖，漸收西學之書，為講西學之基矣。」見康有為：《我史》，載姜義華、張榮華編校：《康有為全集》（北京市：中國人民大學出版社，2007年），第5集，頁63。

3 「今天下之教多矣：於中國有孔教……於印度有佛教……於歐洲有耶穌；於回部有馬哈麻，自餘旁通異教，不可悉數。」見康有為：《康子內外篇·性學篇》，載義華、張榮華編校：《康有為全集》（北京市：中國人民大學出版社，2007年），第1集，頁103。

4 「吾昔者視歐美過高，以為可漸至大同，由今按之，則升平尚未至也。孔子於今日，

華人與日俱增。異域的風土，共同的境遇，使這些來自中國不同地方，操著不同方言的人們，必須以不同的形式結集起來，掙扎開拓出一片生存空間。而這其中，相同的中國文化背景，是他們之間最大的公約數。作為中國文化主體的儒家傳統，亦因此成為他們最為珍視的價值。「懷故國，思孔教」，在異國他邦，迫於生存和發展的實際需要，海外華僑自然深「明保種保教之大義」[5]，對孔教別有一番體認，以之作為自我身份認同和肯定的標籤。康有為對孔教的實踐始自海外，[6]也正與當時華僑社會存在的這種實際情況相關。其弘教方式，主要是提倡研讀儒家經典及推行孔誕慶祝，誠如學者顏清湟所指出的，這是因應實際政治環境所選擇的「既大眾化又沒有政治色彩的策略」[7]。

位於華南海隅的香港，自從一八四〇年被英國強占後，形成了本身特殊的歷史處境。一方面，由於當時被實施殖民地統治的政治現實，使她與內地在不同領域內連番興起的革命風暴有相對的隔離；另一方面，港英政府的華洋分治政策，使此地的中國文化一定程度上既保持了原來的節奏發展，但亦在華洋的比較、競爭和交雜中，具有了域外的特色。

當然，香港作為中國領土不可分割的組成部分，雖然治權更迭，主體經濟正由傳統的漁耕模式向近代商業模式轉移，社會巨變亦漸見端倪，但本地華人文化仍是以傳統中國文化為根基。一八五四年，港府通過教育委員會的

猶為大醫王，無有能易之者。」見康有為：《意大利游記》，載姜義華、張榮華編校：《康有為全集》（北京市：中國人民大學出版社，2007年），第7集，頁374。

5　康有為：《域多利義學記》，載姜義華、張榮華編校：《康有為全集》，（北京市：中國人民大學出版社，2007年），第5集，頁125。

6　「鄙人於戊戌之年，開孔教之會，立大同學校於日本之橫濱，與門人徐勤實始創聖誕之紀念大典。祁祁學子，莘莘俎豆，吾華之群商，及日本之元老大隈伯，與其大臣犬養毅等，咸來行禮。自是推行於海外，日盛而彌彰。」見康有為：〈曲阜大成節舉行典禮序〉，，載姜義華、張榮華編校：《康有為全集》（北京市：中國人民大學出版社，2007年），第10集，頁179。

7　顏清湟：〈1899-1911年新加坡和馬來亞的孔教復興運動〉，見《中外關係史譯叢》（上海市：上海譯文出版社，1991年），第5輯，頁121。

改革建議，將資助學塾收歸政府直接辦理，改稱「皇家書館」或「國家義學」，卻在招生方面遇到困難：

> 近聞香港、赤柱等處，竟多有不在義館就學者。詰其所由，乃因其父母不喜其子侄誦讀耶穌經書，且嫌館內不安文昌帝君云云。[8]

對於在港同胞在傳統生活上的堅守，來自江蘇、在港創辦《循環日報》的改良派思想家王韜亦印象深刻：

> 港中華民之寄居者，雖咸守英人約束，然仍沿華俗不變，不獨衣冠飲食已也。如崇神佛則有廟宇，祀祖先則有祭亭，正朔時日，無一不準諸內地。元旦亦行拜賀禮，爆竹喧闐，徹於宵旦。令節佳辰，歡呼慶賀。每歲中元，設有盂蘭勝會，競麗爭奇，萬金輕於一擲。[9]

對於孔教中人，此地自然是一塊必須耕耘、並可以期望有豐碩回報的沃土。而且香港與內地一衣帶水，在此建立起文化橋頭堡，戰略上或守或攻，均操之在我。康有為與香港華商關係甚深。一八九八年維新變法失敗後，他流亡的首站就是香港。時入住首富何東家中，在此與何東的摯友、殷商劉鑄伯相識並一直保持聯繫。[10]康氏贈書的木刻楹聯，仍保存於何東爵士及張蓮覺居士出資興建之東蓮覺苑前殿。[11]何東、劉鑄伯均為本地華人商界翹楚，在他們的影響下，商界的尊孔風氣萌生。

---

8 〈港內義學廣益唐人論〉，載《遐邇貫珍》（香港：英華書院，1855年6月），第6號，頁16。
9 王韜：〈香港略論〉，載楚流等選注：《弢園文錄外篇》（瀋陽市：遼寧人民出版社，1994年），頁263。
10 劉中國、余俊杰：《劉鑄伯傳》（廣州市：花城出版社，2017年），頁166。
11 東蓮覺苑前殿大門，康有為書寫木刻楹聯：
　有播耨迦觀諸天大圓鏡智歷帝網重重理事無礙
　以波羅蜜度一切眾香國土種福田一一功德甚多

二　二十世紀前期

一九〇五年九月二日（農曆八月廿七日），香港的《華字日報》刊登了目前所見首通本地慶祝孔誕的啟事〈聖誕停工〉：

> 廿七日乃　孔子降生二千四百五十六年聖誕。謹於是日停工一天，以伸慶祝。廿八日停派報章，惟行情紙仍照常送閱。此佈。

當時的香港是「中國人報紙的唯一出版基地」[12]，所出版的報紙，在內地有著廣泛的影響。這則啟事，很清楚地正是代表香港部分華人對朝廷取消科舉的一種回應，宣告了香港孔教運動的開始。

二十世紀的最初三十年，香港尊孔團體相繼創立，其中一九〇九年由劉鑄伯倡辦的孔聖會，是香港首個尊孔組織。一九〇九年，劉鑄伯等華商組織香港首個尊孔組織——孔聖會，以振興孔道，[13] 並於同年八月派出楊碧池等二十一人，到廣州河南龍首約《祖國文明報》編輯所內開會議事。主席陳惠普提議，孔聖會仍以廣州為根據地，「定議在省城建設總會」。[14] 孔聖會的成立顯然非因之後的全國規模的國教運動，而是之前康有為及門人在海外弘教，與及在港尊孔人士努力的成果。該會弘教基本採取海外尊孔運動一貫的非政治的大眾路線，初如派出人員在港九渡輪和省港澳輪船上向乘客宣講聖

12　寧樹藩〈十九世紀香港報業概述〉，見《新聞大學》秋季刊（上海：復旦大學主辦，1997年），頁69。

13　「香港孔聖會成立己酉。……劉鑄伯、韋寶山……諸君，因鑒於世風日下，禮教式微，孔道凌夷，邪說充塞，乃毅然糾合同志，倡立是會，原為系人心，端風化起見……」見〈宣揚孔教推行義務教育之香港孔聖會史略〉，香港《華僑日報》，第8版，1950年7月29日。文中的己酉即一九〇九年。不過，據創辦人之一的彭叔煥於一九一〇年在漢口自治戒烟會的演說（刊於《孔聖會星期報》第117冊）所介紹，「自光緒三十四年（1908）香港紳商創設孔聖會，鄙人叨附驥末」，則孔聖會成立於一九〇八年。見劉中國、余俊杰：《劉鑄伯傳》（廣州市：花城出版社，2017年），頁169。

14　〈港商組織孔聖會之集議〉，香港《華字日報》，第4版，1909年8月18日。

道,為在柙囚犯派送聖書或善書,接辦《祖國文明報》分別在廣州河南,香山石岐,九龍和香港大坑[15]的四所義學。孔教團體在香港的社會服務即以教育為始。孔聖會在一九二六年時,辦高初兩等小學及義學共三十五間,中學一間,農校兩間,可謂極盛。中華聖教總會亦曾辦有義校五間。尊孔組織另外一個重點工作,是籌集款項,興建孔聖會大會堂。[16]不過,與海外其他孔教團體不同,香港的孔聖會與內地不存在山海隔絕,於是有人會倡議設總會於廣州,又設傳道練習所訓練弘教人材,所操辦善業,亦包括位於內地的項目。到了一九二三年陳煥章在北京創辦孔教大學時,孔聖會李葆葵等更曾與之聯名發出籌辦啟事,並踴躍捐款助之。[17]

　　一九一一年民國建立。清皇朝強權的解體,無可避免地帶來社會一片亂局。政治上的暗鬥明爭,軍事上的地方割據,開始讓民眾失卻當初對革命的浪漫想象;社會經濟發展的繼續停滯,文化上的東西碰撞,新舊對峙,也令不少人莫所適從。面對亙古以來未有之變局,回歸傳統道德,重建價值規範,樹立國家信仰,成為一時風潮。另一方面,辛亥革命的成功,對於康氏及其代表的傳統士紳階層來說,不只是決定了這群飽讀詩書、深受皇恩,要兼善天下的人在政治上的失落,更是意味著他們自認為所代表的、延續三千年的中華道統在現代的崩潰。以天下為己任的康有為,認為此時正是復出濟世的良機。他鼓動留美回國的弟子陳煥章成立孔教會,決定由創立孔教入手,進而實踐政治抱負,自上而下,將國家已被改變的政治面貌重新改變過來。[18]在康有為的幕後策劃和陳煥章的組織下,加上遺老們的積極參與,一九一二

---

15 香港孔聖會於大坑書館街所辦「孔聖義學」,建於一九〇九年,重建於一九四九年。獲古物諮詢委員會評為三級歷史建築,並於二〇一三年十二月獲政府納入「第四期活化歷史建築計劃」內,活化成「大坑火龍文化館」,二〇二二年大坑火龍文化館正式開幕。
16 〈孔聖會聚會議案〉,香港《華字日報》,1910年1月1日。
17 韓華:《民初孔教會與國教運動研究》(北京市:北京圖書館出版社,2007年),頁151。
18 康有為:〈與陳煥章書〉(1912年7月30日),載姜義華、張榮華編校《康有為全集》,(北京市:中國人民大學出版社,2007年),第9集,頁337。

年孔子誕日（即十月七日），孔教總會在上海成立，[19]各地聞風立會，踴躍爭先，一場以爭取立法確認孔教為國教的「國教運動」於是開始。[20]

相對內地孔教人士在政壇上的沸沸揚揚，香港孔教信徒則在民間把孔誕辦得熱熱鬧鬧，幾乎成為全港市民共慶的節誕。如一九一三年孔誕，報載香港不少商店休息，學生放假，甚至港島石塘咀的妓院亦綠葉繞戶，樓頭高懸旗幟，以示慶祝。[21]同年十月，孔聖會以「謀德智體育之發達，無教種黨界之區分」，就成立孔聖會俱樂部開會，會上舉出各分部部長，趕速開辦[22]。俱樂部最初設有中樂、國語、波樓、足球、技擊、閱書等部[23]，為當時文娛生活尚相當匱乏的香港市民，提供了一個健康活動的去處。孔聖會的足球隊和乒乓球隊均辦得十分出色，屢獲殊榮。事實很清楚，相對於傳統的佛道宗教，孔聖會的發展，創新地取用了西方的基督教模式，[24]力圖在市民的日常生活中紮根。

對於內地的國教運動，香港孔教團體也有呼應。一九二一年創辦、每逢朔望日出版的《樂天報》，其同人在海內外熱心人士的贊助下，改組舊三教總學會成立中華聖教總會[25]以支持國教。[26]因見《樂天報》只能在識字者中普

---

19 張頌之教授考證。見張頌之：〈孔教會始末匯考〉，載《文史哲》（濟南市：山東大學《文史哲》編輯部，2008年），第1期。

20 康有為、陳煥章等人所推動的國教運動，據學者研究，大致是一九一三～一九一四年為第一階段，一九一六～一九一七年為第二階段。此後國會未再討論國教問題。不過，陳煥章等人仍留在北京市，努力為尊孔奔走。見韓華：《民初孔教會與國教運動研究》（北京市：北京圖書館出版社，2007年），頁85-163。

21 〈本港恭祝孔聖誕之熱鬧〉，香港《華字日報》，1913年9月30日。

22 〈孔聖會聚會紀事〉，香港《華字日報》，第3版，1913年10月21日。

23 〈宣揚孔教推行義務教育之香港孔聖會史略〉，香港《華僑日報》，第8版，1950年7月29日。

24 孔教雖謂出於傳統，實際上成於清末民初，不能不烙上時代印記。梁啟超說康有為「讀耶氏之書，故宗教思想特盛」（見梁啟超：《南海康先生傳》，載夏曉虹編：《追憶康有為》，北京市：生活‧讀書‧新知三聯書店，2009，頁9。），其創立的孔教無論從教義乃至組織，亦有著相當強烈的基督教色彩。

25 關於中華聖教會的成立日期，雷蔭蓀記為一九一六年（見雷氏：〈四十年尊孔之憶述與今後之致力〉，載入孔聖堂主編《孔學》〔香港：孔聖堂，1949年〕)，頁9。盧湘父記

及，所以又組織傳道團深入基層演講。初期地點包括印刷廠、電車工業競進會、織造廠、往來內地與香港的輪船等，甚至下鄉至新界大埔墟等作露天演講。孔聖會劉鑄伯對此亦甚表贊賞，並親為該會增設宣講堂而站臺呼籲。[27] 中華聖教總會與海外華僑聯繫甚密，其以募建會堂為由，得香港及外洋華僑捐資捐產，但困於時局，會堂未建，有關資產轉成三間鋪業，租入開辦義學，以惠貧寒。中華聖教總會創辦者之一馮其焯，曾連任多屆會長。除中華聖教總會，他亦復辦了融通三教的三教總學會和昌明孝道的粉嶺軒轅祖祠。在一九二〇年代，類似馮氏般三教兼融的傳統宗教信仰者參與提倡孔教不在少數。如一九二一年創辦，供奉黃初平為主尊的嗇色園黃大仙祠，與主殿同年落成則是供奉孔子的麟閣[28]；先天道善慶一脈一九二四年在港創立福慶堂，一九二七年福慶堂購置會址，擴充會務，正名為香港道德會，並在福慶堂內奉孔聖為主尊。[29]

　　香港孔教團體一直想效法基督教，建立總會堂作各項活動的場所。一九二八年，南洋兄弟煙草公司的簡孔昭，捐出位於加路連山道十二萬平方呎地基作建築孔聖堂及講堂之用，由曾富、尢列等，發動社會賢達捐資共同建

為一九二一年（見盧氏：〈香港孔教團體史略〉，載入吳灞陵編：《港澳尊孔運動全貌》〔香港：香港中國文化學院，1955年〕），頁1。據一九二二年一月十七日香港《華字日報》載〈中華聖教總會宣講堂開幕紀盛〉報導，該會創辦人之一李不懈在典禮上發言，「因聖道式微，邪說暴行又作，故今春同人等目睹時艱，不忍卒視，乃創《樂天報》，提倡孔道。又蒙海內外熱心君子贊助，而中華聖教總會因是成立。」可見應以盧說為妥。

26　《孔教會紀事·香港之部》，《經世報》第1卷第10號，1922年1月。轉引自韓華：《民初孔教會與國教運動研究》（北京：北京市圖書館出版社，2007年），頁94。

27　〈中華聖教總會宣講堂開幕紀盛〉，香港《華字日報》，第9版，1922年1月17日。

28　有關嗇色園黃大仙祠的儒教淵源，可參游子安主編：《香江顯跡——嗇色園歷史與黃大仙信仰》（香港：嗇色園，2006年）。

29　關於先天道香港道德會的尊孔崇道事跡，可參游子安、危丁明：〈先天道的尊孔崇道：香港道德會福慶堂、善慶洞的源流和變遷〉，見《民俗曲藝》（臺北：財團法人施合鄭民俗文化基金會，2011年9月），第173期。

設。「孔聖堂不是一個禮堂,而是一個孔教團體組織」。[30] 一九二八年孔聖講堂創建,也有信眾扶乩請示。崇奉桃佛、濟佛、呂祖三位祖師的天清草堂在香港創立,戊辰七月廿五日港壇陞座,廿八日一段乩文很有意思,道壇中人「何妨頂禮素王」,頗能點出一九二〇年代崇道尊孔信仰之密切:

> 七月廿八日叩問香港現倡建孔教堂,徵求會員,本壇弟子准否加入?智翔師兄示曰:道統原歸一是、無分彼此,教之教人,不過為善,既有善意,何妨頂禮素王?[31]

因時局無常,幾經轉折,孔聖講堂始在一九三五年十二月十日落成開幕。而一直以來負責籌辦的孔聖堂籌辦處,則發展成為孔教團體,名為「孔聖堂」。孔聖講堂建成後,時稱宏偉華麗,很快便成為城中華人社團進行集會及舉行公共活動的地點首選。一九三七年盧溝橋事變,日軍大舉入侵中國,孔聖堂成為香港市民展現愛國情懷和支援抗戰決心的舞臺,如一九三九年三月三十一日的全港學界舉行的國民公約宣誓典禮,支持內地抗戰;同年十二月三日,香港歌詠協會舉行的歌詠戲劇大會,為前線將士寒衣募款。另外孔聖堂亦成為五四新文化的傳播之地,如一九四〇年五月四日,香港學賑會舉行慶祝五四青年節大會,並在會上報告五四運動歷史及其意義;同年八月三日,香港文化界為魯迅六十誕辰舉行紀念會,下午由作家蕭紅報告魯迅事跡,晚上開演《阿Q正傳》、《過客》等以魯迅小說改編之劇作。香港陷日時,孔聖堂被日軍充作辦事處,損失慘重。戰後,經黃錫祺、楊永康、許讓成、張威麟、岑才生、李金鐘、許耀君諸任會長不斷努力,成為香港最重要的孔教團體之一。二〇二〇年六月,孔聖講堂被古物諮詢委員會評為一級歷史建築。

---

30 詳參孔聖堂輯〈孔聖堂小史及宣學史略〉,《國文天地》4月號,第34卷第11期(2019年),頁11。

31 《道餘戲墨二集》(天清草堂1929年輯印),中卷,頁1,此書輯一九二七至一九二九年乩文。

一九二九年，北京孔教總會陳煥章參加世界宗教和平會後載譽回國[32]，其時國民革命軍北伐成功，政權丕變。陳無心戀棧，於一九三〇年元旦抵香港，二月十七日創立孔教學院於港島般含道。學院以造就「學當學到聖人為志」的「希聖人材」為宗旨[33]，設孔教專修科及高初兩級小學。陳煥章每星期天上午都會親自講經。初期因經濟拮据，「講經終結時，由院中員役以小筐勸聽講者捐獻，多少不拘」[34]。至一九三一年夏，在香港紳商及南洋僑胞的支持下，孔教學院以抵押貸款購得港島堅道院址，於同年秋季遷入，興辦中學，擴大招生。經濟由是逐漸穩定，遂在港立住了根基。陳氏既是內地國教運動的主要組織者，亦是孔教神學的重要奠立者，雖然南來僅四年即病逝，卻足以在香港孔教信仰的開拓方面留下深刻印記。其重要著作，如《孔教論》、《儒行淺解》等都得以重印，從而開始了孔教學院編印孔教刊物的傳統；他又注重孔教祀禮，自己每逢夏曆元旦及八月廿七日孔誕皆深衣玄冠，焚燎鳴鼓擊鐘，領導院眾行禮，更禮聘湖南禮樂局畢業生李竟成教授古樂，「由是祭聖禮樂，斐然可觀。」[35] 孔教學院亦因陳煥章緣故享有特殊地位，被認為是「國內外各分會相互策應之樞紐」[36]，所以頗能號召在港傳統文士

---

32 「歲戊辰（1928）七月，世界宗教和平會，開會於日內瓦，博士（陳煥章）演孔教仁義二字，聽眾悅服，即進為世界宗教和平副會長；戊辰大成節（孔子誕辰），博士開祝聖大會於倫敦，中國公使暨外國公使及教士，參加者百數十人，海外祝聖，於斯為盛。」見盧湘父：〈香港孔教團體史略〉，載吳灞陵編：《港澳尊孔運動全貌》（香港：香港中國文化學院，1955年），頁3。

33 〈孔教學院行釋菜禮〉，香港《華字日報》，第10版，1930年2月18日。

34 伯子：〈辛亥革命後期前清遺老在香港的活動〉，載全國政協文史資料委員會編《文史資料選輯》（北京市：中國文史出版社，2000年），總第144輯，頁223。

35 盧湘父：〈香港孔教學院述略〉，載吳灞陵編：《港澳尊孔運動全貌》（香港：香港中國文化學院，1955年），頁9。

36 〈本會簡史〉，新加坡南洋孔教會網頁，瀏覽日期：2023年1月15日，https://nanyangtemple.files.wordpress.com/2005/02/nanyang-sacred-union.pdf 新加坡南洋孔教會成立於一九一四年，初定名為「實得力孔教會」，至一九四九年始改為今名。（案：原文「柜紐」應為「樞紐」。）

的參與，陳煥章主理時的副院長區大典，繼陳煥章任職院長的朱汝珍[37]，繼朱汝珍任職院的盧湘父等，均為當中之皎皎者。日佔時期，一九四三年孔教團體曾籌組「孔聖教香港總會」，作為各孔教團體的聯合組織，但後來能否成立則未能稽考。[38]相對內地文化上的急風暴雨，香港是比較寧靜祥和的，因此孔教在香港的發展經驗，與內地迥然有別。東南亞地區也用孔教組織，如印尼成立孔教總會；新加坡南洋孔教會成立於一九一四年，檳城、怡保、馬六甲等處，相繼成立孔教會分會。

三 二十世紀後期

一九四九年，隨著中華人民共和國的建立，從一九四一年日軍侵港便告沉寂的孔教活動逐漸再度活躍。隨著美蘇兩大陣營對壘的國際格局形成，與及海峽兩岸長期對峙的開始，此時期在港的中國傳統文化傳播被賦予了政治意義。戰後的孔教亦恰於此時出現不同路向的偏重，有的團體視孔教的「教」為宗教，著重將傳統倫理價值神學化，有的則釋孔教的「教」為教育，著力於學術化孔教的建設。這種發展路向的偏重，並非入主出奴，非此即彼路線之爭，而是工作重點的不同。門戶各立，惟異途同歸。

一九四六年十一月，國民政府召開「制憲國民大會」，香港孔教學院曾致書，重提定孔教為國教，「以樹教化之標準，堅人心之趨向，闡揚聖道，息邪距詖，興讓弭爭」[39]，正式宣告本地孔教重新活動。康有為學生、陳煥章學友、年近八十的宿儒盧湘父，正式以孔教學院院長身份視事，恢復逢周日的星期講學，宣經說教，並親自主持。一九四七又撥款千元以助復興瀏陽

---

37 關於孔教學院及朱汝珍的詳細情況，可參看游子安：《善書與中國宗教：游子安自選集》（臺北市：博揚文化事業公司，2012年），頁259-273。
38 陳智衡：《太陽旗下的十架——香港日佔時期基督教會史》（香港：建道神學院，2009年），頁40-143。
39〈香港孔教學院呈國民大會書〉，載鄧浩然選：《孔教叢錄選粹》（香港：孔教學院，1968年），頁39。

雅樂。同年八月公曆孔誕日,包括普益商會參加的香港各界恢復慶祝。翌年南北行及文咸西街坊眾以籌備不及為由,放棄參加公曆孔誕,改於夏曆孔誕舉行慶祝。一九五一年,孔教團體成立聯會,簡稱「孔教聯會」,謀求香港各界統一慶祝夏曆孔誕。其中盧湘父出力最著。一九五三年夏曆孔誕,普益商會決定參加香港聯合祝聖。孔教聯會改名香港孔教團體聯合慶祝大會,成為每年香港各界慶祝夏曆孔誕的籌備單位,力爭恢復戰前盛況。惟到一九七七年,孔教團體議定孔誕大會分別於香港的孔聖堂中學和九龍的大成中學舉行;到了一九八六年再決定各團體自行慶祝。

於一九四九年發起編印《孔聖降生二千五百年紀念集》的中國文化學院,亦是香港戰後初期較活躍的孔教團體。該學院只設通信處不設院址,自稱設立於戰前,並無組織,是純粹之學術團體,不過從其人員的構成和言論,明顯有本身政治立場。[40] 該院學友不少屬文化界人士,如伍憲子、吳灞陵、鄭水心、勞緯孟等,主要工作方向則為印送發揚中國文化書刊,其中如楊志強等《孔孟之道與民主政治》、楊爾瑛等《對五四文化運動的真實評價》等,對於孔教與現代社會價值關係進行論述,有一定的影響。

恰在此時,來自內地的現代新儒家大師,包括錢穆、唐君毅、牟宗三、徐復觀等,在亂離流浪中,[41] 開始儒家人文主義第三期發展的探索,為今人繼承傳統,面對西方文明挑戰和超越個體局限等,提出有價值的全新思維,啟示了孔教的學術化方向。一九五八年元旦發表的、由唐君毅、牟宗三、張君勱、徐復觀署名之〈為中國文化敬告世界人士宣言〉,其中表明了其在儒家倫理道德與宗教精神關係認識的進展,認為不必再糾纏於簡單的中國文化中無神、無上帝、無宗教的問題,而應注意「中國文化能使天人交貫,一方

---

40 本院學友:〈香港中國文化學院工作概況〉,載吳灞陵編:《港澳尊孔運動全貌》(香港:香港中國文化學院,1955年),頁11-14。

41 「手空空,無一物,路遙遙,無止境。亂離中,流浪裏,餓我體膚勞我精。艱險我奮進,困乏我多情。千斤擔子兩肩挑,趁青春,結隊向前行。珍重珍重,這是我新亞精神。」錢穆:〈新亞校歌〉(北京市:生活・讀書・新知三聯書店,2004年),載錢穆:《新亞遺鐸》,頁5。

使天由上徹下以內在於人,一方亦使人由下升上而上通於天」的天人感應學說,而且更進一步解釋道:

中國儒者之言氣節,可以從容就義為最高理想,此乃自覺的捨生取義。此中如無對義之絕對的信仰,又如何可能?此所信仰的是什麼,這可說即是仁義之價值之本身,道之本身。亦可說是要留天地正氣,或為要行其心之所安,而不必是上帝之誡命,或上帝的意旨。然而此中人心之所安,道之所在,或天地正氣之所在,即使人可置死生於度外,則此心所安之道,一方內在於心,一方亦即超越個人之現實生命之道,而人對此道之信仰,豈非即宗教性之超越信仰?[42]新儒家諸大師與中國文化學院亦有交接,如一九五二年四月,唐君毅即曾應中國文化學院之邀,往講〈孟子文學說特點〉。同年五月,錢穆在臺灣講學時不幸受傷,學院亦即修函慰問。

因破壞嚴重,孔聖堂於日本投降後直到一九四八年方成立首屆董事會,結束一直由值理會管理的局面。一九五一年,殷商楊永康出任會長,將工作重點放在了教育方面。一年後,成立孔道促進會,確立了結合社會現實宣講聖賢智慧的新路。一九五五年,孔聖堂成立宣道委員會,啟辦每周六舉行的周末講道,「初由林弘道君主持,後更擴大範圍,聘請學者專家主講。計前後主持講座者,有伍憲子、錢穆、羅香林、唐君毅、劉百閔、牟潤孫、王韶生、陳湛銓、梁端卿、蘇文擢、饒宗頤諸先生,俱一時俊彥。」[43]

孔教源於儒學,視學校為教堂,[44]其在香港的社會服務即以教育為始。孔聖會在一九二六年時,辦高初兩等小學及義學共三十五間,中學一間,農校兩間,可謂極盛。中華聖教總會亦曾辦有義校五間。一九三九年,孔聖堂因見國難期間,難童流落香港數以萬計,成立兒童健康院,免收學費,且供

---

42 唐君毅等:〈為中國文化敬告世界人士宣言〉,載劉雪飛編:《現代新儒學研究》(北京市:中華書局,2003年),頁342-343。
43 林國珍:〈孔聖堂宣道會工作概略〉,載孔聖堂宣道會主編:《孔道》(香港:孔聖堂,1957年),頁1。
44 「凡宗教必有教堂。孔教之教堂,則學校是矣。」陳煥章:《孔教論》(上海市:商務印書館,1913年),頁27。

食宿，以保育之，後日軍侵港而被迫中止。戰後於一九五三年創辦孔聖堂中學，今天仍是港島重要的中文學校。孔教學院初期除辦有兩級小學和孔教中學，亦曾設有免費平民夜校。戰後孔教中學易名大成學校。一九六〇年港府撥出黃大仙區土地及津貼，學院開辦孔教學院大成中學，並附設小學及夜學。截至二〇二二年，孔教學院仍辦有何郭佩珍中學和大成小學。

一九六〇年代初，隨著經濟發展和國際化程度增加，香港出現了嚴重猖獗的阿飛[45]問題。孔教學院在盧湘父的帶領下全力投身整肅的工作中。盧湘父不辭辛苦，連番發表對阿飛問題的意見，認為要解決阿飛問題，必須倡行禮教，但「在今日而講禮教，總要因時制宜，萬不能事復古。」[46]顯示這位年近百歲的宿儒，仍然有著與時並進的日新之德，身體力行地為孔教學院在香港經濟起飛後的宣道開展作出示範。

一九七〇年，盧湘父以一百零二歲高齡歸道山，由黃允畋接任。一九七一年孔教學院廣邀香港文教先進，成立宣道委員會，化被動為主動，深入各團體學校開講孔儒之道，又舉辦學術講座，並開始出版《宣道年刊》。一九八四年，孔教學院推動香港的《星島日報》設〈孔學〉專輯，隔周出版，向社會大眾宣講聖道。一九九二年，湯恩佳繼黃允畋出任孔教學院院長。一九九七年，又發起爭取孔聖誕為教師節活動，收集簽名一萬四千多個。翌年舉辦首次「孔聖誕環球慶祝大典」。二〇〇一年，組織成立「申請萬世師表孔聖誕辰為公眾假期統籌委員會」，全力向特區政府爭取將孔聖誕列作香港公眾假期，使市民得有感念萬世師表，分享傳統智慧的一日。二〇〇五年成立社區服務部，擴大孔教的社會影響。二〇〇七年在港島政府大球場舉行孔聖誕環球慶祝大典暨香港回歸十周年系列活動之「孔曆二五八八祭孔大典」等。

一九七七年孔教學院接納董事鄧浩然建議，在香港名勝樹立孔子聖像。第一座孔子像至一九八一年底於崇奉三教的圓玄學院隆重揭幕。湯恩佳接任後，樹像範圍不僅限於香港，甚至遍內地及海外，成為孔教學院弘教的突出

---

[45] 阿飛，又稱飛仔，是港、澳和廣東地區對不良青少年曾有的代稱。
[46] 〈針砭阿飛橫行禍患，倡行禮教方能補救〉，香港《華僑日報》，1964年10月4日。

項目。一九九八年，孔教學院開始向特區政府呈文，要求撥地以興建孔子紀念堂、孔廟。認為孔廟不但是本港弘揚孔教的儒家思想、文化藝術的標誌性旗艦，而且也是市民表達敬仰傳統的活動場地。在設計構想中，場地更備有符合國際水準的藝術文化設施，社會各階層及團體，都可以藉此平台舉辦相關活動，傳播孔教八德——孝、悌、忠、信、禮、義、廉、恥——的理念，尤其引導年青一代樹立積極的為人處世及待人接物的態度及觀念，在促進個人、家庭和團體關心社會和國家方面發揮正面的作用。

自一九七八年以來，孔教與佛教、道教、基督教、天主教、回教「香港六宗教」領袖常保持對話及座談，並列為香港六宗教之一，反映孔教地位受到社會的肯定。然而社會整體的尊孔氣氛卻隨著生活的越趨都市化而大不如前。為弘揚道統，孔教團體一方面致力於社會更廣泛的認同，不斷深入開展各項服務；另一方面，孔教團體又繼續育德於教和學術化道路，堅持將儒家倫理納入青少年道德教育之中，使之成為其德性之本；與此同時，又持續出版專著、專刊，舉辦學術討論會，或資助相關的學術活動，推動孔教和儒學的學術研究。在宗教建設方面亦力圖突破，通過爭取孔誕公眾假期和興建孔廟，孔教團體一直爭取將孔誕列作香港公眾假期，及後參考「道教日」編訂的做法，從二〇一四年起，每年九月的第三個星期日將訂為孔聖誕日。將孔教信仰連接市民的日常，通達現代與傳統，以完成儒魂重鑄的光輝使命。

盛世物價低賤的困惑
——讀全漢昇先生物價史札記

趙善軒[*]、溫如嘉[**]、張偉保[***]

摘要

　　筆者在讀全漢昇先生的物價史後，對盛世物價低賤產生的困惑，也就是「全漢昇難題」有了更深的認識和新的發現。盛世的物價低落，消費者受惠，但在農業為本的社會中大部分人是生產者，物價低落會加重生產者的負擔。筆者認為，由於撰寫詩文史書的文人都是消費者而非生產者，他們在通縮時代獲得好處是文人墨客未必有過田野考察而得出的結論。

關鍵詞：盛世物價、唐代經濟、貨幣製度、中古自然經濟

---

[*]　中山大學臺港研究中心兼任研究員。
[**]　澳門大學人文學院客座導師。
[***]　澳門大學教育學院兼任副教授。

一　引言

　　著名歷史學家全漢昇先生（1912-2001）是二十世紀中國經濟史研究的領軍人物，其研究上起漢代，下至民國，也兼及戰後臺灣工業的考察。已故哈佛大學楊聯陞先生曾題詩曰：「妙年唐宋追中古，壯歲明清邁等倫。經濟史壇推祭酒，雄才碩學兩超群。」[1]全先生對中國經濟史深入的研究更是前無古人，他有別於其他學者專注於一時一代一域，範疇涉及中國古代的貨幣、物價、財政、城市、全球化、經濟組織、交通運輸、國內商業、國際貿易以及近代工業化，也關係到菲律賓、日本、歐洲、美洲等議題。[2]

二　「全漢昇難題」的提出

　　最近，筆者重讀全先生對唐代物價史的研究，有新的發現。全先生對此方面的研究，主要見諸〈中古自然經濟〉、〈唐代物價的變動〉、〈唐宋政府歲入與貨幣經濟的關係〉三篇文章。[3]全先生以大量史實，力證唐宋之間的社會進步，反駁社會主義者的唐宋停滯論。[4]同時，全先生在一九四〇年代提出了一個疑問，暫且稱之為「全漢昇難題」。全先生以唐代的史實為例，問及為何中國古代的太平盛世（如貞觀、開元、天寶等時期）的物價長期處於

1　何漢威：〈經濟史壇祭酒全漢昇先生傳略〉，載全漢昇教授九秩榮慶祝壽論文集編委會主編：《薪火集：傳統與近代變遷中的中國經濟》（臺北縣：稻鄉出版社，2001年），頁iv。

2　陳慈玉：〈全球化的省思——全漢昇與近代中國經濟史研究〉，《臺大歷史學報》第39期（2007年），頁77-106。

3　三篇文章均發表於一九四〇年代的《中央研究院歷史語言研究所集刊》，現收錄於全漢昇：《中國經濟史研究》，上冊（香港：新亞研究所，1976年），頁1-142、143-208、209-264。

4　梁庚堯：〈歷史未停滯：從中國社會史分期論爭看全漢昇的唐宋經濟史研究〉，《臺大歷史學報》第35期（2005年），頁1-53。

極低水平,認為此情況與經濟學的常識相左。按照經濟學常識,物價長期低落,也代表人們的收入也很低,收入低則難以改善生活,物價長期低迷還會造成許多經濟問題。他在〈唐代物價的變動〉一文指出:

> 在唐代三個物價下落的時期中,太宗高宗間及開元天寶間的物價尤為低廉。前一個時期,相當於政治史上的貞觀永徽之治;後一個時期,也是政治最昇平的時代。史家及詩人在作品上對於這兩個時期的賢明的政治家都異口同聲地歌功頌德;對於他們努力造成的太平盛世的局面都非常愛慕或留戀。由此可見,這時候的物價低落,在一般人的心目中看來,都是當日社會經濟繁榮的好現象;並不如現代經濟學者的說法那樣,以為物價低落是世界恐慌的象徵。[5]

「全漢昇難題」是指我們根據全漢昇先生提出的問題總結出來,即在中國古代太平盛世(如唐代的貞觀、開元、天寶等時期)的物價長期處於極低水平,這種現象與經濟學的常識不符。全先生認為,按照經濟學常識,物價長期低落代表人們的收入也很低,收入低則難以改善生活,物價長期低迷還會造成許多經濟問題。這一現象給經濟史研究提出了一個難題。

唐代盛世時期物價長期低落,原因固多,可能是土地開拓導致產量增加,生產技術提升而增加產量;也可能是金屬貨幣稀少,使得銅錢的供應追不上需求,形成通縮,甚至是政府的干預,導致劣幣與良幣的角力,令到市場混亂等因素。全先生以唐代盛世的例子,針對通縮概念,是否適用於解釋中國歷史所作出的疑問。經濟學者一般認為,通貨緊縮造成消費減少,消費不足又會導致生產力下降,引致失業。然而,全先生認為,中國歷史上的盛世總是物價低落,並不如經濟學家所擔憂會造成社會恐慌。全先生指出:「開元天寶間,東西這樣便宜,一般消費者自然是很喜歡的。無怪乎許多人在詩歌上對於這個時代都表示留戀的情緒了。」[6]他又說「開元天寶間,物

---

[5] 全漢昇:《中國經濟史研究》,頁207。
[6] 全漢昇:《中國經濟史研究》,頁207。

價既然下落,一般消費者因為購買力增大,多半過著很舒適的物質生活。這樣的昇平時代,的確是值得懷戀的。」[7]同是中研院院士的經濟史家,全先生的入門弟子王業鍵先生為此作出總結,其說「(全先生認為)高宗後期玄宗即位之前近半世紀期間,錢幣貶值,水旱間發,物價有騰漲之勢,不過上漲程度並不厲害。開元、天寶時期(713-755年),社會經濟繁榮,百物豐盈,物價廉賤,是歷史上難得的昇平盛世。」[8]在需求曲線的概念下,中國歷史上的盛世物價低落可以解釋為需求曲線向左移動,即在價格下降的情況下,消費者的購買力提高,導致對商品的需求量增加。因此,即使在通貨緊縮的情況下,消費者仍然願意購買更多的商品,從而促進生產和經濟發展。這也可以解釋為什麼中國歷史上的盛世總是物價低落,而不像經濟學家所擔心的造成社會恐慌。在開元天寶間,物價下落使得消費者的購買力提高,從而促進了社會經濟的繁榮,讓百姓過上了豐盈的生活。

事實上,開元、天寶年間,物價下落主要原因是由於供應增加。陳磊指出:「開元以後,物價下落而且保持穩定,最大的原因仍然是農業生產的發展和糧食的充足。史書和唐詩中有太多的材料描述了開天時期在州郡和民間的公私倉庫中糧食的充足,要出現這樣的豐盛局面,只有在當時的生產達到相當的發展程度才可能實現。」[9]用供需曲線解釋陳磊所說的觀點。在這種情況下,需求曲線不會向左或向右移動,因為消費者在價格下降時的購買力增加是由於充足的供應而產生的,而不是由於價格變化。相反,供應曲線向右移動,表示農業生產的發展和糧食的充足。因此,價格下降,同時需求量和供應量都增加,導致物價保持穩定,從而創造了唐代的繁榮和昌盛。

不過,我們也不能忽視貨幣層面的問題,尤其是唐前期的政府不重視增加銅錢的供應,令到通貨長期供不應求而造成物賤錢貴的局面,以及混亂的

---

7 全漢昇:《中國經濟史研究》,頁159。
8 王業鍵:〈全漢昇在中國經濟史研究上的重要貢獻〉,《清代經濟史論文集》,(臺北縣:稻鄉出版社,2003年),第1冊,頁59。
9 陳磊:〈隋唐時期的物價研究:以江淮地區為中心〉,《史林》第4期(2012年),頁51-64。

貨幣政策有關，[10]政府的干預行為迫使到「格雷欣法則」與「反格雷欣反法則」反覆地出現，[11]至少在短期內，不下一次令銅價大亂。[12]

　　簡言之，全漢昇難題是指中國唐代太平盛世時期，物價長期處於極低水平的經濟現象。根據經濟學的常識，物價長期低落通常意味著人們的收入也很低，這將對經濟造成負面影響，例如會降低生產者的收益，導致企業倒閉等等。然而，在唐代太平盛世時期，物價的低水平並沒有對經濟造成負面影

---

10 劉儷燕指出：「唐代前期的貨幣問題，表面是惡錢盜鑄的猖獗，然究其實際，似乎隱含著銅錢供應不足的深一層事態。」見劉儷燕：《唐朝後期的銅錢不足問題——從供需面的探討》（臺北市：臺灣大學歷史學研究所碩士論文，1990年），頁9。

11 所謂劣幣驅逐良幣，又名格雷欣法則（Gresham's Law），是四百年前，由英國學者提出的經濟學理論。傳說古時在金屬貨幣年代，市場上有兩種不同質素，但名義價值相同的貨幣同時流通，一般人見到質素較優的銅幣，印製精美，印在幣上的頭像完好無缺，人們一旦手持良幣，覺得奇貨可居，有收藏價值，便把良幣好好保管，漸漸市場上不易見到良幣流通，而質素較差的劣幣，反成了廣泛使用的交易媒介，最後把良幣驅逐出市場。經濟學家麥克勞德（MacLeod）在其《政治經濟學基礎》一書中，把這種「劣幣驅逐良幣」（bad money drives good money out of circulation）歸納為貨幣定律，是為近代以來的經濟學常識。Robert Mundell, "Uses and Abuses of Gresham's Law in the History of Money," *Zagreb Journal of Economics*, vol.2, no.2, 1998, pp. 3-38；賴建誠指：「劣幣驅逐良幣（格雷欣法則），要有一項前提才會成立：在金屬貨幣的時代，如果政府規定劣幣與良幣的購力相同（或有固定的交換比例），劣幣就會驅逐良幣。但如果（1）良劣幣之間沒有固定的交換比例，（2）政府鼓勵民間自由鑄幣（放鑄），那就有可能發生相反的情況：良幣會驅逐劣幣……（1）如果政府不強制規定劣幣與良幣的交換比例；（2）如果民間對錢幣的品質，訊息對稱透明的話；就有可能出現「反格雷欣法則」（良幣驅逐劣幣）。」見賴建誠：〈良幣驅逐劣幣：漢文帝的放鑄政策〉，《經濟史的趣味》（杭州市：浙江大學出版社，2011年），頁272-274。

12 《舊唐書·食貨志上》載：「顯慶五年（660年）九月，敕以惡錢轉多，令所在官私為市取，以五惡錢酬一好錢。百姓以惡錢價賤，私自藏之，以候官禁之弛。高宗又令以好錢一文買惡錢兩文，弊仍不息。」（頁2095）；又載：「至天寶之初，兩京用錢稍好，米粟豐賤。數載之後，漸又濫惡，府縣不許好者加價迴博，好惡通用。富商奸人，漸收好錢，潛將往江淮之南，每錢貨得私鑄惡者五文，假託官錢，將入京私用。京城錢日加碎惡，鵝眼、鐵錫、古文、綖環之類，每貫重不過三四斤。」（頁2099）以上所記，充分反映高宗到玄宗朝的貨幣問題。見劉昫等：《舊唐書》（北京市：中華書局，1975年）。

響，反而表明了當時經濟繁榮、產品豐盈、生產力提高、經濟效益提高等因素的影響。全先生提出了這個難題，是希望通過這個現象來提醒人們在解釋經濟現象時，需要考慮多種因素，不應僅僅從經濟學的角度去解釋。同時，也提醒人們經濟學的發展需要不斷探索和發現，才能更好地理解和解決現實中的經濟問題。（案：我們可以為全漢昇難題建立一個簡化的模型。）

> 假設我們有以下變量：
> ・P：物價水平
> ・I：人們的收入水平
> ・S：社會、政治、文化等多方面因素的綜合影響
> 我們可以建立以下方程來表示物價、收入和多方面因素之間的關係：$P = f(I, S)$
> 其中 f 表示一個未知的函數，它可以根據具體情況來確定。
> 假設這個函數是線性的，則可以寫成：$P = aI + bS$ 其中 a 和 b 是未知參數。
> 我們可以進一步考慮，收入水平可能受到生產力和生產成本的影響，而生產力和生產成本又可能與農業生產和糧食供應有關。
> 因此，我們可以將收入水平表示為以下形式：$I = g(A, C)$
> 其中 A 表示農業生產力，C 表示生產成本。
> 同樣地，我們可以假設這個函數是線性的：$I = cA - dC$ 其中 c 和 d 是未知參數。
> 最終，我們可以將物價表示為以下形式：$P = a(cA - dC) + bS$

三　「穀賤傷農」的大唐盛世？

我們應當明白，中國在唐代中葉以前，屬於中古自然經濟階段，除了金屬貨幣，物物交易盛行，全先生也曾注意到米粟穀麥布絹帛等實物是銅錢以外重要的交易媒介。他另一篇經典文章，〈中古自然經濟〉一文指出：

我們可知中國自漢末以後,至安史之亂的前後,約共五百多年,自然
經濟都佔有很雄厚的勢力。在買賣方面,人們多把穀帛等實物當作貨
幣來交易,即物物交換。在租稅方面,政府大部分徵收實物。此外,
地租的繳納,和工資的支付,也多以實物為主。固然,錢幣有時也用
來購買商品、繳納租稅,或支付工資,但它並沒有普遍而深刻的侵入
一般人民的日常生活中,有如以後貨幣經濟佔優勢的時代那樣。因
此,這五百多年雖然不是純粹的自然經濟時代,我們至少可以稱它為
自然經濟佔優勢的時代。[13]

在〈唐代物價的變動〉中,全先生又說:

當日(開元年間)貨幣流通的數量到底一共有多少,史書無明文記
載,我們不必妄加臆說。不過,當日貨幣的流通量,並沒有按照社會
經濟的發展而作正比例的增加,以至交易上感到籌碼的不足,卻是我
們可以斷言的。中書侍郎平章事張九齡看到此點,遂提議解放錢禁,
除政府鑄造外,准許私人鑄錢,以便錢數增加,適應商業上的需
要……由於此事,我們可以知道當日貨幣的流通額,實在太小,不足
以適應交易上的需要。這麼一來,物價遂因貨幣的緊縮而低落。[14]

根據全先生所言,開元年間存在著貨幣短缺的問題,這是因為當時的貨幣供
應量沒有隨著社會經濟的發展而增加,而導致了交易上的籌碼不足。這就意
味著,當時的貨幣需求量高於供應量,從而推高了貨幣的價格(或者說降低
了貨幣的價值)。用供需定律來解釋,貨幣的價格是由貨幣的供給量和需求
量共同決定的。當貨幣供給量不足以滿足需求時,貨幣價格會上漲(或者說
貨幣的價值下降)。為了緩解貨幣短缺的問題,張九齡提議解禁私人鑄造貨

---

13 全漢昇:《中國經濟史研究》,頁100。
14 全漢昇:《中國經濟史研究》,頁157。

幣，增加貨幣供給量，從而緩解貨幣短缺問題，這也符合供需定律中供給增加可以降低價格的規律。因此，可以說開元年間貨幣供需失衡導致了物價下降，而張九齡提議的解禁私人鑄幣則可能解決了貨幣短缺問題，或會使物價更穩定。

由此可見，在中古時代，貨幣經濟並非社會的主體，自然經濟佔有優勢，其特色便是物物交易，故米粟穀麥等實物不單是商品，而且也是交易媒介，[15] 可稱之為實物貨幣，它不但有使用價值，尚有一定的交換價值。米粟穀麥布絹帛的價格便宜，不應只從消費者角度考慮，也應從生產者的觀點思考。當其價格下降，代表生產者要生產更多的產品，才能交換實物貨幣以外的生活所需品。即是說，當實物價格持續下降，而貨幣的供應量與流通量沒有合理地上升，生產者就必須要賣出更多的糧食，才能交換到生活所需，要維持粗安的生活不難，即是必需品充足，但奢侈品卻比糧價上升時代更難獲得。即是說，通貨緊縮而造成的糧價低落會對提升生活質素，吸收豐富營養，推動消費主義等貨幣經濟發展，造成一定的障礙。當然，從史書上看，開元天寶年間的生活實屬充足，但按照經濟史的反事實推理法（counterfactual reasoning），若不是物價低落，而是合理地、緩慢地發生通貨膨脹（不是惡性通貨膨脹），農產品便可賣得更高的價格，農民便可以更少的產物換取更多的所需品，以改善生活。

本文認為在中古時代，貨幣經濟並不是主體，而是以物物交換為主要交易方式，這種情況下出現了實物貨幣。作者提到，如果通貨緊縮造成糧價低落，可能會對提升生活質素、推動消費主義等貨幣經濟發展造成一定的障礙。相反地，通貨膨脹如果是合理的且緩慢的，農產品價格可能會上升，農民就可以更少的產物換取更多的所需品，從而改善生活。

簡言之，通貨膨脹可以增加貨幣供應，減少貨幣價值，提高物價，使得農民生產的農產品可以換取更多的所需品，從而改善生活。此外，通貨膨脹也可以刺激消費，推動經濟增長。

---

15 陳彥良：〈東漢長期通貨膨脹——兼論「中古自然經濟」的形成〉，《清華學報》第41卷第4期（2011年），頁3。

然而，這種觀點的局限也很明顯。首先，在物物交換為主要交易方式的情況下，貨幣供應量不足，通貨膨脹可能會引起貨幣過度貶值，使得人們失去對貨幣的信任，甚至可能引發通貨膨脹的惡性循環。其次，通貨膨脹也可能會引發資源配置失調和生產效率下降的問題，對經濟造成不利影響。因此，在現代社會中，貨幣經濟已經成為主流，而通貨膨脹和貨幣政策也成為了宏觀經濟政策的重要課題，需要經濟學家和政策制定者密切關注。

　　由此看來，實物的價格便宜，不能簡單地視為物價便宜，而是反映了兩種貨幣（實物與金屬）的差距變得愈來愈大，物賤而銅貴，要用比原來更多實物才能換得銅錢，也是說實物貨幣貶值，而金屬貨幣在升值，若必要換取銅錢再交換其他物資，則成本會大大加重。若果人們對銅錢有比較大的需求，則代表生產者的生活壓力變得更大，可是穀麥是缺乏彈性的商品，即使價格下跌，也很難大幅增加需求，農民不易賣出更多的作物，故穀價等實物價格持續低迷，絕非好事。這種觀點，不獨受現代經濟學的價格定律所關注，早在先秦的《管子‧國蓄》已載：「穀貴則萬物必賤，穀賤則萬物必貴，兩者為敵，則不俱平……夫物多則賤，寡則貴。散則輕，聚則重。」[16] 《管子》的作者早已明白，穀價過低對會令百物騰貴，迫使農民要生產更多的作物，但產量受客觀環境影響，彈性極少，往往追不上穀價下跌的幅度，此會造成社會的不安。這根據《管子‧國蓄》中的說法：穀價下跌 → 農民生產更多穀物 → 供給增加 → 價格下跌 → 萬物必貴由此觀之，《管子》認為穀物的價格和其他物品的價格是相互影響的，穀物價格上漲會導致其他物品價格下降，而穀物價格下跌會導致其他物品價格上漲。這種現象被稱為「穀物與萬物的敵對關係」。當穀物價格下跌時，農民會受到影響，因為他們依靠穀物銷售來維持生計。穀物價格下跌意味著農民的收入減少，因此他們會試圖增加生產以增加收入。這將導致穀物供應增加，使穀物價格進一步下跌。這樣的循環可以導致穀物價格下跌到一個導致農民難以維持生計的程度，從而引起社會的不安。

---

16 戴望：《管子校正》（臺北市：世界書局，1973年），頁361。

戰國時代的李悝便已提出穀賤傷農的學說，他認為：「（穀價）糴甚貴傷民（消費者），甚賤傷農（生產者）；民傷則離散，農傷則國貧。善為國者，使民無傷而農益勸。」[17]李悝也認為穀價過低會傷害農民，因為農民無法維持生計，生產減少，國家經濟會陷入貧困。相反地，如果穀價過高，消費者則會因為無法負擔而生活困難。因此，他主張穀價應該保持適中的水平，既能保障農民的生活，又不會影響消費者的生活。

唐玄宗時，著名史學家劉知幾（661年-721年）之子劉秩也有類近的想法，其云：「物賤傷農，錢輕傷賈，物重則錢輕，錢輕由乎物多。」[18]劉秩的思想則強調，物價過低會傷害農民的利益，而物價過高會傷害商人和消費者的利益。他認為，物價下跌會導致貨幣的貶值，進而對商人造成損失。而物價上漲則會對消費者造成負擔。因此，政府應當保持穩定的物價水平，既不能過高也不能過低，以保障農民、商人和消費者的利益。按照上述觀察，開元天寶年間物價最賤，按理應當對農民傷害最大，因為邊際產量的增幅追不上物價的下跌。

四　唐前期的稅收與經濟

然而，唐前期的社會仍屬中古自然經濟，對銅錢的需求遠不如貨幣經濟社會般大，其影響不應被誇大，全先生在〈唐宋政府歲入與貨幣經濟的關係〉一文又說：

因為歲入中錢幣與各種物品的單位和價值的不同，根據這個表[19]我們無從看出當日政府歲收中錢幣與實物的比重。幸而《通典》作者杜佑告訴我們：當日戶稅所收的錢，約為租、庸、調所收實物的二三十分

17　班固：《漢書》（北京市：中華書局，1970年），〈食貨志上〉，頁1124-1125。
18　歐陽修等：《新唐書》（北京市：中華書局，1975年），〈食貨志〉，頁1385。
19　案：原文第一表「天寶八年歲入額」。

之一。故我們如果把上表中粟的數量約略減去一半,即減去因徵收地稅而得到的一千二百四十餘萬石,那末,錢幣收入便約佔表中其餘一切實物收入的二三十分之一,即百分之三點三至百分之五。由此可知,唐代在中葉以前的國家歲入中,絕大部分以穀粟及布帛等實物為主,錢幣只在其中佔據極不重要的地位。[20]

據全先生的分析,說明唐代時期國家歲入以實物為主,而錢幣只佔極不重要的地位。其中提到,戶稅所收的錢約為租、庸、調所收實物的二三十分之一,即錢幣收入佔實物收入的比例只有百分之三點三至百分之五。因此,可以得出以下結論:唐代時期國家歲入以實物為主,而錢幣只佔極不重要的地位。在此時期,農民所得收入以實物為主,而非錢幣。因此,物價下跌對農民的傷害程度可能比錢價下跌小,因為農民的收入主要是以實物形式存在。

唐前期政府的收入之中,只有不足百分之五來自金屬貨幣,其他則是來自實物貨幣,這也意味著一般人對用銅錢來繳付政府的稅收需求不高,一般人既以實物支付,也反映其收入大部分也是來實物,不然要由實物轉換成銅錢則要付出更高的成本,足見當時社會仍屬自給自足為主,基層百姓對奢侈品的需求相當有限。故此,當實物貨幣的價值下降,也不會對社會造成巨大的衝擊。經濟學家所擔心的通貨緊縮,對於貨幣經濟時代的損害極大,因為社會無處不依賴貨幣(金屬或信用),當實物不斷貶值,人們會抱持觀望的態度而減少消費,但在自然經濟時代則不然,消費主義尚未盛行,人們大多自給自足,當銅錢的流通減慢,它會對商品經濟造成一定的打擊,也會導致生產者生活質素下降,但不會大幅增加失業,而消費者也會獲益,故不會因此危及社會安定。

唐代前期的通縮現象,主要是國家壟斷貨幣供應所致,當唐代開元年間人口已上升到歷史新高,[21]生產力也不斷進步,穀麥絹帛的供應也日益增加,但貨幣供應並沒有相應增加,使到社會出現相對性的通貨緊縮。《舊唐書・玄

---

20 全漢昇:《中國經濟史研究》,頁211-212。
21 葛劍雄:《中國人口發展史》(福州市:福建人民出版社,1991年),頁160。

宗本紀》載:「(開元)二十二年(735年)……壬午,欲令不禁私鑄錢,遣公卿百僚詳議可否。眾以為不可,遂止。」[22]朝廷雖然意識到開放民間參與才能增加銅錢的供應,以解決長期的通縮,方可減低買賣的交易成本,促進經濟發展,但張九齡提出的建議,[23]卻因干預主義者的反對而夭折,令已有極大進展的貨幣經濟受到局限。[24]事實上,全先生指出唐玄宗開元十一年(724年),政府確曾是有限度地讓民間參與開發銅礦,效果也不俗,稍稍改善了錢荒的問題,不過後來遭到保守派大臣的強烈抵制,開放參與沒能進一步擴大,也一直解決不了通貨緊縮的問題。反而中唐以後,尤其是貞元至元和年間,政府讓民間大舉開發,開放市場使供應大量增加,全先生〈中古自然經濟〉一文又說:

> 銅的供給之增加——當日銅的供給所以增加,主因為銅礦之大規模的開采。在唐代開采的各種礦產,以銅礦為最多;其產量則除元和初(806)鐵多於銅外,亦以銅為大宗。這些銅礦的開采,除官營外,又由人民經營,其產品則按照時價完全由政府收買,以便鑄造錢幣。[25]

如此,唐代才擺脫通縮,一步一步使中國從中古自然經濟轉入貨幣經濟社會,直至北宋才能完成。[26]

---

22 《舊唐書・玄宗本紀》,頁200。
23 張九齡說:「往者漢文之時,已有放鑄之令,雖見非於賈誼,亦無費於賢君。況古往今來,時異事變,反經之事,安有定耶?終然固抅,必無足用,且欲不禁私鑄,其理如何?」見熊飛:《張九齡集校注》(北京市:中華書局,2008年),頁499-500;參見潘鏞:《《舊唐書・食貨志》箋證》(西安市:三秦出版社,1989年),頁94。
24 《舊唐書・食貨志上》載:「黃門侍郎裴耀卿李林甫、河南少尹蕭炅等皆曰:『錢者通貨,有國之權,是以歷代禁之,以絕奸濫。今若一啟此門,但恐小人棄農逐利,而濫惡更甚,於事不便。』」(頁2097);又參看彭咸信:《中國貨幣史》(上海市:上海人民出版社,1965年),頁367。
25 全漢昇:《中國經濟史研究》,頁106。
26 參見梁庚堯:〈歷史未停滯:從中國社會史分期論爭看全漢昇的唐宋經濟史研究〉,《臺大歷史學報》第35期(2005年),頁1-53。

總而言之，盛世的物價（專指實物貨幣）低落，消費者固然受惠，但在農業為本的社會，大部分人是生產者，物價低落卻是相反的效果。雖然糧食便宜可使人溫飽，促進人口增長（供應的增幅高於需求），但這不過是社會粗安的表現；另一方面，它會阻礙社會經濟的發展，也會加重生產者的負擔，更會局限人們改善生活質素的追求。

五　粗安生活水平陷阱

最後，我們要回答全先生的疑問，何以在通縮時代，詩文史書上仍然歌頌為太平盛世？其實，全先生已有論斷，他在〈唐代物價的變動〉一文開首說：

> 物價一漲一落的變動，對於人民的經濟生活有很大的影響。就消費者這一方面來說，物價貴了，他們往往叫苦連天，因為他們的購買力從此要大大的削弱，以前許多力能買到的物品都買不起，只好把原來的生活標準忍痛降低。反之，物價賤了，他們自然要笑顏逐開，因為他們的購買力從此增大，可以自由享用各種物品，過著很舒適的生活。至於生產者，也是同樣感到物價漲落的影響，雖然他們所感到的與消費者完全相反。當物價上漲的時候，他們都興高采烈，因為這是他們發財機會的來臨。反之，當物價下落的時候，他們卻很焦急，因為這樣他們不獨賺不到錢，有時甚至要大大的虧本。[27]

全先生指出，在唐代，對於普通民眾來說，經濟生活中最主要的因素是糧食價格。糧食價格上漲，對消費者來說意味著生活水平下降，但對生產者而言卻是有利的，可以增加他們的收入。反之，糧食價格下降，消費者可以享受到更多的物質財富，但對生產者而言卻是不利的，可能會導致他們的收入減

27　全漢昇：《中國經濟史研究》，頁144-145。

少，甚至虧損。因此，在唐代這種以農業為基礎的社會中，糧食價格的波動對消費者和生產者的影響是相反的，而在文學、藝術、歷史等領域，則更注重表現當時社會的安定與繁榮，因此仍會出現關於太平盛世的描寫。

本文認為，由於撰寫詩文史書的文人都是消費者而非生產者。他們在通縮時代獲得好處，物價便宜，都市人的購買力增強，生活也因而得到改善，是文人墨客未必有作過田野考察而得出的結論。廣大的生產者則不然，尤以農民為甚，穀物的價值愈來愈低，溫飽雖無大問題，絹帛的價格下降，而絹帛大數多是家庭式作業，是代表勞動力的價值也在下降。物價低迷，即是說生產者的生活壓力則愈來愈大，其交換能力也隨之大幅下降。

> 簡而化之，假設：
> P1：文人都是消費者，而非生產者。
> P2：文人在通縮時代獲得好處，因為物價便宜，購買力增強，生活得到改善。
> P3：生產者（尤其是農民）面臨物價低迷的情況。
> P4：農民種植的穀物價值下降。
> P5：綢緞的價格下降，這是一種家庭式作業，代表著勞動力價值也下降。
> 則有以下公式：
> 如果文人是消費者，而非生產者，則文人在通縮時代獲得好處：[(P1 ∧ P2) → 文人受益]
> 如果生產者（尤其是農民）面臨物價低迷的情況，則他們的生活壓力增加，交換能力下降：
> [(P1 ∧ P3 ∧ P4 ∧ P5) →（生產者的生活壓力增加∧生產者的交換能力下降）]

以開元、天寶年間為例，因貨幣制度混亂，通貨不足，旋即陷入了「粗安生活水平陷阱」，其特徵有三項：一、消費者的生活豐足，都市人過著欣欣向榮的日子；二、實物貨幣的生產者的溫飽得到滿足，但整體的日子則愈

來愈艱苦；三、一般人的生活壓力是緩慢地增長，卻不甚明顯。

> 對於「粗安生活水平陷阱」，可以透過以簡單公式表示：L = P * (1 - (1/N) * (A/L))
> 其中：
> L = 生活水平
> P = 生產力
> N = 人口數量
> A = 人均耕地面積

根據這個公式，當人口數量增加，人均耕地面積減少，生活水平就會受到影響，並且可能陷入粗安生活水平陷阱。在「粗安生活水平陷阱」中，當人均耕地面積較小時，生活水平會隨著人口增加而下降，即當人口數量增加時，生活水平無法隨之提高，反而可能下降。這是因為在人均耕地面積較小的情況下，耕地面積無法滿足人口的需要，導致糧食和物資短缺，進而影響生活水平。此時，生產力對生活水平的提升已經不再起作用，反而可能被人口數量和人均耕地面積的負面影響所抵消。這種情況反映了經濟不穩定和通貨膨脹的嚴重影響。由於貨幣不足，一些人不得不尋找其他方式來交換和購買商品，而實物商品和農作物成為了交換媒介。這可能導致某些人在物資不足的情況下獲得了好處，但對於社會整體而言，這是一個不穩定的狀態。因此，這種情況也可能引發社會動蕩和不滿。

這一切都是因國家過於重視農業，而輕視貨幣發展之故。唐朝在積極開拓土地和發展農業的同時，卻未有適時發展貨幣制度，也沒有利用貨幣以減低社會的交易成本，從而使經濟變得更具效率。

近代中國（1840-1936）銀行與
鐵路運輸的互動關係
——以交通銀行與隴海鐵路作論述

梁耀強[*]

摘要

　　清王朝自十九世紀中葉開始，經歷兩次鴉片戰爭、太平天國運動、且受西方列強的經濟略奪，促使激化社會矛盾，這對當時社會產生深遠的影響。雖然清政府力圖改革卻無法解決國力漸趨弱化，以致社會動盪不安等問題。而西方列強大量向中國輸出資本，在中國紛紛設立銀行，強行借貸建築鐵路，奪取採礦權，更劃定勢力管轄範圍等局面。清光緒二十年（1894）馬關條約簽訂後，列強在華輕易取得通商口岸設立工廠的權利，輕易輸入技術設備，從事生產製造及廉價品，還在中國廣大的市場售賣。清王朝在列強經濟侵略下，最終導致社會革命不斷出現，促成了清朝的覆亡。

　　民國肇建，全國掀起一股「實業救國」浪潮，因而促成中國民族工業的勃興。隨著社會經濟的發展，金融體系的建設，銀行肩負資本借貸的角色，便成為實業發展的不可缺少的橋樑。而鐵路網興築則承擔交通運輸和促進區域經濟拓展的效能，銀行與鐵路運輸兩者的互惠互動的關係便日益重要，相得益彰。

　　本文以近代中國（1840-1936）時期的交通銀行和隴海鐵路為研究對象，則重銀行業務與鐵路運輸在互相依存互動中發展，根據既得的歷史資料

---

[*] 新亞研究所校友會副理事長。

和學術界對兩者的研究現狀,力求吸收既有的研究成果作出論述。

關鍵詞:交通銀行、隴海鐵路、實業救國、銀行與鐵路運輸、區域經濟

一 前言

　　清王朝自道光十九年（1840）開始，經歷兩次鴉片戰爭、太平天國運動、且受西方列強的經濟略奪，促使激化社會矛盾，這對當時社會產生深遠的影響。而清朝在經濟上是以農耕技術為主，形成小農經濟體系，對外又實施海禁，因而工商業發展遭受壓制。從通商口岸開始，使英國獲得對華貿易控制權，清廷已不能直接掌控社會經濟活動，促成傳統小農經濟逐漸解體，以致出現大量自由勞動力。在當時清政府力圖改革，卻無法解決國力弱化，社會動盪不安等局面。與此同時，西方列強大量向中國輸出資本，在中國紛紛設立銀行，強行借貸建築鐵路，奪取採礦權，劃定勢力管轄範圍等局面。清光緒二十年（1894）清廷簽訂馬關條約後，列強在華輕易取得通商口岸設立工廠的權利，輕易輸入技術設備，從事生產製造及廉價品，還在中國廣大的市場售賣。清王朝在列強經濟侵略下，最終導致社會革命不斷出現，促成了清朝的覆亡。

　　民國肇建，由於中國民族工業深受外資的壓制，催生全國掀起一股「實業救國」浪潮，而外資引進的新技術，卻起著示範作用（Demonstration Effect），刺激國人對新式工商企業的模仿與競爭，促成中國民族工業的勃興。隨著社會經濟的發展，銀行肩負資本借貸的角色日趨重要，金融體系的建設，便成為實業發展不可缺少的橋樑。而鐵路網興築則承擔交通運輸和促進區域經濟拓展的效能，銀行與鐵路運輸兩者的互惠互動的關係便日益重要，相得益彰。

二 近代中國社會經濟的變遷

　　談論近代中國經濟學，有論者認為是從西方移植的。在其移植西方經濟理論過程中，尤其清末民初返國的留學生對中國近代經濟學的產生及發展起了催化作用，也是近代中國實踐工業近代化的先鋒，諸如：交通銀行首任總

理李經楚、中國鐵路之父詹天佑等。

從清光緒二十年（1894）中日爆發「甲午戰爭」，《馬關條約》簽訂後，列強強行激增開放通商口岸，促成原來外商的勢力範圍擴展到中國內地；他們更把中國修築鐵路作為對華資本輸出的重要目標，這使中國朝野認識到修建鐵路以抗衡西方勢力進一步侵略的手段[1]。而西方取得新式企業的經營權、礦山和鐵道開採權，以及爭奪投資權等。而在財政上，不但在貿易、交通、金融市場等方面，外國的資本勢力是以新式銀行為工具，建立了廣大而有力的支配權來統制中國經濟發展。本國經濟被在這種掌控的情況下，國人思有以自強圖存以挽回利權之舉[2]。由於外國資本、官僚資本、民營資本相繼興起，建立起一批資本主義性質的近代工商業、交通運輸業、金融業等，其成為推動民國初年社會經濟發展的源動力。

從二十世紀初，全國掀起一股「以工立國」、「實業救國」等社會思潮。為抵制西方勢力的經濟侵略，民間要求開辦「銀行」，完善銀行制度的呼聲日益高漲，因此，促成了股份制形式的現代銀行在中國發展起來。

民國肇建以後，因為革命乃是破壞之事業，革命之後，便需要有建設。所以孫中山先生（1866-1925）認為民族、民權等政事已被肯定，此後以民生建設作為他的奮鬥目標。民國元年（1912）八月孫氏提出國家經濟建設方案，其中對鐵路建設甚表關注，他認為「交通為實業之母」，發展鐵路交通，既可富國強兵，也有益於商業，故中國「立國之本，當以建築鐵路為第一政策」。

北洋政府時期，由於當時政局出現地方政府分治因素，全國曾經出現三大財團的角力：即「華北財團」、「江浙財團」和「廣東財團」。隨著政治出現統一局面，國民政府定都南京後，上海成為當時全國金融中心，原來的地域經濟利益概念漸漸淡化，三大財團的抗衡漸漸被江浙財團相互融合。

---

1 費正清編：《劍橋中華民國史》（北京市：中國社會科學出版社，1993年），上卷，頁109。

2 參看〈交通銀行則例〉23條，內第13條，轉引自《交通銀行史料》，上冊，頁190。

關於「銀行」與「鐵路運輸」建設的構想，在孫中山先生的經濟思想體系中，「銀行」雖然沒有完整的銀行制度理論，但在反清革命過程中，他十分重視銀行為國家建設提供金融服務的重要作用，力催設立銀行，從其言論和著作中，有不少關於銀行建設的論述。他認為「中國地大物博，銀行愈多愈善」[3]。孫中山先生不僅從經濟發展角度強調銀行建設的重要性，認為「銀行操金融之樞紐，為振商之要品，關係國計，非屬細微」[4]，也指出銀行建設是與國家的獨立相關：

> 中國商業中心的交換媒介，為外國銀行家所控制。因而外國銀行如滙豐銀行之類，在中國的內部鬥爭中，實擁有舉足輕重的權勢。如果我們不能擺脫這種金融控制，獨立就無從談起[5]。

正因為銀行對發展實業、振興經濟和維護國家權利方面有著重要作用，就在中山先生擔任臨時大總統期間先後批核商業銀行、海外匯業銀行、農業銀行、殖邊銀行、儲蓄銀行、庶民銀行等多個銀行條例，力圖由不同類型銀行建構完整的銀行體系。

又以孫中山先生研究鐵路建設計劃而言，於光緒十七年（1891），他已首次提出「亟宜造鐵路，守以重兵，仿古人屯田之法」[6]。他認為修築鐵路，有助移民戍邊以保衛國家；至光緒二十年（1894）他在《上李鴻章書》中提出發展鐵路交通以振興中國經濟的主張。孫氏申述人盡其才，地盡其利，物盡其用，貨暢其流四者為「富強之大經，治國之大本」。所謂「貨能暢其流，在關卡之無阻難，保商之有善法，多輪船鐵道之載運也」[7]。

中山先生並詳論各國水路運輸乃為商貿能興繁茂盛之善法：

3　參看《孫中山全集》（北京市：中華書局，2006年），卷3，頁77-78。

4　陳旭麓，郝盛潮：《孫中山集外集》（上海市：上海人民出版社，1990年），頁355。

5　參看《孫中山全集》（北京市：中華書局，2006年），卷3，頁108。

6　〈農功〉，載《孫中山全集》（廣州市：中華書局，1981年），卷3，頁6。

7　參看〈上李鴻章書〉，載《孫中山全集》（廣州市：中華書局，1981），卷1，頁8-13。

> 商務之能興，又全恃舟車之利便……通商之埠所以貿易繁興、財貨山積者，有輪船為之運載也。於陸，則鐵道縱橫，四通八達，凡輪船所不至，有輪車以濟之。共利較輪船為尤薄，以無波濤之險，無礁石之虞。數十年來，泰西各國雖山僻之區亦行鐵軌，故其貨物能轉輸利便，運接靈速[8]。

然而孫中山先生的鐵路建設理念未被李鴻章接納。此後，孫氏致力反清革命活動。

在民國二年（1912）二月二十二日，孫中山先生在上海新成立的「中華民國鐵道協會」為他舉行的歡迎會上發表演說：「今日之世界，非鐵道無以立國。中國地大物博，如滿洲、蒙古、西藏、青海等處，皆物產殷富之區，徒以交通不便，運轉不靈，事業難以振興」[9]，在孫中山先生積極倡導下，中國掀起一股籌辦鐵路熱潮，而鐵路組織和機構紛紛成立。同年四月孫中山先生為表示真誠從事社會實業活動，特意聲明辭去正式大總統候選人，專注擬定建築鐵路的規劃，袁世凱對孫中山先生修建鐵路的宏偉計劃表示很感興趣，特授他為全國鐵路督辦，以籌辦建設全國鐵路[10]，並在上海成立「中國鐵路總公司」。

關於鐵路幹線的設置，孫中山先生認為「建築鐵道，應先以幹路為重要，謀議幹路，尤當先以溝通極不交通之幹路為重要」[11]。固他更指出凡有鐵路之邦，則全國四通八達，流行無滯。

8　〈上李鴻章書〉，載《孫中山全集》卷1，頁14。
9　《鐵道》1卷1期（1912年10月10日），頁13。
10　王雲五主編：《民國梁燕孫先生士詒年譜》（臺北市：臺灣商務印書館，1978年），頁132-133。
11　秦孝儀主編：《國父全集》（臺北市：近代中國出版社，1989年），第2集，頁461。

三 抗戰前期交通銀行與隴海鐵路的創設

經濟學者指出，銀行仿如人體的心臟，鐵路仿如人體的大動脈，兩者相依，互相依存，對於促進工商業務，社會經濟的發展，起著重大意義。

（一）抗戰前交通銀行的籌建

近代中國自五口通商後，外國西式銀行來華開設如雨後春筍，這不僅對中國固有的金融機構造成衝擊，也改變其原有經營方式。光緒廿四年（1897），盛宣懷（1844-1916）招集股本，奉旨於京師、上海創辦中國通商銀行，於是誕生了中國第一間自辦的西式銀行；自此，中國自辦銀行紛紛成立。

清光緒卅三年（1907）年交通銀行及浙江興業銀行的設立。主因是當時中國，輪、路、郵、電四種交通建設所需資金實多依賴外債，而且借款合同規定存放款項要向外國銀行儲存，匯款亦由外國銀行匯劃，外國銀行因此獲取巨利；且因匯率變動之影響，國家財政蒙受不少損失。如交通銀行章程：

> 交通銀行之設，原以贖回京漢鐵路之動機，並以利便交通四政為宗旨。[12]

可以說交通銀行的設立，其任務方面主要包括有：交通上的任務、財政上的任務、實業上的任務、以及金融上的任務等。

銀行早已被譽為在經濟發展和工業化過程中起著主導作用，如徵集資本、降低交易費用等。而且銀行還通過利率、通過流通中的貨幣數量等而對整體經濟有著巨大的影響，甚至流通中的貨幣數量還間接影響了價格水準和價格變動率。因此，銀行業能夠影響商品產業的構成、經濟增長率和通貨膨脹率。

---

[12] 參看《申報》（1915年11月18日），前揭書，頁12。

交通銀行創設可以說，是中國新式銀行與本國實業互動發展的一個個案，抗戰前，其發展的過程大致劃分為三個階段：

1 　創設階段（1907-1911）

光緒三十三年（1907）郵傳部奏准設立交通銀行，據〈清光緒三十三年十一月初四日郵傳部奏頒〉述：

> 交通銀行章程第五條規定：「為京漢贖路時總司一切存款、匯款消息，鎊價、預買法郎克等事。」
> 第六條規定：「贖路債票章程俟奏定後，由該行經理收發。」[13]

按京漢鐵路為該時外人在華經營的鐵路中最具有戰略價值者，和京奉線並稱為利潤最大的兩條鐵路，係向比利時公司借款興建，並由其經營代辦。[14]

清政府允許郵傳部設置交通銀行，促使郵傳部的權力不斷增加，又多了財政影響力。可能由於它的規模和財源大部分來自鐵路，故名交通銀行。並且專責辦理輪船、鐵路、郵政、電報四個事業單位的款項收付，以便集中資金、靈活調度，改變分頭存儲，此絀彼盈，資金分散的局面；同時利用銀行經理股票、債券、籌集資金，發展交通事業，避免舉借外債受制於外國人。[15]

2 　轉變階段（1912-1926）

民國元年（1912）初，財政部曾頒「金庫出納暫行章程」，委託中國銀行既代理國債，又為現金出納保管事務。然而，當時中國銀行尚未籌備就緒，故將金庫事項轉委託交通銀行分任，於是中交兩行從此相提並稱，隱然同具國家銀行資格。

---

[13] 參看《清光緒三十三年十一月初四日郵傳部奏頒》，載於《交通銀行史料》，上冊，頁172。

[14] 中國近代金融史編寫組：《中國近代金融史》（北京市：中國近代金融出版社，1985年5月）頁93-95。

[15] 《中國金融史》（成都市：西南財經大學出版社，1996年8月），頁174。

民國二年（1913）五月，「金庫條例草案」及「財政部委託交通銀行代理金庫暫行章程」先後頒行，「支出款項除特別外，註明從某款內開支，交通銀行即分別辦理」。[16] 遂由單一金庫制而變為複金庫制。以上兩項章程，說明規定中國銀行與交通銀行同負金庫之責。

民國三年（1914）三月政府公佈「交通銀行受政府之特許，發行兌換券。其辦法照財政部之銀行兌換券則例，但發行式樣數目及期限，另由銀行呈請財政部核定」。[17] 又規定在紙幣條例未規定之前，所有該行發行之兌換券，應按照中國銀行兌換券章程辦理，以資輔助。因此，在交行運送鈔票經過各海關時，亦得按照中國銀行兌換券辦法，准其免稅。又凡公款出入，完納稅項，發給官俸軍餉，商場交易，以及郵、電、路、航各費之出納，均一律通行。民國三年（1914）八月十八日財政部頒布「交通銀行則例」，依據新則例：

第七條「交通銀行掌管特別會計之國庫金」
第八條「交通銀行得受政府之委託，分理金庫。」
第九條「交通銀行受政府之委託，專理國外款項，及承辦其他事件。」[18]

新銀行兌換券則例，促使交行與國庫關係更加密切。

3 發展階段（1927-1936）

交通銀行在民國十七年（1928），於修訂新條例中，規定「交行」為政府特許發展全國實業之銀行，交通銀行自民國十七年（1928）年改組後，曾經試圖增加對工業資金的供給，以達成其實業銀行之任務。

民國十七年（1928）國內政治及社會環境漸趨穩定，國民政府修訂交通

---

16 參看〈財政部委託交通銀行代理金庫暫行章程〉，第9條（民國2年5月）；載於《民國財政史》，第6編〈泉幣〉，第2章〈銀行〉，頁40。
17 參看〈交通銀行則例〉23條，內第13條，載於《交通銀行史料》，上冊，頁190。
18 參看《交通銀行史料》，上冊，頁190。

銀行新條例，規定：

> 「交通銀行經國民政府之特許，為發展全國實業之銀行，依照股份有限公司條例組織之。」[19]

交行至民國十七年（1928）國府再頒條例，特許為交通銀行發展全國實業之銀行後，營業方針即趨重於實業發展方面。

（二）清末民初鐵路運輸的建構

自一八二五年英國建成了世界上最早的一條鐵路，由於鐵路運輸在經濟上、政治上及軍事上都起著作用，於是歐美各國接踵而起紛紛效法鐵路建設。站在國家經濟發展的層面的發展來說「要想富、先修路」，交通建設就是最重要的因素。鐵路對於各種資源的開發最大的貢獻，主要由於對蒸汽力和鋼鐵的利用，促使運輸能力增大。由於運輸能力增大，所以鐵路運費特別低廉，運輸數量及速度也急劇增加。所以，鐵路對於各種資源開發的貢獻自然要遠較其他交通線為大，與此同時，鐵路對於開發沿線商業市場起著催化作用。

甲午戰爭前，中國鐵路建設很少，最早在同治四年（1865），英人於北京建立一里多長的小鐵路，此乃鐵路實際輸入中國的第一條鐵路。[20]但此舉卻使京師官民駭異，官方乃勒令拆除。晚清時期最早出現的鐵路，是光緒二年（1876）英商人請准建的一條鐵路——吳淞鐵路完成是中國第一次正式有鐵路的舖設和火車的駛行。

中國鐵路的開始，要算是唐山－胥各莊的運煤鐵路。這是為了運載開平

---

19 參看〈交通銀行條例〉，第1條，前揭書，頁193。
20 李岳瑞：《春冰室野乘》（臺北市：文海出版社公司，1967年），頁204；白壽彝：《中國交通史》（臺北市：臺灣商務印書館，1981年），頁232。

的煤而建設,並於光緒七年(1881)完成。修築唐胥鐵路所需要的資金為銀十數萬兩,是統歸開平礦務局籌捐,[21]是中國最早的自辦與商辦鐵路。[22]由於唐胥鐵路過短,運煤不便,於光緒十二年(1886)將唐胥鐵路開始向閻莊、蘆臺修建,經拓展的路長連唐胥段合計約四十五公里,這是完全為運煤而設的鐵路,也標緻中國近代產業的新景象。

甲午戰爭後,清政府決定修鐵路,開礦山,造錢幣,以圖自強,並設立中國鐵路總公司,任命盛宣懷為督辦大臣,籌辦鐵路。而隴海鐵路是一條橫貫中國東西,聯接津浦、京漢兩線的重要鐵路。於光緒二十三年(1897),盛宣懷即請准在開封府(舊稱汴梁)至河南府(即洛陽)間敷設鐵路,作為蘆漢鐵路的支線;後因義和團運動興起,此項建議遭擱置。隴海鐵路的修建經過大體三個階段:

1 初建階段(1903-1912)

隴海鐵路線原名隴秦豫海鐵路,簡稱隴海鐵路。該鐵路線早於光緒二十三年(1897)五月二十七日,盛宣懷與比利時簽訂了《蘆漢鐵路借款合同》,光緒二十三年(1899)年五月十八日,清政府與英,德簽訂了《津鎮鐵路草合同》。[23]在這種情況下,盛宣懷建議將開封和洛陽兩地的鐵路(也稱汴洛鐵路),作為蘆漢鐵路的支線,仍由比公司籌款修建,以其保蘆漢鐵路貨源,清政府採納了這個建議。於光緒二十九年(1903)十一月與比利時公司簽訂《汴洛鐵路借款合同》。汴洛鐵路計劃於光緒三十年(1904)動工,光緒三十四年(1908)建成,全長一百八十三點八公里。清政府商部成立後,曾建議「乘汴洛現造之路,東達徐海,西展至陝甘、新疆、成東西一大緯線」。[24]後因辛亥革命爆發後,此項建議一度停止。

---

21 沈桐生輯:〈光緒政要〉卷13,頁2-3;「直隸總督李鴻章奏辦開平煤礦」(光緒十三年二月)。
22 曾鯤化:《中國鐵路史》(臺北市:文海出版社公司,1937年),頁32;馬場鐵太郎,前引文,頁112。
23 宓汝成編:《鐵路史資料》(北京市:中華書局,1963年),第2冊,頁736-737。
24 宓汝成編:《鐵路史資料》,第3冊,頁1160。

2 併合階段（1913-1927）

在清代末年，有幾條借款新築之鐵路正在進行中，其後，清政府頒佈國有鐵路政策，使全國重要路線改由政府統籌，避免了地方政府與商民漫無計劃的修建鐵路。民國成立以後，仍執行國有鐵路政策，交通部很成功地收回各省商路，以資全盤規劃。[25]民國元年（1912）九月二十四日與北洋政府交通部總長朱啟今簽訂《隴秦豫海鐵路借款合同》（簡稱隴海）。[26]在北京設立隴秦豫海鐵路總公所，並在徐州設立東路工程局，負責修建開封至海州的鐵路。民國二年（1913），又根據《隴秦豫海鐵路借款合同》的規定，將清楊鐵路收買，作為支線。於同年五月該段工程正式動工。民國四年（1915）五月通車至徐州，民國五年（1916）一月正式營業，徐州以東工程因第一次世界大戰爆發，資金不足而無法進行。戰事結束後，隴海鐵路督辦施肇曾為解決築路資金問題而前往歐洲籌款，因法、比兩國戰後財力不足，而改找荷蘭與比利時兩國公司共同議定，民國九年（1920）五月一日，簽訂了《隴海鐵路比荷借款合同》。上述借款訂立後，西路自觀音堂至陝州的修建工程重新開工，工程浩大，民國十三年（1924）才通車至陝州。而陝州至靈寶在民國十五年（1926）才通車。其後，靈寶至潼關段亦開工。東段自徐州至海州亦於民國十四年（1925）通車。[27]

總之，一九一三年五月起，隴海鐵路開徐（開封－徐州）、洛觀（洛陽－觀音堂）、徐海（徐州－海州）、觀陝（觀音堂－陝州）、陝靈（陝州－靈寶）段先後開工，至一九二七年各段相繼通車，共長六百四十點零八公里。

3 擴展階段（1928-1937）

民國十七年（1928）北伐告成，國民政府建都南京後，為實現孫中山先

---

[25] 凌鴻勛著：〈中國鐵路之建設〉，《抗戰前國家建設史料-交通建設》，《革命文獻》（臺北市：中央文物供應社，1979年），第78輯，頁295。

[26] 凌鴻勛著：《中華鐵路史》（臺北市：臺灣商務印書館，1981年），頁112-114。

[27] 凌鴻勛著：《中華鐵路史》，頁115-116。

生的鐵路計劃,成立鐵路部,以孫氏哲嗣孫科為第一任部長。[28]孫科宣佈以「管理統一」、「會計獨立」兩大原則為「鐵道施行方針」;並誓言「恪遵(孫中山)遺教,努力鐵道之建設」,完成中山先生未竟事業,實現孫中山的鐵路建設計劃。[29]在民國二十八年(1929)一月,孫科向「中央政治會議」提出《庚關兩款築路計劃》,該項計劃未被中央政治會議全部接納,並將計劃作了修改。

孫科在提案中提出修築全國鐵路的「選線計劃」和「興築程式計劃」,限期完成粵漢、隴海等線鐵路計劃。而在兩條鐵路線中,孫科強調隴海鐵路必須提前完成,因為「當時西北苦旱,五穀不收,人民餓死者載道,故亟待修通此路,將外地物資運往接濟,以救災黎……第二,那時蘇俄與新疆邊境平行之土西鐵路已開始通車,其意即在攫奪我國西北富源,伺機進窺內地……如能先完成隴海鐵路,再謀展築至新疆,即可分俄之勢……第三,前此西北回民及軍人之一再叛變,即因西北交通不便,中央有鞭長莫及之勢……倘此路一通,軍運神速,則地方割據之勢力,自難存在,實有利於邊疆鞏固統一」。[30]

關於隴海陸工程籌劃西展,就靈寶至潼關一段工程是利用比國退還庚款所購買材料,於民國二十年(1931)復工,是年年底通車潼關。與此同時,在靈潼段尚未完工,潼西工程局已設立,並由鐵道部另籌工款進行。隴海路自越過潼關以後,沿渭河進入而至西安,於民國二十三年(1934)年底鐵路通達西安,並併入隴海鐵路管理局行車營業。由西安西行入隴以達蘭州,該線經寶雞而至蘭州,於民國二十三年(1934)設立西寶段工程局,就潼西段工程繼續向西展築。該段向西展築鐵路工程,由西安而至寶雞,於民國二十六年(1937)完工通車,由隴海鐵路局接管,因抗日戰事寶雞至蘭州線而工程停止。而隴海路東段自民國二十一年(1932)復將海州接至連雲港,並經

---

28 孫科:〈二十五年來之鐵道〉,載《革命文獻》,第78輯,頁16。
29 孫科:〈二十五年來之鐵道〉,載《革命文獻》,第78輯,頁19-25。
30 孫科:〈八十述略〉,載《孫科文集》(臺北市:臺灣商務印書館,1971年),第1冊,頁19。

營海港工程，解決港口問題，繼而修築臺兒莊至趙墩支線。[31]隴海鐵路，橫貫甘肅、陝西、河南、江蘇四省。西經寶雞、西安、潼關、洛陽、鄭州、開封、徐州、海州，東至黃海之濱的連雲港，其修健興築經歷三十餘年，全長一千兩百三十餘公里。

四 交通銀行與隴海鐵路的互動關係

鐵路與銀行之關係，誠如盛宣懷所言「因鐵廠不能不辦鐵路，又因鐵路不能不辦銀行」。[32]鐵路之利遠而薄，銀行之利近而厚，而鐵路的興築與修建，其借債招股必須憑藉銀行方能措手。[33]但所舉借的外債，必須負擔沉重利息，為求解決國家因建造鐵路而支付利息的問題，為求抵制外國銀行的資本侵略，民間要求開辦銀行的呼聲便日益高漲。在辛亥時期，全國掀起「實業救國」、「以工立國」等社會思潮。因而促成華資民營股份制形式的現代銀行在中國發展起來。而銀行與實業之關係，主要提供融資、投資及相關各項服務，其對工商業的放款，每一放一收都對經濟發生促進或抑制的作用，而經濟學者把銀行這種調節作用，稱作「信貸槓桿」。然而銀行對工商業提供融資，誠如周學熙所說「必先有健全之金融，而後能有奮興之實業」。[34]

隨著隴海鐵路沿線的修建日漸完成，有些商業銀行的分支機構相輔而行。如金城銀行周作民指出「查隴海鐵路工程逐漸西進，銀行事業理應相輔而行，俾完使命」。其後該行一再實地考查「認為業務西展，似屬當務之急」；周氏又說「鄭行在潼關所設之辦事處現以路線西進，潼地收解事少」，因此，建議「將該處遷至西安，即稱西安辦事處。至隴海東線連雲港開闢，商務日見發達」。[35]

---

31 淩鴻勛：《中華鐵路史》，頁117-120。
32 盛宣懷：《愚齋存稿》，（臺北市：文海出版社公司，1963年），卷25，頁639。
33 盛宣懷：《愚齋存稿》，卷25，頁650。
34 郝慶元：《學熙傳》（天津市：人民出版社，1991年），頁233。
35 中國人民銀行上海市分行金融研究所編：《金城銀行史料》（上海市：人民出版社，1983年2月），頁251-252。

除此之外，交通銀行，上海商業儲蓄銀行的分支機構，主要分佈在幾條鐵路線上，其中上海總行中樞，南京、漢口、徐州、鄭州是四個支撐點，沿著長江和隴海鐵路由東向西，設立了許多機構，以便於押匯和匯兌業務的開展。[36]

（一）協助交通運輸

交通銀行在促進交通事業方面，包括：鐵道公路之修築、水利築堤工之浚治等建設，協力共進。其對各類交通事業放款之經過，如下述：

1 促進鐵路建設

包括有代鐵道部購料委員會保付價款、承借大潼潼西鐵路工程墊款；承受財政、鐵道兩部發行之六厘英金庚款公債、承借浙省府建築錢塘江大橋借款、**承借隴海鐵路老海港建設工程借款**、承借江南鐵路築路借款、**承借隴海鐵路西寶段工程墊款**、承借蘇嘉鐵路築路借款、承借浙贛鐵路南萍段工程借款、承購完成滬杭通鐵路六厘英金借款債券；承借財政、鐵道兩部建築川湘、川陝鐵路借款；代理鐵道部清還浙路公債、承借完成粵漢鐵路工程借款、承借浙贛鐵路訂購枕木美金借款、承借京贛鐵路宣貴段工料借款、承借南潯鐵路局建築中正橋借款、擔保浙贛鐵路購車借款、承做鐵道部購料期票貼現、承借江南鐵路公司、湘鄂、平漢、津浦等路局透支借款。

2 促進公路建設

計有承借寧橫、湘桂、湘黔、湘鄂、川湘、川鄂、洛潼、福甌等公路建築工程借款；承借全國經濟委員會西北公路工費借款；承借豫、鄂、湘、贛、浙、閩等省府開闢增築各線公路借款。

---

[36] 中國人民銀行上海市分行金融研究所編：《上海商業儲蓄銀行史料》（上海市：人民出版社，1990年6月），頁10。

3 促進水利建設

諸如有承借蘇省修理沙腰河、修築塘堤、導淮工程、江北運河堤防工程、開浚黃田港運河及直瀆等四河工賑，及水利建設公債借款；承借汴省浚治黃河借款、陝省引渭借款；承借閩省建築羅星塔碼頭借款、承借鄂省堤工借款；承借魯省黃河水利委員會借款。[37]

交通銀行認為建設事業與實業之發展，有著互動關係，並指出對於可以改進民生、發展生產者，均為交通銀行的使命，樂於促成其事[38]。交通銀行在交通建設事業放款方面，雖逐年增加，但佔放款總額的比例不大，有關交通銀行近五年業務，茲列如下統計圖表：

表一　交通建設事業放款比較表（1932-1936）

單位：千元

類別	1932年	1933年	1934年	1935年	1936年	1936年與1932年比較	
						金　額	百分比
鐵路	2249	5635	5553	5799	12280	10031	+446
公路	4	67	189	427	1495	1491	+37275
水利	133	118	495	2306	2299	2166	+1628
電氣	730	921	1189	1117	2560	1830	+250
航業	284	405	464	414	456	172	+60
公用	65	112	147	473	505	440	+576
合計	3465	7258	8037	10536	19595	16130	+466

資料來源：以上為〈滬人行檔案〉交行卷，第二〇七號，綜上而言交通銀行的交通建設事業放款，從民國廿二年（1933）增加三百七十九萬。

---

[37] 參看《交通銀行史料》，上冊，頁286-287。
[38] 參看〈滬人行檔案〉，交行卷，第270號，行務記錄匯編（一）；轉引自《交易銀行史料》，上冊，頁289-291。

（二）努建銀行與鐵路運輸經濟帶

　　鐵路的通行促使運輸時間的減省，運輸地理的縮短，帶動了工商業、農產業的長足發展；而鐵路運輸促使腹裏內地、邊遠地區與沿海港口城市的聯繫密切起來，商品流通除以口岸市場為起點外，向中心城市和工商業城市集中的傾向日趨突出，改變貨物流向，改變了市場傳統的分布格局，隨之而來促進商業發展趨向區域化。

1　沿線設立倉庫事業

　　倉庫亦稱「堆疊」或「貨棧」，為輔助實業、輔助商業金融之一種獨立組織，也是銀行重要業務之一，以輔助實業發展為主。[39]而倉庫分設各地，必須依賴交通路線及商業區域作規劃，從而使業務產生連環作用。隴海全線運輸重心全在西段，以鄭州、渭南為最重要，其轉口則在東段之徐州與連雲港。[40]倉庫應沿出口各商埠設立，而以收容輸出品為主體，輸入貨物亦酌量經營為原則，[41]交通銀行被指定為發展全國實業之銀行，對配合客觀環境之需要，故積極設立倉庫。而該行各地設立倉庫之間，為使業務上發生連環作用，以收相互為輔之效，交行建立全國倉庫網。交行倉庫分設各地，範圍甚廣，聯絡運輸關係密切，故甲地倉庫與乙地倉庫之銜接，要依賴交通路線及商業區域決定，茲於下列舉交通銀行倉庫的分佈區域為例：

---

[39] 拙文：《實業與銀行關係：以交通銀行為個案研究（1907-1949）》（未刊稿，2002年），頁126。

[40] 交通銀行總行編：《交通銀行史料（1907-1949）》（北京市：中國金融出版社，1995年），下卷，頁1321。

[41] 《交通銀行史料（1907-1949）》，下卷，頁1337。

表二　交通銀行倉庫分布區域表（民國二十五年）

路線、區域	地點	附注
隴海、平漢路線	鄭　州	銜接漢口、徐州
隴海路線	洛　陽	
隴海路線	渭　南	
隴海路線	西　安	
隴海、平漢路線	彰　德	
隴海、平漢路線	石家莊	
隴海、津浦路線	徐　州	
隴海、津浦路線	蚌　埠	

資料來源：〈二史館檔案〉，三九八（二）七〇〇號，《交通銀行史料（1907-1949）》，下卷，頁1290。

2　強化商業市場的建立

　　交通運輸業務要點在防患而非與轉運商爭利，而倉庫應沿運輸線路設立，以收容轉運貨品為主體，其方式以利用運輸機關，訂立押品。以交通銀行分設各地的倉庫範圍而言，分別由鄭州至潼關屬鄭州分行、由潼關至咸陽屬渭南分行。而在徐州轉口改由陸路轉運，南至上海、無錫，東至濟南，青島等處則屬徐州分行，在連雲港轉口由水路聯運南至上海。

表三　運輸路線表（民國二十五年）

運輸類別	運輸類別	地　點	承運機關
鐵路	隴海西段	鄭　州	隴海鐵路局
	隴海西段	洛　陽	隴海鐵路局
	隴海西段	靈　寶	隴海鐵路局
	隴海西段	潼　關	隴海鐵路局

運輸類別	運輸類別	地　點	承運機關
	隴海西段	渭　南	隴海鐵路局
	隴海西段	西　安	隴海鐵路局
	隴海西段	咸　陽	隴海鐵路局
	津浦南段	徐　州	津浦鐵路局
	津浦南段	蚌　埠	津浦南段

資料來源：〈二史館檔案〉，三九八（二）七〇〇號，《交通銀行史料（1907-1949）》，下卷，頁1334。

隴海鐵路的運輸業務，日益顯示其強大的運輸能力，衝擊著中國社會固有的運輸系統，影響著貨運的流向，隨之出現經濟重心的變遷。新的城市集鎮增加，原有的一些城市集鎮出現了盛衰消長的變化；促使都市的職能起了變化！

五　銀行與鐵路運輸互動的經濟效益

鐵路的交通運輸在現代工業化國家中重要貢獻是開發資源；其遠較水道或其他交通網線為大。中國地緣遼闊，資源豐富，在沒有鐵路運輸之前，促進商業貨品運輸只能依賴水路運輸和陸路運輸，由於鐵路貨運運輸量大，在促進工業化進程中起著舉足輕重作用，加上全世界不斷擴展鐵路建設，因此中國建設鐵路更為重要。

（一）開拓社會經濟新局面

正如中山先生所說「苟無鐵道，轉運無術，而工商皆廢，復何實業之可圖……蓋交通發展，然後一切土產增加改之機會始弘，農礦振興，然後一切工業原料之供給始裕」。[42] 隴海鐵路是一條橫貫為中國東西方向的交通大動

---

42 《民國日報》（1929年3月19日），載宓汝成編：《中華民國鐵路史資料（1912-1949）》（北京市：社會科學文獻出版社，2002年），頁730。

脈，尤其對刺激鐵路沿線的經濟開發更為明確。

1 開拓水陸聯運市場

連雲港是隴海鐵路的吞吐海港，也是以鐵路集運為主的一座轉港口。這一築港規劃，早在民國七年（1918）中山先生著述出版的《實業計劃》中，關於在海州擴建二等港的論述，及對隴海鐵路終點海港的優點和不足之處的改良方案也闡述詳盡。

民國十五年（1926）隴海鐵路局已將東段鐵路修建到了大浦，自從鐵路通達大浦後，堆存貨物的場地、貨棧、倉庫紛紛出現，為徐州、蚌埠等地多家公司堆積如山的布匹、食鹽、棉花、糧食、雜貨、土特產品等提供倉儲。[43]由於大浦港地理因素導致其淤塞日漸嚴重，影響較大的貨船進出，數千噸貨物經常囤積於大浦碼頭和貨棧之中，阻礙了隴海鐵路貨運的進出口運輸。[44]

隴海鐵路沿線農產品大都運往上海，青島等地銷售，運輸手續繁瑣，運費高昂。上海、青島、廣州等港，都是通商大埠，已形成產銷市場，貨物運抵後要待善價而沽，等脫售後再行轉運。而大浦港附近的新浦為剛興起的小型商埠，尚未形成大批貨物的產銷市場。因而隴海沿線運往上海、青島銷售的農產品，常因各大商埠物價低落之衝擊，對隴海鐵路的貨運發展極為不利，因此，隴海鐵路局不得不考慮與航業界發展水陸聯運。民國二十一年（1932）隴海鐵路局與招商局再次商議水陸聯運，完善鐵路貨運的發展。於民國二十二年（1933）十一月十五日，簽訂了隴海路局與國營招商局水陸聯運合同，並制訂水陸聯運細則。

隴海鐵路局提倡的水陸聯運，除了手續簡便、費用低廉，及運輸便捷外，還設有負責償貨運到付費等特點。為了推動隴海鐵路貨運的發展，並制訂一些特殊措施，根據這一規定，連雲港運往津、粵、滬等地貨物，在經過

---

43 連運港港務事志編審委員會編：《連運港港志》（北京市：人民交通出版社，1993年），頁113。

44 盧其昌編：《連運港港史》，古、近代部分（北京市：人民交通出版社，1987年），頁100。

青、滬、寧等地通商口岸停留裝卸貨物時，對於原裝未卸繼續前進的貨物，須交納轉口稅。而隴海沿線的土貨，經由連雲港輸出的主要貨種，根據民國二十三年（1934），國民政府的議案免征轉口稅。水陸聯運的細則得到商人肯定，從一九三四年起，連雲港碼頭進出口的貨運數量躍升。[45]

以鄭州運往上海的棉花為例：從鄭州經連雲港抵上海（隴滬聯運路線）鐵道路程為五百七十四公里，海路路程為七百零九公里，一噸棉花聯運價格為二十一點二七元。倘經徐州由浦口水路轉運上海（非隴滬聯運路線）其鐵道路程為六百九十二公里，水路程為三百九十二公里。由於水路運費低於陸路運費，故兩者運價沒有明顯差別。然而經過浦口時，對一噸棉花要征轉口稅九點一元（銀元），這一稅率為鄭州經連雲港抵上海聯運價格的百分之四十二點八。根據隴海鐵路民國二十三年（1934）十一月棉花運出量計算，經由連雲港運上海，漢轉口稅一項，每月可為商人節省十一點七四萬元。[46]

2 華北棉業市場改變運銷結構

中國棉花出產地域甚廣，產棉省分以直隸為第一，而直隸省會之天津，為全國三大棉市之一，不特直隸棉產集中於該處，陝、豫、晉、魯各省棉產，亦有一部以天津為集散場。[47]直隸各懸區值棉最初為自用，民國以來天津市新式紗廠勃興，原料的需求更為增加，原來限於本地市場的棉花，至此乃變為一種商品，以致棉花需求增加，棉布需求相映形見絀，因而棉產增加，各懸專供棉花交易市場增多，其結果移入內地棉，其中如陝西棉與山西棉等。

據上海華商紗廠聯合會報告稱，陝西的棉花在二十世紀以前，主要是用騾車運銷甘肅，四川北部所用棉花，也需靠陝西供給，常常有賣苦力者由陝西關中道背棉一二百斤，翻越秦嶺經漢中而入四川。自隴海鐵路通到陝西以後，陝西出產的棉花雲集隴海路，經隴海路轉道京漢、津浦運銷鄭州、漢

---

45 盧其昌編：《連運港港史》，古、近代部分，頁101-103。
46 盧其昌編：《連運港港史》，古、近代部分，頁104。
47 曲直生：《河北棉花之出產及販運》（上海市：商務印書館，1931年），頁2。

口、天津、上海等各大市場，占產棉區外運棉花的百分之九十九。河南、河北、山東等省出產的棉花以自給為目的，鐵路修通之後，外運量增多，至二十年代末，這些省份出產的棉花運往天津、青島等沿海商埠的約占全棉區收購總量的百分之七十五左右；到三十年代初，全棉區投入市場的棉花經由鐵路運輸的達二十餘萬噸。[48]陝西棉在天津銷路亦大部分為紗廠。而山西棉之銷路有漢口、上海、鄭州、天津等市場，運銷路線多沿隴海鐵路先運至河南觀音堂（隴海鐵路車站），再向其他處轉運。運銷天津則先運至榆次，再由石家莊運至天津。山西棉在天津幾全數銷紗廠。[49]

3 煤業轉銷減輕運價

國產的礦產品主要是煤炭。在民國初年，因歷史的原故，國有鐵路各路間關於煤炭的運價不一，運費依次是由煤的運輸距離和單位運費決定的。因此，鐵路運輸煤的能力對於煤礦公司來說經常是比運費率更重要。過去中國鐵路集中在沿海一帶，經鐵路運輸的貨物，很多是進出口商品，所以每噸平均行程的增長不及運量增長快。為降低煤炭轉銷運價，除了開發省內交通外，還有修築鐵路，比方通過興築同蒲鐵路與隴海鐵路線連結起來，為山西煤向東部運輸提供了另一條道路。又如中興煤礦公司利用大浦港輸出煤炭以後，從降低運費成本，計劃將臺棗鐵路與隴海鐵路接通。同時，隴海鐵路局為招攬貨源，也有意擴展接臺棗路。

民國十九年（1930），隴海鐵路局計劃將修築臺兒莊鐵路，與隴海路的趙墩站相接。中興公司建設了一條易於通向新港口連雲港的鐵路線，表現出它對縮短鐵路運輸線長度的重視。其後，中興公司建設了一條易於通向新港口連雲港的鐵路線，中興運它的煤到上海，先經過四百三十九公里的火車運輸抵達浦口，然後從那里再順長江水運三百九十公里到達上海。民國二十四年（1935）三月一日，臺趙支線和臺棗鐵路聯軌正式通車，實現了津浦、臨

---

48 章有義：《中國近代農業史資料》（北京市：生活・讀書・新知、三聯書店，1957年），第2輯，頁235。

49 曲直生：《河北棉花之出產及販運》，頁272-273。

棗、臺棗、臺趙、隴海五條鐵路貫通。臺趙支線的完工，使棗莊至連雲港的煤炭運輸路程，由原來利用臨棗、津浦、隴海等三線的三百四十公里，縮短為兩百四十公里，並且中間少一次過軌，可以節省三分之一時間，估計每年可為該公司節省一百萬元。由於促進了銷售，增加利潤比這個數目更大。同樣，淮南煤礦在建成通到蕪湖的鐵路線後，允許水上運輸承擔這個礦運煤的重擔，從而使它處在更強有力競爭地位上。一般說來，火車運輸的長度和在上海銷售之間的關係，比煤礦離上海的總距離和在上海的銷售之間的關系更密切。這對連雲港的貨運起到了橋樑作用，促進了連雲港貿易的飛躍發展。[50]

綜合而言，鐵路運輸量大，是一個快速擴張的新興重要出口部門發展的先決條件。其次，它降低了國內的運輸費用，將新地區及新產品帶入商業市場，加深市場的功能。

4 比較主要以鐵路幹線運銷情況

從鐵路運輸的增長情況來看，通過鐵路運輸的數量和每噸行程都有增加，說明商品流通量的增長和流通規模的擴大。

表四　主要幹線貨車利用狀況（1920-1935）

計量單位：每噸容積平均載重噸數

年份	京漢	京奉	津浦	滬寧	滬杭甬	京綏	道清	隴海	廣九	吉長
1920	60	77	65	128	43	48	202	?	42	133
1921	57	81	65	75	56	45	179	?	36	164
922	47	51	45	86	66	42	208	?	86	160
1923	64	103	47	93	66	38	234	41	88	167
1924	55	81	43	73	50	34	215	40	61	170
1925	46	68	29	56	63	35	148	18	32	184
1926	?	50	?	84	66	18	45	30	45	?

---

50 〔澳〕蒂姆·賴特：《中國經濟和社會中的煤礦業：1895-1937》（北京市：東方出版社，1991年），頁111，頁113-114。

年份	京漢	京奉	津浦	滬寧	滬杭甬	京綏	道清	隴海	廣九	吉長
1927	?	69	?	40	42	15	38	13	43	?
1928	?	41	?	72	67	15	62	18	41	218
1929	?	?	29	79	76	19	52	22	44	178
1930	?	71	24	75	81	21	68	22	50	?
1931	78	102	39	72	78	28	78	31	54	?
1932	96	119	40	42	65	34	91	35	59	?
1933	63	90	59	67	77	62	97	33	62	?
1934	58	85	81	95	99	65	122	46	69	?
年度1935	78	70	72	82	?	68	?	82	71	?

資料來源：一九二○～一九二四年，一九三一～一九三二年據《中華國有鐵路統計總報告》，一九三二年份，頁17；一九二六～一九三○年據《中華國有鐵路統計總報告》，一九三三年份，頁9-20；一九三四～一九三五年度，據《中華國有鐵路統計總報告》，一九三五年份，頁18。

轉引自：嚴中平《中國近代經濟史統計資料選輯》（上海市：科學出版社，一九五五年），頁197。

從上表，如果把京漢、京奉、津浦、滬寧、滬杭甬、京綏、京綏、隴海、廣九等九條鐵路作比較，表中所顯示鐵路營運不平衡發展的現象。隨著隴海鐵路擴展工程日漸完成，它的運輸量逐漸提升，而經濟成效更為顯彰。

六　結論

　　銀行是商品經濟發展的產物，是經營借貸資本的特種企業。誠然，在十九世紀前期，中國國民對於自辦銀行的意識不高。自鴉片戰爭以後，西方列強的經濟勢力深入中國境內，破壞了本國固有的自然經濟體系；與此同時，西方列強在華境內紛紛經營銀行業，而外商銀行的高額利潤，使國家財政蒙受損失，此後，本國社會輿論要求創辦銀行的呼聲日益高漲。於清光緒卅三年（1907），交通銀行的設立，標誌著中國銀行業的新里程碑。

　　中山先生在草擬鐵路建設計劃的時候，我國還在重重國際不平等條約束

縛，譬如，國內鐵路網的設計欲要通達南北重要的港口，往往受到外方的牽制，不能自由發展；同時，在民初時期，國人對於中國邊省的地理情況還沒有很精確的認識，有關地形、地質、天然等地勢環境，尚缺乏可靠的資料。所以，中山先生曾坦言，《鐵路計劃》只是一個粗略的勾劃，或可被視為一般性政策，是一個門外漢的作品。至其實施之細密計劃，必當再經專門名家之調查，科學實驗之審定，乃可從事，故所舉之計劃，當有種種之改良。[51]

清末民初時期，新興工業相繼創立，引起大規模實業金融的需要，與此同時，社會輿論不斷高叫「非振興實業，不足以圖強，非改革金融機關，不足以振興實業」之論。然而，交通銀行創立時，純用商業銀行性質經營，以利便交通、振興輪路郵電四政為宗旨。民國初年，北京政府頒佈「交通銀行則例」，據以改組，兼營國庫業務。民國十二年（1923），該行特設分區發行總庫，專營發行事務，並將發行準備與業務部份分開，為發行獨立準備公開的肇始。

經濟建設是以交通為主，交通建設則以鐵路為先，因而鐵路是交通上很重要的東西，是一種基本實業發展的輪紐帶，如果缺少這條輪紐帶，什麼實業都不能夠發達。銀行與鐵路運輸互相互動才發揮經濟效益。

後記：謹藉拙文悼念尊敬全漢昇老師及尊敬胡春惠老師，
曾為本文作出指導。

---

51 孫中山：《實業計劃》（中英文對照本，中央文物供應社，1953年），頁VII-VIII。

朱利安溝通中西哲學的「間距」
詮釋策略
——以「元亨利貞」的闡釋為例

周國良[*]

摘要

　　朱利安為當代法國知名漢學家，其實以其研究旨趣及著作內容來看，稱哲學家可能更適合。朱氏自八十年代起，發表了大量研究，其中尤以溝通中西哲學思想的著作，更引起海峽兩岸研究中國哲學及思想的學者關注。近年朱氏以本身為外國人，漢語為非母語的「他者」角度，透過反思自身所從事的中國哲學詮釋以及溝通中西哲學思想的工作，提出了「間距」及「之間」的一對概念，以總結過去的研究。本文主要以朱氏對《周易》「元亨利貞」的詮釋為例，從中國傳統《易》學的角度，比對剖析其對《易》理的理解及體會，從而進一步檢討他的「間距」詮釋策略，對溝通中西哲學思想所蘊含的詮釋學意義及限制。

關鍵詞：間距、之間、開端、元亨利貞、貫通之理

---

[*] 香港樹仁大學中國語言文學系。

一　引言

　　西方哲學家，關注東方思想，尤其中國思想的，最早可上溯至萊布尼茲（Leibniz）及黑格爾（Hegel）。兩位大哲對中國哲學的態度雖未至於南轅北轍，但明顯有所分歧。萊氏對《易經》十分有興趣，而黑氏則認為中國沒有哲學。事實在地緣上，中國及歐洲處於歐亞大陸的兩端，文化及語言有異，溝通存在隔閡亦屬自然不過。而踏入現代，隨著地域距離因交通進步而拉近，語言障礙消弭，文化溝通增進，從事中西哲學思想會通及比較的研究者紛紛出現，而法國當代哲學家朱利安（Jullien），對此探研經年，著述豐碩，創獲亦多，乃當中的表表者。

　　朱氏早歲於巴黎高師研習古希臘文獻學，師從知名哲學家韋爾南（Vernant），七十年代中葉（1975-1977）遠赴中國，於北京語言學院學習漢語。他短暫回國後，在（1978-1981）再前往香港新亞研究所研習，旁聽徐復觀及牟宗三兩位新儒家大師的講課。據朱氏訪問所述：「我當時是聽這課的唯一歐洲人。因此，我有種必須儘快抓住某種東西，幾乎就是『偷竊』的感覺！特別是因為在聽他們講課的時候，我愈發覺得我的課題研究的可能條件就是在那裏。」[1]正如朱氏所說，以這「可能條件」為起點，他告別新亞研究所，經遊學日本返國後，自八十年代起，發表了大量研究，其中尤以溝通中西哲學思想的著述，更引起海峽兩岸研究中國哲學及思想的學者關注。從朱氏已發表的豐富著述來看，其研究一方面以先秦思想的詮釋為基本架範，另一面則提出以「間距」概念為詮釋的理論框架，從而展開一系列比較哲學角度的後設討論。回顧朱氏過去的詮釋研究，其內容既有中國思想詮釋，亦有中西思想比較的成份，其中以二〇一二年的 *Entrerdansunepenséeou*

---

[1] 見張放譯：《(經由中國)從外部反思歐洲－遠西對話》(鄭州市，大象出版社，2005年)，頁88。此書為朱利安接受另一位學者——狄艾里・馬爾塞斯的訪問記錄。過去漢語學界一般譯朱利安為于連或余蓮，後來朱氏表示其中文名字為朱利安，故現時譯名統一為朱利安。

Despossiblesdel'esprit（中譯《進入思想之門》，英譯 *The Book of Beginnings*）一書具有一定的代表性。[2] 此著述主要透過《周易・乾卦》「元亨利貞」、《聖經》〈創世紀〉以及希臘《神譜》三者關於「開端」的看法，以比較中西哲學所蘊含的哲學問題。至於《周易》的詮釋，朱氏早於一九九三的另一著作 *Figures de l'immanence—pour une lecture philosophique du Yi King*（《內在之象——易經哲學講論》），就早已開展對《周易》詮釋的初步嘗試。[3] 至於在以「間距」為核心的詮釋策略及理論方面，朱氏在二〇一一年，於巴黎人文之家世界研究院「他者性教席」的就職演講中，就以「間距與之間」為主題，展開全面的理論性闡述。他一方面嘗試總合多年以來的研究，一方面提出「間距」及「之間」這一對他認為在溝通中西哲學思想時所不得不思考，且不得不運用，既具有綜括性，亦具有詮釋學意義之概念。此講話後來收入《間距與之間——論中國與歐洲思想之間的哲學策略》一書，並於二〇一三年出版。[4] 本文主要以朱氏上述三書為闡析文本，緊扣朱氏對《周易》「元亨利貞」的詮釋，透過勾勒疏理其詮釋之內容及效應，再從傳統中國《易》學的角度，比對剖析其對《易》理的理解及體會，藉以進一步檢討他的「間距」詮釋策略及理論，在溝通中西哲學思想時，所蘊含的詮釋學意義及限制。

---

[2] 朱利安研究中國思想的著作，中譯本計有《迂迴與進入》、《道德奠基》、《聖人無意》、《淡之頌》、《勢：中國的效力觀》、《功效：在中國與西方思維之間包括》、《間距與之間》以及《大象無形》等。

卓立譯：《進入思想之門》（北京市，北京大學出版社，2014年）。〔美〕喬迪・格萊丁（Jody Gladding）譯：*The Book of Beginnings*（紐希文市：耶魯大學出版社，2015年）。卓立為臺灣學者，現職於巴黎法蘭西學院漢學研究所，近年致力譯介朱利安的著作，包括《淡之頌》、《勢：中國的效力觀》、《間距與之間》等。

[3] *Figures de l'immanence—pour une lecture philosophique du Yi King*, Grasset & Fasquelle, Paris, 1993. 暫未有英譯及中譯，本文是參考其法文原本。

[4] 林志明、卓立合譯：《間距與之間》（*L'ecart et l'entre*）（臺北市：五南圖書出版公司，2013年）。此書除收朱氏「他者性教席」的就職演講外，亦包括他接受臺灣學者林志明的專訪及其他在北京的公開演講等文章。

二　以「間距」為理論框架的詮釋策略

　　要知道，中西文化有別，無論文字、語言、思維，以至意義表達方式都有一定的差異。是以，西方學者詮釋中國哲學或要溝通中西哲學，所面對的最大困難主要有「內在宥限」與「外在隔閡」兩端。前者乃指詮譯者如何能突破自身的限制，包括語言、思維方式等，進入作為「他者」的中國；後者則指詮釋者自身的「外在」性，因西方跟中國存在的時空距離，以至歷史文化的鴻溝，要如何縮短或突破這隔閡，實在費索思量。

　　進一步說，這問題若用伽達默爾（Gadamer）的詮釋學理論來看，首先面對的就是詮釋者自身的「前理解」（preunderstanding）所構成的限制，而前理解是先在的，或不可能完全消除的。其次，詮釋者帶著「自身」的前理解，要詮釋視為「他者」的中國思想，這可說其實是一個「視域融合」（fusion of horizons）的問題。其中自身及他者的主從及區別，二者之互動互為或辯證關係，都是值得深思的問題。

　　然則，朱氏如何突破這個格局，有效走出西方，進入東方，再透過反思而回饋西方。從實踐方面來說，他自身著意學習漢語，正是有意去掉自身的宥限；而從理論反思來說，他提出了一對自創的概念：「間距」與「之間」，試圖從另一個角度跨越詮釋的限制。本文就是以朱氏對《易經》「元亨利貞」的詮釋為切入點，從而進一步討論他提出的「間距」（écart）及「之間」（l'entre）這一對在溝通中西哲學思想時，具有詮釋學意義及作用的概念。

　　朱氏在《進入思想之門》的序言，除交待撰述此書的旨趣外，值得注意的是在結尾部份，有以下一段的話：

> 我在此要開始讀的句子（元亨利貞）是中國思想裡的第一句，它本身就在處理「開始」。我採取的方法是，精讀該句的同時遠讀該句，就是不僅讀它的字面意義……並且通過間距來解讀該句子，挖深距離並

且使逆差發揮作用。但也保持距離地遠讀該句子，這可不是籠統地粗略閱讀[5]

既精讀同時又遠讀，意味這是辯證的思維。在此，暫不討論何謂精讀、遠讀，而說到底，閱讀本身就是詮釋。然而更值得關注的是「通過間距來解讀該句子，挖深距離並且使逆差發揮作用」。於此，朱氏除提出了「間距」之外，更明白點出詮釋或解讀都要通過「間距」。那麼，對於詮釋中國思想，又或溝通中西思想，「間距」在詮釋策略上，具有什麼意義和功能？

眾所周知，對於歐洲，中國思想是一個有距離的「他者」。首先，漢語不同印歐語系，屬於以形音結合來表意的文字，跟印歐語系以音表意的特點截然不同。這是語言上的外在性和差別。其次，從歷史發展來看，中國在歐亞大陸上的地理位置處於歐洲的另一端，但卻建構了可與歐洲抗衡的文化。事實上，兩者在過往，絕大部份時間都是互不相干、甚至彼此漠然的。當然，到近現代，隨著科學進步、交通發達，距離拉近了。兩者漠然且不相干的情況才有所改變，其中的一方會開始注視另一方，並透過注視對方，而同時審視自己。換言之，從既有的事實來看，中國思想與歐洲思想在距離或文化上確實存在無可否認的差異。

然而面對思想及文化上的差異，朱氏在詮釋策略上卻不打算從事實上的「差異」角度切入討論，而要另闢蹊徑，別開生面，採用「間距」來取代，並透過「間距」所蘊含的理論來建構自己的一套詮釋策略。在法語，「差異」（différence）跟「間距」（écart）在字義的表面上是近義詞，但按朱氏的理解，二者可不是「近義」，而是強調「異義」。為什麼呢？這一方面固然是朱氏對「差異」和「間距」有自己的一套理解，更重要的是，「間距」需要透過與「差異」的對比抑揚，其意義和作用才得以彰顯。要知道，「差異」在當代法國思想中，是一個相當容易引發聯想的概念，無論德里達（Derrida）或德勒茲（Deleuze）的理論，差異都具有特定的意義。而朱氏

---

[5] 朱利安著，卓立譯：《進入思想之門》（北京市，北京大學出版社，2014年），頁2。

的闡述，雖沒有提及兩位大哲，但從他對差異的闡釋，確實可見兩位大哲跟他的思想存在互涉的關係。只不過朱氏可能是刻意要減少德里達和德勒茲思想的痕跡而已。

基於「間距」與「差異」是近義詞，故首先從二者的相近處說起。「它們之間有一個共通點，即『分開』，差異『標出一種分辨』，而間距『打開一個距離』」。[6] 於此，朱氏指出「間距」與「差異」同樣具有分開的意思，但「差異」強調區別和辨別，而「間距」除分開外，更強調構成分別的距離。這一點其實已指出二者的相異，而朱氏認為「間距」與「差異」，二者之間的區別至少有三方面：

> 間距並不提出原則認同，也不回應認同需求；但是間距把文化和思想分開，因而在它們之間打開了互相反思的空間，思考得以在其間開展。[7]

首先，「間距」之所以不提出認同，而主張分開，是基於朱氏認為「差異」表面上是強調相異，但實質背後預設了認同。而朱氏的目的是要透過反對同一性，從而打開一個相互反思的空間。從邏輯角度言，「同一」與「差異」實質上是一體兩面，相互指涉的。「差異」容易使人假設在差異的源頭處有一共同的類型。反之，「間距」由於強調距離而不預設同一，故可以由此溯源至一個彼此的分歧處。是以，朱氏之所以取「間距」而棄「差異」，可見他並不贊同「文化同一」的主張，他認為中國及歐洲思想始終存在「不可通約性」（incommensurability），不存在一個共同框架，只能在一個有「間距」的空間中相互映照及反思。

> 間距的形象不是整理排列（rangement），而是打擾（derangement），

---

[6] 朱利安著，卓立譯：〈從間距到共通〉，本文為朱氏於二〇一三年臺北中央研究院舉辦「間與勢：朱利安對中國思想的詮釋」工作坊中的發言，後收入《中國文哲研究通訊》24卷4期，頁48。

[7] 同註4，頁33。

> 它以探險開拓為其志向：間距使眾多的文化與思想凸顯為多采多姿的豐富資源。[8]
>
> 差異是分類性的，用相似與差異進行操作，同時又是鑒定性的。面對差異，間距乃是一種非鑒定性的而是愛探險的形象，我會說「探索性的」形象：此刻，問題就不再是「什麼是」該事物（因它的不同及獨特性），而是超越了規範的間距可展開到「什麼地步」？[9]

「差異」著重整理排列的操作，強調分類和下定義，本質是歸類的活動。其背後是同化的邏輯，預設文化的認同。「間距」與之有別，強調是傾向打擾，跳出規範。其重點有異於整理歸類，而在於發現開拓，且具有冒險成份。從詮釋策略上看，要透過「間距」所打開的空間，中國及歐洲雙方才能彼此注視。而由於不假設兩者有一個共同的框架——即把相同的和不同的施以整理羅列的框架——以從事比較。相反，藉著「間距」所形成彼此的面對面，打開了一個互相照映的空間，使藉由距離發現對方，彼此端視，形成張力以深入思考。

> 最後，我們還可以在間距概念裡避免提出假設……有一些總是帶著意識型態的成見；間距邀請我們從事我稱之為人文的自我反思。[10]

朱氏對「間距」的第三點闡釋，其實在理論上跟「差異」的關係不大，只能算是以上述兩點為基礎，在思想上的進一步延伸。朱氏在此所指的假設的意識型態成見，就是例如傳統所謂的人的本性或某種普世的理性。然而，正如第一點所述，朱氏根本不認為有所謂文化同一，自然不接受普世共有的人性。反之，他所接受的人所共有的普世性，強調人性共同之處的，僅是人的

8　同上註。

9　同註6。

10　同上註，頁33。

一種知性的理解能力。依朱氏的闡釋，這種理解能力不是康德意義的範疇內的能力，而是一種開放的，能不斷重新建構及反思的能力，它能在上述打開了的「間距」之中，藉著自我反思而得到拓展，這就即是朱氏所謂的「人文自我反思」。

故經上述三點分析，可以知道朱氏提出「間距」旨在從一個嶄新的理論角度，重新檢視及思考如何更有效和合理地實踐中國思想的詮釋工作。他認為「間距」所提供的中國思想與歐洲思想面對面的空間，能構成一種他所謂的「間談」（dia-logue），「間談」有別於傳統的「對話」（dialogue），它所強調的是在「間距」中展開對談，以利於文化與文化之間的互相了解。要注意，朱氏在此不使用傳統的「對話」，而要刻意別做新詞——「間談」（dia-logue），就是旨在突顯「間距」的作用及意義。「間談並不是透過互補……而是相反地透過間距在眾項之間打開『之間』，使他們彼此之間有張力而支撐」。[11]

三 在「間距」與「之間」的直面對談

朱氏既然在詮釋策略上提出間距，而「間距」本身強調距離，具有空間意義。那麼，在這個由「間距」所形成的空間中，詮釋的具體操作究竟是怎樣的一回事？朱氏繼而提出「之間」（l'entre）這個由「間距」所進一步導引出的概念。於此，「之間」又是什麼？

> 間距會產生什麼……間距產生「之間」……間距透過它所造成的張力，不僅使它所拉開的並且形成強烈極端的雙方「面對面」而保持活躍，間距還在兩者之間打開、解放、製造「之間」。正因為兩邊隔牆被拉開了，與其說他們相差很大，倒不如說它們有了距離，我們都能在該距離當中找到位置。[12]

---

11 同上註，頁67。
12 同上註，頁59。

顧名思義,「之間」無疑就是「間距」所形成的距離之間的所在,詮釋者置身其中,要找到自己作為詮釋者或間談者的定位。朱氏這看法可以說只是一種形式上的規定,然而,「之間」在內容和具體的詮釋操作上,還具有什麼特點?

> 之間的本性是由思維跨越的。……如是,「之間」的本性乃以凹狀存在,而不是『』滿滿的,它沒有屬於它的定義,因此無法擁有本質。我因為語言的句法而說「之間的本性」,但是之間的本性正是沒有任何本性。接下來,之間拒絕原則上的所有屬性,它不可能具有任何實質。這個字只有「介詞」地位。[13]

從「之間」的特點來看,尤其朱氏以「凹狀存在,而不是滿滿的」比喻來說明,以及它沒有定義、沒有本質,就可知「之間」有異於西方哲學傳統在本體論,關注存有、存在的框架下所理解的概念。反之,「之間」是朱氏受到中國思想影響而構想的一個「非實存性」,而是一個「方法學」的概念。對此,朱氏補充說:「因為中文不是源自『是/存在』(etre)這個動詞,所以它不必關注存有/存在」。由是,朱氏引用老子「其猶橐籥乎」、「虛而不屈、動而愈出」所意謂的呼吸行於天地之間,猶如人體內部的氣囊,以及呼吸使我們生存這連串的比喻,對「之間」的功能作類比性的解說。又如中國文人畫之中留下「之間」,而使筆劃生氣蓬勃。[14] 換言之,朱氏所了解的「之間」只是一個虛的存在,可以說是非本體論的,不具任何屬性。換言之,從西方本體論切入,並不能掌握「之間」,反之,從中國哲學,尤其是老莊思想那種境界性的,又或是功能性的角度接近,才能有所了解。

如是,「之間」作為一個不必侷限於仲介或中間的位置,而具有功能性的非實在性概念,它能發揮什麼作用?朱氏使用中國思想的氣息、流動和呼

---

13 同上註,頁61。
14 同上註,頁62。

吸來描述「之間」中的活動，而「之間」就是一切從此或經由此而展開之處。又或者「之間」是一切為了自我開展而「通過」、「發生」之處。至於，其具體作用，朱氏引用了莊子有名的疱丁解牛故事以解說，所謂「以无厚入有間，恢恢乎其於遊刃必有餘地矣」，藉以比喻性地描述「之間」的功能。

> 我將把自己定位在這個之間的「無處」，也就是說，定位在這個「非處」那種沒有位子的「之間」裡。然而就是通過這個從來不被隔離的，不具有任何特質的，沒有本質也沒有屬性的「之間」而起「作用」，如中文所說的，「用、通」，因而操作起來。[15]

於是，以上述的理論為基礎，朱氏對闡釋中國及歐洲思想對話的具體立場以及他自己的定位，有這樣的解說：

> 當我在這兩種思想之間安排「面對面」的時候，我就在它們之間打開──提倡──產生「之間」，我不讓它們孤立於各自的世界裡⋯⋯我反而讓它們走出它們各自的世界去觀看他者。然而，這肯定必須經過去本體化的過程──或者更冷酷地說，以這種步驟除掉一切天真的本體論──最後才能給「之間」騰出位子而使它容易理解：為了不讓文化與思想本質化，以說明中歐思想「之間」如何流通，就是使「之間」在它們之間發揮作用，我使它們彼此發現對方，互相探索，並且通過「間談」使它們各自的資源、得以開展。與其說雙方互相孕育⋯⋯倒不如說，使用「間距」在「之間」所產生的張力，從側面重新啟動哲學。[16]

間距所發現的孕育力事實上是雙重的。首先，間距的兩邊伸向對方，

---

15 同上註，頁66-67。
16 同上註，頁74-75。

> 與其各自關閉自守，它們倒是互相關注；它們彼此發現而發揮作用：
> 在它們裏面不去尋找本質，它們只用面對面來掀露出對方的真面貌。
> 換句話說，如果說間距發揮作用，或者說間距具有操作性，間距乃在
> 這個距離當中突顯出雙方的真面貌，並且不讓它們再次自我關閉：間
> 距打開「之間」，這「之間」使間距所分開的事物之間產生張力。[17]

關於朱氏對「間距」與「之間」的闡述，暫討論至此，留待總結部份再探討。以下即闡釋在「間距」與「之間」的框架內，朱氏如何透過具體的文本詮釋，以體現他以「間距」與「之間」所倡導的詮釋策略，究竟可以產生什麼效用和新的視野。

四 在歐洲與中國的間距之間對「元亨利貞」所蘊含的「開端」問題的詮釋

朱氏《進入思想之門》主要是透過對《周易》〈乾卦〉「元亨利貞」、《聖經》〈創世紀〉以及希臘《神譜》三者關於「開端」的看法，從而在三者之間的「間距」中展開「間談」，以比對中西哲學所蘊含的哲學問題，以及在這三方面的詮釋及判別。在本書的序言，朱氏一開始就有以下的表示：

> 我在此建議進入中國思想，以便導入一個「間距」，使我們發現我們
> 是怎樣思考的，該「間距」不僅讓我們反思我們的問題，更是讓我們
> 思索那些使我們的提問得以成立的事物。[18]

而這個切入中國思想的孔道，就是《易經》〈乾卦〉的卦辭「元亨利貞」四

---

17 同註6，頁49。

18 同註5，頁3-4。

字。由於此句具有「開端」的意涵，故朱氏視之為中國思想的第一句。對此他有以下的闡述：

> 為了把中國思想的第一句凸顯出來，使它走出「理所當然／自明性」的舒適環境——沒有這個步驟的話，人們將無法進入其中，為達到這個目標，我將從《聖經》的《創世記》出發來解讀該句子，也將從希臘的《神譜》，就是從神話觀點出發來重讀該句子。我用這種方式交替地追蹤中國、希伯來和希臘三種思維方式：這個探索過程必然使我提問：諸多「可能」的思想現況如何？[19]

朱氏首先援引作對照的是《聖經》。因為《聖經》確實以「起初」作為開端，〈創世紀〉首句就是「起初，神創造天地」，而在希伯來文，「起初」（bereshit）的意義就相當於中文的「元」。朱氏繼而點出若《聖經》〈創世記〉的「起初」並不是從無生出的，這可謂是在人類歷史中引入了一個斷裂。即使「開始」或「起初」在此具有奠基性的作用，但這卻是一種前介入，又或者說，這「開始」突兀地冒出，而成為一個「事件」。

至於《易經》的「元亨利貞」則具有不同的性質。依朱氏的詮釋，中國「並不是從元亨利貞可能引進的斷裂這角度來考慮衡量該句子，而是從它操作啟動的角度，或者更準確地說，從它『觸機』的角度來衡量該句子。為了進入中國思想，朱氏認為必須首先分辨「事件」與「觸機」這兩個概念的區別，這分別的內裏正好能反映中國思想跟希伯來思想二者對開端的不同理解。

「觸機」和「創造」的重點不一樣。「創造」這希伯來字有介入的意味，指涉某一種前所未聞的奇妙新事物。而「觸機」卻讓人感觸到某種東西的萌生，意外地啟動並且逐漸前進成形。進一步說，「觸機」所意謂的是一個過程含蓄地開展，其中微小的事物將可以變成無窮。「觸機」這動作，並不像「創造」一般，把之前與之後一勞永逸地分開，使一種「他者」或「外

---

[19] 同上註，頁2。

在者」，即上帝顯現出來；而是很微妙地，讓過程中的事物產生，以不讓人察覺的方式啟動了一種運作，從而萌現了一個發展方向。

總而言之，希伯來《聖經》開啟了一種「時間」思維，最初是以一周的創造為框架，其後則以上帝的重臨，再造新天新地而結束，背後是一種「進步觀」；而中國的《易經》則開啟一種「過程」思維，強調進程與持續性，背後是一種「過程觀」。以時間思維為導向，《聖經》由〈創世紀〉的揭幕引出一種強調「取向／目的」的向前進步觀，要求所有的階段要超越上一個階段以彙聚於最終目的。反之，《易經》的「乾元」雖則也是進升和開展的，但不強調直線性的進程和最終目的，而是重視過程中的「調節」。朱氏指出調節在西方人的應用上是局部的、技術性的或物理學的，和《易經》把它解釋成一個縱貫全體而具能動性的概念有異。對於兩者的區別，朱氏指出：

> 在我看來，中國的開始和《聖經》的創世初始之間的「間距」，正是集中在這個觀念裡面……「過程觀」與「進步觀」對立；同樣的，「調節觀」與主導聖經的揭幕之「取向／目的觀」對峙。[20]

再者，《易經》雖然重視在「元」背後，作為萬物資始的「乾」，但卻不需要像《聖經》，必須有一個上帝作為主體，從而跟諸多受造物作出區別。《易經》強調「過程」，沒有任何事物能自外於演變過程。如果有的話，也不會與過程分離，這就是發展至最高境界的「道」。換言之，在過程中不需要任何意志主宰，道本身可通無窮。是故，中國未曾需要安置「神」。

繼希伯來文化的《聖經》後，接續的第二個間距乃來自歐洲文化的另一大宗，希臘的《神譜》。朱氏稱赫西俄德（Hesiode）是第一位有系統地解釋宇宙及眾神明誕生的希臘哲人，他在《神譜》呼喚給他靈感的繆斯：「赫利肯山的繆斯們，我們開始歌唱……」。於此，「開始」作為開篇動詞，赫西俄德公開聲稱他決定要透過神話開始敘事。

---

20 同上註，頁55。

《聖經》創世紀的「起初」開啟了時間，它自我宣告但不用自我證明。而與之相反，希臘人探問宇宙之初是如何啟動的，對他們來說，「開始」是一個思辨問題，是叩問的一個對象，於是「開始」涉入哲學。那麼，希臘人如何談論「開始」。

> 做法可以是雙重的，有兩種選項可以交錯使用：一種做法是，用一個事件拉開序幕（像《聖經》那樣），以此出發隨時而降，該事件不自我證實；另一種做法是，從當今往上回溯到「看起來像謎般的」最遠的過去，此刻對源頭的調查以及之後對根基的探索就變得具有假設成分。這是為什麼赫西俄德在他的詩作裡提出了「不是一種而是兩種接著呈現的」開端。他為了奠基自己的說法，就先從當下的情形開動，然後在繆斯和奧林匹克山眾神的內部，回歸到世界及最初神明的起源。之後，他才從上述的那個開始出發，說到「最早」形成的，以及從該「形成」衍生而出的世界與眾神之形成，一直到眼前的宙斯執政。[21]

　　如是，上溯源頭乃要探求一個永恆根基，即「存有」或本體論的說明，而世界誕生的敘事乃隨著時間性，要藉著「生成變化」而鋪展，即宇宙論的說明。而朱氏認為自此之後，希臘哲學便從「存有」與「生成變化」這兩者所構成的張力開展，在思考理念上架構敘事：用這方式把「本體」與「生成變化」分開。

　　對於中國思與希臘思想的間距，朱氏指出《易經》之過程式的「開始」——元亨利貞——不是一種外在於「生成變化」的原則，儘管啟動過程的「元」確實是最初的階段，可是，「元」並不是像事件一樣的開頭，不是第一天或第一次的那種開端，因為「元」是現實運行的含蓄開始，它並不像〈創世記〉的開頭那樣製造斷裂，而體現的是一種中國人所說的「用」，在過程中隨時隨地，而持續地產生作用。「元」本身意味無窮盡，中國人不思

---

21 同上註，頁63-64。

考「存在」，而思考「無窮」；中國思想不會轉移到「生成變化」，也不轉移到「最終目的」上。《易經》一卦又一卦地重複述說的，是體現調節的「貫通之理」並突顯出「常」。而《易經》之所以為經，就是這個變中之常。

而比對於希伯來的《聖經》與希臘之《神譜》，朱氏認為《易經》所展現的理性與神話（muthos）和神學（theos）構成三足鼎立，其目標乃在捕捉一切造化的內在之理。不管造化的規模或其進行方式如何，那個體現「元」之理性的「乾」，可以說是萬象之始，它展現萬事萬物持續「變化」之現實。「乾」本身確實是在其他卦之外所奠立的一個純陽之卦，而由於它本身主導變化，任何最微小的狀況也不可以沒有「乾」。是以，「乾」不指涉天地之外的任何外在，既不由混沌的宇宙所產生，也不由造物之神所創造。

經過置身三者「間距」之間的對照及「間談」，朱氏最後明白表示：

> 如此一來，我們在《易經》開頭所讀到的中國思想對起始的看法，完全不同於希臘的《神譜》與希伯來的《創世記》中的任何一方，兩者針對同樣的問題提出了相反的看法。這點表示中國思維的「開始」不受建造我們的理性思考的那兩種交替思維影響。因此中國思想讓我們更能洞察事實，也迫使我們走出自己的思考體系；對希臘哲思和對希伯來思想而言，上面所說的正是《易經》中首句的獨特之處。[22]

朱氏既明白表示《易經》對開端或開始的理解有異於希伯來及希臘文化，然則，究竟他又如何了解《易經》這本中國的經典，他說：

> 這本書既不教導一個「訊息」，也不透露一種「意義」（有關世界之謎或生命奧秘），而要在每一個卦裡從下往上一爻接著一爻地探測一種情勢如何開展轉化，根據所偵查出的「形成當中」的趨勢和互動，正

---

22 同上註，頁68。

面地或是反面地,探測「吉」或「凶」。[23]

以對上述的了解為基調,朱氏對「元亨利貞」這句話的詮釋,分別採取了表層結構和深層結構兩個層次:前者從語法切入,後者重視義蘊的闡釋探研。

> 只有四個中文字並列,其間沒有附屬或支配關係。這四個單音節的字一律平等,沒有任何主從關係,沒有上下先後的階級關係;但是,在這一系列裡,它們構成一個完整的整體。那是動詞、名詞或者是形容詞?或說,這四個字具有什麼功能呢?就句法而言,沒有任何事物可以指出它們具有什麼功能;此處也沒有特殊的字形或語法支配關係。[24]

從朱氏的語法分析來看,「元亨利貞」這句話的確沒有主詞和受詞,但卻標示了整個發展歷程的所有階段及其證明。因此,正確地說,這不是一個句子,而是一種「開展的前後相連」的階段。因為那四個字可以一個一個分別讀,然後一個接著一個讀。就本義而言,與其說這句話具有一種意義,倒不如說它發展了一種內在的「理」。如是,以上述表層的語法詮釋為基礎,朱氏指出「元亨利貞」有以下的特點:

一、「元、亨、利、貞」四個中文字並列,一律平等,沒有任何主從關係,也沒有上下先後的階級關係。就句法而言,沒有明確的動詞、名詞或者是形容詞的區分,但是,在這一系列裡,它們構成一個完整的整體。

二、在這四字句所意指的事物中,沒有任何得以凸顯為主詞,或作為實體。於是,這構成一種「現象視角」,在這視角之下,主觀與客觀,主體與客體是不分的。

三、「元、亨、利、貞」避免引入任何故事情節,不暗示任何參考。進一步說,正因為它並不提出人們所期待的原始場景,不給出第一個行動

---

[23] 同上註,頁69。
[24] 同上註,頁70。

時刻。它也不給出什麼可讓人猜想的或可叫人建構的,它不給辯論留空間,也不給敘事留空間。然則,這四個獨立的字具有什麼功能呢?朱氏指出這比較不是一個句子,而是一種開展的「前後相連的階段」。若用用季節來類比,元乃春天,亨乃夏天,利(收穫)乃秋天,貞(既是堅固也是堅韌)乃冬天,直到更新。

四、具體而言,「元亨」連在一起,「利貞」連在一起,它們形成兩極。「元」之後有擴散作用的「亨」回應;隨後,收穫之「利」要求貞定之「貞」以便永不衰竭。換言之,「元」作為開頭,表示當一個形狀才出現就已經看得出它的發展方向。隨之而來的是擴散與成熟的「亨」,或者更準確地順著意象而說,那是內在隱而不見的「烹煮亨通」,把變化帶到合宜之點,隨後臻至圓熟。這樣,最初的啟動便到處拓展,從內在暢通而推動成長;至於剛出現的經擴散而重新結合,由此提升而拓展「利」。「利」包含兩個部分:禾與鐮刀,表示有東西可收割了,因為亨通興盛之後就有收穫。或者換一種方式說,亨通開展之後既「尖銳」又「有利」。這是「利」的雙重含義,從這個達到尖銳的伸展中取得益處。然而,這樣的利益,正因為它不偏頗任何特殊之人,因此不會傾向於任何偏愛,它保證一種合理的平衡,既不會偏行也不會氾濫。以其「貞」保持了它的內德,這種在運行過程中的力量就永遠不會枯竭。

五、「元亨利貞」四字所體現的中國思想不設想「他方」或「外在」。在西方,這他方或外在,乃表示一個外在的創造者或啟動者,如上帝或神。中國思想有異於希伯來或希臘式的,中國不談「存有」,也沒有「神」。它是一種由存有與生成變化兩者之間的對立所構成的形而上學。

六、「乾元」的作用,能夠在所有的「啟動」中都起著作用。換句話說,「元亨利貞」周而復始,一切的終也是另一個開始,從完成的事物裏孕育生出新的事物。這個過程是一個持續的轉變過程,或者說不斷「變」和「化」。

七、「乾元」不構成某個第一主體，如《聖經》故事所主張的所謂作者或創世者。不管是世界進展過程或是人的行為過程，「元亨利貞」重點思考一切過程中所牽涉的操作性，即中國思想中的「用」。但它是含蓄的、沉默的、不屈不撓的。進一步說，「元亨利貞」這句子，標示了整個發展過程的所有階段及其證明，在「乾元」所啟動的連貫過程中，體現或開啟了一種中國式的「貫通之理」。

從上述七點來看，朱氏主要是透過歷程或過程來理解「元亨利貞」的，而尤為值得注意的，他標舉「一致而貫通之理」來概括「元亨利貞」背後的思想。然則，這「貫通之理」究竟指什麼？

五　從卦的結構性詮釋探析《易》的一貫之理

依朱利安的說法，「元亨利貞」作為《易經》首出〈乾〉卦的卦辭，其「一貫之理」在理論上綜貫全書。若然，此「理」落實到《易經》其他的卦，又會如何體現？從《內在之象——易經哲學講論》的內容來看，朱氏除〈乾〉、〈坤〉兩卦之外，僅討論了其他六組共十二個卦。從他之所以選取這七組十四卦個作探討的對象入手，從這些卦所展現的結構及相互關係，可進一步推想他所強調的「一致而貫通之理」。

在此，需要補充重要的一點，朱氏對《易經》詮釋所參考的中文典籍是以王夫之的《周易內傳》為依據的。在眾多研《易》的著述中，他之所以這樣做，乃基於他認為王夫之處身於明末衰敗，異族侵略，面對國族存亡絕續之際，《周易內傳》是抱著「乞活埋之心，求為六經開生面」的旨趣所撰寫的，其用心在世事之變幻無常中找尋一種應對之「理」。[25] 而這跟王夫之對詮釋《易經》六十四卦的次序及主從關係所提出的「乾坤並建」、「錯綜合一」、「陰陽嚮背」三點主張有具體的體現。「乾坤並建」表示乾坤的重要性

---

[25] 見 *Figures de l'immanence—pour une lecture philosophique du Yi King,* Grasset & Fasquelle, Paris, 1993, p. 15。

與其他六十二卦有所區別,上經「乾坤並建」以為首出,乃其他各卦之所以生出之源。「錯綜合一」指其他六十二卦或錯或綜,相互為用。而「陰陽嚮背」更強調兩個卦之間的相互及對反關係,說明兩兩相錯的卦,透過兩卦對觀,可互顯兩者可見與不可見的象及義。

至於朱氏的詮釋,其所選七組十四個卦,依其每一組所顯現的特性,在結構上可分四個層次:首先,乾䷀坤䷁兩卦為一組,二者地位顯著,是六十四卦之源,置於首位毋容置疑,屬第一層次,正符合王夫之「乾坤並建」的主張。其次,若以王氏「錯綜合一」、「陰陽嚮背」兩主張為參照,乾坤一組為錯卦,接著的泰䷊與否䷋、咸與恆、損與益、既濟與未濟、剝與復、夬與姤均為綜卦。當然其中的泰與否、既濟與未濟則更兼屬綜卦及錯卦。在此,這七組卦若僅從錯綜,即相互或相反的角度來看,其個中規律並未明白彰顯,需要從另一角度探討。

此中,泰䷊與否䷋為易經中的第十一及第十二卦,二卦之內卦及外卦,分別由三畫卦的乾☰和坤☷組成,而且泰、否互相對反且互為補足,能展現陰陽換轉之作用及關係。此屬第二層次。再次,泰䷊否䷋兩卦六爻的組成同為三陰三陽而且均陰陽相應,這特點有異於乾䷀與坤䷁。若以此為準,則可以發現接著的三組,第三十一的咸䷞及三十二的恆䷟為一組,四十一的損䷨及四十二的益䷩為一組,以及六十三的既濟䷾及六十四的未濟䷿為一組,其構成跟泰䷊否䷋相同,均為三陰三陽,而且六爻均陰陽相應。故以上三組卦同屬於第三層次。[26]

最末第四層次則有另外兩組四個卦,分別是以上經第二十三的剝䷖和第二十四的復䷗為一組,以及下經第四十三的夬䷪及第四十四的姤䷫為一組。這層次的兩組卦,其特徵為分屬五陰一陽或五陽一陰卦,而卦中初爻及上爻跟其他五爻的對比,最能體現陰長陽消或陽長陰消的現象。[27]

經上述的分析,可以發現朱氏的詮釋框架除乾坤並建及不依循六十四卦

---

26 同上註,頁151-152。

27 同上註,頁213-214。

在上下經的次序是依循王夫之的主張外，其實仔細辨析，他是自有一套想法的。尤其需要補充的一點是他明言咸▦、恆▦一組的是特點是咸卦中的乾由三四五三爻組成，恆卦中的乾則由二三四三爻組成，可體現乾在兩卦中的升降現象。以此類比，損▦益▦一組，坤損卦中的三四五，以及益中的二三四，則可體現坤在兩卦中的升降現象。再者，既濟▦未濟▦一組除卻是《易經》最末兩卦之外，朱氏更重點強調兩者的構成有一相同點，就是卦中從初爻到上爻，是陰陽爻相間的。這跟《易經》開端的乾坤一組，乾全屬陽爻，坤全屬陰爻，又形成一個明顯的對照。[28]

從朱氏特意挑選為詮釋對象的各組卦的特徵來看，可見他除了關注乾坤以及二者在特定卦中的升降現象外，尤其重視構成乾坤的「陰、陽」二爻在特定的卦中，由其處於不同位置而形成的相互變化、消長所形做的「貫通之理」。具體而言，此「貫通之理」由陰、陽的調節來體現，要在每一個卦，從初往上，一爻接一爻，探究或展現情勢如何開展轉化，而形成當中陰、陽二者正面或反面的趨勢和互動。換言之，每一卦通過綜合觀察與精細研讀，而突顯在每一個變化時刻都有其「貫通之理」。

再者，朱氏認為由「乾元」所開展的「元亨利貞」無疑強調生成變化的過程，但並不指涉在生成變化之外的原則，因為啟動該過程的「元」僅表示最初的階段，但「元」並不是像事件一樣的開頭，不是第一天或第一次的那種開端，因為「元」是現實運行的含蓄開始。它不假設「外在」，這「外在」可以是一個它或其他根本的東西。換句話說，朱氏認為「乾元」避免「他方」或「外在」的指涉，如西方所謂的一個外在的創造者或啟動者，即上帝或神。具體而言，他認為中國思想沒有「存有」，沒有「神」，它不談存有的本體問題，不構成某個正如《聖經》所主張的創世者或第一主體。因此，不管是世界進展的過程或是人的行為過程，「元亨利貞」思考的是一切過程當中所牽涉的那個含蓄的、沉默的、不屈不撓的操作性，或可說是其中的「用」。

---

28 同上註。

進一步說，朱氏認為《易經》旨在闡明世界造化的過程，而世界造化總是從一個階段到另一個階段的自我更新。這過程觀不把造化看作或想像為一個主體所施予的行動，而把造化看作一種操作運用，其呈現為變化。故此，相比西方提出神作為創造的起點，中國的造化觀思考「理」，就是可通之「理」。理通了，造化的過程自我調節，就能無窮地不斷觸機啟動。

六 總結

本文在總結部份，將打算借用朱氏的「間談」，以便展開討論。其一是嘗試從中國傳統《易》學的角度，回應他對「元亨利貞」，以至旁及「乾元」的詮釋。其次，是從詮釋學角度，透過朱氏的具體詮釋，從而對「間距」與「之間」這一對在朱氏的詮釋策略中具有範式作用的概念，嘗試檢討其意義及功用。

在未展開討論之前，先看看朱氏對中國與兩希思想的一些綜括性的看法：

> 這件事就是……為了進入中國思想，必須離開思想上的家而讓自己受到干擾。因為，當我們跨越到中國的時候，「存有論與生成論」、「創造論與世代論」、「源頭與開始」或「獨一神論與多神論」對立的傳統意念就不再有意義；西方思想所賴以建立發展的矛盾就自行瓦解（它在上述的種種對立的底部支撐它們），即神話和神學之間的矛盾，就是《聖經》提倡的神學和赫西俄德所開展的神話。我們可以進入其他既非前者也非後者的另一種可能嗎？換句話說，逃離神話或神學的二選一。[29]

誠然，《易經》「元亨利貞」所蘊函的一整套對「開端」的論述，跟兩希思想大異其趣，又或者可以說是各擅勝場。然而朱氏意圖離開自己思想上的家

---

29 同註5，頁73。

園,而進入或跨越到中國,要探討「元亨利貞」的內在義理,究竟他的詮釋效果如何?又或者說,他的詮釋能否站得住腳呢?

由於朱氏的詮釋,僅聚焦於〈乾〉卦的卦辭「元亨利貞」四字,雖然在闡釋中,亦有援引〈乾文言〉作解,但重點仍在於「元亨利貞」,而未有涉及《易經》其他部份。故以下的討論,主要從朱氏對〈乾〉卦的卦辭,以及他詮釋《易經》所運用的結構性選擇原則,二者所蘊涵的〈易〉理方面切入。而從上文的闡釋來看,朱氏的主要論點有以下幾方面:

一、《易經》以「乾元」為肇始,「貞」為結束,展現了一種「貫通之理」,其中蘊函一個發展歷程,並有前後相連的階段。

二、《易經》開啟了一種「過程」思維,強調進程與持續性,背後是一種「過程觀」。

「乾元」雖則也是進升和開展的,但不強調直線性的進程和最終目的,而是重視過程中的「調節」。

三、「元」有啟動的作用,貫串於其後的各個發展階段。故此,「終」並不是最後的結束而是理解為另一個開始。其中,變化不斷,相對穩定的是那個持續化的過程。

四、「乾元」避免「他方」或「外在」的指涉,如西方所謂的一個外在的創造者或啟動者,即上帝或神。換言之,它不談存有的本體問題。只思考一切過程當中所牽涉的那個含蓄的、沉默的、不屈不撓的操作性,或可以說是其中的「用」。

五、「元」本身意味無窮盡,中國人不思考「存在」,而思考「無窮」。中國思想不會轉移到「生成變化」,也不轉移到「最終目的」。《易經》一卦又一卦地重複述說的,是那個體現調節功能的「貫通之理」,而在「理」中更能突顯出「常」,而《易經》之所以為經,就是這個「變中之常」。

六、從對《易經》其他卦詮釋的結構性選擇原則來看,除了關注乾坤以及二者在特定卦中的升降現象外,他尤其重視構成乾坤的「陰、陽」二爻在特定的卦中,由其處於不同位置而形成的相互變化、消長所形

成的關係。析言之,此關係由陰、陽的調節來體現,落實在每一個卦,從初往上,一爻接一爻,探究或展現情勢如何開展轉化,而形成當中陰、陽二者正面或反面的趨勢和互動,所突顯在每一個變化時刻都有其內在的「貫通之理」。析言之,這「貫通之理」是具體落實在形而下的陰陽氣化層面。

初步看,朱氏的詮釋重點扣緊「元亨利貞」四字對「開端」所蘊含之理的詮釋,其中可約略分為「變、常、貫通」三方面。此亦大體可與中國傳統《易》學的「易之三義」相比對。眾所周知,此三義乃《易》學之常識,首出於《易緯・乾鑿度》,其後鄭玄即據此作《易贊》及《易論》云:「易一名而含三義,易簡一也,變易二也,不易三也」。[30] 簡言之,三義即「變易、不易、簡易」,意謂《易經》揭示和描述了宇宙萬事萬物運動變化發展的內在規律,而此三者在〈乾〉卦的「元亨利貞」中亦有一定的體現。

從「變易」來看,孔穎達《周易正義》云:「夫易者,變化之總名,改換之殊稱新新不停,生生相續,莫非資變化之力,換代之功。然變化運行,在陰陽二氣」。[31] 可見在生生不息的生化過程中,《易》道或《易》理是透過陰陽二氣而不斷變化的。而朱氏的詮釋指出在「乾元」啟動的持續發展過程中,其「貫通之理」及作用在其中不斷變化。就此而論,朱氏的理解,若僅就「乾元」在發展過中的變化流行來說,是符合《易》理本身的。

其次,從「不易」來看,孔穎達認為此義乃從《繫辭傳》所說的:「天尊地卑,乾坤定矣。卑高以陳,貴賤位矣。動靜有常,剛柔斷矣。」[32] 而來。於此,位是指卦的六位而言,《易》理雖千變萬化,但其六畫之位不變。此即代表天地人倫既有變易之義,亦有不變易之理;也就是說,必須天地人倫各得其位,始能變而不亂,而得變通之用。而朱氏認為「《易經》所重複述說的,體現調節功能的貫通之理能夠突顯出「常」,而《易經》之所

---

30 王弼注,孔穎達疏:《周易正義(十三經注疏)》(北京市,北京大學出版社,2000年),頁5。

31 同上註,頁5。

32 同上註,頁302。

以為經，就是這個變中之常。」這個「常」無疑不是就傳統《易》學的卦位而立論，而只是意謂在「貫通之理」中能恆常發揮作用的調節功能。換言之，朱氏的詮釋跟傳統中國《易》學「不易」的論調，雖然有滑轉，但卻能看出由「乾元」所啟動的「貫通之理」具有「不易」的功能，這亦可算是大體不誤的理解。

最後，從「簡易」來看，孔穎達《周易正義》云「其德也。光明四通，簡易立節，……不煩不擾，澹泊不失，此其易也」。[33]此處，「簡易立節」之《易》理，本出自《繫辭傳上》：「易簡，而天下之理得矣。」以及《易繫辭下》「夫乾，確然示人易矣；夫坤，隤然示人簡矣。」兩段話。總合來說，「簡易」是對《易》理本身，生生不息、變化不易的一種本體化描述，意指生生、變易的自足、自明性。對於這種自足性、自明性，朱氏詮釋所強調的「貫通之理」就是對《易》理的一種高度抽象的簡要概括，或可說是一種「簡易」的掌握，一方面強調「乾元」在過程中的調節功能，一方面指出在「貫通之理」背後是一種「過程性」思維。

然而，朱氏認為由「乾元」所開展的「元亨利貞」無疑強調生成變化的過程，但並不指涉在生成變化之外的「形而上」原則，而僅著重「形而下」氣化的過程。至於啟動該過程的「元」僅表示最初的階段，但它不假設「外在」或其他根本的東西。是以，朱氏認為「乾元」避免「他方」或「外在」的指涉，如西方所謂的一個外在的創造者或啟動者，即上帝或神。換言之，他認為中國思想沒有「存有」，沒有「神」，它不談存有的本體問題，不構成某個形而上的第一主體，正如《聖經》所主張的創世者。因此，不管是世界進展的過程或是人的行為過程，「元亨利貞」思考的是一切過程當中所牽涉的那個含蓄的、沉默的、不屈不撓的操作性，或可說是其中的「用」。

進一步說，朱氏認為《易經》旨在闡明世界造化的過程，而世界造化總是從一個階段到另一個階段的自我更新。這過程觀不把造化看作或想像為一個主體所施予的行動，把造化看作一種操作運用，而其呈現為形而下過程中

---

33 同上註，頁5。

的陰陽變化。故此,相比西方提出神作為創造的起點,中國的造化觀思考一可通的「貫通之理」。理「通」了,造化的過程自我調節,就能無窮地不斷觸機啟動。

經以上比對,可見朱氏本身雖立足於西方,但由於長期浸淫中國典籍,對《易》理之理解亦自有其見地,然而,在「貫通之理」所帶出的詮釋,其中尤其在他指「乾元」避免「他方」或「外在」的指涉,如一個外在的創造者或啟動者,即上帝或神。換言話說,「乾元」不談存有的本體的問題。究竟這種理解,從中國傳統《易》學的角度來看,又是否諦當?

要知道,在傳統《易》學研究的學統,有所謂經、傳二分的詮釋體系或進路。前者,重視《易》古經的文本,認為《易經》是古代占筮的紀錄,而後者據《易傳》的解析,則對古經作出了高度化的哲學建構,使《易》從純粹的占筮紀錄轉化為具有形上學思想的著作。尤其對「乾元」背後指涉的天道,作出了實體或存有論的說明。就《乾卦‧彖傳》來看,「大哉乾元,萬物資始」與「乾道變化,各正性命」,就明白點出在萬物的生成變化背後,有一個形而上的「創生實體」為其超越的根據,這根據就是「乾元」,它貫通天道與性命。換言之,「乾元」直接象徵天道實體之「於穆不已」與「生物不測」,是一個「創生原則」,而不僅是一個「過程原則」。當然,「乾元」所指涉的天道實體並不具有「位格」,跟西方的上帝或神並不相同。朱氏對《易經》上述的詮釋傳統當然有一定的認識,但從中國傳統《易》理之角度來看,雖然他是從「傳」的切入,但對「傳」背後之形而上思想,是著意有所忽略的。這是有所轉向的詮釋,但若換另一角度來看,卻可算說他的詮釋的特點。而朱氏在最後,亦有以下一番話:

> 然而,我們打開《易經》觀察……就發現在中國有另一種「捕捉」或「真理」的理性形態。……整體上可以把該理性形態視為一種同時是過程性的和操作性的。……它不是用原因目的以及模式目標來思考,而是用條件及其帶來的後果,或者更準確地說,用「元亨利貞」思考。……中國的「變化與操作」之理是策略性的……應和時勢而與時

共進，因此不會逆勢而竭盡。[34]

最末尚有一點需要提出的，是朱氏透過《易經》的「觸機」來對顯義理上跟聖經「創造」的不同。按「觸機」實則轉化自《易經》「知幾其神乎」的「幾」。幾乃指在占筮過程中，吾人依卦爻變化所呈現的徵象或徵兆，對尚未發生或預期會出現之事所作的一種理解或體會。而「知幾」，則指吾人因應此徵兆，對所作行為之吉凶，有一種預測或判斷。換言之，「幾」指一個現象出現，又或一件事件發生，只是剛萌動，還沒有彰顯出來，僅是變化最初階段的那一點端倪。而朱氏認為「觸機」可讓人感觸到某種東西的萌生，意謂的是一個過程含蓄地開展，其中微小的事物將可以變化。換言之，他這種了解偏重於「幾」的過程義，而跟《易經》本身強調「幾」的警示或提醒義，大異其趣。

再者，在《易經》，「幾」在占卜的過程中，主要落在陰陽氣化層面理解，而氣化是動態的，具有獨立意義。中國人歷來重視「幾」，而社會的演變，自然的變化，都屬陰陽之變，陰陽之變總括起來都是氣化。而陰陽之氣變化的「幾」，往下就變成「勢」。「幾」本身微妙、精微，但成了「勢」以後，就較容易為一般人所了解，而有智慧的人更可以在沒有成「勢」以前就知道了。對此，朱氏以《易》理為啟始的伸展研究中，對「勢」的探討和發揮卻更為重視。在朱氏大約與《內在之象——易經哲學講論》一書同時的另一本著述《勢，中國的效力觀》中，他以「勢」為核心概念，展開了一系列不同範疇的探究，嘗試闡述「勢」的體現與作用。他指出一般中文辭典把「勢」解釋為「位置」、「情勢」，甚至「權力」與「趨勢」。但「勢」這個具多重意義的概念在中國思想中，其邏輯或思維方式，一開始就從「變化」的角度來思考現實。是以，要掌握其意義及作用，有需要透過不同的場域，從戰爭（兵法）到政治（法術），從書法、山水繪畫美學到文學理論，又或是從歷史的反思到第一哲學，從上述不同的場域去剖析「勢」在策略上產生的

---

[34] 同註5，頁141。

可能性。具體而言,這探究涵蓋書法的形體所展露的力量、繪畫畫面所揭示的張力、文學作品所展現的效果、歷史中各種情況的演變趨勢,以及推動自然演變的大勢。[35]是以,朱氏對由《易》的「幾」誘發而來的「勢」,所展開的討論完全是著眼於形而下的世界,又或者是屬於陰陽氣化,強調過程的層面。

經以上對朱氏《易經》詮釋的檢視,接續是對「間距」與「之間」這兩個概念的綜合性審視。「間距」作為一個詮釋策略,它強調要保持中國與歐洲應有的距離,藉著雙方面對面的注視,從而發掘兩者在詮釋上的可能。具體而言,他這種詮釋是傾向於揭示二者之異,而遠多於二者之同的。這從他對「元亨利貞」之「貫通之理」的詮釋所起的效應便得到明證。對於「間距」的作用與詮釋意義,朱氏有以下的補充:

> 間距因顯出的距離所提供的利益則是,在它所拉開的事物之間製造張力。而「製造張力」意謂什麼?……間距則使被打開間距的雙方因其間的距離而互相敞開:於是,與其每一端關在自己的裏面……倒不如每一端「比較之於」另一端。[36]

進一步說,朱氏的主張本質上是一種文化溝通或文化對照觀,表面看來,似乎並無太多新意。但從書中的另一處,朱氏提到他對傅柯的「異質邦」(l'heterotopie)觀點的不認同,當可推知其實他對一直以來歐洲中心主義的意識形態盤據著中國或東方詮釋的現象感到不滿,這情況在諸如李歐塔(Lyotard)、德勒茲等法國哲者的著作中都有所體現。故此他提出「間距」乃極有可能是針對上述這種現象,有所為而發的一種詮釋策略。當然,他所主張的在「間距」中的「間談」,能否對中國思想有更恰當的詮釋,尚有待更全面的考察,但至少,他提出了一種新的態度。用「視域融合」的角度來

---

[35] 朱利安著,卓立譯:《勢,中國的效力觀》(北京市,北京大學出版社,2009年),頁12-16。

[36] 同註6,頁48-49。

說，不能說朱氏的詮釋定然能比中國更了解中國，但不能否定的是提供了一種創造性詮釋。朱氏對此補充說：

> 我承認這種立場不穩定，好似被迫一腳踩著另一腳地跳舞，因為一會兒順著這一種思想而一會兒順著那一種思想，以便使它們面對面地互相反思，如是，不讓它們任何一方穩定下來。不過，如果我們要從側面捕捉並注視好比在中歐思想「之間」——那些從正面（直接）看不到的經驗，那些因此沉積在我們的未思裡，這種蟹行或側行難道不是唯一的可行之道嗎？[37]

比較可惜的是，朱氏提出具有中國思想韻味的「之間」，在對中國思想跟兩希思想就「元亨利貞」所蘊含的「開端」意義所展開的探討，在其具體詮釋的操作中，如何發揮「之間」這個空間的功作，卻未能充份體現。而尤為重要的是，在「間距」與「之間」的詮釋框架中，可以發現朱氏所念茲在念的歸趣，可並不是如何能諦當地詮釋中國的思想，而是更重視如何透過直面中國思想，透過「間談」，能有效反思歐洲思想自身的不足或宥限。

最後，再援引巴特（Barthes）的一段話作為本文的結語，朱氏在一次訪談中，就明白表示這段話所描述的，就是他一直以來所嘗試或致力追求的，又或者如他自己所說：「我自己的哲學夢也就是通過不同途徑的巴特的哲學夢」。[38]這是巴特在親身遊歷日本後，所撰寫《符號帝國》一書，第二章〈陌生語言〉的一段話。由於整章文字較長，只節錄其中一段能引起思考，並觸發中國與歐洲思想之間「間談」的話語。

> 我有一個夢想：認識一門外國（奇怪的）語言，卻不理解它：觀察它與母語之間的不同……在其他句法、結構的影嚮之下，拆解我們自身

---

[37] 同註4，頁77。

[38] 〔法〕于連、馬爾塞斯著，張放譯：《經由中國：從外部反思歐洲——遠西對話》（鄭州市：大象出版社，2005年），頁16。

的「真實」……總之,進入那不可解譯的境界,感受那股震撼...直至我們內在的每一分西方性步履……讓我們瞥見一抹風景,而這片風貌是我們的言語(我們的母語)絕對無法猜想或發掘的。[39]

或許從段話可見,朱氏真正的哲學夢並不是在詮釋中國思想,而是透過詮釋中國,從而更了解歐洲思想自身的宥限。

---

39 〔法〕羅蘭・巴特著,江灝譯:《符號帝國》(臺北市,麥田出版社,2014年),頁68-69。

牟宗三先生的《易》學思想及貢獻

謝向榮[*]

摘要

　　牟宗三先生（1909-1995）為當代著名哲學家，桃李滿門，著述宏豐。牟先生之哲學思想，發端於象數《易》學，其人生首本論著，乃其二十四歲時在北京大學哲學系三年級時所作《從周易方面研究中國之元學與道德哲學》，全書旨為以《周易》象數條例，觀察陰陽氣化過程，從而建構一套從玄學與道德思想角度解釋宇宙生成事理的哲學系統。

　　《從周易方面研究中國之元學與道德哲學》成書於一九三二年，一九三五年由天津大公報社刊行。惟自此以後，牟先生鮮談《易》理，亦再無其他《易》學專著。七十年代起，牟先生在新亞研究所開講《周易》課程，弟子盧雪崑教授等據授課錄音資料，將內容陸續整理成書，今人始能據知牟先生後期《易》學思想。其中，牟先生最後的《周易》講學記錄，為其一九九二年以八十三歲高齡講授的《周易》課程共二十一講，其成果已收錄在《周易哲學演講錄》一書，二〇〇三年由臺灣聯經出版社印行。

　　上述二書，成書年代相隔整整六十年，為牟先生最早與最晚的兩部學術著作。其中，牟先生治《易》的心路歷程如何？其《易》學觀有無特別變化？均頗耐人尋味。筆者不揣淺陋，擬就此略陳管見，概述牟先生的《易》學思想及貢獻，以求教於方家。

關鍵詞：牟宗三、象數、周易、中國哲學、道德

---

[*] 香港能仁專上學院文學院院長。

牟宗三先生（1909-1995）學貫中西，博通古今，融貫儒、釋、道三家義理，乃享譽當代之哲學大家。先生一生桃李滿門，論著等身，撰作共五百六十五篇作品，總結於《牟宗三先生全集》共三十三冊。[1]牟先生逝後，門人盧雪崑教授繼續整理先生講學錄音，並將成果結集為《牟宗三先生演講錄》共十一種十冊。

　　本文主要考述牟先生之《易》學思想，將分論其早期與後期《易》學之發展及特色，最後總論其價值與貢獻，冀能釐清學界誤解，闡明《易》學思想乃牟先生哲學系統之本，具有舉足輕重的影響。為方便概覽，謹先列示牟先生與《周易》相關的論著如下[2]：

	作品	出版資訊	備註
1	《從周易方面研究中國之元學與道德哲學》（後名《周易的自然哲學與道德函義》）	稿成於一九三二年，一九三五年由天津大公報社排印出版，一九八八年修訂，易名為《周易的自然哲學與道德函義》，由臺北文津出版社印行。今收入《牟宗三先生全集》（臺北市：聯經出版事業公司，二〇〇三年四月），第一冊。	牟先生人生首本學術論著，為二十四歲時少作。

1　參李明輝：〈牟宗三先生著作編年目錄〉，《牟宗三先生全集》（臺北市：聯經出版事業公司，2003年4月），第32冊，頁1-65。
2　案：本文僅收錄牟先生與《易》學直接相關之論著，至於牟先生於他書援引《易》例或暗用《易》理者，因篇幅關係，暫且略去。陳明彪先生著有〈牟宗三的易學研究〉一文，嘗對牟先生《中國哲學十九講》、《現象與物自身》、《四因說演講錄》、《圓善論》諸書所述《易》理，一一給予簡評，可以參考。詳見賴貴三主編：《臺灣易學史》（臺北市：里仁書局，2005年2月），頁287-390；又載《臺灣易學人物志》（臺北市：里仁書局，2013年1月），頁355-434。

	作品	出版資訊	備註
2	〈答孫道升評《從周易方面研究中國之元學與道德哲學》〉	一九三五年十一月二十日《民國日報・哲學週刊》第十二期。	此篇乃對孫道升〈評牟著《從周易方面研究中國之元學與道德哲學》〉一文之回應，二文均已收入《牟宗三先生全集》，第一冊〈附錄〉。
3	〈象數義理辯〉	一九三六年四月八日《北平晨報・思辯》第三十三期第十一版。	此即牟先生《從周易方面研究中國之元學與道德哲學》一書之〈自序二〉。
4	《蕺山全書選錄》	據江日新先生於〈全集本編校說明〉所記，此稿約抄寫於一九五九或一九六〇年前後，先生前並未出版。今收入《牟宗三先生全集》，第八冊。	書中與《易》相關者，包括：第二卷〈讀《易》圖說〉、第九卷《《太極圖說》解》等，牟先生於抄文後附有案語，亦有助了解先生之《易》學思想。
5	《才性與玄理》第三、四章	全書共十章，起草於一九五九年牟先生任教臺灣東海大學之時，其中部分章節曾以《魏晉玄學》為名，於一九六二年四月由東海大學出版。一九六三年九月牟	書中與《易》相關者，包括：第三章〈魏晉名士及其玄學名理〉第四節「王弼《易》學之史跡」、第五節「治《易》之三

	作品	出版資訊	備註
		先生任教香港大學時，將前作《魏晉玄學》擴充，更名為《才性與玄理》，由香港人生出版社印行初版，一九七四年十月由臺灣學生書局再版。今收入《牟宗三先生全集》，第二冊。	系：術數系、象數系、義理系：管輅之術數」及第四章〈王弼玄理之易學〉。
6	〈王弼玄理之易學〉	一九六一年一月五日《民主評論》第十二卷第一期。今收入《牟宗三先生全集》，第二冊《才性與玄理》。	
7	〈王弼易學之史跡〉	一九六一年二月十六日《人生雜誌》第二十一卷第七～八合期。後以〈王弼易學之史跡及易學三系〉為名收入《魏晉玄學》。今收入《牟宗三先生全集》，第二冊《才性與玄理》。	
8	《心體與性體》第一、二、四部	全書共三冊，起草於一九六一年牟先生任教香港大學之時，一九六八年五月由臺灣正中書局出版第一冊，十月出版第二冊，一九六九年六月出版第三冊。今收入《牟宗三先生全集》第	書中與《易》相關者，包括：第一部第五章〈對於葉水心《總述講學大旨》之衡定〉第九節「《易傳》與周、張、二程」、第二部第一章〈周

	作品	出版資訊	備註
		五~七冊。	濂溪對於道體之體悟〉、第四部第七章〈心、性、情之形上學的（宇宙論的）解析〉第1節「關於明道所說之《易》體與神用之解析」。
9	《中國哲學的特質》第八講	全書共十二講，前十一講為牟先生一九六二年任教香港大學校外課程部所講，由王煜筆錄而成；最後一講為牟先生一九六〇年三月二十六日於臺南神學院所講，後又於東海大學人文友會中重講，楊樹林據而整理成稿。一九六三年一月由香港人生出版社發行。今收入《牟宗三先生全集》，第二十八冊。	書中與《易》相關者，包括：第八講〈對於「性」之規定（一）《易傳》、《中庸》一路〉。
10	〈《致知議辯》疏解〉	一九七三年九月發表於《新亞書院學術年刊》第十五期。後收入《從陸象山到劉蕺山》第四章，一九七九年八月由臺灣學生書局出版。今收入《牟宗三先生全集》，第八冊。	篇中與《易》相關者，包括：「第二辯：關於『乾知』之論辯」、「第四辯：關於『幾』之論辯」。

	作品	出版資訊	備註
11	〈《繫辭傳》演講錄〉	此為牟先生一九七三年在新亞研究所之講課錄音內容，共九講，由盧雪崑整理，楊祖漢、王財貴校訂，收入《周易哲學演講錄》，二〇〇三年七月由臺北聯經出版社印行。今收入《牟宗三先生全集》，第三十一冊。	
12	〈《原始的型範》第二部份《周易》大義：先秦哲學演講錄〉	此為牟先生一九八〇～一九八一年在新亞研究所之講課錄音內容，由盧雪崑整理，楊祖漢校訂，分別發表在臺灣《鵝湖月刊》第三十二卷第七期（總第三百七十九期，二〇〇七年一月）頁三～九、第八期（總第三百八十期，二〇〇七年二月）頁一～七、第九期（總第三百八十一期，二〇〇七年三月）頁二～九。相關內容，以「周易大義」為名，與「先秦儒學大義」一併收入《牟宗三先生演講錄》，第一冊，二〇一九年三月	

	作品	出版資訊	備註
		由臺灣東方人文基金會、鵝湖月刊社印行。	
13	〈《易傳道德的形上學》序〉	見范良光《易傳道德的形上學》（臺北市：臺灣商務印書館，一九八二年五月）頁一。今收入《牟宗三先生全集》，第二十七冊《牟宗三先生晚期文集》，頁三〇三～三〇四。	此為牟先生為弟子范良光《易傳道德的形上學》一書所著之序言。
14	〈《周易》演講錄〉	此為牟先生一九九二年在新亞研究所之講課錄音內容，共二十一講，由盧雪崑整理，楊祖漢、王財貴校訂，收入《周易哲學演講錄》，二〇〇三年七月由臺北聯經出版社印行。今收入《牟宗三先生全集》，第三十一冊。	牟先生是年已八十三歲高齡，相關論述可視為其《易》學定論矣。

一　牟宗三先生早期《易》學觀

牟先生人生首本論著，乃其二十四歲時在北京大學哲學系三年級時撰寫的《從周易方面研究中國之元學與道德哲學》，稿成於一九三二年，一九三五年由天津大公報社排印出版；一九八八年修訂，易名為《周易的自然哲學與道德函義》，由臺北文津出版社印行。牟先生在〈重印誌言〉中概述此書曰：

> 我寫這部稿子是在數理邏輯以及羅素、懷悌海、維特根什坦的思想背景下進行的,當然有可以刺激人處,使人耳目一新。……由此一微末不足道而卻發之於原始生命的充沛想像之青年作品,實足占當時學術思想界之分野,並可卜六十年來吾之艱困生活之經過以及學思努力之發展。此是一生命之開端起步,其他皆可肇始於此也。[3]

綜此可知,牟先生早年嘗試以《周易》象數系統為基礎,結合西方數理與哲學,觀察中國漢、晉宋、清代《易》學家的相關學理,以及《易》象與傳統樂律、曆法,以至科學研究之關係。相關論說,頗有創新與啟發意義,反映「當時學術思想界之分野」,「使人耳目一新」。故是書出版後,資深教授林宰平(1879-1960)、李證剛(生卒年不詳)、熊十力(1885-1968)諸老先生均十分贊賞,青年教授沈有鼎(1909-1989)更形容為「化腐朽為神奇之作」[4]。

然而,牟先生對於人生首本學術論著,評價不高,其於〈重印誌言〉中曰:

> 此書既只是吾之學思之開端起步,故只能算是青年不成熟之作品。它所展示之理境是青年人所可及者,亦是青年人所可喜歡者。它的價值在整理漢易並介述胡煦與焦循之易學。漢易是通過卦爻象數之路以觀陰陽氣化之變。至清初康熙年間胡煦崛起仍是走此路,不過講的更自然,更妥貼,更通貫。從此方面講,他們所展示的理境是卦爻象數下中國式的自然哲學,而兼示出人事方面之許多道德函義。至焦循則是直接由卦爻象數之關係(大中而上下應之)而建立其「旁通情也」的道德哲學(與戴東原為同一思路的達情遂欲的道德哲學)。就《易

---

[3] 牟宗三:《周易的自然哲學與道德函義》(臺北市:文津出版社公司,1988年4月),〈重印誌言〉,頁3-5。

[4] 參牟宗三:《周易的自然哲學與道德函義》,〈重印誌言〉,頁3。

經》卦爻象數而言，漢易與胡煦所達成的自然哲學（通過卦爻以觀氣化）是正宗，而焦循所達成的道德哲學是工巧的穿鑿，但穿鑿得很一貫，故吾亦有興趣展示之。其所建立的道德哲學，若視作人們所希望的生活境界則可，若當作一種道德哲學，認為可以解決道德分解中的諸基本問題則非是。……此書中所表現的一套自然哲學固可成一完整的一套，固亦可為青年心態之所喜，然據此而謬斷其他，則是青年人之狂言與妄論，故吾後來甚悔之，幾不欲再提此書，亦無意重印之。對於此書，六十年來吾從未一看。……讀者若覺仍有不諦處，則請以其為青年期之作品而諒之，而吾所以不欲再改動者亦只欲存之以誌吾過並以勵來者也。[5]

牟先生謂，此書不過是自成一套哲學系統，但不能「解決道德分解中的諸基本問題」，「是青年人之狂言與妄論」，使其「甚悔之」，「不欲再提此書，亦無意重印之」。

考學林對牟先生《周易的自然哲學與道德函義》一書的評論，似乎亦不過爾爾。最早提出批評的是孫道升（1908-1955），他在〈評牟著《從周易方面研究中國之元學與道德哲學》〉一文中，評論牟著有五大問題：一、名實不符；二、蔑視《易傳》；三、遺漏《易緯》；四、忽視《太玄》；五、丟掉《參同契》與《先天圖》[6]。牟先生閱之，即作〈答孫道升評《從周易方面研究中國之元學與道德哲學》〉以回應，重申自己撰作的初衷[7]。牟先生逝後，關注其《易》學研究者漸多，惟對於其少作《周易的自然哲學與道德函義》一書，評價大抵一般。王興國〈論牟宗三哲學中的易學研究〉認為，牟先生的研究重點，主要是在數理邏輯與西方哲學，而《周易的自然哲學與道

---

5 牟宗三：《周易的自然哲學與道德函義》，〈重印誌言〉，頁5-9。
6 孫道升：〈評牟著《從周易方面研究中國之元學與道德哲學》〉，《民國日報·哲學週刊》第12期，1935年11月20日。收入《牟宗三先生全集》，第1冊，頁471-473。
7 牟宗三：〈答孫道升評《從周易方面研究中國之元學與道德哲學》〉，《民國日報·哲學週刊》第12期，1935年11月20日。收入《牟宗三先生全集》，第1冊，頁469-470。

德函義》所開展的哲學系統，只不過是利用《易》學的形式，套用其數理邏輯與西方哲學思想罷了。這些《易》學思想，只能算是牟先生的「前邏輯起點」，連邏輯起點也不算，對牟先生後來整個哲學思想的發展，根本沒有重要影響。[8]李進鵬《牟宗三易學思想研究》認同王說，並云：「今天，我們把這部著作（向榮案：指《周易的自然哲學與道德函義》）放在牟宗三整個思想體系裡考察來看，該書本身的學術意義的確不大，而且書裡面的一些觀點在今天看來是很有問題的。」[9]評語相當嚴厲。

關於牟先生少作《周易的自然哲學與道德函義》的學術意義與貢獻，筆者認同先師鄧立光博士（1959-2022）所言：

> 牟先生在《重版序言》中對自己的首作雖然有極嚴厲的批評，但學者不能因牟先生的自我批評便認定《周易函義》（向榮案：指《周易的自然哲學與道德函義》，下同）不可取。《周易函義》的不成熟是在具體學術的評斷方面，這關涉學養的問題，對當時只有二十四歲的年輕人實在不能過於苛求；而本書的精彩除了牟先生自言對清代易學家焦循及胡煦作研究之外，更重要的是透過漢易的卦爻條例指出其背後的形上內容，這是一個大智慧。牟先生太早離開漢易，故未能正視象數易在建構現代中國哲學方面的價值，也因為牟先生日後的學思歷程已離開了漢易，故未發現自己在易學方的劃時代貢獻。這個貢獻，是將象數易與哲學研究有機地融為一體，使中國哲學的研究增加了象數易學這個內容，這不只是就漢易條例加以解釋說明，或浮泛地說卦爻的邏輯結構、辯證法思想之類的觀點，而是說出每一卦例、爻例中所含蘊的宇宙論內容。這個宇宙論內容正是中國哲學研究的重點之一。[10]

---

8 王興國：〈論牟宗三哲學中的易學研究〉，《周易研究》第5期（2002年），頁56、62。

9 李進鵬：《牟宗三易學思想研究》（西北大學碩士學位論文，2009年〔張茂澤教授指導〕），頁11。

10 鄧師立光：〈牟宗三先生的易學與當代儒學的關係〉，《中國哲學與文化復興詮論》（上海市：上海古籍出版社，2008年12月），頁107。

誠如鄧師所言，牟先生《周易的自然哲學與道德函義》固然有不成熟之處，但牟著的精彩，並非浮泛地借《周易》論說「邏輯結構」、「辯證法」之類的內容，而是能認真正視《周易》的象數條例，指出卦爻背後蘊含的形上內容，建構出融會中西與古今哲學的「宇宙論」，具有劃時代的重大貢獻。

所謂「宇宙論」，主要探討宇宙生成，以及人與萬物之互存關係，其內容關涉時間與空間的變化，中國傳統文化多概稱為「道」。牟先生以《周易》的象數條例構築宇宙的時空原理，提出中國哲學的形而上學，是其過人洞見。在〈漢之天人感應下的易學〉中，牟先生將卦爻的關係總結為「六位」、「三才」、「中」、「當位」、「相應」五條公理，認為此乃象數《易》學的根本原則，不論物理或倫理，世間一切變通者皆可以此為準。[11]此外，牟先生又於書中「漢易之綜結與評價」一節，就京房（前77-前37年）、荀爽（128-190年）「世」、「應」、「飛」、「伏」、「據」、「承」、「乘」、「征」，以及「互體」、「卦氣」、「爻辰」、「消息」等學說，作出「三點總結」，指出《周易》的卦爻變化原則，體現的是一種「大宇宙公式」，可以推論時間與空間相互依存及變化的一切關係。[12]以上所述的卦爻根本公理與變化條例，不但有助闡釋《周易》陰陽「變易」與「不易」的辯證思想，更充分體現其古今、中西哲學融會貫通之妙理，意義殊深。除上述象數條例外，牟先生對《周易》中「氣化」、「感應」、「升降」等象數思想亦有精彩論述，可參看鄧立光師〈象數易學義理新詮——牟宗三先生的易學〉[13]、〈牟宗三先生的易學與當代儒學的關係〉[14]等文，陳明彪《牟宗三的漢代易學觀述評》[15]亦有詳

---

11 參牟宗三：《周易的自然哲學與道德函義》，頁49-50。
12 參牟宗三：《周易的自然哲學與道德函義》，頁89。
13 鄧師立光：〈象數易學義理新詮——牟宗三先生的易學〉，《大易集述》（成都市：巴蜀書社，1998年10月），頁149-152。
14 鄧師立光：〈牟宗三先生的易學與當代儒學的關係〉，《中國哲學與文化復興詮論》，頁106-116。
15 陳明彪：《牟宗三的漢代易學觀述評》（臺北市：臺灣師範大學博士學位論文，2006年〔賴貴三教授、王財貴教授指導〕），收入林慶彰主編《中國學術思想研究輯刊》4編，第6冊（臺北市：花木蘭文化事業公司，2009年3月）。

論，此不贅論。

關於《周易》的性質問題，歷來聚訟紛紜，自先秦時期起，「象數」與「義理」二派同時並存，互爭長短[16]。牟先生早年治《易》，主要關心「象數」，惟亦不棄「義理」，其於〈象數義理辯〉詳加考論，指出象數概有三義，反映世間不同的物象與法則，為一切序數、倫理、關係、次第之依據，乃物界之必然條理。牟先生更認為，從廣義言之，不但《周易》離不開象數，全世界所有義理，實際上亦必須依乎象數而生，象數與義理從來無法斷然分離。不明此法，空談義理而妄反象數，不過是反物理、反科學之舉而已。[17]為此，牟先生在《周易的自然哲學與道德函義》第五章〈易理和之絜合〉中，先後探討傳統曆法、樂律中的《易》學數理；在第六章〈最後的解析〉中，又分別以「觀點及方法」、「世界觀」、「道德哲學」、「知識論」、「價值觀」、「科學哲學」六點為論，致力整合「物理後學（玄學）」與「倫理後學（道德）」之關係，說明《易》之象數條例，可以解析宇宙一切道理。總之，牟先生的相關考論，以及據此建構的《易》象系統，在鑒通古今、融合中西以外，又進一步會通象數與義理、人與自然諸關係，以及玄學與科學之爭，發前人所未發，別具啟發意義，值得今人借鑒。

二　牟宗三先生後期《易》學觀

牟先生自一九三二年撰作、一九三五年出版《從周易方面研究中國之元學與道德哲學》及一九三六年發表〈象數義理辯〉後，久未再有《易》學專論。及至六十年代出版《才性與玄理》、《心體與性體》、《中國哲學的特質》諸書，始有個別章節論《易》。牟先生逝後，幸承其弟子盧雪崑教授等用心整理，於二〇〇三年出版《周易哲學演講錄》，二〇〇七年發表〈《原始的型

---

16 參廖名春、康華偉、梁韋弦編：《周易研究史》（長沙市：湖南出版社，1991年7月），頁9-33。

17 參牟宗三：〈象數義理辯〉，《北平晨報・思辯》第33期第11版，1936年4月8日。今收入《周易的自然哲學與道德函義》，〈自序二〉，頁4-6。

範》第二部份《周易》大義：先秦哲學演講錄〉，我們才得以看到牟先生晚年講《易》的寶貴內容。

　　《周易哲學演講錄》一書，由牟先生弟子盧雪崑教授據授課錄音資料整理而成，二〇〇三年由臺灣聯經出版社印行；全書共分兩部分，皆牟先生在新亞研究所講授《周易》課程的記錄，其中九講乃據一九七三年錄音整理，牟先生時年六十四歲；另二十一講乃據一九九二年錄音整理，牟先生時年已八十三歲高齡。從一九三二年撰作《從周易方面研究中國之元學與道德哲學》，及至一九九二年講述《周易哲學演講錄》，牟先生最早與最晚的兩本《易》學專論，相隔達六十年，其學術思想，已大不相同。

　　牟先生治《易》心境與思想的轉變，也反映在其對待舊作重刊一事的態度。一九八八年，牟先生重印少作《從周易方面研究中國之元學與道德哲學》，將之更名為《周易的自然哲學與道德函義》。關於書名的擬定，牟先生曾在原書〈自序〉中釋曰：

> 本書定名曰：「從周易方面研究中國之玄學及道德哲學」。名雖冗長，亦頗允合。其主要含義有二：一非注解，二非史述。中國思想，自非一支，然最佔勢者，厥為《周易》。故如其說「從周易方面研究」，倒不如直謂「中國之玄學及道德哲學」。[18]

書稿刊發後，孫道升曾批評是書「名實不符」[19]，牟先生則撰文反駁，堅持書名合適[20]。惟當是書重刊時，牟先生卻在〈重印誌言〉謂：

> 本書原名「從周易方面研究中國之玄學及道德哲學」，嫌冗長，今改

---

[18] 牟宗三：《周易的自然哲學與道德函義》，〈自序一〉，頁1。
[19] 參孫道升：〈評牟著《從周易方面研究中國之元學與道德哲學》〉，《牟宗三先生全集》，第1冊，頁472。
[20] 參牟宗三：〈答孫道升評《從周易方面研究中國之元學與道德哲學》〉，《牟宗三先生全集》，第1冊，頁469。

為「周易的自然哲學與道德函義」。[21]

牟先生一改前態，將「玄學」改名「自然哲學」，「道德哲學」改作「道德函義」，是否僅因原名「冗長」之故？曾海軍〈從自然哲學到道德形上學：牟宗三易學思想研究〉曾提出懷疑，所論頗有理據。[22]要言之，牟先生早期據漢《易》與焦循（1763-1820）「旁通情也」等象數條例，建立出以「宇宙論」為中心的「玄學」與「道德哲學」系統，此即張東蓀〈序〉中所言「中國的形而上學」[23]。後來，牟先生在深入體悟儒家學說後，又建立出另一套「道德形上學」系統，與之相較，前作所謂「道德哲學」的層次反而顯得不夠形上，故改名作「自然哲學」以區別之。換言之，牟先生先後確立了《周易》的「自然哲學」與「道德哲學」兩套系統，前期關注「自然哲學」方面，兼示一些道德涵義，後期則重點談「道德哲學」。

有關「自然哲學」與「道德形上學」之別，牟先生在《周易的自然哲學與道德函義》的〈重印誌言〉中自述道：

> 讀《易經》是我自己之私下工作，當時無人知者，亦無人指導，亦無授此課者。……吾當時所能理解而感興趣的就是通過卦爻象數以觀氣化這種中國式的自然哲學（生成哲學）。至於就經文而正視《易傳》，把《易傳》視作孔門義理，以形成儒家的道德形上學，這是吾後來的工作，此並非吾當時所能了解，且亦根本不解，故亦無興趣。就《易經》之卦爻象數而講成自然哲學是往下講，雖講至本書第V部〈易理和之繫合〉，亦是往下講（此一套中國式的自然哲學或生成哲學頗類懷悌海那套宇宙論——亦是自然哲學，此兩套有可類比處。……）。但就作為孔門義理的《易傳》而講儒家的道德形上學，則是往上講，

---

21 牟宗三：《周易的自然哲學與道德函義》，〈重印誌言〉，頁9。
22 曾海軍：〈從自然哲學到道德形上學：牟宗三易學思想研究〉，《四川大學學報（哲學社會科學版）》第6期（2013年），頁43-44。
23 牟宗三：《周易的自然哲學與道德函義》，〈張序〉，頁1。

此真所謂「潔靜精微易教也」。[24]

由此可知，牟先生後來對代表孔門義理的《易傳》推崇備至，認為當中「潔靜精微」的義理才是真正「往上講」的「道德哲學」，概稱「道德形上學」；與之相較，牟先生認為其少作《易》論中據卦爻象數以觀宇宙氣化的「中國式的自然哲學（生成哲學）」，雖然可用以解析曆法、樂律、數理乃至自然科學物理中的不同絜合處，但都只算「往下講」，只能稱之為「道德函義」，並非真正的「道德哲學」。

對於《易傳》的意義，牟先生的思路歷程曾有過非常明顯的轉變，前後態度迥異。牟先生早年發表《從周易方面研究中國之元學與道德哲學》，孫道升曾批評是書「蔑視《易傳》」[25]，牟先生則反駁道，《易傳》與其所建立的象數哲學系統不合，故在他的學術思想中「不居重要的地位」。而且，他認為中國的道德哲學「自理學始」，而《易傳》所述「只不過是人事方面的教訓而已」，其玄學與德論，均需靠理學來發揮，否則「實難找出濃厚的哲學味來」。因此，他當時並不重視《易傳》，更謂與其「以《易傳》為主講道德哲學」，倒不如「乾脆以理學為主講道德哲學」。[26]事實上，牟先生往後也確實主治理學思想，鮮再專談《易》理。

但是，牟先生在深研理學的過程中，終於發現《易傳》在玄學與德論方面的道德哲學價值，故其後來講學，一再強調《易傳》的義理，《周易哲學演講錄》一書更通篇只談《易傳》。與少作利用西方哲學與數理切入《周易》象數條例相比，牟先生後來關注的《易》理，明顯落在傳統的《易傳》義理上。牟先生相關講學內容，乃據其一九九二年在新亞研究所講授「周易」課程的錄音記錄。是年，牟先生已八十三歲高齡，相關見解，當可視為

---

24 牟宗三：《周易的自然哲學與道德函義》，〈重印誌言〉，頁6。
25 參孫道升：〈評牟著《從周易方面研究中國之元學與道德哲學》〉，《牟宗三先生全集》，第1冊，頁472。
26 牟宗三：〈答孫道升評《從周易方面研究中國之元學與道德哲學》〉，《牟宗三先生全集》，第1冊，頁469-470。

其治《易》多年以來的最終總結。其中，牟先生明確指出，《易傳》代表孔門義理，代表儒家的「玄思」[27]。此一見解，與前引牟先生一九三五年作〈答孫道升評《從周易方面研究中國之元學與道德哲學》〉所論截然不同。

牟先生本來認為《易傳》「只不過是人事方面的教訓而已」，以為若無理學發揮，其玄學與德論「實難找出濃厚的哲學味來」，後來卻態度迥異，何故如此？牟先生少作〈答孫道升評《從周易方面研究中國之元學與道德哲學》〉中，曾謂自己「是藉朱子的道德哲學作總綱以衡論一切」[28]；晚年講述〈《易傳》——儒家的玄思〉時，先生概述自己早年學《易》，始於王弼（226-249年）與朱熹（1130-1200）的注文，後來才發現他們對孔門義理都「不相應」，甚至誤解。[29]牟先生據而談論代表孔門義理的《易傳》，其理解自然亦有所偏差。

那麼，牟先生是如何從其入門所讀的王弼、朱子《易》注，以及後來深研的理學思想中，重新體悟《易傳》的精神呢？讀朱熹《易》注必知，其主張「《易》本卜筮之書」[30]，以為「《易》本為卜筮作」[31]，非為義理作。相關說法，影響甚巨，至今仍從者不絕。考坊間眾多《易》學論著，認同朱說，視《周易》為卜筮之書者，多不勝數。如陸侃如（1903-1978）[32]、高亨（1900-1986）[33]等，皆謂《周易》不過反映古人之迷信思想，以為其內容乃古代筮辭之堆砌，大部分卦爻辭間沒有邏輯聯繫。此一看法，對當時同樣接受朱子學說的牟先生而言，應當亦有一定影響。然而，牟先生並無輕易

---

27 參牟宗三主講，盧雪崑錄音整理：《周易哲學演講錄》（臺北市：聯經出版事業公司，2003年7月，初版，2020年9月，二版），頁3。
28 牟宗三：〈答孫道升評《從周易方面研究中國之元學與道德哲學》〉，《牟宗三先生全集》，第1冊，頁469。
29 牟宗三主講，盧雪崑錄音整理：《周易哲學演講錄》，頁8。
30 黎靖德編：《朱子語類》，卷66〈易二・綱領上之下・卜筮〉，載《朱子全書》第16冊（上海市：上海古籍出版社；合肥市：安徽教育出版社，2002年12月），頁2181。
31 黎靖德編：《朱子語類》，《朱子全書》，第16冊，頁2187。
32 陸侃如、馮沅君：《中國文學史簡編》（上海：開明書店，1932年10月），頁14。
33 高亨：《周易古經今注》（北京市：中華書局，1957年8月），〈重印說明〉，頁1、5。

接受成說，選擇從哲學角度重新考察卜筮之道。

一九五九～一九六二年間，牟先生撰寫《魏晉玄學》（後增訂而成《才性與玄理》），重新探析王弼之玄學思想。其中，第三章〈魏晉名士及其玄學名理〉第五節「治《易》之三系：術數系、象數系、義理系：管輅之術數」中，先生認為《易》學主要可分為三系：一、「以傳解經之義理系」，可分為王弼之玄理，以及宋儒之性理。二、「漢易之象數系」，以陰陽災異為底子，以爻象互體注經文，可視為「經外別傳」。而在傳統「象數」與「義理」兩派以外，先生又另立三、「管輅之術數系」，嘗以管輅（209-256年）為例，申論《周易》「經外別傳」之「術數」思想。[34] 牟先生指出，中國醫卜星相之學，其實都屬同一「術數」系統。此一系統，不過就是「陰陽感應之變」，其內容涵有「一種具體的知識形態」，旨為「勸人修德保祿」，「使生命常提升而不至於陷溺墮落」。[35] 通過相關研究，牟先生肯定《周易》除了有透過象數以觀照宇宙氣化生成的意義外，還有通過感應陰陽變化而勸人修德之義理。此一論述，與其早年以象數治《易》的心得不同，其《易》學思想已轉入另一層次之義理系統，而啟發其切入的關鍵，乃在於卜筮術數中之感應理論。

這種在占卜中體現的「陰陽感應」思想，牟先生早年在《周易的自然哲學與道德函義》中曾以「象數」角度論述，將天地萬物的根本關係，釋為陰陽之「感」，其基礎則為〈咸〉卦的「咸」。[36] 這種「感通」概念，牟先生在論述虞翻（164年-233年）「旁通」說時並無交代，但在解說焦循學說時則曰：

> 在具體世界而求其通，其方法則曰「解」；在倫理世界而求其通，其方法則曰「悔」。悔而能仁能誠，能仁斯能通矣，能誠斯能實矣。通而實，則情欲遂，生活擴大，而成己成物，各正性命矣。[37]

---

34 牟宗三：《才性與玄理》，《牟宗三先生全集》，第2冊，頁104。
35 參牟宗三：《才性與玄理》，《牟宗三先生全集》，第2冊，頁110-111、114-115。
36 參牟宗三：《周易的自然哲學與道德函義》，頁410。
37 牟宗三：《周易的自然哲學與道德函義》，頁286-287。

這種將「仁」、「誠」並舉,而歸諸於「通」的觀點,是牟先生後來《易》論的重要思想,其端倪即本於此。一九三五年,先生又作〈精靈感通論〉一文,以王陽明(1472-1529)「良知是造化的精靈」[38]說為本,認為「良知」即是人心本性中一種「虛靈」、「真誠」的「精靈」。此精靈能與萬事萬物交互感應而相通,故曰「精靈感應論」。[39]由此,牟先生將帶有形上玄學思想的「精靈感應」聯繫到道德修養工夫,將代表宇宙氣化的「象數」與修身立德的「義理」二派結合,突破成說,確立了其後來的哲學體系。而在《才性與玄理》中,牟先生又以術數中的感應理論,結合象數、義理二派,並將前作「感通」、「精靈感應」諸說[40],疏理為陰陽感應之「幾」,一再強調體悟「幾」為學《易》之本。

《周易》中「幾」的概念,本於《繫辭傳》:「夫《易》,聖人之所以極深而研幾也。」「幾者,動之微。」「君子見幾而作,不俟終日。」[41]一九六一～一九六八年,牟先生繼《才性與玄理》探析王弼之玄學思想後,開始撰寫《心體與性體》,整理朱熹等宋儒之理學思想,進一步探索《易傳》中「幾」的感應關係。其中,牟先生對周敦頤(號濂溪,1017-1073)所論「幾」義,感受尤深,遂在〈周濂溪對於道體之體悟〉一章大加讚譽,認為其所言「思」與「知幾」,「不只是旁觀之照察」,而是「相應誠體寂感之神」,涵蘊一種「道德踐履上通化之義」。[42]周國良博士〈從「幾」及「知幾」看牟宗三先生的易學〉詳論牟先生對「幾」之理解,為其學說基本上承襲自周敦頤之釋義[43],其說甚是。牟先生在一九八〇～一九八一年講授

---

38 王陽明:《王陽明全集》(上海市:上海古籍出版社,2006年4月),頁104。
39 參牟宗三:〈精靈感通論〉,《民國日報・哲學週刊》第16期,1935年12月18日。收入《牟宗三先生早期文集》,上冊,《牟宗三先生全集》,第25冊,頁511、514-516、519。
40 詳參黃冠閔:〈牟宗三的感通論:一個概念脈絡的梳理〉,《中國文哲研究通訊》第19卷第3期(2009年9月),頁65-87。
41 王弼、韓康伯注,孔穎達疏:《周易注疏》(臺北市:藝文印書館,1973年5月),清嘉慶二十年(1815)南昌府學重刊宋本《十三經注疏》附校勘記,總頁155上、171上。
42 牟宗三:〈周濂溪對於道體之體悟〉,《心體與性體》,第2部,《牟宗三先生全集》,第5冊,頁359。
43 參周國良:〈從「幾」及「知幾」看牟宗三先生的易學〉,載楊永漢編:《紀念牟宗三先

〈《原始的型範》第二部份《周易》大義：先秦哲學演講錄〉時亦謂：「宋儒誰開始提到『幾』這個觀念呢？周濂溪《通書》裡面開始提出『誠、神、幾』，這三個字是連在一起的，因為它是從《易經》的占卜而來的。」[44]在一九九二年講授《周易》時又謂：「幾是最重要的，幾是具體的，……周濂溪體會這個幾體會得最好。」[45]可見牟先生對「幾」之解釋，主要受到周敦頤學說啟發。在此一體會下，牟先生又在《心體與性體》第一部第五章第九節「《易傳》與周、張、二程」下詳論，認為《易傳》中提到的「幾」，即是卜筮所著重的「精誠之感應」。人由此精誠之心出發，便可「由蓍卦之布算而見到生命之真幾」，繼而「通天下之志」、「成天下之務」，提升生命之道德與精神境界。此一修德意義，正是《周易》一書之本質。[46]

此一觀點，牟先生自於《心體與性體》提出後，再無改易，其在一九九二年講授《周易》時仍一再重申「幾」之體道與修德意義，如其於〈知幾與盡神〉曰：

> 中國人歷來重視這個「幾」。不管社會的演變，自然的變化，都是陰陽之變，陰陽之變總括起來都是氣化。這種氣化之變呀，它是從「幾」這個地方看。「幾」這個觀念怎麼出來，怎麼呈現到我們心中來？就從占卜，《易經》的占卜。《易經》很重視占卜，重視占卜，就是重視「幾」這個觀念。所以，《易經》的頭腦就是地地道道的徹底代表中國人的心態，幾千年中國人在這方面很重視。所以，《易傳》說：「知幾其神乎。」這是可以知的。要從最初的那個地方著眼。通

生逝世二十周年國際學術研討會論文集》（臺北市：萬卷樓圖書公司，2018年7月），頁251-252。

44 牟宗三主講，盧雪崑整理：〈《原始的型範》第二部份《周易》大義：先秦哲學演講錄〉，《鵝湖月刊》第32卷第7期（總第379期，2007年1月），頁1。

45 牟宗三主講，盧雪崑錄音整理：《周易哲學演講錄》，頁149。

46 參牟宗三：〈《易傳》與周、張、二程〉，《心體與性體》，第1部，《牟宗三先生全集》，第5冊，頁321-322。

過占卜，占卜最重要的是誠，誠則靈。[47]

〈易傳──儒家的玄思〉下又曰：

> 《易傳》解釋《易經》能相應，何以見得相應呢？因為《易傳》把握到《易經》的基本觀念，那就是「幾」這個觀念。儒家的玄思從「幾」這個觀念全部展開。[48]

綜上可知，牟先生晚年的《易》學觀相當清晰，大體即據《易傳》的「幾」來論述陰陽氣化的感應過程。此一感應之道，主要體現在占卜，而其相應與否之前提，在乎占者是否有誠敬之心，心誠則靈。牟先生認為，所謂占卜感應，不過是一種象徵形式，《周易》真正的本義，以至中國文化的本質，皆在昭明此一誠敬之念，最終歸諸於修德之義理也。

三　牟宗三先生《易》學的價值及貢獻

誠如《四庫全書總目》所述，「象數」與「義理」兩派，自古並存，互相攻駁，互爭雄長。[49]牟先生少作《從周易方面研究中國之元學與道德哲學》，主要談象數原則的應用；後來講授《周易》，則據《易傳》義理談道德哲學的實踐。就此看來，牟先生的《易》學觀，似予人「取義理而捨象數」之感。但事實上，牟先生治《易》的心路，曾經歷不同思想衝擊，當中各有不同啟發與領悟，不宜簡單含糊地一筆帶過。

一九三五年，牟先生出版人生首本學術專著《從周易方面研究中國之元學與道德哲學》。一如書名所指，牟先生期望能通過《周易》的內容來探論

---

[47] 牟宗三主講，盧雪崑錄音整理：《周易哲學演講錄》，頁149。
[48] 牟宗三主講，盧雪崑錄音整理：《周易哲學演講錄》，頁10。
[49] 永瑢等撰：《四庫全書總目》（北京市：中華書局，1965年6月），卷1，頁1。

中國的玄學與道德哲學。案：中國哲學條目眾多，牟先生何以選擇「玄學」與「道德哲學」專論？他在〈自序一〉中交代曰：

> 研究中國思想者常發生系統問題，即中國思想有系統乎？無系統乎？一般之感想，大都以為中國思想之系統不如西洋遠甚。然試思所謂不如者，只是作法無嚴密之邏輯組織而已。……然則中國思想中究有哲學系統乎？究無哲學系統乎？曰有。不過因中國思想缺乏形式系統，故第一先必抽繹而出，為之組一嚴密之邏輯次序，以補形式系統之不足。第二此系統究何所屬乎？曰一屬玄學，一屬道德哲學。換言之，中國思想中，其所論者亦常涉及哲學中之兩支焉。不過哲學總屬知的問題，而非行的問題。然而中國先哲卻每欲以知附行。……故本書極力從行的實踐抽繹其知的理論，此理論一屬自然之理解曰玄學，一屬人生之理解曰道德哲學。本書最大目的在確指中國思想中之哲學的系統，並為此哲學的系統給一形式系統焉。[50]

據上，牟先生撰作《從周易方面研究中國之元學與道德哲學》的緣起，乃因中國哲學向來重視「知行合一」，與西方哲學重邏輯系統之「知」不同，國人遂誤以為中國並無哲學系統，以為中國思想不如西洋遠甚。為此，牟先生用心思索，冀能訂定一套適合於中國思想形式的哲學系統，最終訂出兩大方向：一、偏向自然天道理解的玄學系統，二、偏向人倫理解的道德系統。至於具體方法，如其在〈重印誌言〉中所述：

> 我寫這部稿子是在數理邏輯以及羅素、懷悌海、維特根什坦的思想背景下進行的，……它的價值在整理漢易並介述胡煦與焦循之易學。漢易是通過卦爻象數之路以觀陰陽氣化之變。至清初康熙年間胡煦崛起仍是走此路，不過講的更自然，更妥貼，更通貫。從此方面講，他們

---

50 牟宗三：《周易的自然哲學與道德函義》，〈自序一〉，頁1-2。

所展示的理解是卦爻象數下中國式的自然哲學，而兼示出人事方面之許多道德函義。[51]

然則牟先生少作《從周易方面研究中國之元學與道德哲學》，乃出於對中國哲學系統的關心，旨在以西方哲學與數理邏輯系統觀照中國傳統哲學，利用《周易》卦爻象數系統以觀宇宙陰陽氣化之變，並由此發揮應用，兼示「人事方面之許多道德函義」，訂定出一套「中國式」的自然哲學系統。此一心路歷程，體現了古與今、中與西、知與行、象數與義理、自然與人事、玄學與科學等不同方面的融通和合，境界高遠妙絕。

後來，牟先生在《才性與玄理》中探論王弼及魏晉名士的玄學思想，以及「象數」、「義理」以外的「術數」思想，最終領悟到卜筮不過就是一個陰陽相應、天人合一的過程，其關鍵在於占者能否以誠心感應，而誠心之發動，即《易傳》所言「幾」的精神，當中蘊涵大量人事道德教化的思想，斷不可妄以「迷信」觀念便否定其道德哲學的意義。循此思路發展，牟先生在《心體與性體》中以此感應之「幾」，疏理宋儒不同的心性學說，發現其脈絡連貫，體用一如，妙不可言，由是確立其道德哲學的精華。於是，當他一九八八年重印前作《從周易方面研究中國之元學與道德哲學》，決定將之易名為《周易的自然哲學與道德函義》，並在〈重印誌言〉中交代其心路與學理的轉變，指出就道德哲學層面言，前作以象數以觀氣化是「向下講」，實屬「自然哲學」；後來以《易傳》講修身義理是「往上講」，才能真正結合「玄學（形而上學）」與「道德哲學」，體現《周易》「潔靜精微」的本義，可稱之為「道德形上學」。[52]

對於《周易》的「象數」原則，牟先生從無全盤接受，亦無完全否定。他在〈漢之天人感應下的易學〉篇的最後一節「漢易之綜結與評價」中，列出了32條象數原則，認為可視為「漢人──或甚至說中國人──的自然秩序

---

[51] 牟宗三：《周易的自然哲學與道德函義》，〈重印誌言〉，頁3-5。
[52] 牟宗三：《周易的自然哲學與道德函義》，〈重印誌言〉，頁6。

觀」,「足可為中國的宇宙論之一大體輪廓」[53]。其中,又以「世」、「應」、「飛」、「伏」、「據」、「承」、「乘」、「征」、「互體」、「卦氣」、「爻辰」諸說為重,認為這些原則「是漢易的中心點,是漢易的精華」[54]。至於漢《易》大家虞翻「卦變」之說,牟先生則屢加質疑,指出其不合理處,評價至下。[55] 後來,相對以陰陽象數闡述宇宙生成之理,牟先生發現以陰陽相應以通入誠敬本心之論,境界更高,也更有道德教化意義。此時,牟先生之《易》學思路,漸偏向「義理」發展,對漢儒「象數」的評價,更趨嚴厲,故其於《心體與性體》批評「漢之象數膠著於卦爻,著跡於器物」[56],「自別是一套,與孔門義理無關」[57]。一九八二年,牟先生為弟子范良光《易傳道德的形上學》一書撰寫序文,特別提到「象數」與「義理」之關係曰:

> 悟解《易經》者最忌迂、巫、妖、妄。迂者愚痴無解固無論矣。《易》本有象數義,而漢人象數則多巫氣。《易》本卜筮之書,而後之醫卜星相依附《易經》而行則術也,此是別支,非可以之為主。近人則附會更多,如以相對論、創世紀等等附會之,則皆妖也。《禮記‧經解》云:「潔靜精微《易》教也」。又云:「《易》之失賊」。此相應《易》之本性而言者。《易傳》解經皆「潔靜精微」之言,此是孔門之義理。吾人悟解《易經》應以此為準。《易傳》云:「顯諸仁,藏諸用,鼓萬物而不與聖人同憂,盛德大業至矣哉。」言《易》而不本諸孔子之仁教,則漫蕩而無歸。見有宇宙論之辭語,則誣之以為宇宙論中心者則妄也。見有存有論之辭語,則誣之以為對於道德價值作

---

[53] 牟宗三:《周易的自然哲學與道德函義》,頁100-102。
[54] 牟宗三:《周易的自然哲學與道德函義》,頁89。
[55] 牟宗三:《周易的自然哲學與道德函義》,頁65-67、75、77、80。
[56] 牟宗三:〈《易傳》與周、張、二程〉,《心體與性體》,第1部,《牟宗三先生全集》,第5冊,頁323。
[57] 牟宗三:〈《易傳》與周、張、二程〉,《心體與性體》第1部,《牟宗三先生全集》,第5冊,頁314。

存有論之解釋者，則又妄中之妄也。此並非對於道德價值作存有論之解釋，乃正相反，此乃對於存在作價值學之解釋。此乃正是道德的形上學，而非形上學的道德學也。[58]

據上所述，牟先生似真有「取義理而捨象數」之傾向，其實不然。牟先生只是認為「漢人象數多巫氣」，但不否定「《易》本有象數義」。先生反對者，只是虞翻一類妄談「卦變」之漢代象數《易》學，至於《周易》本有之卦爻結構條理，先生推崇之《易傳》亦多所論述，本為孔門義理之一。因此，先生在一九九二年講授《周易》課程時，再次申明「象數」與「義理」之關係曰：

《易經》代表儒家之理智的俊逸，表現在兩方面：一是象數，一是義理。先了解象數方面卦爻的結構，從卦爻的結構表明《易經》有它本身的象數，「幾」的觀念是從象數這方面啟發出來的，易理不能離開象數。[59]

牟先生直言「《易經》有它本身的象數」，「幾」的觀念亦從象數而生。由此可見，先生對於漢代象數之學，態度由最的半批評半接受，漸漸演變為完全否定。但對於《周易》本有的象數原理，先生少作言「象數與義理固無衝突」[60]，晚作謂「《易》理不能離開象數」，態度始終如一。論者如不加細辨，籠統以為牟先生全盤接受或反對「象數」之學，顯然皆非事實真相。

案：《莊子·天下》：「《易》以道陰陽。」[61]牟先生早期治《易》，主要關心以象數條例比擬陰陽氣化之生成系統，此為卜筮之基本原理。後來，牟先生體悟到卜筮之根本不過是陰陽感應之變，旨為培育筮者保持誠敬之心，

---

58 范良光：《易傳道德的形上學》（臺北市：臺灣商務印書館，1982年5月），頁1。
59 牟宗三主講，盧雪崑錄音整理：《周易哲學演講錄》，頁10。
60 牟宗三：《周易的自然哲學與道德函義》，〈自序二〉頁4。
61 郭慶藩撰，王孝魚點校：《莊子集釋》（北京市：中華書局，2012年2月第3版），下冊，頁1062。

時刻以修德義理為念。總而言之，先生治《易》，前期重視《易經》的「象數」原則，建立出以陰陽氣化為主的「自然哲學」系統；後期重視《易傳》的「義理」思想，構築出以陰陽變化為重的「道德哲學」系統。兩者之間，先生一貫重視道德實踐，以助中國哲學建立系統為己任，此先生所以治《易》之初衷，終生堅持之責任也。綜觀上述兩套系統，同樣啟蒙於「卜筮」原理，重視「道德」實踐，以說明「陰陽」關係為旨，完全合乎《周易》的內涵，故可互相補足，並行不悖。

《繫辭傳》嘗言「四聖道」曰：「《易》有聖人之道四焉：以言者尚其辭，以動者尚其變，以制器者尚其象，以卜筮者尚其占。」[62]牟先生由早期以《周易》象數條例建構宇宙氣化之道，到後來以卜筮感應講授《易傳》修德義理，最後將一切融會貫通，建構出「道德形上學」的中國式哲學系統，猶如《繫辭傳》將「言辭」、「義理」、「象數」、「卜筮」並言「聖人之道」，皆有化解學派紛爭之助，意義殊深。牟先生由《周易》悟出此一重視融會貫通之聖道思想，進而深入疏解中西哲學、儒釋道、政治、歷史等不同方面之爭議，通過其道德實踐精神而加以融通，撰作《道德的理想主義》、《歷史哲學》、《政道與治道》、《圓善論》、《中西哲學之會通》等不同論著，為後學留下典範，功在文化！

除了學術融通與啟發之功外，牟先生一生春風化雨，桃李滿門，其教化之功，其於文化傳承之重大意義，無從估計。牟先生後期《易》學思想，多於講學中傳承，今得以面世，全賴弟子用心整理，其師徒情誼，令人莫名感動。觀乎牟先生門下弟子，居乎仁，由乎義，不媚俗，不苟且，盡皆頂天立地、風骨峭峻之士，牟先生學問之精神，推而可知也。先生治《易》，本於民族志氣，重視道德實踐，冀能建構適合中國文化的形上與道德哲學系統，棒喝盲目崇洋之徒。事實上，牟先生一九四七年撰〈自立銘〉已立志要時刻以民族氣節為念：「須自己立立人，心本歷史文化。任憑邪說橫行，不背民族國家。」[63]此一思想，貫徹始終，從未變易，其於一九九二年以八十三歲

---

62 王弼、韓康伯注，孔穎達疏：《周易注疏》，總頁154上。
63 牟宗三：《牟宗三先生全集》，第26冊，《牟宗三先生未刊遺稿》，《自立銘》，頁11。

高齡講授的《周易》課程中，仍振振有辭，痛心疾首，一再激動提醒學生，要用心體悟《周易》獨特的「道德形上學」精神，實踐道德修養，傳承中國哲學與傳統文化，關心國家民族的發展，引導社會邁向更光明的未來！[64]

牟先生雖逝，惟其情其志，仍深深啟迪後人，影響文化發展。盧雪崑教授《牟宗三哲學：二十一世紀啟蒙哲學之先河》有〈師生慧命相續歷程之回顧〉一節，闡述牟先生哲學之核心與魅力，師生互相感應，故能不嫌艱辛，堅守正道，培育出慧命相續之宏大志願。[65]牟先生門下立志延續慧命者眾，其中亦包括先師鄧立光博士。先師屢言，其畢生致力為弘揚中華文化、造福國家民族及人類而奮鬥；此一精神，全因受到牟先生仁念感召及影響。鄧師於〈牟宗三先生的易學與當代儒學的關係〉闡明，牟先生對《周易》的慧解，使《易》學的精要接上現代中國哲學研究的主流，對當代新儒家的發展有返本開新的重要意義。由此引申，鄧師進一步關心中國哲學的未來發展，冀望學界能撇開崇洋思想，真正復興中國文化。[66]其所表現的氣魄與精神，完全直承牟宗三先生的教誨，知行合一。晚輩雖無緣親聞牟先生教導，惟從其留下的論著，以及先師的行述中，已充分感受到如此一代哲人之偉大貢獻，不禁肅然起敬。

四　結語

綜上所述，牟先生早期治《易》，旨在以西方哲學與數理邏輯系統觀照中國傳統哲學，冀能利用《周易》卦爻象數系統以觀宇宙陰陽氣化之變，訂定出一套「中國式」的形而上學與道德哲學系統。此一時期，先生對漢代象數《易》學有所肯定，亦有所懷疑。

---

64 參牟宗三主講，盧雪崑錄音整理：《周易哲學演講錄》，頁9-11、21、38-39。

65 盧雪崑：《牟宗三哲學：二十一世紀啟蒙哲學之先河》（臺北市：萬卷樓圖書公司，2021年9月），頁291-352。

66 鄧師立光：〈牟宗三先生的易學與當代儒學的關係〉，《中國哲學與文化復興詮論》，頁107-108。

後來，牟先生體悟到卜筮之根本不過是陰陽感應之變，旨為培育筮者保持誠敬之心，時刻以修德義理為念。此一精神，概即《易傳》所言感應之「幾」。至於占卜感應，不過是一種象徵形式，《周易》真正之本義，以至中國文化之本質，皆在昭明此一誠敬之念，最終歸諸於修德之義理。從此，先生對代表孔門義理的《易傳》推崇備至，認為當中「潔靜精微」的義理才是真正的「道德哲學」，而象數之學則當屬「自然哲學」。此兩套哲學系統，可以並行不悖，惟漢代象數則為別支，與孔門義理不合。

牟先生從《周易》悟出此一重視融會貫通之聖道思想，將之稱為「道德形上學」，並以此作為其哲學核心，進而深入疏解中西哲學、儒釋道、政治、歷史等不同專題，撰作《道德的理想主義》、《圓善論》、《中西哲學之會通》等不同論著，強調其圓通與道德思想，為往聖繼絕學，為萬世開太平，意義非凡！

總結而言，牟先生之治《易》貢獻，概有如下諸端：

一、博通古今，融貫中西，開展中國哲學、儒學、《易》學研究的新境界。

二、以《易經》卦爻象數條例為本，建構出一套以陰陽氣化為主，解釋宇宙生成的「自然哲學」系統。

三、以《易傳》修身立德思想為本，建構出一套以陰陽感應為本，強調修身立德的「道德哲學」系統。

四、確立治《易》體系為「象數」、「義理」、「術數」三派，並以「術數」中之陰陽感應思想貫通另外兩系，結合其所建構的《周易》「自然哲學」與「道德哲學」系統，將形上玄學與修養工夫融合為一。

五、明確指出《周易》本質乃在修德，卜筮不過為其形式，旨在昭明其誠敬之念。

六、闡明《易傳》「幾」之精神，彰顯「四聖道」之理念，融通「卜筮」、「文辭」、「象數」、「義理」諸學派之紛爭。

七、由《周易》領悟出「道德形而上學」，進而疏理其他中西哲學問題，留下眾多重要論著，啟迪後學。

八、身體力行，傳承文化，慧命相續，生生不息。

牟先生為當代新儒家大師，一生堅守正道，捍衛中國文化，其才其學，令人拜服。為表敬意，拙文謹於牟先生之《易》學研究，略加管窺，冀能拋磚引玉，為新儒家《易》學研究補白；其中不是之處，敬請諸家指正為荷。

王弼《周易注》「用老子」疑議

毛炳生[*]

摘要

王弼，三國時代魏國人，得年二十四歲。王弼易學，有《周易注》一本，〈周易略例〉一篇。清《四庫全書・經部・易類・總目提要》作者於〈序言〉內說：「王弼盡黜象數，說以老莊。」言下之意，王弼注不及象數，解《易》以老子、莊子思想為宗。而實情似乎並非如此。王弼雖有才學，但英年早逝，缺乏社會歷練，也無人生體驗，如何能理解文辭古奧的《周易》，又如何能以高度智慧的老莊思想注釋《周易》？不無疑問。近人鄭成海教授著《王弼注易用老子疏證》，錄得二十九條注釋，以為王弼即「用老子」思想。本文即以這二十九條為基礎，逐一分析，探其究竟。

關鍵詞：王弼、周易、老子、爻辭

---

[*] 香港新亞文商書院。

一　前言

　　王弼《周易注》，自唐宋以後學者皆認為王弼以老莊思想注《易》。清《四庫全書・經部・易類・總目提要》有易學兩派六宗之說，作者在〈總序〉中說明易學兩派是象數與義理；而義理派則以王弼為首開宗立萬，以為王弼易學「盡黜象數，說以老莊」，後之學者即以王弼易學為「老莊宗」。老莊思想一向被列為道家，換言之，王弼易學屬於道家易學。及後，皮錫瑞著《經學歷史》，說王弼《周易注》：「旨近老氏，則亦涉道家矣。」而近人鄭成海教授著《王弼注易用老子疏證》一書，爬梳古籍，於王弼《周易注》中錄得二十九條注文，並摘引《老子》文助成皮氏「旨近老氏」說。個人拜讀後覺得大有問題，本文即提出疑義。《四庫》館臣認為王弼以老莊解《易》，皮氏則只及老子，不提莊子，稍見分別，但仍未見了真章。現以鄭氏大著所錄二十九條注文為基礎，採用比較法、排除法逐一檢視，看到底有多少老子思想成分；如其中有若干涉及老子思想成分，這些分量是否足以開宗立萬，成為一代宗師？這兩個問題都是需要分辨的。

二　二十九條「用老子」說分析

（一）〈乾〉與〈坤〉兩卦

1 〈乾・用九〉：**見群龍無首。吉。**

　　王注：九，天之德也。能用天德，乃「見群龍」之義焉。夫以剛健而居人之首，則物之所不與也。以柔順而為不正，則佞邪之道也。故〈乾〉吉在「无首」，〈坤〉利在「永貞」。[1]

---

[1] 王注皆引錄自鄭氏書。

鄭氏於本注下摘引《老子》書五條，並附案語云：「王弼此注，係根據老子：『後其身而身先』，『貴以賤為本』，處下守後，不為先，和柔善下的思想。」鄭氏所引《老子》五條文字如下：

聖人後其身而身先，外其身而身存。（七章）

江海所以能為百谷王者，以其善下之，故能為百谷王。是以欲上民，必以言下之；欲先民，必以身後之。是以聖人處上，而民不重，處前，而民不害。是以天下樂推而不厭。以其不爭，故天下莫能與之爭。（六十六章）

故貴以賤為本，高以下為基。（三十九章）

九層之臺，起於累土。（六十四章）

強大處下，柔弱處上。（七十六章）

王弼注：「九，天之德也。」天之德，並非出自《老子》書，而是《易傳》中的〈象〉曰：「用九天德，不可為首也。」

　　《易傳》作者問題歷來雖有爭議，而〈彖傳〉、〈象傳〉均為孔子作，大抵沒有問題；其餘各〈傳〉是孔門弟子所輯的先師遺說，雖或有弟子個人的心得摻雜在內，而出自孔門，可作定論。近世帛書《易傳》出土，證據更加確鑿，毋須再討論孔子曾讀《易》、贊《易》與否等問題。個人認為，王弼本條注解並無老子思想。「用九」是〈乾〉六陽爻皆同時變為陰爻的現象，暗示天道變化，人事變革。孔子認為「用九」乃天德，他藉此誡人不可爭先為首。老子思想「道法自然」，「上德不德」；他既無立德的主張，一切順應自然，又何來「不可為首」之誡？天德如即自然，應是無為而無不為的。

　　剛健、柔順，是《易傳》一組對文，「乾剛坤柔」（〈雜卦傳〉），分別形容〈乾〉〈坤〉兩卦的性質。柔，並不等同老子所稱的「柔弱」。王弼此注，旨在申論〈乾象〉「用九天德」，誡人不可為首之義；並提出〈坤〉的柔順與

〈乾〉的剛健對舉，申論在上位者剛健不易獲得民心，而在下位者雖柔順但亦宜行正道之理，不能奉迎媚上。王弼藉天德誡剛，勉勵柔順而能行正道，都是《易傳》思想，此注根本看不出來有「後其身而身先」，「貴以賤為本」之意。而「貴賤」相對仍屬《易傳》思想。〈屯‧初九‧象〉曰：「以貴下賤，大得民也。」由此可證。鄭氏之說乃捕風捉影，摘引《老子》五條資料似乎沒有一條可以成立。其餘二十八條《疏證》所引內容，由此可見一斑了。

王弼在〈乾〉「元亨利貞初九潛龍勿用」條下注云：「文言備矣」。〈文言傳〉是孔子闡述〈乾〉〈坤〉兩卦義理的言論，由弟子筆記整理而成。由此可知，王弼注〈乾〉〈坤〉是闡述孔子之意，而非老子也。

2　〈乾文言〉：知至至之，可與幾也。知終終之，可與存義也。是故居上位而不驕，在下位而不憂。

　　王注：處一體之極，是至也。居一卦之盡，是終也。處事之至而不犯咎，「知至」者也，故可與成務矣。處終而能全其終，「知終」者也。夫進物之速者，義不若利，存物之終者，利不及義。故「靡不有初，鮮克有終」。夫可與存義者，其唯知終乎！居下體之上，在上體之下，明夫終敝，故「不驕」也；知夫至至，故「不憂」也。

　　鄭案語：王弼此注，係發揮老子：「慎終如始，則無敗事。」富貴莫驕，行事謹慎的思想。

由前例可知鄭氏所摘引的《老子》章節都不足以反映王弼注有老子思想；而鄭氏所摘引《老子》資料，多非全章，而又時有重複，為節省篇幅，非必要時不再迻錄鄭氏所列《老子》資料。以下論述但以鄭氏「案語」為據。

王弼此注，係申論〈乾‧九三‧文言〉，鄭氏所謂「慎終如始，富貴莫驕，行事謹慎」等意，不是老子思想所獨有，不宜執定即為一家之言。王弼以九三爻位處於下卦之末，申論「知終知至」的道理，其中利義之辨，明示「存物之終者，利不及義」，重義輕利，正是以孔孟為首的儒家思想特色。「居上位而不驕，在下位而不憂」兩句，見於〈乾文言〉，是孔子言論，不是老子言論。

3 〈坤・初六〉：履霜，堅冰至。

　　王注：始於「履霜」，至於「堅冰」，所謂至柔而動也剛。陰之為道，本
　　　　　於卑弱而後積著者也，故取「履霜」以明其始。陽之為物，非基
　　　　　於始以至於著者也，故以出處明之，則以初為潛。

　　鄭案語：王弼此注：「至柔而動也剛。」「陰之為道，本於卑弱而後積著
　　　　　者也。」或係根據老子至柔的思想闡明爻辭。

「至柔而動也剛」一語，係本於〈坤・文言〉：「坤至柔而動也剛。」意謂極柔之物，當它作動時也會發展至極剛，這是物理一體兩面的現象。孔子揭示這個現象說明坤道，以柔順為體，動則剛健。王弼用「卑弱」一詞，卑即下，弱即小，不等於就是老子所稱的「卑弱」。《老子》「天下之至柔，馳騁天下之至堅」（四十三章），取柔勝剛之義，與〈文言〉「至柔而動也剛」的論點基礎並不相同；鄭氏不察，斷章取義，以為出於老子。而案語謂「或係」一辭，已顯見作者的信心不足。王弼此注，仍以剛柔對舉，說明〈乾〉初爻何以用「潛龍」，〈坤〉初爻何以用「履霜」之旨。

4 〈坤・六二〉爻辭：直、方、大；不習，无不利。

　　王注：居中得正，極於地質。任其自然，而物自生；不假修營，而功自
　　　　　成；故「不習」焉，而「无不利」。

　　鄭案語：王弼此注以「任其自然，而物自生」，「不假修營，而功自成」
　　　　　解釋「不習，无不利。」係根據老子無為為常，自然為宗，無
　　　　　所改作的學說發揮。

「任其自然而物自生」，「不假修營而功自成」，固為老子思想所本有；但細讀《老子》書，這些主張，乃作者藉聖人之名而為王侯設教。如第二章：「聖人處無為之事，行不言之教，萬物作焉而不辭。」又第三十七章：「道常無為而無不為，侯王若能守之，萬物將自化。」而王弼此注，前提是：

「居中得正,極於地質。」由此引發「任其自然而物自生」,「不假修營而功自成」之論。《坤》為地,六二處於下卦《坤》的中位,又是《坤》的正位,王弼稱為「居中得正」,這是「地質」最佳的位置,象徵極盡土地的本能。本能非經學習而得,而是自性現象。王弼只是說明這種現象,而這種現象為《周易》作者所採,闡發人臣事君的義理,宜直與方。王弼注沒有闡發此種義理,反映他對本爻辭並未了解通透,他以「任其自然而物自生,不假修營而功自成」一筆帶過,解釋「不習无不利」一語,已將文本輕重倒置。或係〈文言傳〉已說得明白,故王弼省略?

案:孔子亦有自然觀:「天何言哉?四時行焉,百物生焉。天何言哉?」(《論語‧陽貨》)這幾句話,是否即可概括「任其自然而物自生,不假修營而功自成」呢?

5 〈坤‧六三〉爻辭:含章,可貞。或從王事,无成,有終。

> 王注:三,處下卦之極,而不疑於陽,應斯義者也。不為事始,須唱乃應,待命乃發,含美而可正者也,故曰「含章可貞」也。有事則從,不敢為首,故曰「或從王事」也。不為事主,順命而終,故曰「无成,有終」也。
>
> 鄭案語:王弼以老子柔順含蓄,因而不為,功成不居,退讓守雌,不為先唱的學說,闡微爻辭「或從王事」、「无成有終」。

《周易》極重視人臣柔順之德,孔子繼承了這種思想,在〈坤‧文言〉總論時說:「坤至柔而動也剛,至靜而德方。後得主而有常,含萬物而化光。坤道其順乎,承天而時行。」陰道至柔至靜,但動作時也至剛至方。這種剛柔靜方之說,跟老子柔勝剛之論實在大異其趣。柔與靜,必待時而動,亦即被動而為;動止則復歸於靜,無所期求。〈象傳〉闡釋〈坤‧六三〉爻辭也說:「含章可貞,以時發也;无成有終,知光大也。」柔順者,不會主動作為,只會等待時候之到來,有如水到渠成。而功成後則不邀功,回到靜止狀態。這也是人性智慧之光。光可及遠,有可大可久之意。即功成不居的美

德，可以久遠。這些思想都是謙德，《周易》有〈謙〉卦，〈彖傳〉即論述謙德。「天道下濟而光明」，是〈乾〉的謙德；「地道卑而上行」，是〈坤〉的謙德。謙德，不是老子思想的專利。王弼此注「須唱乃應，待命乃發」等，是申論〈象傳〉意。

（二）〈屯〉與〈蒙〉兩卦

6　〈屯・初九〉爻辭：磐桓。利居貞，利建侯。

> 王注：處〈屯〉之初，動則難生。不可以進，故「磐桓」也。處此時也，其利安在？不唯「居貞」、「建侯」乎？夫息亂以靜，守靜以侯；安民在正，弘正在謙。屯難之世，陰求於陽，弱求於強，民思其主之時也。初處其首，而又下焉。爻備斯義，宜其「得民」也。

> 鄭案語：王弼說：「息亂以靜，守靜以侯；安民在正，弘正在謙。」正是老子「致虛守靜」，「清靜為天下正」，以靜制動之思想。

「致虛守靜」，固屬老子思想，但這種思想的重點在於致虛時要「極」，守靜時要「篤」（《老子》第十六章），只揭「致虛守靜」不足以發揚老子思想的精神。虛，屬於謙德，亦為孔子所重視。孔子也同意靜德，坤德至靜，〈坤文言〉即點出旨趣。孔子曾言：「潔靜精微，《易》教也。」（《禮記・經解》）靜，是學習的基本，也是起筮求卦的原則。不靜則無法學習，更遑論思辨與解卦。〈大學〉有云：「知止而后有定，定而后能靜，靜而后能安。」主靜，不能即視為老子思想。爻辭「利建侯」，意謂利於建立侯國以為屏障。「安民在正，弘正在謙」，王弼以謙德為正，乃是孔門思想。「得民」一語，乃出自〈象傳〉解釋〈屯・初九〉爻象：「以貴下賤，大得民也。」思路仍屬孔子。

7 〈蒙〉卦辭：亨。匪我求童蒙，童蒙求我。初筮，告。再三，瀆，瀆則不告。利貞。

> 王注：筮者，決疑之物也。「童蒙」之來「求我」，欲決所惑也。決之不一，不知所從，則復惑也。故「初筮」則告，「再三」則瀆，瀆蒙也。能為初筮，其唯二乎？以剛處中，能斷夫疑者也。蒙之所利，乃利正也。夫明莫若聖，昧莫若蒙。蒙以養正，乃聖功也。然則養正以明，失其道矣。
>
> 鄭案語：王弼說：「夫明莫若聖，昧莫若蒙，蒙以養正，乃聖功也；然則養正以明，失其道矣。」正是發揮老子，深自歛抑，「挫銳」，「和光」，藏明於內，隱藏鋒芒之思想。人顯露鋒芒，多言多患，必遭挫敗。

本注頗長，鄭氏獨選「養正以明，失其道矣」一句，以為發揮老子「挫銳」、「和光」等思想。案：「蒙以養正，聖功也」是〈彖傳〉語。意謂在童稚時，便應養成他的正確觀念與態度，讓他明白事理，成長後方會成為聖人。王弼從愚蒙發揮，由愚蒙反推明察，乃是錯解文意。〈彖傳〉謂「蒙以養正」，不是「養正以蒙」；王弼則以「養正以蒙」讀，於是轉向「養正以明」的思路，以為愚蒙即正，明顯是錯讀錯解。「然則」一語，在語意上顯得十分輕率。教導童蒙明白事理，亦是「養正以明」的本意，本語重點在「正」，能正方能「明」。「養正以明」又怎會「失其道」呢？老子教人分辨「無有」的概念，基本上也是「養正以明」的工夫。「人顯露鋒芒，多言多患，必遭挫敗」，正是王弼為人的寫照。

8 〈蒙·初六〉爻辭：發蒙。利用刑人，用說桎梏。以往吝。〈象〉曰：利用刑人，以正法也。

> 王注：「刑人」之道，道所惡也。「以正法」制，故刑人也。
>
> 鄭案語：王弼此注，旨在說明，對人施行刑戮，是不合乎「道」，正是發揮了老子「無事」，「清靜無為」，「以正治國」，省刑罰的思想。

王弼此注，語焉不詳。著兩「道」字，前後字的意思是否相同？細讀文意，應有不同。前一「道」字，指「刑人」這件事；後一「道」字，如指天道，以老子「道」的自然觀衡量，道無好惡，無所作為，亦無所不為，自自然然，行所當行，也止所當止。王弼說「道所惡也」，則明顯不是老子所指稱的天道，而是「人道」。人，才有好惡之心。施刑，受刑，都非人所喜好。王弼此注，係注〈象傳〉。〈象傳〉「以正法制」，意即執法施刑，以法紀端正視聽，以免人們歪曲事理。這是孔子本意，鄭氏摘老子「以正治國」一語以為與「以正法制」的「正」字意思相同，顯得突兀不類。孔子曾說：「聽訟，吾猶人也，必也使無訟乎！」（《論語・顏淵》）無訟，便毋須仲裁判刑了，這是社會和諧的現象。

9　〈蒙・六五〉爻辭：童蒙，吉。

> 王注：以夫陰質，居於尊位，不自任察，而委於二。付物以能，不勞聰明，功斯克矣。故曰「童蒙吉」。〈象〉曰：「童蒙之吉，順以巽也。」王注：委物以能，不先不為，「順以巽」也。
>
> 鄭案語：王弼此注，蓋本於老子，柔順謙遜，絕聖棄智，無為，不為先的思想。

王弼注〈蒙・六五〉爻辭，以陰爻居於五的尊位上發揮義理。六五陰柔，與在下位的九二相應，猶如賢者往上，受到王者禮遇，委任職務。「順以巽」是〈象傳〉語，意謂以退讓為順德。王弼所謂「付物以能，不勞聰明」等語，並無「絕聖棄智」之意。「委物以能，不先不為」，這是周人固有思想。《史記・周本紀》載，武王滅商之後，曾思「徵九牧之君」，亦是求賢，「委物以能」之意。

（三）〈大有〉與〈謙〉兩卦

10　〈大有・六五〉爻辭：厥孚交如，威如，吉。

王注：居尊以柔，處大以中，无私於物，上下應之，「信以發志」，故其「孚交如」也。夫不私於物，物亦公焉。不疑於物，物亦誠焉。既公且信，何難何備？不言而教行，何為而不「威如」？為〈大有〉之主，而不以此道，吉可得乎？

鄭案語：王弼此注，發揮了老子無私，無我，破除己見，以誠信待人，萬物視之如一。生而不有，功成弗居，無為，不言之教的思想。

鄭氏引這條王弼注，漏錄〈大有・六五〉的「〈象〉曰」，故難窺全豹。〈象〉辭是：「厥孚交如，信以發志也；威如之吉，易而無備也。」王弼係以爻位的觀點，注〈象〉辭「信以發志」與「易而無備」兩句。六五是陰爻居尊位，與在下的九二相應，王弼係發揮誠信待下與大公無私的王者精神，哪有老子思想？孔子也有「四毋」觀，《論語・子罕》載：「子絕四：毋意、毋必、毋固、毋我。」意謂成見、必然、固執、私利，孔子都一概斷絕，以客觀態度面對事情。這種對事的態度，即是天下為公的精神。我以誠信待人，人亦以誠信待我；這樣做人處世，彼此易於相處。老子主張「致虛極，守靜篤」，反璞歸真，根本毋須面對世俗的人情事務。

11　〈謙・九三〉爻辭：勞謙，君子有終。吉。

王注：處下體之極，履得其位，上下无陽，以分其民，眾陰所宗，尊莫先焉。居謙之世，何可安尊？上承下接，「勞謙」匪解，是以吉也。

鄭案語：王弼此注，蓋本於老子，富貴不敢奢驕，有功勞而能謙順的思想。

九處於下卦的末端，三是陽爻的正位，所以王弼說「履得正位」。九三的上

下都是陰爻，所以王弼說「上下无陽」。九三成為〈謙〉卦的主爻，所以王弼又說「眾陰所宗」。謙德是儒、道兩家共許的思想，前例已有所說明，不能獨現於老子。

12　〈謙‧六四〉爻辭：无不利，撝謙。

　　王注：處三之上而用謙焉，則是自上下下之義也。承五而用謙順，則是上行之道也。盡乎奉上下下之道，故「无不利」。指撝皆謙，不違則也。

　　鄭案語：王弼此注，說明對上對下均須謙讓，此乃自然之道。王弼說：「指撝皆謙，不違則也。」是根據老子效法天道的「生而不有，為而不恃，功成而弗居」的自謙精神。

鄭氏引此條王弼注，亦漏錄〈謙‧六四〉的「〈象〉曰」。〈象〉辭是：「無不利，撝謙，不違則也。」王弼係注〈象〉的「不違則」。撝，同揮字。撝謙，意謂在上位者能以謙德對下，發揮謙德之美。孔子以為這種態度「不違則」。則，法則。王弼並沒有指稱這種法則即是「自然之道」。自然之道並無刻意作為，而謙德卻是人文素養的刻意作為。天道自然，行所當行，止所當止，無所謂謙不謙的意識。老子說：「上德不德。……上德無為而無以為。」（三十八章）老子本身並不重視人文之德，而取天道的自然之德。孔子則強調君子要有謙德，跟老子「功成而弗居」的精神是有本質上的差別的。

13　〈謙‧上六〉爻辭：鳴謙。利用行師，征邑國。〈象〉曰：「鳴謙」，志未得也；可「用行師，征邑國也。」

　　王注：最處於外，不與內政，故有名而已，志功未得也。處外而履謙順，可以「征邑國」而已。夫吉凶悔吝，生乎動者也。動之所起，興於利者也。故飲食必有訟，訟必有眾起。未有居眾人之所惡，而為動者所害；處不競之地，而為爭者所奪。是以六爻雖有失位，无應，乘剛，而皆无凶咎悔吝者，以謙為主也。「謙尊而光，卑而不可踰」，信矣哉！

鄭案語：王弼此注：「未有居眾人之所惡，而為動者所害；處不競之地，而為爭者所奪。」蓋本於老子善下、不爭、處卑、守靜、謙讓之思想。

「居眾人之所惡」一語，本於《老子》第八章「處眾人之所惡」。第八章係論述水的特性，能處於卑下之地，不為不爭。老子認為水的特性與他所稱的「道」接近，故說「上善若水」。孔子也有「水」觀，見於《孔子家語》。孔子認為水「浩浩乎無屈盡之期，此似道」（〈三恕篇〉），這即〈乾象傳〉所述「天行健」的「乾道」。又說水「與諸生而不為」、「其流也則卑下」；「與諸生」是被萬物所用，「不為」是並無任何目的。水的作為都是被動的，不是主動的。「卑下」即處於下位卑微之地。這些對水的論述，基本上與老子同。水的特性屬於自然現象，重點不在於這些自然現象，而是透過這些自然現象，思想家如何發揮他的哲思；自然現象只是媒介而已。王弼此注引「尊而光，卑而不可踰也」一語，乃出自於孔子的〈謙·彖〉。本爻辭的原意是：強調謙卑的重要，所屬的邑國如不謙卑，中央可鳴鼓而攻之。王弼此注，仍以孔子思想為主。「攻」，已不屬於老子思想了。

（四）〈臨〉與〈觀〉兩卦

14 〈臨〉卦辭：元亨，利貞。至於八月有凶。〈象〉曰：澤上有水，〈臨〉。君子以教思无窮，容保民无疆。

王注：相臨之道，莫若說順也。不恃威制，得物之誠，故物无違也。是以「君子教思无窮，容保民无疆」也。

鄭案語：王弼此注：「相臨之道，莫若說順。」或係根據老子：「無為而治。」「與時遷移，應物變化」的思想。說明治國者不可嚴厲苛刻，臨民以威。應順乎百姓，尊重民意，虛懷若谷，包容百姓。

鄭氏案語，以為「說順」是據老子「無為而治」等思想而來，但再用「或係」一語，又見信心不足。（「或係」已見於第三條）〈臨〉的卦象，下《兌》上《坤》，《兌》為說（同悅），《坤》為順，「說順」是〈臨〉的卦德。〈臨‧彖〉：「說而順」。此語是孔子以卦德說明卦象，跟老子思想完全無關。「誠」是人文思想，〈中庸〉謂「不誠無物」。這種思想應歸類於儒家。孔子重視教育，〈象傳〉的「教思无窮」即可反映出來。「容保民」也語出〈象傳〉，包容與保護人民正是孔子的政治胸懷。王弼此注，並不涉及老子思想。

15　〈臨‧六五〉爻辭：知臨。大君之宜，吉。

　　王注：處於尊位，履得其中，能納剛以禮，用建其正，不忌剛長而能任之。委物以能而不犯焉，則聰明者竭其視聽，知力者盡其謀能。不為而成，不行而至矣！「大君之宜」，如此而已，故曰「知臨，大君之宜，吉」也。

　　鄭案語：王弼此注：「能納剛以禮，用建其正，不忌剛長而能任之。」「不為而成，不行而至矣！」或係根據老子「不求而得」，「不為而成」，「因任自然」，「無為而治」的思想發揮。

鄭氏仍以「或係」一語說明王弼此注跟老子思想有關，其實觀注文一字即可破其惑矣：該字為「禮」。「以禮」即用禮，是孔子的思想。「用建其正」也即是建立以禮為正的標準。魯定公曾問孔子：「君使臣，臣事君，如之何？」孔子回答道：「君使臣以禮，臣事君以忠。」（《論語‧八佾》）老子反對刻板的禮制，曾斥孔子要知時；而孔子卻重視禮制，認為禮制的核心價值在「仁」，強調：「人而不仁，如禮何？」（同前）君以禮使臣，是仁德；臣必盡忠職守，亦是仁德。履行職務是臣的責任，不是君。君的責任在於尊重禮制，依禮制任賢。用人得宜，君即可「不為而成」了，這是「大君」的要務。大君，於中央為天子，於諸侯即一國之君。

16 〈觀〉卦辭：盥而不薦，有孚顒若。

〈彖〉曰：大觀在上。順而巽，中正以觀天下。〈觀〉：「盥而不薦，有孚顒若。」下觀而化也。觀天之神道，而四時不忒。聖人以神道設教，而天下服矣。

> 王注：下賤而上貴也。統說觀之為道，不以刑制使物，而以觀感化物者也。神則无形者也。不見天之使四時，而四時不忒；不見聖人使百姓，而百姓自服也。
>
> 鄭案語：王弼說：「不見天之使四時，而四時不忒；不見聖人使百姓，而百姓自服也。」正是闡釋老子「無為」、「無事」的思想。

「四時不忒」是〈彖傳〉語，王弼此注，仍以闡釋孔子的〈觀・彖〉為主。「四時不忒」係自然現象，老子雖由此提出「無為」、「無事」思想，但此處跟老子思想無關。孔子的「天何言哉？四時行焉，百物生焉。天何言哉？」不也是論說自然現象嗎？哲學家觀察自然現象，各有所感。思想的價值，在於他們的「所感」，而不是自然現象。「不見聖人使百姓，而百姓自服也」一語，是闡釋〈觀・彖〉「聖人以神道設教，而天下服矣」一句，鄭氏以為即老子的「無為」、「無事」，似乎是斷章取義。王弼注〈觀〉卦辭，在〈觀・彖〉前已有一注文，鄭氏不錄，因該注文論及孔子思想，故意迴避。該注文迻錄如下，以見真章：

> 王注：王道之可觀者，莫盛乎宗廟。宗廟之可觀者，莫盛於盥也。至薦簡略，不足復觀，故觀盥而不觀薦也。孔子曰：「禘，自既灌而往者，吾不欲觀之矣。」盡夫觀盛，則「下觀而化」矣。故觀至盥則「有孚顒若」也。

王弼此注，說明王者要以身作則，下民受到感召，上行下效，自然潛移默化。論王道而引孔子語，能說是闡釋老子思想嗎？

17 〈復〉卦辭：亨。出入无疾，朋來无咎。反復其道，七日來復，利有攸往。

〈彖〉曰：「復，亨」，剛反，動而以順行，是以「出入无疾，朋來无咎」。「反復其道，七日來復」，天行也。「利有攸往」，剛長也。〈復〉，其見天地之心乎？

> 王注：入則為反，出則「剛長」，故「无疾」。疾，猶病也。朋，謂陽也。陽氣始剝盡，至「來復」時，凡「七日」。以天之行，「反復」不過七日，復之不可遠也。往則小人道消也。復者，反本之謂也。「天地」以本為心者也。凡動息則靜，靜非對動者也；語息則默，默非對語者也。然則天地雖大，富有萬物，雷動風行，運化萬變，寂然至无，是其本矣。故動息地中，乃「天地之心」見也。若其以有為心，則異類未獲具存矣。
>
> 鄭案語：王弼此注，正是闡述老子：「歸根曰靜。」以清虛、寂靜為宇宙萬物之根源的觀點。

王弼此注，仍以解〈彖傳〉為主。〈彖傳〉解〈復〉卦辭，並不涉及卦辭文本原意，乃以卦象闡述天道。卦辭敘述地震現象，誡人行動要小心，自然獲得亨通。卦名〈復〉，即「覆」。卦辭「疾」字是急促的意思。「出入无疾」，意謂當地震來時，進出要緩慢，不宜急促。「朋來」即「崩來」，意謂山崩。「反復其道，七日來復」是餘震現象。發生地震，導致山崩，當然要離開現場，故「利有攸往」。本卦辭並非論述「天地之心」，而〈彖傳〉卻借題發揮，將卦名作反覆、循環之意讀，於是帶出「天地之心」的想像。

王弼此注，解疾字「猶病也」，顯見他未明卦辭文本之意。又以為「寂然至无，是其本矣」，即〈彖傳〉的「天地之心」，也是錯解。〈彖傳〉謂「復，天地之心。」意謂物極必反，乃天地運作的法則（心），不是「寂然至无」是「天地之心」。鄭氏以為王弼「寂然至无，是其本矣」句，即老子「歸根曰靜」的清虛、寂靜。似有理；但仔細分析注文意思，卻又有疑。

王弼說明「天地之心」後，下句提出「若其以有為心，則異類未獲具存矣」。句中「有」字，與上句「无」字相對，如未經思考，以為即是老子的「無有」思想。「無有」語出老子，並無問題；問題是，王弼所提出的「有」概念，與老子是否相同？王弼所提出的「有」，是有為心。有為心即是私欲。王弼意謂預設立場，有所選擇，因此非我族類者，便會受到排斥，不獲生存。而老子的「有」思想，則是「萬物之母」；萬物皆由「母」出，無有，「此兩者同出而異名」（第一章），「有之以為利，無之以為用」（第十二章）。老子的「有」並無排他性，是對萬物有利的；既無為而無不為，自自然然。由此可知，王弼對老子思想的了解並不深刻，此注文但憑口舌之利而已。

　　王弼引老子語解《易》，卻對老子思想認知不夠深刻，是否足以稱為「老莊宗」？是學者值得深思的。樓宇烈說：「王弼『以無為本』的思想與老子『有生於無』的思想有很大的不同。」[2]「以無為本」的本體論，乃是王弼發揮老子思想的主張，跟老子的本意是有段距離的。

（五）〈无妄〉與〈大畜〉兩卦

18　〈无妄〉卦辭：元亨，利貞。其匪正，有眚，不利有攸往。

　　〈彖〉曰：无妄，剛自外來，而為主於內。動而健，剛中而應，大「亨」以正，天之命也。「其匪正，有眚，不利有攸往」，无妄之往，何之矣？天命不祐，行矣哉？

　　　　王注：謂震也。震動而乾健也。謂五也。「剛自外來，而為主於內」，動而愈健。「剛中而應」，威剛方正，私欲不行，何可以妄？使有妄之道滅，「无妄」之道成，非「大亨，利貞」而何？「剛自外來，而為主於內」，則柔邪之道消矣；動而愈健，則剛直之道通矣。剛中而應，則齊明之德著矣，故「大亨以正」也。天之教

2　樓宇烈《王弼集校釋》〈前言〉，頁5。

命,何可犯乎?何可妄乎?是以「匪正」則「有眚」,而「不利有攸往」也。「匪正,有眚」,不求改以從正,而欲有所往。居不可以妄之時,而欲以不正有所往,將欲何之?「天命」之所「不祐」,竟矣哉!

鄭案語:王弼此注,發揮了老子「不妄為」,堅守清靜,無私,無欲的思想。

王弼此注,仍以解〈彖傳〉為主。此注並無鄭氏所說的「堅守清靜」思想,是鄭氏想當然爾。王弼說「威剛方正,私欲不行」,意謂以乾剛震攝「柔邪之道」。這種論述並非老子的「柔弱勝剛強」思想。〈无妄〉☷卦象,由〈大畜〉☷卦象顛倒而成。〈大畜〉上卦《艮》☶,顛倒後變《震》☳,為〈无妄〉的下卦。上卦又稱外卦,下卦又稱內卦;由外至內,稱「來」。《震》一陽二陰,以陽為主爻,故〈彖傳〉說「剛自外來,而為主於內」。〈彖傳〉的「天命」一詞,取人文觀的論點,具有主宰性;老子的天道乃取自然觀,沒有主宰性,萬物自化。

19　〈大畜・六五〉爻辭:豶豕之牙,吉。

　　王注:豕牙橫猾,剛暴難制之物,謂二也。五處得尊位,為畜之主。二剛而進,能豶其牙,柔能制健,禁暴抑盛,豈唯能固其位?乃將「有慶」也!

　　鄭案語:王弼此注,蓋本於老子,柔弱勝剛強,處柔守弱,戒剛戒強的思想。

王弼此注,是解釋〈象傳〉:「六五之吉,有慶也。」鄭氏不錄〈象〉文,讀者即無法理解注文末句「乃將有慶也」是有所本的。慶是慶典。爻辭「豶豕之牙,吉」,意思是:爻象為閹豬的牙齒,吉祥。閹豬是供祭祀的犧牲,頭顱放在供案上露出牙齒。閹,有潔淨與預備之意。「豶豕之牙」是描述祭品露出牙齒之狀,暗示已潔淨與準備充足。〈象傳〉說「有慶也」,即有祭祀慶

典活動。王弼不明語意,說「二剛而進,能齩其牙」,將「齩」字作動詞用,意謂六五可拔掉九二的牙齒,顯然是錯解爻辭,又不明〈象傳〉之意。而鄭氏即據之以為發揮老子「柔弱勝剛強」等思想,可謂越扯越遠。

注文「柔能制健,禁暴抑盛」,「健」字語出〈彖傳〉。〈大畜·彖〉說:「剛健篤實,輝光日新,其德剛上而尚賢。能止健,大正也。」〈大畜〉卦象上《艮》下《乾》,卦德上止下健,〈彖傳〉以為有緩止健德過剛之意。王弼「禁暴抑盛」句意是主動的、動態的,而老子「處柔守弱」則是被動的、靜態的,兩者又怎麼能聯結?以被動作主動解,無異反客為主。柔,乃客,不是主。

(六)〈頤〉、〈咸〉與〈恆〉三卦

20　〈頤·初九〉爻辭:舍爾靈龜,觀我朵頤,凶。

　　王注:「朵頤」者,嚼也。以陽處下,而為動始,不能令物由己養,動而求養者也。夫安身莫若不競,修己莫若自保。守道則福至,求祿則辱來。居養賢之世,不能貞其所履,以全其德,而舍其「靈龜」之明兆,羨我朵頤而躁求,離其致養之至道,闚我寵祿而競進,凶莫甚焉。

　　鄭案語:王弼說:「夫安身莫若不競,修己莫若自保。守道則福至,求祿則辱來。」蓋本於老子「外其身而身全」、「無為」、「知足」、「知止」、「不爭」、「不為先」、「柔弱」、「退讓」的思想。

王弼此注並無老子思想。「不競」亦即「不爭」;孔子說:「君子無所爭。」(《論語·八佾》)「不爭」思想不是老子所獨有。此注所謂「自保」、「守道」,實看不出來有「外其身而身全」、「無為」、「知足」、「知止」、「不為先」、「柔弱」、「退讓」等思想,似是捕風捉影。商人以龜占卜,貴族各自養龜為用。爻辭「舍爾靈龜」,意謂自有靈龜可用而不用。朵頤是嘴嚼,「觀我

朵頤」，意謂看著我吃東西，羨慕我的食物。爻辭之意，謂不反求諸己而自足，卻坐這山望那山而求人，是不智的行為，故凶。本爻辭可與〈蠱・上九〉爻辭「不事王侯，高尚其事」參看。

21　〈咸〉卦辭：亨，利貞。取女，吉。〈象〉曰：山上有澤，〈咸〉。君子以虛受人。

　　王注：「以虛受人」，物乃感應。
　　鄭案語：王弼此注，蓋本老子以柔為強，以虛懷為本的思想。

「以虛受人」，意謂以虛心的態度接受他人意見。此語既出〈象傳〉，王弼「物乃感應」是解〈象傳〉，又怎麼會跟老子思想扯上關係？鄭氏「以柔為強」一語，更顯得蛇足。

22　〈咸・六二〉爻辭：咸其腓。凶。居吉。

　　王注：咸道轉進，離拇升腓，腓體動躁者也。感物以躁，凶之道也。由躁故凶，居則吉矣。處不乘剛，故可以居而獲吉。
　　鄭案語：王弼此注，正是發揮老子清靜無為，宜靜不宜動，靜則長久，躁則多害的思想。

咸，〈彖傳〉說：「感也。」後世注家即作「感」義解釋卦爻辭。大謬！《說文》：「咸，皆也，悉也。」才是咸字的本義，感是咸的引申義。皆、悉，表示行動一致。腓，俗稱小腿。人體動作，起步先動足趾，然後小腿才動。〈咸・初六〉爻辭：「咸其拇。」拇，即足大趾。初爻足趾啟動，二爻的小腿即配合動，故爻辭說「咸其腓」，表示一起動。王弼「腓體動躁者也」，是錯解。小腿隨著足趾在動，足趾不動，小腿不動，小腿本身哪會躁動呢？躁者急進之狀，而〈咸〉初、二兩爻皆陰，屬柔，理應為靜。足趾動，在原地動尚無不可，故爻辭沒有吉凶之判；小腿跟著動，表示已有方向，要往前了。之卦遇〈大過〉。大過即犯大錯。故爻辭即曰：「凶。」凶，不是躁動之

故,而是卦變使然。小腿不辨方向,只跟著足趾而動,暗示盲從的行為,作凶論。王弼注本爻,哪有老子「清靜無為」之意?

23　〈恆・上六〉爻辭:振恆,凶。

  王注:夫靜為躁君,安為動主。故安者,上之所處也,靜者可久之道也。處卦之上,居動之極,以此為恆,无施而得也。

  鄭案語:王弼說:「靜為躁君,安為動主。」「安者,上之所處也,靜者可久之道也。」蓋根據老子「靜」為萬物之根本的意思。

老子主張「靜」,「靜為躁君」,出《老子》第二十六章。但,出現老子語是否即為老子思想?不無疑問。前第六例個人曾說:「『致虛守靜』固屬老子思想,但這種思想的重點在於致虛時要『極』,守靜時要『篤』。」否則都不符老子思想的精神。孔子也重視「靜」,已見〈坤・文言〉,不贅。靜,是一切學問修養的基本工夫,並不專屬於老子。老子思想的重點在「極」、在「篤」、在「自然」。

  王弼注:「處卦之上,居動之極,以此為恆,无施而得也。」其實也是錯解爻辭。「振恆」之所以「凶」,是誠信不再的緣故。振是振興。振興之事,反映背後的問題是衰退。誠信,是要持之以恆的,為德不卒,後果必遭凶險。

(七)〈晉〉與〈明夷〉兩卦

24　〈晉・六五〉爻辭:悔亡。失得勿恤,往,吉,无不利。

  王注:柔得尊位,陰為明主,能不用察,不代下任也。故雖不當位,能消其悔。「失得勿恤」,各有其司,術斯以往,「无不利」也。

  鄭案語:王弼此注,「柔得尊位,陰為明主,能不用察,不代下任也。」蓋本於老子處無為之事,行不言之教的思想。

王弼此注，係以陰爻居於尊位發揮治國義理。王者選賢與能，即可「不代下任也」。「各有其司」，是政府內部權責的分工。禮制完備，在位者用人得宜，即可「垂拱而治天下」，不勞聰明。重視制度，不是老子「處無為之事，行不言之教的思想」。詳見前第9例〈蒙·六五〉的說明。王弼對〈晉·六五〉爻辭並不理解，此注亦是想當然爾的解釋。〈晉〉卦乃以康侯用兵之事為背景寫成，本爻是鼓勵大軍勇往前進，[3] 大有胡適名言「已做過河卒子，唯有拼命向前」之意。

25　〈明夷〉卦辭：利艱貞。〈象〉曰：明入地中，〈明夷〉。君子以蒞眾，用晦而明。

　　王注：蒞眾顯明，蔽偽百姓者也。故以蒙養正，以明夷蒞眾。藏明於內，乃得明也；顯明於外，乃所辟也。

　　鄭案語：王弼此注與〈蒙卦·卦辭〉注：「夫明莫若聖，昧莫若蒙。蒙以養正，乃聖功也。然則養正以明，失其道矣。」義同。蓋本於老子清靜無為，絕聖棄智，「挫銳」，「和光」，晦藏明智，隱藏鋒芒之思想。

明夷即黑暗，卦名隱喻執政者治國無道。「明入地中」，是日落西山之意。〈象傳〉：「君子以蒞眾，用晦而明。」意謂執政者要親近民眾，體察民意，避免自己的無知而犯錯，虛心接納意見。王弼此注係解〈象傳〉，但他不明〈象傳〉之意，以為「蒞眾顯明，蔽偽百姓者也」，沒有扣緊〈象傳〉意，也屬錯解一例。其中「以蒙養正」之誤解，已見前第七例〈蒙〉卦辭解說。不贅。本爻王弼注並無老子「清靜無為」等思想。

3　詳見拙作毛炳生著：《我所認識的易經（五）》（2021年10月）。

（八）〈損〉與〈益〉兩卦

26　〈損‧六五〉爻辭：或益之，十朋之龜，弗克違，元吉。

　　王注：以柔居尊，而為損道，江海處下，百谷歸之，履尊以損，則「或益之」矣。朋，黨也。龜者，決疑之物也。陰非先唱，柔非自任，尊以自居，損以守之。故人用其力，事竭其功。智者慮能，明者慮策，弗能違也，則眾才之用盡矣。獲益而得「十朋之龜」，足以盡天人之助也。

　　鄭案語：王弼此注，蓋本於老子，謙卑處下，損之而益的思想。

「江海處下，百谷歸之」，是《老子》第六十六章之意：「江海所以能為百谷王者，以其善下之。」但前已言之，「以貴下賤」思想，孔子亦有，不專屬於老子。〈益‧彖〉也說：「損上益下，民說无疆。自上下下，其道大光。」在上位者驕橫，儒、道兩家都不讚許。「智者慮能，明者慮策」，乃人盡其才，這不是老子思想所有，也不獨限於儒家思想，而是政治家普遍的理念。王弼此注，亦未明爻辭本意，只是想當然爾發揮個人意見。他既注「朋，黨也。」而後又說「獲益而得十朋之龜」，「十朋」如即「十黨」，請問：「十黨之龜」又是甚麼意思呢？王弼並無說明。

27　〈益‧九五〉爻辭：有孚，惠心，勿問，元吉。有孚，惠我德。

　　王注：得位履尊，為〈益〉之主者也。為益之大，莫大於信；為惠之大，莫大於心。因民所利，而利之焉，惠而不費，「惠心」者也。信以惠心，盡物之願，故不待問而「元吉，有孚，惠我德」也。以誠惠物，物亦應之，故曰「有孚，惠我德」也。

　　鄭案語：王弼此注：「因民所利，而利之焉。」蓋亦本於老子自然無為，不言而教的觀點。以誠惠物，物亦應之，即是「萬物將自化」。

王弼此注,未明語境,亦未明文本之意,只係藉爻辭發揮孔子之教,而絕對跟老子思想無關。「因民所利,而利之焉」,即「惠而不費」。孔子曾回答弟子子張之問「惠而不費」時說:「因民之所利而利之,斯不亦惠而不費乎!」(《論語・堯曰》)可見王弼是發揮孔子思想。而「以誠惠物,物亦應之」,亦即〈中庸〉「不誠無物」之意。誠,則「物亦應之」,是儒家思想,將它牽扯到老子「自然無為」、「不言之教」上,實在沒有說服力。

(九)〈豐〉與〈未濟〉兩卦

28　〈豐〉卦辭:亨,王假之。勿憂,宜日中。

〈彖〉曰:豐,大也。明以動,故豐。「王假之」,尚大也。「勿憂,宜日中」,宜照天下也。日中則昃,月盈則食,天地盈虛,與時消息,而況於人乎?況於鬼神乎?

> 王注:音「闡大」之「大」也。大者,王之所尚,故至之也。以「勿憂」之德,故「宜照天下」也。豐之為用,困於昃食者也。施於未足則尚豐,施於已盈則方溢,不可以為常,故具陳「消息」之道者也。
>
> 鄭案語:王弼此注,正是發揮老子的「盈則虧」、「滿招損」、「驕則敗」、「盛則衰」、「益則損」,豐極則必衰,物極則必反的思想。

「盈則虧」等思想,不是老子的專利,前述幾例已曾申辯,不贅。今再舉一例,見於《荀子・宥坐》、《說苑・敬慎》與《孔子家語》等書。「宥坐」是一種容器,底部尖,口部寬,注入水後,滿便傾斜。這種容器置於君側,是警惕人君不能自滿,作用相當於後世的座右銘。孔子進入魯桓公廟看到這種容器,即誡弟子曰:「嗚呼!夫物惡有滿而不覆哉?」又說:「聰明睿智,守之以愚;功被天下,守之以讓;勇力振世,守之以怯;富有四海,守之以謙;此所謂損之又損之道也。」孔子這番言論,似乎已可含括老子「盈則

虧」、「滿招損」、「驕則敗」、「盛則衰」、「益則損」等思想了。此外，《說苑‧敬慎》與《孔子家語‧六本》還載有孔子跟弟子談〈損〉〈益〉兩卦的義理，「天地盈虛，與時消息」，天道循環，物極必反，乃老子與孔子共有的認知與信念。

29　〈未濟‧六五〉爻辭：**貞吉，无悔。君子之光，有孚，吉。**

> 王注：以柔居尊，處文明之盛，為〈未濟〉之主，故必正然後乃吉，吉乃得「无悔」也。夫以柔順文明之質，居於尊位，付與於能，而不自役，使武以文，御剛以柔，斯誠「君子之光」也。付物以能，而不疑也，物則竭力，功斯克矣，故曰「有孚，吉」。
>
> 鄭案語：王弼此注與〈蒙卦‧六五〉注：「夫以陰質，居於尊位，不自任察，而委於二。付物以能，不勞聰明，功斯克矣。」〈臨‧六五〉注：「委物以能而不犯焉，則聰明者竭其視聽，知力者盡其謀能。」義同。蓋亦是本於老子陰柔無為，因任自然，不為而成的思想闡發爻辭。

王弼此注，「御剛以柔」，確是老子所主張，但「使武以文」，則不屬於老子思想，王弼兩語對舉，學者不宜偏主一端，即斷章取義。老子主張反璞歸真，純任自然；本注兩提「文明」，一謂「文明之盛」，一云「文明之質」，可見與老子主張之樸素無文的柔弱不同。如是樸素無文，又何以會出現「君子之光」？鄭氏引〈蒙卦‧六五〉注以為出自老子思想，而該注已見前第9例分析，與老子思想沒有關係，不贅。

三　結論

以上分析鄭成海教授所列二十九條王弼《周易注》「用老子」思想問題，經逐條比較與排除後，個人並未發現王弼注文有太多的老子思想。儘管有幾條疑似之例，但所取老子的言語並沒有觸及老子思想的核心價值，不足

以發揮老學；摻入是有的，但內容也不足構成一「宗」。《四庫提要・總序》作者認為王弼易學「說以老莊」，顯然並非事實。後人附會其說，繪聲繪影，實屬不必。

其實王弼《周易注》並非注《周易》，而係注《易傳》，尤其是針對《易傳》中的〈文言傳〉、〈彖傳〉與〈象傳〉。漢武帝置「五經博士」，學者將《易傳》移入《周易》中，合成一書，被奉為經典，改稱《易經》。但漢代易學家多重視占驗而忽略義理，因此易學的主流發展當時仍在象數，不在經義。象數者，占驗之代稱。此風兩漢不衰。時至三國，王弼是第一位「盡黜象數」的學者，他注《周易》，主要係針對《易傳》發揮義理，揀用幾句老子用語，並不足以構成一宗。個人認為，王弼《周易注》可歸類於儒易學，尤其是他解析〈彖傳〉體例，發前人所未發。王弼《周易注》雖有可議之處，但他功在發揚孔子易學，在易學史上應佔有一席之地。

教育日常生活與辦學精神：
以五十年代香港一地校園生活實踐的「新亞精神」為例[*]

區志堅[**]

摘要

　　時代學風的建立，有待第一代先賢樹立研究方法的典範及建立治學的精神，其後歷代學人，在前賢的基礎上，開拓新領域，由是建立一個地域，一個群體的學風。香港因為特殊政治及地理環境，既與中國內地緊密相連，又面對世界各國文化，面向中國內地，面向世界，往往成為學人南下的居所，學人或因此久居，或選暫居，均造就了居於香港地域的中國人文研究學者之新任務，既使香港成為「大陸通向世界的一個學術和思想的港口」（余英時先生語），也促成香港學術機構的擴展，學術研究得以在香港本土植根及成長。有些學者已從香港史學發展的角度，指出因錢穆先生、羅香林先生等南下的學者，促使「民國以來傳統及新史學之學風，由是得以移植本地」（李金強老師語），導致「民國史學南移」的結果；也有學者指出自十九世紀以來，香港史學發展的「第三個階段」（周佳榮老師語），就是啟自一九四九年南來香港學人，因為香港年輕一代先在南來史家的教導及啟迪下，建立學問基礎，日後更出外留學，成功結合中國傳統學問與外來研究方法，終導致一九七〇、八〇年代香港青年學者輩出，「促成香港史學本地化與國際化並駕

---

[*] 筆者誠蒙侯杰教授、楊永漢校長、劉國強教授、周佳榮教授、李學銘教授，給予意見及提供資料，不勝感銘！當然筆者文責自負。

[**] 香港樹仁大學歷史系副教授／田家炳孝道文化教研中心主任／中國史教學及研究中心副主任。

驅的發揚時期」，南來學者成為一九四九年至一九七〇年代年輕學人吸收傳統學問的知識資源；又有學者認為：「新亞精神就是新時代亞洲的人文精神，念舊而又尚新，重視歷史文化傳統而又關懷當前和今後的世代」（陳萬雄先生語）；也有學者說：「中外文化並重和溝通世界文化這兩點自始即是新亞精神的核心所在」（余英時先生語）。更重要的是五〇、六〇年代，作為團結南來學人，植根在香港高等教育機構的重要力量之一，就是新亞書院及新亞文化教育機構，新亞成為一個重要學術群體的誕生及學人的聚居地方，正如日後成為新亞文化事業發展的重要支柱之一的徐復觀先生，在〈悼唐君毅先生〉一文，曾言：「香港之有一點中國文化氣氛，有少數中國人願站在中國的立場做中國學問，從新亞書院開始」。今天談及戰後開拓香港學術風氣的重要學術機構，有必要研究新亞書院及新亞學術群體的發展，而談及締造新亞學術群體治學風尚的學者，又必要注意錢穆、張丕介、唐君毅諸先生的治學風尚及學術道德人格，「他們三個人，真可謂相依為命，缺一不可」，值一九四九年中國學術文化發展發生重大的變化，在「流亡」南來文化人的帶動下，把中國傳統文化保存於香港，並以香港為傳播及發揚「新」的「亞洲」文化之地，中國文化由「花果飄零」，得以在香港「靈根自植」，日後錢穆、唐君毅及張丕介三位學人教導的學生及三位建立的「新亞精神」也流播香港，遠至臺灣及海外，當然他們三位學人尤對於香港歷史文化教育界的發展，影響甚大。雖然自新亞創校至今，每一代任教及就讀在新亞的人士對「新亞精神」有不同的詮釋及理解，對「新亞精神」也未必有清楚的定義，卻能心領神會，自視為「新亞人」，「新亞人」更不斷在生活上實踐「新亞精神」，可見「新亞精神」的內涵，除了「喫苦」的精神，及具有保存、宏揚中國傳統文化，進而闡述中西文化並存的特色外，「新亞精神」也應包括一種「艱苦奮進」，在艱苦中不斷要求自己向上之機，自強不息的人生處事態度。然而，若從香港學術思想及海外內新儒學發展的角度而言，更應多研究新亞諸賢的行事及學術成果，傳承新亞聖賢學人的成果，開創新方向，使新亞學風得以代代相傳，推陳出新。本文以新亞早期刊物《新亞校刊》及其記錄師生校園生活，得見「新亞精神」怎樣呈現在新亞知識群體生活中呈現？

關鍵詞：新亞精神、錢穆、教育、傳承

一　引言

　　研究日常生活的學者多指出日常生活史是以一種不同的方法提出有關社會進程與結構的重大問題，日常生活史更徹底提出公開與我下的、人身與社會及政治關係的問題；[1]教育生活史是研究日常生活史範圍的一部份，[2]也是一切與教育生活有關的歷史，包括學校教育生活、家庭教育生活及教育者及受教育者的教育生活，研究教育生活史更多是探討教師、學生及教育工作者的日常生活，藉對教育生活中的參與者——校長、教師、學生等多人心理記錄及文字，更能夠看見教育變遷，師生感悟，他們對教育具體的適應及認同，甚為值得多研究。[3]

　　同時，很多青年人成長多在高等院校，發展人際網絡及接受專業培訓，高等院校的課程及研究院的學術架構，成為培養學術專業發展的「硬件」，校園生活則成為營造學風的「軟件」，高等院校更使絕大部份的教學、行政人員都工作和生活在一個正式組織裏，院校不單要完成教學、研究、服務社會及創造知識等功能，還要照顧職工生活，也為學生提供校園生活，成為團結師生及行政人員的機構，院校也是一個具有「社會功能和工作生活共同體」（a working/living community），師生間的社會及日常生活相為連繫，學生受教員的處事及研究方法的啟迪，更有些學生承傳教員的研究方法及觀點，師生身份上也認同學術機構及組織（organizational identity），產生對機構的歸屬感及團結感，師生及行政人員身份上也認同自己屬於組織的一份子，更重要的是師生間對所屬機構的身份認同，校友也以曾在此校修讀，感

---

[1] Alf Lüdtke; William Templer William Templer (ed.) *The History of Everyday Life* N.J.: Princeton University Press,1995, pp. 4-8; 參（缺作者）：〈導言〉，常建華主編：《中國日常生活史讀本》（北京市：北京大學出版社，2017年）頁1-3。

[2] Alf Lüdtke., "The History of Everyday Life: Reconstructing Historical Experiences and Ways of Life," *History and Theory*, 1999-02-01, Vol.38 (1), pp .100-101.

[3] 申國昌等：《生活的追憶：明清學校日常生活史》（福州市：福建教育出版社，2018年），頁1-9。

到光榮，對母校產生身份認同，學校成為師生、校友的凝聚力量，師生生活及學術成果相砥礪，更推動一代學風。[4]早在上世紀三十年代，教育史研究者方與嚴、陳青之、雷通群等學者已提倡教育生活史的研究。另一方面校園內各位成員均認同學術機構的創校宣言或創辦人的言論，研究方法或觀點相沿承襲，漸成一個學術團體，若研究典範相承，更可以成為一個「學派」（school）。[5]而談及學派的問題，有些學者認為自上世紀五十年代至今，香港也有一個「新亞學派」，其影響至今。[6]

暫不討論，這個以「新亞」為名的研究群體，是否可以被認為是一個「學派」，但必要承認這個自一九四九年十月創辦至今，歷經亞洲文商學院（Asia College of Arts and Commerce，有稱為亞洲文商專科學校，此時為夜校，一九四九年十月至一九五〇年二月，於一九五〇年三月，改名為新亞書院），[7]桂林街時期（一九五〇年三月至一九五六年八月，一九五四年嘉林邊

---

[4] 見Peter Bernski, *Organizational Identity in An Institution of Higher Education an Examined Through Metaphor* (The University of Colorado, 2002)；參周國華：《大學教師組織認同研究：影響因素及建構基礎》（上海市：華東師範大學出版社，2012年），頁209-239。

[5] 見Wiggesshaus Rolf, trans. by Michael Robertson, *The Frankfurt School: Its History Theories, and Political Significance*, Cambridge: The M.I.T. Press, 1994. Peter Burke, *The French Historical Revolution: The Annales School Paradigm* New York: Cornell University Press, 1976. 二書。

[6] 「新亞學派」一名暫見出自王爾敏先生，見氏著：《20世紀非主流史學與史家》，頁3。

[7] 錢穆先生認為此校的名稱，為「亞洲文商學院」；張丕介先生認為此校名稱，為「亞洲文商專科學校」，有關錢氏的觀點，見氏著：〈亞洲文商學院開學典禮講詞摘要〉，《新亞遺鐸》（臺北市：東大出版社，1989年），頁1；有關張氏的觀點，見氏著：〈新亞書院誕生之前後〉，《中國人》，2卷10（1980年），頁36。一九五〇年代初，放在深水埗桂林街六十一號三樓在樓梯轉角處，掛著的小木板寫著「新亞書院大學部」。按其時港英政府的要求，不能稱新亞為大學，只可稱為學院或專科學校，以便港英登記，依各位學者的記載及官方登記，應稱為亞洲文商學院，但有些學者私下稱為「專科學校」，見〈孫國棟教授生命的足跡〉（2013年）內的「旁白」；參黃祖植：《桂林街的新亞書院》（香港：和記印刷公司，2005年），頁42-43。有關新亞文化事業，包括亞洲文商、桂林街時期的新亞、農圃道時期的新亞、進入中文大學時期的新亞之時代背景，本文多參周愛靈著〔羅美嫻譯〕：《花果飄零》（香港：商務印書館，2010年）一書。

道校舍,學生分別在桂林街及嘉林邊道上課)的新亞書院,[8]農圃道時期(一九五六年九月至一九六三年八月,也應包括一九五三年至今成立的新亞研究所)的新亞書院及新亞研究所,甚至於一九六三年移居沙田,發展至今,成為組成香港中文大學院校(以下簡稱中大)成員之一的新亞書院,這群就讀及任教桂林街及農圃道時期的新亞師生,或是就讀及任教中大新亞書院的師生和校友,均認同新亞書院的治學風尚是不同於其他院校,雖歷經不同時代的變動,各人仍然感到「新亞自一九四九年以來,前後師生,數以萬計。有的已故去經年,有的正安享遐齡,有的是風華正茂,有的是青春待發。師生校友之間,有的已結成忘年之交,也有的是從未謀面。但是,不管哪一個年代的新亞人聚在一起,只要新亞校歌一奏,無不肅然起立,同心齊聲,一起歌唱」,「春風化雨,花果繽紛,時移世易,前賢辦學的精神,我們不敢稍忘;艱險困乏也許已然不再,但是我們多情一如往昔」。[9]二〇〇九年有一位於一九六七年入讀中大新亞書院的校友,也說:「新亞精神,永遠在我心中不斷成長,使我無論生活在世界上任何一個角落,都能堂堂正正地做一個良好公民」。[10]曾任的香港大學校長,曾入讀新亞書院生物系的徐立之教授,[11]也認為「回首往日,一切都歷歷在目,正如校歌歌詞一樣,在新亞校園裏,各學系的同學就像是一家人,自然形成團結的氣氛。這種團結精神,至今仍留在我心中。我曾經是新亞大家庭的一份子,實在值得懷念」。[12]既為新亞校友,也是香港教育界代表人物的張文光先生,也說:「就像新亞的校歌,便

---

8 新亞歷史系系方也把一九四九年亞洲文商夜校階段,劃為桂林街時期,有關新亞發展,參新亞歷史系系史稿編修委員會:《新亞歷史系系史稿》(香港:新亞歷史系,1983年),頁4。
9 張洪年:〈前言〉,《多情六十年——新亞書院的過去、現在與未來》(香港:香港中文大學新亞書院,2009年),頁1。
10 雷浣茹:〈新亞四年的回憶〉,《多情六十年——新亞書院的過去、現在與未來》,頁195。
11 為方便行文,正文只好除了首先出現的學者及有關人士加以尊稱為「教授」、「先生」及「小姐」以外,其後均直稱其姓名。
12 徐立之:〈新亞大家庭的一員〉,屈啟秋主編:《農圃道的足跡》(香港:商務印書館,2007年),頁65。

是一個堅持理想的故事：手空空，無一物，路遙遙，無止境，亂離中，⋯⋯這是我新亞精神。年輕時唱新亞校歌，缺乏人生的體驗，歌者非歌。但三十年代，回首往事，桃花依舊，再臨新亞，出席同學的畢業典禮，歌詞的深意和精神，如驀然回首的燈火，薪火相傳，珍而重之，不敢或忘」。[13]新亞研究所第一屆畢業生孫國棟先生，於二〇〇三年發表〈珍重珍重——我對新亞校歌的體會〉一文，言及：「責任雖重，道路雖長，我們願意承擔，願意承擔。我們用堅韌的毅力，用強壯的兩肩承擔，我們以歡樂的情懷，無怨無尤地去承擔。讓我們都懷著青春的活力，結隊向前，因為我們都是新亞理想的荷負者」。[14]新亞書院第一屆畢業生余英時先生，曾於二〇〇〇年撰文談及「新亞精神與中國文化」，旋於二〇〇九年撰文〈新亞書院紀念〉碑銘：「東海西海，此理此心。旨哉校訓，曰誠曰明。艱險奮進，困乏多情。永無止境，新亞精神」，再於二〇一二年接受訪問時，又談及「新亞書院的成立，是有一種 universal 的精神，將之命名為『新亞精神』，不過我們不應將重點放在『新亞』二字上，而應放在『精神』上。這不只是新亞自己，一個學院的事，而是普世的精神價值。新亞怎樣回應歷史，怎樣著重溝通中國與亞洲、與世界，都是值得我們借鑑的」；[15]及至，孫氏於二〇一三年辭世，同窗余英時先生曾撰〈儒家傳統・新亞精神——敬悼孫國棟兄〉一文，在追悼孫先生的文字上，言及：「國棟兄（按：孫國棟先生）不但繼承了儒家的傳統，而且也體現了新亞精神」，又書輓聯為「博學於文行己有恥，儒家傳統新亞精

---

13 見張文光：〈大學理想與新亞精神〉，《多情六十年》，頁37。

14 見孫國棟：〈珍重珍重——我對新亞校歌的體會〉，《生命的足跡》（香港：商務印書館，2006），頁96。有關孫國棟先生為新亞研究所第一屆畢業生的記錄，見《新亞研究所（1988-1989）概況》，頁70。

15 余英時：〈為「新亞精神」進一步新解〉（1974年）；〈新亞精神與中國文化〉（2000年）；〈新亞書院紀念碑銘〉，余英時著，彭國翔編：《中國情懷——余英時教文集》（北京市：北京大學出版社，2012年），頁337-340；頁346；頁357；李建深：〈求學與做人——記與余英時教授的一次談話〉，《新亞生活》，40卷1期（2012年），頁42；有關余英時治學成就與新亞書院的關係，見王汎森：〈史家與時代：余英時先生的學術研究〉，《書城》，3期（2011年），頁12-13。

神」。[16]孫氏因他的長女、女婿、長子、次子均畢業於新亞,更自言「我們是一門新亞人」。[17]新亞校友及日後任教香港中文大學的盧瑋鑾,更認為:「我們強調新亞精神的時候,應該知道新亞精神不只是屬於新亞的,它應該屬於全世界全宇宙的」。[18]二〇一九年為新亞書院創辦七十周年的重要日子,不少學者及新亞校友也提及「新亞書院的生活,從生活中發現生活意義,生活意義化作生命價值,價值表現時的精神面貌,『新亞精神』驗證那些久不衰的價值。雖然有些價值漸被遺忘,但新亞人更應澄明自我,讓精神永存」,既承認「新亞人」的生活與辦精神甚有關聯,也承認新亞的價值雖被遺忘,但當代新亞人作要存續「我們是一門新亞人」;[19]同年,相繼出版黃浩潮主編《珍重‧傳承‧開創》及張學明、何碧琪主編《誠明奮進:新亞精神通識資料選輯》,黃氏在《珍重‧傳承‧開創‧緣起》中,談及「尊重中國固有的文化傳統,懷抱高遠理想,傳承與弘揚中國文化,是『新亞精神』的基本方向」,[20]既指出新亞學術研究及學風主要方向是「傳承與弘揚中國文化」又勉勵後人要承傳及開展「新亞精神」,而《誠明奮進:新亞精神通識資料選輯‧導言》的編輯委員會談及「中國文化是不斷創新。不斷開展,不斷豐富其內容的。(孫國棟先生〈新亞簡史和新亞精神〉新亞精神亦然。慶祝新亞書院七十周年之際,寄望新亞人延續新亞精神」。[21]於二〇〇七年

---

16 余英時:〈儒家傳統‧新亞精神——敬悼孫國棟兄〉,孫國棟教授追思會籌備委員會編:《春風化雨:懷念孫國棟教授》,頁12;此文轉載於孫國棟教授追思會籌備委員會編:《孫國棟教授追思集》(香港:孫國棟教授治喪委員會,2013年),頁38-41。

17 見〈來生要做光輝的新亞人〉;參信廣來:〈孫國棟教授追思會悼辭〉,《孫國棟教授追思集》,頁25。

18 香港中文大學香港文學研究中心編著:《曲水回眸:小思訪談錄》(香港:啟思出版社,2016年),上冊,頁122。

19 譚偉平:〈導言〉,譚偉平、張冠雄、蔡玄暉主編:《內在的自由——新亞校園生活》(香港:商務印書館,2020年),頁vi-vii。

20 黃浩潮:〈緣起〉,氏主編:《珍重‧傳承‧開創》(香港:商務印書館,2019年),上卷。

21 編輯委員會:〈導言〉,張學明、何碧琪主編:《誠明奮進:新亞精神通識資料選輯》(香港:商務印書館,2019年),頁41。

撰文的許濤，原為一九五七年新亞書院文史系畢業，新亞中學創校校長，他於此年年撰文時，也稱：「五十多年前，錢先生創辦了新亞書院，又在現今中學校舍的上層辦了新亞研究所。後來錢先生想在書院之下，再辦一所中學，這樣一來，就可以形成上有研究所，下有中學，一脈相承，要貫徹新亞書院的理想和志願」，可見「新亞精神」，既存在於今天，也影響了五十年代至今，不只是新亞書院、新亞研究所、香港中文大學新亞書院，更影響至新亞中學師生的校園生活及辦學理念。[22]

換言之，不同時期，不同學系，不同師生均認為有一種「新亞精神」及肯定新亞文化機構的辦學理念，無論是桂林街時期、農圃道時期的新亞書院，及今天的新亞研究所師生，乃自一九六三年至今，香港中文大學新亞書院的師生及畢業生，均認同「新亞」有一種辦學精神，各人也領會及實踐這種「新亞」辦學精神，師生、校友均自居為「新亞人」，新亞校友更認為新亞精神可以影響當代世界文化的發展，既然「新亞精神」影響了各代的「新亞人」，究竟何謂「新亞精神」？更重要的是，此「精神」不是空想，而是落實在現實的師生校園生活，究竟「新亞精神」怎樣呈現在新亞師生間的校園生活？又依不少新亞校友所稱：「桂林街時期的新亞，正是象徵著『新亞精神』」、[23]「一九五一年是新亞在物質方面最艱苦的階段，但卻也是精神方面最昂揚的時代」、[24]「新亞的精神教育，實創於桂林街時期，此於校歌校訓見之」，[25]一九五六年的校友夏仁山先生在六十年後，回憶母校發展時，也談及「有人常常提起『新亞精神』，有人懷著好奇的心對桂林街產生興趣，我很高興。我建議他們看看《新亞校刊》，親自進入桂林街時代，接觸一下當年的新亞人」；[26]至二〇一二年的江弱水也在〈為文化續命，為中國

---

22 許濤：〈新亞由書院到中學之路〉，屈啟秋主編：《農圃道的呱跡》（香港：商務印書館，2007年），頁27。
23 蘇慶彬：《七十雜憶：從香港淪陷到新亞書院的歲月》（香港：中華書局，2011年），頁204。
24 〈新亞精神與中國文化〉，頁346。
25 〈來生要做光輝的新亞人〉，《多情六十年》，頁14。
26 夏仁山：〈桂林街時期的新亞同學〉，《多情六十年》，頁135。

招魂——關於新亞書院〉一文,說:「自一九五〇年春至一九五六年夏,也是人們津津樂道的『新亞精神』最能在師生身上體現的時期」,[27]新亞創辦人錢穆先生在一九五七年的〈第九屆開學典禮講詞〉,談及一九五七年新亞校舍已由桂林街遷往農圃道,乃懷念桂林街時期的新亞,錢穆說:「過去學校在桂林街時期,每年新同學進校來,常感愉快滿意。而且舊同學在學風上,常有影響新同學的力量。現在物質條件進步了,而這方面的精神就不見比以前進步」,[28]創校的重要人物之一張丕介先生在〈新亞書院誕生之前後〉中,認為:「新亞書院桂林街時期的學生,是一群熱烈嚮往中國文化的青年,如果拿他們和許多其他國立與私立的大學生比較一下,他們顯現得完全不同。……尤其一九五〇年至一九五四年期間曾就讀於新亞書院的學生,或任教於新亞的教師,以及協助新亞書院發展的校外人士,事後談及新亞往事,莫不津津樂道所謂『新亞精神』」。[29]既為校友又是日後任教中大歷系的蘇慶彬先生,也認為「桂林街時期的新亞,正是象徵著『新亞精神』」。[30]另一位校友,日後任教香港中文大學歷史系的羅炳綿先生,也認為:「新亞之所以有新亞精神主要源自桂林街,至農圃道時期,雖擴大了,還有一家的風氣。但再大一點的時候,由於整個社會背景慢慢轉變,新亞學風亦因此而變革」。[31]如前文引用於二〇一三年八月,余英時先生也以「儒家傳統‧新亞精神」為題發文,敬悼剛辭世的孫國棟先生,可見「新亞精神」自新亞書院(亞洲文商)創辦至今,屢為畢業生所護持、稱道及凝聚新亞人的重要精神支柱,而「新亞精神」的建立,也是成於桂林街時期的新亞書院。[32]至於,

---

27 江弱水:〈為文化續命,為中國招魂——關於新亞書院〉,《新亞生活》,40卷2期(2012年),頁11。

28 錢穆:〈第九屆開學典禮講詞〉,《新亞校刊》,頁26-27。

29 張丕介:〈新亞書院誕生之前後〉,頁38。

30 《七十雜憶:從香港淪陷到新亞書院的歲月》,頁204。

31 羅炳錦〔黃元淵等訪問〕:〈一位早期大專教育「由學而教」的老師之歷程〉,《聯大歷史學刊》,創刊號(1998),頁55。

32 余英時:〈儒家傳統‧新亞精神——敬悼孫國棟兄〉,孫國棟教授治喪委員會編:《春風化雨懷念孫國棟教授》,頁8-12。

今天凝聚新亞校友、師生的〈新亞校歌〉、〈新亞校規〉、〈新亞校徽〉、〈新亞校訓〉的設計及構想，均成於一九五〇至一九五五年桂林街時期的新亞書院，既然桂林街時期的新亞，對新亞整體教育文化發展甚為重要，「新亞書院的舊師生，都知道新亞桂林街艱苦困難的日子。但怎樣困難，現今許多新的老師和同學，對實際情況或許不甚了了」；[33] 究竟桂林街時期的新亞精神，怎樣在新亞師生的日常生活，或校園生活中呈現？

不少研究已指出校長及創辦人為大學精神的重要建構者，而師生及校友間的認同，均構成大學精神的重要組成部份，若可以從日常生活中呈現大學創辦精神，更可見辦學精神已深入到校園內不同層面，有時師生的生活反過來會變更或調節大學精神，故研究大學生活甚為重要。[34] 雖然錢穆先生曾言一九五八年開始編刊的《新亞生活雙周刊》（簡稱《新亞生活》）是「將來要瞭解新亞如何生長，如何發展，以及新亞生活中究竟包藏了些什麼」，[35]《新亞生活》創刊於一九五八年，此刊物的內容可以了解農圃道時期的新亞生活，但一九五八年前桂林街時期的新亞師生之生活是怎樣？只可以閱自一九五二年六月一日創刊至一九五七年的《新亞校刊》（以下簡稱《校刊》），了解新亞師生在日常生活中，怎樣實踐新亞精神。[36] 同時，我們閱讀《校刊》，無論是新亞創辦人錢穆，或確立新亞精神的重要學者如唐君毅先生及張丕介先生，未必對「新亞精神」的定義如哲學家、法律學家一般，有嚴謹而清晰的定義，但以上三位新亞先賢及其他學生，在日常生活及所思所想中，均感受到新亞精神的存在，而學生也在生活中實踐錢穆、唐君毅及張丕

---

33 《七十雜憶：從香港淪陷到新亞書院的歲月》，頁199。
34 有關研究方法及觀點，參石慧霞：《抗戰時期的廈門大學——民族危機中的大學認同》（廈門市：廈門大學出版社，2012年）一書。
35 錢穆：〈發刊詞〉，《新亞生活雙周刊》，創刊（1958年），頁1。有關《新亞校刊》及《新亞生活雙周刊》的發展，見黃浩潮：〈緣起〉，氏主編：《珍重・傳承・開創《新亞生活》論學文選》（香港：商務印書館，2019年），上卷，頁viii-x。
36 一九五六年就讀新亞書院的李學銘先生，認為桂林街時期，可以用一九五二年的《新亞書院》創刊為分水嶺，一九五二年前為桂林街新亞書院的前期；一九五二年至一九五六年，新亞文化事業進入農圃道發展之前，為桂林街新亞書院的後期。

介三位先生表述的「新亞精神」為己任,這樣錢、唐、張三位先生表述的「新亞精神」,他們的言教及身教,往往如「風」一樣一旦形成,如像「萬形而無形」的「風」,吹向各位師生,「風」就如佛家所言的「機」一樣,由一個生機而發出無限的新境界,間接或直接影響一代學人的心靈及生活,這種影響雖未必是「像毛細管作用般,在最微細的、最日常的、最私密的空間中也發揮了意想不到的力量」,但從《校刊》中呈現新亞師生的生活,也感到師生間受到「新亞精神」這個「風」所影響,這個「風」也建構及推動新亞的「學風」如「漣漪效應」一樣影響新亞校園師生生活,雖「新亞精神」沒有清楚定義,但成為一個「機」影響自五十年代至今,新亞文史哲數理工商等各系的校友及師生,均認同自已屬於「新亞人」。[37]本文主要取材自《新亞校刊》及其時任新亞教員及學生的回憶錄、日記等。

二 略述五十年代新亞學人的辦學精神

新亞書院曾被學者譽為「冷戰(Cold War)時期一處典型的『花果飄零』之教育堡壘」,南來文化人的「集散地」,[38]其時的新亞創辦人又怎樣表述新亞的辦學理念及精神?要談及新亞創辦人的辦學理念及其對新亞精神的體認,除了要看創辦新亞學術群體的錢穆之觀點外,也不可忽略其時就學新亞

---

[37] 本文所用「風」及「漣漪效應」的觀點,取自王汎森:〈權力的毛細管作用——清代文獻中「自我壓抑」的現象〉,《權力的毛細管作用:清代的思想、學術與心態》(臺北市:聯經出版事業公司,2013年),頁393-500;參氏:〈「風」——一種被忽略的史學觀念〉,《執拗的低音:一些歷史思考方式的反思》(北京市:生活・讀書・新知三聯書店,2014年),頁167-210;又有關校園生活的研究,見蘇雲峰:《從清華學堂到清華大學,1911-1929》(臺北市:中央研究院近代史研究所,1996年)一書。本文「日常生活史」一語,指稱英語"Everyday Life History",而不是"Daily Life History",有關二者之別,參Lindsay Allason Jones, *Daily Life I Roman Britain,* Oxford: Greenwood World Publishing, 2008; Certeau, Michel de. *The Practice of Everyday Life*, London: University of California Press, 1984.

[38] 李孝悌、林志宏:〈百年來歷史學的發展:從回顧到展望〉,楊儒賓主編:《人文百年化成天下》(新竹市:清華大學出版中心,2011年),頁151-153。

的唐瑞正先生、黃祖植先生及郭益耀先生等學生的看法。他們均認為要了解新亞辦學理念，也注意唐君毅先生及張丕介先生的辦學構想，及唐、張二氏表述的「新亞精神」，[39]學生的郭益耀更直言：「深深地感覺到，新亞之所以為新亞，離不開錢、唐、張三位大師的共同理念，以及堅強的團隊精神」，[40]及後任教新亞的學者徐復觀先生回憶新亞時，曾說錢穆、唐君毅及張丕介三位先生「有一個共同的志願，即是要延續中國文化的命脈於海外，……他們三個人真可謂相依為命，缺一不可」，[41]牟宗三先生也談及徐復觀認為新亞的成立，所依靠者為錢穆先生的大名，唐君毅先生的理想，張丕介先生的苦幹，[42]故今天研究新亞先賢提出「新亞精神」的內涵，也必要研究錢、唐及張三位先生的觀點。

書院院長錢先生指出：「我們開始創辦此學校（按：新亞書院），[43]自問對於教育宗旨方面，有一番理想與抱負」，概括「理想與抱負」就是發揚「新亞精神」。自錢院長標舉「新亞精神」後，眾多新亞校友也以傳承及弘揚新亞精神為依歸，[44]這種為校友所傳承的「新亞精神」之內涵是甚麼？故談及「新亞精神」先看錢穆表述「新亞精神」的內容是怎樣？

---

39 有關唐君毅先生及後期任教新亞的牟宗三先生，二者推動新亞文化教育事業的貢獻，見楊祖漢：〈香港新亞書院的成立對臺港二地新儒學發展的影響〉，李誠主編：《臺灣香港二地人文、經濟與管理互動之探討》（桃園市：中央大學出版中心，2013年），頁17-32。

40 郭益耀：〈緬懷張教授丕介吾師〉，宋敘五編：《張丕介先生紀念集》（香港：〔編者自印〕，2008年），頁8。

41 徐復觀：〈悼唐君毅先生〉，唐君毅全集編輯委員會編：《唐君毅全集・紀念集》（臺北市：學生書局，1991年），頁19。

42 參〈第一章　香港新亞書院的成立對台港二地新儒學發展的影響〉，頁28。

43 本文所用「按」語，均是筆者所加的解釋，非原作者所書的按語。

44 二〇〇一年新亞書院院長梁秉中教授也認為：「新亞書院由他（按：錢穆）創辦，屬於新亞的人要感到一份光榮。……我們的後輩，閱讀他的文章，除倍感親切之外，還深深佩服他的思想，及在那數十年前，給同學的熱情。……看看錢先生的演講稿，很自然地，聯想到今天的新亞書院，能否追隨先師的教育理念。」見氏著：〈贈新同學：錢穆先生教育三宗旨〉，《新亞生活》，29卷1期（2001年），頁1；參張文光：〈不同年代的「新亞精神」〉，《新亞生活》，30卷2期（2002），頁1。張氏為新亞校友。

錢穆先生在一九五四年《校刊》第四期內，發表〈新亞精神〉一文，表述「『新亞精神』決然應該另有一番更深的意義，而非僅指的是吃苦奮鬥那一事。不過在吃苦奮鬥的過程中，更易叫我們體認這一番精神之存在，但我們也不該便認為我們的精神只在這上面」。[45] 新亞成立之初，經濟困乏，設備「簡陋」，物質條件不足，但「我們卻想憑藉這一切可憐的物質條件，來表現出我們對教育文化的一整套理想，這便見是我們的精神了」，而其時的同學不是「極窮困」，就是「隻身流亡」，生活艱苦，但「有志上進，努力進學校」，在教育理想與學生們努力求學的心願下，錢氏認為這是「雙方在同一精神下，宜乎更容易認識所謂『新亞精神』」，所以「新亞精神」不應只是「喫苦奮鬥」，應具有更深的意義，「喫苦奮鬥」只是生活過程，而支持師生們過著窮困的物質生活，仍努力上進，就是師生們認同辦學背後的精神之存在。由此可見，錢穆先生認為「新亞精神」的內涵之一是「喫苦奮鬥」，更重要的是「新亞精神」也有一種「對教育文化的一整套理想」，這理想是「在糢糊中」感到有新亞精神，同學要多「瞭解我們所以要創辦這一苦學校的宗旨與目的」，並要「能繼續深入地把此精神鮮明化、強固化、具體化、神聖化」，「新亞精神」是「喫苦奮鬥」及「對教育文化」的理想，然而「對教育文化的一整套理想」又是怎樣？

錢穆先生在〈敬告我們這一屆的畢業同學們〉一文，認為新亞的創辦就是一種理想，「我們的理想，認為中國民族當前的處境，無論如何黑暗與艱苦，在不久之將來，我們必會有復興之前途，而中國民族之復興，必然將建立在中國民族意識之復興，以及對中國民族已往歷史文化傳統自信復活之基礎上。我們認為，要發揚此一信念，獲得國人之共信，其最重要的工作在教育」，新亞辦學也是以復興中國民族意識，中國歷史及傳統文化，民族自信為已任。[46]

再看錢穆先生在〈(新亞) 招生簡章 (1952)〉中，指出新亞的辦學方針是：「上溯宋明書院講學精神，旁採西歐大學導師制度，以人文主義之教育

---

45 錢穆：〈新亞精神〉，《新亞校刊》，4期（1954年），頁2-3。
46 錢穆：〈敬告我們這一屆的畢業同學們〉，《新亞校刊》，3期，頁3-4。

宗旨溝通世界東西文化，為人類和平、社會幸福謀前途」，[47]新亞取法宋明理學家籌辦書院的教育模式，了解錢穆先生籌辦新亞的宏願，也要注意他怎樣繼承宋明儒辦學的要旨；但在未談及錢氏籌辦新亞的宏願前，先注意他為何重視教育。錢氏認為鴉片戰爭後，中國受外患所欺，不少學者紛紛提出救國方法，只有振興中國文化，才是國富民強之道，他認為：

> 在雖摶成一民族，創建一國家，而俯仰已成陳跡，徒供後世史家為鈎稽憑弔，則何歟？惟視其「文化」……民族與國家者，皆人類文化之產物，……人類苟負有某一種文化演進之使命，則必摶成一民族焉，創建一國家焉，夫而後其背後之文化，始得有所憑依而發揚光。若其所負文化演進之使命既中輟，則國家可以消失，民族可以離散，……世未有其民族文化尚燦爛光輝，而遽喪其國家者；亦未有其民族文化已衰斷絕，而其國家之生命猶得長存。[48]

興學才是發揚文化的基礎，辦學才使文化傳承，才可以培養人才，人才優劣自然影響文化興衰，而振興教育為培養「國家民族歷史文化的生命」之先決條件。[49]

錢穆先生自言一生中為兩大問題所困，此兩大問題均成為他一生的終極關懷，其一、為中國會否亡國？其二、為中西文化的優劣？[50]他反省後，以

---

47 錢穆：〈新亞書院沿革旨趣與概況〉，《新亞校刊》，創刊號，頁1-2；參《新亞書院概況》（香港：新亞書院，1955年），頁1-7；研究大學史的陳平原也甚稱美〈（新亞）招生簡章〉，見氏：〈大學之道〉，《大學之道》（北京市：北京大學出版社，2006年），頁15-16。
48 錢穆：《國史大綱》（香港：商務印書館，1994年），上冊，頁31-32。因未能取閱《錢穆先生全集》內的版本，只好取用此書。
49 錢穆：〈理想的大學教育〉，《世界局勢與中國文化》（臺北市：東大圖書公司，1977年），頁285。因未能取閱《錢賓四先生全集》內的版本，只好取用此書。
50 錢穆：《八十憶雙親》，《八十憶雙親‧師友雜憶合刊》，頁34。錢氏何以認為中國不亡及此觀點受梁啟超啟導的情況，見余英時：〈一生為故國招魂——敬悼錢賓四師〉，《猶記風吹水上鱗——錢穆與現代中國學術》，頁18-19。

為中國文化源遠流長,為推動民族文化發展的動力,此也是中國歷史不墜的原因,既然民族文化的興衰對國運影響甚大,只有教育機構才能把歷代文化知識傳於下一代,教育事業對國家隆盛扮演了重要的角色,一再肯定新亞辦學在保存中國傳統文化教育的責任。

再回溯錢氏於一九五六年農圃道新校舍落成時,已說:「我們的教學宗旨,不僅建立在傳授學生們以某項必備的知識上,同時,我們更注意在人格教育和文化的理想上。因此新亞書院的教育宗旨,可以說是在知識教育、人格教育和文化教育三方面同時兼顧」,新亞辦學不只是指導學生求知識,也指導做人,以知識為社會服務,文化教育除了解世界人類文化的意義外,中國的青年「更要瞭解優良傳統的文化」。[51]

錢穆先生雖言這種保存中國文化,培養人格,講學做人一體的「新亞精神」甚為「模糊」,但不是空想,更要求新亞師生「在生活上密切聯繫,在精神上互相契洽」,[52] 使學生「脫離」學校,進入社會後,對其所習學業,仍繼續有研求上進的興趣及習慣,錢穆先生是要求學生在生活上實踐「新亞精神」。

唐君毅先生在一九五二年發表〈我所了解之新亞精神〉一文,指出「新亞二字即新亞洲。亞洲之範圍比世界小而比中國大。……而新亞書院講學的精神,亦正是一方要照顧中國的國情,一方要照顧世界的學術文化的潮流。新亞書院講學的同人,正是要在中國的國情與世界學術文化的潮流之中間,嘗試建立教育文化的理想而加以實踐」,[53] 亞洲為世界最早的一洲,比歐洲

---

51 錢穆:〈農圃道新校舍奠基典禮講詞摘要——民國四十五年一月十七日〉,《新亞校刊》,7期(1956),頁30-35;有關錢穆闡述新亞精神,及在香港辦學的原因,見區志堅:〈以人文主義之教育為宗旨,溝通世界中西文化:錢穆先生籌辦新亞教育事業的宏願及實踐〉,香港中文大學文學院編:《傳承與創新——香港中文大學文學院四十五周年校慶論文集》(香港:香港中文大學出版社,2009年),頁90-114;〈「在非常環境非常心情下做了」——試析錢穆先生在香港興學的原因〉(臺北市:錢穆故居,2011年),頁30-48。

52 〈招生簡章〉,《校刊》,2期(1953年),扉頁。

53 唐君毅:〈我所了解之新亞精神〉,《新亞校刊》,創刊號,頁3-4。又近人已注意錢穆、

有更古老的文化,也是世界最偉大的宗教,如耶、回、婆羅門、佛教的策源地;於二三百來,為歐洲最大的殖民地,科學及工業文化不及歐洲,但不是整個文化精神是落後於歐洲,亞洲及中國人科技不及他人,要負責任,而唐氏寄望「古老的亞洲,古老的中國,必與新生」,「世界上此時亦唯有包括中國在內之古老的亞洲最迫切的需要新生,這當是新亞定名的本義。而為新亞師生願與一切中國人,一切亞洲人,共抱之一遙遠的志願之所在」,尤以中國文化的儒家、道家培養的各種德性,如仁愛、慈悲等,是「真正有價值」,應當「在文化教育中保存」,中國人及亞洲人必須對其歷史文化中有價值的地方「能化舊為新,求其通古今之變」,所以「新亞的精神,新亞之教育文化理想,我想不外一方希望以日新又日新又日新之精神,去化腐臭為神奇,予一切有價值者皆發現其千古常新之性質。一方再求與世界一其他一切新知新學相配合,以望有所貢獻于真正的新中國、新亞洲、新世界」,唐氏心中「新亞書院」就是實踐「新亞的精神」的載體,「新亞的精神」就是實踐「新亞之教育文化理想」,而「新亞之教育文化理想」不獨保存亞洲文化,更要保存及弘揚中國傳統文化和精神價值。書院成立五周年時,唐氏在〈希望、警覺與心願〉一文,再次肯定過去的新亞書院「是在最艱難的時代,從一無憑藉的境況中開始的,亦可說是從無中創造出的有」,支持全校師生在「艱難」中仍辦學的力量,就是「全校師生想實現此理想的精神」,這種教育理想在「今日之時代之艱難、困苦、黑暗、混亂,社會人心有無數的公的理想希望,都無所寄託。于時其中關于教育文化的理想希望之一部,便多多少少姑寄于我們之學校」,「我們之學校(按:新亞書院)」就是實踐了「整個社會人心對於中國之教育文化的公的理想與希望,而努力」,[54]自中國南來的師生希望新亞書院「漸能在香港之中國人的社會中生根,學校的經費漸能自給自足」,更「不希望來自香港社會的同學,其志願只在當一香

唐君毅對新亞精神及新亞校訓的不同理解,但本文限於篇幅,尚未多談及此課題,讀者可參何仁富:〈錢穆、唐君毅對新亞校訓「誠明」的釋義〉,《人文論叢》2006卷,頁182-191。

54 唐君毅:〈希望、警覺與心願〉,《新亞校刊》,6期(1955年),頁6-7。

港的公民或到外國留學後，成為一世界的公民。在未達天下一家之前，中國人一定要是一個世界人，又是一個中國人，不能忘掉自已國家民族的憂患」，新亞「能一方在香港社會生下根，一方共謀以學術文化的力量」，「我們」這群新亞人的憂心及隱痛，就是「原自整個中國國家民族之憂患，這憂患當是每一中國人所能同感的」。[55] 南來的新亞人雖於一九五〇至一九五四年間感到「流浪在此」，「那時的心境，亦總常想到我們在香港辦學，是莫有根的」，但是在香港「立住腳」後，「我們之流浪無根之感，亦自然一天一天的會減少了」，以香港為保存及發揚中國文化的地方。

張丕介先生在〈武訓精神〉一文，認為「新亞書院的前身為亞洲文商學院。雖說學院的存在時間只有短短的半年，便改組為現在的新亞書院，但它的精神，它的旨趣，和它的事業理想，都因它的後身新亞書院的誕生，而被全部繼承，並且繼續的發揚，繼續的見之於實際了。我回憶亞洲文商學院創立的艱難經過，和它第一次舉行開學典禮的一幕，使我更明白這一文化事業的特殊精神，我無之為，姑名之為『武訓精神』」，新亞精神就是「武訓精神」，這篇文章後部份介紹亞洲文商的校舍，表述亞洲文商「一個大學性質的教育事業，一個以發揚中國傳統文化精神，溝通東西文化思想為使命的學校」，而「新亞的精神，便一直貫注到二年半以後的現在，為文化理想而學問，為社會進步而服務，這一高尚的精神，鑄成予每一年新亞學人的一部份」，錢穆先生及其他創辦人不怕艱苦，為了共同的實踐理想，就如昔日武訓終身從事乞討，以積蓄辦學，創立義學，使窮苦人家子弟有了讀書機會，自此帶動一地子弟熱心讀書的風氣，如今新亞書院創辦人如武訓一樣生活在困難的環境中，卻為了「一所堅苦奮鬥的社會文化事業，證明它在精神上，就是武訓先生精神的再生」，各位創辦人把亞洲文商學院發展成新亞書院的辦學規模，就是「這一文化事業，終始抱著這一堅決的希望」；更重要的是，新亞學人生於一個正值「我們祖國山河破碎，陷於空前未有的黑暗時期，我們為了復興中國，為了拯救中國的歷史文化，實應回念這位為中國文

---

55 唐君毅：〈敬告新同學〉，《新亞校刊》，7期，頁5-7。有關唐先生與香港學術發展的關係，見吳俊升：〈唐君毅教授與香港告別了〉，《紀念集》，頁51-55。

化而付出了終身幸福的武訓先生,更應為發揚武訓先生的偉大人格的精神」,武訓行乞辦義學,為藉辦學培育學生道德學問,而新亞諸賢也如武訓一樣,二者相承及實踐「為中國文化而付出」的辦學精神,既然武訓精神就是「新亞精神」,所以「新亞精神」就是「為中國文化而付出」的理念,張氏在文中引用唐君毅先生的觀點以支持己見,「他(按:唐君毅)稱:武訓為『偏至之聖』,而最後則歸之於中國傳統的教化精神。我節錄數言,以見今天新亞所嚮往的那一精神。……『武訓這種精神則是對孔子之聖賢教化,對人類教育文化之絕對尊重之教而來的』,新亞學人雖不如武訓「空無所用」,但所處的時代「比武訓稍有所高下,而缺少了武訓所有的條件,即是我們辦學的地方不是自己的故鄉,不是自己的國土,而沒有百多年前那樣安定的社會環境」,新亞創辦人雖感到身處香港,不是故鄉及「不是自己的國土」,但「新亞書院特別要表現其武訓精神的原因」,就是新亞要推動文化教育的義務教育活動,新亞諸賢的辦學就是「我回顧兩年半以來的艱苦困頓,印證一下新亞奮鬥的情形,使我相信,新亞的前途完全寄託於這一精神的實踐」,這個「精神」既是困頓中辦學,政治上「復興」中國,也是文化上藉辦義學「拯救」中國文化;[56]張氏更認為「我們不妨新亞師生常用以自勉的話來代表:『我們在致力於中國文化的保種工作』——我以為新亞理想的高,不在其理論一方面,而在它實踐一方面,『求學與做人,貴能齊頭並進,更貴能融通合一』」,丕介先生認為五十年代新亞創辦之初,「新亞精神」主要呈現是「復興傳統文化的種子」、「拯救」中國文化及培養道德教育的特色,他又體會到新亞辦學是一個具有自由學術、自由思想的團體。[57]

三 從《新亞校刊》看新亞精神的的實踐

　　錢、唐、張三位新亞創辦人多強調新亞精神是保存中國文化,新亞應以

---

56 張丕介:〈武訓精神〉,《新亞校刊》,創刊號,頁5-8。
57 詳見張丕介:〈粉筆生涯二十年〉,頁6-13;有關研究張丕介先生對新亞發展的貢獻,見宋敘五:〈張丕介先生與香港新亞書院〉,《張丕介先生紀念集》,頁33-50。

建立道德人格及培養知識並重為辦學的特色,從其時新亞學生表述新亞校園生活的文字,可見學生們多強調新亞師生的生活,或多或少,也能感受及實踐新亞教員所言「新亞精神」,其中尤能實踐錢院長常強調「新亞精神」是「喫苦」及文化教育並重的特色。究竟新亞師生生活怎樣實踐了錢、唐、張三位創辦人所言的「新亞精神」,這樣便要看看《校刊》內表述五十年代新亞師生生活的圖像。

《校刊》於一九五二年六月一日創刊,一九五七年停刊,為非賣品,創刊號的編輯組成員有:唐瑞正、黃祖植、古梅、蔡漢賢、陳負東,總務組有:列航飛、梁崇儉諸先生。任何刊物,首期的出版甚為重要,既標舉刊物的編刊精神,也可見編輯委員的指導方向,對刊物日後的發展起了指導的作用,故先看《校刊》第一期開列了論著、散文、詩歌及校聞等類目。創刊號的第一篇文章,為錢穆先生〈發刊辭〉,其後有唐君毅先生〈我所了解之新亞精神〉,張丕介先生〈武訓精神〉等。

收入《校刊》的文章,從兩方面表述校園生活:一、喫苦生活,二、在校園生活上呈現東西文化並重的教育特色,學生生活尤以保存中國傳統文化的教育生活為主調,可謂先確立以保存中國文化,才吸收西方文化滋養的校園生活。[58]

看看新亞創校之初,新亞師生在「喫苦」中享受「安慰」的生活是一幅怎樣圖像?[59]端正(按:唐端正)在〈亞洲文商學院的回憶〉一文,談及先生於一九四九年夏天廣州高中畢業後,便進入亞洲文商學院的「大本營」,開學的第一天是租借了九龍偉晴街華南中學三樓三間課室上課,然而三間均是「小小教室中,二十多位同學圍坐成一個圓圈」,[60]座前的桌上有糖果餅

---

[58] 新亞師生生活是否呈現中體西用的特色,有待進一步研究。

[59] 如曾克耑:〈大千居士屬題所造松蔭畫象〉、〈大千居士屬所造九歌圖卷〉,《新亞校刊》,創刊號,頁16。

[60] 端正(唐端正):〈亞洲文商學院的回憶〉,《新亞校刊》,創刊號,頁18;參唐端正:〈桂林街時代的新亞書院〉,《剛健的人生》(臺北市:聯經出版事業公司,1975年),頁152-153;參唐端正:〈附錄:我隨侍唐師君毅二三事〉,《唐君毅傳略》(香港:法住出版社,2006年),頁132。

乾及汽水，沒有圖書館及其他儀器設備，後來為方便同學上課，才在砲台街租了一層約四五百呎的房子為學生宿舍，此時亞洲文商學院為夜學院，端正先生因家在長洲，往返學院路途較遠，要住在學生宿舍，與多位同學同住，宿舍房間「擺滿了碌架床」，而錢穆曾在此樓中隔了一個小房間住下來，錢氏的房間只容一張帆布床和有一桌一椅，又因為夜間上課，故學生們「輪流自己燒飯，衣服自己洗」，也因錢及唐二師都在沙田華僑工商學院擔任講課，故每日下午二位教員趕火車往新亞上課，白天又往沙田，二人於晚上，有時也在砲台街宿舍留宿，但因為房間不多，錢院長的小房間，也與唐氏輪流住宿，「有時因為當晚他們都有課程，唐先生便要和我們（按：學生）一樣睡在碌架床上」，先生也感嘆說書院院長的錢穆「真可謂食宿無定所」。錢穆也常常與學生一起吃飯，「和我們一起吃時他往往給錢我們買鮮蝦來加菜，飯後也常請我們多吃香蕉」，有時更把自己購回來的菜分一大半給學生，使學生感到「我只覺得一陣家庭的溫暖」，更令身為學生的唐端正先生，看到錢氏常在宿舍的房內，渡來渡去，感受到「他（按：錢穆）的心情是沉重的」，又感受到唐君毅先生「也在夢中『天呀！天！』的呼喊，就在那時起，我便認識了這兩位先生深藏在內心的憂難之情」。[61] 平日，錢穆先生多與學生談及一些理想的課外活動，看似一幅歸園田居的圖像：「能在校外找到一塊地方，蓋幾間房子，先生和同學生活在一起，有空的時間種種菜，養養雞，還可以添辦附屬中小學，讓這學校變成了一個家庭」。不少學生雖未能交學費，又或因為忙於工作，未能經常上課，課室一桌一椅「都要借用」；然而，與新亞教員的生活中，學生也感受到「師生間精神的結合，新亞夜校的創立，音樂會演奏會的演出與校刊的印行，都充份反映了新亞精神之發展。……我們師生精神上也是一個大大的安慰」。及後，程兆熊先生

---

61 類似唐端正先生的感受，也見於余英時先生回憶錢穆先生的文字，余氏概括錢穆先生的生命歷程為「一生為故國招魂」，錢穆先生一生為中國文化在未來社會的發展而憂心，這也是唐端正先生所言「憂難之情」，由此可見就讀新亞的學生是感受到老師輩的身教及言教，見余英時：〈一生為故國招魂〉，《猶記風吹水上鱗——錢穆與現代中國學術》，頁17-20。

又從臺灣招來二十多位同學，原有的宿舍容不下，再租了一層樓，但「出不起頂手費，結果便在北角海角公寓租了幾間房子，在海角公寓的分校則在白天上課，而正校和分校合起來，也不過五十人」。

學生胡栻昶先生在〈我們的學校〉一文，談及新亞書院開辦不久，有一次張丕介看繳學費冊，還有很多同學未繳學費，當丕介問同學交學費的問題時，不少同學「默默低下頭」說「家中沒有錢」，胡氏感到當張丕介先生說此話時，「張先生預備要對他們說的話，便在無形中煙消了，最後只不過對他們略加催促而已」，營運書院的費用來自學生的學費，學生們卻因家貧，根本未能支付學費，這樣自然影響書院營運情況，新亞眾師也知道學生經濟的困境，也未多加催促，此自可見新亞教員們體諒學生生活的苦況。甚至一些家境清貧的學生，不希望因式微的家庭，影響了學習，故請求免費工讀，校方也允許一些學生任工讀生，早上協助校務，免收學費為補償，日後，更給予工讀生生活補給費用。[62]

新亞學生卜一在〈新亞頌〉一文，指出於一九五四年時，班房只有幾把椅子，沒有圖表，沒有儀器，感到「家徒四壁」，為了應付每月房租，「那位終日口銜煙斗，悠然自得的總務主任，愁眉深鎖，一籌莫展，因而躊躇，因而焦急」，而學生也兼校役，家境貧窮，多以一杯白開水，幾片麵包皮，權作午餐，學生「窮得繳不出分文學費，誰也不會來計較你，學校也從未曾追討過，更可不會來計較你，學校也從未曾追討過，更可不必把這件事作為精神上的威脅」，新亞教職員全以文化教學為首要任務，不使學生感到經濟壓力，而影響學生們的學業。[63]

另一位新亞學生元風在〈三個性格〉一文，表述錢穆先生「常常和同學在一塊兒談天，即使是青年的愛情的問題，他（按：錢穆）也可以談出勁兒來」，當談及民族的憂難，「他的表情，便馬上呈現出內心的沉重」，錢穆先生也常帶學生出外旅行，暢遊山水，曾往青山及沙田旅遊，「錢先生常常健

---

62 胡栻昶：〈我們的學校〉，《新亞校刊》，頁17-20。

63 卜一：〈新亞頌〉，《新亞校刊》，頁17-20。

步如飛的跑步在前頭的」；又「有一次，他還換上游泳褲和我們一同下水」，錢院長又常與學生一起「打太極拳」，學生也自愧不如院長練拳的功力。而另一位教員唐君毅先生「當他洗完腳要把新襪穿上，反而把那對新襪掉到水裏去。這也許是因為他又在作哲學的思維罷」，張丕介先生也喜與學生交談，隨便談笑「我們到青山去旅行，張先生是第一個領導下水的，而在兩次的聯歡晚會中，他又手舞足蹈地表演著德國的歌劇，實在他是最欣賞德國歌劇的和同學在一塊兒談天，即使是青年的愛情的問題，他也可以談出勁兒來」。[64]

新亞師生雖然生活窮困，甚至有不少學生未能繳交學費，但師生們卻樂在其中，師生在困苦中遊山玩水，享受大自然樂趣，也在聯歡晚會上，言談甚歡。教員的身教也感染學生，新亞校友回憶其時師生生活時，也感受到五十年代新亞教員已成功為學生締造一個「家庭溫暖」。[65]

再從學術研究成果上來看，「新亞精神」強調溝通中西文化，當然以闡述中國傳統文化的價值為要，要闡述傳統文化的價值，先看新亞教員的陣容。亞洲文商時，已有錢穆先生教國史，張丕介先生教經濟，崔書琴先生教政治，劉尚義先生教國文，唐君毅先生教哲學等。身為學生的唐端正先生感到張丕介先生「態度沉默」，錢穆先生「態度和愛」、「感到親切」，程兆熊先生「敦厚謙和」、「對文史方面有極精湛的研究」，[66]比較張、錢及唐三位先生的行事，感到張氏較其他兩位教員「比更重法治」，也具「堅毅的幹事精神，更長於科學的條理，談話或講學時，扼要明白」。其時為新亞學生的黃祖植，在〈初入新亞〉一文，表述：「老師講得清楚，引人入勝」，老師「注重問，時常把一個尚未開講的問題問同學，然後邊問邊講，可使你運用思想，訓練思索力，更會保留著深刻的印象，久久難忘」，更認為新亞教員「此種教法，若是肯努力的人，進步定無限量；就是懶惰者，亦會因此而掀起向學的精神」，師生間也參與課餘活動，如組織音樂團、辦音樂會，又每

---

64 元風：〈三個性格〉，《新亞校刊》，頁15。
65 一九五三年入讀新亞書院的葉龍先生之回憶，見氏著：《錢穆講學粹語錄》（香港：商務印書館，2013年），頁127。
66 端正（唐端正）：〈亞洲文商學院的回憶〉，《新亞校刊》，頁18。

星期四有一小時的同學演講會,又出壁報,創校刊,「使各同學有盡量發揮其才能和思想的機會」;同學們又能交換書籍,溝通及交流新的知識,「這不但可以增加讀書興趣,更使我感到精神上的充實與生活之諧和」;還有,學校雖有校規,卻使學生「感到非常自由的,這種學校的自由正是培養自制的最好機會」,使學生不會放肆,反而感到規矩起來。

新亞學術群體的師生,不獨營造文化教育,也注重培育師生從事學術研究,《校刊》記述於一九五〇至一九五六年間新亞開辦的學系有:文哲學院,其下分為文學、史學、哲學教育系,又立商學院,其下為經濟、商學、銀行、會計系,又立農學院,分農、林、園、牧、農業經濟系,其中農學系及新聞社會系因校舍不敷分配,暫停開辦。此也可見新亞書院成立之初,經濟困難,未能租用較多校舍。[67]

一九五〇至一九五四年書院開辦的文史系、哲學教育系相繼發展,任教的教授及其任教的科目,如下:

文史學系	大學一年級國文、歷代文選、中國文學史、中文各體文習作、歷代詩選、詞曲選、文字學、中國文學名著選讀、一年級英文、英文散文選、英語語言學、英國小說選、英國詩歌選、西洋文學名著選、英文作文、英國文學史、文學批評、莎士比亞、商用英文、中國通史、西洋通史、中國文化史、西洋文化史、中國學術思想史、秦漢史、隋唐史、中西近代史、中國史學史、中國政治制度史、西洋上古史、西津近世史、英國史、美國史
哲學教育系	哲學概論、理則學、倫理學、心理學、教育概論、中國哲學史、西洋哲學史、知識論、形上學、中西印哲學名著選讀、文化哲學、印度思想史、教育心理學、中國教育史、西洋教育史、教育行政、中等教育、教育教法、教育統計與測驗、教育哲學、教學實習

---

67 見唐端正:〈我隨侍唐師君毅二三事〉,《唐君毅傳略》(香港:法住出版社,2006年),頁132。

《校刊》記載了一九四九至一九五四年任教書院的學者有：錢穆、唐君毅、張丕介、衛聚賢、余天民、楊汝梅、余協中、孫祁壽、羅香林、曾克耑、趙冰、任泰、劉百閔、徐澤予、凌乃說等先生。[68]

　　《校刊》也記述新亞為擴闊學生知識，特於授課之餘，及週末之夜，在桂林街的校舍（日後移往農圃道校舍）特設「文化講座」，邀請任教書院及其他院校的學者到校主講，聽講對象為社會各界人士，凡有興趣對中國歷史文化有興趣者均可以參加，如以一九五二至一九五三年為例，此年的講者計有：錢穆、任泰、衛聚賢、唐君毅、羅香林、張丕介、張純漚、羅夢冊、龍振宗、吳俊升、彭福牧師、程兆熊、印順法師、伍憲子、崔載陽、鍾魯齋、劉百閔、梁寒操、謝扶雅、孫祁壽、陳伯莊、余天柱、裴效遠、凌乃銳、饒宗頤、毛以亨、徐澤予、王書林、佘雪曼、余天民等先生，均就古今中外歷史文化思想、社會經濟等不同課題作專題演講。桂林街校舍的演講場地，雖感到「陋巷穢濁，樓梯窄而黝，盤旋而上，每不得踏足處，講室設座，無憑無靠，危坐不能容百席」，結果卻是「寒暑風雨，聽者常滿，新亞學生僅能環立於旁」，[69]可見不獨新亞學生參加，不少院外人士也旁聽。

　　《校刊》也刊載不少學生的學術成果，如第一期已有哲學系學生唐瑞正在〈我們對中國文化應有的態度〉一文，表述「在國難深重的今天（按：一九五二年），我們來反省五十年來的史程，實在無暇也不應該對過去之偏錯作多餘的責罵了。……今天我們要自省了，一個溝通中西文化，融和這兩極端以匡救人類當前的災難的時代責任，需要我飢這一輩來擔負了」，文中更介紹中國歷史文化的特色，更要說明：「我們反對一切偏激的態度，一切偏激的態度都是有害文化的自身的」；[70]也有文史系學生余英時發表〈歷史自

---

[68] 有些人認為此時新亞的教師陣容強大，可與另一所於一九一二年已在香港建立的香港大學「匹敵」，見周言：《余英時傳》（新北市：INK印刻文學生活雜誌出版公司，2021年），頁89-99。

[69] 錢穆：〈序〉，孫鼎宸編：《新亞文化講座錄》（香港：新亞書院，1962年），頁3。有關新亞文化講座的情況，詳見載於此書內的講義及記載。

[70] 唐瑞正：〈我們對中國文化應有的態度〉，《新亞校刊》，創刊號，頁5-6。

由論導言〉一文，指出研究歷史的重要「不僅否定一切唯心或唯物的一元論」，[71]應「擴張歷史研究的範圍」也甚為重要，此文介紹自十九世紀以還西方歷史學者論述歷史性質的觀點，並說明中國人談天人合一的論點為人類經濟發展的重要因素；也有哲學系學生朱光國在〈基督教道德判斷之根據〉一文，指出西洋思想家蘇格拉底、柏拉圖、亞里士多德談及靈魂、道德、文化的課題；[72]商學系學生陳負東發表〈略論中國經濟不進步之原因〉一文，指出中國經濟發展不比西方為遲，如中國的貨幣早已出現在商朝，文中也介紹中西方學者早已解析經濟發展觀點的優劣；[73]經濟系學生列航飛在〈市地投機之流幣與防止之對策〉一文，研究商業發展與土地投資的問題，更談及孫中山提倡平均地權政策，認為中山的觀點為「和平有效的治中國土田問題的良策」；[74]另一位經濟系學生徐祖燊，也發表〈莊學偶談〉一文，研究莊子悲世道人心的思想；[75]哲教系學生周美蓮在〈略論性之善惡兼評荀子〉一文，研究孔孟荀論人性善惡，以見「聖人之能辨明善惡，這就是聖人」；[76]也有學生創作作品，如古梅〈西北話舊〉一文，表述懷念抗戰時西北風景及節日的生活；另一學生筆名習舜在〈無頂天堂〉一文，談及天堂及地獄生活的異同；也有署名立山，發表〈人生雜感〉一文，談及家鄉中學時有同學達文及達志兄弟，喜愛中國歷史文化的達文同學，卻因思想上有分別，終致兩兄弟成為「政敵」，因此發出無限的感慨，並說出「真理到什麼時候才融通呢？他們同樣要求一個和平康樂、民主自由的社會，為什麼在同一理想底下也會產生如此的悲劇呢？」

此外，《校刊》也刊載新亞教員發表研究歷史文化的文章，如羅香林〈唐代廣州光孝寺與佛教各宗派之關係——「唐代廣州光孝寺與中印文化」

---

71 余英時：〈歷史自由論導言〉，《新亞校刊》，創刊號，頁7-8。
72 朱光國：〈基督教道德判斷之根據〉，《新亞校刊》，創刊號，頁9-10。
73 陳負東：〈略論中國經濟不進步之原因〉，《新亞校刊》，創刊號，頁13-14。
74 列航飛：〈市地投機之流幣與防止之對策〉，《新亞校刊》，創刊號，頁15-16。
75 徐祖燊：〈莊學偶談〉，《新亞校刊》，創刊號，頁17。
76 周美蓮：〈略論性之善惡兼評荀子〉，《新亞校刊》，創刊號，頁16。

一書之結論〉一文，藉研究廣州佛教發展，得見「粵人一方習於自我開創，一方習於刻苦自持」，故有慧能在南方發展南禪、律宗及密教，也談及廣東的佛教自有去取印度佛化的標準。[77]也有教員的文學作品，如曾克耑先生的〈大千居士屬題所造松蔭畫象〉、〈大千居士屬所造九歌圖卷〉詩歌等。[78]

書院的校友也以延伸新亞精神為己任，如《校刊》第五期刊了唐端正先生的〈預祝錢先生六十壽辰〉一文，除了介紹錢穆先生的思想以外，也談及錢氏五年前來港創校「歷盡艱辛」，為的是深信中國民族能復興，然而民族復興必然先復興中國民族意識，及復興中國民族對已往歷史文化傳統的自信心，文中更「願我們對錢先生的學識都有更真切的了解，共同近接中華民國民族盛運的再次來臨」。可見，組成新亞精神的原素之一，是錢穆先生所言保存中國文化教育，從其時剛畢業的唐端正先生之言論來看，這位畢業生已明白新亞精神的內涵，並以實踐新亞教育為己任。

於一九五一至一九五二年仍在新亞書院就讀的學生，計有：列航飛、余英時、張德民、唐端正、奚會暲、陳負東、朱光國、傅立武、梁崇儉、黃德廉等諸位先生。至一九五二年夏天書院首三屆的畢業生如下，第一屆畢業生，計有余英時、張德民、陳式；第二屆畢業生有：王懿文、唐端正、朱光國、列航飛、陳負東、陳漢侯、奚會暲、朱清旭、周美蓮；第三屆畢業生有：雷一松、唐修果、林美瓊、上官汝璜等，而以《校刊》所記新亞研究院於一九五五年成立，公開招考研究生，實踐了錢、唐、張諸位先生，提倡以中國人文學術的教學及研究為中心，以保存及宏揚中國歷史文化於當代世界的辦學宗旨，並實踐了新亞學人所談及使大專以上的畢業生，有志從究中國歷史文化研究的人士，得有一深造的機會，成為推動中國文化「承傳啟後之學者」的心願，以《校刊》第九期所示：新亞研究所開辦研究院第一屆畢業生於一九五七年誕生，而畢業生計有：柯榮欣、羅球慶、孫國棟、余秉權、

---

77 羅香林：〈唐代廣州光孝寺與佛教各宗派之關係——「唐代廣州光孝寺與中印文化」一書之結論〉，《新亞校刊》，創刊號，頁11-12。
78 如曾克耑：〈大千居士屬題所造松蔭畫象〉、〈大千居士屬所造九歌圖卷〉，《新亞校刊》，創刊號，頁16。

唐端正、何佑森（章群）等諸位先生。[79]

　　書院學生也於每周舉辦學術研究會，於一九五○年八月由其時學生唐端正、列航飛、余英時、張德民、奚會暲、傅立武、朱光國、黎永振、胡弼、鍾中、杜萬榮、陳長水、時鈞、謝振霖、李慧濱、赫世英等諸位先生組成，「該會之宗旨是在建樹良好的學術氣氛，要成正確的求真態度，而特別強調須操守學術的立場，不得有任何政治性之活動」，希望脫離其時國、共兩黨的政治鬥爭，以獨立學術研究論事，而研究會的工作綱領是「一為創刊壁報，一為舉辦學術問題研討會，一為創辦師長專題講演會，一為籌創平民夜校或貧童夜學，一為舉種種生活活動」，在第一次全體大會中，更動議籌印新亞同學文摘。[80]

　　而新亞諸師更喜在課餘時啟迪學生，特別注意教導學生進行基礎學術培訓，依沈燕謀在《日記》中記述錢穆在研究所學術討論會中，「極中諸生讀書，誠以二十年來新式學校盛行白話，於中國典籍不經眼，經史諸子、名家別集，無有能精一過者，基礎既無，奈何望其深造有得耶！」[81]其時「錢穆先生為終身之師」的余英時先生，於新亞書院修學時，余氏在課後向錢先生求學，談及研讀《國史大綱》內涵太豐，一時不易消化，便把《國史大綱》精讀一遍，對每章每節儘量作簡要的報告，才給錢先生評論，及後錢先生發還給余氏的筆記，便說「你不要一頁接一頁的寫滿全本，應該另換一個新本，每頁隔一空頁，不著一字」，以便在《國史大綱》上到出與錢氏不同及相反的意見，啟導余氏接納各方意見的重要，「他（按：錢穆）這樣鄭重地叮囑我，顯然是唯恐我一開始便被他的一家之言所牢籠，失去了轉益多師的

---

79 編者：〈歡送余英時張德民兩同學〉，《新亞校刊》，創刊號，頁31；參〈本院歷屆畢業生名單〉，《新亞校刊》，9期，頁22；但依《新亞研究所概況（1988-1989）》所示第一屆研究所畢業生除了正文所示的六位外，尚有章群先生。有關章群先生是否為第一屆畢業生的問題，尚待考察，因為本文以《校刊》為主要論述的內容，暫未把章群先生列入第一屆畢業生內，有待考證。

80 〈課外生活紀要〉，《新亞校刊》，創刊號，頁28。

81 沈燕謀：《沈燕謀日記節鈔及其他》（香港：中華書局，2020年），〔一九五五年四月二十七日〕條，頁179。

能力。他的苦心當時使我（按：余英時）使我深為感動」。此外，於一九五二至一九五三年，余英時先生進行研究之途，錢氏知余英先生時研究魏晉南北朝時期門第社會的起源和發展及其與儒、道兩家互相爭衡的關係，建議英時先生必須上溯至漢代，才能找到源頭，由是促使英時先生「本來準備從《三國志》開始閱讀，最後則決定以《後漢書》為精讀正史的始點」，也因此精讀史籍，記錄要點在卡片，由是「奠定了我（按 ：余英時）中國史研究的基礎」、「在錢先生指導下精讀漢史，對我此下的學術生命確實發生了難以估計的影響」，[82] 也因為「在錢先生指導之下，比較切實地研讀中國歷史和思想史的原始典籍，日後學術成就也是「他（按：錢穆）在中國史學上的深厚造詣對我（按：余英時）的啟示極大」。[83] 另一位五十年代中葉的新亞學生及日後任教中文大學歷史系之蘇慶彬先生，也談及錢先生教學，重視原典精讀，「錢師講授《莊子》，一字一句都作深入解釋。首先徵引古今各家的注解，然後分析，再提出自己的意見」、「他（按：錢穆）的是一種精讀文章的方法，這三篇只是一種示範作一，去啟發學生的讀書方法」。[84]

  《校刊》第一期所記，在一九五〇至一九五二年，研討會討論過兩個問題，一為「秦行郡縣以後，是封建的結束，還是繼續？」二為「人生之意義」，而講演會也有錢穆先生的「人生價值之內在觀」，張丕介先生的「中國的土地與人口」，其後也有新亞同學進行共有三十次演講，其要目如下[85]：

---

[82] 余英時：《余英時回憶錄》（臺北市：允晨文化實業公司，2018年），頁107-108。
[83] 陳致訪談：《余英時訪談錄》（香港：中華書局，2012年），頁8。
[84] 蘇慶彬：《飛鴻踏雪泥：從香港淪陷到新亞書院的歲月》（香港：中華書局，2018年），頁192。
[85] 《新亞校刊》第一期所記三十場學生講座（1950-1952），以下方表格呈現，參見：〈課外生活紀要〉，《新亞校刊》，創刊號，頁28。

次數	講者	題目	次數	講者	題目	次數	講者	題目
第一次	列航飛	民主政治與政黨政治	第二次	余英時	中國近代社會之分析	第三次	張德民	東歐經濟地理之重要性
第四次	唐端正	不朽的我見	第五次	奚會暲	中國近百年來革命運動史	第六次	陳負東	中國經濟不進步之原因
第七次	董保中	談重歐輕亞問題	第八次	胡美琦	我的教育理想	第九次	張德民	美蘇經濟潛力之比較
第十次	朱光國	基督教道德判斷之根據	第十一次	傅立武	我對孫中山先生思想之了解	第十二次	陳負東	歷史唯物論與社會發展史
第十三次	列航飛	兵學瑣談	第十四次	張德民	中東問題之重要性	第十五次	余英時	歷史自由論
第十六次	列航飛	孔子言行（一、二、三）	第十七次	奚會暲	談資本主義經濟	第十八次	唐端正	論自由
第十九次	列航飛	論發達國家資本與發達社會資本	第二十次	陳負東	經濟恐慌初論	第二十一次	唐端正	世界文化之新生

次數	講者	題目	次數	講者	題目	次數	講者	題目
第二十二次	朱光國	漫談以良心為道德標準之正確性	第二十三次	張德民	印度需要糧食嗎？	第二十四次	列航飛	理想中的人文經濟之面貌
第二十五次	余英時	資本主義與工業革命	第二十六次	唐端正	我們的物質與世界	第二十七次	梁崇儉	中國青年問題
第二十八次	黃德廉	略論小說筆法與人物創造	第二十九次	唐端正	談命運	第三十次	奚會暲	民主與效率問題

《校刊》第二期所示，在一九五三至一九五四年，共舉辦了二十次書院學生講座，其要目如下[86]：

次數（上接第三十次）	講者	題目	次數	講者	題目
第三十一次	列航飛	選舉考試	第三十二次	黃德廉	談新詩
第三十三次	列航飛	管子的經濟思想	第三十四次	黃祖植	幾句詩話
第三十五次	列航飛	人的地位	第三十六次	蕭世鹽	信仰是迷信嗎
第三十七次	陳負東	人格的適應	第三十八次	唐端正	辯證法之類型
第三十九次	朱光國	道德學中的利己主義與利他主義	第四十次	奚會暲	社會心理與生活

---

[86] 《新亞校刊》第二期所記二十場學生講座（1953-1954），以下方表格呈現，見唐端正、蕭世鹽：〈課外生活紀要〉，《新亞校刊》，2期（1953年），頁30。

次數（上接第三十次）	講者	題目	次數	講者	題目
第四十一次	列航飛	儒家思想與民主政治	第四十二次	蕭世鹽	進化論之內在矛盾
第四十三次	古 梅	我的兒童教育理想	第四十四次	唐端正	關於心物的問題
第四十五次	董良民	歷代基督教愛觀之研究	第四十六次	楊遠	怎樣運用我們的筆槍
第四十七次	黃惠模	鴉片對中國社會之影響	第四十八次	列航飛	略論中國農村社會之和平競進與品位對流
第四十九次	唐端正	文化學大義回述	第五十次	唐端正	續談文化學大義

在一九五四至一九五五年，新亞書院的人文學會也舉辦了七次講座，其要目如下[87]：

次數	講者	題目	次數	講者	題目	次數	講者	題目	次數	講者	題目
第一次	王健武	談管子的經濟思想	第二次	寧仲康	談封建主義	第三次	孫述宇	我對科學的態度	第七次	楊遠	淺談文學上幾個基本範疇
第四次	胡栻昶	亞里士多德的中庸之道	第五次	朱學禹	發展中國經濟之私見	第六次	王明一	談遮托拉斯			

---

[87] 新亞書院人文學會舉辦的七場講座（1954-1955），以下方表格呈現，見〈人文學會〉，《新亞校刊》，7期（1955年），頁58。

為了更廣泛推動人文精神在校內的傳播，學生們更成立人文學術研究社，一九五五年的社長是辛未同學，研究社於一九五四年至一九五五年時，舉辦了兩場討論會，題目為「（一）人生善惡問題。（二）人類前途」，並舉辦了多次學術講座[88]：

次數	講者	題目	次數	講者	題目	次數	講者	題目
第一次	梁崇儉	中國文學之起源	第二次	辛未	中國人口問題	第三次	徐匡謀	談翻譯
第四次	彭子游	藝術之欣賞	第五次	楊祖馨	西藏問題	第六次	丁　智	要不要再來一次文學革命
第七次	張理泉	孔子在中國文化止之地位	第八次	李仇夷	軍事、政治與文化	第九次	逵　道	佛教與中國文化

以上演講課題，主要是以中國傳統思想及文化作專題演講，也有旁及時事和政治、經濟課題，討論東西方歷史文化及政經問題時，仍以此與中國的情況作對比，故可見這些課外活動，不是錢穆院長或校方發動，校方因經濟困難自然無力資助這些課外學術活動，而這些講座是同學們自發以傳播中國傳統文化知識為己任，這些論學的內容正是「新亞精神」的內涵之一，而其時就讀新亞書院文史系及後任教香港中文大學歷史系的羅炳錦先生，更直言：「新亞精神確實存在的，我（按：羅炳綿）也親身經歷過。記得當時新武經常舉辦學術講座，學生踴躍參加，往往座無虛席」，由此可見，書院及學生組織的學術演講正好實踐了「新亞精神」。[89]

---

[88] 人文學術研究社舉辦的兩場討論會（1954-1955），以下方表格呈現，見〈人文學會〉，《新亞校刊》，7期（1955年），頁60。

[89] 本刊〔編輯〕：〈一位早期大專教育「中學而教」的老師之歷程——羅炳綿老師訪問記〉，《聯大歷史學刊》，創刊號（1998年），頁60。

談及「新亞精神」的實踐,不獨要求教員以身教及言教實踐所學,學生也在生活中實踐所學,更重要的是把「新亞精神」延伸至當時的青少年,達到為中國文化教育,培養讀書種子的新亞學人辦學的心願。

由是五十年代初的新亞學生,更籌辦新亞夜校,結合《校刊》內刊載〈新亞夜校〉、唐端正先生及蕭世鹽先生在〈課外生活紀要〉的文章,得見新亞夜校是由新亞書院大學同學,各位新亞師長的贊助和趙冰先生的幫忙下,於一九五二年創辦,夜校分為小學六年為高、中低三級,課程編制與普通小學一樣,上課時間為每晚七時至九時,校舍為書院教室,在桂林街時期,夜校主要是桂林街的校舍,教師為「全由大學部同學義務擔任」,任教者均是「實受書院『人文主義之教育精神』所感召」,並成立董事會、校務委員會,校長為列航飛,就讀新亞書院的正式學生及捐款二十元以上者為夜校教員,其時的教員有:陳漢侯、徐祖桑、朱清旭、周美蓮、余英時、陳負東、唐修果、傅立武、朱光國、唐端正諸位先生,夜校的經濟來源也來自外來捐助,於一九五二年已收生有八十八人,以低年級同學最多,「全部享受免費待遇」,中年級學生較少,每月繳費二元,高年級同學最少,每月繳交三元,中、高級同學之家境貧寒,或成績優異的,可獲免費優待,另外各級也設有全免、半免學額,以資鼓勵入學,收入除了雜務支出外,餘款撥入為小學圖書購置費,夜校主要「因鑒於深水埔區失學兒童甚多,且該院沒有哲學教育系,故為使理論與實踐連繫計,服務社會,特創辦義務性質之夜校」,此校的宗旨為希望學生在幼年時漸漸學習到吸收知識與做人是同屬一事的道理,又特別提倡「孝父母」、「敬師長」、「愛同學」及「勤學業」的「四大校訓」,希望:

> 以冀使學生確能了知為學做人屬一事,使其生活中實踐孝與敬,以培養其家庭之情誼,亦即一切德性之根本。在愛校訓實踐下,使學生習於群體生活,在進德修業方面,又使師生皆能勤勉不息。這是四大校訓提出之理由,希同學皆以文化工作者自任,更願新亞精神從此發

揚，人文種子在此廣播。[90]

夜校分為教導及總務兩部門，主要就是希望學生能「以文化工作者自任，更顯新亞精神從此發揚，人文種子在此廣播」；一九五五年又分立教務及訓導兩部，晚上七時上課，有糾察長趕忙派糾察員守候校門，維持校內的秩序及拒絕衣服不潔或沒有佩校徽的同學進校門。夜校教員授課之餘，也以講故事的方式把中國的聖賢或偉人，如孔子、孟子、文天祥、岳飛的故事教導學生，使「學習不只是窄狹的事情，它應該與日常生活打成一片纔能收效」，教員也為夜校學生成立讀書會、音樂欣賞會、藍球隊，並定期舉行旅行及除夕晚會。依胡棫昶〈我們的夜校〉一文，指出夜校教學「使他們對我國之聖賢和偉人有一個最基本的觀念，使他們那小小的腦袋裏，留下了許多人格和對品德修養的知識，合道『為學做人』的基本條件，使他們將來成為一個不會只偏於求知方面的人，而是兼有做人應有的態度的人」，希望學生知道人生不是單求享有物質生活，而是應有為人類，為社會幸福而貢獻的精神，其時任教的教師也感到「夜校和睦得活像一個溫暖家家庭」，學生的作文及書法成績也不俗，令教員感到安慰的是「在每晚放學後以後，許多小朋友還是依戀在校裏，希望能夠多玩一會兒」。

先看新亞書院校園生活之一，就是成立歌詠團與音樂會，這些學生組織是否呈現「新亞精神」？習舜在〈我們的歌詠團與音樂會〉一文，表述新亞歌詠團在艱苦籌辦中仍愛中華文化的圖像。此文指出歌詠團是由一群「找不出一個引起勁兒來的問題來討論，呆坐著，大家總覺得在生活上缺少了什麼似的」同學組成，為學生自發的組織，故成立之初，沒有校方財政資助，幸黃天榮先生義務任教歌樂團，並任指揮，朱學禹同學為司琴，風琴是借自一位周姓同學，也「已修了幾天才可以用」，歌譜也要到處探借，「我們費了九

---

[90] 見扶搖：〈新亞夜校〉，《新亞校刊》，創刊號，頁29。此文尚未可以視為新亞夜校成立之宣言，只可視為描述新亞夜校的活動，文中只是引述新亞夜校成立宗旨，暫時尚未見新亞夜校成立的宣言或宗旨。

牛二虎之力才設法搬來了一架鋼琴，別忘了，我們是沒有一塊錢作基金的」；同時，雖感到「在香港這些環境，英文歌是比較受歡迎的」，但認為「我們為什麼不能克服環境呢？我們不但要唱中國歌，並且要做到了平民化，大眾化」，終得到很多同學及朋友支持，小組成員「從不缺席」訓練，並在太子道聖德肋撒堂青年會表演，團員演唱歌詞是：「念故鄉，念故鄉，故鄉真可愛，天甚清，風甚涼，鄉愁陣陣來」，因歌曲的感染「很快便撩起大家的鄉愁，自然又會故國神遊了」，經各位同學獨唱及合唱〈長恨歌〉的選曲後，又是全體大合唱〈我所愛的大中華〉，演奏會就是在『祝我中華，萬歲，萬萬歲』的雄壯歌聲中結束」。[91] 經此表述，可知歌樂團雖處在五六十年代歐西歌曲影響下的香港及艱苦困難生活中，仍堅持唱「中國歌」，更重要的是歌唱愛中華文化的歌詞，雖然新亞的不少同學來自中國內地，但也不能否認生活在新亞校園下，受新亞諸賢教導保存中華文化的言論所影響，這股保存及弘揚中華文化的「風」是形塑了校園風氣的重要力量。

又看形塑新亞校園生活的媒介之二是書院師生舉辦的晚會，師生參加娛樂活動之餘，不忘為中國國情的憂心。一九五三年的〈課外生活紀要〉所記，於一九五二年十月十日的國慶校慶聯合晚會，在莊穆的會場氣氛中，「我們聽著錢院長說：『如果我能一口氣把這四十一支小的和三支大的蠟燭吹滅，那麼明年中華民國的前途便是光明燦爛。』，以後，看著他潤紅了臉龐，鼓滿一口氣，『呼』一聲把蛋糕上的洋燭吹滅了」，大家也頓然感到「為中國學術而努力」。[92]

再看形塑新亞校園生活的媒介之三，就是新亞夜校舉辦的讀書會。讀書會在一九五三年成立，唐端正先生等學生認為學習只在窄狹課室，應是「與日常生活打成一片纔能收效」，尤以語言學習，更不能離開生活，「於是我們這一群奔向『新亞』旗幟，懷抱『新亞精神』的青年，為內心那不可遏止的學習的熱誠所驅使，在英文教授孫祁壽先生指導下，發起了我們的英文讀書

---

91 習舜：〈我們的歌詠團與音樂會〉，《新亞校刊》，創刊號，頁29。
92 唐端正、蕭世傑：〈課外生活紀要〉，《新亞校刊》，創刊號，頁30。

會」，藉辦讀書會希望夜校學生，能「養成自修的讀書能力」、「養成中英互譯的能力」、「養成聽話與說話的能力自修的讀書能力」，又每周請英美人士演講，在英美人士的演講會上，希望學生要說英文，破例說中文者，有定額罰款，學期終不少學生能主動讀英文雜誌，有些同學把《自由中國》雜誌的篇章譯成英文，並把中英文的文章對校，同學們發現「《自由陣線》或《中國之聲》等雜誌上的文章經常有人譯在《虎報》上」，學生也把《虎報》內的文章試譯在中國雜誌上，有些學生讀英文版《莎氏全集》（按：《莎士比亞全集》），有些學生讀英譯亞里士多德原著，有些學生譯了一本十餘萬字的英文書，並在臺灣的書局出版，也有「一位同學竟然發起野心，開始翻譯錢院長的近著《文化學大義》一書」，[93] 可見讀書會的教學成效。

形塑新亞校園生活的媒介之四，就是新亞國劇社。新亞國劇社在一九五六年成立，曾舉行慶祝國慶校慶及新校舍落成首次公演，表演中國傳統國劇「女起解」、「武家坡」、「登殿」、「坐宮」等，又提供「中國風味」的茶點、中國傳統涼麵及杏仁豆腐，同學們感到這些食物「滋味鮮美，食者均盛讚不已」。[94]

就此看來，新亞校園只有中國傳統文化的生活氛圍，其實，校園也有天主教同學會及舉辦基督徒團契，可見校園是實踐新亞教育所標舉東西文化教育並重的特色。一九五六年五月二十日新亞天主教同學會成立，除了在校內有靈修、學術演講及出版會報外，也有舉週年紀念活動及為會員提供獎學金。一九五七年會員來自中國不同省份的人士約五十九人。此外，校內基督徒同學的聚會早見於一九五四年，初時只有查經班，「一九五五年聖誕節的第二天晚上，一群同學在牧愛堂舉行聖誕節崇拜。受聖靈的感動，一致主張在本院（按：新亞書院）組織基督徒團契即推選籌備委員」，至一九五六年新亞書院才有第一個正式的基督團契，其後又在校園舉行佈道會。[95]

---

93 同上，頁31。
94 〈新亞國劇社〉，《新亞校刊》，9期（1957年），頁54。
95 〈新亞天主教同學會〉，〈新亞基督徒團契〉，《新亞校刊》，9期（1957年），頁55。

至於夜校教育的成效如何？依仰峰在〈成長中的新亞夜校〉一文，所記：「當本期（按：一九五五年）招生的消息傳出之後，不到三天的工夫，報名的已超過了七十人，其實我們的取錄學額只有十幾位，為了免使更多的人失望，我們只得提早截止報名」，已見學生報讀由新亞書院學生籌辦的新亞夜校的盛況，而當作者見到報讀學要進行考試的盛況時，卻「一則以喜，一則以悲」，可喜的是學生「不受環境的限制而放棄求知的念頭」，可悲的是「我們不能盡量收容這一群適齡或超齡的與滿懷熱望來投考的孩子」。於一九五五年的下學期，教員除了在課堂上講解做人的道理，鼓勵學生向善，更「引導他們走入正途外，這學期又特別在每星期一課後抽出三十分鐘時間，由各先生輪流擔任向學生講解倫理上的各項問題」，更令作者感到欣慰的是，學生們能夠在參加話劇、旅行及組織課外活動時，得見學生們「熱心、誠懇，以及有做事的能力」的成效，作者認為這是新亞夜校教育的成果，也是新亞書院教育成功的地方，他指出新亞夜校的教育宗旨：「是源自於新亞書院的教育精神而來，我們不只是給予他們一些書本上的知識，同時也重視德育」，新亞夜校就是實踐了新亞書院倡導德育與知識並重的教學宗旨。[96] 五十年代的新亞學生除了教學、上課及積極參加課外活動外，也加編刊學生刊物，如古梅、余英時、陳負棟及奚會暐等諸位先生也課餘時編刊《中國學生周報》，文章多表述有關中國文化、中國內地情況的訊息。[97] 此刊物更自一九五二年七月創刊至一九七四年七月停刊，發行長達二十二年，總共一千一百二十八期，香港學生重要閱讀刊物。

　　回憶新亞書院創辦首三年及籌辦夜校的艱苦情況時，在面對吃苦的情景下，新亞師生們仍可籌辦多次演講會，新亞夜校也相繼成立，然而支持他們的動力是甚麼？學生指出支持他們的努力，不獨是個人的熱情，「一股熱情外，我們憑什麼去達成呢？」主要是「同學們的熱情和師長們的鼓勵與贊

---

96 見仰峰：〈成長中的新亞夜校〉，《新亞校刊》，7期（1955年），頁58-59；參〈列航飛先生專訪——我尋新亞〉，《吾繫新亞——新亞五週年特刊》，頁14-15。

97 見盧瑋鑾、熊志琴編著：〈古梅〉，《香港文化眾聲道》（香港：三聯書店公司，2014年），頁88。

助」,更重要的是任教新亞夜校的新亞書院同學,以「這一切成果的種子,都是在三年前雨暴風狂的時候,錢先生所親手理下的,今天我們回為它的成長而慶幸,但這都是過去慘淡奮鬥的結果」,[98]「新亞夜校的創立,音樂演奏會的演出與乎校刊的印行,都充份反映了新亞精神之發展」,[99]既感謝錢院長籌辦新亞所付出努力,也感謝經亞洲文商至新亞籌辦之初,師生在困難中的堅持辦學的理想,如今新亞夜校的成立,及新亞師生的校園生活,正好是實踐「新亞精神」的表現。

四 結論

　　時代學風的建立,有待第一代先賢樹立研究方法的典範及建立治學的精神,第二代、第三代、第四代等學人,在前賢的基礎上,開拓新領域,由是建立一個地域,一個群體的學風。香港因為特殊政治及地理環境,既與中國內地緊密相連,又不同於中國內地的政經及文化環境,每於國內變動,成為學人南下的居所,學人或因此久居,或選暫居,均造就了居於香港的中國人文研究學者之新任務,既使香港成為「大陸通向世界的一個學術和思想的港口」,[100]也促成香港學術機構的擴展,學術研究得以在香港本土植根及成長。[101]畢業於新亞研究所的李金強先生,已從香港史學發展的角度,指出因錢穆、羅香林先生等南下的學者,促使「民國以來傳統及新史學之學風,由是得以移植本地」,導致「民國史學南移」的結果;另一位在香港中文大學新亞書院完成學業的周佳榮先生,也指出自十九世紀以來,香港史學發展的「第三個階段」,就是啟自一九四九年南來香港學人。周氏指出因為香港

98　見立群:〈課外生活紀要〉,《新亞校刊》,創刊號,頁28-29。
99　〈課外生活紀要〉,《新亞校刊》,創刊號,頁17。
100　余英時語,見氏撰:〈香港與中國學術研究──從理雅各和王韜的漢學合作說起〉,《歷史人物與文化危機》(臺北市:東大圖書公司,1995年),頁145。
101　有關論點參周佳榮:〈華人移民史上的香港〉,《歷史絮語》(Hong Kong:Oxford University Press, 2004),頁184。

年青一代先在南來史家的教導及啟迪下,建立學問基礎,日後更出外留學,成功結合中國傳統學問與外來研究方法,終導致一九七〇、八〇年代香港青年學者輩出,「促成香港史學本地化與國際化並駕驅的發揚時期」,南來學者成為一九四九年至一九七〇年代年青學人吸收傳統學問的知識資源。[102]
周、李二氏雖只言香港史學的發展,其實這現象不僅是香港史學發展的特色,也是一九四九年以來香港人文及社會科學發展的整體面貌,更重要的是五〇、六〇年代,作為團結南來學人,植根在香港高等教育機構的重要力量之一,就是新亞書院及新亞文化教育機構,新亞成為一個重要學術群體的誕生及學人的聚居地方,[103]正如日後成為新亞文化事業發展的重要支柱之一的徐復觀先生,在〈悼唐君毅先生〉一文,曾言:「香港之有一點中國文化氣氛,有少數中國人願站在中國的立場做中國學問,從新亞書院開始」。[104]
今天談及戰後開拓香港學術風氣的重要學術機構,有必要研究新亞書院及新亞學術群體的發展,而談及締造新亞學術群體治學風尚的學者,又必要注意錢穆、張丕介、唐君毅諸先生的治學風尚及學術道德人格,「他們三個人,真可謂相依為命,缺一不可」,值一九四九年中國學術文化發展發生重大的變化,在「流亡」南來文化人的帶動下,把中國傳統文化保存於香港,並以香港為傳播及發揚「新」的「亞洲」文化之地,中國文化由「花果飄零」,得以在香港「靈根自植」,日後錢穆、唐君毅及張丕介三位先生,雖不是遷

---

[102] 李金強:〈民國史學南移——左舜生生平與香港史學〉,《香港中國近代史學會會刊》,3期(1989年),頁85-98;有關香港史學發展在各階段發展的情形,見周佳榮:〈導論——香港史學的成立和展望〉,周佳榮、劉詠聰主編:《當代香港史學研究》(香港:三聯書店公司,1994年),頁1-5。

[103] 五、六十年代,團結及凝聚南來學人的高等院校,也有香港大學、珠海書院、浸會學院(日後浸會大學)等,但本文暫談及新亞書院的發展,有關此時高等院校對中國文化教育扮演的重要角色,見區志堅:〈中外文化交融下香港文化之新運:羅香林教授中外文化交流的觀點〉,趙令揚、馬楚堅編:《羅香林教授逝世二十週年紀念論文集》(香港:薈真文化事業出版社,2006年),頁36-52;〈香港成為國際漢學交往的橋樑——從乙堂問學書信看戰後羅香林與海外學人之交往〉,《國際漢學論叢》,2期(2005年),頁251-290。

[104] 徐復觀:〈悼唐君毅先生〉,《紀念集》,頁19。

往地方,就是辭世,但三位學人教導的學生及三位建立的「新亞精神」也流播香港,遠至臺灣,當然他們三位學人尤對於香港歷史文化教育界的發展,影響甚大。[105] 雖然自新亞創校至今,每一代任教及就讀在新亞的人士對「新亞精神」有不同的詮釋及理解,對「新亞精神」也未必有清楚的定義,卻能心領神會,自視為「新亞人」,「新亞人」更不斷在生活上實踐「新亞精神」,可見「新亞精神」的內涵,除了「喫苦」的精神,及具有保存、宏揚中國傳統文化,進而闡述中西文化並存的特色外,「新亞精神」也應包括一種「艱苦奮進」,在艱苦中不斷要求自己向上之機,自強不息的人生處事態度。然而,若從香港學術思想及海外內新儒學發展的角度而言,更應多研究新亞諸賢的行事及學術成果,傳承新亞聖賢學人的成果,開創新方向,使新亞學風得以代代相傳,推陳出新。[106]

---

[105] 詳見李金強:〈新亞研究所師友雜記〉,《當代史學》,7卷3期(2006年),頁60-63;周佳榮:〈香港史家群像與史學新里程〉,《當代史學》,7卷3期(2006年),頁57-59;周氏也認為:浸會辦學精神也是與新亞精神是相通的,見氏:〈一代通人:孫國棟師的治學理念〉,《孫國棟教授追思集》,頁62。

[106] 詳見香港中文大學新亞書院編:《誠明古道照顏色——新亞書院55周年紀念文集》(香港:香港中文大學新亞書院,2006年)一書內列出了新亞學人;參區志堅:〈從《新亞生活雙周刊》看六七十年代的「新亞生活」〉(未刊稿),香港三聯書店主辦「學術文化講座」,2010年1月20日。

自三位老師（唐牟徐）文學傳承研擬「詩學」之建構

翁文嫻[*]

摘要

筆者在新亞研究所親炙三位老師學問，蒙推選往法國，攻讀八年。回臺灣的大學講詩（逾三十年）。專研現代詩語言的美學變化，因長期鑽研中國古典（碩博士研究李白詩的藝術），再經歷法國詩學洗禮，因此，多能疏解自白話文運動後，語言混雜而生的美學與思維現象，挖掘被質疑、被誤解、卻真正具原創力的詩人。近年更深入《詩經》的轉化，希望釋放孔子詩觀的現代性意涵，建構一個古今能相通，面向國際多元文化的世界性詩學。

消弭古典現代紛爭、融合文學與哲學分界，本來就是新亞研究所精神。論文將特別自個人吸收角度，分別縷述三位老師學問精要與詩學相連部分：

一、唐君毅對文學（或詩學）文章，整理成可供華文現代詩壇參考的論點。例如「中國文字與文法特性」，及「整體境界形成之條件」，「如何真實存在」的命題。

二、牟宗三文字力量詩質辨認——直覺切入；層層思辯的推進。前者若理解為「抒情傳統」顯現，後者則是「存有」的深度把握。

三、徐復觀將時空久遠的各種古籍，變成最有肌膚感覺的當代文字。例如《詩經》「興」義與感情的朦朧關係、《文心雕龍》「文體論」與詩人心靈「現象學」的把握。

三位老師在香港創造的新亞研究所，有如一間詩的「廟宇」，時刻充盈著人

---

[*] 臺灣成功大學中文系兼任教授。

類「初心」的感動。論文末部,再介紹一位來自法國的學生朱利安(François Jullien,一九七八～一九八一年在新亞),至今已經造就一個「世界性漢學」。

關鍵詞:新亞、徐復觀、唐君毅、牟宗三、詩學

一 前言：特異的存在——新亞研究所在香港

　　作為一所學校，新亞的空間規模很小。它在香港九龍土瓜灣（在我讀新亞時是工業區）農圃道「新亞中學」的頂樓一層之內，中學的校長就常想法子令我們遷移，如此可以完整的變成一所中學。但建築物二樓的圖書館，除中學部學生的書籍外，那兒藏有香港最大宗的綫裝書，除二樓內層還有個小閣樓，真的是「藏書閣」，不知有幾萬冊。以前兼職管圖書的岑詠芳，如今是巴黎國家漢學圖書館的重要幹部。

　　香港政府不願意承認新亞，因為是臺灣教育部發文憑的，所以新亞沒有什麼經費。名滿天下的新儒家唐、牟、徐三位，還有著名的歷史學家嚴耕望（1916-1996）、全漢昇（1912-2001），拿的是微薄薪水。牟師與徐師直至去世，都沒有在港買房子，一輩子都租屋。徐師過世後，我約見徐師母，她抱著一個電鍋與草蓆，說要搬到更小的單位，那街道的情景還歷歷在目。

　　新亞堅持九月二十八日孔子誕辰校慶，一定在那天升起中華民國國旗，光為了這事，他們就不可能與香港的中文大學合併。三位新儒家是在文化學術立場上堅決的態度，這也觸碰到香港教育的底線。每年年初一，我們一定齊聚，輪流向各位老師拜年。到牟師家，師母給我們吃紅棗蓮子湯，牟老師一定論說當年的天下政局；徐老師就一些時事名人行徑論至文化的問題，沒有一人會討論私事。

　　由於新亞文憑在香港沒什麼實際利益，學生便真的是為老師們的學問而來，同學之間相處非常愉快，週末常聚在圖書館，高談闊論。據知，許多國外有名的漢學家，都曾有段時間來到香港的新亞研究所。七〇年代後期，中國文革結束，知識青年下放後理想破滅，曾展開大批偷渡流亡，七〇年代末期到港的紅衛兵，他們也到新亞就讀，「傷痕文學」與及對共產制度的反思熱潮，也是這時開始，與新亞有密切的關係。

　　筆者在新亞研究所親炙三位老師學問，蒙推選往法國，攻讀八年。回臺灣的大學講詩（逾三十年）。專研現代詩語言的美學變化，因長期鑽研中國

古典（碩博士研究李白詩的藝術），再經歷法國詩學洗禮，因此，多能疏解自白話文運動後，語言混雜而生的美學與思維現象，挖掘被質疑、被誤解、卻真正具原創力的詩人。近年更深入《詩經》的轉化，希望釋放孔子詩觀的現代性意涵，建構一個古今能相通，面向國際多元文化的世界性詩學。

消弭古典現代紛爭、融合文學與哲學分界，本來就是新亞研究所精神。論文將特別自個人吸收角度，分別縷述三位老師學問精要與詩學相連部分。

二　現代詩學的叩問下，唐氏文學觀念之開展

臺灣目前詩壇的評論，斟酌詩內美感成分的多引用西方論述。印象深刻的，如楊小濱用拉岡（Lacan, 1901-1981）、蔡淑玲用法國系列（例如宮籟Chora）、何金蘭用法國社會理論，此外，有追蹤詩人風格的歷史沿革，例如陳芳明、奚密等；另如簡政珍，著重語言的意象變化，也是引用西方理論；廖咸浩近年追源班雅明（Benjamin, 1892-1940）的靈光（Aura）。然則，用中文寫成的詩，背後有沒有一些隱藏的心靈反應，是可以與長久的儒家，或道家情態呼應？

我們今天若引用《文心雕龍》，該不能只引原文，就足以做一個批評的切點；同樣，歷代詩話文字，也是面對當年時代中的詩意（同樣，西方詩論也是面對他們自己社會的詩作發言），因此，我們該如何產生自己的詩學論述？筆者在過去多年，雖然涉足及二、三十家的詩人語言創新部份，也大多只能沿詩意空間疏理，慢慢覺得身上哲學修為不足，所以難在實際批評上孕育自己用的批評觀念，而且可以被別人引用。

若將這現代詩的評論背景，來閱讀唐君毅的文學評論，馬上發現，他的文學世界，是西洋名著與長期中國古典的閱讀，由於面對中文語境，說的是有哲學力度思考過的論點，尤其能將中文特性、華人長久相傳、知而不覺的「美感」，說得很清楚。根據近年來研究，下面分別就四項要點回應：

（一）唐君毅先生重視文字「知性主體」的建立

　　唐君毅先生注重各門學問「知性主體」的建立，討論文字的份量，中國文字的特性，這角度與漢學家葉維廉對東西方語言的討論，與高友工（1929-2016）對東方人美感來源的「經驗之知」與抒情傳統的精神，是一致的。

　　我們驚喜在新儒家唐君毅先生論述內見到。他說中國文學的單音性格，便於分合增減，以適合句之長短音節，故特富「音樂性」：

> 中國文字為單音，故一音一字一義。字合而成辭，辭分又為字，因其便于分合，故行文之際，易于增減諸字，以適合句之長短與音節。由是而中國之詩、詞、曲、散文等皆特富音樂性。[1]

因為這樣的單字單音，可表獨立意義或觀念，書內還說：「西人多音一字，故成念遲，華人一字一音，故成念速。」唐氏引申說：「成念速，故念易寄于字，而凝注其中。」又說：「文字對吾人之外在性與阻礙姓，因而較少。人對文字親切感，因以增加。」（《中國文化之精神價值》，頁二三六）

　　唐先生認為，中國文字的單音意義，與作者產生「親切感」，又善於「凝注心念」。雖然這是自古典詩閱讀而來，但若唐先生不熟悉西洋文學，猶如以前的古詩解讀者，就不易體會。而現代詩作者，若沒有長期閱讀古詩，與及習慣哲學思考，也不易將文字的特性說出，所以，這段文字的特性論述，彌足珍貴。另外，筆者感到更重要的，是這段引申的話：

> 由是而在中國詩文中，以單個文字，分別向外指示意義之事又不甚重要；而互相凝攝滲透，以向內烘托出意義之事，則極為重要。夫然，中國文學之重形式，對創作者言，即為收斂其情緒與想像，而使之趨於含蓄蘊藉者。而對欣賞者言，則為使讀者之心必須凹進於文字之

1　唐君毅：〈中國文學精神〉，《中國文化之精神價值》（臺北市：正中書局，1953年），頁236。因引用頻繁，故下文以隨文註呈現。

中，反復涵泳吟味而藏休息游其中，乃能心知其意者。(《中國文化之精神價值》，頁二三六)

在這兒，說出由於中國詩文字的特性，好的詩並非「向外指示（說明）意義」，而是「字與字之間互相凝攝滲透烘托意義」。每個字與詩人的心念起伏，息息相關，沒有多餘雜生的字，每一個字都富於心念的凝注。如此，詩內的每一個字，形成詩的主體。將如何辨認、分判由現代的白話句法，與及古文句法所構成的現代詩的美感？這應該是另篇長文，加入西方詩學的觀念，才能透視清楚。

（二）「互相具體存在」的「為人之學」是一切學科之首

在〈人的學問與人的存在〉[2]一文內，唐氏特別注視人與人需「互相具體存在」，這可與沙特（Sartre, 1905-1980）〈存在主義與人文主義〉[3]一文並看。而「具體」可以轉化成華人的生命特性。

唐君毅先生在這篇文章中，多次提及，太抽象主義與理論不足以重建中國理想的社會。他說對中國人而言，需要「作具體的思維，由具體的努力，在具體的實踐中，不斷修改其思維所成之一切計劃方案，以求具體的實現，而完成中國個個具體的人之生活與人格之提供與充實。」(《中華人文與當今世界・上》，頁一一四)由是，先生將文學藝術的學問，放在哲學之上（他的排序：一、為人之學；二、歷史；三、文學藝術之學；四、哲學……），他認為，文學藝術內容，皆是「具體特殊的事象，至少為一想像意境中之存在」(《中華人文與當今世界・上》，頁九三)，這個意境，是文藝作家根據實際生活情狀，重新「意構」，因此更能呈現人的價值。

---

[2] 唐君毅：〈人的學問與人的存在〉，《中華人文與當今世界・上》（臺北市：臺灣學生書局，1988年），頁77-121。因引用頻繁，故下文以隨文註呈現。

[3] 〔法〕沙特著，張靜二譯：〈存在主義與人文主義〉，《沙特隨筆》（臺北市：志文出版社公司，1988年），頁105-133。

個人認為，唐先生整套學問，十分重視人在世界中，「如何真實存在」的命題。唐氏寄望：那些在實驗室與書齋的知識分子，去崇敬無專門學問人的各種至情至性表現，人心才能放在「真正之平」處。又云：「此事之完成，最後有待於人類之新禮樂之建立。但亦可由每一個人之當下的心情中，於此有一覺悟開始。」(《中華人文與當今世界・上》，頁一一〇)

如何體會當下的心情，又如何覺悟？這聖賢學問的起點，有關當下的存在狀況，我們不得不連至文學。

如果提及真實的「存在」問題，當代新儒家應該不可以略過，最能表述時代心靈的「現在進行中的詩」？揣摩唐氏文意，筆者認為：「靈根自植」需透過詩性心靈存在狀況的辯證，而這將會牽出一連串詩學的議題。

（三）唐君毅先生詩學對現代詩語言創作開展的啟示

唐氏在〈文學意識之本性〉[4]內舉例，說〈出師表〉最佳段落，是劉玄德三顧茅廬一段。這時，定全脫離劉備進行中的軍事規劃，脫離真實歷史，形成一內在隱逸天地的時空。〈桃花源記〉亦然，令人完全忘卻一切時空區劃的心境。他說詩歌尤需如此，「對事空中之定位，尤須加以超拔。」懷古非古，懷遠非遠。唐氏謂文學語言，大異於科學歷史地理之語言。文學需造出另一個文學時空，這點非常重要，但往往讀者不大能省察。唐先生在〈文學意識之本性〉下篇，提出另外幾項文學「本性」，筆者認為與如何造出另一個時空，可以並列而看，成為「造出時空」的條件，以下分言之：

1 文學性格是無因果處的因果

唐氏自云，他特別喜愛「文學之完全超出因果觀念的詩文」(《中華人文與當今世界・上》，頁二六九)，他喜歡文學所述的因果關係。他解釋說，因為文學家「先設定人物本性」上的理由，「而其發生為當然且必然者」。歷史

---

[4] 唐君毅：〈文學意識之本性〉上、下二篇，分別見於《中華人文與當今世界・上》，頁244-265、266-298。

上的事,非歷史家所能盡知。但文學家敘述的事,一定是他能盡知,若非他能盡知,則不能成為文學的內容。有趣之處是:這「因果相涵」的現象,完全不是我們俗人常識或歷史已經如此的因果,而是透過「一人一物一事」被文學家設定的因果,它超出一般因果之外,因而造出另一面時空。(《中華人文與當今世界‧上》,頁二七〇～二七一)

2 無因果處的因果與詩文內整體境界之形成

由於文學因果不同一般俗世的因果,唐氏申論:凡為一境物的呈現條件,皆可為因;則一境界中一切事物,互為呈現的條件。事物若能既同類又不同類,有疏有密,造出的境界才能充實豐富。反之,若境界內物都是同類,例如全是高山萬仞,山上與山下相類,這境界便會貧乏,今如詩云:「一片孤城萬仞山」,山的萬仞與孤城之一片,皆能彼此撐開,「如實呈現於吾人之心目矣」(《中華人文與當今世界‧上》,頁二七九～二八〇)。又如李白詞:「西風殘照,漢家陵闕」唐氏特別有詳細分析:

> 西風殘照者,自然之物;漢家陵闕者,人世之遺,此則不相類。又西風自是風,殘照自是光。又不相類。言西風殘照,只言當時之所見;言漢家陵闕之屹立,數百年而尚在,則兼懷古之情。此亦不相類。然此懷古之情,又由當前所見之陵闕而生,此西風殘照之所照,即是此懷古之情所自引起之陵闕,又見三者未嘗不相類。由是而此西風殘照,漢家陵闕八字所彰顯之一境界,即為相類而又不相類、而未嘗不相類之三物所合成之一全體,亦依其中之相類處,與不相類處之錯綜,而顯為有結構之具個體性的境界。(《中華人文與當今世界‧上》,頁二八一)

唐氏能體會這些物象之同異,應該是將句子內每一個字的屬性、方位、類型都凝住辨認,考察它們之間的「滲透烘托之意義」。這些讀詩方法,古人在不斷吟詠中得到,今人若不再吟詠,便需靠哲學家反思的能力,說出其中美或不美的關鍵。

3 間隔與虛無對於美感空間的作用

唐氏認為，美感是需要凝住此審美對象中，「使之如其周圍環境之其他事物中，脫穎而出，若相間隔，與之有一距離，以昭陳於吾人心目之前。……」[5]

他舉中國詩內虛無之用，會產生王漁洋所言「神韻」。如張旭「隱隱飛橋隔野煙」，又如蘇東坡「牆外行人，牆裏佳人笑」。他說王漁洋的「神韻」無確解。他解為：「聲音往而後來，即成韻，妙萬物而運行無滯，謂之神」。（《中華人文與當今世界·上》，頁三五三）

以上種種說法，皆需細細體察詩文內每一文字的份量，才容易明白。

（四）小結

本文嘗試整理唐君毅先生的文學觀念，特別重視他所提〈文學意識之本性〉上、下二篇文章。法國喬治·布萊（Georges Poulet, 1902-1991）有《意識批評》[6]一書，其中囊括了當代重要的一流評論家與詩學家，如沙特（Sartre, 1905-1980）、羅蘭·巴特（Roland Barthes, 1915-1980）、巴什拉（Bachelard, 1884-1962）、史特羅賓斯基（Starobinski, 1920-2019）、莊皮亞·李察（Jean-Pierre Richard, 1922-2019）等……[7]，「意識」研究的進路，自法國的批評著作中，是非常深入且精微的角度。唐氏沒有提出個別的批評案例，但他勾勒一個大的文學「本性」之範圍，而用到「意識」一詞，在中文批評領域，有突出而創新的意義。

---

5 唐君毅：〈間隔觀及虛無之用與中國藝術〉，《中華人文與當今世界·上》，頁347。

6 〔比〕喬治·布萊著，郭宏安譯：《批評意識》（南昌市：百花洲文藝出版社，1993年）。

7 關於史特羅賓斯基之「凝視詩學」討論，參見翁文嫻：〈「比」義在現代語言結構中的硬度──再論周夢蝶詩〉《間距詩學：遙遠異質的美感經驗探索》（臺北市：開學文化事業出版公司，2020年），頁245；莊皮亞·李察部分，則見翁文嫻：〈評論可能去到的深度──介紹法國詩論家莊皮亞·李察（Jean-Pierre Richard）對波特萊爾處理的效果〉，《創作的契機》（臺北市：唐山出版社，1998年），頁3-32。

尤其觀察唐先生揭示的各項內容：知性主體、文字份量、另一時空、無因果處之因果、不同的「類」互相凝攝滲透形成境界、中文不擅指示意義而擅向內烘托意義、儒者能流通而環抱、仙境高於神……。這些觀念，每一種都可以運用到現代文學的評論中，尤其我們文學家素養，已大多參入西方各文學流派，卻仍以華文創作，特別在詩的領域。那些不自覺而出現，根深蒂固的語言特性，當我們追探各詩人「意識」狀態時，唐先生這些經過哲思蘊釀而出的觀念，便有廣大包涵與揭示真相的能力。

一九六四年，唐君毅先生的〈花果飄零及靈根自植〉[8]，針對當年整個時代的崇洋風氣，提出「靈根自植」這個詞。他認為，若我們能「上存在於天，下存在於地，外存在於人，內存在於己」，使天地人成為我們生命存在的「四至」，這才是完善的解決之道。但每個個體的靈根，如何能被自覺而凸顯？是攸關如何「開始」的問題。[9]沿此蹊徑，試了解「難懂」的現代詩，那些現代詩人，同時揭示了時代某刻「真實的存在」，不自覺自深層意識所去到的世界，因為創造了重重的光景，令我們留連不已。達到如唐氏言「由每一個人之當下的心情中，於此有一覺悟開始」[10]而這刻刻的覺悟，或許能差可以慢慢令「靈根」滋長。

三　牟宗三先生文字力量詩質辨認——直覺切入與層層思辨的推進

（一）「情」與「存在感覺」的分辨及把握——一個現代詩語言角度的思考

作為一個研究詩語言訊息的人，牟宗三先生的文字先是令我感動、驚跳，然後是許多不能解決的問題。

8　唐君毅：〈花果飄零及靈根自植〉，《中華人文與當今世界・上》，頁38-68。
9　見唐君毅：〈存在主義與現代文化教育問題〉，《中華人文與當今世界・下》，頁153。
10　唐君毅：〈人的學問與人的存在〉，《中華人文與當今世界・上》，頁110。

但這文字不只是有風格而已,它還包含一股極大的吸力,某些我不能一下子分辨、說明白的事物。以前,就曾以牟先生的文學見解,寫過〈牟宗三對文學批評的啟示〉[11],也曾以「空間感與存在深度」[12],試著說明牟宗三的文字狀況,但覺得「空間」與「存在」的問題,別的好文字作者也具有,這些形容觀念並不能解決我心內的疑惑。

當代儒家系譜裡,最易列入文學行列的自然想到徐復觀;過來,我們或懷念程兆熊(1906-2001)那些很有情味的《山地書》[13],唐君毅先生《人生之體驗》[14]也夠迴轉動容;梁漱溟(1893-1988)《人心與人生》[15]亦清通可喜。筆者個人文學事業上是受到徐復觀很大的啟發,但總不明所以地,極喜愛牟宗三先生的文字。他龐大「學統」內幾十部不同領域的著作,當然很多是看不懂的,但每當用力進去幡然了解時,除卻內在義理森然之結構好像被他重新調整外,四周前後,彷彿一直在伸展一些未見過的領域,鑄滿了他特造的詞,每一個詞我在懇切地認知時不斷在新增我的「經驗」。[16]意外的愉悅,就猶如讀一首很好的現代詩。

多年來,個人對現代詩語言的研究,慢慢孕育出一個雛型架構,仿效朱熹對詩經的「賦、比、興」分類模式,試著將現代詩人各種有創作風格的語言分成「敘事」、「變形」、「對應」三類,[17]而各類族群再追蹤其新創造的語言模式、內在的思維狀況,以致文化背景的影響效應等等。特別在變形詩學[18]

---

11 先後收入翁文嫻:《創作的契機》,頁117-141;《變形詩學》(北京市:北京大學出版社,2013年),頁330-347。

12 參翁文嫻:〈牟宗三文字的空間感與存在深度〉,香港《聲韻詩刊》總第44期(2018年11月),頁16-21。

13 程兆熊:《山地書》(臺中市:臺灣省立農學院園藝系山地園,1959年)。

14 唐君毅:《人生之體驗》(臺北市:臺灣學生書局,1989年)。

15 梁漱溟:《人心與人生》(臺北縣:谷風出版社,1987年)。

16 此處是稍微借助於詮釋學者伽達瑪的說法:大意是詮釋一個經典文本使我們向新的經驗開放。

17 參翁文嫻:《間距詩學:遙遠異質的美感經驗探索》。

18 參二〇一三年北京大學出版社出版的翁文嫻《變形詩學》。

方面，縷述了系列將慣用語言改造的詩人，他們一般不易被讀者接受，但在漢語的現代表達方面，算是開疆闢土，不斷為族群的心靈拓寬領域，他們被疏離誤解，其實非常可惜。在西方文化、思維影響下論中國的事物，首先面對的，是中國的抒情傳統。

在「抒情」的傳統特性下，「變形」問題才見出歷史的意義。尤其牟宗三先生的文字，也許在一個更專業的角度，才能一一比對出其特異點、歧出文化的遠距離點，一如那些不被理解、卻令人相當迷惑的詩人們。

傳統如何接駁翻新？筆者站在詩學研究的立場，覺得中國文字從文言改向白話，二者的性格，有很大的差異，國人如果未能知其情狀，那麼對自己靈魂深處的感性狀態，也是不能把握、不能表達。

中國古典詩所用的文字，例如唐詩律體，每聯自成一單位，切斷了與現實世界的連續性。如杜甫律詩〈春夜喜雨〉，其中「野徑雲俱黑，江船火獨明」，當二句並列成聯時，我們一面意識有「野徑」，同時也出現「江船」，並列地看，「野徑」有如江上一小船，「江船」的搖晃亦一如徑之「野」。瀰漫野徑上的雲已黑，那麼，為何江船內有一燈火獨明呢？這些並列的遐想，可以沒完沒了。而且，句子也不決定何時何地，哪類雲哪些火，完全不切現實，這些景物一瞬呈現，彷彿可以脫離實指義，永遠存於天地間。作者的「情」，便恍似片刻與天地氣息運行，直接與之結合無間的一種「情」。

文言的句法，擅長呈現而非指涉，各自成象，象與象間可以意會，但白話文的結構，一定有主、賓語、關係連接詞、也有確定的形容詞。古詩的優點在早期的白話句法中是無法達致的，因而白話詩多變成隨心靈線索而出現虛象，詩人多改造語法的邏輯，令他更能配合內在的指向、需求，存在的深切感覺。詩是到這個時候，才有所謂難懂，而開始被社會人士詬病。

在古體詩中，詩人意識中的山河大地，遙遠的經驗或未經驗事物，可以從心所欲，全移至眼前，變成一當下可見可觸之畫面。如李白「一夜飛渡鏡湖月」看見「霓為衣兮風為馬，雲之君兮紛紛而來下」。我們讀這些詩，絲毫不以為怪，因為在古文句中，語詞令虛景移到眼前是沒有文法隔閡的。

可是，從文言變白話卻全不是一回事。當洛夫（1928-2018）說：「我的

面容展開如一株樹,樹在火中成長／一切靜止,唯眸子在眼瞼後面移動」(〈石室之死亡〉)。在古詩「人面如樹」也不是沒有,但清楚說明這張人臉慢慢展開,像看見它終於變成樹,這畫面卻太超乎現實地驚人,(只因為白話句型造就了此效果),現代詩人要表達如李白、屈原心中一大片虛擬的風景,如果又要維持句子的凝聚力,就得要變更白話語法。

臺灣的現代詩,曾發展出多種句型,運用白話的主賓語特性,在詩內達至更深的「存在感受」。這些詩中「情」,更見到詩人對自己生命的種種變化,盡力確切把握。牟宗三對於「生命」與對「存在」的狀況,曾說過:「不打落到『存在』的領域上,是不能接觸這種學問的。存在的領域,一是個人的,一是民族的。這都是生命的事。」(《五十自述》,頁八九)

若要避免「抒情傳統」中的「情」,因白話文「我」(執)之出現,而掉落狹隘小我的情,我們需借牟宗三文字的觀念,對存在真相之體會、對生命學問內轉向上的追求,「情」才能因而得潤澤擴充。

(二) 牟宗三先生文字在「抒情」領域內的擴展

好詩人不斷更動疲憊的語法,在新的文字擺置中承載出新的感知領域。牟氏文字所觸及的點、所生發的力度,恰恰能勾引我們內心隱匿卻久已期待的事物,碰到一個龐大族群生命體很內裡的一面。

牟先生的文字之美,有三部書特別明顯,那是《歷史哲學》、《生命的學問》、以及《五十自述》。特別是後者,這部傳記體的散文作品,除了供後學大量資料研究牟氏學思歷程外,吾人擬自文字的訊息,試探其與物接遇時的取捨、反應、與思考的層次。

以下,試以三項內容,分述書內閃耀如好詩一樣的詩文字特質:

1 文字背後伸展的東西方遙遠疆界

《五十自述》最早為後學注意的,應該是這一代儒家自述其什麼年歲讀些什麼書。自書目排列,我們隱隱看到自清朝至民國這一個大時代的轉換。

牟師入北大哲學系，讀羅素哲學、數理邏輯。興趣則專門在「易經」與「懷悌海」的研讀。他讀《易》是「大規模的讀」，自漢易諸家，至晉宋易至清代易學一直下來，大學畢業一年完成《周易的自然哲學與道德涵養》[19]。

讀易之同時，他潛讀懷悌海，東西方不同時代的哲學美文，一名大學生可以「隨讀隨消化，隨消化隨觸發」（《五十自述》，頁五一），儒家的易經是這樣地被新時代青年，用另一種西方的背景來消化理解，因而讀出長時間忽略的「義、和之官的智學傳統」（《五十自述》，頁五十）。

這民國以來的儒者，透過他自身的詮釋主體，我們仿若經歷到二千年前孔子造就的儒家傳統，而且是一步一腳印地走入現代社會，走到國際交會點，向西方輝煌的智者群隊說話。牟氏開創出「新儒家」內涵，不只包括佛家學問、道家學問，同時令我們記得，這名儒者的意識領域已去過柏格森（Bergson, 1859-1941）、杜威（Dewey, 1857-1952）、達爾文（Darwin, 1809-1882）、羅素（Russell, 1872-1970）、懷海德（Whitehead, 1861-1947）、柏拉圖（Plato, B.C.429-347）、亞里士多德（Aristotle, B.C.384-322）、笛卡兒（Descartes, 1596-1650）、斯賓諾薩（Spinoza, 1632-1677）、萊布尼茲（Leibniz, 1646-1716）、康德（Kant, 1724-1804）、黑格爾（Hegel, 1770-1831）、海德格（Heidegger, 1889-1976），而且深入聖多馬（St. Thomas Aquinas，約1225-1774）的「神學」。

新儒家之所以為「新」，從此是包融了西方人腦袋中最內質的，那個哲學世界。《五十自述》並不只告訴我們讀過這些書，而是令人自文字空間內，摸到那些有異於這族群常見的思維方式。

我們驚訝於作者的行徑和想法，他為何能這樣判斷？思維程序怎麼可以如此？種種異於習慣之外又有無限啟示的事物，正是我們日用中較陌生的道家、佛家、及一大串西方智者的深度意識，所翻新過的儒家文化。他更

---

[19] 牟宗三：《周易的自然哲學與道德涵義》（臺北市：文津出版社公司，1998年）。牟宗三在北京大學哲學系三年級時（1932）完成此著，原名為《從周易方面研究中國之玄學及道德哲學》，在臺灣重新出版時，改為今名。

新、擴大了我們的觀念,而且是從感受中來的、不知不覺的、一種文學的驚喜情懷。

2　物象描述的「陌生感」——邊緣、野性、與蒼茫

自讀書範圍,沒人否認牟先生是一名儒家,但《五十自述》中書寫的行徑,令讀者低迴流連之際,我們卻很難與一般社會上稱道的「儒」氏們連在一起,要不就是社會人對「儒」的定義太狹隘因循,不然,就是牟先生確應在儒家之上再加一個「新」字,他的行為,更新了老舊包袱的儒門。

先不言他的書寫方式,光是題材的選擇,就令人怪異。例如童年生活,一般人都愛記憶如何的胡鬧頑皮,與「大人」世界的相評,但牟宗三先生寫出一段,可能在所有作家童年記趣中都不可能出現的。七、八歲時,他拿一塊肉骨頭在溪邊捉魚,看到清溪中一群一群的小魚浮在水面晒太陽,不知不覺,跑進一片梨樹林裏:「密不通風。陽光從枝葉微隙中射進。我順著梨樹行列所成的蹊徑,穿來穿去,信步而走。看不透邊際,見不到出口,葉之茂盛,花之潔白,蜂蟲嗡嗡,彩蝶翩翩,把小魚跳動的景象又給迷糊了。又是蠢動,那是幽深,又有點窒息。那是生命之蘊蓄,混沌而迷離。」(《五十自述》,頁八)

作為一個小孩誤跑進梨花林是常有的事,但他躲在裡面一陣子不出來,直至五十歲時,體會出這時是一種昏沉迷離、鬱而不發的混沌的生命狀態,將這山東煙臺的無名梨樹林寫得令人永遠記得。

好的文學家會不斷擷取那些含豐富意涵的畫面,牟先生說這些只對他個人言是一道清光。但如果有強大的切入力量,這生命的挖掘,可能便不是個人,變成這時代、甚至不同時代人士的共同可感應的生命。小孩被沉沉的梨花園包裹?這一篇內有寫到斜陽下奔波的趕馬者?馬戲團裡繞廣場的女生?這些畫面被剪貼時,刀法非常準確,重要是加上三兩語的解釋,他的心意便遠遠超出一般人的預期,成就出一種了「詩質」的意外。

十五歲以後,牟氏離開家鄉到縣城求學,自言是「生命離其自己的發展」,從此,並不順著原有的音調背景、做個野人、農夫、開店者、或走江湖

的趕馬者浪蕩子,他經過了一「曲」,成就出後來龐大的學問體系。但通過本書自述,我們可不斷見到少年以前的角色,隨時隱現,尤其處身於文人雅士教授群中,一點野性與邊緣的選擇,對於未來「新儒家」的內涵,饒有意義。

　　書內第五章有引述契爾克伽德的話:「沒有一個世代的人能從前一代學知真正的人生,由這方面來看,每一世代都是原始的。」因契氏的話牟先生悟到,真正的人生都要從頭做起,「這從頭做起的過程就是精神表現發展的過程」。體悟而說明這發展的過程,亦即是每一個人都是原始的。」(《五十自述》,頁十四)

　　《五十自述》處處印證了一名新時代的儒者,是如何慢慢產生。儒者顯現的更重要不是他讀了多少本儒家的書,而是他行止進退,動心忍性之間,呈現了人類原始的良知。讀書人也有讀書人的成見,老師亦有老師行業裡的習氣。為了保持警覺,知識份子似應永遠在邊緣和野氣之中。五十歲之前的牟氏生命,恰好有這份在「野」的機會,不被注意,默默觀察整面時代的變動。讀者感受的,並不是作為「新儒家」的風光,而是各種局勢的困惑,哀感,一點點良知的引申是非常艱難的事。

3　生命體的把握與描述——直覺感悟＋辯解的層層推進

　　上文略選了所寫的幾個事件,都含有邊緣、野性的特色。他完全不是我們所想的路徑,然而並非為了古怪、也不是固意孤僻,只是「不合流」。但這不合流卻揭示出一股另類的龐大真切可感之領域。

　　如果將「詩的質地」理解為生命體的真實把握(必須透過藝術媒介),好的「抒情」,便能夠如清光一道道切進族群深埋的記憶裡。回到牟先生的文字,我們發現除了每次畫面令人驚跳振動,他的文字其實是包裹了兩層很厲害的能力,一是直覺切入的能力,另一是層層思辯推進的能力。

　　牟先生的辯解層次,尤其在種種哲學著作中,大家都沒意見。但將這思維狀況用於文學表達,再加上非常詩質傾向的直覺切入畫面,那效果就很驚人。關鍵是,這「直覺」如何出現?為何出現?前此有提到,牟先生說過存在的感覺牽連個人與民族兩領域,時刻的存在感——這生命流動的學問。文

章至此,我們又記起那個「抒情傳統」,論語說:「古之學者為己。」,「己」,應是不斷反思的生命存在之各面,不忌諱、無羞無懼地面對。全幅的疑惑之情,卻是需一輩子的學養、學問來理解。這就是我們的「道統」,時刻有感觸,時刻興發抒感的「情」。由於生命氣性上不斷有變化,時代個人的遭遇亦不斷有衝突與難題,在白話文中,主體「我」幾乎在每句的動念存在,因而,自省的意識在這類句法中特別容易顯現。牟先生文字的吸力,往往在剎那直覺感悟畫面中,加入他學思修為出現的感觸與見解,別人可能只有兩、三次自省反覆,但他卻有十幾次的起伏,因而變得個性鮮明。

我們且閱讀〈文殊問疾〉一章,這一節奇異的生命觀照的豐富層次:

> 到了晚間,一切沈靜下來,我也在床上安息了。但是睡著睡著,我常下意識地不自覺地似睡非睡似夢非夢地想到父親,想到了兄弟姊妹,覺得支解破裂,一無所有,全星散而撤離了,我猶如橫陳於無人煙的曠野,只是一具偶然飄萍的軀殼。如一快瓦石,如一莖枯草,寂寞荒涼而愴痛,覺著覺著,忽然驚醒,猶泪洗雙頰,哀感宛轉,不由地發出深深一嘆,這一嘆的悲哀苦痛是難以形容的,無法用言語說出的。(《五十自述》,頁一四七)
> 我總是喜歡獨自跑那荒村野店、茶肆酒肆、戲場鬧市、幽僻小巷。現在我的現實生命之陷於『沉淪之途』又恰是順著那原有的氣質而往這些地方落,以求物質的接引,得到那『平沉的呈現』。那裏是污濁,亦是神秘;是腥臭,亦是馨香;是疲癃殘疾,顛連而無告,亦是奇形怪狀,……(《五十自述》,頁一五一、一五二)
> 我觀照著我的一介一塵一毛一髮的要求舒展與呈現,我讓它全部得到滿足,無一讓它窒塞乾枯而歸槁亡。我觀照著我的沉淪交引,看至於何極。(《五十自述》,頁一五三)
> 那時,你的良知本體完全不能作主,不能盡其主觀之潤,你將澌滅於這沉淪中而悲劇以終,如一棵乾草,如一塊瓦石土塊,……《五十自述》,頁一五三

這種縝密的牽引，令讀者據其線索，同時靜靜回顧，有某個生命時刻我們或將如此。牟宗三先生發出的力度是無對象的，而他哲學式分辨的層面與各方角度，好像教我們也可以如此自我圓足地把握，那個無明變動的生命，來去無方，一旦捉不著，人就麻木而老了。我想，這是現代文字裡很好的「抒情傳統」之回復。

四　徐復觀先生用生命去「救活」那些曾光芒四射的生命

在詩學座標上，如何撥發一名詩人的「創新點」？慢慢明白，所謂「新」，必須有一條本來如是的「舊有」水平線，則我們對於白話文以前二千年的文言文詩學世界，將如何連接？

唐先生書內有關古典詩文的閱讀，雖然用的是白話文，但若想轉出現代詩的批評切入點，需要下很大工夫，去擴充那些「三言兩語」的點評內容。等於說，唐先生或標出一個中國自古以來的美學標的，但如何變作「現代詩學」的標的？需要匯通若干西方的詩學內涵，並善用另一位曾在新亞三年（1978-1981）的法國漢學家朱利安「間距」[20]語言觀，才可避免「張冠李戴」的錯誤。若要說得清楚及「科學性證明」，總覺得「我」自己需要著力的領域，遠遠大於唐先生原有的話語。

在這樣的背景下，另一名新儒家徐復觀先生的詩學，馬上跳入眼底。徐氏固然完全以古典詩作材料，但他的古典詩詮釋所用的白話文字，很有現代

---

[20] 朱利安（François Jullien, 1951-）是法國哲學、漢學的思想結合體。曾擔任法國漢學學會會長（1988-90）、巴黎第七大學東亞系主任（1990-2000）、法國巴黎國際哲學院院長（1995-1998）、巴黎第七大學教授兼當代思想研究所所長。現任職法國人文之家世界研究學院「他者性講座」教授。朱利安著述四十九部出版，二十四部中譯作品，並已有二十五種語言的譯本。二〇一〇年榮獲德國的漢娜・鄂蘭（Hannah Arendt）政治思想獎；二〇一一年法蘭西科學院因他全部作品而頒予他哲學大獎。他是當代思想家最多外文翻譯的作者之一。朱利安的漢學，稍離開西方人一般的漢學方法，二〇一一年出版《間距與之間》，他提出「間距」這觀念：「繞道遠方，才能重新認識熟悉的事物」。

訊息，而且有科學推理的邏輯。自然，若比較西方漢學家，如宇文所安、高友工、程抱一、朱利安等人，在現代性觀念上可能還稍遜。但徐復觀學術領域跨入思想史、政治與人性的洞測，這些背景，令他對詩人語言的深層靈性「追體驗」，遠非一般詩學論者能及。

　　徐先生在實際批評中，深度詮釋過李白、杜甫、李商隱等大詩人，令人想到，或可將他的詮釋方法與觀念用在現代詩上。他的另些詩學觀念，例如詩詞隔不隔的問題、《詩經》的「比」「興」、文學中「氣」的問題、詩人性情之真與性情之正、文學中個性與社會性的問題、詩的「溫柔敦厚」、文學中想像與真實等等，雖然對象是古典文學，但由於徐氏深度有力的文字，令我們可以引申想像，現代詩作品中，有沒有這樣的經典性元素呢？

　　我是在新亞研究所一九七五～一九七八年，連續上過徐老師的課。想起了老師寫黑板的情景，他的字很肥大，很用力，寫不了多少行，黑板就滿了，而他在縫隙裏繼續寫，有時忘了下面有字，他就在舊字上再塗劃上新的字，整個黑板像「花面貓」，而他是不自覺的，因為他太專注於講解，他太投入於他要說的課文內容了。常記得新亞研究所的星期四晚上，老師講「史記」，窗外一片漆黑，大家都屏息靜氣，他重重的湖北口音，吐著每一個字，由於每一個字所帶的感情太濃重，以致他用力的身子隨著每一句話而前傾，他得用身體、用手來表達他內心這樣深沉的激盪。因為，他所研讀的，是他真正喜歡的，而除卻喜歡外，又帶有一點心意，他要從故書堆的學問裏認識中國的根，他要向人說出我們原來的根，但這句話多麼難說！所以他必須用身體、用手來表達他內心這樣深沉的激盪。我以前在大學也上過《史記》的課，但司馬遷貫徹正義的氣魄，以及他文字裡鐵錚錚的硬朗，我是通過徐老師才曉得。中國的古老東西這樣多，多需要一個像老師這樣的人，用自己的生命來救活那些曾光芒四射的生命。

　　我又記得上《文心雕龍》的課，劉勰用華美艱深的駢體文，描述抽象的文學理論，任誰讀了都要掩卷睡覺的，但經老師一解，尤其是他一字一字寫在黑板上的那些段落大意，記得我在抄筆記時，是一字一字，抄得驚跳起來。老師筆下轉述的那些創作過程、審核文章的標準，以致修辭練句要注意

的事項，說得這樣透徹。有些我自以為秘密體會到的心得竟被他說出，有些自己一直朦朧的，卻被他清晰勾勒呈現。人說中國沒有文學理論，但在老師的詮釋下，劉勰這本書是如此豐富又實際，我們即時就可以借用，用來看現代的文學作品。

有一次夏天的下午，我往訪他請教李白詩，天氣很熱，他叫我進入裝了冷氣的小房間裏。他剛在工作，桌上還堆滿稿紙，師母則躺在床上，笑咪咪地穿著白睡衣，說：「很熱哪！來坐。」我於是坐到師母旁，聽老師仍用他那全副投入的聲調講解，那時，真有份幸福的感覺。因為平日老師請我們回學喝茶吃點心，大家都很開懷，我卻不敢言笑，不知為何我認為只有恭謹才足表達出我對他的敬重。然而那一次，我是可以坐在師母的床沿聽老師講解哩！

他是真正的老師，讀了那麼多書，他是唯一使我重視分數的老師，記得第一次測驗，第一篇報告，我將別人的東西拿來看完又看，研究為何自己達不到老師的標準，那份認真之情，朦朧地若回到小學那個階段。終於，我一步一步地，付出的努力，我得到了老師給的最高的分數，自覺這是求學期間，一段堪稱完美的回憶。

個人以為，我們應重新整理徐復觀先生的古典詩學，以現代詩的發展作為「提問視域」，與及朱利安「間距」、「去相合」、「從存有到生活」，與及「資源」等等觀念，活化徐復觀先生的詩學。初步構想如下：

一、徐先生對「比」、「興」的詮釋及其現代延伸之意義多年前，筆者撰文〈「興」之涵義在現代詩創作上的思考〉[21]，就曾引用徐氏非常精彩的，有關「從詩的本質來區別賦比興」一節：

> 人類的心靈，僅就情的這一面說，有如一個深密無限的磁場；『興』所敘述的事物，恰如由磁場所發生的磁性，直接吸住了它所能吸住的事物。因此，「興」的事物和詩的主題的關係，不是像「比」樣，係

---

[21] 一九九四年發表於臺北師大「第一屆經學會議詩經研討會」，後收入翁文嫻：《創作的契機》，頁71-99。

通過一條理路將兩者連結起來,而是由感情所直接搭掛上、沾染上,有如所謂「沾花惹草」一般⋯⋯

這種因為情的「不可探測」狀態,無因由地與物象沾搭的關係,我們可參考朱利安「從存有到生活」內連串有關東西方詩學的詞組內涵,重新解釋「比興」。筆者以前文章還並未涉及朱利安的學術,這時可以更進一步了解「比」、「興」,在世界修辭系譜中的角色。

二、徐氏對「溫柔敦厚」的詮釋,與朱利安「虛位以待」、「調節」等觀念並看。

三、徐復觀先生「文體論」、文學中「想像與真實的關係」之詮釋,與朱利安另一本書《本質或裸體》、《進入思想之門》內,有關西方人身體觀與他方世界對「本質」的想像議題並看。

徐先生對文學與美學的見解,近人研究不少,但都集中在中西美學的比較,或他對古典文學的貢獻上。個人卻是透過長期現代詩研究、法國當代詩學解讀,以法國漢學哲學家朱利安「間距」觀念處理現代詩學種種問題。

回顧當代幾位新儒家,牟宗三先生、徐復觀先生、唐君毅先生,他們的文學修養都很好,但他們的事業並不在文學。徐先生寫過許多文學的評論,但對象也全是古典文學。因此,我們或可以沿著他們的工作,嘗試找尋他們的文學「觀念」。未來二十年,現代文學如何與古典接軌,如何將古典的中國特性用世界的文藝觀念說明?可能是一條廣闊的大道,我們願在此位置上盡些綿力。[22]

---

[22] 參個人著作:《創作的契機》(1998年)、《變形詩學》(2013年)、《間距詩學:遙遠異質的經驗美感探索》(2020年)。個人也在成功大學中文所開設「《詩經》的現代轉化」、「《詩經》的現代轉化——比興研究」。另外,個人詩學理論,亦可參蔡林縉:〈「去相合」的詩意實踐:翁文嫻詩學論述探研〉,《東華漢學》第37期(2023年6月),頁157-208。

五　結語：三位老師傳承下的「詩學」輪廓

　　上文簡略回顧了個人在三位老師門下的吸收：唐君毅先生的各種具體詩學意見；牟宗三先生的「存在」感如何開拓了情感真相；徐復觀先生在古今轉換間的全幅生命力度。最後出現朱利安這名新亞學生，筆者認為，經典（詩學）的現代轉化，非得需經過朱利安「間距」觀念的洗禮。

　　筆者曾撰文〈《現在詩》與「去相合」〉[23]，疏理「間距」的上游觀念「去相合」。朱利安在「去相合」中認為：一、當下時刻在流動中是不停地流逝；二、我們需不斷細察，將體會到，那令生活變得可能的能力，甚至是來自相反的拆解原有的生活模式。此外，朱利安《從存有到生活》[24]，二〇一八年中譯出版，這本書有二十組東西方對壘的詞，例如「虛位以待」（自由）、「調節」（啟示），有全面地刻劃東西方的思維狀態、審美觀念。特別對於詩學修辭問題，有好幾章涉及，如「暗示」（寓意）、「曖昧」（多義性）、「之間」（之外）、「興發」（平板）……，以這些觀念，重讀唐君毅或徐復觀先生的文藝理論，對於中國美學與詩話的切面，或將有更清晰的理解。

　　經歷這番具體的東西思想之「間距」，朱利安在二〇一六年提出一個更方便的詞彙：「資源」。他認為各國文化是沒有明白說出的「同一性」，「我的文化」是不斷成長建造中的事件，是靠每一位個體去「活化、捍衛」這些資源。[25]「資源」不是隨處可得，特別是相沿已久被名資源的事物（例如一直以為是經典的傳統文獻），在某一時代，某一種空氣裡可能是「垃圾」。如何將一切曾發光的事物，或還未有機會出現發光的事物，將它變成資源，是一項非常值得研究的學問。

23　收入張君懿等編：《大臺北當代藝術雙年展.第一屆：去相合——藝術與暢活從何而來？》（新北市：臺灣藝術大學，2016年）第2版，頁133-142。

24　〔法〕朱利安（François Jullien）著，卓立譯：《從存有到生活：歐洲思想與中國思想的間距》（上海市：東方圖書出版公司，2018年）。

25　參朱利安二〇一六年十一月九日成功大學中文系演講。〔法〕朱利安著，卓立譯，翁文嫻整理：〈讓我們捍衛文化資源〉，《成大校刊》260期（2018年9月），頁78-87。

圖一
徐復觀（1904-1982）

圖二
唐君毅（1909-1978）

圖三
牟宗三（1909-1995）

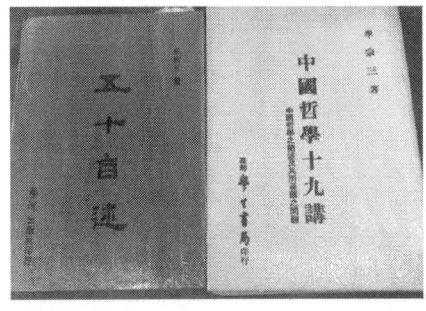

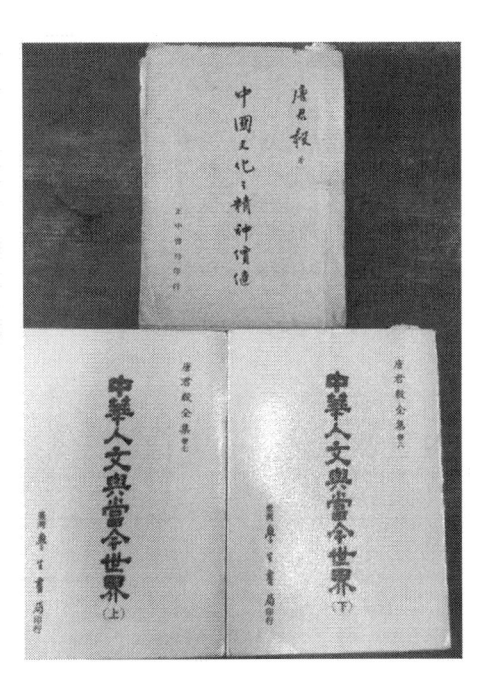

圖四
三位老師的著作書影

圖五
第十一屆當代新儒學國際學術會議
——紀念牟宗三先生逝世二十年

圖六
牟老師雅興

牟老師每天下午散步到新亞研究所，找學生下圍棋。

圖七
牟老師喜好

牟老師最喜歡在新亞的圓亭上面坐。

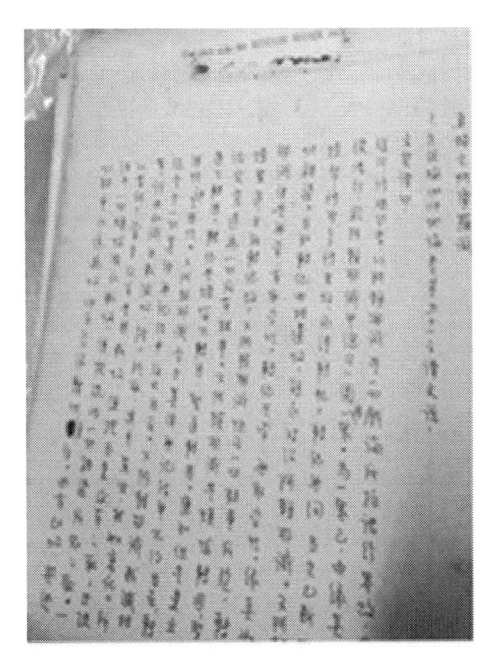

圖八
牟老師手稿

圖九
牟老師故居

過前面一條馬路就是新亞研究所。

圖十

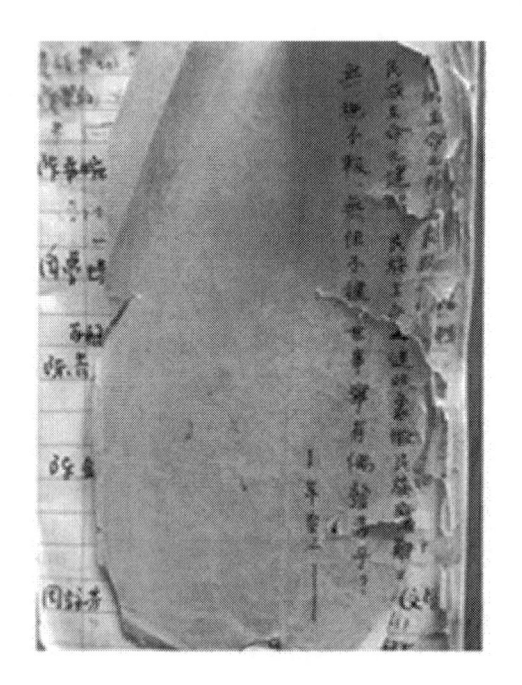

牟宗三《五十自述》(1988)

「學術之暢通象徵文化生命之順適,文化生命之順適象徵民族生命之健旺,民族生命之健旺象徵民族魔難之化解。無施不報,無往不復,世事寧有偶發者乎?」

儒家哲學與康德哲學的人文關懷之共通性

盧雪崑[*]

摘要

　　本文提出：儒家哲學與康德哲學的人文關懷之共通性。旨在論明一個「超越的心學」，作為人類的人文創造活動的根基。以見儒家哲學與康德哲學之可會通，及其在當今世界之現實意義。

關鍵詞：儒家哲學、康德哲學、終極目的、圓善、道德化、大憲章

---

[*] 新亞研究所專任教授。

儒家哲學與康德哲學的人文關懷之共通性。要點有三：一、人的存在之分定；二、人的，同時是宇宙的創造的終極目的——圓善；三、前兩個問題包含一個超越的心學。這個超越的心學為人類的人文創造活動奠基，並為人類的真正的持久幸福及世界永久和平提供根本原則及方向。由之，我們可見儒家哲學與康德哲學及二者之會通在當今世界之現實意義。

一　人的存在的分定

「Natur」一詞通常意謂現實的感觸之自然、本性之義，而與「自由」相對立。但康德改變這種慣常用法，他將自由義、超感觸義引入了「Natur」，區分開依照感性的（物理的）法則的自然與依照純粹實踐法則的意志而可能的自然（KprV 5:44）。並作出有理性者之感性的本性與其超感觸的本性之區別，以及意志服從自然法則與服從意志的自然法則之區別（KprV 5:44）。

康德在人的感性之本性（sinnliche Natur）之外，彰顯人的超感觸之本性（übersinnliche Natur）（KprV 5:43）。這超感觸之本性又名曰「人的智思的本性」（intelligibelen Natur）（KprV 5:153）。康德指出：這超感觸之本性是我們的本性的道德的稟賦（moralischen Anlagen unserer Natur）（KpV 5:163），是我們的本性的道德分定（moralischen Bestimmung unserer Natur）（KprV 5:122）。這超感觸的本性是我們的意志自由自律和不依於整個自然的機械性之獨立性及心靈偉大（KpV 5:153）。康德說：

> 屬於感觸界的個人在同時屬於智思界時，他隸屬於他自己的人格性。這樣，人，由於屬於兩界，在與他自己的第二和最高的分定相關聯時，必定只以崇敬來察看他自己的最高的分定，以及以最高的尊敬來察看這分定的法則。……因著其自由的自律，他是神聖的道德法則之主體。……喚醒尊敬的人格性理念（Idee der Persönlichkeit），將我們的本性之崇高性（依照其分定）陳於我們眼前。（KpV 5:87）

康德提出，人的智思的本性是一個人（那怕是最無教養與低劣的人）都能經由自我省察而證明：心靈的獨立性與心靈偉大，它是我們心的特質，是心靈對道德興趣的接受性，同時是德行的動力（KprV 5:153）。只有在智思界中，人作為一睿智者（Intelligenz），他才是他的真正的自我，依此，道德法則直接地定然地應用在他身上，感取界的全部本性（性好與嗜欲）便不能損害他作為一睿智者的意願（Wollens）之法則，他亦不認那些性好與嗜欲可歸於他的真正的自我（Gr 4:457-458）。

康德所論人的本性的道德分定就是人的存在之分定，在這裡，道德的應當就是存在的應當。孟子曰：「君子所性，雖大行不加焉，雖窮居不損焉。分定故也。君子所性，仁義禮智根於心。」（《孟子‧盡心章句下》）孟子此言「分定」正是康德所論「我們的本性的道德分定」，由此言「性善」，「性」從「大體」言，而非從「小體」言。「耳目之官不思而蔽於物，物交物則引之而已矣。」（《孟子‧告子章句上》）此乃「小體」。「心之官則思」（《孟子‧告子章句上》）「仁義禮智，非外鑠我也，我固有之也，弗思耳矣。」（《孟子‧告子章句上》）「思」乃思仁義禮智之天理也。此乃「大體」。用康德的話說，「小體」就人的感性本性而論。從小體觀，無以言道德，亦無善或惡可論。此所以孟子反對告子據「生之謂性」，「食色性也」為論性之原則。善惡問題是道德的論題，必須首先確立道德主體（即孟子言「大體」、「本心」，康德言「純粹實踐理性」、「自由意志」、「超感觸的真我」），依道德主體而論「性善」，是無條件的絕對的善。「大體」立，「小體」（感性本性）之或善或惡不能損害它，人也不不承認這感性本性為真我之本性。故孟子曰：「先立其大者，則其小者不能奪也，此為大人而已矣。」（《孟子‧告子章句上》）「乃若其情則可以為善矣，乃所謂善也，若夫為不善，非才之罪也。」（《孟子‧告子章句上》）「乃若其情則可以為善」，用康德的話說，就是依有為善能力之道德主體的實情而論，就以此能力為人的真我之本性，故言性善。人若有不善，不能歸咎於人的道德本性。

孟子曰：「口之於味也，目之於色也，耳之於聲也，鼻之於臭也，四肢於安佚也。性也，有命焉。君子不謂性也。」（《孟子‧盡心章句下》）用康

德的話說，人的性好、嗜欲是感性本性，人作為道德主體並不以此為自己的真我之本性。「仁之於父子也，義之於君臣也，禮之於賓主也，智之於賢者也，聖之於天道也，命也，有性焉。君子不謂命也。」用康德的話說，人的真我之本性在經驗中表現必有限制（即「有命焉」），但人不以感性本性之限制為藉詞而否認自己的道德主體之真性。康德說：我們早已承認一棵根源上（就其稟賦而言）是好的樹會結出壞的果子，而一棵壞的樹則無可能結出好果實（Gel 6:45）。「善種子的純粹性不能敗壞」（Gel 6:45）。人（即使是最邪惡的人）都不會以叛逆的方式廢棄道德法則，道德法則是出於人的道德稟賦的（Gel 6:36）。人（即使是最好的人）其為惡，是由於他把各種格準採納入自己的準則時顛倒了道德的次序（Rel 6:36）。

　　早在《美與崇高的情感之觀察〉註記》中，康德就提出：「人的最重大的事就是知道如何實現在造化中屬於他的位置，以及正確理解做為一個人他必須是什麼」（KGS 20:41）；「如果有人所需要的科學，那就是教導人恰當地實現他在造化中的地位，以及由此學習做為一個人他所必須是者」（KGS 20:45）。康德的重大貢獻在指出：倫理學不能單純處理人的行為之善惡問題，而是首先要揭示人在造化中的位置，從而瞭解人站立在天地之間有能力並必須使自己成為什麼。也就是說，在倫理學之先，需要探明人的道德主體之本性是什麼。儒家道德哲學之真旨亦在此。此所以《中庸》言「參天地，贊化育」。陸象山云：「人生天地間，為人自當盡人道。……上是天，下是地，人居其間，須是做得人方不枉。」（《宋元學案·象山學案》）

二　人的，同時是宇宙的創造的終極目的——圓善

　　進至《判斷力批判》，康德論及自由必然要產生影響於自然，其作用實現於自然界而創造出第二自然；由之康德說「道德是第二自然」（KU 5:275）。並且，在自由中的人，亦即作為有理性的道德者，才有絕對的價值，因而只有作為道德者的人是造化的終極目的，也只有這樣，我們才有根據把世界中的萬事萬物看作是在一個道德目的因的系統中。康德提出，只有

在作為道德主體的人中,我們才能在關涉目的中找到無條件的立法。也僅僅是這立法作用能使人有資格成為一終極目的,而全部自然都要目的論地隸屬於這個終極目的(KU 5:435-436)。在道德目的論下,一切人及物其自身即是目的。具有自由意志的人是宇宙創化的終極的,而通過意志自由必然產生一終極目的——圓善。

康德在《實踐的理性批判》之「辯證論」第一章「純粹的實踐的理性辯證概論」中提出:「作為純粹的實踐理性,它同樣為實踐上有條件者(那些依賴性好及自然需要的東西)尋求無條件者,雖然不是要以這無條件者作為意志的決定根據,而是在它已經在道德法則中被給予之後,以它作為純粹實踐理性客體的無條件的綜體,此名之為圓善」(KpV 5:108)。

就道德而論,為了正當的行為並不需要一個目的,僅僅一條包含著自由運用之形式條件的法則就足夠了(Rel 6:3)。康德在《單純理性界限內的宗教》(以下行文簡稱《宗教》)第一版「序言」中說:「道德為其自身(無論是客觀地就作意而言,還是從主觀上就能夠而言),絕對不需要宗教。相反,純粹實踐理性的機能本身是自足的」(Rel 6:3)。「道德法則無論其結果如何,只要問題在於一個特殊的行動,都絕對要求甚至強迫我們完全不顧結果,並且由此使義務成為極大的尊敬的對象,而不會給我們提出和交付一個為對於世事所造成的結局,他們需要知道甚麼呢?對於他們而言,履行自己的任務就夠了;即使一切都在塵世中結束,甚至一生中從未遇到與德行相配稱的幸福」(Rel 6:7)。道德的純粹性、嚴整性,這是康德道德哲學之命脈,舍此,則無絕對必然的道德法則可言,亦無絕對的自由可言。

但是,當我們論及人的圓滿性(Vollkommenheit des Menschen),這就不僅關涉道德性。人之圓滿性並不等同道德的善,它還關涉到人實施其一切目的的力量與技能之完整性(Vollständigkeit)[1]。從這圓滿性論純粹實踐理性(自由意志)產生圓善作為其客體,就不僅包含德性,還包括幸福。德行是「求之在我,求則得之」;而幸福,尤其是幸福與德行之相配稱則不在人自身

---

1 Kant, "*Eine Vorlesung über Ethik*," Fischer Taschenbuch Verlag, 1990. s.37.

的能力之內,在這方面假定一個全能的道德者(如上帝)保障圓善實現,這種假定是就人對於幸福的希望而言。康德在《實踐的理性批判》中說:「幸福的希望只是首先開始於宗教」(KpV 5:130)。人因為期望幸福而需要上帝。

康德一再提醒我們:理性要求一個宗教,並不表示純粹的實踐的理性(自由意志)本身不能自足而需要以宗教為條件。《宗教》第一版「序言」一開首就指出:「既然道德建基於作為自由而又經由自己的理性束縛在無條件的法則上的人之概念上;那麼,道德也就既不為了認識人的義務而需要另一種在人之上的東西(Wesen)之理念,也不為了遵從人的義務而需要另一種與法則本身不同的動力」(Rel 6:3)。早在《實踐的理性批判》就說:「雖然圓善始終可以是純粹的實踐的理性的整個對象,亦即純粹意志的整個對象,它卻仍然不能因此被當作純粹意志決定的根據;惟有道德法則必須被看作是使圓善成為其客體並實現或促進之的根據」(KpV 5:109)。這種提醒是十分重要的。一些康德專家忽視了宗教對於道德之隸屬關係,因而以為康德的宗教學說推翻了他在第一批判所取得的批判哲學之豐碩成果。

康德作出「作為經驗對象的人之自然屬性」與「作為物自身的人之睿智性格」之超越區分,後者是前者的根據。正是這種根源的慧識,使康德洞見到理性的宗教必須建基於道德,即必須以人的意志自由為根據。

康德明確指出:一切通過傳統習俗,只遵循外在規章性法則的信仰只是歷史性的信仰。按照純粹理性的信仰,所謂「上帝的意志」僅僅按照純粹道德法則來規定,而並非什麼外在客體的意志。如果超出了上帝的理念與我們在道德上的關係去追求關於上帝的本性之概念,那就總是要陷入神人同形同性論(anthropomorphistisch),從而直接危害我們的德性原理(Rel 6:183)。

康德基於其「超越的自由」之慧識提出純粹的道德宗教說,堪稱偉大的宗教啟蒙。他說:「真正的啟蒙是要將對上帝物神化的偽事奉轉變成一種自由的,從而也是道德的事奉。如果我們背離了這一點,那麼,加之於人的就不是上帝的兒女的自由,而是一種法則(規章性法則)的枷鎖。這種法則由於無條件地迫使人們信仰某種只能歷史地認識,從而並非對每一個人來說都是有說服力的東西」(Rel 6:178-179)。「接受宗教並不是為了取代,而是為了

促進那積極地顯現在一種善的方式中的德行的存心」（Rel 6:201）。「接受一種道德的宗教，絕對要求人的自由」（Rel 6:190）。

康德指出：對於人類期望實現一個遵循德行法則的共同體（這共同體保證一種永恆的和平）來說，歷史性的宗教之間的不同與紛爭是一個強大的阻礙。然而要達致純粹道德宗教下之統一是不能靠任何強力手段，而僅僅在人們從道德上變得更好之後才能做到（Rel 6:123）。康德的宗教學說毋寧說是奠基於自由學說的道德哲學的一種延伸。而因著這一宗教學上的根本扭轉，我們見到康德自由學說的一個最後目標，那就是「把人類作為一個遵循德性法則的共同體，在它裏面建立一種力量和一個國度，它將宣佈對惡的原則的勝利，並且在它的統治下保證一種永恆的和平」（Rel 6:123）。

康德圓善說及由之引生的道德的宗教可以說是一個無神的人文教，此正與儒家「敬天」之人文教同。孔子言踐仁知天，言「人能宏道，非道宏人也。」孟子言盡心知性知天，言「萬物皆備於我，反身而誠，樂莫大焉。」以及「天爵人爵」、「魚與熊掌」之論。又，《易傳》言「先天而天弗違，後天而奉天時。」「範圍天地之化而不過。」《中庸》言「參天地，贊化育。」橫渠言「為天地立心」、「為萬世開太平。」同樣顯示一種終極之人文關懷。

三　超越的心學為人文創造活動奠基

康德經由其批判哲學對人類心靈之先驗能力作出系統的考察，而以心靈之意欲機能（意志）之自由自律為全體系之拱心石。可說是一種超越的心學，此正同於儒家由「本心」、「仁心」為創化之動源而開出人文化成的世界。

西方哲學的主流向來有意無意地強調西方哲學與非西方哲學的區別，而對中國哲學採取輕忽的態度。不過，我們見到，西方哲學正經歷激烈的震盪，哲學家們似乎不再信任實證主義及科學主義之威權，對理論和方法客觀性的觀點之獨斷開始質疑。其實，康德早就挑戰舊哲學的所謂「客觀性」──一種離開人的主體機能而論的客觀性，而提出客觀性必須與人的心靈機能的立法性相關聯。康德提出：「哲學是關於人類理性的終極目的的一

切認識和理性使用的科學,對於作為至上的終極目的來說,一切其他目的都是從屬的,並且必須在它之中統一起來。」(《邏輯》,KGS 9:25)

由康德對西方傳統哲學之徹底扭轉,我們可論一種「超越的心學」。這個超越的心學與儒家哲學相通,它為人類的人文創造活動奠基,並為人類的真正的持久幸福及世界永久和平提供根本原則及方向。由之,我們可見,歷史的運會已向我們顯示儒家哲學與康德哲學及二者之會通在當今世界之現實意義。

四 結束語

康德依據理性本性和人的真實性對人類心靈機能作出通貫整全的解剖,並據之如理如實地回答了「人是什麼」。康德於《純粹的理性批判》第二版,摘引了培根的《偉大的復興》之〈序言〉中一段話作為題詞。其中表明其工作是:「要奠定人類的利益及其力量的基礎。……。再次,要有希望,不要想像到我的這一復興是無限超過人的力量的事情,其實它是無窮錯誤的真正結束與終止。」(Bii)

今天,我們呼籲:這個世代需要現代文明的再啟蒙!也就是要有繼那場歐洲啟蒙運動之後,接續人的自然權利之覺醒,發起一場深入每一個人心靈的理性啟蒙,啟發每一個人自覺自身作為道德的存在。依此,吾人亦可說,這場現代文明的再啟蒙必須是一場「道德教育」運動,就像人類曾經發起現代文明的初次啟蒙,逐步地深入人類社會每一角落,教育每一個人懂得「1+1=2」,懂得讀書寫字那樣,啟發每一個人自覺自身的理性。通過現代文明的再啟蒙,結束那種只認人的知性(理智計量之能)而忽略人的理性(人自身稟具的作為道德實存之能)的錯誤,以終止由之而來的現代文明之失序與危機。

何謂「道德」?[2] 本書相關篇幅已論明,道德根源的超越說明同時也就

---

[2] 康德在《德性形而上學》中說:「Sitten與拉丁語中Mores的意思是一樣的,僅指規矩習慣(Manieren)和禮儀教養(Lebensart)。」(MS 6:216)並告誡人們切勿混淆了道德

是「人是什麼」，亦即人的分定的說明。依孔子哲學傳統來理解，道德建立在「仁者人也」的根據上，就是人以「仁者人也」視其自身之實存（理性的真正的分定）。用耶穌的宣教，就是以「上帝的兒女」（上帝所喜悅的人）表示「新生」的人。而依康德所論，就是人作為「意志自由」之實存。一個人作為道德實存，即自覺到應當並有能力致力於在世界上實現公義的永久和平的社會。用康德的話說：「道德就是行為之關聯於意志之自律，即是說，關聯於藉意志之格準而來的可能的普遍立法。」（Gr 4:439）；「道德就是那單在其下一有理性者始能其自身即是一目的的條件。」（Gr 4:434）一個人作為道德者就不僅關心他自己個人的行為如何能成為德性的，也就是說不僅關心他自己個人的德行，還要關注他會在實踐理性的指導下為自己創造一個怎麼樣的世界，而他自己作為一個成員置於這一世界中。（Rel 6:5）

明乎此，即可知，何以說要走出現代文明面臨的危機，需要一場理性啟蒙，也就是一場深入每一個人心靈的道德教育。惟獨每一個人自覺其自身即是一目的，任何人、甚至上帝也不能視其為工具；此即每一個人自覺其「尊嚴」（孟子曰「良貴」）。每一個人守護自身的尊嚴如同守護自己的生命，每一個人愛護他人的尊嚴如同愛護自己的尊嚴。每一個人為人權被侵犯感到恥辱，為侵犯他人人權感到可恥。就像人類社會曾為奴隸制辯護，就連著名的哲學家都撰文論說奴隸制的合理性，而通過自然權利之啟蒙運動，連奴隸主都自願放棄擁有奴隸（如著名的文學家托爾斯泰）那樣。

無人能預期現代文明之前路如何。但一切有識之士理應回到孔子哲學傳統，或者同樣地，回到經康德所批判地展示的圓善學說大系統，標舉全人類的大憲章，以開啟人類從文明化進至道德化的方向。儘管無人能估計，這條道路將如何漫長。

（Moralität）與習俗德性（Sittlichkeit）。在《倫理學演講錄》中指出：「»Sitten«是理解為禮節，德性是意涵社會的善。如法國這樣的國家可以有»Sitten«，一個禮儀的法典，而不關聯到德性。」（Ethik:85）

康德著作引文來源及縮略語說明：

KGS: *Kant's gesammelte Schriften* (Königlich Preussischen Akadämie der Wissenschaften, 1922). 隨後之阿拉伯數字分別為卷數及頁數。例：Gr 4:387。

A/B: *Kritik der reinen Vernunft* (KGS 3, 4). （A 即第一版, B 即第二版。不標卷數。）

Gr: *Grundlegung zur Metaphysik der Sitten* (KGS 4).

KpV: *Kritik der praktischen Vernunft* (KGS 5).

KU: *Kritik der Urteilskraft* (KGS 5).

MS: *Die Metaphysik der Sitten* (KGS 6).

Rel: *Die Religion innerhalb der Grenzen der bloßen Vernunft* (KGS 6).

Logik: *Logik. Ein Handbuch zu Vorlesung* (KGS 8).

Ethik: *Eine Vorlesung über Ethik*, Fischer Taschenbuch Verlag, 1990.

黃景仁與邵晉涵
——當狂生遇上學者

程光敏[*]

摘要

　　黃景仁是乾隆年間享譽極隆之詩人,自名流士大夫以至一般士子,慕其名而爭相結交的,多不勝數。袁枚、翁方綱、孫星衍等名士皆為其友。可是,乾隆期間邵黃景仁遇上邵晉涵,發生了一段交友因緣。本文就此探討兩人的結交的感情變化。

關鍵詞:黃景仁、邵晉涵、兩當軒集、年譜

---

[*] 新亞文商書院院長。

黃景仁是乾隆年間享譽極隆之詩人，自名流士大夫以至一般士子，慕其名而爭相結交的，多不勝數，頗有「沒有我結交不了的，只有我不願結交的」之氣慨。可是在他一生中，就偏有一個人，黃景仁殷切求友，對方卻像不屑一顧的，那就是邵晉涵了。

一　交遊滿天下的黃景仁

（一）同儕仰慕、狂士輸誠

　　說黃景仁是時人慕名結交的對象，並非溢美之詞，他在少年時候，已是同輩的「偶像」，左輔就是很好的例子。[1]左輔跟黃景仁同是常州人，在左輔的年譜中，說在左輔十五歲的一年，十七歲的黃景仁以縣試第一補博士弟子員，左輔每遇景仁，都自愧不如，遠遠走避；直至五年之後，黃景仁透過洪亮吉讀到左輔詩，十分欣賞，在洪的穿針引線下，黃、左二人成為好友。

　　另一例子，是「性情兀傲，凌轢時人」的汪中。在時人眼中，汪中就是個徹頭徹尾的狂生，他目中無人，對師長以至深負時名的學者，也待之以一副嬉笑怒罵的態度，袁枚、蔣士銓等，他都不放在眼內[2]。不過他跟黃景仁訂交後，旋即成為好友。黃景仁在《金陵待稚存不至適容甫招飲》中，說「偶然持論有齟齬，事後回首皆相思」[3]，兩人偶有爭拗，但沒有影響友情。及後汪中歸里，黃景仁以佩劍相贈，並稱「知君憐我重肝膽，贈此一片荊軻心」[4]，可見這兩位狂生是肝膽相照的。

1　左輔：《杏莊府君自敘年譜》，《北京圖書館藏珍本年譜叢刊》，第118冊，頁381。
2　易宗夔：《新世說》（上海市：上海古籍書店，1982年），頁35。
3　黃景仁：《兩當軒集》（上海市：上海古籍出版社，1983年），頁92。
4　黃景仁：《兩當軒集》，頁92，《以所攜劍贈容甫》。

（二）名人招攬、巨擘垂青

在黃景仁的交游圈中，最具分量的當數翁方綱與袁枚了！

按《清史稿文苑傳》[5]載，翁方綱二十歲登進士第，二十七歲開始，已典試江西。總結他的一生，三任典試，五任視學，一任副考官，三度扈蹕，一度扈從，一度隨駕，更預千叟宴、恩榮宴，重預鹿鳴宴，在當代漢人而言，說到受清廷重視的程度，是無出其右的。此外，他在經學以至金石考據方面有斐然成就；在詩歌方面，他的「肌理說」主張以學問為詩，多次出任考官，也收獲了不少門生；所以，把這位兼政要、學者、詩人於一身的他稱為「文壇領袖」，並不為過。

袁枚在官場上的成就，是沒資格跟翁方綱相比的。他一生只做過地方官，而且三十三歲便告別官場，買下隨園，過著半隱居的的生活。但若不談政治影響，只論文學成就，袁枚可是乾嘉時期的一顆明星！在詩歌方面，袁枚跟蔣士銓、趙翼合稱「乾隆三大家」；在駢文方面，他跟邵齊燾、吳錫麟、洪亮吉、劉星煒、曾燠、孫星衍、孔廣森合稱「駢文八大家」；他提倡的「性靈詩」，主張「提筆先須問性情，風裁休劃宋元明」[6]，風靡一時，他廣收弟子，刊行詩集，儼然「詩壇盟主」。

翁方綱提倡的「肌理詩」跟袁枚的「性靈詩」，主張上可謂南轅北轍：一個要求作者「博學通經」，把詩人學者化；一個要求作者「直抒真情」，甚至說「偽名儒不如真名妓」！袁枚對當代文人的批評是毫不含糊的，他在《傲元遺山論詩》中[7]，對當代赫赫有名的王士禎和方苞，評價是「一代正宗才力薄，望溪文集阮亭詩」；至於翁方綱，就說「天涯有客太岭癡，誤把抄書當作詩。抄到鍾嶸詩品日，該他知道性靈時」，諷刺他的以學問為詩，其實是不懂詩，可見翁、袁兩人在當時就是兩大門戶，各不相容的。

5　趙爾巽：《清史稿》（臺北市：洪氏出版社，1981年），頁13394。
6　袁枚：《小倉山房詩文集》（上海市：上海古籍出版社，1988年），頁73。
7　袁枚：《小倉山房詩文集》，頁691。

當時的黃景仁，寫的就是「性靈詩」，所以他尊重袁枚，而袁枚也十分賞識黃景仁。袁枚在《傚元遺山論詩》中，說「常州星象聚文昌，洪顧孫楊各擅場。中有黃滔今李白，觀潮七古冠錢塘」[8]，讚黃景仁堪與李白相比。黃景仁則恭維他「文章草草皆千古，仕宦忽忽只十年」[9]，也羨慕他有「建業臨安通一水，年年來往為梅花」[10]的安閒。在黃景仁眼中，袁枚就是個「興來詞賦諧兼則」[11]的豁達前輩，黃景仁偶爾也會到隨園作客，可見他們交情非淺。

按常理說，翁方綱跟黃景仁應該是扯不上關係的啊！可是基於一個原因，使翁想盡辦法，都要把黃收納門下。

翁方綱提倡的「肌理詩」，宗法杜、韓、蘇、黃，家中也掛上黃庭堅遺像；黃景仁是黃庭堅後人，眼見黃景仁跟袁枚關係密切，翁方綱便想拉攏他，讓他認識多一些「京中名流」，跟自己走得更近！黃景仁在北京的日子，翁方綱每有詩酒之會，都邀請他參加；不過黃景仁深知在這些名流眼中，自己根本得不到尊重，所以在三十二歲時，寫了一篇《圈虎行》[12]，說「何物市上游手兒，役使山君作兒戲」、「依人虎任人頤使，伴虎人皆虎唾餘」、「汝得殘餐究奚補，倀鬼羞顏亦更主。舊山同伴倘相逢，笑爾行藏不如鼠」，感慨自己就像隻得依靠賣藝者求存、被戲弄得失去尊嚴的病虎，從此便絕跡這類社交場合了。

在那個時候，能同時得到翁、袁兩位文化名人賞識、招攬的，就只有黃景仁了！

黃景仁結交的，大都是跟他性情相近、志同道合、同病相憐的「文化界」，而不少當代文化名人，如朱筠、王昶、翁方綱、袁枚等，都因愛其才而想伸以援手，不過黃景仁傲骨嶙峋，非到不得已時，不肯接受，所以他的摯

8　袁枚：《小倉山房詩文集》，頁690。
9　黃景仁：《兩當軒集》，頁247。《呈袁簡齋太史》
10　黃景仁：《兩當軒集》，頁348。《歲暮懷人》
11　黃景仁：《兩當軒集》，頁348。
12　黃景仁：《兩當軒集》，頁354。

友洪亮吉在《過臨淮關憶亡友黃二景仁》[13]詩中，就說他「貧仍不受憐」呢！

　　黃景仁自從二十四歲在太白樓賦詩，名滿天下，便贏得不少人的青睞，爭相結交；可是他對看不上眼的人不屑一顧，就算是相識於微時的，一旦對方仕途暢順，他也會逐漸疏遠；如果黃景仁願意的話，他在當時的交遊圈子可以是更廣闊的！

二　拒人千里外的黃景仁

（一）性格之形成

　　黃景仁的性格孤傲，應是他的本性加上早年遭遇交織而成的結果。

　　《雜詠》二十首[14]，錄於卷一，是他十五至二十一歲的作品，既排在編年詩中的第十首（組），所以很可能就是十七、八歲時寫的；這組詩歌，深深顯出作者心態上的悲觀，以下舉幾篇為例：

其一：

東方月出皎，照見傾城姿。君寵正專房，不信能棄夷。
梁塵飛更寂，瑤枝冷欲披。一朝繁華露，化為千淚絲。
終知恩決絕，未免心然疑。詰旦理清鏡，方知玉貌移。
天長滄海闊，何以度蕭時！

這首寫一位美人，風華正茂時不會想到有失寵的一天，但現實是殘酷的，一旦年老色衰，便被棄如敝屣，在往後漫長的日子，如何排遣？

其四：

層雲結廣廈，海燕東南飛。年年巢君屋，主人心不疑。

13　洪亮吉：《洪亮吉集》（北京市：中華書局，2001年），頁1246。
14　黃景仁：《兩當軒集》，頁4。

> 穿樹樹枝密，入花花影稀。即此全盛日，願能常見之。
> 胡為閱時歲，忽忽恩變移。舊巢既已毀，梁在無留泥。
> 豈不懷新居，但感舊所知。徘徊日云暮，燕燕空爾為。

這首寫深念舊情的海燕，自以為已跟主人結下深厚情誼，從不考慮尋找新居，直到一天回舊巢，發現舊巢已被毀掉，就是徘徊不去，又有何用呢？

其五：

> 朝行燕市中，夕宿夷門道。酒徒既寂寥，信陵亦荒草。
> 壯士重一言，千金失其寶。萬里擁頭顱，朝在暮不保。
> 當其悲來時，天地亦為老。感此抱區區，雙鬢如蓬葆。
> 勝言懷古人，憂心惄如擣。

這首先讚頌輕財重諾的酒徒，最後說「勝言懷古人，憂心惄如擣」，就表示這類人在現今世界已再難找到了。

其十：

> 行行向京洛，冠蓋織古今。疲極或慨息，偶云慕泉林。
> 長揖挽之去，至竟非其心。朝來出門望，車跡恐不深。
> 驚流少潛魚，疾飆無安禽。亮矣子陵釣，愍哉嵇生琴。

這首感慨世間充斥著沽名釣譽的假隱士、假名士。

其十二：

> 中庭有勁草，烈烈凌寒霜。及至眾芳發，努力媚春陽。
> 奇質無可見，一心與物忘。嗟彼磽磽者，先時自摧傷。

這首說一些原是堅毅、清高的人物，一旦混跡名利場，便改變了模樣，令人惋息。

《雜詠》二十首，顯得作者是個多愁善感、不滿現實的人，所以一旦遭遇因自身地位低微而導致的「情傷」，對他的打擊就會異常的大了。

　　黃景仁刻骨銘心的一段情，就是十七歲時戀上姑母的婢女，在那段日子裏，兩人愛得頗深，但結果是富人把她買作侍妾，她欣然接受！[15]這段戀情，為他帶來無可彌補的遺憾，可是也為我們帶來一些不朽的名句：「記得酒闌人散後，共搴珠箔數春星」、「沈郎莫歎腰圍減，忍見青娥絕塞行」、「文園渴甚兼貧甚，只典征裘不典琴」、「似此星辰非昨夜，為誰風露立中宵」、「茫茫來日愁如海，寄語羲和快著鞭」，都出自他追憶這段情的《綺懷》[16]詩，十年前的情事還是縈繞心中，他內心的痛苦也可想而知啊！

　　黃景仁雖是名滿天下的詩人，但他自小的志向，卻是個馳騁沙場的武將！《少年行》[17]是他十七、八歲時的作品，「男兒作健向沙場，自愛登臺不望鄉。太白高高天尺五，寶刀明月共輝光」，可見他對建功疆場的嚮往。可惜他體羸多病，壯志難籌，自此便有點放浪形骸的傾向了。[18]

　　綜合以上各點，多愁善感、早歲情傷、壯志難籌，便造就了黃景仁在高傲中帶點自卑的性格，在行為上的表現，就是把看不上眼者拒於千里之外！

（二）行為之表現

　　黃景仁的不羈性格，頗類古代遊俠。他說自己「結客幽燕，各有悲歌之伴」[19]，又自稱「讀書擊劍好身手，野性束縛難為堪」[20]，試問一個野性難馴的年青人，又怎會被世俗的繁文縟節束縛？他仰慕遊俠，放浪形骸，根不

15　程光敏：《綺懷與感舊，情路嘆崎嶇──黃景仁的兩段情》，《新亞論叢》第19期，頁309。
16　黃景仁：《兩當軒集》，頁263。
17　黃景仁：《兩當軒集》，頁3。
18　程光敏：《將心託鴻爪，到處一留痕──黃景仁交遊考》（臺北市：萬卷樓圖書公司，2012年），頁17。
19　黃景仁：《兩當軒集》，頁481，《送余伯扶之太原序》。
20　黃景仁：《兩當軒集》，頁79，《對月詠懷》。

在乎世俗人的看法。年青時的黃景仁，意氣豪邁，就是與朋輩相處，也偶有
齟齬，所以在他面對眼中的世俗人時，他自然不會給人好臉色了！

少年求學時期的黃景仁，已自負不凡，左輔《黃縣丞狀》[21]說他「狂傲
少諧，獨與詩人曹以南交，餘不通一語」；王昶《黃仲則墓誌銘》[22]又說他
少時「儔人爭慕與交，仲則或上視不顧」。那些他看不上眼的人，就算如何
釋放善意，黃景仁基本上是不加理會的。

道不同不相為謀，對在志趣學問上遠不如自己的人不瞅不睬，尚屬情有
可原，但若因為跟這些人的關係不佳而波及自己的師友，就不甚妥當了。
洪亮吉在《國子監生武英殿書簽官候選縣丞黃君行狀》[23]中記載了以下
一事：「大興朱先生筠奉命督安徽學政，延亮吉及君（黃景仁）於幕中，……
居半歲，與同事者議不合，徑出使院，質衣買輕舟，訪秀水鄭先生虎文於徽
州，越日追之，已不及矣。」他與共事者不合，是他跟其他人的問題，與朱
筠無關；朱筠對他賞識有加，禮延下士，邀他入幕，他跟別人鬧翻了，就不
辭而別，壓根兒不給朱筠留一點面子，那就是太不該了。

（三）高傲之代價

孫星衍是黃景仁的少年好友，他在《黃二景仁遊黃山歸索贈長句》[24]中
說：「黃生骨格何軒軒，擺脫羈紲辭籠樊。俯視世俗中心煩，悵然欲與山鬼
言。」他眼中的黃景仁，是寧跟山鬼唔言，也不屑與世俗中人交往。黃的另
一位好友趙懷玉在《歲暮懷人二十首·黃景仁漢鏞》[25]一首，就有「知君才
似禰」之句，把他比作三國時的禰衡！由此可知，少年時代的黃景仁，跟朋

---

21 黃景仁：《兩當軒集》，頁607。
22 黃景仁：《兩當軒集》，頁608。
23 《黃仲則研究資料》（上海市：上海古籍出版社，1986年），頁5。
24 孫星衍：《孫淵如先生全集》，《續修四庫全書》（上海市：上海古籍出版社，1995年），
   第1477冊，頁590。
25 趙懷玉：《亦有生齋集》，《續修四庫全書》（上海市：上海古籍出版社，1995年），第
   1469冊，頁283。

輩相處也不十分融洽,更何況是一般人?所以,若論廣闊面,他是相識滿天下的,但說到知己,就寥寥可數了。

洪亮吉在《自西安至安邑臨黃二景仁喪奉輓四首》[26]詩中,有「交空四海惟餘我」之語,由此可知,黃景仁在去世前的日子,除洪亮吉外,便再沒多少談得來的朋友了。

黃景仁的高傲自負,在他入都等待晉身機會時,都沒有收歛。據王昶《黃仲則墓誌銘》[27]所記,黃景仁在入都後只願意與翁方綱、紀昀、溫汝适、潘有為、李威、馮敏昌等作應酬式的交往的,到其他的「貴人招之」時,他是「拒不往」的,他晉身仕途的願望最終沒能實現,也是他為自己的高傲須付的代價吧!

三　幼承庭訓的邵晉涵

跟「四歲而孤,伯兄繼卒,家甚貧」[28]的黃景仁相比,邵晉涵就幸福多了。按《邵二雲先生年譜》[29]所載,他的高祖父邵琳是明代進士,曾祖父邵炳是縣學生,祖父邵向榮是康熙年間進士,叔祖邵坡是康熙舉人;父親邵佳鉁沒有考取功名,但隨邵坡學習,為文造詣極高,對易經深有研究。

邵晉涵的母親,為縣學生之女,嫁入邵家時,邵「家故寒素」,她典當首飾給丈夫買書,並隨夫學習。邵晉涵九歲的一年,「鎮海大饑,教諭君(祖父邵向榮)率諸生為粥於路,自冬初至春末,存活無算(《紹興府志》)」。在此氛圍下成長的邵晉涵,在學行方面受到熏陶,自然是個學者的雛型了。

邵晉涵十一歲時,隨比他年長幾歲的族兄學習,那時的他體弱多病,在

26　洪亮吉:《洪亮吉集》,頁561。
27　黃景仁:《兩當軒集》,頁608。
28　《黃仲則研究資料》(上海市:上海古籍出版社,1986年),頁1,《清史黃景仁傳》。
29　黃雲眉:《邵二雲先生年譜》(南京市:金陵大學,1937年),見《中國文化研究所叢刊》。

學習方面也有點懶散，但聽到族兄中夜的讀書聲，便「力疾強起，執卷就鐙」。在他的努力下，往後的發展是十七歲補縣學附生，屢試優等；二十三歲鄉試中式；二十九歲禮部會試第一；三十一歲入四庫館充纂修官；三十二歲授翰林院編修；三十八歲充恩科廣西鄉試正考官；四十五歲教習庶吉士；五十歲時，畢沅修《續通鑑》書成，屬其覆審，使書大有改觀；五十四歲，擢翰林侍講學士，同年卒。

邵晉涵的一生，最有成就的還是在學術方面，他著作等身，所撰《爾雅正義》，更是研究訓詁學不可或缺的鉅製。學者的稱號，在他身上是名副其實的。

四　當學者遇上狂生

（一）黃、邵之相遇、相識

按邵晉涵年譜載[30]，乾隆三十六年，當時二十九歲的邵晉涵，禮部會試第一，卻未獲選入翰林院，是冬到太平投靠會試房師朱筠。朱筠時任太平使院學使，提倡風雅，振拔單寒後進。

《黃仲則年譜》[31]則記載了當年二十三歲的黃景仁，春應省試不第，也被朱筠延攬入幕，是冬客太平使院。黃、邵人就因朱筠的關係，乾隆三十六年冬天碰面了。

據兩人的年譜相對照，乾隆三十七年六、七月間，黃景仁離開太平使院，到當塗、宣城；入冬後，邵晉涵便回餘姚去了，所以兩人實際相處的時間，不到一年。

30　黃雲眉：《邵二雲先生年譜》，頁20。
31　黃逸之：《清黃仲則先生景仁年譜》（臺北市：臺灣商務印書館，1980年），頁19。

（二）黃對邵之傾慕

兩人遇上後，黃景仁瞬即把邵晉涵視為知己，皆因兩人存著一些重要的共同點。

首先，兩人都是先天體質不及常人的。黃景仁的體弱，他的老師邵齊燾最清楚。邵齊燾在《勸學一首贈黃生漢鏞並序》[32]中，說黃景仁「家貧孤露，時復抱病」，詩中又說「願子養疴暇，時復御紬素」；其實他從不懷疑黃景仁會荒怠學習，他這麼說，只是想學生先調理好身體。他深知學生多愁多病，所以開解道：「王粲由來患體羸，陳平終不長貧賤。」[33]希望他不要因體弱和暫時的失意而意志消沉。黃景仁的作品，有不少是寫患病、早衰的，他的《沁園春》（壬辰生日自壽，時年二十四。）[34]云：「蒼蒼者天，生余何為，令人慨慷。……男兒墮地堪傷，怪二十何來鬢裏霜。」對自己的生日賀詞，就是自怨早生白髮了。至於邵晉涵，《清史稿》說他「左目眚，清羸」，不但身體瘦弱，左眼亦患眼翳病。兩個體質不佳的年青人，同病相憐，是很容易成為朋友的。

在性格方面，兩人亦有相類之處。景仁傲岸不群，至於晉涵，《清史稿》說他「性狷介，不為要人屈」，跟章學誠討論修宋史宗旨時，堅持己見，可見黃邵兩人都不會屈從流俗。

最後，就是境況上的同病相憐了。當是之時，景仁省試不第，晉涵登第卻未獲授館職，同傷淪落，自是惺惺相惜。邵晉涵到太平使院，是不無遺憾的，黃景仁在《沁園春》題邵二雲姚江歸棹圖[35]云：「鳳池奪我膚傷，有浦上秋風舊草堂。」對晉涵未能入翰林加以開解；但晉涵的到來，也造就了他倆的相遇，故他也說：「古有狂奴，後來狂客，揖讓其間總不妨。」晉涵回

---

32 邵齊燾：《玉芝堂詩文集》（臺南縣：莊嚴文化事業公司，1997年），頁557。
33 邵齊燾：《玉芝堂詩文集》，頁557，《漢鏞以長句述余衡山舊遊賦示》。
34 黃景仁：《兩當軒集》，頁430。
35 黃景仁：《兩當軒集》，頁436。

鄉之際，景仁在《邵二雲自江上歸餘姚》[36]中云：「山因君至出生面，我亦因山得識君。」能跟這位狂客結上因緣，也是人生快事呢！

　　分首後，黃景仁對這位新相知還是念念不忘的。乾隆四十年，景仁短暫主講正陽書院，歲暮北上之際，想到睽違兩載多的晉涵，便賦《留別正陽書院諸生并懷邵二雲編修》四首[37]，當中「斯人真世表，而我亦心儀」之語，足見晉涵在他心目中的分量；而「生平求友志，休作世情看」，直是向晉涵表明自己深願結交之誠。可是，在這四首情意深摯的作品之後，《兩當軒集》中已不見有關邵晉涵的片言隻語了。

（三）君子之交淡如水？

　　若說邵晉涵對新相交的朋友認識未深，態度顯得淡冷，事實又未必如此。洪亮吉也是在這個時候認識邵晉涵，按邵晉涵年譜所載，乾隆三十七年六月，洪亮吉歸里，邵晉涵送別時，兩人「各為詩八百字以贈」[38]，但邵晉涵歸里時，黃景仁贈詩，邵未有應和之作。

　　在往後的日子，黃、邵兩人是有時空交集，不無聚首機會的。例如乾隆四十三年，邵晉涵是秋入都補官，黃景仁亦於是年移家入京，若是深交，多年不見，當謀一晤，但在兩人作品中並未留下會面痕跡。景仁當時寫下不朽的《都門秋思》，畢沅既讀斯作，寄金紓困，晉涵卻不見有一語相問。

　　按晉涵年譜載：「（乾隆四十八年）春，章學誠臥病京旅，先生載學誠至其家，延醫治之。病中常與先生論學，每至夜分。」[39]依此觀之，晉涵對朋輩是重情重義的。但乾隆四十七年，景仁欲入貲為縣丞，因乏貲而赴西安向洪亮吉、孫星衍求助。當時晉涵是在北京的，景仁不找晉涵而遠赴西安，可

36　黃景仁：《兩當軒集》，頁140。
37　黃景仁：《兩當軒集》，頁277。
38　黃雲眉：《邵二雲先生年譜》，頁22。
39　黃雲眉：《邵二雲先生年譜》，頁62。

見兩人的交情，並不像先前景仁詩中表達的深摯，景仁視晉涵為知己，很可能是一廂情願。

（四）山上青松陌上塵！

以我之見，黃景仁跟邵晉涵不可能成為知交，是兩人的成長背景造成的。按《邵二雲先生年譜》載，晉涵「祖向榮，康熙進士，以書劣覆試被黜，由中書改授定海縣教諭，晚補鎮海縣教諭。」[40]晉涵自小就由祖父親自課讀，十二歲時，知縣命他背五經，一字不誤；十七歲補縣學附生，屢試優等；二十三歲鄉試中式，試官錢大昕稱他「五策博洽冠場」，「叩其學，淵乎不竭」。晉涵二十九歲時，禮部會試第一，雖未能即時入翰林院，但兩年後開四庫館，他便因劉統勳推薦，「特旨改庶吉士，充纂修官」。往後的日子，他在朝廷的工作都是從事編修或外出充任考官。綜上所述，可見邵晉涵是典型的學者。

至於黃景仁，雖然也是由祖父督導學習，但他性不耽讀，而且對制舉文章十分抗拒，所以，在舉業上一無所成。再加上他被一眾衛道之士標籤為縱情酒色，在晉涵眼中，他很可能只是個放任的文人吧！邵晉涵在禮部會試第一而未能入翰林院之際，遇上黃景仁，可能有同病相憐之感，但自他進入四庫館開始，便埋頭於編修的工作，沒把黃放在心上了。

黃景仁初遇邵晉涵，見他體弱而且患目疾，已萌生無限同情；再加上邵在仕途上的遭遇，使黃景仁感同身受，驟然心許，故傾盡肺腑，發出「生平求友志，休作世情看」[41]的呼喚。兩個背景不同、性情迥異的人一旦分袂，友情即告一段落，是正常不過的；故景仁道出心聲後，得不到回應，也不勉強維繫了。

前文說及邵晉涵送洪亮吉歸里時，「各為詩八百字以贈」，這麼長的篇

---

40 黃雲眉：《邵二雲先生年譜》，頁1。
41 黃景仁：《兩當軒集》，頁277。

幅，究竟寫些甚麼？當中洪亮吉有說到「自從熹平來，經史毒霧蒸」，邵晉涵說「物恆垂典訓，君其縷厥臀」，兩人在臨別時是討論俗學侵蝕正統學術的問題[42]！黃景仁遇上這位學者，還可在對方心上留下一點鴻爪嗎？

最後，得說說邵晉涵心目中的知己應是怎麼樣的人了。他的《贈言重金玉賦》這麼說：「惟君子之締交，若同聲而相應。結雅愫以同瞻，準法衡而相稱。……考諸前聞，理堪互證。借問餽以言歡，引微辭以起興。工於比擬，傳荀卿大略之篇；進以琢磨，紀平仲臨岐之贈。……引前型為勸導，進法語以規箴。每齗齗而侃侃，亦款款而深深。贈以好修，而束躬不懈；贈以恆業，而明德常欽。」[43]他對知己的定義，是個志趣相投，學問湛深，令彼此在學行上互相切磋，同行上進的人！黃景仁壓根兒不是這樣的人啊！所以，他們的距離就如戎昱的名句：「山上青松陌上塵，雲泥豈合得相親」[44]了！

---

42 黃雲眉：《邵二雲先生年譜》，頁23。
43 邵晉涵：《南江文鈔》，《續修四庫全書》（上海市：上海古籍出版社，1995年），1463冊，頁420。
44 《全唐詩》（臺中市：復興書局，1977年），《上湖南崔中丞》，頁1609。

中國傳統思想的宗教意識與天人合一觀
―― 牟宗三先生與唐君毅先生的比較

翁正石[*]

摘要

本文主要目的有二：首先筆者嘗試說明牟宗三先生及唐君毅先生如何理解或如何重構儒、釋、道三家的天人合一觀，但要充分說明其天人合一觀，又不能脫離他們的圓教體系，所以本文主要通過他們的圓教體系，重構他們對儒、釋、道三家天人合一的理解；其次便是基於前面重構的理解，進而比較他們兩者間的差異。這裡所謂重構，主要因為牟先生及唐先生自己並未有使用「天人合一」這個觀念來講「圓教」的問題，然筆者認為，從義理的層面看，牟先生後期所講的圓教問題，和唐先生後期在建構心靈九境時，提出「天德流行境」，其中牽涉的諸多論辯，其實大部份就是中國傳統「天人合一」觀所引生的問題。

關鍵詞：圓教、判教、圓善、境界形態的形上學、性具系統、性起系統、天德流行境

---

[*] 中國社會科學院博士。

一　引言

　　要充份了解中國傳統儒、釋、道三家的思想,「天人合一」是其中最為核心的概念之一,這也是中國傳統思想的一個獨有特色,至今仍影響著中國人的生活及修行形態,國學大師錢穆先生晚年甚至認為「天人合一」是理解中國文化的關鍵,亦是中國文化的歸宿處[1],余英時先生亦謂:「從先秦諸子到宋、明理學和心學,『天人合一』在每一時代主流思潮中都構成了懷德海所謂『基本預設』之一」[2],但對天人合一的具體解釋,各個學派、各個領域的學者,在不同時代都有不同的把握。其實「天人合一」在中國傳統思想中,儒、釋、道三家都同樣承認這最高理境的存在,只是各個體系展示不同的型態而已。然而,對於三家「天人合一」這理境內容的理解,以及三家解釋之間的差異如何,卻仍有很多爭論。筆者認為,在新儒學的哲學建構中,牟宗三先生和唐君毅先生所理解的天人合一觀最為突出。本文主要分為三部分,第一部分首先介紹牟宗三先生和唐君毅先生如何通過佛家的「圓善」概念,說明中國佛家形態的天人合一觀;第二部分再說明他們所理解的道家形態的天人合一觀;第三部分則說明他們所理解的儒家形態的天人合一觀。

二　中國佛教的圓教觀及中國佛教形態的天人合一觀

　　雖然「天人合一」這個概念是中國傳統儒、釋、道三家思想共同所具有,但傳統儒、釋、道各家的用詞,並非完全使用天人的字樣,所以要比較儒、釋、道三家天人合一觀,必須具備一些相同條件,我們才能使用「天」和「人」的概念來描述。首先,在討論「天人合一」時,我們必須承認有兩

---

[1] 錢穆:〈中國文化對人類未來可有的貢獻〉,《世界局勢與中國文化》(臺北市:臺灣蘭臺出版社,2001年),頁376-385。

[2] 余英時:《論天人之際》(臺北市:聯經出版事業公司,2014年),頁172。

個世界的存在,一個是現實世界,這是一個我們實際生活的世界,可以通過人感官經驗的世界;另一個是超越世界,這是一個超越個人感官經驗的世界,它可以是神世界,也可以是宇宙秩序,也可以是永恆規則。其次,超越的世界必須是現實的世界的存在根源、信仰根源、價值根源或最後真理的依歸,而且這最後真理的依歸,必須自身是自足的,不需再依附在其他東西上。[3]「天」這概念就是泛指超越的世界,而「人」這個概念,就是泛指現實世界、經驗世界、物質世界。在儒、釋、道三家中,有時也有不同的詞滙出現,不一定要使用天人的字樣,只要具有這兩個世界,當要討論這兩個世界的關係時,我們都可放入「天」和「人」這兩極的基本範疇中。第三,超越世界和經驗世界兩者的關係如何,不同理論有不同的說明,但儒、釋、道三家似乎都有一個共識,那就是這兩個世界的最完全的結合便是個人修行最高境界的指標。有了這些釐清後,下面我們便可以正面探討牟宗三先生和唐君毅先生的天人合一觀了。

無論唐君毅先生還是牟宗三先生,他們都認為天人合一的觀念,必須關聯到超越世界,以及經驗世界與超越世界兩者的關係如何這些有關形上學的問題。然形上學必然涉及宇宙的根本存在問題,這個宇宙的根本存在處,既是所有宗教的根源,也是一切價值和最後真理的根源,但中國人沒有如西方獨立形態的存有論,對宇宙的根本存在問題,也並非從一種純知識論的層面作探討。唐君毅先生認為「中國哲學家論形而上學不必先以認識論為媒介,而將形而上學與人生哲學連論之故,由此可見天人對立與天人合一,實中西哲學大塗上之差別。」[4] 這也就是說,在中國哲學中,形上學和人生哲學並無絕然二分,而且在討論形上學問題時,往往依附於人生哲學中來討論,很少獨立出來。牟宗三先生也指出,中國人的存有論是要通過道德、修行或廣

3　見Charles Taylor, *Dilemmas and Connections*. Cambridge, Massachusetts: The Belknap Press of Harvard University Press, 2011, pp. 367-368. 泰勒在這裡提出了六種對「超越」一詞的多種含義,最主要就是包含這兩個意思,其他的四種都是引申的可能意思,所以這裡不作考慮。

4　唐君毅:《中西哲學思想之比較論文集》(臺北市:臺灣學生書局,1988年),頁283。

義的實踐才能顯現,因為傳統儒、釋、道的學者都認為,客觀知識對比於道德、修行或廣義的實踐都是次要的,他進一步稱這種中國式的存有論為「境界形態的形上學」[5],即先要具備道德、修行或實踐的工夫,客觀知識才有意義,才能得到充分說明。筆者認為,從廣義的層面看,中國傳統思想中的天人合一觀念,既可以包含修行工夫在主觀精神層面的天人合一,亦可以指宇宙客觀存有層面的天人合一。前者是一種主觀精神的提昇;後者是客觀存在的整合。傳統討論天人合一的問題,主要是從主觀精神層面作探討,至於客觀存在的天人合一,其討論便較曲折迂迴,而儒、釋、道三家都是通過一種境界形態的形上學來展示。唐、牟兩先生在這個觀點上,基本都是一致的。

要充分說明唐、牟兩先生這種境界形態的形上學,這與他們提出的圓教觀念是密不可分,如果我們不限於用詞,單從義理內容來看,圓教觀念的理境和天人合一的理境是非常相似的。圓教觀念包含一種高下的判別,天人合一亦具有不同的階梯。筆者認為,唐、牟兩先生的天人合一觀念要得到充分說明,必須通過他們的圓教體系,才能清楚看到。我們可以這樣說,他們兩人在佛教的判教問題上,如果用傳統中國的詞彙,便是「天人合一」這觀念在存有論方面的展示,也就是「天人合一」這觀念的客觀展示,所以仍然可算是「天人合一」討論的進一步延伸及擴展。唐君毅先生晚年所提出的心靈九境,便深受華嚴宗判教的影響;而牟宗三先生晚年所提出的圓善論,同樣深受天臺宗判教的影響,只是兩者最後都歸終於儒家而已,但兩者在展示儒家的天人合一觀時,其表達的模式都離不開中國佛教的圓教模式。

牟先生如何評價形上系統的最高表達,基本是借用了中國佛家的圓教概念。圓教原是佛家判教中使用的概念,它是指佛教理論最圓滿的表達及最高的實踐。牟先生的天人合一觀念要得到充份的說明,我們只能通過他的圓教觀念,而圓教觀念必須在佛教的判教中才能清楚展現。牟氏認為圓教中的圓有兩個意義,一個是作用上的圓,一個是存有上的圓。前者是指般若的圓通無礙,這是指人在修行實踐上人主觀精神達到的境界;後者則是指完滿真實

---

[5] 牟宗三:《四因說演講錄》(臺北縣:鵝湖出版社,1997年),頁73。

的存在,這是指客觀存有上的描述及說明。[6]從傳統印度佛教發展的歷史看,佛教有空有二宗,即空宗及唯識宗兩大系統,牟先生批評空宗沒有清楚說明宇宙存在的根源,而唯識宗雖然通過識的轉化,對宇宙存在有一根本的說明,但對人成佛的依據,仍未能作充份的交代,他說:

> 講圓教不可以從主觀的般若智的妙用講,因為這是大小乘共通的,我們必須從法的存在這客觀面來講圓教之所以為圓。這也就是順著佛性的觀念,以說明一切法的存在。為什麼從佛性上講呢?因為在修行的過程中,我們所關心的是:到底以什麼方式成佛?又所成的佛,是什麼境界的佛呢?像小乘自了漢所證成的佛,並未函攝其他一切眾生的一切法,也就是說,其他的一切法並沒有進到自了漢的佛格內;而沒有進到佛格內,即表示沒有進到佛性之中,因此,此佛性就沒有包括其他的那些法。所以從小乘要進一步講大乘,大乘佛是以一切眾生得度為條件,大乘佛必須不離其他一切眾生的一切法,而將一切法完全吸收於佛格、佛性之中。[7]

這就是說,未到最後成佛階段,一切存在的「一切法」都得不到充份保證。

然而,不是所有形式的佛性、法身都可以很好的把一切法的存在保住,只有大乘最完滿的佛性才可以,可見不達到圓教,法的存在最終都是無法保證,即存有論不能得到確立,所以傳統印度佛教的空宗及唯識宗都未能到達究竟,佛教必須發展到中國的真常心系統才能充份處理客觀存有的問題。[8]佛教本是古印度傳入的宗教,本是外來的,但發展到中國來,便有中國化的佛教出現。而中國化的傳統佛教發展主要有三宗:華嚴宗、天臺宗及禪宗。禪宗對存有論的問題並無直接討論,而真正對存有論有詳細的說明,只有華

6　牟宗三:《中國哲學十九講》,頁323-324。

7　牟宗三:《中國哲學十九講》,頁358。

8　牟宗三:《中國哲學十九講》,第14講,頁283-308。

嚴宗及天臺宗，這兩宗都屬真常心的系統。牟先生認為依真常心的系統，經中國化後的華嚴宗主張，其所說的完滿佛性，才能保證宇宙一切的存在，這是指存有論上的圓滿無盡，而且主伴俱足[9]。所謂存有論上的圓滿無盡是指宇宙一切的存在都得到肯定，所謂主伴俱足是指宇宙一切的人都是主宰自己行動的真正主體，而宇宙一切物的存在亦得到肯定，但牟宗三先生認為華嚴宗仍不是最高的圓教，天臺宗的判教才能達到真正的圓教。

依牟氏的標準，天臺宗的系統所以為圓教，大略說來可以有三個層次，第一層是由個人實踐向善的道德心，成就道德主體，般若經所代表的般若系統是要指出人具有般若的智慧，人在實現般若的智慧後，才能成就道德主體，而確立修行者本身的主體只是第一層；第二層是將第一層的道德實踐予以形上學化，主體掌握般若智慧後，它的進一步作用，會透視真實的世界，而牟氏認為般若的性格是「融通淘汰」，融通淘汰的目的，是要將一切法歸於諸法實相，通過實踐修行的道德心的推擴及推進，道德主體與宇宙的根源可以連繫起來，形成一套「佛教式的存有論」（Buddistic Ontology）[10]，牟宗三先生謂：「本來佛教講無自性，要去掉「存有」（Being），根本不能講存有論；但是就著佛性把法的存在保住，法的存在有必然性而言，那麼就成功了佛教式的存有論。」[11]，牟宗三先生又稱這種模式的存有論為「無執的存有論」[12]；最後第三層是建立於第二層之上，對無執的存有論的體用分立表達模式，再進一步進行開決，天臺宗所宗向的最高經典《法華經》，其精神便是要「蕩相遣執」，達到存在與作用的完全一致的地步，這最後一層便是一種體用一如、即體即用的綜合模式表達，這是從理論的表達層面上說。

---

9 牟宗三：《中國哲學十九講》，頁323-324。
10 牟宗三：《中國哲學十九講》，頁430。
11 牟宗三：《中國哲學十九講》，頁362。
12 牟先生最初用「無執的存有論」時，是與「有執的存有論」相對使用的，前者是指康德的物自身世界中的存在，後者是指康德的現象世界中的存在。他還認為「無執的存有論」不限於佛教的存有論，亦可應用於儒家及道家。參考牟宗三：《圓善論》，頁337-340。此外，亦可參考林同奇，〈牟宗三的精神理境：圓教如何可能〉，《人文尋求錄：當代中美著名學者思想辨析》（北京市：新星出版社，2006年），頁7。

《法華經》的這種「蕩相遣執」與第二層般若智的「融通淘汰」基本性格是一致的，其差異只是前者是依據客觀存在來說，而後者則是就精神修行來講，所以第三層不單要達到精神上體用一如、即體即用的境界，而且必須從客觀存在層面，得到體用一如、即體即用的理論表達，才是最高的教義。天臺宗稱這種體用一如的綜合模式表達為「性具系統」，而牟宗三先生認為只有天臺宗的「性具系統」才是最後的真正圓教。

從第一及第二層面看，華嚴宗及天臺宗都能表達得很好，但從第三層面看，華嚴宗仍未能達致圓教境地。天臺宗及華嚴宗的系統為何仍未達最後第三個層次？為何天臺宗的性具系統才是最後的圓教？華嚴經說十法門、十身佛，「十」是無盡的意思，華嚴經將宇宙一切存在，都通過佛的多種面向而作正面的肯定，這是就佛的法身及法界說圓教，但天臺宗認為這種佛只能顯示其是一隔離之佛，仍然未能開權，容易有偏執，亦未能顯示佛與眾生及一切存在的完全關係，牟先生在《圓善論》引了知禮解說天臺宗「即」的說話：

> 應知今家明「即」永異諸師。以非二物相合，及非背面翻轉，直須當體全是，方名為「即」。何者？煩惱生死即是修德，全體即是性惡法門，故不須斷除及翻轉也。諸家不明性惡（不明性德上本有的惡法門），逐須翻惡為善，斷惡證善。故極頓者，仍云「本無惡，原是善。」既不能全惡是惡（全修惡即性惡），故皆「即」義不成。

又謂：

> 今既約「即」論斷，故無可滅；約「即」論悟，故無可翻。煩惱生死乃九法界。既十界互具方名圓，佛豈壞九轉九耶？如是方名達於非道，魔界即佛。故圓家斷、證、迷、悟，但約染淨論之，不約善惡淨穢說也。諸宗既不明性具十界，則無圓斷圓悟之義。故但得「即」名，而無「即」義也。[13]

---

13 牟宗三：《圓善論》，頁273-4。

佛教這裡所說的十法界，就是天、人、阿修羅、地獄、餓鬼、畜牲這六界，再加上聲聞、緣覺、菩薩、佛這四界，十法界再可以配合三種世間：國土世間、眾生世間及五陰世間。這便概括宇宙一切的存在。圓教最後能保證客觀世界的存在，主要是在「即」這個概念所建立的原則上。「即」是指不離不棄的意思。大乘佛教認為，個人成佛必須以一切眾生得渡為條件，也就是說成佛不能脫離一切法，佛就是眾生，眾生就是佛，兩者是不能分開，而天臺宗所說的「一念三千」以及其性具系統便是通過「即」，將佛性與眾生及一切存在統攝起來，天臺宗所謂的「即」，牟先生認為這裡是以一種非分析的方法表達，也就是用一種詭譎的方法表示佛與眾生及一切存在的關係，例如前面知禮所謂「煩惱生死即是修德」、「全體即是性惡法門」、「魔界即佛」，這便是用一種體用一如的綜合模式，用天臺宗的性具系統表達，那就是本身雖是系統，但卻無系統相，亦不會使人在道德實踐過程中，執著於這系統相而成負累及障礙，能真正達到體用一如的境地[14]。這便是佛教的圓善觀念，如果用中國固有的詞彙，可以說是一種天人合一的觀念。在中國大乘佛教的天臺宗裡，當人修成佛果，主體可以在精神上與最高超越的真常道體合而為一，而且主體與萬物的存在，亦可以同時得到保證。如果我們將中國佛教真常心所把握到的最高超越道體都稱作天，而不是形象化、人格化的天，則這種合一仍可以說是一種天人合一的佛教觀，也是一種內在超越形態的天人合一，即超越世界與經驗世界不是絕然二分的。這種天人合一的佛教觀，既指個人在修行的層面達到佛教真常心的境界，也指萬物的存在得到客觀保證的真實世界。

不同於牟氏的圓教標準，唐君毅先生認為華嚴宗的性起系統才是真正的圓教。華嚴宗是以《華嚴經》的圓教為最後的依歸，而《華嚴經》是一種「直說佛自證境界」[15]的經典，其所展示的教理仍是一種真常之教的系統，

---

14 有關天臺宗本身雖是系統，但卻無系統相的詳細說明，可參閱牟宗三：《圓善論》，頁266-280。

15 唐君毅：《中國哲學原論・原性篇》，頁271。

這種境界是從修行者在實踐中經始覺，以至圓覺，最後達至成佛的境界，這是從佛陀達最高境界的真如心而說其可統攝一切法，一切法亦可以依真如心得以存在。唐先生推崇華嚴宗的「人之修道工夫，即以心真如熏心生滅，使眾生由生滅門入真如門，悟真如之本覺，以有始覺，以至圓覺，而成佛。」[16] 他是以最高的圓成性之心，從最根本的第一義，統攝各階段的發展，此名為「性起系統」，他反對以天臺宗的「性具系統」為最後的終極。

唐君毅先生在維護華嚴宗時，清楚意識天臺知禮批評華嚴宗的「緣理斷九」的問題，即華嚴最高境界的真心，其所統攝的一切法，只是以真如理為條件的情況下，才能統攝的一切法，這最終將斷掉佛與其他九法界的相即關係，也就是說這只能「不變隨緣」，即以不變的真如心為條件，萬法才能得以保存，不能反過來「隨緣不變」，萬法本身不能就是真如，這樣十法界便不能真正相即不離，他說：

> 此一大問題，又關聯於佛性是否畢竟有惡之問題，理毒是否即性惡之問題，復關聯於心之體性畢竟自何處見之問題、心法與法性之同異問題、無情者是否有佛性之問題，除心之性具、理具三千諸法外，是否一一具體事、以及色法亦性具三千之問題，當前介爾一念之心性，是否具三千之問題、心之性與佛性與眾生性之無差別，自何義上建立等問題。[17]

對於佛性是否有惡的問題，唐君毅先生認為佛性在其他九法界連在一起時，固然同時兼具清淨與習染、善與惡，但單從自證最高境界而言，這必須肯定是清淨無習染的，這是最根本意義上的佛性，而且一切法亦只能在這意義的佛性上才能得到保存。再者，唐先生認為賢首所說的四法界，除了「事法界」、「理法界」、「理事無礙法界外」，還有「事事無礙法界」，當人進到事事

---

[16] 唐君毅：《中西哲學思想之比較論文集》（臺北市：臺灣學生書局，1990年），頁584。
[17] 唐君毅：《中國哲學原論・原性篇》（香港：新亞書院研究所，1968年），頁262。

無礙法界時,各法界不僅可以相即不離,而且相互融攝,這是因為性起系統必然包含性具系統,而華嚴宗本身已肯定了「法界緣起」,當達事事無礙法界時,十法界可以全然起現,萬物「相即相入」,便已經預設了其本身已具備一切法之可能,亦即包含一念心與三千世界不但相即不離,而且更可以相互融攝。唐君毅先生在晚年的《生命存在與心靈境界》曾說:

> 一切宗教家所說之人之罪惡、染業、執障、有限性、偶然性、虛幻性等、皆屬第二義,而不能為第一義。人固有罪惡,但罪必對善,而為罪惡;人固有染業,染必對原淨者,稱為染;人固有執障,障必對通達,而稱為障;執亦必對所執者而為執。執可是不善,而所執者本身,不必是不善也。[18]

在這個觀點的基礎上,他在衡訂華嚴與天臺兩宗時說:

> 天臺宗一貫精神,乃在即此世間而開顯出世間之道,以即眾生性而開顯其佛性。此即純為一垂跡以顯本,攝末而歸本之教法。其一一教理,實亦唯依此觀點,而次第開出建立,以自別於他宗。然此亦非謂其有此諸教理,即必然勝於華嚴宗一籌之謂。因自華嚴經直說佛自證境界者之為一根本法輪言,即非法華之攝末歸本法輪所能代。[19]

所以,唐先生最後仍以華嚴宗的圓教作與判教的最高標準。

牟氏以天臺宗的性具系統為圓教標準;而唐氏則認為華嚴宗的性起系統才是圓教標準。雖然兩者的圓教標準不同,但大略說來,唐先生提出的圓教發展,仍然可以分為三個層次。第一層是由個人實踐向善的修行心,成就道

---

[18] 唐君毅:《唐君毅全集》(臺北市:臺灣學生書局,1986年),卷24,《生命存在與心靈境界》,下冊,頁159。

[19] 唐君毅:《中國哲學原論・原性篇》,頁278。

德主體，人必須在實現般若的智慧後，才能成就道德主體，然確立修行者本身的主體只是第一層；第二層是也將第一層的修行實踐關聯到超越的真實世界，即將修行實踐予以形上學化，主體掌握般若智慧後，它的進一步作用，會透視真實的世界，通過實踐修行的道德心的推擴及推進，道德主體與宇宙的根源連繫起來。這兩個層面可以從唐先生早期分析儒、道的天人合一觀時，清楚看到。在唐先生的圓教系統上，首兩個層面其實與牟先生所主張的分別不大，但第三個層面卻完全不同於牟氏的系統。唐先生深受黑格爾辯證法正、反、合的影響，推崇華嚴宗的性起系統，主張在層層昇進的過程中，後者必定包含前者，修行者亦只能在更高的層次，才能保證前面的層次，他是以最高的圓成性之心，從佛自證最高境界的第一意義上，統攝各階段的發展，使一切萬法都得到保證。

三　道家形態的天人合一觀

理解了牟宗三先生的圓教觀後，這裡進而說明他在圓教的基礎上，如何理解道家形態的天人合一觀。在道家最重要的傳統典籍《道德經》和《莊子》中，兩者都有對現象世界提出一個最後存有及價值的根源解釋。例如《道德經》首章便謂「無名天地之始，有名萬物之母」，依牟宗三先生的解釋，「無」這裡作為天地的開始，其並不能作為一種真正的創生意義了解。要了解「無」如何可以作為天地的開始，是要通過修行實踐來把握的，即必須從後面接下來二句「常無欲以觀其妙，常有欲以觀其徼」來了解。王弼注這二句云：「空虛〔其懷〕，可以觀其始物之妙。常有欲，可以觀其始物之徼。」牟氏認為這裡的「其」是指道，而「徼，等於要，等於儌，三個字一個意思。徼向，就是要求有一個方向」[20]。當人在「無」的狀態時，便可觀道的無限妙用；當人在「有」的狀態時，便可觀道的徼向，「空虛〔其懷〕」及「常有欲」都是一種高度的精神修行狀態，所以牟氏認為「無」只是「無

20　牟宗三：《四因說演講錄》，頁64。

為」的一種結果,「無為是高度精神生活的境界,不是不動」[21]。他總結道家的形上學特徵說:

> 道家從作用上透出無來,即以無作本,作本體,從這裡講形而上學,講道生萬物,這個生是不生之生。雖言「道生之,德畜之」,這個生不是實有層次上肯定一個道體,從這個道體的創造性來講創生萬物。它從作用層上看,通過忘這種智慧,就是說讓開一步,「不塞其源,不禁其性」,萬物自己自然會生,會成長,會成就,這就等於是一個「道生之」。[22]

明白了道家形上學的基本形態後,道家的圓善問題,便是如何通過實踐工夫,將隱藏的道表現出來。借用天臺宗中的判教,道家對修行實踐亦有高下的判別,例如「失道而後德,失德而後仁,失仁而後義,失義而後禮。夫禮者忠信之薄而亂之首。」(《道德經》第三十八章),其中道、德、仁、義、禮,以道為最高表現,但依循禮的具條目是下下的表現。如果要成就道家的真人或天人,必須以一種無為無執的方式,經不斷的修行實踐,才能掌握最高的道。這種取向仍然像佛教般若智的作用,是一種融通淘汰的精神,不過道家稱這種智慧為「玄智」,玄智可以融通消化各種形式表達的不完全,令萬物各自都可以得到自己的存在,即萬物各自歸根復命而得到自在。如果說佛教的般若可以成全一切法,道家的玄智亦可以成就一切德,如仁、義、禮、智、信等,成就這些德的同時,亦可以成全天地萬物,使其各歸自在,使宇宙萬物的存在有一根本說明或客觀依據。

上面說過,天人合一的觀念可以從兩個層面看,一是從主觀的實踐工夫的層面看,一是從客觀的存在的層面看。道家天人合一的觀念,人與道結合的最高境界,雖然仍然可以保留存有論的層面,但它所包含的存有論,卻沒

---

21 牟宗三:《中國哲學十九講》,頁89。
22 牟宗三:《中國哲學十九講》,頁145。

有正面獨立的意思，所以牟宗三先生說：「假如把道家義理看成是一個形而上學，那它便是一個境界形態的形而上學（依境界之方式講形而上學）。」[23]

前面說天臺宗之所以為圓教，有三個層次的發展及追求。第一層是由個人實踐向善的道德心，成就道德的主體；第二層是將第一層的道德實踐予以形上學化；第三層是將第二層的存有論進行一種無偏執的開決。這三層都包含在實踐工夫中。今將這三層次的區分，若放在道家老莊的表述上，其在第一層的討論中，《道德經》以「致虛極，守靜篤」（十六章）為修行工夫的綱領，在靜的工夫之下才能「觀復」。主觀的心能夠靜下來，宇宙萬物也跟著靜下來，恢復各自的存在，這便是歸根復命。牟先生認為「道家從心上做工夫，從性上得收獲」[24]，所謂從心上做工夫，就是從外在世界轉向個人內在世界，所謂從性上得收獲，就是要我們養性，養性就是養生，養這個自然生命，自然生命本來是中性的，沒有價值的意義。但通過「養」之後，它便成為最高價值的標準，因為它原來本是符合道的自由自在的生命，只是後天把它搞壞了，所以要「養生」，化除種種人為偏執。

這種道家的修行工夫，可以成就一個與自然相配合的主體，這是前面圓教三個層面的第一層。將「致虛極，守靜篤」作進一步的形上學化，用以連繫超越的道體，這便成就第二個階段。當「致虛極，守靜篤」進一步形上學化後，人便可以與超越的道連合起來，宇宙萬物同時亦可以恢復各自的存在，這是第二層的實踐工夫。《道德經》第四十章曰：「道生一，一生二，二生三，三生萬物」，對於這個道，牟氏認為「王弼根據莊子，通過有、無、玄，來了解。一、二、三就等於有、無、玄。從無那裡說一，到有出來，說二，有、無統一起來就是玄。」[25] 前面說過「無」及「有」都是一種高度的精神修行狀態，是對道的不同把握，「無」就是「一」，「有」就是「二」，「有」「無」統一起來就是玄，三者都是對道的不同描述。

---

23 牟宗三：《中國哲學十九講》，頁128。
24 牟宗三：《四因說演講錄》，頁88。
25 牟宗三：《四因說演講錄》，頁97。

莊子在〈齊物論〉也有:「天地與我並生,而萬物與我為一」的主張,這也是一種天人合的境界,但對於這種最高圓教的化境,他並不喜作分解的說明,而更善於作詭譎的表達,這便是第三層的意思,這也是第三層的實踐工夫。例如莊子〈齊物論〉謂:「有有也者,有無也者,有未始有無也者,有未始有夫未始無也者。俄而有、無矣,而未知有無之果孰有孰無也。」這是使用一種詭譎方法的開決,但重心仍在工夫的層面著力,對存有論層面的討論,仍沒有正面獨立的意思。〈齊物論〉又說「俄而有無矣,而未知有無之果孰有孰無也。今我則已有謂矣,而未知吾所謂之其果有謂乎?其果無謂乎?天下莫大於秋毫之末,而太山為小,莫壽於殤子,而彭祖為夭。天地與我並生,而萬物與我為一」這便是莊子圓教之化境,當道通過這種詭譎的表達,將系統的形態去除掉,莊子這個對道表達本身雖是一個系統,但卻無系統相,亦不會使人在修行實踐過程中,執著於這系統相而成負累及障礙,能真正達到體用一如的境地。郭象稱莊子善於作詭譎的表達系統稱為跡冥圓融論,他認為「道」是「冥」,宇宙萬事萬物是「跡」,但是兩者並非截然二分,而是互相圓融在一起,「冥」是要通過宇宙萬事萬物的「跡」才能顯現,而「跡」亦須透過「冥」才能被我們掌握,但是兩者並非獨立分開的東西。

郭象雖然認為宇宙萬事萬物各有自己獨立的存在,但又不會妨礙宇宙萬事萬物之間同時具有相濟及相因的關係,萬事萬物各自獨化,又彼此相互對待而存在。郭象對各種事物間的相因相濟關係,不單是指一種個人對外在世界的主觀判斷,而且客觀世界各種事物亦確可產生相因相濟的作用,他說:「天下莫不相與為彼我,而彼我皆欲自為,斯東西之相反也。然彼我相與為唇齒,唇齒者,未嘗相為,而唇亡則齒寒。故彼之自為,濟我之動弘矣,斯相反而不可以相無者也。」(《莊子・秋水注》)這顯示宇宙萬物在相互連繫中,一事物既要接受他物的作用及影響,但它同時又會對他物產生作用和影響,這表示每一事物既有它的自身性,又有它的非自身性,兩者合於一身。然而這種相因相濟,不是某一事物產生另一事物,而是某一事物是另一事物的先決條件。從現象表面看,唇為唇,齒為齒,兩者完全不同,但從本質上看,唇和齒是雙方存在的條件和依據。這種關係好像天臺宗所謂的「即」,雖

然萬事萬物相互關聯是對方存在的條件和依據，但萬事萬物各自背後沒有根本的原因，也找不到根本的原因，郭象便稱這種情況為「獨化」。這種萬事萬物相互關聯，每一事物都是另一事物的先決條件，既是指修行者在實踐過程中與萬事萬物感通的主觀層面上說，亦是從萬事萬物的客觀存在關係上講。

郭象以前，王弼將道家的「道」，視為主宰宇宙萬事萬物的法則，這樣「道」和宇宙萬事萬物便有著一種本末輕重之別，郭象認為「道」是「冥」，宇宙萬事萬物是「跡」，但是兩者並非截然二分，而是互相圓融在一起，「冥」是要通過宇宙萬事萬物的「跡」才能顯現，而「跡」亦須透過「冥」才能被我們真正掌握。這就是郭象的跡冥圓融論，也是前面圓教三個層面的最後階段。這種跡冥圓融論，可以說是一種中國古代本有的一種天人合一觀。

前面交代了牟宗三先生所理解的道家形態的天人合一觀，現在再來說明唐君毅先生所理解的道家形態的天人合一觀。從前面的分析看，後期牟宗三先生對道家形態的天人合一觀，明顯深受他的圓教觀念影響。其實，後期唐君毅先生所理解的道家形態的天人合一觀，亦明顯深受他的圓教觀念影響。現在首先介紹他早期理解的道家形態的天人合一觀。唐君毅先生發現中國先秦中，唯儒道兩家於天人合一之意發揮最多，因為先秦有系統之形上學者只有儒、道兩家，所以他常常將二家合起來討論。他討論天人合一觀時，並無嚴格獨立出道家的天人合一論的形態，一般都是附在儒家一起說明，而且他的討論，在早期的作品中，主要集中在反面解說為何人一般認為人與天相阻隔，盡量消除人與天最終不能得到合一的可能障礙，從而正面接受天人合一的觀念。他認為人與萬物不能合一，主要受下面四種觀念的障礙所致。首先就是覺心有種種的感情欲望、本能衝動、意志選擇，而外在世界不能完全符合心的要求，形成人的不安、失望和挫折，故兩者不能真正合而為一；第二，心與外物兩者性質具有根本性的差異，兩者不能直接認識，外物固不能認知人的心靈，人的心靈要認知外物，也必須通過五官作媒介，故感覺兩者不能真正合而為一；第三，有些心靈作用，並非是人意志主觀製造出來的，如人的喜怒哀樂等自然心理現象，並非人可隨意控制其有無的，故人與物兩

者受這些自然心理現象影響,最終不能真正合而為一;第四,人的身體是一種有限存在,宇宙萬物廣大無邊,故認為兩者不能真正合而為一。[26]

　　針對前面人與萬物不能合一的四種可能障礙,唐君毅先生主張傳統道家的「天人合一」觀中,其所謂「合」,其實可以包含四重含義。其一,針對前面所說的第一種障礙,他認為人固然具有種種的感情欲望、本能衝動、意志選擇,而外在世界不能完全符合心的要求,但人的欲望意志感情等等只是人心的現象,但並非人心的本體;心之本體是虛的,從心最重要呈現的特質看,心只是一虛靈的明覺。如果能將這虛靈的明覺廣大便可包含萬物,人心與宇宙便可無間。他引《莊子‧齊物論》謂「喜怒哀樂慮嘆變慹姚佚啟態……日夜相代乎前,而不知其所萌,已乎已乎,旦暮得比,其所由以生乎?……而不知其所為使。若有真宰而特不得其朕,……如是皆有為臣妾乎?其臣妾不足以相治乎?其遞相為君臣乎?其有真君存焉,如求得其情與不得,無益損乎其真。」唐氏認為喜、怒、哀、樂、慮、嘆、變、慹、姚、佚、啟、態等這些自然感情,在人的心靈上日夜交侵著,但其後面彷彿有真宰控制它們,但這真宰不是實物,而是虛的東西,把不著端倪。他又進一步引《莊子‧應帝王》曰:「至人之用心若鏡,不將不迎,應而不藏。」說明心的本體是虛的。基於心的本體是虛的,故心如止水後,便如《莊子‧德充符》說:「心能官天地府萬物」,最後達到《莊子‧齊物論》的「天地與我並生,萬物與我為一」和《莊子‧大宗師》的「庸詎知吾所謂天之非人乎,所謂人之非天乎,天人不相勝。」[27]

　　其二,針對前面所說的第二種障礙,唐君毅先生認為道家的「能知」,並非必須通過感觀知覺作媒介來認識外物,在知識論上,心、物二元對立的認知活動,只是心靈眾多感通活動中的一種,而道家主張心與物並非二元對立地認知,心可直接認識外界的事物,「能知」是可以直達「所知」上。他引《莊子‧天道》曰:「水靜則明燭鬚眉,平中準,大匠取法焉。水靜猶

26　唐君毅:《中西哲學思想之比較論文集》,頁129-138。
27　參考唐君毅:《中西哲學思想之比較論文集》,頁130-131。

明，何況精神？聖人之心靜乎，天地之鑑也，萬物之鏡也。」這足以證明道家虛靜的心與外在萬物並無絕對的阻隔，虛靜的心推擴到極至，便能夠直知外物，達至天人合一。[28]

其三，針對前面所說的第三種障礙，唐君毅主張情感意志並非一種實物，而是一種活動，活動呈一種流動方式，其在人心中無一固定部位，與引起它們發生的事物或環境，可以互相滲透融合，所以內外是合一的。他更謂中國人所謂「志」字，因為從「心」從「之」，原來就表示為一種通內達外的一種活動，而且並不包含任何實質性的活動。他引《莊子・人間世》曰：「一若志（此處應為「若一志」），無聽之以耳，而聽之以心。無聽之以心，而聽之以氣……氣也者，虛而待物者也。」證明「志」是一種通內達外的一種活動。最後他總結說：「中國哲人之論情志，既都是把他們視作一種貫通內外之活動，所以他們之論性論才論欲論氣質及一切心理現象亦都把牠們化作一不含任何實質性的活動。於是，不僅心之本體是虛的，連所謂心理現象，亦不是定著於心與外界相對待的東西了。」[29]

其四，針對前面所說的第四種障礙，唐君毅先生認為，如果我們不從體質上看人身，而是從人的功用上看人身，個人身體就不一定是一種有限存在，宇宙萬物廣大無邊，亦可以被人的無限功用所覆蓋，兩者最終亦可以相通合一。他說：「我們只要了解中國哲人大都視身體為氣之所凝成。而中國哲人所謂氣，本是互相滲透變化的所謂宇宙一氣，我們也就了解中國哲人之不以身體為外界宇宙對待之一有限的體質，而以身體之功用是貫通於全宇宙之說法了。」唐先生沒有直接引用莊子的作品來說明這點，但道家主張身體為氣之所凝成，而宇宙萬物亦同為氣之所化，其中的中國哲人，當然包括道家的莊子在內。[30]

綜合上面去除四種對天人合一觀念的障礙，這可以說是唐君毅先生早期對道家形態的天人合一觀的最明確表示。這可在他的〈如何了解中國哲學上

---

28 參考唐君毅：《中西哲學思想之比較論文集》，頁133-135。
29 參考唐君毅：《中西哲學思想之比較論文集》，頁135-138。
30 參考唐君毅：《中西哲學思想之比較論文集》，頁138-139。

天人合一之根本觀念〉和〈中國哲學中天人關係論之演變〉二文中看見,而他早期的〈老莊易傳中庸形而上學之論理結構〉和〈莊子的變化形而上學與黑格爾的變化形而上學之比較〉二文,亦見到他對道家形上之天的理解,分析了道家形下的現象界(包括人)與形上之本體(天)的關係,前者為後者所自出,即兩者並非完全是相同東西,但兩者可以相即相融,互攝無礙,故可以說「本一」[31],不過這種分析說明,只是從知識論的層面作說明,並非通過實踐工夫來說明人如何與天結合在一起罷了。他後期對道家形態的天人合一觀,可以通過他晚年的巨著《生命存在與心靈境界》展現出來,他在此書中提出他的心靈九境,他將儒、道兩家都放進他的最後一境「天德流行境」中,這是九境中最高的一境,儒道二家都屬之,只是較之儒家,道家未及其圓滿。所謂圓滿是指人與萬物感通無礙,他說:

> 此所謂天德流行境,要在以赤縣神州之中國儒家之言道德實踐境之勝義,乃以人德之成就,同時是天德之流行而說。中國道家之言道德之義,亦有可屬此一型之思想境界者,雖未能如儒家之圓滿,然亦自有其勝場。[32]

他後期的道家形態的天人合一觀,亦如他的華嚴宗的圓教所具有的三層發展的特徵,第一層是由個人實踐向道的修行心,成就道德主體,人必須在實現道家的玄智後,才能成就道德主體,然確立修行者本身的主體只是第一層;第二層是將第一層的修行實踐關聯到超越的真實世界,主體與萬物關聯起來,即將修行實踐予以形上學化,這是主體在掌握玄智後進一步發展的結果;第三層是達到最高的「天德流行境」,在通過層層昇進的過程中,後一階段必定包含前一階段,修行者亦只能在更高的層面,以更高更圓融的真心,統攝各階段的發展,在「天德流行境」中,真心的向外在世界的不斷感

---

31 唐君毅:《中西哲學思想之比較論文集》,頁352-353。
32 唐君毅:《生命存在與心靈境界》,下冊,頁155。

通，從主觀之境進到客觀之境，再由客觀之境進到超主客觀之境，在超主客觀之境中，人與一切萬物之間可圓融無礙，而一切宇宙事物亦都得到保存。他說：

> 此所謂天德流行境，乃於人德之成就中，同時見天德之流行，故同時為超主觀客觀之境。然此不同于歸向一神境，乃由自下而上之縱觀，以見一統主客觀之上帝或神靈之存在，以使吾人之信心上達，而超主觀客觀之對立者；亦不同於佛家破除主觀之我執，客觀之法執，橫遍十方世界，如實觀法界中主客內外之一切法之性，更使智慧下澈，而超主現客觀之對立者。今茲所言之使人德成天德之流行，要在順吾人生命存在之次序進行，與當前之世界之次第展現于前，依由先至後，由始至終，由本至末之順觀，以通貫天人上下之隔，亦通貫物我內外之隔，以和融主觀客觀之對立，而達於超主觀客觀之境。和融即所以成其統，通貫即所以知其類，而其本則在依序，而順成其言行。[33]

唐先生雖然將儒、道兩家都放進他的最後一境「天德流行境」中，但他認為道家未及儒家的圓滿，因為儒家從正面直接肯定人性之善，道家沒有正面肯定人之「盡性立命」，故在人心的向外感通上，與儒家相比，道家在人與一切萬事萬物之間不能真正圓融無礙，乃有一定隔離。

四 儒家形態的天人合一觀

這裡再進而說明牟宗三先生理解的儒家形態的天人合一觀。要說明他理解的儒家形態的天人合一觀，我們先要了解他所說的圓善概念。圓教系統下表現的善便是最高善，亦即是圓善。圓善概念包含德與福兩部分，依儒家的標準，個人成就的德是由「良知」決定的，良知是個人本有的，完全控制於

---

[33] 唐君毅：《生命存在與心靈境界》，下冊，頁155-155。

行動者手中，而福是行為的結果，行為的結果是由宇宙的物理客觀定律所決定，並非完全由個人自己控制。然而，儒家的道德實踐並非完全以後果作為判別善惡的依據，當仁義與利益兩者相互衝突時，必須以仁義作最後的標準，但在道德實踐中，我們總希望德與福有一恰當的配對，這才是最可取的善，也是人的自然期待。在圓善的標準下，兩者的配對關係才能得到充份的保證。

道德實踐一定涉及存在，但存在有合理性的，亦有不合理性的。儒家的道德實踐是要從無到有創造符合理性的存在，或改造現有不符合理性的存在。從孔孟開始，傳統儒家都主張，在道德實踐的不斷提昇中，最後可以予以形上學化，因為道德心的發展，可以感通天地萬物，最後甚至與天地萬物為一體。

從儒家的歷史發展看，孔子在道德實踐中，提出踐仁是成德的依據，踐仁是可以完全由個人自己控制，這就是孔子所謂「仁遠乎哉？我欲仁斯仁至矣」(《論語》〈述而篇〉)。這是道德主體的確立，依前面天臺判教的三個層面判斷，它是具有第一階段的成就，也是第一層的實踐工夫；孟子在道德實踐中，進一步指出「盡其心者，知其性也；知其性，則知天矣」(《孟子》〈盡心章〉)，便是將道德實踐的本心不斷提昇及推擴，因為這個本心是天賦予人的，人如能將本心不斷提昇及推擴，予以形上學化，最後便可以把握形上學的實體「天」，也就是說可以「知天」了，成就了天人相通；子思的《中庸》進一步提出：「唯天下至誠，為能盡其性；能盡其性，則能盡人之性；能盡人之性，則能盡物之性；能盡物之性，則可以贊天地之化育；可以贊天地之化育，則可以與天地參矣」，通過道德實踐的誠，以通達超越的性體，最後「可以贊天地之化育」，清代張瑗的〈天命之謂性〉便謂：「《中庸》想天人合一之旨，即性、道、教而申其義」，指出《中庸》從追索德性的根源提出天人合一之旨；《易傳乾文言》又曰：「大人者與天地合其德，與日月合其明，與四時合其序，與鬼神合其吉凶，先天而天弗違，後天而奉天時」，通過尊乾法坤，聖人也可以通達超越的天，這是從窮盡自然生化的神妙以彰天人合一之旨。這些都是先秦道德實踐形上學化的不同發展，後來再

經過宋明理學的進一步改造創發，這種道德實踐的形上學化得到更充分的展現。張載說：「儒家則因明致誠，因誠致明，故天人合一」(《正蒙·乾稱》)，是第一個明確提出「天人合一」之語的人。他主張天道與人道都是陰陽之氣的變化，而天是太虛，太虛是氣，人是氣中一物，所以天與人有著同構的關係，故而兩者本質是沒有分別的。這是從客觀的氣上說天人合一。王陽明的致良知系統，則是從主體的道德實踐上言天人合一，這個良知系統是在宋明理學中，道德實踐形上學化的最成熟表現，他針對朱子的講大學而覺得其有刺謬，認為朱子的格物窮理，並非真正由道德的良知而來。良知本來是孟子原有的詞語，但王陽明針對朱子的講大學，所以他要提煉心、意、知、物四個概念，而成就四句教的主張，這亦稱四有說：

無善無惡心之體，
有善有惡意之動，
知善知惡是良知，
為善去惡是格物。[34]

在道德實踐的過程中，我們是從道德心開始的，道德心是一絕對標準，本身並無善惡之別，是屬於超越層面的體，但這個道德心的開始，展現在推動行為的意念上，便有善意惡意之分，意念是屬於經驗層面的。良知是一種靈明的感覺，這種感覺是道德心在經驗層面的應用，使意所及的物有一合理的安排，亦即為善去惡，這便是「格物」，格物是要格人的行為，所以王陽明認為「格物」的「物」，其實是指「行為物」。王陽明的良知系統套在前面天臺判教的三階段發展中，便屬於第二階段的成就，也即是第二層的實踐工夫。

從圓教的標準看，牟宗三先生認為王陽明的四有說並不是儒家的究竟圓教，儒家的圓教要到王龍溪的四無教才得到充分的展示。王龍溪的〈天泉證

---

[34] 王陽明：《王陽明全集》(上海市：上海古籍出版社，1992年)，卷3，語錄3〈傳習錄〉，頁118。

道記〉有一段重要的說明：

> 夫子立教隨時，謂之權法，未可執定。體用顯微只是一機，心意知物只是一事。若悟得心是無善無惡之心，意是無善無惡之意，知即是無善無惡之知，物即是無善無惡之物，蓋無心之心則藏密，無意之意則應圓，無知之知則體寂，無物之物則用神。[35]

其中「無心之心則藏密，無意之意則應圓，無知之知則體寂，無物之物則用神」，便是王龍溪的四無說，和王陽明的四有說相比，四無說中「無自體相」的意思更為複雜，依牟先生的詮釋，「四無」之無是指「無相」的呈現。這便是用一種詭譎方法的開決，表示體用一如的合一，這才是真正的圓教。這便能成就前面三階段天臺判教的最後第三階段，萬物存在而沒有呈現存在的系統形態，使體用一如，體用無間，存在不受我們表達的形態所限制，雖有系統而沒有系統相。這是最後一層的實踐工夫。王龍溪這種四無說，可以說是一種典型中國古代本有的一種天人合一觀，也是一種內在超越形態的天人合一。

前面交代了牟宗三先生所理解的儒家形態的天人合一觀，現在再來說明唐君毅先生所理解的儒家形態的天人合一觀。唐君毅先生有關儒家的天人合一觀，可以在他晚年心靈九境中最後的「天德流行境」表現出來。他認為心靈活動的實踐有三大方向可發展，故此，成就了三大不同的境界，他借用佛教詞語，認為三種觀指向三個不同世界。

此三種觀為縱觀（可以類比為空間的上下向）、橫觀（可以類比為空間的左右向）和順觀（可以類比為空間的前後向），而觀所指向的三個世界分別為體、相、用。體、相、用三個世界分別意為「客觀境」、「主觀境」、「超主客觀境」；每一個世界又有三種觀法，對客觀世界的縱觀、橫觀、順觀便成客觀境下的三種世界：「萬物散殊境、依類成化境、功能序運境」；對主觀

---

35 王龍溪：《王龍溪全集》（新竹縣：華文書局，1970年），〈天泉證道記〉，頁89-90。

世界的縱觀、橫觀、順觀便成主觀境下的三種世界:「感覺互攝境、觀照凌虛境、道德實踐境」;對超主客觀世界的縱觀、橫觀、順觀便成主觀境下的三種世界:「歸向一神境、我法二空境、天德流行境」,這樣總合起來便成就了唐君毅先生所謂心靈九種不同境界。人在實踐修行過程中,可在此九境次序中或升或降,純就此九境而言,各境界是有差別的,但人在實踐九境次序中可升可降,亦可說是平等的。後期唐君毅先生對儒家的天人合一境的了解,便是在第九境的「天德流行境」中表現出來。

唐君毅先生雖然最後歸終於儒家的「天德流行境」,但他整個心靈九境的發展,仍然是採取好像華嚴宗的性起系統一樣,用層層轉進的方式,以後一階統攝前一階段的模式,以居後者必高於前者的模式表現出來,不能反轉過來。他解釋說:

> 蓋吾人之心境之轉,恒由此心之先求自超越於其前境而轉,而當其自求超越於其前境之時,即向於此境外之另一境。當其初向於另一境之時,即必先視此另一境,外在於其當前所對之境,而如只為一外在之客觀存在。此視另一境為外在於其當前所對之境,而客觀存在,即所以助成此一心之活意,自其當前所對之境中,拔出而提起之事。人必有此前一步事,而後其心之活意,乃趣向於此另一境,方更有相應於此另一境之另一心之呈現,再自見此另一心之存在,亦自見此另一心之存在與此另一境之相應,而互為內在。[36]

這裡清楚看到,唐氏的心靈九境必須層層提升的理由,反轉過來便不能涵攝前一階段。他認為人之心靈的最重要特質是在其感通,其虛靈的心是善於感外推擴的。在實踐修行的過程中,華嚴宗的賢首大師,亦提出了「不覺」、「始覺」及「本覺」三個階段。[37] 而這種客觀境界上升的三境,相類於賢

---

[36] 唐君毅:《生命存在與心靈境界》(臺北市:臺灣學生書局,1978年),頁934。
[37] 參考法藏:《大乘起信論義記》,見《大正藏》,第44冊,頁240c-287c。

首的「不覺」階段，而主觀境界上升的三境，則相類於賢首的「始覺」階段，而超主客觀的絕對境界的三境，又可類於賢首的「本覺」階段。心靈九境的層層提升，無異於華嚴宗性起系統的層層轉進，層層統攝，以上統下，故而「事事無礙法界」可統攝一切宇宙萬物。

史學研究叢書・歷史文化叢刊 0602Z05

舊學新傳——新亞研究所七十周年所慶論文集

主　　編	楊永漢
責任編輯	丁筱婷

發 行 人	林慶彰
總 經 理	梁錦興
總 編 輯	張晏瑞
編 輯 所	萬卷樓圖書股份有限公司
排　　版	林曉敏
封面設計	黃筠軒
印　　刷	百通科技股份有限公司

發　　行　萬卷樓圖書股份有限公司
　　　臺北市羅斯福路二段 41 號 6 樓之 3
　　　電話 (02)23216565
　　　傳真 (02)23218698
　　　電郵 SERVICE@WANJUAN.COM.TW
香港經銷　香港聯合書刊物流有限公司
　　　電話 (852)21502100
　　　傳真 (852)23560735

ISBN 978-626-386-243-2 (全套:平裝)
2025 年 04 月初版
兩冊合購定價 1500 元

ISBN 978-626-386-242-5
定價：新臺幣 1200 元

如何購買本書：

1. 轉帳購書，請透過以下帳戶
　合作金庫銀行　古亭分行
　戶名：萬卷樓圖書股份有限公司
　帳號：0877717092596

2. 網路購書，請透過萬卷樓網站
　網址 WWW.WANJUAN.COM.TW

大量購書，請直接聯繫我們，將有專人為您
服務。客服：(02)23216565 分機 610

如有缺頁、破損或裝訂錯誤，請寄回更換
版權所有・翻印必究
Copyright©2025 by WanJuanLou Books CO., Ltd.
All Rights Reserved　　　　　Printed in Taiwan

國家圖書館出版品預行編目資料

舊學新傳：新亞研究所七十周年所慶論文集/
楊永漢主編.-- 初版.-- 臺北市：萬卷樓圖書
股份有限公司, 2025.04
　　面；　公分.--(史學研究叢書.歷史文化叢
刊；602Z05)
ISBN 978-626-386-242-5(平裝)
1.CST: 學術思想　2.CST: 學術研究　3.CST: 中國
哲學　4.CST: 文集
　　　　　　　　　　　112.07　　　114001645